璧山年鉴

BISHAN NIANJIAN

2018

《璧山年鉴》编纂委员会

《璧山年鉴》编辑部

方志出版社
Publishing House of Local Records

图书在版编目（CIP）数据

璧山年鉴. 2018 /《璧山年鉴》编纂委员会编. --北京：方志出版社，2018.12
ISBN 978-7-5144-3513-9

Ⅰ. ①璧… Ⅱ. ①璧… Ⅲ. ①璧山区—2018—年鉴
Ⅳ. ①Z527.193

中国版本图书馆CIP数据核字（2019）第019589号

璧山年鉴（2018）

编　　者：《璧山年鉴》编纂委员会
责任编辑：黄　彦
出 版 人：冀祥德
出 版 者：方志出版社
地址　北京市朝阳区潘家园东里9号（国家方志馆4层）
邮编　100021
网址　http://www.fzph.org
发　　行：方志出版社图书经销中心
电话（010）67110500
经　　销：各地新华书店
印　　刷：重庆巴南彩印厂
开　　本：889×1194　　1/16
印　　张：28.75
插　　页：74
字　　数：758千字
版　　次：2018年12月第1版　　2018年12月第1次印刷
印　　数：001~700册
ISBN 978-7-5144-3513-9　　定价：350.00元

《璧山年鉴》编纂委员会

《璧山年鉴》编辑部

《璧山年鉴》编审人员名单

主　　审　胡正好　徐安绪

总纂统稿　刘　静

部类统稿　王福忠

新闻图片　璧山报社　陈　亮　曾世雷　郭昌禄

编 辑 说 明

一、《璧山年鉴（2018）》坚持以马克思列宁主义、毛泽东思想、邓小平理论、“三个代表”重要思想、科学发展观和习近平新时代中国特色社会主义思想为指导，坚持辩证唯物主义和历史唯物主义的立场、观点和方法，旨在为领导决策服务，为宣传璧山服务，为民众提供信息，为修志积累史料。

二、《璧山年鉴》创于1998年，逐年编纂。本卷为第21卷，全面记录璧山区2017年政治、经济、文化、社会和生态文明建设的发展变化。本卷年鉴框架结构基本保持稳定，共有15个部分，分别是特辑、大事记、璧山概况、“三区一美”行动计划、政治、法治、军事 、经济、文化、社会事业、镇街、人物光荣榜、文献、统计资料、附录等。共设15个类目、65个分目、78个子分目、1048个条目，重点反映实施“三区一美”行动计划，加快推进新型工业化、信息化、城镇化、农业现代化建设和推进国家高新区建设、法治政府建设、切实改善和保障民生、城乡统筹发展的新进展、新成果。

三、本卷年鉴框架采取类目、分目、子分目、条目的编辑体例，以字体、字号等版式设计区别不同层次。条目标题用黑体字加【】表示，大事记中同一日期用“是日”表示。

四、本卷年鉴的统计数据使用法定计量单位。价值指标绝对数凡未注明的，按《年鉴》记载当年（2017年）价格计算。

五、本卷年鉴由区内各部门（单位）、党派、团体、镇街以及驻璧部队提供，并经供稿单位主要领导审核。统计资料由区统计局提供。文中数据如有不一致，则以统计部门提供的数据为准。

六、本卷年鉴刊载的前置图片按时间先后顺序排列。光荣榜收录排序为国家部委以上、市委、市政府、市级部门（主管部门和行业表彰除外）、区委、区政府表彰的先进集体和个人。

七、本卷年鉴为免累赘，凡直书月、日而未写明年份的，即为2017年；数据增加和减少未说明与某一年份比较的，即为本年鉴记载当年（2017年）与上年（2016年）比较。

八、本年鉴具备双重检索系统，即书前目录（英文目录）和书后索引，索引采用主题分析法，按主题词首字汉语拼音字母顺序排列。

2017年，璧山城区新貌（曾世雷　摄）

壁 山 速 览

（2017年度）

辖区面积	914.56平方公里
年末户籍人口	64.5万人
年末常住人口	74万人
地区生产总值	480.1亿元
一般公共预算收入	55.9亿元
固定资产投资	702亿元
社会消费品零售总额	137.9亿元
年末金融机构本外币存款余额	451.5亿元
年末金融机构本外币贷款余额	314.4亿元
外贸进出口总额	18.5亿元
城镇常住居民人均可支配收入	35436元
农村常住居民人均可支配收入	17217元

2017 年 3 月 9 日，新华社重庆分社采编团队到璧山专题调研供给侧改革实践经验（周海瑞 摄）

2017 年 3 月 10 日，璧山区三合镇二郎村党员干部重温入党誓词（周海瑞 摄）

2017 年 3 月 14 日，壁山区召开党建工作会（谢　捷　摄）

2017 年 3 月 19 日，壁山 123 辆公车拍卖现场（张承刚　摄）

2017 年 4 月 27 日，璧山区召开庆祝“五一”国际劳动节暨劳模座谈会（周海瑞 摄）

2017 年 6 月 7 日，璧山区区长章勇武（右三）出庭应诉行政审判案件（连宏宇 摄）

2017年7月5日，璧山区党政领导干部创新发展能力提升专题培训在重庆大学开班（张　蕤　摄）

2017年7月25日，举办重庆市璧山区干部大讲堂，清华大学教授孙立平为璧山区干部授课（璧山报社 供图）

2017年8月3日，璧山区召开扶贫领域专项巡查工作动员会议（张承刚 摄）

2017年8月10日，璧山区举行千名干部学习贯彻"习近平总书记7·26重要讲话精神"专题报告会（刘畅 摄）

2017 年 9 月 21 日，璧山区获首批国家生态文明建设示范区称号（连宏宇　摄）

2017 年 12 月 27 日，璧山区集中举行中共十九大精神宣讲会（璧山报社　供图）

2017 年 2 月 8 日，璧山普洛斯物流园（张　曦　摄）

2017 年 3 月 15 日，璧山高新企业得润电子公司生产线（璧山报社 供图）

2017 年 4 月 15 日，璧山嘉陵集团生产车间（曾清龙 摄）

2017 年 4 月 17 日，璧山区食品生产线（曾清龙 摄）

2017年6月6日，璧山众泰新能源汽车（连宏宇 摄）

2017年6月20日，璧山生态工业园区（曾清龙 摄）

2017 年 7 月 24 日，璧山区人民政府与爱建证券有限责任公司举行战略合作协议签字仪式（谢　捷　摄）

2017 年 10 月 23 日，璧山国家高新区企业智能化生产车间（曾清龙　摄）

2017 年 12 月 10 日，璧山区人民政府与重庆大学、意大利圣安娜大学共同举行“中意创新产业园幻意基地”揭牌仪式（璧山报社 供图）

2017 年 12 月 25 日，九永高速公路璧山段通车。图为来凤互通式立交桥（曾清龙 摄）

2017 年 2 月 3 日，壁山区 2017 年春节系列文艺展演戏剧专场（张承刚 摄）

2017 年 2 月 16 日，壁山区首个“创客教育工作室”在城北小学建成投用（张承刚 摄）

2017 年 4 月 7 日，举办雪野 陈龙书法美术作品展现场（连宏宇 摄）

2017 年 6 月 22 日，美国非洲裔留学生到璧山参观秀湖公园（张承刚 摄）

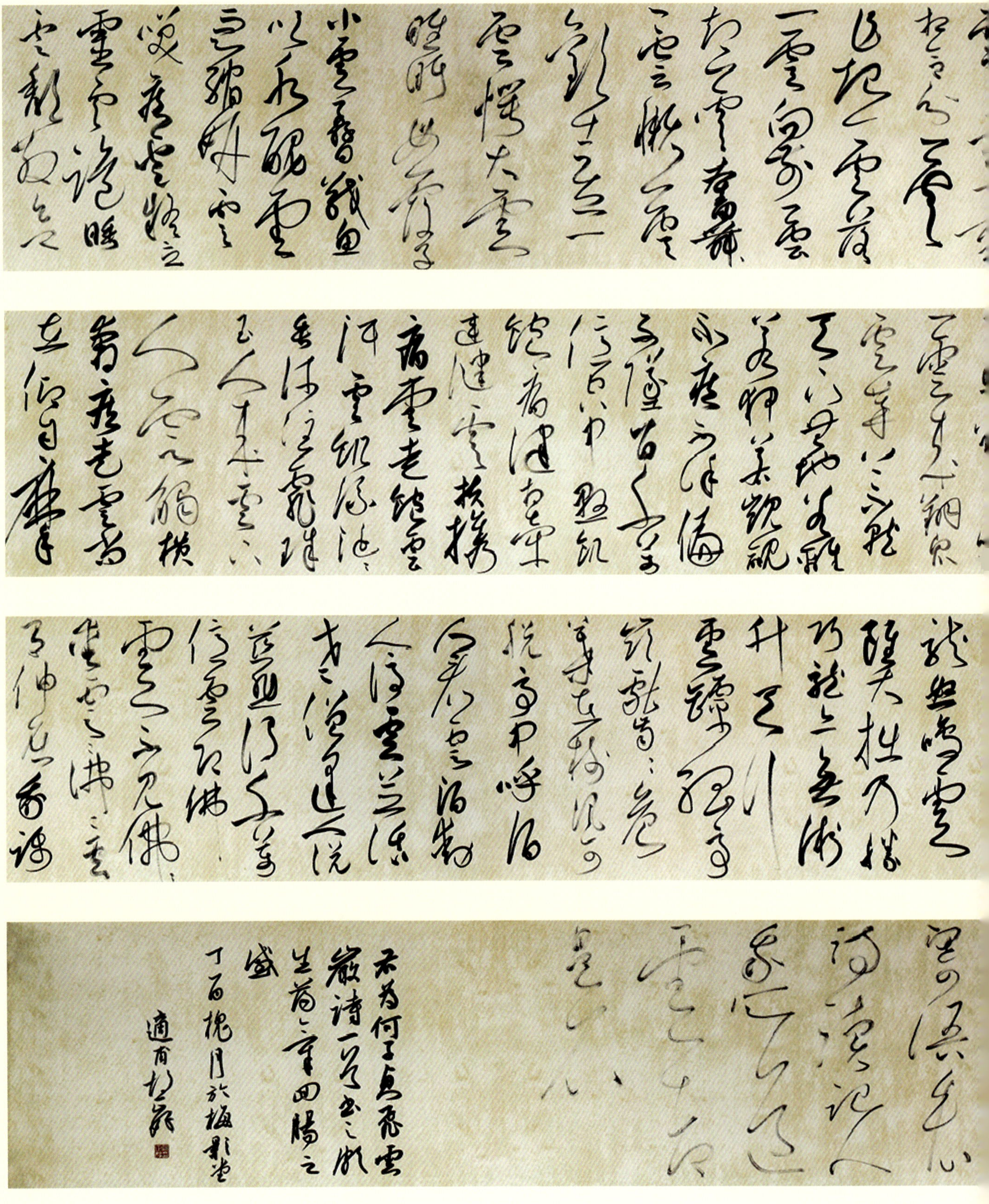

2017年8月2日，胡正好草书作品《飞云岩》入选多彩贵州全国大型书画“双百”创作工程，并获创作经费10万元（陈　亮　摄

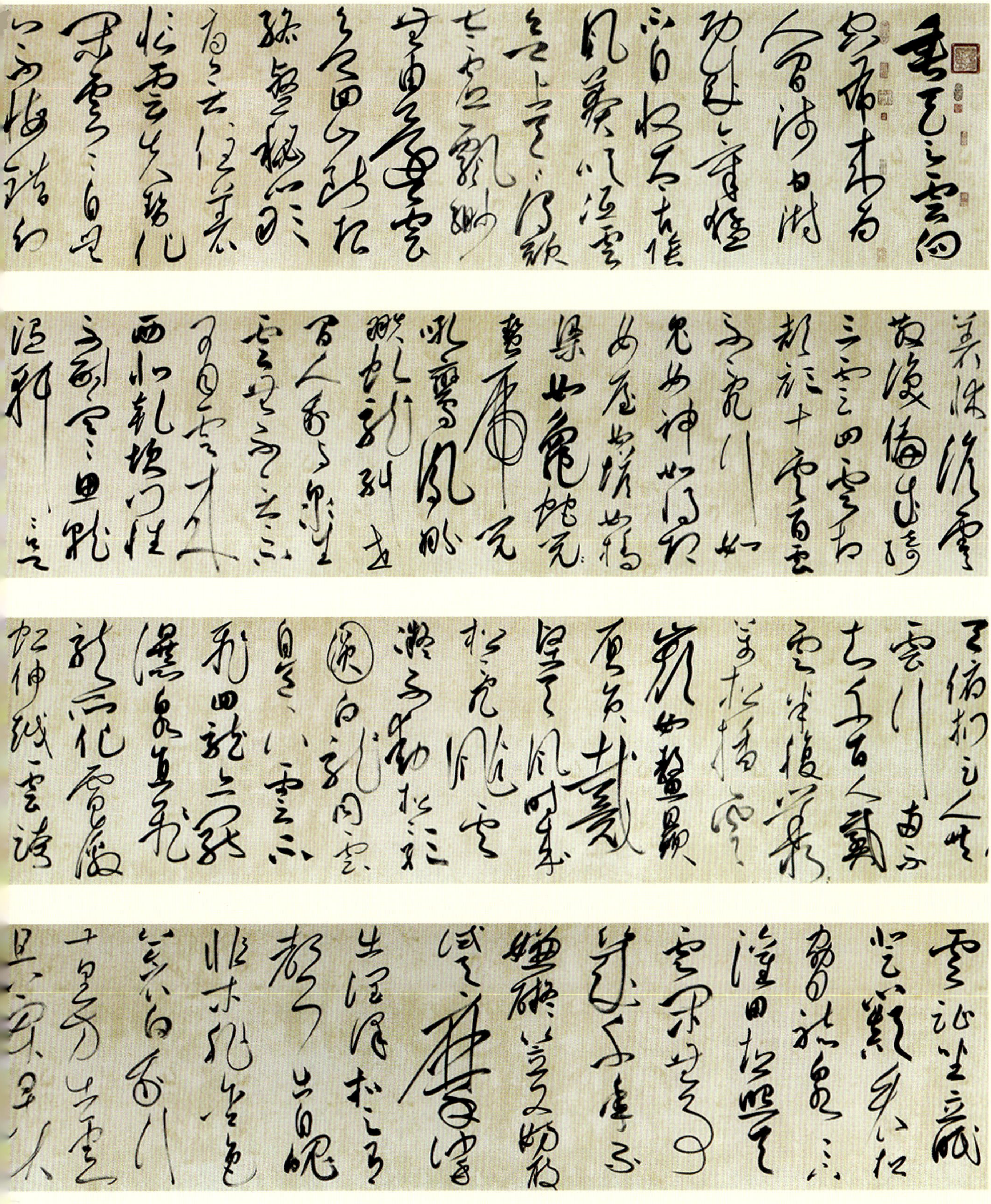

2017 年 8 月 27 日，璧山区首场国学亲子游在大成广场举行（张啸寒 摄）

2017 年 11 月 3 日，璧山区第六届运动会开幕（璧山报社 供图）

2017 年 11 月 13 日，御湖小学教师指导学生进行国画创作（张承刚 摄）

2017 年 11 月 25 日，首场百姓文化舞台演出在璧山秀湖公园举行（杨　勇 摄）

2017 年 12 月 15 日，区图书馆“流动书屋”深入基层（璧山报社 供图）

2017 年 12 月 23 日，游客在东岳体育公园扫码文化石（杨　勇 摄）

2017 年 3 月 9 日 ，璧山区家庭医生签约工作启动（张　曦 摄）

2017 年 6 月 22 日，民警在璧泉街道文风社区宣传禁毒知识（璧山报社 供图）

2017 年 6 月 27 日，建设中的两山景苑公租房（曾清龙 摄）

2017 年 7 月 7 日，群众操作新投用的社保自助服务一体机（刘 畅 摄）

2017 年 8 月 20 日，市民在秀湖公园跳舞健身（孙　茜　摄）

2017 年 9 月 12 日，璧山区新兵踏上保家卫国征程（曾清龙　摄）

2017 年 9 月 21 日，举行璧山区惠工卡特约优惠签约仪式（陈富春 摄）

2017 年 10 月 17 日，群众在璧城街道社保所办事（璧山报社 供图）

2017 年 11 月 7 日，举行璧山区全民终身学习活动周开幕式（璧山报社 供图）

2017 年 11 月 27 日，市民查看新的公交车路线图（张承刚 摄）

2017 年 12 月 2 日，中央电视台新闻频道（CCTV－13）《新闻直播间》栏目报道璧山“厕所革命”的成功实践（璧山报社 供图）

2017 年 12 月 15 日至 17 日，2017 年中国场地汽车越野锦标赛总决赛在璧山区开赛（连宏宇 摄）

2017 年 3 月 5 日，生态治理后的梅江河一景（杨　勇　摄）

2017 年 6 月 6 日，全国放鱼日，工作人员和市民代表在璧南河投放鱼苗（周海瑞　摄）

2017 年 7 月 10 日，市民在漫水湾公园休闲散步（曾清龙 摄）

2017 年 8 月 29 日，璧山区举行“小城大爱 有你有我”志愿服务系列活动启动仪式（曾清龙 摄）

2017 年 9 月 22 日，世界无车日，举办低碳璧山行活动（张啸寒 摄）

2017 年 11 月 22 日，载有移动压缩式垃圾箱的货车行驶在青杠街道棕树村（璧山报社 供图）

2017 年 12 月 14 日，治理中的璧南河青杠街道清明片区河系防洪护岸综合治理工程（张承刚 摄）

2017 年 12 月 22 日，俯瞰丁家花卉苗木基地（杨　勇 摄）

2017 年 12 月 23 日，璧山区青杠街道新建投用的璧南最大生态公园（谢　捷 摄）

2017 年 12 月 30 日，建设中的汽车露营公园（曾清龙 摄）

秀 美

2017 年，璧山遵循“生态优先、绿色发展”顶层设计，秉持“道法自然”理念，突出“深绿”定位，强化宜居功能。新增城市公园 5 个，东岳体育公园跨界呈现。新规划生态停车场 8 个，建成区公共绿地面积超过

绿　城

1900 万平方米，人均公园绿地面积 29 平方米，城市植物品种超过 2800 种，立体绿化 25 万平方米。图为国家AAAA 级观音塘湿地公园（璧山报社　供图）

观音塘湿地公园（璧山报社 供图）

绿城璧山一角（杨　勇 摄）

市民在鲜花绿树中晨读（璧山报社 供图）

市民推窗见绿一景（曾清龙　摄）

秀湖公园（璧山报社　供图）

拓宽后投用的璧山城区沿河西路（谢　捷　摄）

活 力

2017年，璧山区坚持“与水共生、依水发展”的治水兴城理念，以“一河六湖十八湿地”为构架，实施“活力水城”建设。玉泉湖水库完成主体工程，3处（鹅颈项、菜子沟、雪山）湿地开工建设，城区水面比例提高到10.6%，人均水面面积达到10.2平方米，溪道密度超过每平方公里3.3公里。铜罐驿长江提水璧山供区工程启动管网安装，城

水　城

市新区水厂开工建设，中水回用二期工程建成投用。基本实现“山与水、水与城、城与人”的相依相融。图为观音塘湿地公园音乐喷绘泉（刘　畅　摄）

璧山绿岛新区一角——秀湖公园（璧山报社 供图）

俯瞰秀湖公园（张承刚 摄）

鸟瞰漫水湾公园（璧山报社 供图）

清漂工人打捞水中漂浮物（璧山报社 供图）

金堂水库一景（璧山报社 供图）

观音塘湿地公园一景（璧山报社 供图）

文　化

2017 年，璧山将古城建设融入文化城镇建设之中，恢复建设古街、古桥、牌坊等文化古迹 3 处，挖掘文物故事 20 个，规划新建仿古亭廊 10 处。现已形成秀湖景区、南门唐城、地派宋城、御湖古街、东林禅院等 70 万平方

古 城

米古建筑群。挖掘梳理千年璧山历史文脉，读书台、社工岛、祝嘉亭、朴园亭串联起文化记忆，数百景观名石点缀城市，将历史文化遗迹巧妙地和现代城市建设融为一体，彰显璧山独特的魅力。图为秀湖公园正南门（璧山报社 供图）

20 万平方米秀湖公园仿古建筑（璧山报社 供图）

古典美丽的状元桥（璧山报社 供图）

古朴的秀湖水街（璧山报社 供图）

翰林坊（璧山报社 供图）

状元坊（璧山报社 供图）

观音塘湿地公园的古建筑（璧山报社 供图）

一 生

2017 年，璧山区加快布局“一生之城”重点项目，不断完善“孩子出生、幼儿园、小学、中学、职教、就业、居住、看病、购物、娱乐、健身、养老、殡葬”等重要节点高标准服务体系。9 月 1 日，御湖小学、凤凰小学投用，2 所小学硬件设施均按照一流小学的标准打造，功能布局完善，办学规模均为 48 个班，能容纳学生 2000 余名。璧山中学

之 城

与重庆一中联盟办学、实验小学与巴蜀小学合作办学成效明显，御湖小学、凤凰小学开学招生，职教中心电子实训楼工程主体完工。人民医院新院投入运营，三甲创建通过初评，与重医一院合作办医纵深推进。重庆西郊福寿园人文纪念公园建成开园，“人生链条”不断延展。图为璧山中学新校区（曾清龙 摄）

新加坡伊顿国际幼儿学校（周海瑞　摄）

完善人生全链条高端服务体系，给人“家”的感觉（璧山报社　供图）

2017 年 7 月 24 日，璧山区图书馆第三届“书香伴成长·亲子阅读故事会”比赛现场（谢捷　摄）

御湖小学教学楼全貌（周海瑞 摄）

青杠实验小学足球场（张承刚 摄）

凤凰小学图书馆（曾清龙 摄）

璧山中学新校区同学高考后尽情释放压力（刘　畅　摄）

南门唐城夜景（刘　畅　摄）

区妇幼保健院（璧山报社　供图）

区人民医院新院大楼外景（璧山报社 供图）

中铁任之健康城一角（郭昌禄 摄）

重庆西郊福寿园内，“璧和苑”公益性墓位（谢 捷 摄）

乡 村

2017 年，璧山区按照产业兴旺、生态宜居、乡风文明、治理有效、生活富裕的总要求，制定措施大力实施乡村振兴战略。并结合璧山实际，因地制宜，抓好重点项目，突出特色亮点，进一步提升农村生态和

振 兴

农村人居环境，让乡村真正成为望得见山、看得见水、记得住乡愁的好地方。图为农民在八塘镇蔬菜基地田间忙碌（璧山报社 供图）

璧北蔬菜基地（张啸寒 摄）

市民在草莓园采摘游玩（罗 君 摄）

青杠街道沙坡村机插秧作业现场（曾清龙 摄）

蔬菜智能物联监测（孙　茜　摄）

市民在七塘镇一农业园内赏花游玩（曾清龙　摄）

“智慧农业”服务平台（张承刚　摄）

果农采收卫寺蜜柚（张承刚 摄）

璧北十万亩蔬菜基地，农技人员管护火龙果花（程明星 摄）

三合镇新场村，中青年干部和椒农一起采收花椒（刘 畅 摄）

乡村新貌（璧山报社 供图）

果农在大兴镇葡萄园采收葡萄（璧山报社 供图）

七塘镇血橙基地（连宏宇 摄）

小城故事

璧山区委第十三届四次会议（2015年12月11日），提出发展旅游支柱产业，打造“全域景区城市”，建成“重庆郊区旅游优秀目的地”。拓展“绿城、水城、古城”建设，把旅游产业与整个城市的肌理、文化、发展定位结合起来，形成“吃住行游购娱”六要素对游客的全方位吸引，带动旅游产业向综合产业转型。重点围绕6大类、50个旅游项目，设立50亿元旅游产业引导资金和出台一系列招商鼓励政策，促进项目落地。截至2017年，一生之城初步建成，现代商圈、专业市场、物

重庆璧山

流行业、电子商务行业、特色商贸服务业等现代商贸服务业得到新发展，观音塘湿地公园获国家 AAAA 级公园，秀湖公园、东岳体育公园、汽车露营公园不断呈现，六旗乐园有序推进，重庆御湖国际生态旅游度假区、“千年重庆”巴渝文化旅游风景区、民国风情街 3 个项目签约，以四季采摘、特色研学、养生养老为特色乡村旅游新业态形成。最美城市大道、最美家乡河、国家生态文明建设示范区等花落璧山。挖掘千年璧山文化特色，将“小城故事”作为主品牌、主 IP 进行推送。图为璧山秀湖公园（曾清龙 摄）

2017年4月18日，璧山区第三届云雾山樱桃采摘节开幕（周海瑞 摄）

2017年5月4日，游客在七塘镇昆虫王国参观游玩（张承刚 摄）

东岳体育公园瀑布（璧山报社 供图）

图为新招商项目东方园林萌宠动物园选址（区旅游发展中心 供图）

大圆祥博物馆展馆（区旅游发展中心 供图）

璧山渝西跨境商品直购体验城一角（连宏宇 摄）

目 录

特 辑

大事记

璧山概况

“三区一美”行动计划

政　治

军　事

经　济

文 化

社会事业

镇(街道)

人物　光荣榜

文　献

统计资料

附　录

索　引

Contents

Special Notes

Overview of Bishan

"Three Regions & Harmonious Bishan" Plan of Action

Politics

Rule of Law

Military

Economy

Culture

Social Cause

Town (Sub-district)

Honor Roll of Person

References

Statistics

Appendixes

Index

特 辑

璧山区建成国家生态文明建设示范区

2017年9月21日，环保部在浙江省安吉县召开全国生态文明建设现场推进会，公布46个第一批国家生态文明建设示范市县名单，璧山成为重庆市唯一入选国家生态文明建设示范区的区县。随后，《经济日报》用3个头版对璧山生态文明建设进行宣传，《北京青年报》用1个专版对璧山绿色发展作报道，《瞭望东方周刊》《新华社内参》和《国内动态清样》分别刊载璧山深绿城市建设情况。

璧山的成功之路，是区级相关部门、15个镇街和73万人民共同努力，坚持“环境就是资源，就是资本，就是生产力”理念，重视生态保护与建设，以生态空间、生态经济、生态环境、生态人居为重点，按照规划科学、目标明确、责任明确、重点明确、资金保障、动态管控原则，推进生态环境与经济社会、民生幸福协同发展的“绿色崛起”。

一、规划先行，谋定全局

2009年，继东莞、昆山之后，璧山制定全国第三个县域空间发展规划，在中国西部率先迈出“深绿城市”发展步伐。2013年9月，区委十三届二次全会提出“三区一美”行动计划，划定璧中城市区、璧北生态区、璧南生态区和璧西生态区，实施分区差异化协调发展，凸显“绿色发展”理念。2015年，出台《关于加快推进生态文明建设的意见》，提出到2020年，将璧山建成深绿型生态化的“一生之城”。2016年，编制《重庆市璧山区“十三五”生态文明建设规划》，明确全区“十三五”期间生态文明建设的近期目标和路径。2017年，编制《璧山区国家生态文明建设示范区创建规划》《璧山区国家生态文明建设示范区实施方案》《璧山区环境保护工作责任规定（试行）》，为创建国家生态文明建设示范区提供一系列制度保障；编制《璧山区生态保护红线划定方案》，将全区23%辖区面积划入生态保护红线；制定《璧山城市绿地系统总体规划》《璧山水资源综合规划》《璧山城镇生活水源地保护规划》《璧山都市现代农业发展总体规划》《璧山畜禽养殖污染防治规划（2014—2020）》《璧山生态环保空间专题规划》，形成覆盖城乡、有机衔接的生态文明建设规划体系。

二、明确目标，明确责任

2013年，璧山着手打造“1+3+6”生态创建工作模式。即一个目标：在重庆市率先成功创建国家生态文明建设示范区；三级共创：村为细胞单元创建生态文明建设示范村，镇街创建生态文明建设示范镇街，支撑全区创建国家生态文明建设示范区；六大体系：通过生态文明建设示范区创建，逐步推动全区构建生态法制保障体系、生态环境优美体系、生态空间安全体系、生态经济循

璧山璧南河国家水利风景区

（璧山报社供图）

环体系、生态生活宜居体系和生态文化昌盛体系。

开展生态创建的同时，成立以区长任组长，区委、区人大、区政协分管领导任副组长，25个区级部门和15个镇街“一把手”为成员的生态创建工作领导小组，设办公室在区环保局，与区环保“五大行动”和“四清四治”专项行动办公室进行“三合一”整合。办公室下设综合组、资料组、督查组和宣传组，组长分别由区环保局局长、区委督查室主任和区委宣传部分管副部长兼任。各部门、各镇街成立相应的领导班子和工作机构。全区上下形成“分层管理、上下联动、齐抓共管、良性互动”的生态创建推进格局。

三、重点整治，动态管控

璧南河是璧山区境内最长、最大的河流，是“母亲河”，本世纪初，受污严重，流域水质普遍为劣五类水质，水体基本功能丧失。2010年3月9日，璧南河污染治理工作启动。“治河”工作原则：态度坚决、疏堵结合、治污不补、发展支持；工作思路：遵循“自上（游）而下（游）、先重点后一般”和“治河先治污、治污先治水，治水先治人、治人先治官”的原则，采取“河外截污、河内清淤、外域调水、生态修复”的工作手法，杜绝新增污染源，消除重点污染源，削减存量污染源，建设和完善污水处理及沿河配套市政、绿化设施。至2012年，“河外截污”进展：关停重点污染工业企业43家、养殖场210家，整治屠宰场点15家、农贸市场11家、餐饮店115家；基本完成100家二类污染工业企业的整治，实现污染物稳定达标排放；启动500家工业企业和个体工商户的整治；完成流域300余家水库、山坪塘和养鱼池污染整治；完成20.8千米县城城区污水管网建设，有效解决城区生活污水问题。

2014年，璧山区开展“四清四治”专项行动，清理摸排污染源，建立全区3318个污染源基础电子台账。其中，工业类1782个，畜禽养殖类1088个，餐饮类354个，环境风险源32个，其他类62个。2015年，在全市率先完成辖区1045个工业源、125个养殖源、260家餐饮源的规范整治和环保审批手续的补办，基本实现全区老污染源的清理工作。2016年，借力中央环保督察再清再补，建立“一企一档”数据库，实现对污染源的全盘掌控和源头防治。2017年，再次对辖区“三高两违”对象集中排查，达标整治或关停整治污染源491个。同时，实施璧山智慧环保工程，设置区、镇街、村社三级巡查标准。建立5001个污染源的基础数据库，安装61路在线监测、198路视频监控、141个工况监控、1585个电子标签。在璧南河安装水质在线监测、视频监控设备3套，城区、工地、园区扬尘在线监测设备12套，城区空气自动监测站2套。标定污染源坐标点位2212个，敏感点信息874个，构建一张拥有庞大数据支撑的多图层电子地图。

四、保障资金，量化考核

璧山自生态创建以来，累计投入10余亿元，实施农村环境连片整治、农村卫生改厕、污水处理设施及配套管网建设、自来水厂升级改造、农村饮水安全工程等重点工程建设。实行最低财力保障制度。为防止镇街迫于经济压力，违规引进污染企业，创新实行最低财力保障制度，对财力不足2000万元的镇街，由财政通过转移支付补足2000万元；按照上年镇街公共财政体制收入排序，前三名的街道分别拿出120万元、100万元、80万元，帮扶后三名的镇街。同时，对引进污染企业的镇街，实行财力扣减制度，凡是引进1家污染企业，扣减该镇街上年公共财政预算收入的1%，扣减总额按引进污染企业数量累加计算。

2015—2017年，璧山区将生态环保工作作为对部门和镇街实绩考核的重要内容，部门按3分封顶实行扣分制；在对镇街考核的27项指标中，生态环保指标为7项，在100分的总分中，根据不同区域划分分值为18-29分，占镇街经济社会实绩考核总分的21%-34%。同时，在考核中坚持拉开差距，倒逼责任单位把各项生态文明建设示范创建和环境保护工作责任落到实处。

五、生态创建成效

绿色发展水平提高。在全市范围率先制定“环境保护负面清单”，划定“生态红线”，坚持污染企业“零容忍”。璧山实现从传统产业向装备制造、电子信息、食品医药产业的转型升级，机器人、低碳包装等战略新兴产业崭露头角。2016年，全区生产总值428.4亿元，增长11.4%，增速居重庆全市区县第三位，多数经济指标进入全市“一梯队”。

生态宜居环境形成。2016年，全区空气质量优良天数达标率92.4%，较2013年提高1.4%；城区集中式饮用水源地水质达标率保持100%；璧南河、璧北河水质达到Ⅳ类标准，梅江河水质达到Ⅲ类标准；城市区域环境噪声值为54.4分贝，声环境质量保持稳定。绿岛新区崭新崛起。文化艺术中心、璧山中学、人民医院、妇幼保健院、老年护养中心、图书馆、规划馆等重要“功能要件”相继建成，30个公园、20个广场点缀其中，支撑城市功能更趋多元。建成区公共绿地1800万平方米，立体绿化20万平方米，人均公园绿地面积28平方米，城市植物品种达到2700种，绿色清新成为“城市底色”。“一河六湖十八湿地”框架逐渐成形。国家高新区、国家新型工业化示范基地、国家低碳工业园区、国家城市湿地公园、中国人居环境范例奖、全国双拥模范城、国家农业科技园区、国家水利风景区、全国水生态文明城市、生态保护与建设示范区等15张“国字号”名片成为璧山的“符号”。

环境监管水平提升。通过智慧环保建设，构建拥有庞大数据支撑的多图层电子地图，通过指挥调度和移动监管双系统无缝集成，环保智慧调度中心工作合理调派，实现“广纳来源、自动调度、规范处置、绩效评价”。通过环保物联网，实现污染源和环境质量的动态管控、预测预警分析和快速响应，建立一证式污染源管理模式、网络舆情监测系统。结合治河治污、生态创建形成的部门协作机制，通过全面升级智慧环保，构建横向到边、纵向到底的全覆盖监管体系。

生态文明意识深入人心。2015年11月，区人大组织向社会各界征求对全区生态文明建设工作的建议和意见，发放书面征求意见1200份，满意率90%；网络问卷收回246份，满意率91%。2017年8月，区生态创建领导小组委托重庆新时代市场信息有限公司进行随机问卷调查，向社会各界征求对全区生态文明建设工作的建议和意见，发放书面征求意见1030份，满意率92%。

社会各界高度认可。2016年，57人次省部级领导和550批次外地考察团先后到璧，发出“小而美”的心声感叹。“璧山经验”42次上榜中央主流媒体，5个全市性现场会在璧山召开。央视综合频道《新闻联播》节目以《共建绿水青山 同享生态红利》为题，头条播报璧山“中水回用”工程；央视财经频道播报璧山环保物联网试点工作成效。中央环保督察期间，督察组组长张宝顺视察璧山时指出，璧山代表中国目前生态文明建设的最高水平；2017年5月，国家环境咨询委员会委员、原国家环境保护总局副局长王玉庆，率环保部调研组到璧调研时认为，璧山的发展是“绿水青山就是金山银山”的生动案例，璧山推动绿色发展的好经验、好做法值得推广借鉴。重庆市委书记陈敏尔调研璧山时，评价“璧山的发展思路总体契合了五大发展理念”“璧山要成为全市落实五大发展理念的示范区、先行区”。

附：

璧南河治理

璧南河主河道长73千米，流域涉及大路、河边、璧城、璧泉、青杠、来凤、丁家、广普、健龙等9个街道、镇，是璧山区境内最长、最大的河流，素有“母亲河”之称。近年来，随着璧山经济的快速发展，与之相配套的基础设施严重滞后，沿线工业企业、畜禽养殖无序发展和场镇生活污水大量排入，璧南河流域污染已到触目惊心的极端地步，部分河段水黑如墨，鱼虾绝迹，流域水质普遍为劣五类水质，水体基本功能丧失，严重影响人民群众的生产生活和身体健康，成为璧山之痛。

璧南河污染的三大“罪魁祸首”：一是流域内工业污染。包括造纸厂、电镀厂、塑料加工厂、皮革加工厂、化工厂、食品厂和垃圾堆放场等排放的污染物。二是生活污染。县城污水收集率只有70%，其余排放入璧南河。三是养殖污染。包括养猪场、养鸭场、养鸡场等排放的污染物。

2009年，重庆市委、市政府领导相继视察璧山，均对璧南河的污染提出严肃批评，要求璧山县高度重视、认真整治。县十五届人代会第六次会议上，陈永才等14名县人大代表联名提出《关于尽快整治璧南河污染源的议案》。2010年，璧山县委、县政府作出“向人民负责、拯救璧南河”、倒逼经济转型、绿色新政的重大决策。同年3月9日，县第十五届人大常委会第二十七次会议作出办理关于尽快整治璧南河污染源的议案的决议；璧南河污染治理动员大会召开，印发《璧南河全流域污染综合整治工作实施方案》，璧南河污染治理工作正式启动。

一是组建工作机构。璧山县委、县政府建立璧南河污染综合整治联席会议制度。联席会议实行周会制，每周五由治污责任人或联席办主任组织召集联席办成员单位参加，汇报本周污染整治工作开展情况，分析整治工作存在的问题，研究解决办法，安排部署下一周的工作任务。联席会议下设办公室在县环保局，主要负责璧南河污染治理的日常工作，由县环保局局长担任办公室主任。联席办下设综合协调组、政策法规组、督查工作组、综合执法组等4个工作组。联席办作为代表县委、县政府履行璧南河污染综合整治日常工作的机构，主要履行牵头抓总的职责，负责河段长单位、镇街和职能部门的协调沟通，掌握全县治污工作动态，收集一手资料，理清工作思路，把握工作重点，为领导建言献策。

二是治污工作推进责任机制。采取“河段督导长、河段长、河段义务监督员”制度。37名县级领导分别担任河段督导长，将治污工作责任落实到68个县级部门即河段长单位，并将任务完成情况纳入年度目标任务考核。各责任河段的治污工作由河段督导长与河段长负总责，具体由河段督导长负责统筹协调、组织指挥、督促检查，河段长单位组织协调执法部门对责任河段污染源进行查处、整治；各执法部门按照有关法律法规对重点污染源从严查处并指导整治和验收。所涉各镇街对辖区流域治污工作负总责，全方位配合辖区各河段日常治污工作，并与河段长单位捆绑纳入履职考核对象。

三是“治河”总体思路。工作原则：态度坚决、疏堵结合、治污不补、发展支持。工作思路：遵循“自上（游）而下（游）、先重点后一般”和“治河先治污、治污先治水，治水先治人、治人先治官”的原则，杜绝新增污染源，消除重点污染源，削减存量污染源，建设和完善污水处理及沿河配套市政、绿化设施。工作目标：按照“一年取得明显成效，两年基本达标”的总体要求，通过开展综合整治行动，最终让璧南河达到“河水变清，水质变好，放养鱼苗，岸边垂钓，下河游泳”。工作手法：河外截污，河内清淤，外域调水，生态修复。

四是“治河”范围、重点及标准。在整治范围上，坚持以上游流域为重点范围，以工业污染、农村养殖业污染和生活污水污染为重点领域，以造纸、电镀、制革、印染、炼油、食品加工等排污量大、污染严重、违法违规排污企业，以及河流两岸200米范围内的养鸭场、养猪场、养牛场、屠宰场和城镇生活污水收集排放为重点对象。在行业、领域上，将污染源划分为工业污染、农业畜禽养殖污染和场镇（城区）生活污染以及市场、餐饮、洗车等服务行业污染，并根据污染程度分为Ⅰ类污染源和Ⅱ类污染源（其中Ⅰ类污染源为重点整治对象、Ⅱ类污染源为一般整治对象）。在时序安排上，坚持“自上（游）而下（游）、先重点后一般”，自上（游）而下（游）就是先治理璧南河上游河边、大路、璧城的污染，再治理下游青杠、丁家、广普、健龙的污染；“先重点后一般”就是先重点整治工业、农业畜禽养殖、场镇（城区）生活以及市场、餐饮、洗车等污染，然后再治理其他一般性污染。

工业污染的整治。县环保局为牵头单位。整治范围：流域内生产废水排放量大、水污染明显的造纸、电镀、制革、印染、炼油、涉水废旧塑料加工等企业为重点整治对象，有34家；流域内生产废水排放量较大，水污染较明显的食品、机械加工、建材等企业以及在整治过程中发现的其他未纳入整治范围的污染源为一般整治对象，有52家。工业污染要达到的整治标准是：对重点整治对象，达不到要求的一律关闭或取缔；对一般整治对象，要求其按照环保法律法规整治，做到废水达标排放。

农业畜禽养殖和屠宰行业污染的整治。县农委和县商业旅游委分别为牵头单位。整治范围：流域内水污染明显的禽类屠宰点和主、支河道各责任河段两岸200米范围内的养鸭场、养猪场、奶牛场是重点整治对象，养殖场210户，屠宰场、点15户；水污染较明显的主、支河道各责任河段两岸200米范围内养鸡场和璧南河南流域范围河段两岸200米以外粪便不直接排入河里的养鸭场、养猪场是一般整治对象。农业畜禽养殖及屠宰行业污染的要达到的整治标准：对重点整治对象，达不到要求的一律关闭或取缔；对一般整治对象，要求其限期整治达标，不能达标排放的不得恢复养殖经营活动。

场镇（城区）生活污染的整治。县水务局为牵头单位。整治范围：流域内各街道、镇辖区场镇（城区）因污水收集管网及治污设施建设不到位造成水污染明显的，以及流域主、支河道漂浮（淤积）物及两岸垃圾（淤泥）明显的为集中重点整治对象；场镇（城区）垃圾收运站点、设施建设不到位或其他情形造成水污染较明显的为一般整治对象。场镇（城区）生活污染要达到的整治标准是：对重点整治对象，有关单位须在规定时限内抓紧清查、修复、新建场镇（城区）一、二、三级污水收集管网，按规划兴建污水处理厂等配套治污设施。对辖区内主、支河道漂浮（淤积）物及两岸垃圾（淤泥）及时清除、收运并进行常态监管，其中包括养鸭场和工业企业排污造成的河道淤泥清除。对一般整治对象，有关单位须按职责范围抓紧完善垃圾收运系统，添置配套设施，确保污染物不对河流造成水质污染。

市场、餐饮、洗车等服务行业污染的整治。县工商局为牵头单位。整治范围：各街道、镇辖区内场镇（城区）农（集）贸市场，经营面积大于200平方米的餐饮店和不符合城区、场镇规划的洗车场点为集中重点整治对象；其他专业（集贸）市场、餐饮店为一般整治对象。市场、餐饮、洗车等服务行业污染要达到的整治标准：对重点整治对象，要求其配建油水分离器、生化处理池或沉淀池等污水处理设施，处理后达到国家Ⅲ级排放标准并进入污水管网，或经治污处理后达国家一级排放标准直接排入地表水体；一般整治对象的专业（集贸）市场、餐饮店、洗车场点产生污水至少需经生化处理池或隔油沉淀池处理后达到国家Ⅲ级排放标准并进入污水管网，或经治污处理后达国家一级排放标准直接排入地表水体。

五是“治河”步骤及任务。2009年12月至2011年12月集中综合治理璧南河全流域污染，此后为常态治理。集中综合治理分为四个步骤实施。

摸底调查阶段（2009年12月—2010年1月底）。主要任务：一是各责任河段长单位在河段督导长和有关部门、镇街配合下开展调查摸底，并提出初步处理建议。二是环保部门牵头制定治理工作总方案和配套工作制度，有关部门对Ⅰ、Ⅱ类污染源进行排查、分类并分别牵头制定行业整治方案，各河段长单位制定河段治理方案。三是县内有关媒体启动日常宣传报道工作，纪检、监察、组织、人事、督查等部门启动督促检查工作。

集中执法检查阶段（2010年1月下旬—2月中旬）。主要任务：一是在进一步调研基础上，修改完善有关方案和制度。二是各行政执法部门按国家相关法律法规规定对工业和养殖业Ⅰ类污染源在经营许可、环境保护、安全生产、消防安全、特许经营、劳动用工、用地性质、税收交纳、产品质量、卫生防疫等方面进行执法检查，登记造册并依法提出整治建议。三是对Ⅰ类工业污染源，由河段长单位和有关镇街分别明确人员配合环保部门实行经常性蹲点，监控其违规排污行为。四是对城区北街农贸市场等3条小河沟及永嘉大桥等2处厢涵开展查源工作。

集中综合整治重点污染源阶段（2010年2月—6月底）。主要任务：一是在对工业和养殖业Ⅰ类污染源执法检查基础上，相关执法部门下达限期整改文书，各河段长单位牵头组织相关部门和有关街镇督促整改，对整改达不到要求的由河段长组织督促有关执法部门依法严查严处、实施停业整顿，电力、水务部门对其实施停止供电、供水，符合关停条件的按程序报请县政府实施关停，若仍有违规排放甚至煽动闹事的，则交由公安机关依法予以打击。二是对全流域主、支流河道内及两岸污染杂物、漂浮（淤积）物等进行全面彻底打捞清理、收运并进行常态监管。三是建成来龙垃圾处理场渗液收集管网并接入璧城污水处理厂；对城区北街农贸市场等3条小河沟及永嘉大桥等2处厢涵实施处置，全面实现污水抽排并接入管网；启动老城区二、三级排污管网排污普查和改造设计工作，启动有关镇街污水处理设施工程项目立项、可行性研究报告、初步设计、施工设计方案的编制、报批工作。四是对工业和养殖业Ⅱ类污染源下达限期整改文书。五是对建筑单体工程生活污水处理设施建设情况进行清查、整治，将建筑单体工程生活污水处理设施工程质量纳入建筑工程质量监理和验收内容，建立相应监理和验收制度。六是对各违法违规排污单位和个体生产经营者新建、改扩建环保设施及市政环保设施建设工程进行综合验收。

全面推进阶段（2010年7月—2011年12月底）。主要任务：一是对2010年6月底前行文关停、取缔的不达标重点整治对象，组织开展综合执法，实施强制关停。二是巩固集中清漂、清淤成果，启动日常打捞、清除和保洁工作，建立长效机制。三是完成二、三级管网改造工作，完成有关镇街污水处理设施、立项、可行性研究报告、初步设计、施工设计方案的编制、报批和启动建设工作。四是对场镇（城区）生活污染源以及市场、餐饮、洗车等服务行业污染源中的一般整治对象进行整治。

六是“治河”制度保障。建立璧南河综合整治工作联席会议制度、举报奖励制度、整治进度通报制度、督查督办等工作制度，确保整治工作系统、有序推进。将综合整治工作情况纳入环保工作核心考核指标，并探索纳入环保“一票否决”

考核办法，调动工作积极性，增强工作责任感。

七是“治河”成效。“河外截污”取得重大进展。一是依法关停重点污染工业企业43家、养殖场210家，整治屠宰场点15家、农贸市场11家、餐饮店115家。同时，安排1000万元，支持养殖户转产发展，另谋生计。二是基本完成100家二类污染工业企业的整治，实现污染物稳定达标排放。三是启动黛山大道北段、城丁路沿线、璧城至河边319国道沿线、璧城至福里树公路沿线、璧城芋荷小河沟沿线的璧城街道辖区内黄桷村、来龙村、璧泉村、双龙村、新堰村、三角村、马家桥村、龙井湾村，河边镇辖区内同心村、盐井河村，大路街道辖区内福里树村的500家工业企业和个体工商户的整治。四是完成璧南河流域300余家水库、山坪塘和养鱼池污染整治。五是启动蒲元、河边污水处理厂（站）建设；提前8个月完成20.8千米县城城区污水管网建设；完成城区三条小河沟215个污水直排点截污；建成未纳入城区二、三级管网改造范围的璧青路以东、璧温泉路以南的顺博、红旗缸盖、璧泉减速机厂、牛角湾医院、蓝黛公司老厂区和宏康浩宇一带的污水管网建设；完成皮革小区、北门、南门三条小河沟3个拦蓄抽排污水工程和来龙垃圾堆放场场外排污管道建设，有效解决城区生活污水问题。六是在流域两岸建设垃圾台224个，全面收集农村面源污染。七是严防重点污染源死灰复燃，对极个别死灰复燃的养殖户，及时有效处置，巩固治污成效。

“河内清淤”取得实效。2次对县城上游河边、县城城区主河道及城区3条小河沟清理淤泥13万立方米。完成流域主河道清漂。制定《璧南河流域城区段清漂监管办法》，提高清漂质量。

“外域调水”成功实现。启动中水回用工程建设，将璧城污水处理厂处理的达标排放水回调，定期放入主城河段冲洗河床、改善水质。建成中水回用一期工程，开设3个出水口适时放水冲洗河床。

“生态修复”全面铺开。在璧南河朱家桥以上流域栽植水生植物，净化上游水体水质。同时，在璧城城区段沿河两岸大量种树，形成绿化走廊10千米，成为市民休闲锻炼的最佳场所。

2017年，璧南河水质与2010年3月整治前相比，臭味消除，水质明显改善，基本达到四类水质标准。璧南河污染治理取得的显著成效和探索的治理“模式”，得到市委、市政府的充分肯定，全市次级河流污染整治工作现场会在区召开，“治河”模式在全市推广。

（璧山年鉴编辑部）

大 事 记

1 月

6 日至 9 日 第十六届中国西部（重庆）国际农产品交易会在重庆国际会议展览中心举行，璧山区 17 家企业、76 个特色农产品参展。

7 日至 10 日 中国人民政治协商会议重庆市璧山区第十届委员会第一次会议在区文化艺术中心召开。会议选举向邦俊为政协璧山区第十届委员会主席，张正刚、刘正忠、周英碧（女）、杨靖、钟昌国、雍湘（女）为副主席，周厚强为秘书长，常务委员 38 名。

图表 1 图为政协璧山区第十届委员会第一次会议开幕式 （谢捷 摄）

8 日至 11 日 重庆市璧山区第十七届人民代表大会第一次会议在区文化艺术中心召开。会议选举陈强为区第十七届人大常委会主任，章勇武为区人民政府区长；刘启海、杨红军、彭达宪、罗恩德、吴建卿（女）为区第十七届人大常委会副主任，张献强、敖斌、张树金、程虎、陈荣彬、万永生、王复莲（女）为区人民政府副区长；陈宏宇为区人民法院院长，孟卫红为区人民检察院检察长；区第十七届人大常委会委员 23 名。

图表 2 图为区第十七届人民代表大会开幕式 （连宏宇 摄）

12 日 西藏首批教师在璧山区研修培训结业。此次培训是璧山区教育系统首次帮助西藏自治区培训教师，以“缺什么、补什么”和“学以致用”的原则设置培训课程。

13 日 实验小学第二届学术年会在璧山中学新校区学术报告厅举行，全区 65 所中小学 800 名教师参加会议。

图表 3 图为区长章勇武接受新华网专访现场 （周海瑞 摄）

14日　区长章勇武分别就璧山如何深入实施“三区一美”行动计划，打造“和美璧山”和供给侧结构改革等话题接受新华网记者专访。

16日　美国六旗集团副总裁杰·托马斯、总经理马克A·凯恩、设计副总裁莱斯·哈德森、建设副总裁提姆·伯克哈特、乐园服务副总裁尤金·诺顿一行到璧山，对“重庆山水主题小镇——六旗乐园”项目地块实地勘测设计。

图表4　图为美国六旗集团副总裁杰·托马斯一行实地查看现场　（杨勇　摄）

同月　实验小学校园电视台获评全国优秀百佳校园电视台。

同月《瞭望东方周刊》作为新华通讯社旗下的重点主流新闻期刊，在“中国幸福城市十年纪念专刊”版面，以图文形式报道重庆璧山生态宜居工作情况，进一步传播璧山口碑、放大璧山影响。

2　月

8日　璧山区被农业部认定为“第三批全国农村集体‘三资’管理示范区”。

9日　2017重庆璧山中国汽车场地越野锦标赛总决赛签约活动在区行政中心举行。举办全国性汽车赛事在重庆地区、璧山均属首次。

19日　璧山区首届行业足球联赛决赛在机电职业技术学院举行。

21日　璧山国家高新区13个工业及金融投资项目集中签约活动举行。此次签约工业投资项目9个涉及光学、机器人及智能装备、生物医学、新型材料、节能环保等战略性新兴产业，项目投资42亿元。签约私募基金专业管理机构4家，与璧山区国有平台公司合资，在璧山注册私募投资基金管理公司。

22日　璧山国家高新区10家企业举行集中开工活动。此次开工涉及项目10个，占地面积56.67公顷，投资50.2亿元，主要涉及智能装备、现代物流、新型材料等产业领域。

同月　区首批众泰E200型新能源治安巡逻车投入试运行。

同月　璧山创建成为义务教育发展基本均衡区。

同月　璧山新增重庆市著名商标3件，截至2月璧山区有注册商标4701件，驰名商标4件，地理标志4件，重庆市著名商标37件。

3　月

9日　璧山区与重庆银行签订“重银—璧山”双创基金战略合作项目框架协议。

同月　璧山区推行家庭医生签约服务。

同月　璧山区入选首批国家气候适应型城市建设试点城市。

14日　璧山国家高新区与重庆广播电视大学（重庆工商职业学院）签订战略合作协议。

15日　璧山区58名教师的“优课”获国家部级“优课”奖。

25日　璧山区设立第二个基层片区检察室，该检察室在大路街道挂牌运行。

27日　璧山区入选国家农产品质量安全创建试点单位。

同月　璧山区设立扶贫济困医疗基金，10类困难群众可享医疗救助。

同月　中国兵器装备集团重庆红宇精密工业有限责任公司院士专家工作部成立。

4 月

7日至11日 为纪念潘天寿先生诞辰120周年，其再传弟子雪野、陈龙书法美术展在璧山举行。展出书法作品60件，美术作品40件。

8日 苏黎世音乐学院艺术总监、瑞士钢琴家魏纳·佰奇受邀到璧山演出。

10日 由重庆众泰汽车工业有限公司投资、重庆市坤达建筑工程有限公司承建的乘用车漆后车身总成项目通过竣工验收。该项目总投资2.65亿元，项目建成自动化冲压生产线、自动化焊接生产线、涂装生产线及汽车分总成组装线。

25日 重庆电视台公共频道《非遗中国 重庆瑰宝》栏目组到璧山，录制璧山非遗代表性项目“来凤鱼”。

26日 璧山区通过中国汽车工业协会复审，继续保持“中国汽车零部件制造基地”称号。

5 月

11日 璧山国家高新区与重庆大学联手打造的来华留学生创新实习基地，在天安CBD创业大厦举行揭牌仪式。

18日、22日 中央电视台少儿频道（CCTV-14）“新闻袋袋裤”栏目《进校园活动》，连续2期聚焦璧山区实验小学校园电视台，对实验小学校园电视台运作情况，小记者们如何展示风采等内容拍摄报道。

20日 重庆市病媒生物防制效果评估检查专家组到璧山，评估检查病媒生物防制效果。

24日 区中医院理事会成立。

同月 福禄镇入选重庆市级特色小镇。

同月 璧山区申报的13个市级重大新产品项目通过市经信委审核。

6 月

1日 璧山原创MV《宝贝别哭》先后登陆央视新媒体“1号线上”、中国教育台一套（CETV-1）、重庆卫视、重庆网络电视台、重庆有线全域重庆、璧山电视台、璧山手机台、璧山广播电台、璧山报微信等媒体。

7日 农业部公布全国首批农村创业创新园区（基地）目录，璧山区大兴镇葡萄现代农业示范园区被认证为全国农村创业创新园区（基地）。

10日 由中央网信办网络社会工作局、市委宣传部、市委网信办共同主办的“智重庆·慧生活”网络名人重庆行活动到璧山，来自全国政治评论、财经观察、文化传播等领域的20位网络名人考察璧山的智慧城市建设情况。

13日 璧山区2个项目（御湖国际生态旅游度假区、河边生态旅游特色镇建设项目）入选全国优选旅游项目名录。

17日至18日 在体育馆举行璧山区“体彩杯”第五届职工乒乓球比赛。

18日 由文化部主办、市文化委承办的“群星奖获奖作品全国巡演重庆行”演出在区文化艺术中心举行。参演节目均为群星奖获奖作品，荟萃山东、江苏、广东、云南、山西、浙江、重庆等省市的12个节目，涵盖音乐、舞蹈、戏剧、曲艺等艺术门类，讲述百姓故事、反映多彩生活。

图表6 图为全国巡演璧山现场

（连宏宇 摄）

22 日　第二十届中国（重庆）国际投资暨全球采购会在重庆国际博览中心举行。璧山区携众泰新能源汽车、六旗集团 VR 互动体验等高新技术项目参会参展。

图表 7　图为璧山展区在第二十届中国（重庆）采购会现场　（谢捷　摄）

29 日　“共舞长江经济带—探访长江经济带区域协同生态发展之路”网络主题活动走进璧山，探访璧山区绿色发展、加快构建综合立体交通走廊、创新驱动产业转型升级、积极推进新型城镇化、努力构建全方位开放新格局、创新区域协调发展体制机制等方面的探索和成效。此次到璧山采访的有人民网、中国网、中国经济网、光明网等 40 余家中央及其他省市媒体记者。

7　月

3 日　中国生态城市研究专家赵江到璧山专题讲解“海绵城市”建设的理论与实践。

4 日　璧山中学与重庆一中再度签约，开启深化联盟办学，打造全市有影响力的一流学校新征程。

5 日　重庆军民融合协同创新研究所与重庆红宇精密工业有限责任公司签约，在璧山国家高新区成立重庆军民融合协同创新平台。

同日　中残联督导组到璧山，开展全国残疾预防综合试验区基线调查督导和创建试点工作督导。

7 日　台湾名师林明进走进璧山，为御湖小学百余名教师和学生家长讲授《论语》。

10 日　中宣部开展的“推动形成绿色发展方式和生活方式宣传调研采访活动”走进璧山，由中宣部选派的记者刘旭，在璧山蹲点采访 20 余天，集中聚焦璧山推动绿色发展、倡导绿色生活的探索实践。

11 日至 14 日　璧山区举行首届摄影艺术展，80 余幅摄影作品参展，展现璧山发展变迁、民生幸福和来自异域他乡的风土人情。

19 日　璧山区政府与中国农业银行重庆分行签署“共同推进璧山区‘十三五’建设金融服务战略合作协议”。

19 日至 21 日　全国爱卫办技术评估组到璧山，技术评估璧山区创建国家卫生区工作。

20 日　国务院第 4 次大督查第 14 督查组到璧山，督查璧山医疗养老工作。

23 日　由重庆军民融合协同创新研究院承办的“智能传感技术暨第二届重庆军民深度融合产业发展交流会”在璧山区举行。

24 日　璧山区政府与爱建证券有限责任公司签署战略合作协议，爱建证券将在璧山注册成立重庆唯一分公司，并入驻 CBD 金融街。

25 日　璧山区 2017 年第二期“干部大讲堂”开课，清华大学教授孙立平为全区 600 余名领导干部剖析中国经济转型的现状和前景。

31 日　区文化馆数字体验厅正式投用，并向

图表 11　图为文化馆数字体验厅投用现场

（张承刚　摄）

市民开放。馆内配置有VR体验设备，书法和美术学习、创作设备，舞蹈学习体验设备，少儿艺术学习机等，大量市民前往参观体验。

8 月

1日 受科技部委托，市科委相关领导率专家组，对璧山国家农业科技园区现场考察验收。专家组肯定璧山国家农业科技园区工作，产业特色明确、科技支撑具实，建设成就显著，同意通过现场验收。璧山国家农业科技园区于2013年9月被国家科技部批准建设国家级农业科技园区，园区规划面积9333.33公顷。2017年，园区累计整合各类资金19.8亿元用于相关建设，建成核心区666.67公顷、示范区2000公顷，辐射带动面积6666.67公顷。建成国家创新创业平台5个、省部级平台及实验室6个、区级研发推广平台6个。

2日 由人民日报社重庆分社和人民网重庆频道组成的采访团到璧山，开展“绿色发展”专题采访活动。

3日 璧山区首辆新型多功能消防宣传车投入使用。该车配置有六旋翼碳纤一体无人机、多媒体播放器、消防知识综合查询系统、119报警体验系统、电器火灾与消防自动化喷淋演示系统等，融宣传、娱乐、体验等功能为一体。

4日 市环境监察办督察组到璧山，督办中央环保督察整改工作进展情况。

图表12 首辆多功能消防宣传车上岗现场

（张承刚 摄）

5日 由璧山区人民政府主管、璧山区人民政府办公室主办、《璧山年鉴》编辑部承办的《璧山年鉴（2016年卷）》被中国地方志指导小组评为县区级地方综合年鉴类特等奖。这是重庆市各级各类年鉴首次获官方权威评选全国最高奖。

同日 多弗控股集团董事长胡兴荣率集团高层到璧山考察。

同日 2017年全民阅读“红岩少年”讲故事大赛在区图书馆举行，10名参赛选手参与角逐。此次大赛的主题为“直辖二十年，喜看家乡新变化”。

7日 市委和市政府主要领导到璧山，先后调研璧山秀湖生态区、重庆众泰新能源汽车生产基地生产车间、璧城街道城中社区便民服务中心、璧山区规划展览馆。并强调，要深入贯彻习近平总书记视察重庆重要讲话精神，坚持生态优先、绿色发展，坚定走生产发展、生活富裕、生态良好的文明发展道路，做到既要绿水青山也要金山银山，努力实现百姓富、生态美有机统一。

同日 由区委宣传部、区体育局、区文明办联合主办的“德耀巴渝 志愿重庆——璧山好体育人在行动”全民健身志愿服务集中展示活动在文体广场举行。

8日 全长3.7千米的轨道交通1号线尖璧段缙云山隧道工程贯通。

同日 璧山国家高新区举行12家企业的集中开工活动。项目总占地37.47公顷，总投资23.5亿元，投入强度27.87万元/公顷。

10日 璧山区人民医院完成整体搬迁，并在新院区全面开诊。

11日 由区妇儿工委主办的璧山区“重庆市儿童工作资源中心项目”启动暨“儿童之家”开园仪式在来凤街道东街社区举行，区10个社区儿童之家正式开园。

16日 区人民医院心内科主任、博士于长青带领医疗团队为4名患者进行心脏冠脉造影术，

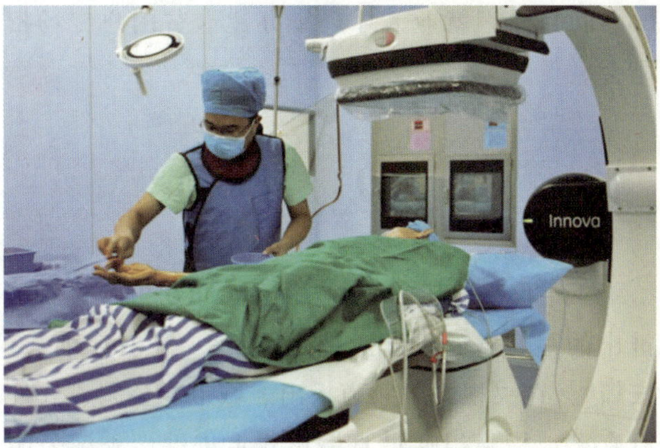

图表 14　图为 DSA 手术介入现场

（璧山报社　供图）

并为其中 2 名有治疗指征的患者成功植入冠脉支架。这是璧山区首次运用 DSA 造影机介入治疗。

23 日　由区残联组织编排的节目《巴风渝韵》，获第九届全国残疾人艺术汇演（西部片区）器乐类一等奖。《巴风渝韵》是结合璧山区非物质文化遗产“王氏传统牛皮鼓制造工艺”和川剧中的川打编排而成的，反映残疾人对生活和艺术的热爱。参演演员由区特殊教育学校 12 名听力障碍孩子和来自璧城、璧泉、青杠街道的 5 名视力或肢体残疾人组成，年龄最大的 68 岁，最小的 13 岁。

同月　市人大常委会主要领导到璧山，专题调研生态文明建设工作。并充分肯定璧山城市生态环境和营销城市工作。

同月　大学城至璧山调水工程开建。该工程投资 7713 万元，在渝蓉高速路缙云山隧洞内安装供水管道 23.74 千米，将大学城供水管网与璧山城区供水管网连通。

同月　璧山区“养殖书屋”开馆，拥有畜禽、水产养殖技术等方面的书籍 2000 余册，配备书柜、桌椅、音像制品等硬件设施。该书屋开馆时间是每个工作日的上午 9 点到 11 点半，下午 2 点半到 5 点，地址在璧泉街道莲花街 185 号 5 楼，养殖户可免费到馆借阅书籍和咨询技术问题。

9　月

1 日　御湖小学和凤凰小学投入使用。御湖小学占地 3.33 公顷，建筑面积 4 万多平方米，拥有标准教室 75 间，特色功能室 30 余间，能够容纳学生 2160 名。投入使用初期，首次开设 1 至 3 年级，设置 10 个班，招生 500 人。凤凰小学占地面积 3.33 公顷，投入使用初期，首次开设 1 至 6 年级，设置教学班 18 个，招生 1000 人。

11 日　璧山区与人保财险重庆分公司签署战略合作协议。

15 日　全市中小学书法教研工作会在河边小学召开，来自市教委、市教科院、市书协的 100 余名书法专家参加活动。

19 日　“创新创业高端培训企业成长训练营走进璧山”活动在 CBD 金融街创业大厦举行，全区 40 多家科技型企业管理者接受创新创业培训。

同日　“2017 年全国双创活动周暨璧山科技创新成果体验活动”在璧山创新体验中心举行。区教委、区科委组织区 100 余名青少年学生观看创客设计作品。

20 日　重庆芭蕾舞团原创芭蕾舞剧《死水微澜》在璧山文化艺术中心大剧院精彩上演。

同日　全市地方志编撰“两全目标”攻坚培训会议（第三期）在璧山区召开。

图表 15　图为培训会现场

（区档案局　供图）

28日　璧山区东岳体育公园建成投用。公园位于绿岛新区核心区，东临黛山大道，西临雪山路，南临永嘉大道，北临文化艺术中心。公园总占地面积23.33公顷，有11个运动区、25块运动场地和1.2千米登山步道。其中水体面积8公顷，占公园总面积的1/3。园内还种植有垂丝海棠、桂花、红梅、罗汉松、樱花、香樟等50余种乔木计6000余株，有贴梗海棠、春鹃、洒金珊瑚、佛顶珠桂等20余种花灌木共计350万株，公园绿地率高达70%。

21日　环保部召开全国生态文明建设现场推进会，公布首批国家生态文明建设示范市区县名单。璧山区作为重庆市唯一上榜区县，获第一批国家生态文明建设示范区称号。

27日　璧山区2017年新型职业农民培训班在大兴镇开班，全区600人参加培训。

28日　璧山区东岳体育公园建成投用。公园位于绿岛新区核心区，东临黛山大道，西临雪山路，南临永嘉大道，北临文化艺术中心。公园占地面积23.33公顷，有11个运动区、25块运动场地和1.2千米登山步道。其中水体面积8公顷，占公园总面积的1/3。园内还种植有垂丝海棠、桂花、红梅、罗汉松、樱花、香樟等50余种乔木计6000余株，有贴梗海棠、春鹃、洒金珊瑚、佛顶珠桂等20余种花灌木共计350万株，公园绿地率高达到70%。

图表16　中央电视台《还看今朝》直播璧山城在景中景在城中现场截图　（璧山报社　供图）

同月　区就业人才局举办建卡贫困户专场招聘会。

10　月

5日下午2点　中央电视台、重庆电视台联手推出的喜迎党的十九大特别节目—《还看今朝·重庆篇》，在央视新闻频道播出。城市像公园、处处有森林，栏目组通过直播形式走进璧山秀湖公园现场拍摄、采访市民，用5分钟时长展现璧山这座森林城市带给老百姓的绿色获得感。

12日　由科技部高技术研究发展中心主办，璧山国家高新区管委会、重庆军民融合协同创新研究院承办的“重大科学仪器设备开发”重点专项2016年立项项目进度评估活动在璧山举行。

16日　重庆军民融合协同创新研究院“牵手”中国探月工程总设计师、中国工程院院士吴伟仁，在璧山国家高新区打造的首个院士工作站正式签约并揭牌。该院士工作站主要开展航天探测、深空测控等领域的研究和技术开发，与企业联合承担国家重大技术创新项目。

17日至19日　全市首场党员干部现代远程教育业务骨干示范培训在璧山举行，全市各区县120名业务骨干参加培训。

19日　由区委宣传部、区妇联、区文明办开展的2017年寻找璧山“最美家庭”系列揭晓活动在区文化艺术中心举行。

图表17　图为最美家庭揭晓现场

（璧山报社　供图）

同日 璧山区国家级妇幼健康优质服务示范区创建工作启动。

23日 璧山区292辆公交车实现GPS视频监控全覆盖。

24日 璧山区被列为全国135个县（市、区）结合新型城镇化开展支持农民工等人员返乡创业试点区县。

图表18 国家级返乡创业试点区县奖牌

（区就业局 供图）

25日 区城市管理局（区城市管理综合行政执法局）挂牌成立。

26日 重庆医科大学附属璧山医院授牌仪式在区人民医院举行，区人民医院正式挂牌成为重庆医科大学非直管附属医院。

31日 中国科学院重庆绿色智能技术研究院院长袁家虎到璧山调研，与璧山区商讨双方合作相关事宜。

图表19 图为授牌仪式现场

（璧山报社 供图）

同日 原创儿童剧《百合春天》公益巡演抵达璧山，创作团队分别到金剑小学、保家小学，为两校的师生演出。该剧由中国青少年发展基金会、宝洁公司、北京动动鞋子儿童剧团共同出品。

同月 璧山区烹饪师龙大江获由中国饭店协会评选的“首届中国烹饪金匠”称号，成为重庆首位获此殊荣的烹饪师。

同月 璧山区首批种子基金支持项目落实，重庆维富金属制品有限公司、重庆优楷科技有限公司、重庆阿拉丁魔方酒店有限公司、重庆西瓜互联网科技有限责任公司4家企业获30万元至50万元不等的免息信用贷款支持。

同月 重庆市开展第十八届美术书法摄影联展，璧山区有30幅美术书法摄影作品入选。

11 月

1日 西藏昌都市三级强基办干部和选派村支书璧山培训班在区委党校开班，来自昌都市三级强基办干部、11个区县选派村支书共41人参加为期15天的学习培训。

同日 区人民医院老年医学科正式开科。新成立的老年医学科配备有专业医护人员16名，其中，正高1人、副高2人，硕士研究生4人。科室致力“一站式”“全程式”“星级式”服务，保证病人24小时得到不间断全面医疗、护理及安全保障。

3日 璧山区首场基层政法单位评议工作会在青杠街道召开。

3日至7日 璧山区举行第六届运动会。

3日至4日 璧山区在璧山中学开展NOC机器人赛项及青少年机器人等级考试教师专项培训。会上，中国电子学会、国家教育信息化产业技术创新战略联盟联合为区青少年机器人等级考试示范区授牌。璧山区是第一个获此殊荣的区县。

5日 2017年中国整合医学教育论坛在区人民医院举行。3名中国工程院院士、国内百余名知名医科大学校长及600多位医学管理、教育领域专家参加论坛。该论坛由中国医药教育协会、中国医药教育协会整合医学教育分会主办，重庆医科大学、重庆医科大学附属璧山医院承办。

6日 全市中小学卫生骨干人员培训班在璧山开班，各区县教育系统卫生专干、寄宿制学校相关负责人等百余人参加培训。此次培训由市教委主办，区教委、市中小学卫生保健所、重庆第二师范学院承办。

7日至8日 致公党西部云南、贵州、四川、陕西及重庆五省市扶贫工作会在璧山召开。

9日 教育部——联合国儿童基金会“学校全方位环境改善项目”交流会在璧山召开。

10日 重庆市中小学健康学校/卫生示范学校创建工作推进会在璧山召开，会议表彰命名69所重庆市首批中小学卫生示范学校。

14日 2017年重庆市儿童工作资源中心项目市级培训班在璧山开班，来自全市各项目试点区县工作人员参加培训。

16日 璧山区、芒康县校际结对帮扶签约仪式暨第二批骨干教师研修班开班仪式在区进修校举行，区正则中学与芒康县盐井中学、金剑小学与芒康县嘎托镇小学签约成为校际结对帮扶关系。

17日 中国民主建国会重庆璧山区工作委员会成立大会召开，民建重庆市委员会璧山支部升格为民建重庆市璧山区工作委员会。

图表20 图为全国农业农村信息化示范基地奖牌 （区农委 供图）

18日至20日 区就业人才局组织开展2017年第一期农村劳务经纪人培训，全区从事劳务经纪工作和有意从事劳务经纪工作的126名人员参加培训。

19日 璧山区食品流通商会成立。

20日 璧山区被评为2017年度全国农业农村信息化示范基地。

22日 区首批3辆消防摩托车分别在瀚恩阳光小区、嘉陵集团、展运公司投入使用。

22日至23日 第十六届“全国中小学信息技术创新与实践活动”（简称NOC活动）地方组委会工作会暨第十六届NOC活动创客培训班在璧山举行，全国各省、自治区、直辖市NOC活动代表参加培训。

23日 由市文化委、璧山区政府主办，区文化委、中国邮政璧山分公司承办的第二届重庆文化惠民消费季璧山分会场启动仪式，在摩登时代广场举行，来自全区50余家文化惠民消费季联盟企业参加活动。

25日 秀湖公园“百姓文化舞台”迎来首场演出。

28日 山水文园集团高级副总裁邢文明率团队到璧山，考察“重庆山水主题小镇六旗乐园”建设情况。同年5月17日，山水文园集团执行董事张晓梅、董事唐军率团队到璧山，查勘“重庆山水主题小镇—六旗乐园”项目建设进度。6月2日，山水文园董事局主席李辙携世界顶尖设计团队到璧山，现场办公推进项目建设。6月6日，中国进出口银行重庆分行行长马焱、山水文园集团总裁张晓梅率团到璧山，考察璧山城市建设和产业发展。

同月 区人民医院妇产科开展腹主动脉球囊阻断下剖宫产术，成为重庆市首个在区县级医院开展此类手术的医疗机构。

同月 璧山区作为“重庆市儿童工作资源中心项目”试点区县之一，承接国务院妇儿工委办和联合国儿童基金会为期3年的“省级儿童工作资源中心项目”，截至11月，在璧城、璧泉、来凤等地成立有10个社区“儿童之家”。

同月 璧山本土作家邓启云创作的《璧山来凤鱼文化》出版发行。该书31万字，分12章，介绍来凤鱼文化定义、性质和内涵，来凤鱼发展史，来凤鱼文化与政治、经济、习俗、艺术等相关情况，是第一本研究与宣传来凤鱼文化的专著。

同月 由北京非物质文化遗产发展基金会主办、中国工艺美术协会承办的首批“大国非遗工匠”名单出炉，璧山区微刻大师潘啟慧入选全国首批“大国非遗工匠”榜单。

同月 由市体育局和市教委主办的“2017年重庆市跆拳道冠军赛”在长寿区落幕。璧山中学初三学生张芸获女子乙组63公斤级冠军。

同月 大兴镇入选市级乡镇商贸综合服务中心。

同月 区教委报送的《大力加强特岗教师培训》案例被教育部遴选为农村义务教育阶段特设岗位计划实施工作优秀案例，成为全国16个入选的优秀案例之一。

同月 在重庆广播电视集团（总台）重庆网络广播电视台，全市38个区县及万盛经开区广播电视台联手开展“百万网民点赞重庆最美小镇”大型全媒体公益性宣传活动中，璧泉街道以最高票入围最美小镇。

12 月

1日 璧山区开展非公组织出资人暨非公经济人士专题培训，50名企业负责人参加培训。

2日 中央电视台新闻频道（CCTV-13）《新闻直播间》栏目报道璧山“厕所革命”的成功实践。

4日 区人民医院神经外科成功实施区首例硬脑膜动静脉瘘切除术。

6日 璧山区首个大型现代商贸物流园——普洛斯璧山物流园一期工程建成投用。2016年3月初，普洛斯依托璧山国家高新区和西永综合保税区，在璧山区打造现代化特大型仓储物流建设项目——普洛斯璧山物流园。项目占地面积187670平方米，分2期施工建设。

7日 第九期“最美巴渝感动 重庆月度人物”发布会暨“榜样面对面”中共十九大精神宣讲团璧山区分团示范活动，在璧山文化艺术中心举行。

9日 由区科协、区教委联合主办的2017年青少年科技模型大赛在凤凰小学举行，来自全区27所小学的230名学生参加比赛。本次大赛设有四驱车竞赛、航海模型竞赛、航空模型竞赛3个项目。经比赛，27名学生获一等奖，36名学生获二等奖，65名学生获三等奖。3所学校获团体一等奖，5所学校获团体二等奖，8所学校获团体三等奖。

图表23 图为投票现场

（璧山报社 供图）

10日 璧山区政府、重庆大学、意大利圣安娜大学共同在璧山举办第一届中意创新科技日暨伽利略意大利中心十周年文化交流会。意大利重庆总领馆，重庆大学，伽利略意大利中心邀Leonardo集团、NITI集团、欧洲商会等26家意大利企业代表到璧山投资考察，双方就人工智能及智能制造项目、意大利工业设计、生物技术等项目推荐和交流。同年2月24日，重庆大学、意大利圣安娜大学、重庆市璧山区三方共同签署合作协议，在璧山区共同建设中意创新产业园。10月

24日，区政府主要领导会见意大利圣安娜大学马西莫教授一行，就建设中意创新产业研究院，及研究院内建设AR/VR实验室洽谈。是日，璧山区、意大利圣安娜大学、重庆大学同50余家投资机构负责人，就中意创新产业研究院筹建洽谈。

11日 由中国文联艺术志愿服务中心、中国音协等主办的“2017年中国文联文艺培训志愿服务项目——重庆音乐培训班”在璧山区文化艺术中心开班。此次培训为期5天，来自全市各区县文化馆（站）及文艺村、文艺户音乐专干，词曲创作人，中小学音乐教师等180余名音乐爱好者参加培训。

14日 区委宣传部、区文明办、璧泉街道联合在文体广场举行“城市文明我先行”系列活动启动仪式。

是日 中国侨联海外顾问、澳大利亚著名侨领、杰出华人慈善家、澳大利亚ABC纸业有限公司总裁魏基成到璧山，为璧山困难群众提供公益援助。

15日 2017年中国汽车场地越野锦标赛总决赛在璧山开赛。此次总决赛由中国汽车摩托车运动联合会、璧山区人民政府主办，北京汽摩运动发展公司、重庆众泰汽车工业有限公司承办。比赛有来自全国各地的40余支专业赛车队伍、100多辆各大品牌赛车、100余位专业赛车手参赛。15日至17日举行排位赛和预赛，18日举行决赛，CCTV5对决赛全程直播。在汽油厂商组中，北京汽车越野世家车队包揽冠亚军。在汽油改装组中，主场作战的众泰T600，越野车队徐莹夺冠。在柴油厂商组中，江淮瑞风S7越野车队王爱生夺冠。在柴油改装组中，福建长泰漂流赛车队连吴滨夺得组别冠军。在公开组中，河南大森机电赛车队信强夺得组别冠军。在UTV组中，北京宏昌竣弘健车队张磊夺冠。在女子组的比赛中，路路达润滑油车队荣盼盼获组别冠军，璧山悦满花乡玫瑰园·文凡车队程兰惠夺冠。开放组俱乐部杯积分第一的为四川风暴赛车队。

图表25 图为获奖选手颁奖仪式现场

（璧山报社 供图）

17日 在西安举行的首届“寻找最美家乡河”大型主题活动颁奖仪式上，璧山区璧南河获评全国“最美家乡河”。

19日 重庆红宇精密工业有限责任公司红宇工业园B区在璧山国家高新区开工建设。红宇工业园B区由民品生产区和表面处理工段2个板块组成，总占地14万平方米，分2期建设。

21日 在璧山抗战历史照片解读交流会上，《国家记忆》作者晏欢、戈叔亚在美国发现150余张反映璧山抗战历史的照片，并将照片扫描件交回璧山区。这些照片反映璧山抗战期间军事、教育、街头景象、重大事件、群众生活等。

22日 璧山区召开《璧山县志（2006—2014）》评审会。《璧山县志（2006—2014）》记录璧山撤县建区前最后9年的历史。

26日 璧山国家高新区举行招商引资项目集中签约活动。该次签约项目20个涉及人工智能、大数据、总部经济、智能制造等战略性新兴产业领域，项目投资44.6亿元。

同日 成渝高速扩能项目——九永（九龙坡至永川）高速公路通车。九永高速项目总投资53.5亿元，长约49千米。

同日 璧山区汽车工业协会成立。该协会由璧山区从事汽车生产及汽车、摩托车零部件生产、经营及相关行业的单位自愿组成的社会团体，首届会员有89家企业。

图表27　巴渝风新年音乐会现场

（曾清龙　摄）

28日　“渝州大舞台·好戏月月演”大型民族管弦乐《山水重庆》新年音乐会在区文化艺术中心上演。

同月　著名儿童文学作家王一梅到璧山区实验小学和文风小学，与学生们分享交流如何写作。

同月　璧山区首座校园“朗读亭”在实验小学建成使用。

延伸阅读 ▶▶

促进城乡融合发展　建设重庆的“乡村振兴先行区”

农村稳则天下安，农业兴则基础牢，农民富则国家盛。中共十九大报告首次提出实施乡村振兴战略，并强调农业农村农民问题是关系国计民生的根本性问题，必须始终把解决好“三农”问题作为全党工作重中之重。要坚持农业农村优先发展，按照“产业兴旺、生态宜居、乡风文明、治理有效、生活富裕”的总要求，建立健全城乡融合发展体制机制和政策体系。日前召开的中央农村工作会议指出，实施乡村振兴战略，是我们党“三农”工作一系列方针政策的继承和发展，是中国特色社会主义进入新时代做好“三农”工作的总抓手。

璧山“对标对表”十九大精神和中央农村工作会议要求，结合市委提出的“乡村振兴战略行动实施计划”，在区委十四届三次全会上，首次在“三区一美”行动计划中提出建设重庆的“乡村振兴先行区”。全面激发农村活力，成为全市城乡融合发展的“前锋”。

促进城乡融合发展

突出“绿色”方向　打造“金色郊区”：守好绿水青山，深入推进生态镇街和生态村（社区）建设，有效治理农业面源污染，推动农村改水改厕、危旧房改造、垃圾收运体系、污水处理设施等建设，把城市基础设施和社会事业延伸到农村，切实改善农村环境面貌，打造重庆的“金色郊区”。

注重融合发展　实现产业兴旺：发展都市特色效益农业，构建农业全产业链体系，推动以观光、休闲、体验为主的“周末经济”，打造“民俗文化”旅游休闲区，满足市民亲近自然、农耕体验等多样化的需求。引导镇街走符合自身特色的发展道路，大力发展“道口经济”，建设一批特色小镇。在鼓励“农转城”的同时，引导农民工返乡、大学生回乡、创业者下乡，缓解农村人口和农业劳动力老龄化问题。

璧山概况

基本情况

地　　理

璧山位于重庆市以西，北纬29°17′~29°53′，东经106°02′~106°20′。东邻沙坪坝、九龙坡，南界江津，西连铜梁、永川，北接合川、北碚。辖区面积约915平方千米，辖6个街道（璧城、璧泉、青杠、来凤、丁家、大路）、9个镇（河边、正兴、大兴、八塘、七塘、福禄、广普、三合、健龙）。

璧山，自古居成渝要冲、扼渝西咽喉。宋李浚《璧山普泽庙记》云："国朝蜀分为四，而方各有镇。由剑之里为七曲，剑以东为白崖，剑之西为玉垒，自蜀而下为渝，则有璧山。是四山者，如蜀之镇，一道生灵之司命也。"璧山境内旧有东大路、东小路、小川东路、西北路。其中，东大路系驿传古道，自巴璧交界处老关口入璧山境，经来凤、丁家、马坊桥到小马坊入永川界，跨境30千米，为历代重庆至成都的驿传、调遣军队、运送粮饷及商贾往来的主要通道。西北路系重庆至合川的旱塘路线，由青木关入璧山境，经六塘、七塘、八塘，在风垭入合川界，跨境35千米。

璧山，已成为重庆向西连接成渝经济带的重要节点。穿越境内的成渝、渝蓉、渝遂、九永4条高速公路，成渝客运专线（高铁）建成通车。连接重庆主城的璧山隧道于2010年9月28日建成通车，重庆轨道交通1号线璧山段正在建设。璧山正在由重庆西大门蝶变渝西交通枢纽。

建置沿革

【概况】　璧山，于唐至德二年（757）置县。

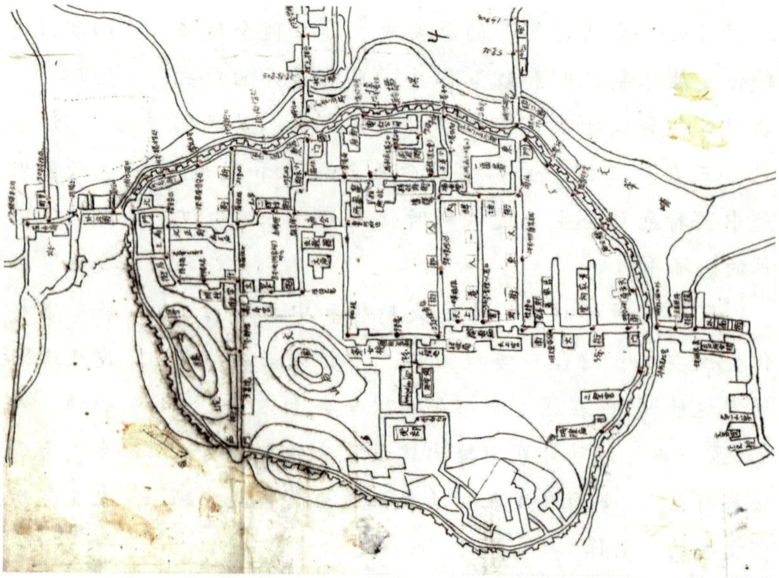

图表1　民国二十九年（1940）绘制的璧山县城图

（区档案馆提供　罗君摄）

清乾隆《璧山县志》载，“唐至德二年，始析巴、江津、万寿三县地，置璧山县，属渝州”。《新唐书·地理志》《四川通志》，记载亦同。

璧山原名壁山，因山为名。唐《元和郡县图志》载：“壁山县，本江津、万寿、巴三县地，……川中有一孤山，西北二面险峻，东南面稍平，土人号为重壁山，至德二年置县，因山为名。”约为明成化十九年（1483）复置璧山之后，以“山出白石，明润如璧”，更名璧山。明江朝宗《新建璧山县记》曰：“昔人云‘四山如壁’，又云‘山出白石，明润如璧’，故名。”

置县前，璧山境域禹贡时为梁州之域，周代为巴子国地属江州县，秦代为巴郡地，汉代为巴郡地属益州，三国时属蜀汉，晋代为巴郡地属梁州，南北朝时为巴郡地属益州，隋代为巴、江津二县地属渝州。

唐置县时，隶属渝州。县境约为中梁山以西、云雾山以东、长江以北、嘉陵江以南的区域。清乾隆《璧山县志》载，“古志曰：璧山，形如柳叶，环境皆山，外高中平，两江夹送，周回弯曲六百里”。

唐大历十一年（776），分璧山西南部分地置永川县。北宋崇宁元年（1102），渝州改名恭州，璧山隶属恭州。南宋淳熙十六年（1189），升恭州为重庆府，璧山属之。元至元二十二年（1285），璧山因屡遭兵灾、地广人稀并入巴县。明成化十九年（1483），复置璧山县，属重庆府。清康熙元年（1662），因户口尚少，停璧山县铨，交由永川代管。清雍正七年（1729），复置璧山县，属川东道重庆府。

民国三年（1914），璧山属四川省川东道。民国十七年（1928）撤道后，属四川省。民国二十五年（1936），四川省设行政督察区制，璧山属第三行政督察区。民国二十九年（1940），重庆成为陪都，以成渝、川黔公路两侧80千米范围为重庆卫戍区和陪都迁建区，璧山属之。（璧山年鉴编辑部）

璧山县（区）建置沿革简表

表 3-1

历史时期	建置名称	直隶	总隶
夏			梁州
商、周			巴国
秦	江州县地	巴郡	
汉、三国	江州县地	巴郡	益州
西晋（285年）	江州县地	巴郡	梁州
西晋（311年）	江州县地	巴郡	荆州
东晋（347年）	江州县地	巴郡	梁州
南朝（420年）	江州县地	巴郡	益州
南朝（502年）	江州县地	巴郡	楚州
北朝（553年）	垫江县地	巴郡	巴州
北朝（557年）	垫江县地	巴郡	楚州
北朝（561年）	巴县地	巴郡	楚州
隋（583年）	巴县、江阳县地	渝州	
隋（598年）	巴县、江津县地	渝州	
隋（607年）	巴县、江津县地	巴郡	

续表

历史时期	建置名称	直隶	总隶
唐（618 年）	巴县、江津县地	渝州	山南道
唐（620 年）	巴县、江津县、万春县地	渝州	山南道
唐（622 年）	巴县、江津县、万寿县地	渝州	山南道
唐（742 年）	巴县、江津县、万寿县地	南平郡	山南东道
唐至德二年（757 年）	璧山县	南平郡	山南东道
唐（758 年）	璧山县	渝州	山南东道
五代十国（907 年）	璧山县	渝州	前蜀（孟知祥）
北宋崇宁元年（1102 年）	璧山县	恭州	夔州路
南宋淳熙十五年（1188 年）	璧山县	重庆府	夔州路
元至元二十二年（1285 年）	巴县地	重庆路	大夏（至正末，明玉珍据重庆）
明成化十九年（1483 年）	璧山县	重庆府	
清康熙六年（1667 年）	永川县地	重庆府	川东道重庆府
清雍正七年（1729 年）	璧山县	重庆府	川东道
中华民国（1914 年）	璧山县	川东道	四川省
中华民国（1928 年）	璧山县	四川省	四川省
中华民国（1936 年）	璧山县	第三行政督察区	四川省
中华民国（1940 年）	璧山县	陪都迁建区	四川省
中华人民共和国（1946 年）	璧山县	巴县行政专员公署 璧山行政专员公署	川东行署
中华人民共和国（1951 年）	璧山县	江津专区	四川省
中华人民共和国（1968 年）	璧山县	江津地区	四川省
中华人民共和国（1981 年）	璧山县	永川地区	四川省
中华人民共和国（1983 年）	璧山县	重庆市	四川省
中华人民共和国（1997 年）	璧山县	重庆市	中央直辖
中华人民共和国（2014 年）	璧山区	重庆市	中央直辖

气　　候

【概况】　璧山地处中亚热带湿润季风气候区。区域东、西是低山区，两山间为丘陵谷地，对夏季来自海洋潮湿的气流有扰动辐射作用。因此，具有春早、夏热、秋迟、冬暖、霜雪少、无霜期长、雨量充沛、风速小、湿度大、云雾多、日照少、绵雨多、多雷电等特点。同时，受东南季风、西南季风和北方冷空气的影响，以及它们与西风带和副热带高压的不同季节配合，进退各持续时间的长短，形成区域冬半年、夏半年的另一个特征。

历年平均气温 18.0℃，极端最高气温 42.2℃，极端最低气温-3.0℃；历年平均降雨量 1064.7 毫米；历年平均日照时数 1051.0 小时；历年平均风速 1.7 米/秒；历年平均相对湿度 81%；历年平均无霜期 364 天。

【2017 年气候数据】　2017 年，境内气象灾害有：干旱、洪涝、寒潮、低温、阴雨、大风、冰雹和

雾，其中危害最大的是干旱和洪涝，其次是寒潮、低温、阴雨、大风、冰雹和雾。主要灾害是暴雨、强降温、干旱、连阴雨，其中暴雨较为突出。年内：本年平均温度18.6℃，极端最高气温40.9℃；年极端最低气温2.1℃。年降水量1496.6毫米。雨日156天，大于50.0毫米雨日数5天，一日最大降水量142.9毫米。年日照时数946.8小时，距平百分率-20%。全年气象站出现特强降温天气1次、强降温天气1次、暴雨天气4次、连阴雨天气1次。雨量偏多，温度略偏高，日照正常，年内出现的强降温、暴雨、连阴雨等天气给全区的工农业生产和人民的生活带来一定影响。

（区气象局）

行政区划

1949年12月1日璧山解放，属川东区巴县行政专员公署。是年12月20日，巴县行政专员公署改驻璧山，更名璧山行政专员公署。川东区璧山专署辖巴县、璧山、江津、永川、合川、江北、铜梁、荣昌、大足、綦江、南川、长寿、涪陵13县和北碚管理局。

1951年4月，璧山专署迁江津，更名江津专区。1968年，江津专区更名江津地区。1981年，江津地区更名永川地区。璧山先后属江津专区、江津地区和永川地区。1983年4月1日，永川地区并入重庆市，璧山属重庆市。1997年重庆直辖，璧山县隶属重庆直辖市。

2014年5月2日，经国务院批准，璧山撤县设区，1257年的置县历史结束。

县署，唐置县时即设于今璧城街道。清雍正六年（1728）复置时，因县城残破，衙署无存，短时寄治来凤驿。清雍正十年（1732），于璧城重建县衙署。此后，今璧城街道一直为璧山县政府、璧山县人民政府、重庆市璧山区人民政府所在地。

自然环境

【地质】 璧山区地质构造属川东南弧形构造带，华蓥山复式背斜中的温塘峡背斜（东山，缙云山脉）与沥鼻峡背斜（西山，云雾山脉）之间璧山向斜。缙云山、云雾山为天然屏障，其间为丘陵，总地貌有二山夹一谷之特点。东山，北段称缙云山，中段称金剑山，南段称龙隐山。海拔500米至810米，绵延61千米，山势磅礴，北高南低。西山，北起八塘镇仰天高，南止永川区云谷关，海拔500米至885米，其中燃灯寺峰高885米，为区境最高。西山插旗山以南，受构造控制分为两支，构成背斜核部的高山入铜梁区为东山，构成背斜翼部的低山延至花果山。

区境地形地貌，清同治《璧山县志》载“形如柳叶，环境皆山，外高中平”。璧山区地貌按其海拔高度，可分为低山、丘陵、宽谷几种地貌类型。低山海拔为500~885米，分布于境内东西两山，山间灰岩溶蚀成槽谷。低山占全区总面积的17.6%。丘陵海拔为240~500米，按海拔高度梯次及丘陵形态可分为坪状高丘、桌状高丘、山麓状深丘、单斜深丘、桌状中丘、馒头状中丘、单斜中丘，丘陵占全区总面积的43.6%。宽谷海拔240米左右，分布于璧南河、璧北河、梅江河流域广大地区，宽谷占区域总面积的38.8%。

全境内断层不发育，主要分布在缙云山、云雾山两背斜，走向多数与褶曲轴线一致，为纵向逆断层。境内出露地层为第四系堆积层、三叠系上统须家河组、下统嘉陵江组及侏罗系地层。缺失白垩系及第三系地层，地腹内隐伏三叠系下统飞仙关组及其以下地层。

【山脉】 区境内受地质控制，形成东山（温泉山）、西山（云雾山），其间为丘陵。东山北起巴山十二峰之一的缙云山，南止江津区华盖山。海拔500~810米，绵延61.5千米。山势磅礴，北高南低，中部隆起。西山为金屏山东麓延至璧山境内称之。北起八塘仰天窝，南止永川云谷关。海拔500~885米，绵延68千米。西山由北而南至插旗山，山势雄伟，有名峰36座，其燃灯寺峰高885米，为境内最高峰。插旗山以南，西山受构造控制，分为两支，构成背斜部的高山进入铜梁区，为铜梁东山，构成背斜翼部、海拔在500米以下的低山继续南延至花果山复升到600米。东西山约161平方千米，占全区的17.6%，丘陵753平方千米，占82.4%。东西山间为丘陵，其间，龙门溪，保家的石弹沟、鸡公山、堡上、连架山一线，分水岭以北为二峡夹一谷，分水岭南低山集聚，以太仙山、龙梭山、茅莱山地势较高，海拔在400~500米。与东山、西山组成三峡二谷的特点。中部丘陵除低山外，还广布海拔400米以下的高丘。

【河流】 璧山区域有大小河流72条，总长200千米。境内璧南河、梅江河、璧北河3条主要河流均发源于璧山中部地区云雾山即西山地区。3条主要河流及其支流分别属长江水系和嘉陵江水系。其中，璧南河为长江水系左岸一级支流、梅江河为长江水系左岸二级支流；璧北河为嘉陵江水系右岸一级支流。

璧南河。璧南河位于长江左岸嘉陵江右岸，主河道发源于大路街道大竹村古老寨、黄桷桥一带，由西北向南方流经大路、河边、璧城、璧泉、青杠、来凤、健龙、广普等镇街辖区，于广普镇柏杨村与江津区吴滩镇金山村“两河口”交界处与梅江河汇流后进入江津区吴滩镇，再经江津区油溪镇注入长江左岸。璧南河河流总长度95千米，区境内长度为79.89千米，平均坡降2.65‰，境内流域面积452.63平方千米，占区域面积的42.7%，多年平均年径流量20725万立方米。璧南河在璧山区境内河段集雨面积5平方千米以上支流共25条。

梅江河。梅江河位于璧南河右岸，主河道发源于璧山区云雾山福禄镇境内浸河村一带，由西北向南方向流经福禄镇、梅江场、石院场、会兴场、马坊场、三合镇等场镇，在丁家街道马坊场官井村小河坝处右纳发源于永川区的九龙河，于三合镇天星村离境进入江津区吴滩镇，在璧山区广普镇柏杨村两河口与江津区交界处汇入璧南河。梅江河总长76.88千米，总流域面积737平方千米，璧山区境内河长62.08千米，流域面积247.63平方千米，平均比降2.02‰，多年平均年径流量11524万立方米。梅江河在璧山区境内河段集雨面积5平方千米以上支流有13条。流域内有永川区九龙河在丁家街道马坊场官井村小河坝处汇入梅江河。

璧北河。璧北河位于嘉陵江右岸，主河道发源于境内大路街道大沟村与铜梁区西泉镇南天门村交界处一带，由西向东北方向流经大路、七塘、八塘等街道场镇辖区，止于八塘镇智灯村大水塘堰出境进入北碚区澄江镇五一村、盐滩村交界处，再经北碚区澄江镇汇入嘉陵江右岸。璧北河河流总长47.8千米，总流域面积264.2平方千米，璧山区境内河长40.89千米，流域面积214.30平方千米，平均比降4.46‰，多年平均年径流量9560万立方米。璧北河在璧山区境内河段集雨面积5平方千米以上支流有13条。

过境河流。璧山区境内唯一过境河流是九龙河。九龙河发源于永川区大安街道薄刀岭，先北偏东流后转南，由永川区隆济镇进入璧山境内最南端的丁家街道马坊场官井村小河坝处汇入梅江河右岸,九龙河入境璧山境内约10千米后在境最南端三合镇天星村离境进入江津区境内。九龙河流域面积218平方千米，多年平均年径流总量9478万立方米。

（王文杰）

自然资源

【土地资源】 璧山区位于重庆市主城区以西，渝东南平行岭谷褶皱区西南侧，系华蓥山脉向西南延伸的低山丘陵体系。北纬29°17′~29°53′，东经

2017 年农村土地利用现状一级分类面积汇总表

表 3-2　　单位：公顷

行政区域			耕地 (01)	园地 (02)	林地 (03)	草地 (04)	城镇村及工矿用地 (20)	交通运输用地 (10)	水域及水利设施用地 (11)	其他土地 (12)
名称	代码	总面积								
璧山区	500227	91456	41868.84	5029.55	19745.01	267.99	13317.56	2138.21	3496.56	5578.76

106°02′~106°20′，南北长 66.5 千米，东西宽 15.5 千米，辖区面积 914.56 平方千米。区境形如柳叶，外高中平，两江夹送，东邻沙坪坝、九龙坡，南界江津，西连铜梁、永川，北接合川、北碚。

【矿产资源】 璧山境内发现矿产有煤、铁、天然气、石膏等。现有矿产煤、铁、石膏、天然气、重金石、页岩、石英砂、瓷土等。其中石膏、石英砂、石灰石、页岩等建材矿产配套产出，规模大、品质高，开采条件好，属地区优势矿产。

【水资源】 璧山区属于典型的水源区，无大江大河过境，水资源较为匮乏，年人均水资源量仅 560 立方米左右，属于重庆西部典型的缺水区。从近 30 年来看，水资源总量不足是璧山区经济发展的主要制约因素之一。

全区 1959—2016 年多年平表水资源量为 4.18 亿立方米，占重庆市地表水资源量的 2.0%；相应径流深为 449 毫米，高于重庆市平均值。在丰水年（p=25%）情况下全区地表水资源量 4.90 亿立方米；一般枯水年（p=75%）情况下全区地表水资源量 3.22 亿立方米，特枯水年（p=95%）情况下全区地表水资源量 2.25 亿立方米。

璧山区水能资源也较为短缺，理论蕴藏量仅为 2489 千瓦，其中可开发水能资源 1535 千瓦，年发电量 565 千瓦时。现已建成的水电站有 7 个，总装机容量 1435 千瓦，年发电量 495 千瓦时。

（王炯其）

【生物资源】 野生动物有 30 种。其中常见的有野兔、白鹤、秧鸡、斑鸠、野鸡、画眉、山雀、燕子、点水鹊等。家禽家畜有 40 余种，其中良种约有 14 种，常见的有猪、牛、羊、鸭、鸡、兔、鹅、蜂等。鱼有 15 科、36 种，主要有青鱼、草鱼、白鲢、花鲢、鲤、红鲤、非洲鲫鱼、泥罗罗非鱼等。两栖、爬行类有团鱼（鳖），乌龟，青蛙，癞蛤蟆，蝙蝠，四脚蛇，菜花蛇、乌梢蛇、青竹标蛇等。昆虫有蜜蜂、蝴蝶、蜻蜓等 85 种。其中对农业生产有密切关系的有水稻害虫（大螟，二化螟等）、麦作害虫（麦小蝇、麦长管蚜等）、杂粮害虫（大螟、玉米螟等）、柑橘害虫（以螨类，蚧类较为普遍）以及地下害虫、蔬菜害虫、

图表 2　图为璧山区福禄镇的浸和村古柏，距今 600 年

（郭昌禄　摄）

森林害虫、捕食性益虫、寄生性益虫等。

境内植物属亚热带常绿阔叶林区川东盆地偏湿性常绿阔叶林带。植物种类繁多，资源丰富。常见高等植物有191科586属900种。其中孢子植物40科65种，裸子植物8科25种，被子植物143科810种。植物为自然植被和栽培植被。

自然植被中常绿针叶林以马尾松为主，杉木林、柏木林为辅；常绿阔叶林是区内主要森林植被，现被常绿针叶林取代；竹林属木本群落，有大径竹、小径竹2类。栽培植被主要植物有禾本科的水稻、玉米、高粱、小麦等；十字花科的油菜、白菜、卷心菜、萝卜等；蝶形花科的黄豆、蚕豆、豌豆、绿豆、四季豆、花生等；葫芦科的西瓜、黄瓜、冬瓜等；茄科的茄子、辣椒、番茄等24科58属。

境内植物资源主要分森林资源、农作物资源、中药材资源。森林资源主要分布在东西低山区，其特点：（1）针叶林多，阔叶林少。由马尾松、杉木、柏木组成，约占境内林地的60%。亚热带竹林以慈竹为主，占林地18.8%。（2）单纯林多，混交林少。在东西两低山的马尾松纯林，占乔木林地的70%，极少有杉木、线栗和其他阔叶林树种的混交林。（3）中幼林多，成熟林少。中幼林占全区森林的91.2%，成熟林仅占8.8%。

农作物资源丰富：种植业中有粮、油、麻、丝、茶、糖、菜、烟、果、药、杂等。农作物品种分属34科58属，约有上千个品种。其中粮食作物有136个品种。

境内常产常销的野生药材94种，种植23种，产量较多的13种，即半夏、香附子、管仲、黄栀子、苡仁、陈皮、积壳、青皮、薄荷、淡竹叶、菊花、鸡血藤、杂枳实。

旅游资源

2017年，全区有国家级AAAA级景区1个（观音塘湿地公园），AA级景区2个（三担湖公园和露德堂），国家森林公园、省级风景名胜区1个（青龙湖），省级森林公园1个（金剑山）、国家级城市湿地公园1个（观音塘湿地公园）；有农家乐66家（其中四星级农家乐1家、三星级农家乐13家）；温泉酒店1个（天赐华汤温泉酒店）；有国内旅行社2家，旅行社网点28个。全年全区接待游客1339.2万人次，同比增长2.5%，旅游总收入37.24亿元，增长21.5%。

全年按照重庆对渝西地区“环城休闲旅游带”的总体布局与定位，将休闲度假的发展理念融入社会生活、产业发展、区域经济等各个方面，基本形成4个片区：

1.璧中生态城市旅游片区。璧中依托秀湖公园、观音塘湿地公园、东岳体育公园等城市公园休闲体验、御湖绿岛新区休闲度假、东林寺文化体验、地派温泉和天赐华汤温泉沐浴养生、翰林山庄文化养生、砂之船奥特莱斯休闲购物为主要资源基础，积极构建以休闲度假养生为主的旅游格局。

2.璧北山水田园旅游片区。璧北依托青龙湖古老寨生态观光体验、大路三担湖·任之健康城休闲养生、璧北蔬菜基地观光体验、八塘樱桃基地采摘体验、凤湖仙山山水观光为主要资源基础，积极构建田园风情乡村旅游片区。

3.璧南生态园林休闲旅游片区。璧南依托渝西园林基地、广普登云坪、谢唯进故居景区景点为主要旅游资源，积极构建生态园林休闲旅游片区。

4.璧西生态果园体验旅游区。璧西依托大兴葡萄园基地、露德堂为主要资源基础，构建璧西乡村旅游采摘体验旅游区。

人　口

【概况】　2017年年末，全区户籍总户数25.43万户，总人口（户籍人口）64.5万人。其中，城镇人口33.73万人，乡村人口30.77万人。在总人口中,男性32.67万人，女性31.83万人。全年出生人口 7014 人，死亡人口 4791 人，人口自然增长率为3.03‰。出生人口性别比为 102.5（出生人口、死亡人口含漏统数据）。全区常住人口 74 万人。其中，城镇常住人口 41.63 万人，农村常住人口 32.37 万人，城镇化率 56.26%。

民族宗教

璧山区系少数民族散居地区，有土家族、苗、回、蒙古、彝、满等少数民族 32 个，总人数2500 人，分布在全区 15 个镇街。璧山区有佛教、天主教、基督教（真耶稣教派，下同）三大宗教。有爱国宗教团体 2 个，宗教活动场所 21 处（其中佛教 10 处、基督教 9 处、天主教 2 处），分布在全区 15 个街镇。有宗教界人士 40 人，有信教群众 6 万人，其中信奉佛教的人数 5 万人，天主教信徒近 4000 人，基督教真耶稣教派信徒 5000 人，道教信众数百人，民间信仰的信教群众难以统计。信教群众构成的基本特点是："四多四少"即年纪大的多、年轻的少，女性多、男性少，文盲半文盲多、有初中以上文化的少，信佛教的多，信天主教、基督教的少。

特色产品

【概况】 璧山传统的土特产品是"璧山土布""璧山干酒""玉麒麟锦缎""青杠板栗""大路七蕊黄花""天池银丝粉"。这些土特产品除"大路七蕊黄花""青杠板栗""璧山干酒"有生产，其余的已不存在。现土特产品有青龙湖竹山玉笋、云雾绿茶、瑞峰灵芝。

【特色美食】 璧山特色美食当属誉享四方的"来凤鱼""璧山兔"。"来凤鱼"最早的历史可以追溯到明末清初，发源于璧山区来凤街道，是重庆江湖菜的鼻祖，其特点为麻、辣、鲜、香、嫩。受过往食客的喜爱。著名书法家杨萱庭欣然题书"鲜鱼美"，盛赞味在来凤。除闻名天下的来凤鱼，"璧山兔"也是璧山美食的一张重要名片，论种类，"璧山兔"主要有丁家兔、唐兔、财兔、鲍兔、板兔等，有红烧兔、白砍兔、兔丝、兔丁、兔脑等多种做法。其中，"璧山板兔"连续三届被评为重庆市名牌农产品，"关公兔丁"和"巧媳妇兔丝"被评为西南地区知名品牌。除此之外，璧山叫得出名字的特色美食还有"大刀烧白""水八碗""璧山面""168 汤包"等。

"璧山儿菜"被评为 2017 年市级以上名特优产品，主要产地在璧山丁家，儿菜生产规模大，生产水平高，生产效益好，璧山被中国园艺学会长江蔬菜协会授予"中国儿菜之乡"称号。平均亩产 2500 公斤，年总产量 9.8 万吨。远销云南、贵州、海南、广东、浙江、上海、深圳等地。平均批发价为 0.8 元/公斤。年总产值 7840 万元，为农户增创纯收益 7000 万元。

【特色农产品】 2017 年，全区新认证无公害产地 17 个、无公害农产品 47 个、绿色食品 18 个、新申报地理标志 1 个正在审批中，新获市级名牌农产品 7 个，"鲍哥鲜食葡萄"被评为"我最喜欢的重庆 20 大名牌农产品"之一。璧山葡萄、璧山儿菜、大路黄花、卫寺蜜柚四个产品共 6 家企业通过农业部组织专家评审，进入"中国 2017 年名特优新农产品目录"。

2017年璧山区获市级以上名特优产品统计表

表 3-3　　单位：公顷、吨

单位名称	产品名称	批准时间	授予（批准）单位	建成规模（数量）	备注
重庆市三业茶叶有限公司	“绿爽”璧玉毛峰	2017年10月	重庆名牌农产品评选认定委员会	667公顷	
重庆市三业茶叶有限公司	“绿爽”璧玉春芽	2017年10月	重庆名牌农产品评选认定委员会	667公顷	
重庆市璧山区卫寺蜜柚股份合作社	卫寺蜜柚	2017年10月	重庆名牌农产品评选认定委员会	67公顷	
重庆市方家蔬菜有限公司	“方脑壳”夏黑葡萄	2017年10月	重庆名牌农产品评选认定委员会	16公顷	
重庆市璧山区黄氏葡萄种植农民专业合作社	“黄氏姐妹”蜜丽葡萄	2017年10月	重庆名牌农产品评选认定委员会	10公顷	
重庆市璧山区金凤凰葡萄种植股份合作社	“鲍哥”鲜食葡萄	2017年10月	重庆名牌农产品评选认定委员会	11公顷	
桂林大发养殖有限公司重庆分公司	大发肉鸡	2017年10月	重庆名牌农产品评选认定委员会	3000吨	

2017年璧山区获全国名特优新农产品目录表

表 3-4

产品名称	申报单位	生产单位	授予（批准）单位	备注
璧山儿菜	璧山区农业委员会	重庆绿雅蔬菜专业合作社	农业部优质农产品开发服务中心	
大路黄花	璧山区农业委员会	重庆巴将军古老寨农业发展有限公司	农业部优质农产品开发服务中心	
璧山葡萄	璧山区农业委员会	重庆市方家蔬菜有限公司	农业部优质农产品开发服务中心	
	璧山区农业委员会	重庆市璧山区黄氏葡萄种植农民专业合作社	农业部优质农产品开发服务中心	
	璧山区农业委员会	重庆市璧山区天河葡萄种植有限公司	农业部优质农产品开发服务中心	
卫寺蜜柚	璧山区农业委员会	重庆市璧山区卫寺蜜柚股份合作社	农业部优质农产品开发服务中心	

经济社会发展概况

2017年，是璧山经济社会发展“稳中有进、结构优化、质量提升”的一年。璧山区在区委、区政府的坚强领导下，以“三区一美”行动计划为重要抓手，倾力建设重庆的“生态宜居区、新型工业化示范区、乡村振兴先行区”，打造“和美璧山”，全年经济总体实现稳定增长，居民生活水平稳步提高，社会事业稳步发展。

全年完成地区生产总值480.1亿元，同比增长10.1%。全年居民消费价格总水平上涨1.2%。

全年完成农林牧渔业总产值41.9亿元，按可比价计算，增长3.6%。璧北蔬菜基地2533.33公顷，播种面积达到8000公顷，蔬菜产量达到27.7万吨。璧南苗木基地5333.33公顷，年新增苗木面积66.67公顷。全年粮食作物播种面积28351公顷，下降0.9%。油料种植面积2898公顷，增长1.2%。蔬菜种植面积22626公顷，增长2.6%。

全年完成工业增加值300.8亿元，增长11.0%。工业对全区经济增长的贡献率达70.5%，拉动经济增长7.1个百分点。

全年完成在地建筑业产值232.3亿元，增长23.5%。完成建筑业增加值40.8亿元，增长11.7%，对经济增长的贡献率为9.5%，拉动经济增长1.0个百分点。

全年完成固定资产投资702亿元，增长11%。

房地产开发投资81.1亿元，增长1.3%。全年房屋施工面积610.3万平方米，下降3.5%，其中新开工面积104.4万平方米，增长10.7%。住宅施工面积442.0万平方米，下降3.9%；住宅新开工面积81.8万平方米，下降1.4%。全年房屋竣工面积147万平方米，增长61.4%，其中住宅竣工面积96.6万平方米，增长36.1%。全年商品房销售面积211.1万平方米，增长6%，其中住宅销售面积190.9万平方米，增长13.1%。

全年完成社会消费品零售总额137.9亿元，增长12.7%。其中限额以上法人企业完成社会消费品零售额63.7亿元，增长17.8%。

全年辖区内财政收入140.8亿元，下降5.8%。地方财政收入124.9亿元，下降4.4%。金融机构本外币存款余额451.5亿元，比年初增长5.8%，其中人民币存款余额445.6亿，比年初增长6.5%。人民币住户储蓄存款余额304.7亿元，比年初增长10.1%。全区金融机构本外币贷款余额314.1亿元，比年初增长9.5%。

全年保费收入7.1亿元，增长13.6%；赔付支出3.6亿元，下降5.2%。

全区市级以上技术中心40个，高新技术企业95家，高新技术产品169个。全年全区有效发明专利拥有量420件。

年末全区拥有各类学校201所，其中普通中学17所、小学38所、幼儿园143所、中职2所、特殊教育学校1所。全区各类学校在校学生89428人。其中，普通中学在校学生27382人，小学在校生40700人，幼儿园在校生18816人,特殊教育学生117人，中职生2413人。全区各类学校招生人数23455人。其中，普通中学招生8865人，小学招生6575人，幼儿园招生7007人,特殊教育学校招生21人，中职学校招生987人。全区各类学校教职工人数6328人，其中专任教师5390人。在专任教师中，普通中学1958人，小学2253人，幼儿园1025人,特殊教育学校27人，中职学校127人。高校录取专科及以上璧山户籍考生3275人，其中本科1836人。

全体居民人均可支配收入27102元，增长12.1%。城镇常住居民人均生活消费支出20664元，增长5.9%。城镇居民恩格尔系数为0.357。农村常住居民人均可支配收入17217元，增长9.8%。农村常住居民人均生活消费支出12191元，增长6.1%。农村居民恩格尔系数为0.362。

年末城镇职工基本养老保险参保人数203117人，增长9.9%；城乡居民社会养老保险参保人数274713人，下降0.9%；城镇职工基本医疗保险参保人数101072人，增长12.2%；城乡合作医疗参保人数522138人，下降9.1%；失业保险参保人数87737人，增长5.5%；工伤保险参保人数95890人，增长18.5%；生育保险参保人数76623人，增长15.0%。城镇失业人员登记数2868人，增长6.6%；城镇登记失业率2.60%，比上年同期上涨0.19个百分点。

全年水资源总量58445万立方米。全年降水量1497毫米。年平均气温18.6℃。年末水库蓄水总量7978万立方米。全区总用水量12184万立方米。全区总用电量22.1亿千瓦时。全区天然气用气量10822万立方米。

全区林木面积4.62万公顷，林木覆盖率50.5%。全年新增城市绿地74公顷，城市绿地面积达到1649公顷。人均公园绿地面积23.8平方米，生活垃圾无害化处理100.0%。

城区空气质量优良天数达到242天。全年各类事故死亡14人，下降12.5%。

延伸阅读 ►►

促进城乡融合发展　建设重庆的“乡村振兴先行区”

推进农业农村现代化

发挥示范效应　培育优质主体：将发挥国家农业科技园区聚集、辐射、示范作用，围绕打造"全链条、全循环、高质量、高效益"农业产业集群，引进培育一批产业化优质主体。

推进基地建设　优化农业供给：推进璧北10万亩蔬菜基地、璧南10万亩苗木基地、璧西10万亩水果基地建设，建设一批博士农场、开心农场，增加绿色高端农产品供给，提高农业集约化、标准化、公司化、产业化和农民组织化程度。

力争国家示范　确保食品安全：创建“国家食品安全示范城市”“国家农产品质量安全示范区”，保障“舌尖上的安全”，让老百姓吃得放心、吃得健康。

培育新型主体　促进融合发展：2018年，璧山将运用“互联网+”推进农产品物流和深加工，扩大农村电商覆盖面，促进一产业与二、三产业融合发展。

决胜全面建成小康

修短板：针对小康社会指标体系所涉及的"经济发展、民主法制、文化建设、人民生活、资源环境"等五大类20多个指标，以“众人拾柴”、只争朝夕精神修补“短板”。

惠民生：将把数据的“喜感”与老百姓的“观感”结合起来，坚决打好“精准脱贫攻坚战”，强化政策托底，让全面小康与我们越来越近。

精神文明建设概况

【概况】 2017年，璧山区精神文明建设工作以培育和践行社会主义核心价值观为主线，深入推进公民思想道德建设、文明新风行动、志愿服务、精神文明创建、未成年人思想道德建设等五大工程，提升市民文明素养、城区文明程度。

【精神文明创建常态化】 一是深化文明城市、文明单位、文明村镇、文明校园创建活动，璧山区青杠街道梁山村被评为全国文明村镇，国网重庆市璧山区电力公司被评为全国文明单位；区内各级文明单位、文明村镇顺利开展复查验收工作。二是实施“善美行业”“文明在行动.璧山更洁净”“乡村四美”等主题文明系列创建行动，深化“爱心进农家”文明单位扶贫行动，发挥文明单位模范作用。三是开展“美丽庭院”“洁净庭院”“最美阳台”创建评选以及“文明家庭流动小红旗”活动，深化基层文明创建，拓宽市民参与渠道。

【公民思想道德建设】 一是推荐评选和宣传关爱道德模范。开展“我推荐我评议身边好人”活动，获评“重庆好人”7人，组织“好人在身边”微访谈12场，利用区内媒体策划开展“身边好人”“小城故事”等道德典型宣传专题；在节假日，组织爱心人士关爱慰问、关心帮扶“身边好人”和道德模范。二是开展孝善立德系列活动。开展好家风好家训征集展示、“小城故事”比赛以及“最美家庭”系列评比活动，评出“最美家庭”“最美媳妇”等典型20个。三是开展“我们的节日”主题活动。开展传统节日庆祝纪念活动近期100场次，举办春节联欢晚会、元宵晚会、清明祭英烈、端午关爱困境儿童等大型活动7场，增强市民文化自信和爱国情感。

【文明新风行动】 一是普传文明理念。开展“讲文明树新风”等公益广告刊播，璧山广播电台播放公益广告2000分钟、《璧山报》刊播公益广告整版62个；璧山网、璧山文明网等网站首页常态刊播公益广告图片，点击量超过200万次；策划“今天你文明了吗”“文明清明”等网络文明传播活动，引导人们践行礼仪规范。二是倡导文明行为。开展“衣食住行”“倡导绿色生活反对铺张浪费”“礼游璧山”等系列文明生活行动，倡导市民节用惜福、崇尚文明生活。三是劝导文明陋习。开展“微笑满渝州”文明礼仪行动，新招募文明劝导员90名参与交通劝导，开展“文明礼仪我带头.争做璧山好市民”“周六文明劝导我参与”等志愿服务，区内媒体曝光市民不文明行为1500余次，引导人们养成良好行为习惯。

【志愿服务活动】 一是厚植志愿文化。常态宣传志愿服务理念，创作刊播一批视频类、平面类、剪纸等志愿服务公益广告，使志愿服务理念更深入人心。二是夯实组织队伍。健全完善区志愿服务指挥中心以及15个街镇志愿服务指导中心，志愿服务站覆盖全区187个村、社区，新组建专业志愿服务队伍15支；注册志愿服务组织472个、志愿者9.4万人，发布志愿服务项目280个。三是打造志愿品牌。创设“小城大爱 有你有我”志愿服务品牌统领全区志愿服务工作，开发“璧山绿”“为了你”等特色项目，开展“志愿服务赶场天”“温情四季”等志愿服务活动。全年开展志愿服务活动1 000余场次，其中区级志愿服务活动38场，惠及群众3万余人次。

【未成年人思想道德建设】 一是参与“九童圆梦”“红樱桃”行动，策划开展“九童圆梦鸡年春节行动”“寻找乡村文明旅游典范”“九童圆梦·百家百校”以及美德少年、“书香校园、书香班级、书香少年”等评选活动；2名学生获评“重庆市美德少年”。二是关爱困境儿童，募集善款物资10万元，组织中秋关爱、“新年微心愿”等爱心活动，招募爱心志愿者200名对全区困境儿童进行“1+1+N”结对帮扶。三是引导乡村学校少年宫建设和使用，9所乡村学校少年宫均按照测评体系要求和“六个一”标准开展“一校一特色”品牌建设，书法、古筝、陀螺、铁环等20余项兴趣小组福泽农家娃。

（区委宣传部）

延伸阅读 ►►

中铁任之养老产业有限公司被认定为国家级智慧健康养老示范企业

2017年，国家工信部、民政部、卫计委联合发布《2017年智慧健康养老应用试点示范名单》，其中璧山区大路街道中铁任之养老产业有限公司被认定为国家级智慧健康养老示范企业，全国仅有52家企业获此殊荣。

中铁任之养老产业有限公司打造的中铁任之健康城项目位于大路街道，总规划用地约266.67公顷，总建筑面积约140万平方米，投资总额约86亿元。2015年10月，该项目破土动工，2017年已完成项目体验区、健康管理中心、膳食营养中心、健身运动中心、生态农业园、1300多套老年住宅及其他配套设施20余万平方米，正逐步打造成为国内规模最大、智能化程度最高、配套最完善、功能最齐全的大型高端养老住区项目，集“医疗康复、生活护理、养老养生、文化娱乐、生命研发、生态农业”等功能为一体的现代大型居家养老社区，可容纳1.5~2万人入住养老。

“三区一美”行动计划

综　　述

2017年，是璧山深入推动“三区一美”行动计划，实现经济社会发展“稳中有进、结构优化、质量提升”的一年。全区以“三区一美”行动计划为重要抓手，倾力建设重庆的“生态宜居区、新型工业化示范区、乡村振兴先行区”，打造“和美璧山”，完成区十七届人大一次会议确定的主要目标任务。

全区经济社会发展稳步推进。在习近平主席和意大利总统共同见证下，“中意创新产业园”落户璧山。璧山作为重庆唯一区县，获全国首批“国家生态文明建设示范区”命名，成为璧山最鲜明的标志。大力弘扬社会主义核心价值观，“音乐与城市”“来了就是璧山人”“情暖璧山人”，传递人性温暖、城市性格和家乡情怀。璧山经验20次登陆央视，27次通过国家主流媒体亮相全国舞台。

全区地区生产总值达到480亿元，增长10.1%，人均GDP首次突破10000美元。一般公共预算收入实现55.9亿元，税收收入占比超过50%。城镇化率提高2个百分点，达到56.26%。在市委考核的主要经济指标中，有8项位居全市前列、4项位居全市第一。

在承前启后、继往开来的新时代背景下，璧山也更加清晰、更加理性地认识改革发展中存在的困难和问题。经济总量不大、结构不优，发展新动力不强，稳增长任务重；创新能力不足，新增长点不多，防范风险压力大；实体经济回报率降低，融资难问题依然突出；土地、环境、资金等要素约束趋紧；公共服务水平低，社会事业滞后，城乡发展不平衡，农村基础设施不健全；部分公职人员服务发展意识不强、手艺不精，不想为、不敢为、不能为的现象仍然存在。

生态宜居区建设

【概况】　2017年，全区绿色生态深植人心，城市承载力、吸引力、感召力不断提升。城市空间不断拓展。完成城市总规局部修改，实现城乡规划全覆盖。完成土规修改，增加城市发展用地空间8.5平方千米。城镇建成区拓展到48平方千米，实施征地拆迁554.53公顷，出让土地303.8公顷。

【城市形象建设】　新增城市公园5个，东岳体育公园跨界呈现。建成区公共绿地面积超过1900万平方米，人均公园绿地面积达到29平方米，城市植物品种超过2800种，立体绿化达到25万平方米。河湖水系连通工程有序推进，玉泉湖水库完成主体工程，开工建设湿地3处，“一河六湖十八湿地”构架逐渐形成。城区水面比例提高到10.6%，人均水面面积达到10.2平方米，溪道密度超过每平方千米3.3千米。梳理修复千年璧山历史文脉，数百景观名石点缀城市，石头上的“小城故事”透着诗情画意。

【城市功能项目建设】 九永高速建成通车，合璧津高速具备开工条件。轨道一号线缙云山隧道全线贯通，高架建设完成过半工程量，开工建设换乘枢纽及站前广场。完成六旗大道、黛山大道南延线一期主体工程。升级改造国省道路47千米，新建和硬化农村公路113千米。海绵城市试点全面铺开，有序推进项目47个。启动安装铜罐驿长江提水璧山供区工程管网，开工建设城市新区水厂，建成投用中水回用二期工程。迁改入地110千伏茅秀双回、田秀西线，温泉输变电工程全面完工。建成公共充电站5座、充电桩269个。王家沟配气站改造工程建成投用。新增标准化公厕5座、垃圾收集站4座。新建生态停车场17个，新增公共停车位3469个。“智慧城管”覆盖24.4平方千米。

【现代服务业建设】 六旗乐园展示体验区主体工程封顶，完成登云路民国街建筑设计，茅莱山“北纬29°”植物园概念规划，御湖国际旅游度假区招商工作稳步推进，璧山成为市级全域旅游示范区创建单位。引进砂之船奥莱商业管理总部公司，秀水湾、俊豪中央大街、红星美凯龙等商业综合体具备开业条件。建成电商公共服务中心，签约入驻电商企业10家。电商物流公共配送中心、普洛斯物流园投入运营。新引进爱建证券、中天国富证券、华夏银行、重庆银行互联网金融结算中心，金融机构增加到60家，存贷款余额766亿元，金融业增加值占GDP比重达到2.8%。服务业增加值达到111亿元，增长8.2%。

【“一生之城”建设】 人民医院新院投入运营，三甲创建通过初评，与重医一院合作办医纵深推进。璧山中学与重庆一中联盟办学、实验小学与巴蜀小学合作办学成效明显，御湖小学、凤凰小学开学招生，职教中心电子实训楼工程主体完工。重庆西郊福寿园人文纪念公园建成开园，“人生链条”不断延展。

【东岳体育公园投用】 东岳体育公园位于璧山绿岛新区核心区，东临黛山大道，西临雪山路，南临永嘉大道，北临文化艺术中心，总投资2.2亿元，占地面积约23.33公顷，其中水体面积约8公顷，是一个集体育、生态、文化于一体的湿地体育公园，于9月28日建成投用。公园内布局有11个运动区，包括2块标准门球场、7块标准羽毛球场，24张乒乓球台、4块标准篮球场、2块标准网球场、2块标准五人制足球场、1块标准排球场、2块标准气排球场以及300件户外健身器材，总面积约为1.9万平方米。东岳体育公园自建成后吸引大量人气。据统计，公园日均人流量在5000人次以上，节假日高峰期更是突破1万人次。

新型工业化示范区建设

【概况】 2017年，新型工业活力迸发，创新驱动性、支撑性、引领性日益凸显。工业增加值实现300.8亿元，增长11%，拉动GDP增长7.1个百分点。规上工业企业达到316家。实际利用内资201亿元、外资1.5亿美元，进出口总额达到18.5亿元。“智能装备、信息技术、生命健康”三大主导产业占比达到85%。获批西部地区唯一一个全国促进工业稳增长和转型升级成效明显区。

【高新区建设】 重新划定高新区周边基本农田，拓展20平方千米发展空间。建成道路10千米，建成区拓展到18平方千米，入驻企业1056家。开工建设得润电子、红宇工业园B区等项目22个，建成投产蓝黛三期等项目21个。获评“国家智能化工业示范园区”。

【创新型经济建设】 引进晶华光学、云狐时代、德尔森等战略性新兴产业项目34个。新增科技型企业101家、高新技术企业26家，新认定“牛羚企业”7家、“瞪羚企业”5家，高新技术产业产值占比达到45%。新授权发明专利115件，万人有效发明专利拥有量6.6件。新培育国家级众创空间1个。新增规上工业企业建立研发机构18家，全区R&D支出占GDP比重达到2.8%。

【资本运营服务体系建设】 新设立5支产业和股权投资基金，规模达到29.7亿元。3家企业挂牌新三板，37家企业进入全市拟上市企业储备库。建立科技型企业知识价值信用贷款风险补偿基金，首期规模1000万元。

【军民融合建设】 组建重庆军民融合协同创新研究院，启动建设专业研究院4个，"1+10"产业研究院体系建设初见成效。成立国防科工局经济技术发展中心西南工作部，设立中国探月工程总设计师吴伟仁院士工作站，创建智能传感器产业技术创新联盟。

【聚才引智建设】 接续实施"千人引才计划"，出台企业创新型人才和璧山英才选拔资助办法，建立博士后科研工作站5个，新引进高层次人才298名。

乡村振兴先行区建设

【概况】 2017年，乡村振兴开篇起步，城乡关联度、协调度、融合度持续增强。特色效益农业实现不断发展。农林牧渔业总产值达到41.9亿元，增长3.8%。璧北蔬菜、璧南苗木、璧西水果"三大基地"提质增效，实现产值12亿元。大力培育新型经营主体，新增家庭农场26家、农民合作社29家，流转土地总规模2.07万公顷，流转率54%。在全市率先开展高毒高残留农药禁止销售试点，新认证无公害农产品11个、绿色食品9个。推出璧山农产品公共品牌，新增市级名牌农产品7个。镇街农村电商服务中心全覆盖，建成村级电商服务站137个，农产品网上销售额超过1亿元，成功创建"全国农业农村信息化示范基地"。农村集体资产量化确权改革试点村实现首次分红。

【高速公路道口经济发展】 国家农业科技园区通过科技部复查验收，成功创建"国家出口食品农产品（蔬菜）质量安全示范区"。中铁任之健康城建成一期工程，农产品物流园建设顺利推进，以物流配送、养生养老等产业为主的道口经济体系初具雏形。

【精准脱贫推进】 精准识别扶贫对象，落实"两不愁、三保障"系列措施。完成贫困户危旧房摸排工作，落实贫困学生助学全覆盖。设立扶贫济困医疗基金300万元，为贫困户购买商业医疗保险。落实区级领导联系制度，启动基础设施薄弱村提升工程15个。

【城乡环境质量建设】 完成生态保护红线划定，中央环保督察反馈问题得到有效整改。深入实施大气污染防治攻坚行动，编制璧南河流域、集中式饮用水源地水环境质量限期达标规划。关停各类污染源84个，农村生活垃圾治理通过市级验收。全面落实河长制，建立三级河长体系，纵深推进河流、水库、山坪塘、精养鱼池污染治理，"三河"水质稳定保持在Ⅳ类以上。成功创建国家级绿色村庄5个、市级美丽宜居村庄4个、市级美丽乡村4个。

"和美璧山"建设

【概况】 2017年，全区践行民生承诺，重点民生实事逐一落实，社会事业多线并进，就业和社会保障更加有力，重点领域和关键环节改革取得突破，平安建设深入推进，法治政府建设稳步向前，人民生活更加家幸福。

【重点民生实事落实】 投入10.2亿元，动态实施重点民生实事。建成定向经济适用房39万平方米、安置9237人，完成40栋老旧居住建筑消防设施改造和1.1万平方米棚户区改造安置房建设。

农村公路危险路段111.9千米安装安全保障设施，建设村社便道158.6千米，新建镇街污水处理厂（站）3座，升级改造农村电网514千米。整治山坪塘280口，农村改厕3500户。实施225个残疾人（家庭）帮扶计划，实现农村贫困地区义务教育学生营养餐全覆盖。建成社区健身点3个，开展流动文化服务进村616场。基本建成璧山心理康复中心，达标建设镇街敬老院11个。完成32.5万常住人口家庭医生签约服务，为1891户贫困户和446个困难家庭提供医保救助，为6419名孕妇提供产前出生缺陷筛查和2.1万名农村妇女“两癌”免费检查，对330家基层卫生机构医用计量设备实施免费检定。

【社会事业发展】 改善65所义务教育学校基本办学条件，璧山中学等4所学校建成“智慧校园”。义务教育课程改革全覆盖，全市课改现场会在璧山召开。推开公立医院综合改革，取消药事服务费，实行药品采购“两票制”。投入981万元，更新一批镇街卫生院医疗设施设备。兑现计生奖扶特扶政策，新增扶助对象3255人。搭建百姓文化舞台，免费推出“渝州大舞台·好戏月月演”惠民演出6场。《璧山年鉴（2016卷）》获国家级特等奖。成功举办第六届区运会，圆满承办中国汽车场地越野锦标赛总决赛，获评全国“群众体育先进单位”。

【就业和社会保障发展】 新发展微型企业1360家，完成就业技能培训3924人，发放创业担保贷款5567.8万元。城镇新增就业2.5万人，城镇登记失业率2.6%。社会保险不断扩面，实施机关事业单位养老保险改革，完成生育保险和职工医保合并。严格执行“两金三制”，拖欠农民工工资案件、金额和人数均下降60%以上。发放城乡低保金4120万元、特困人员生活补助金4331万元，1.6万人从中受益。实施医疗救助、临时救助10.8万人次，发放救助金3675万元。

【重点领域和关键环节改革】 着力推进供给侧结构性改革，清理处置“僵尸”“空壳”企业10家，关停整治“三高”企业407家，查处违法用地81宗，整治城区违法建筑13.1万平方米。化解商品房库存87万平方米，去化周期降至6个月。持续推进国有企业实体化，国有资产规模达到650亿元，负债率下降到20%。深化“放管服”改革，推进行政许可标准化建设，调整取消行政审批事项74项，不再保留非行政许可类别，审批时限压缩一半以上。推行建设领域并联审批改革，审批时限由330个工作日压减至50个工作日。深化商事制度改革，全面推行“先照后证”“多证合一”，办理营业执照由20个工作日压减至5个工作日。城市管理执法体制改革有序推进。落实企业减税降费政策，取消停征涉企收费41项，清理调整各类保证金31项，为企业减负12.5亿元。全年新增市场主体7262户，总量突破5万户。

【平安与法治建设】 深化“2+N”矛盾纠纷联调机制，调解各类纠纷10986件。开发公安情报合成作战中心，加快社会安全事件应急联动指挥系统工程建设，增设和改造高清监控摄像头1160个，社会治安防控体系进一步健全。完成中共十九大安保维稳工作。璧山应急APP上线运行，完善应急响应体系。开展“国家食品安全示范城市”创建，深化食品安全专项整治。继续推行安全生产诚信体系建设试点，深入开展打非治违，全年未发生重特大安全生产事故。制定法治政府建设实施方案，健全行政机关负责人出庭应诉机制。保持预防和惩治腐败高压态势，立案查处66件，政纪处分25人。主动接受人大法律监督、工作监督和政协民主监督，办结人大代表建议和政协委员提案460件，办复率和满意率均达100%。扎实开展网络舆情和网络留言办理，办复率达到100%。

（区政府办公室）

政　治

中国共产党璧山区委员会

综　述

【概况】　2017年，中共重庆市璧山区委员会围绕迎接中共十九大和学习宣传贯彻中共十九大精神这条主线，深学笃用习近平新时代中国特色社会主义思想，落实中央决策部署和习近平总书记关于做好重庆当前工作的重要指示精神、视察重庆重要讲话精神，以及市委五届三次全会和市委系列会议精神，坚决肃清孙政才恶劣影响和薄熙来、王立军流毒,维护以习近平为核心的党中央权威和集中统一领导，时刻保持坚定政治方向，把忠诚和看齐融入事业中。团结带领和依靠全区广大党员干部群众，坚持在“五位一体”“四个全面”“新发展理念”下寻找坐标，以“三区一美”行动计划为重要抓手，把思想统一起来，把力量凝聚起来，把责任担当起来，把各项任务落实下去，推动各项事业发展取得新业绩。

党的建设　加强基层党建作为重大政治责任，引导各级党组织以基层服务型党组织建设为统领，以强化责任落实为主线，打基础、补短板、促提升，基层党建工作在创新实践中进一步夯实。坚持正确选人用人导向，提拔区管领导干部58人，交流干部71人。探索制定《璧山区干部干事创业容错纠错暂行办法》。持续实施“千人引才计划”，引进高层次人才298名。围绕强化“政治功能”，全覆盖培训党支部书记1090人次，推行“星光、灯盏、先锋、青蓝”四大工程，因类施策激励党员发挥先锋模范作用。在村(社区)全面推行“订单式”“下沉式”服务工作法，因地制宜发展新型村集体经济，夯实15个“空壳村”经济基础，大幅提升群众“获得感”。以严肃问责倒逼“两个责任”落实，开展谈话提

图表1　2017年3月14日，全区党建工作座谈会召开

(谢捷　摄)

醒6000人次，问责领导干部33起38名党员。巩固拓展落实中央八项规定精神成果，查处区管领导干部违纪案件15件、违反中央八项规定精神20件39人、“村霸”“蝇贪”43起。对各级党组织展开深度巡察，发现问题146个，及时分类移交和反馈。按照中央和市委统一部署，积极稳妥推进监察体制改革。

经济建设　依靠创新打造发展“新引擎”，落实市委“以大数据智能化为引领的创新驱动发展战略行动计划”“军民融合发展战略行动计划”“科教兴市和人才强市行动计划”“内陆开放高地建设行动计划”，营造创新“生态圈”，推动经济发展实现“精准升级”“精美增长”。璧山国家高新区建成面积扩大到18平方千米，入驻企业1056家。加大择商引资力度，瞄准互联网、大数据、人工智能、云计算、机器人等领域，引进战略性新兴产业项目34个，“智能装备、信息技术、生命健康”三大主导产业产值占工业总产值比重提高到85%，获评“国家智能化工业示范园区”。呼应“创新驱动”和“军民融合”国家战略，2017年2月在习近平主席和意大利总统见证下，“中意创新产业园”落户璧山；组建“重庆军民融合协同创新研究院”，推进“1+10”产业研究院体系建设，2个院士工作站揭牌成立，促进40%规上企业建立研发机构，得润汽车电子、众泰新能源汽车、黄桷树智能传感器研究院正式挂牌，全区R&D支出占GDP比重提高到2.8%，高新技术企业106家。遵循“创新+资本=新动力”经济逻辑，推动金融与创新深度融合，组建5支产业和股权投资基金，基金总规模29.7亿元，培育挂牌上市企业11家，进入市级挂牌上市储备库企业37家。坚持“三道防线”控制负债，国有企业资产负债率下降到20%，倡导“政府投资瘦身，社会投资扩容”，政府投资与社会投资比例保持在1∶6。将26家区属国有企业整合成4家，清理处置“僵尸”“空壳”国有企业10户。

政治建设　坚持把党的政治建设摆在首位，增强“四个意识”，坚定“四个自信”，研究制定区委《关于坚决维护党中央集中统一领导的规定》，坚决维护党中央权威和集中统一领导。加强常委会自身建设，不断提高执政能力和领导水平，修订完善区委《关于进一步加强常委会自身建设的意见》和《常委会工作规则》《常委会会议规则》《全体会议议事规则》。严肃党内政治生活，涵养党内政治文化，严格落实党内学习制度，推进“两学一做”学习教育常态化制度化与日常工作深度融合，常委会班子成员带头参加双重组织生活和主题党日、带头讲党课36场次，开展区委中心组学习8次。坚持加强党的领导和发扬民主、依法办事有机结合，进一步改革和完善党的领导方式和执政方式。支持区人大常委会的依法监督和区政协的民主监督。不断巩固和发展爱国统一战线，成立区统战服务中心，民建璧山直属支部升格为全区第1个民主党派工委，将“应指工程”(社会安全事件应急联动指挥系统建设工程）覆盖到宗教活动场所，侨务扶贫工作在全市侨务工作会议上作大会交流发言。进一步发挥工会、共青团、妇联等群团的桥梁纽带作用。切实加强对武装工作的领导，抓好预备役队伍建设，加强军民共建工作，深入开展全民国防教育，积极支持国防建设。

文化建设　制定《重庆市璧山区关于加快构建现代公共文化服务体系的实施方案》《重庆市璧山区推进综合性文化服务中心建设实施方案》《重庆市璧山区关于做好政府向社会力量购买公共文化服务工作的实施方案》等，全面加强和提升基层公共文化服务建设。推进社会主义核心价值观建设，开展“做有梦想有追求的重庆人”主题活动500场，参与群众3万人次。立足于群众文化需求，以音乐为载体，推出《你是我的手杖》《为什么》《宏情梦彩》《难得想起他》《宝贝别哭》《这样的我》等一系列原创音乐作品并多途径多形式全域推介。出台《璧山区重要文学艺术成果资助管理暂行办法》《璧山区文艺创作与人才培养规划》，扶持重要项目，冲击国家级和市级重要奖项，努力使文艺创作由“高原”走向“高峰”。建立区级文艺创作基地5个，围绕中共十九大开展流动文化进基层交流演出活动49场、专题巡回演出600场，投入资金136.5万元，组织民间文艺团队18支，编排节目160个，观众约30万人次。戏曲进校园活动演出10场，师生观众2.3万人。“渝州大舞台·好戏月月演”活动演出6场，观众8000人。举办传统节庆文化活动20场，演出时长1700分钟，观看人数15000人。

社会建设　落实市委“以需求为导向的保障和改善民生行动计划”，通过“人人参与、人人尽力、人人享有”的社会治理，增强人民的获得感、幸福感、安全感和归属感，打造充分彰显“四个自信”的先行区。坚持60%以上财政收入用于保障和改善民生，始终做到“经济发展不欠社会协调发展的账”。主动回应民生关切，围绕教育医疗、养老服务、社会保障、公共环境等需求，滚动推出一批重点民生实事。打造“一生之城”，建设人生10个重要节点高标准服务体系，璧山中学与重庆一中联盟办学、璧山医院与重医一院联合办医纵深推进。打造20分钟步行生活圈，建设集居住、工作、购物等功能于一体的复合社区。在全市率先退出煤炭、烟花爆竹生产行业，整体去除钢铁冶炼产能，商品房消化周期缩减为6个月；建立和实施行政许可标准化区级行政许可事项317项，调整取消行政审批事项74项，不再保留非行政许可类别。构建全民共建共治共享的社会治理格局。深化“2+N”矛盾纠纷联调机制，三类恶性案事件、到市进京非访集访“零发生”。

生态文明建设　始终遵循“美丽中国”顶层设计，以“低碳、便利、宜居、舒适”为城市建设价值取向，落实市委“生态优先绿色发展行动计划”和“基础设施建设提升行动计划”，建设重庆“最佳人居环境城市”，打造主城人群“蛙跳”出城首选地。建成区扩大到48平方千米，城区人口近40万。调适发展与生态的关系，打好“污染防治攻坚战”，持续推进“五大环保行动”，创建为全国首批、全市唯一“国家生态文明建设示范区”。建设“秀美绿城”，坚持沿道路退让10米至40米打造城市“绿廊”，公共建筑立体绿化基本实现全覆盖。累计建设生态停车场68个、户外标准公厕38座。建设“活力水城”，突出“与水共生、依水发展”，推进“全国水生态文明城市”和“海绵城市”建设，初步形成“一河六湖十八湿地”构架，城区水面面积占比提升至10.6%，中水回用率达到46%；全面推行河长制，璧南河获评全国“最美家乡河”。建设“文化古城”，城市建设从偏重物理层面提升到追求文化层面，通过“微更新”在城市中再现一批历史故事。完善“内畅外联”交通格局，九永高速、六旗大道建成，轨道交通1号线璧山隧道贯通。推动“文旅融合”发展，打造“全域景区”城市，文化旅游正形成新的“增长极”。

乡村振兴　按照“产业兴旺、生态宜居、乡风文明、治理有效、生活富裕”的总要求，落实市委“乡村振兴战略行动计划”，全面激发农村活力。农林牧渔业总产值达到41.9亿元，增长3.6%。坚持生态产业化、产业生态化，发展都市特色效益农业，璧北10万亩蔬菜、璧南10万亩苗木、璧西10万亩水果基地产业不断升级，成为“国家农业可持续发展试验示范区”。大力培育新型经营主体，新增家庭农场26家、农民合作社29家，流转土地总规模2.07万公顷，流转率54%。推动“道口经济”，优化境内高速公路、高铁、地铁的10个道口产业布局，一批重点项目加快推进。建设都市美丽村镇，建成国家级绿色示范村庄5个、市级美丽宜居村庄4个、市级美丽乡村4个，森林覆盖率提高到43.5%。着力整治农业面源污染，完成农村改厕3500户，156个涉农行政村（社区）农村生活垃圾得到全面彻底治理。增加绿色优质农产品供给，从源头上保障“舌尖上的安全”。积极发展农村电商，建成村级电商服务站137个，农产品网上销售额超过1亿元，成功创建

“全国农业农村信息化示范基地”。坚持财政支出1/4用于“三农”，确保镇街最低财力达到2000万元。打好“精准脱贫攻坚战”，实施15个“基础设施薄弱村”提升工程，完成相对贫困户排查识别，落实产业扶持资金到户。

【区委第十四届二次全会】 11月27日，中国共产党重庆市璧山区第十四届委员会第二次全体会议在璧泉街道召开。全会的主要任务是：深入学习贯彻中共十九大精神，全面落实市委五届三次全会各项部署，进一步统一思想、明确任务，动员全区广大党员干部开展大学习、抓好大落实，把中共十九大精神扎根于璧山。区委书记吴道藩代表区委常委会作题为《学懂 弄通 做实 把党的十九大精神扎根于璧山》的工作报告。全会听取和讨论吴道藩代表区委常委会作的报告，审议通过《中共重庆市璧山区委关于把党的十九大精神扎根于璧山的决定》和全会决议。

【区委常委会会议】 十四届区委召开区委常委会会议24次，即是第2次至第25次。研究主要议题：第3次审议《中共重庆市璧山区委常委会2016年度民主生活会整改方案》等。第4次审议《中共重庆市璧山区委常委会2017年工作要点》等。第5次审议《关于建立新一届区级领导和区级部门（单位）联系基层工作制度的通知》等。第6次审议《关于进一步加强常委会自身建设的意见》《2017年党风廉政建设“两个责任”清单》等。第7次审议《关于加强政党协商的实施办法》《中共重庆市璧山区委2017年政党协商计划》等。第8次审议《璧山区开展全覆盖培训党支部书记工作方案》《中共重庆市璧山区委关于加强和改进新形势下党校工作的实施意见》等。第9次传达学习习近平总书记关于推进“两学一做”学习教育常态化制度化的重要指示及中央、全市推进“两学一做”学习教育常态化制度化工作座谈会精神，审议《重庆市璧山区关于推进“两学一做”学习教育常态化制度化的实施方案》《璧山区全面推行河长制工作方案》等。第11次审议《关于加强村（社区）基层组织建设整治查处“村霸”“蝇贪”和侵害群众利益问题的方案》《重庆市璧山区国家生态文明建设示范区创建实施方案》《重庆市璧山区环境保护工作责任规定（试行）》等。第13次传达学习习近平总书记对信访工作重要指示精神、全市深化脱贫攻坚工作电视电话会议精神，审议《重庆市璧山区全面推进公立医院综合改革实施方案》《关于深化脱贫攻坚工作的实施意见》《重庆市璧山区法治政府建设实施方案（2016—2020年）》等。第14次传达学习陈敏尔书记署名文章，审议《璧山区2017年深化简政放权放管结合优化服务改革工作方案》等。第15次审议《璧山区推进中华优秀传统文化传承发展工程的实施方案》《璧山区精准脱贫和国家扶贫督查反馈意见整改落实工作方案》《重庆市璧山区履行全面从严治党主体责任“十必谈”暂行办法》等。第18次传达学习中共十九大精神和全市领导干部大会精神，审议《重庆军民融合协同创新研究院建设方案》等。第19次传达学习习近平总书记在瞻仰中共一大会址时的重要讲话精神，审议《中共重庆市璧山区委关于认真学习宣传贯彻党的十九大精神的通知》《璧山区企业创新型人才专项资助暂行办法》《“璧山英才”遴选及资助管理暂行办法》等。第20次传达学习市委五届三次全会精神、陈敏尔书记在市委常委会学习贯彻《中共中央政治局关于加强和维护党中央集中统一领导的若干规定》时的讲话精神等。第21次传达学习习近平总书记主持中共中央政治局第一次集体学习时的讲话精神，十九届中央全面深化改革领导小组第一次会议、市委全面深化改革领导小组会议精神，审议《中共重庆市璧山区委关于配合市委巡视工作的具体措施及工作责任的意见》《璧山区深化国家监察体制改革试点工作实施方案》等。第22次传达学习12月8日中共中央政治局会议精神，习近平总书记在中共中央政治局第二次集体学习时重要讲话精神，审议《中共重庆市璧山区委关于坚决维护党中央集中统一领导的规定》《关于加强和改进保密工作的实施意见》《璧山区推进建设领域并联审批制度改革实施方案（试行)》等。第24次传达学习中央经济工作会议精神，陈敏尔书记在市委党的建设工作领导小组会议上的讲话精神，审议《中共重庆市璧山区委常委会贯彻落实中央八项规定精神实施办法》等。

2017年璧山区委及其办公室重要文件目录一览表

表5-1

发布文号	文件名称
璧山委发〔2017〕2号	转发中共重庆市璧山区委宣传部、重庆市璧山区司法局关于在全区公民中开展法治宣传教育的第七个五年规划（2016—2020年）的通知
璧山委发〔2017〕3号	关于印发中共重庆市璧山区委常委会2017年工作要点的通知
璧山委发〔2017〕5号	关于印发中共重庆市璧山区第十四届委员会常委会工作规则等三个文件的通知
璧山委发〔2017〕6号	关于进一步加强常委会自身建设的意见
璧山委发〔2017〕8号	关于加强和改进新形势下党校工作的实施意见
璧山委发〔2017〕11号	关于印发《璧山区法治政府建设实施方案（2016—2020年)》的通知
璧山委发〔2017〕12号	关于进一步加强审计工作的实施意见
璧山委发〔2017〕13号	关于深入学习贯彻陈敏尔书记调研璧山重要讲话的通知
璧山委发〔2017〕14号	关于深化脱贫攻坚工作的实施意见
璧山委发〔2017〕16号	关于认真学习宣传贯彻党的十九大精神的通知
璧山委发〔2017〕18号	关于把党的十九大精神扎根于璧山的决定
璧山委发〔2017〕20号	关于印发《璧山区推进建设领域并联审批制度改革实施方案（试行)》的通知
璧山委发〔2017〕21号	印发《中共重庆市璧山区委关于坚决维护党中央统一领导的规定》的通知
璧山委发〔2017〕23号	印发《中共重庆市璧山区委常委会贯彻落实中央八项规定精神实施办法》的通知
璧山委办发〔2017〕4号	关于印发《中共重庆市璧山区委常委会2016年度民主生活会整改方案》的通知
璧山委办发〔2017〕9号	关于做好区政协2017年度重点提案、跟踪提案办理工作的通知
璧山委办发〔2017〕11号	关于建立新一届区级领导和区级部门（单位）联系基层工作制度的通知
璧山委办发〔2017〕14号	关于做好2017年重点代表建议办理工作的通知
璧山委办发〔2017〕17号	关于印发2017年党风廉政建设“两个责任”清单的通知
璧山委办发〔2017〕20号	关于印发璧山区区领导和区级部门2017年党风廉政建设和反腐败分工责任制的通知
璧山委办发〔2017〕25号	关于印发2017年全区干部教育培训工作要点的通知
璧山委办发〔2017〕26号	关于认真学习贯彻执行党政主要负责人履行推进法治建设第一责任人职责规定的通知
璧山委办发〔2017〕27号	关于印发2017年民生实事工作目标任务的通知
璧山委办发〔2017〕28号	印发关于加强全区党员干部理论学习的意见的通知
璧山委办发〔2017〕30号	关于印发璧山区2017年脱贫攻坚工作要点的通知
璧山委办发〔2017〕31号	关于印发中共重庆市璧山区委2017年度政党协商计划的通知
璧山委办发〔2017〕33号	印发关于加强政党协商的实施办法的通知
璧山委办发〔2017〕34号	关于印发中共重庆市璧山区委党的建设工作领导小组议事规则的通知

续表

发布文号	文件名称
璧山委办发〔2017〕35号	关于印发中共重庆市璧山区委党的建设工作领导小组2017年工作要点的通知
璧山委办发〔2017〕37号	关于印发璧山区全面推行河长制工作方案的通知
璧山委办发〔2017〕40号	关于印发《关于推进“两学一做”学习教育常态化制度化的实施方案》的通知
璧山委办发〔2017〕41号	关于印发璧山区2017年全面依法治区工作要点的通知
璧山委办发〔2017〕42号	关于印发璧山区2017年全面深化改革工作要点的通知
璧山委办发〔2017〕43号	关于印发《重庆市璧山区贯彻落实中央环境保护督察反馈意见整改实施方案》的通知
璧山委办发〔2017〕44号	关于印发2017年全区人才工作要点的通知
璧山委办发〔2017〕46号	关于印发《璧山区全国计生基层群众自治示范区创建工作实施方案》的通知
璧山委办发〔2017〕49号	关于印发璧山区扶贫开发工作长效机制实施意见的通知
璧山委办发〔2017〕51号	关于印发《重庆市璧山区环境保护工作责任规定（试行）》的通知
璧山委办发〔2017〕52号	关于进一步落实区委常委、区人大常委会主任、区政协主席、区政府党员副区长与党外代表人士交朋友制度的通知
璧山委办发〔2017〕53号	关于印发《重庆市璧山区国家生态文明建设示范区创建实施方案》的通知
璧山委办发〔2017〕54号	关于印发重庆市璧山区审计项目五年轮审规划的通知
璧山委办发〔2017〕57号	关于进一步加强高温伏旱期森林防火工作的通知
璧山委办发〔2017〕58号	关于加强公共场所人员聚集活动安全管理工作的通知
璧山委办发〔2017〕60号	印发《重庆市璧山区关于深入推进城市执法体制改革改进城市管理工作的实施方案》的通知
璧山委办发〔2017〕62号	关于印发《重庆市璧山区精准脱贫和国家扶贫督查反馈意见整改落实工作方案》的通知
璧山委办发〔2017〕63号	关于进一步加强当前防灾减灾救灾工作的紧急通知
璧山委办发〔2017〕64号	关于印发《重庆市璧山区履行全面从严治党主体责任“十必谈”暂行办法》的通知
璧山委办发〔2017〕67号	关于建立区委党内法规工作联席会议制度的通知
璧山委办发〔2017〕68号	关于印发《重庆市璧山区推进中华优秀传统文化传承发展工程的实施方案》的通知
璧山委办发〔2017〕70号	关于印发《重庆市璧山区企业创新型人才专项资助暂行办法》《“璧山英才”遴选及资助管理暂行办法》的通知
璧山委办发〔2017〕72号	关于印发《全区学习贯彻党的十九大精神宣讲工作方案》的通知
璧山委办发〔2017〕75号	关于印发《重庆市璧山区生育关怀扶助资金筹集使用管理办法》的通知
璧山委办发〔2017〕76号	关于印发《璧山区深化国家监察体制改革试点工作实施方案》的通知
璧山委办发〔2017〕82号	关于印发重庆市璧山区国有企业和国有资本审计监督实施意见的通知
璧山委办发〔2017〕84号	关于印发《重庆市璧山区河长制工作规定（试行）》的通知

（区委办公室）

纪检·监察

【概况】 2017年，区纪委监察局内设11个部室，机关干部职工31名。其中，行政人员28名，机关后勤服务人员3名。下设事业单位重庆市璧山区巡察事务中心，事业人员8名。设立区纪委综合、单独派驻机构18个，覆盖55个区级部门、单位（部门管理及下属事业单位按系统归口）。参与提名协商区管纪检监察干部11名，选拔任用区纪委管理干部14名，面向全区公开考（选）调派驻纪检组工作人员30名，调整镇街纪（工）委副书记3名、委员10名。慰问干部职工28人次，疏导谈话15人次，帮助解决困难12人次，推荐优秀纪检监察干部跨行业任职3人。对违规违纪违法行为严管严查严处，处置纪检监察干部问题线索6件，立案2件，给予组织处理2人，纪律处分2人。

【区纪委第十四届二次全会】 2月15日，召开中国共产党重庆市璧山区第十四届纪律检查委员会第二次全体会议。主要任务是深入贯彻中共十八届六中全会精神，学习贯彻习近平总书记系列重要讲话精神和视察重庆重要讲话精神，落实十八届中央纪委七次全会、四届市纪委七次全会和区第十四次党代会部署，总结2016年全区纪律检查工作，研究部署2017年主要任务。会议审议通过区委常委、纪委书记李金泉代表区纪委常委会所作的《强化监督执纪问责 推动全面从严治党向纵深发展为实施“三区一美”行动计划提供坚强的纪律保障》工作报告，形成决议。

【区纪委常委会】 全年召开纪委常委会16次，审定7个制度文件，传达学习中央、市委重要会议精神。8月24日，讨论审议《问题线索管理暂行办法》《璧山区履行全面从严治党主体责任“十必谈”暂行办法》和《璧山区履行全面从严治党监督责任“十必谈”暂行办法》。10月11日，研究审议《璧山区纪检组织季度报告工作“四账”管理制度》。11月8日，研究审议《璧山区纪委派驻纪检管理办法（试行）》《区纪委派驻纪检组人员人事管理和经费保障有关事项的通知》。11月20日，研究《重庆市璧山区深化国家监察体制改革试点工作实施方案》。

【纪检体制改革】 12月，璧山区委成立璧山区深化国家监察体制改革试点工作小组，严格贯彻落实党中央、重庆市关于深化国家监察体制改革的决策部署。经市深化国家监察体制改革试点工作小组批复同意，12月22日，区委下发《璧山区深化国家监察体制改革试点工作实施方案》。《实施方案》包括指导思想、改革目标、试点任务、实施步骤、组织领导5个部分，突出机构设置、人员转隶、监委职能职责、监察范围、权限手段等七大试点任务，明确试点工作八大步骤26个具体环节。

图表2 图为区纪委十四届二次全会现场

（周海瑞 摄）

【党风廉政建设主体责任】 区委制定2017年度党风廉政建设“两个责任”清单。区委常委会专题研究全面从严治党形势任务、安排布置相关工作10次，区委书记吴道藩听取纪检监察、案件办理工作汇报30次。区委常委会其他班子成员履行“一岗双责”，抓好分管领域主体责任落实。“全面体检”25个镇街、部门落实主体责任情况，发现公开共性问题10个，督促对照检查，全面整改。开展党组织书记半年述责和纪检组织负责人季度报账工作，加强抽查核验、质询评议、反馈整改，提升履责意识。问责党组织3个、党员领导干部39名。璧山区的问责工作得到市纪委书记陈雍的肯定，经验做法被《中国纪检监察报》《重庆日报》等报道。

【巡察工作】 璧山区突出政治巡察，着力发现基层党组织弱化、虚化、边缘化问题。聚焦于区管党组织领导班子成员和信访量大、资金量大、宗族势力大、基层站所和村（社区）任职时间长的“三大一长”的负责人，聚力于行政审批、执法监管、工程建设、扶贫攻坚、落实中央八项规定精神等关键环节和重点领域，深挖侵害群众利益的不正之风和腐败问题线索。常规巡察单位14个，专项巡察有扶贫项目资金或有扶贫任务的村15个，发现问题146个、问题线索56条，向有关部门提出整治建议10条，巡察移交问题线索立案13件、处分11人、组织处理22人、移送司法机关2人。

【监督执纪问责】 严肃查处群众身边的腐败问题，聚焦扶贫、惠农、集体“三资”管理、集体土地征收补偿，以及基层执法、监管、公共服务等5个领域，开展群众身边的不正之风和腐败问题专项整治。制定《关于深化扶贫领域专项治理工作的实施方案》，各单位自查清理资金滞留、虚报冒领、扶贫资金发放滞后等问题46个，涉及资金252.2万元，全部整改到位。查处群众身边的腐败问题53件86人，给予党纪处分29人、组织处理68人，移送司法机关处理1人，问责23人，通报曝光典型问题34起。专项整治违规吃喝、违规收送“红包”礼金、违规发放津贴补贴、违规购买高档白酒等“四风”突出问题，30个单位主动清退违规发放津补贴807万元，40名党员干部主动上交“红包”15.48万元。查处违反中央八项规定精神问题23件47人，其中给予党纪处分11人，全部给予通报。区整治违规收送“红包”的做法得到市纪委书记陈雍的肯定，以《党风政风监督工作简报》形式刊发各区县、市级部门学习借鉴。制定全面从严治党主体责任“十必谈”和监督责任“十必谈”暂行办法，创新“三级约谈”方式，谈话6000人次。了结并将结果向本人反馈反映不实问题12件。重点针对十八大后不收敛、不收手，问题线索反映集中、群众反映强烈的案件，处置问题线索175件，立案66件，结案64件，处分68人。通过函询、诫勉谈话、批评教育等方式处理385人次，占68.1%；给予党纪轻处分和组织处理48人次，占22.2%；给予党纪重处分和重大职务调整11人次，占5.1%；严重违纪涉嫌违法立案审查10人次，占4.6%。

【党风廉洁宣传教育】 区纪委班子成员分赴联系镇街、部门开展党规党纪教育30堂。收集30个典型案例编成《党员干部警示录》，赠送全区各级党员干部。“璧山清风”微信转发各类通报曝光40次，摘录以案说纪案例15期，通报全区违纪和问责案例10次；组织协调部分镇街、区级部门机关1000名党员干部接受警示教育；在“璧山清风”微信上开设“每周一测”栏目，以党章党规党纪为内容编成测试题，供全区党员干部在手机上解答，寓党规党纪教育于日常学习、工作之中。“璧山清风”微信发布信息200期近600条，总阅读量达到60万人次，综合排名居全市前列。在《中国纪检监察报》、中央纪委监察部网站等国家媒体单独上稿3篇、综合上稿7次，在《重庆日报》、风正巴渝网、风正巴渝微信等市级媒体上稿108次。

（区纪委、区监察委）

组织工作

【概况】 璧山区委组织部是主管全区组织建设、干部队伍建设及人才队伍建设等工作的区委工作部门，与区委非公经济和社会组织工委合署办公，下属区远程教育中心（参公副处级）和区人才引进服务中心（正科级）2个事业单位，内设办公

图表3 2017年9月8日，区委组织部部长万容（左二）到北门社区慰问困难党员 （区委组织部 供图）

室、干部科、干部教育科、干部监督科、干部考核科、人才科、组织科、党代表联络科、信息调研科、非公党建科等10个职能科室，截至2017年12月31日，实有行政人员（含参公人员）26名、事业人员4名、工勤人员3名。

2017年，在实施“好干部成长链条打造项目”上，全覆盖回访考察区管领导班子110个、区管领导干部525名，全面立体掌握情况。在实施“创新人才集聚项目”上，制定《企业创新型人才专项资助暂行办法》《“璧山英才”遴选及资助管理暂行办法》，新设立2000万元创新型人才专项资助资金，表彰首届企业创新人才25名、“璧山英才”14名，“创新人才集聚工程”被评为2017年度市级精品人才项目。在实施“服务群众零距离项目”上，建立三级联席会议制度，城市基层党建工作整体效应有效提高，在村（社区）全面推行“订单式”和“下沉式”工作法。台商工业园党群服务中心被团中央命名为全国示范性“青年之家”，台企党建工作经验被全国《非公有制企业党建》杂志评为年度地方样本等。创设“璧山组工”微信公众号，开启组宣工作新航道。

全区有党组织1080个。其中，党工委13个、党委93个、党总支38个、党支部936个；有党员29207人（其中预备党员240人，新发展党员215人），其中，农牧渔业党员11594人（占党员总数的39.7%）、公有制经济单位党员6664人（占党员总数的22.82%）、非公经济和社会党组织党员3350人（占党员总数的11.47%）、离退休党员4514人（占党员总数的15.45%）、其他党员3085人（占党员总数的10.56%）。

【“两学一做”学习教育】 发放新《党章》《党的十九大精神辅导百问》等书籍，丰富学习内容。活用12371党建信息平台，开展500场“1+N”共享党课，受众党员5000名，利用群工系统开展“两学一做”学习教育“四必公开”。开展“三学”“三课”“三转”等活动，抓好“五类党员”的学习教育。将每月15日固定为“主题党日”，采取“指导性主题+自选主题”相结合的方式确定活动主题，全面推广支部主题党日。以党支部为单位开展“三个一”活动，增强党组织向心力、凝聚力。开展“灯盏工程”“星光工程”等引导各领域党员积极发挥先锋模范作用。各级党组织按时填报《“两学一做”专题组织生活会班子（成员）查找问题整改台账》等。调整充实协调小组并明确职能职责，结合基层党建季度督查，对全区各领域基层党组织开展实地抽检，发现问题700条，形成督查情况通报，倒逼整改落实。

【干部管理】 树立事业为上导向，突出“该用谁”而不是“谁该用”，提拔交流20名专业知识较强，熟悉金融、财经等领域的干部到镇街、经济部门任职。新提拔具有镇街等基层一线工作经历的领导干部28名，占总数的48.3%，区级部门与镇街间交流干部25名。坚持以《干部任用条例》为遵循，坚持动议环节方案预审、干部选任有关事项报告制度，坚持“凡提四必”，确保选人用人工作规范有序。全年因未如实填报个人有关事项被放下11人，因党风廉政不过关放下2人。出台《璧山区关于容错纠错机制激励干事创业的实施办法（试行）》。开展“全覆盖”回访考察，建立数据丰富的干部深度信息库。全年提拔领导干部58名，交流69名，晋升处级非领导职务42名，晋升正处级职级4名，因自愿改非、身体健康等原因或推动工作不力、能力偏弱调整职务58名，因违纪免职6名。提拔优秀党外干部13名，27个政府工作部门中，配备党外领导干部部门14个，超过50%。开展全区2016年度干部选拔任用“一报告两评议”工作，并将结果纳入年度考核。协同区人社局对干部选拔任用工作进行全覆盖检查。开展“带病提拔”倒查工作，清理倒查对象处级干部2名、科级干部1名。出台《重庆市璧山区干部监督信息联系通报办法》，建立执纪执法、信访安全等12个区级部门参与的即时通报体系。开展领导干部个人有关事项报告“两项法规”政策培训，征订发放《学习辅导百问》300本。组织领导干部集中填报个人有关事项，查核200人，占报告总人数的30%。其中，按照规定比例随机抽核68名领导干部，重点查核拟提拔或重用人选领导干部10批次132名，被定性为隐瞒不报而被诫勉或“放下”21人。出台《关于对区管干部进行提醒、函询和诫勉的操作办法》，全年提醒267人，函询59人，诫勉21人。向11个单位14名领导干部逐一反馈2016年经责审计结果，会同区审计局对11个被审计单位整改情况开展“回头看”。按照严管与厚爱相结合的原则，结合实际调整出国（境）审批管理办法。运用“12380”举报系统，收到涉组涉干信访13件次并悉数办结。2016年度考核中33个领导班子被评为好班子，126名领导干部被评为优秀等次，形成领导班子和领导干部年度考核结果报告。出台《重庆市璧山区区属部门和镇街领导班子和领导干部年度考核办法（修订）》。制定出台干部网络培训、专题班培训等管理办法。首次开设结构化研讨互动教学课程。主体班必设革命传统教育、廉政警示教育、军事训练和贫困、偏远村社、留守儿童家庭、信访接待大厅等岗位顶岗体验课程，组织骨干教师到北京、上海知名学校开展跟班学习。接待外来考察学习37个班次1850人次。打造“一生之城”现场教学基地，不断深化现场教学。举办2期璧山“干部大讲堂”，邀请全国知名学者到璧山授课。选派10名党校教师参加市委党校骨干师资培养、专题培训和跟班锻炼。党校教师李春勤获全市党校行政院校系统第五届教学比赛一等奖。邀请基层和经济社会发展一线部门领导现身讲授经验。全年市管干部上讲台68人次，区管领导干部上讲台170人次。

【人才管理】 全区全年人才工作要点、制定新的人才政策纳入区委常委会议事范围；区委人才工作领导小组全年研究人才工作6次。组织开展《构建促进人才向产业企业集聚机制研究》专题调研。新制定《璧山区企业创新型人才专项资助暂行办法》《“璧山英才”遴选及资助管理暂行办法》。区财政在每年落实1000万元的人才开发专项资金和2000万元的工业强区专项资金的基础上，新设立1亿元研究院建设专项资金，重点支持10个专业研究院建设；新设立1000万元区创新型人才专项资助资金。发放362名引进高层次人才安家补助218万元，发放131名企业引进培养高层次人才住房补贴及奖励性资助124万元；分别给予建成的重庆黄桷树智能传感器研究院、得润汽车电子研究院、众泰新能源汽车研究院等3家产业研究院，政府资助专项资金1000万元。持续实施“千人引才计划”。全年引进培养高层次人才298名，累计引进和培养高层次人才1608名。重点打造“创新人才集聚工程”。统筹实施“璧山英才计划”“产业人才集聚计划”“高层次人才素质提升计划”。遴选“企业创新型人才”25名和“璧山英才”14名。全区有市级创新平台78个。规上工业企业建立市级及以上研发机构达到22%，

R&D 占 GDP 比重达到 2.8%，引进新技术和新产品 22 项，培育科技型企业 220 家，培育高新技术企业 62 家。

【基层党建】 阵地建设。三级服务中心实现全覆盖规范化。利用“群工系统”，办理群众事项26288 件，办结率 99.5%，满意率 99.2%。利用重庆农商行、淘宝、易田电商等资源务实推进“三进村”工作，覆盖率 91.2%，贫困村实现全覆盖。队伍建设。全覆盖培训区管领导干部 523 人。加大本土人才招引培养教育力度，精选农村本土人才 164 名。组织 110 名法律服务工作者进村（社区）担任“法律顾问”。组织生活。实行组织生活开展情况季报制度，组织开好党员领导干部民主生活会，抓实“两学一做”学习教育专题组织生活会和民主评议党员，开展“从严治党·从我做起”微党课比赛等活动。全面摸清党员基础信息，继续深入排查失联党员，新发展党员 215 名。排查整顿后进基层党组织 25 个。经费保障。建立健全村（社区）经费保障体系，全面落实村（社区）干部补贴、村（社区）干部参加社会保险缴费补助、村（社区）组织办公经费（每年 2 万元至 4 万元）和服务群众专项经费（每年 4.2 万元至 7 万元），各项经费标准位居渝西片区前列。推行“订单式”和“下沉式”服务工作法。推行“订单式”服务重点在城市社区党组织和 4 个园区党群服务中心，全年收集群众订单 6378 件，办结 6295 件。推行“下沉式”服务重点在农村党组织，全年开展“下沉”流动办公 316 次，服务群众 2.2 万人次，收集群众难题、诉求 4978 件，办结 4943 件。接续落实 3 个“摘帽”贫困村“五个全覆盖”。新识别建卡贫困户 466 户 1220 人，推进动态管理，推动落实 2000 元/户的到户产业扶持资金。全面落实书记讲党课制度。安排专项经费 27.9 万元，落实镇街领导干部包村开展党员冬训工作。承办全市远程教育业务骨干培训示范班，全年利用视频互动系统开展自主教学 4 次。拍摄《规矩》等 10 部教学课件，其中《规矩》被中组部评为三等奖和十佳摄影作品。

【非公有制经济党的建设】 一是利用“大数据”比对，新查找出非公组织从业“隐形党员”895 人，全区非公企业、社会组织党组织覆盖率分别达 90.22%、83.27%。二是建成投用园区党群服务中心 4 个，均设立业余党校，创新开展“订单式”服务，整合资源实现“周周有沙龙、月月有活动”。全国《非公有制企业党建》杂志 3 期刊载璧山区经验做法，并将璧山台企党建作为全国非公党建地方样本宣传推广。台商工业园党群服务中心被团中央命名为全国示范性“青年之家”，塘坊党群服务中心成功创建市级“儿童之家”。三是在全市率先理顺民办学校党建管理体制，“红心·绿梦”系列主题活动成效初显；民办医院党组织“三好一满意”创建活动助力医院提升服务水平；积极探索“行业协会（商会）+会员单位”的党建工作新模式；在法律服务行业积极推进“青春党建”。四是命名表彰区级“双强双带”示范党组织 40 个、“共产党员示范（明星）经营户”40 个；全覆盖培训非公领域党组织书记 388 人次；常态实施“先锋工程”。

（区委组织部）

2017年璧山区党员基本情况一览表

表5-2

项目			总数	预备党员	女	少数民族	台湾省籍	年龄 30岁及以下	31至35岁	36至40岁	41至45岁	46至50岁	51至55岁	56至60岁	61至65岁	66至70岁	71岁及以上
甲			A	B	C	D	E	F	G	H	I	J	K	L	M	N	O
总计		1	29207	240	8049	128		2967	2550	2202	2626	2532	3057	1258	2888	2688	6439
一、在岗职工		2	10014	154	3656	103		1758	1714	1569	1674	1455	1434	314	74	12	10
公有制单位	合计	3	6664	95	2593	78		913	1141	1163	1199	1003	1030	215			
	党政机关工作人员	4	2611	49	777	33		333	476	293	466	420	518	105			
	事业单位管理人员	5	856	6	314	5		52	110	220	196	135	127	16			
	事业单位专业技术人员	6	2576	25	1332	29		413	473	571	422	342	298	57			
	企业管理人员	7	119	1	33	4		12	14	21	24	22	19	7			
	企业专业技术人员	8	93	1	30	1		17	16	8	20	16	12	4			
	工勤技能人员	9	409	13	107	6		86	52	50	71	68	56	26			
	农民工	10	8		2			4	1			1	2				
非公有制单位	合计	11	3350	59	1063	25		845	573	406	475	452	404	99	74	12	10
	企业管理人员	12	928	15	295	9		158	159	111	148	136	147	41	22	3	3
	企业专业技术人员	13	555	11	170	4		178	114	66	67	57	43	14	14	1	1
	民办非企业单位管理人员	14	154	4	54	2		35	30	13	28	21	19	2	5	1	
	民办非企业专业技术人员	15	125	2	56	1		33	18	20	17	16	11	4	5	1	
	工勤技能人员	16	1588	27	488	9		441	252	196	215	222	184	38	28	6	6
	农民工	17	114	1	20			20	10	8	17	17	30	4	4	3	1
二、农牧渔民		18	11594	52	2350	3		713	490	398	586	723	1081	551	1496	1611	3945
	外出务工经商人员	19	812	2	152			188	118	95	93	89	116	34	50	19	10
三、军人、武警		20															
四、学生		21															
五、离退休人员		22	4514		1160	13				11	19	42	163	257	1085	895	2042
六、其他		23	3085	34	883	9		496	346	224	347	312	379	136	233	170	442

说明：

1.能够按时按标准交纳党费的党员29201名，免交党费的党员6名

2.生活不能自理、丧失劳动能力的党员100名

3.企事业、民办非企业单位党员中担任高级专业技术职务的393名，其中女性133名，35岁及以下的12名；担任中级专业技术职务的1053名，其中女性522名，35岁及以下的248名；担任初级专业技术职务的512名，其中女性304名，35岁及以下的335名

璧山区党员基本情况一览表

一、指标解释

1.本表统计各职业党员的性别、民族、年龄情况。

职业系指党员所从事的社会工作类别。同时从事两种及以上职业的党员，以其从业时间较长的认定其职业，如不能确定从业时间长短，则以经济收入较多的认定其职业。在同一工作场所，从事两种及以上职业的党员，按其技术性较高、工作程度较复杂、工作责任较重的工作认定其职业。

机关、企事业单位派往其他单位挂职及临时性帮助工作的党员，虽转出正式组织关系，亦按其原职业统计。

2. “在岗职工”系指在公有制单位和非公有制单位中参加生产或工作，并与用人单位建立正式劳动关系，由其支付工资（劳动报酬）的人员。其中包括乡镇企业从业人员，以及有工作岗位，但由于学习、病伤产假等原因暂未工作，仍由单位支付工资的人员。

不包括离开本单位但仍保留劳动关系的职工；离退休返聘人员；参加单位生产劳动的军工和勤工俭学的在校学生，大中专、技工学校的实习生；尚未与用人单位建立正式劳动关系（临时招用）的人员。

3. “党政机关工作人员”系指各级党委、人大、政府、政协、法院、检察院、民主党派和工商联、人民团体、群众团体机关的干部，不包括上述机关的工人。

4. “管理人员”系指单位负责人和在管理岗位工作的人员。其中包括在专业技术管理岗位工作的人员。

5. “专业技术人员”系指在专业技术岗位工作的人员。其中包括在专业技术岗位工作但尚未聘任专业技术职务的人员；不包括在专业技术管理岗位工作的人员。

6. “工勤技能人员”系指在工人岗位工作的人员，包括从事商业、餐饮、旅游娱乐、运输、医疗辅助及居民生活等服务工作的营业员、服务员。

7. “农民工”系指户籍在农村，主要在非农业生产领域，采取受雇或自营的形式，并以生产、经营收入为主要收入来源的人群。

工勤技能人员中的“农民工”系指在工人岗位工作，并与用工单位签订正式劳动合同的农民工。

8. “非公有制单位”系指归我国内地公民私人、港澳台商、外商全部所有或控制的经济单位。

9.民办非企业单位系指在民政部门登记注册，领取了登记证书，利用非国有资产举办的、从事非盈利性社会服务活动的社会组织。

民办非企业单位所属行业类型分为十种：(1) 教育，如民办幼儿园，民办小学、中学、学校、学院、大学、民办专修（进修）学院或学校，民办培训（补习）学校或中心等；(2) 卫生，如民办门诊部（所）、医院、民办康复、保健、卫生、疗养院（所）等；(3) 文化，如民办艺术表演团体、文化馆（活动中心）、图书馆（室）、美术馆、画院、名人纪念馆、收藏馆、艺术研究院（所）等；(4) 科技，如民办科学研究院（所、中心），民办科技传播或普及中心、科技服务中心、技术评估所（中心）等；(5) 体育，如民办体育俱乐部，民办体育场、馆、院、社、学校等；(6) 劳动，如民办职业培训学校或中心，民办职业介绍所等；(7) 民政，如民办福利院、敬老院、托老所、老年公寓，民办婚姻介绍所，民办社区服务中心（站）等；(8) 社会中介服务业，如民办评估咨询服务中心（所），民办人才交流中心等；(9) 法律服务业（不包括律师事务所）；(10) 其他。

10. “农牧渔民”系指农村中从事农牧渔业生产、务工经商和已经丧失劳动能力或不再参加生产劳动的人员，民办教师、乡村医生，以及农村中的广播员、信贷员、放映员、联防员、计划生育信息员等乡镇中非机关或企事业单位职工人员。不包括乡镇企业劳动者、乡镇个体劳动者和正式组织关系在建制村的离退休人员。

农牧渔民中的“外出务工经商人员”系指到非户籍所在地务工或经商的农牧渔民，不含在工人岗位工作，并与用工单位签订正式劳动合同的农民工。

11.“学生”系指正在各级教育主管部门承认的各级各类全日制学校学习，有正式学籍的人员。不包括有工作单位，脱产学习或进修的人员。

12.“离退休人员”系指离休干部、退休人员和内部退养职工。

离休干部系指根据国家有关规定，离开生产或工作岗位，正式办理了离休手续并享受离休待遇的干部。其中包括军队、武警系统按政策办理了离休手续的干部。

退休人员系指达到国家规定的年龄和条件，退出生产或工作岗位，正式办理了退休手续并享受退休待遇的人员。其中包括军队、武警系统按政策办理了退休手续的干部。

内部退养职工系指接近正常退休年龄但因各种原因退出工作岗位，并办理了内退手续的职工。

13.“其他”统计个体工商户中的从业人员；自由职业人员；复员（转业）待安置、学生毕业未就业的人员；公派或因私出国、出境逾期未归的人员；机关改革后不再保留原机关干部身份，党组织关系仍保留在原单位的人员；企业破产后，领取保险金或被辞退的职工中未重新就业的人员；由于各种原因，已经离开本人的生产、工作岗位，并已不在本单位从事其他工作，但仍与单位保留劳动关系的职工（不包括内部退养职工）；党组织关系在人才（劳动）服务中心，不明职业的人员；其他无业人员等。

14.“预备党员”系指已取得党籍，预备（延长预备）期未满，以及预备（延长预备）期满而尚未办理转正手续的党员。

15.“台湾省籍”党员不统计籍贯为福建省金门、马祖的党员。

16.“年龄”系指统计截止日期时党员的实足年龄（周岁）。

二、表内关系

1.1 栏=2 栏+18 栏+20 栏至 23 栏之和

2.2 栏=3 栏+11 栏

3.3 栏=4 栏至 9 栏之和

4.9 栏≥10 栏

5.11 栏=12 栏至 16 栏之和

6.16 栏≥17 栏

7.18 栏≥19 栏

8.A 列分别≥B 列、C 列、D 列、E 列

9.A 列=F 列至 O 列之和

10.A1 分别≥补充资料 1 第 1 项至第 3 项之和、补充资料 2

11.A5 至 A8 之和+A12 至 A15 之和≥补充资料 3 第 1 项+第 4 项+第 7 项

12.C5 至 C8 之和+C12 至 C15 之和≥补充资料 3 第 2 项+第 5 项+第 8 项

13.F5 至 F8 之和+F12 至 F15 之和+G5 至 G8 之和+G12 至 G15 之和≥补充资料 3 第 3 项+第 6 项+第 9 项

14.补充资料 3 第 1 项分别≥第 2 项、第 3 项

15.补充资料 3 第 4 项分别≥第 5 项、第 6 项

16.补充资料 3 第 7 项分别≥第 8 项、第 9 项

三、表间关系

1.A1 至 A23 分别=第三表 A1 至 A23、第四表 A1 至 A23 相应项

2.A1 分别≥第五表 A1、第六表 A1+C1、第八表 A3、第十四表 A2、A3

3.A1 至 A20 分别≥第十六表 A1 至 A20 相应项

4.A2≥第二十六表 A13+第二十七表 A14+第二十八表 A13+第二十九表 A13+第三十表 D14

5.A5+A6≥第二十八表 A15

6.A9≥第二十六表 A15

7.A18≥第五表 C1

8.A21=第七表 A1

9.A22≥第十六表 A22

10.A23≥第十六表 A23

11.C1 分别≥第五表 A2、第六表 A2+C2、第七表 E1、第十六表 B1

12.C21=第七表 B1

13.D1≥第十六表 C1

14.D21=第七表 C1

15.E1≥第十七表 A17

16.F1+G1 分别≥第五表 A3、第六表 A3+C3、第十六表 D1 至 F1 之和

17.H1 至 L1 之和分别≥第五表 A4 至 A6 之和、第六表 A4 至 A6 之和+C4 至 C6 之和、第十六表 G1+H1

18.M 列至 O 列之和各项分别≥第三表 B 列至 E 列之和相应项

19.补充资料 3 第 1 项至第 3 项分别≥第十七表 A7 至 C7 相应项

20.补充资料 3 第 4 项至第 6 项分别≥第十七表 A8 至 C8 相应项

21.补充资料 3 第 7 项至第 9 项分别≥第十七表 A9 至 C9 相应项

延伸阅读 ▶▶

《巴风渝韵》获全国残疾人艺术汇演（西部片区）一等奖

2017 年 8 月 23 日，第九届全国残疾人艺术汇演（西部片区）在市川剧院落下帷幕。由区残联组织编排的节目《巴风渝韵》获器乐类一等奖。

《巴风渝韵》是结合璧山区非物质文化遗产“王氏传统牛皮鼓制造工艺”和川剧中的川打编排而成的，反映残疾人对生活和艺术的热爱。

参与演出的演员由区特殊教育学校 12 名听力障碍孩子和来自璧城、璧泉、青杠街道的 5 名视力或肢体残疾人组成，年龄最大的 68 岁，最小的 13 岁。他们克服重重困难，经过 4 个多月的紧张排练，代表重庆市参加此次汇演。（刘畅）

2017 年璧山区党员入党时间情况一览表

表 5-3

项目			总数	1937年7月6日及以前	1937年7月7日至1945年9月2日	1945年9月3日至1949年9月	1949年10月至1966年4月	1966年5月至1976年10月	1976年11月至1978年12月	1979年1月至2002年10月	2002年11月至2012年10月	2012年11月及以后
甲			A	B	C	D	E	F	G	H	I	J
总计		1	29207			14	3232	5587	877	10173	7247	2077
一、在岗职工		2	10014				3	30	21	4108	4461	1391
公有制单位	合计	3	6664					2	4	3046	2819	793
	党政机关工作人员	4	2611					1	2	1468	877	263
	事业单位管理人员	5	856							385	409	62
	事业单位专业技术人员	6	2576						1	885	1312	378
	企业管理人员	7	119							58	53	8
	企业专业技术人员	8	93							46	36	11
	工勤技能人员	9	409					1	1	204	132	71
	农民工	10	8							3	1	4
非公有制单位	合计	11	3350				3	28	17	1062	1642	598
	企业管理人员	12	928				2	6	7	264	480	169
	企业专业技术人员	13	555					5	3	145	288	114
	民办非企业单位管理人员	14	154					2		54	69	29
	民办非企业单位专业技术人员	15	125					1	3	52	45	24
	工勤技能人员	16	1588				1	14	4	547	760	262
	农民工	17	114					5		60	35	14
二、农牧渔民		18	11594			2	2002	3532	497	3457	1717	387
	外出务工经商人员	19	812				7	28	23	351	325	78
三、军人、武警		20										
四、学生		21										
五、离退休人员		22	4514			12	1008	1633	281	1496	84	
六、其他		23	3085				219	392	78	1112	985	299

说明：

共有新的社会阶层党员 799 名，其中，民营科技企业创业人员和技术人员 20 名，受聘于外资企业管理技术人员 280 名，个体劳动者 280 名（城镇个体劳动者 100 名），私营企业主 50 名，中介组织从业人员 100 名，自由职业人员 349 名

2017年璧山区党的基层组织数量情况和换届情况一览表

表5-4

项目		总数	党委	总支部	支部	项目		总数	党委	总支部	支部
甲		A	B	C	D	甲		A	B	C	D
党的基层组织数	1	1067	93	38	936	事业单位	9	183	7	5	171
任届期满	2	201	12	1	188	机关	10	189	15	10	164
本年换届	3	201	12	1	188	中央一级	11				
城市街道	4	358	39	8	311	省（区、市）一级	12				
乡镇	5	168	18	12	138	市(地、州、盟）一级	13	174	15	10	149
企业 国有经济控制	6	19	1	1	17	县(市、区、旗）一级	14				
企业 集体经济控制	7	8			8	其他	15	378	55	20	303
企业 非公有经济控制	8	290	15	2	273						

说明：

1. 党组37个，其中市（地、州、盟）一级机关31个
2. 中央和各级地方党委派出工委13个
3. 国务院和地方政府工作部门中有基层党组织99个，其中党委10个、总支部9个、支部80个
4. 建制村中有党组织167个，其中总支部18个、支部149个
5. 农民专业合作社1个，共有党组织1个，其中支部1个

图表4　图为中央电视台播放璧山视频截屏

（谢捷　提供）

宣传工作

【概况】　2017年，全区宣传思想文化工作坚持正确的政治方向和舆论导向，主动担当，积极作为，不断探索新形势下宣传思想文化工作的新途径、新方法、新举措。组建"六进"宣讲队、镇街宣讲队、基层宣讲队、榜样面对面宣讲队等队伍，"一团四队"深入城乡社区、田间地头开展宣讲活动498场次。《璧山报》、璧山电视台开设"把党的十九大精神全面落实在重庆大地上·璧山篇"专栏，重点反映全区干部群众收听收看中共十九大的热烈反响以及学习践行中共十九大精神的新气象新作为，璧山网通栏开设"伟大新征程·中国共产党第十九次代表大会"等专题，及时转载中央、市级媒体关于学习宣传中共十九大精神的相关消息、通讯、评论100条。新媒体载体及时报道区学习宣传中共十九大精神情况，发稿120条。人民日报、光明日报及市级主要媒体报道区学习宣传中共十九大精神15条。组织文联各协会会员学习宣传中共十九大精神，学习活动7场。组织4个演出团体深入15个镇街开展"新时代·新思想·新目标·新征程"宣传贯彻中共十九大精神璧山区流动文化进基层演出活动15场。

【新闻宣传】　挖掘总结经济社会发展中的亮点工作，借助媒体资源，提高城市知名度和美誉度。一是成为中宣部"推动形成绿色发展方式和绿色生活方式"蹲点主题采访点，8月15日、8月25日，《北京青年报》分别以整版和半版篇幅报道城市化与生态宜居融合相生及城市精细化治理的璧山经验。二是成为《人民日报》"砥砺奋进的5年·迎接中共十九大重庆篇特别报道·重庆篇"重点关注区县，《绿色发展"双山记"》《好日子，城里乡里一起过》2篇文章大篇幅推介深绿城市打造和统筹城乡发展的璧山实践。三是成为中央电视台"喜迎十九大"专题节目《还看今朝·重庆篇》区县直播连线点，央视用5分钟的直播连线展示璧山绿色、生态、宜居带给老百姓的幸福感和获得感。四是成为市委宣传部第一批"把总书记的重要讲话精神落实在重庆大地上"全媒体大型主题报道点，市属新闻媒体报道区践行"生态优先、绿色发展"理念的积极成效。五是璧山作为"公厕革命"的先行先试区，被新华社、《人民日报》等媒体聚焦。全年中央媒体聚焦璧山27条，市级媒体1400条。

【理论武装】　一是推动理论学习制度化规范化。区委党建工作领导小组会通过《关于加强全区党员干部理论学习的意见》，全区各级党组织深入学习习近平新时代中国特色社会主义思想和中共十九大精神。二是区委中心组全年专题学习8次。全区各级党委（党工委、党组）中心组集中学习600场以上。三是举办中共十九大、习近平总书记

"7·26"重要讲话精神两场千人报告会。"小城故事会"宣讲团，获中宣部"基层理论宣讲先进集体"称号。

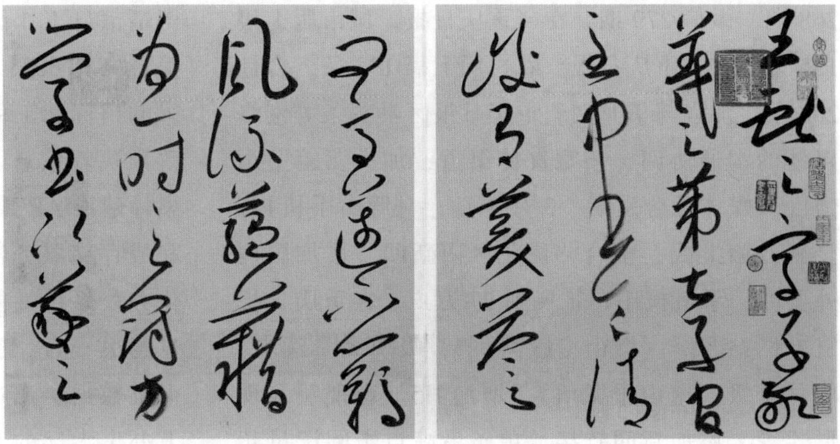

图表 5　2017 年 4 月 26 日，胡正好书法作品获重庆市第十四届精神文明建设"五个一工程"奖。这是自重庆市设立该奖项 28 年以来，璧山艺术家首次获奖，实现历史上零的突破　　（陈亮　摄）

【意识形态】　一是完善"1+10"文件制度体系。制定《关于贯彻落实〈党委（党组）网络意识形态工作责任制实施细则〉的意见》《璧山区意识形态工作责任制考核办法》《2017 年璧山区意识形态工作要点》等制度文件。二是落实意识形态责任。区委书记吴道藩召开全区意识形态工作推进会，区委与各党组织签订意识形态责任书，编印《意识形态工作操作手册》。三是推进意识形态工作网格化。通过"一图一库一平台"模式，发挥全区 406 个网格、585 个网格员、68 名社区民警的基层前沿哨作用。

【思想政治】　全区开展"做有梦想有追求的重庆人"主题教育实践活动 500 场，参与群众 3 万人次。7 月，在全区城乡广泛开展弘扬社会主义核心价值观系列群众性主题宣教教育活动——"小城故事"演讲比赛，15 个镇街和 12 个行业牵头部门的 327 名参赛选手参与到活动中。打造福禄镇斑竹村"美丽乡村·福满家园"福文化主题公园，通过"惜福壁、祈福石、颂福墙、汇福桥、聚福桥、迎福门等景观设施，系统性地将福文化贯穿于整个斑竹村，实现生产活动、传统文化、现代文明的有机融合。深入开展"点赞公民·千万市民做公益"行动，利用 17 个主题日，组织开展公益活动，参与群众上万人次。全年选树和培育重庆绿色年度人物何舒培、感动重庆月度人物刘晓龙等典型人物。

【《璧山报》】　全年出版 146 期，刊登各类稿件（含新闻图片）5200 篇，500 万字，完成年度宣传目标任务，被重庆市文化委员会评为"优秀区县报"。新闻策划与宣传。为迎接中共十九大召开，会前《璧山报》开设"把总书记的讲话精神落实在重庆大地上·璧山篇""砥砺奋进的五年""实干树形象·实绩惠民生""十九大时光"等栏目，会议期间，及时转载《人民日报》《重庆日报》的十九大开幕、闭幕报道、人民日报社论等重要稿件。会后开设"把党的十九大精神全面落实在重庆大地上·璧山篇"，报道干部群众积极作为，贯彻落实中共十九大精神。《璧山手机报》《璧山报微信》同步开展宣传，全区迅速掀起学习贯彻热潮。策划刊载"五大发展理念看璧山""四个全面战略布局看璧山""贯彻党代会　开启新征程"等系列报道；策划刊载"2017 梦想出发""聚焦重点工程""办好重点民生实事""创新驱动在路上""党风廉政看璧山"等围绕区委、区政府中心工作的新闻专题报道；开辟"践行社会主义核心价值观""小城故事""记者在身边""法润万家"等栏目。完成区委主要领导关于"绿城建设""供给侧结构性改革""便民城市建设"等深度报道。刊登文旅融合宣传报道 114 篇；《璧山报微信》《璧山手机报》推出"石头上的小城故事"专栏，讲述璧山历史故事，扩大城市影响力。刊发深度报道专版 46 个，编辑发送手机报

268期、微信279期。在《重庆日报》城市版上稿135条，在《重庆日报》农村版上稿133条，合计268条。加强与华龙网、重庆日报区县头条等网络媒体的沟通协调，拓宽宣传渠道，加大营销璧山力度。媒体融合发展。3月1日，《璧山手机报》全新改版上线，整合并优化区内新闻，增加国内外要闻，手机报用户扩展到27万户。在重庆日报官方网站开辟《璧山专版网页》，吸引大量读者。优化升级《璧山报微信》，增加H5、音视频表现形式等，添加新闻链接，单条最高点击阅读量超300万，创重庆区县党报新媒体阅读量新高。

（璧山报社）

【党政信息中心】 2017年，重点围绕“网络宣传”“舆情管控”“网络安全”“政务公开”等4项重点任务。推进璧山网、政务网、微博、微信、客户端等网络媒体融合，打造新媒体矩阵。政务微博“璧山之声”新浪和腾讯粉丝87555人，发布原创微博3660条，阅读量285万，被市级转发14条。“和美璧山”微信公众号关注量39586条，推送1550条消息。“和美璧山”APP下载量13.9万。开展“智重庆·慧生活——网络名人重庆行”暨“做一回重庆人——2017‘两微’达人重庆行活动”“共舞长江经济带——网络媒体探访长江经济带区域协同生态发展之路”网络主题活动2次。完成中宣部重要研究课题5项，报送舆情信息4000篇，获中央领导批示11次；完成市委宣传部交办的深度分析40篇，约稿90次。处置“璧山来凤炼油厂爆炸”“俊豪城幼童溺水”等突发舆情22次。1月22日，璧山在全市网信工作会上交流发言，市委宣传部、市委网信办相关领导对璧山网络舆情工作给予肯定，并要求将璧山做法在全市学习推广。2月24日，中央网信办网络应急管理局相关领导到璧调研并肯定璧山舆情收集引导处置做法。2月27日，中央宣传部召开的全国舆情信息工作会议上，璧山作为全国舆情信息直报点参会，并被中宣部授予“2016年度全国舆情信息工作优秀单位”。区政府公众信息网上传信息资料6051条。其中，部门镇街动态2015条、采购招标和工程招标632条、统计信息41条、财政预决算信息262条、人大建议政协议案76条。累计建成AP数2980个。强化党政办公系统应用，完成存储服务器采购并引入中国知网数据库，优化办公系统性能。以区门户网站为基础，架设信息惠民平台，引入市级信息惠民平台数据和行政审批数据，通过新增数据共享交换平台，推动网上办事大厅的开通。整体规划设计并完成信息惠民业务交办中心工程，实现现场大屏实时监控业务系统运行情况和办理情况。网络安全监督和管理。推进网站集群建设，按云平台模式在水土云计算中心统一迁移部署，实现后台统一管理、内容互联互通、安全实时监控，迁移21个信息系统或网站。加强本地关键信息基础设施检查，组织专业技术人员逐一排查重点关键信息基础设施隐患，督促整改完善。聘请第三方安全测评机构检查辖区16家单位系统24个，经测评整改后无重大网络安全事故发生。

（区党政信息中心）

统一战线工作

【概况】 2017年，区委统战部现有行政编制7人，区政府民宗侨办（6月区编委批复同意区民宗侨办更名为区政府民宗侨办）、区委台办、区政府台办挂牌区委统战部。部长1名，副部长3名。其中，1名常务副部长，1名副部长兼任区工商联党组书记。部机关下设党派科、民宗侨务科、综合科3个科室；6月区编委同意区委统战部增加下属正科级事业单位区统战服务中心。

区委进一步加强对统战工作的领导，调整区委统战工作领导小组职能和成员。以同心、凝心、暖心工程为抓手，着力增进政治共识，发挥统战职能作用。5月，区委出台《关于加强政党协商的实施办法》。党外代表人士建言献策有新突破，党外干部队伍实现配齐配强，民宗台侨领域保持和

图表6 图为2017年4月15日，全区统战干部集中学习现场

（张曦 摄）

培训班，全年向市委统战部和市社院选送党外人士30多人参加培训，区内培训党外代表人士240人。在中青班、专业技术高层次人才班、新录用公务员班、社区干部班等班次上讲授统战政策。有针对性地加强党外人士培训、挂职、交流等综合锻炼。27个政府工作部门中，有14个部门配备党外领导干部，其中1名民主党派人士在12月任区安监局局长。区内6名党外人士当选第五届市人大代表，占比超过35%。推荐7名党外人士成为第五届市政协委员。

谐稳定，对台交流工作得到中台办肯定、市台办来函致谢。

【民主党派工作】 全区有5个民主党派市委直属支部的基础上，经协调争取，民建璧山支部于2017年11月被批准升格为工委。12月为民建璧山工委配备1名党派服务专干。协助民盟璧山支部增配副主委1名和调整补充支部委员2名。支持民主党派搞好组织发展，全年新发展成员20人，有8个民主党派的成员250人。9月首次有1条“加快普及无痛分娩的建言”被《零讯》采用，全年有3条建言被《重庆党外人士建言》采用。向区人大、区政协提供建议、提案和社情民意90件。民主党派和无党派人士积极参与精准扶贫、医疗教育文化等社会服务200人次，新增就业岗位近2000个。

【党外代表人士工作】 全年围绕经济社会发展、民生事项、重点工程、党风廉政建设等开展通报、调研、政党协商等活动9次。区委常委、区政府党员副区长、区人大常委会主任和区政协主席与79名党外代表人士联谊交友。举办统战干部、民主党派、宗教界人士、非公经济人士等党外人士

【民族宗教事务工作】 开展民族团结进步创建活动。争取少数民族发展项目资金40万元和民族教育专项经费30万元分别用于璧城街道、河边镇、广普镇、正则中学、八塘卫生院等地的基础设施改造。贯彻全国全市宗教工作会议精神，理顺民宗执法主体资格问题，璧山区民宗侨办更名为璧山区人民政府民族宗教侨务办公室，招考执法岗人员（男性）2名，以区委、区政府的名义下发《关于加强新形势下宗教工作的通知》，规范管理宗教领域的相关问题。组织调查15个镇街对辖区内的宗教活动场所，对宗教活动场所的规划工作作出初期分析研判，将22个宗教活动场所纳入全区应急指挥工程。加强与公安、外事等部门的协作，抵御境外敌对势力渗透。全年接待涉及民族宗教方面的来访60批、260人次。全年民族宗教界未发生安全事故。

【对台侨务工作】 侨务工作在五年一次的全市侨务工作会议上作大会交流发言。争取侨务资金9万元，用于侨务扶贫和项目资助。分3批次接待230名海外华裔青少年到璧山参加“中华寻根之旅”音乐营。中华统一促进党参访团一行34人考察台商工业园和学习璧山党建工作。台湾元智大

学丘邦翰教授一行38人到璧山参访交流。台湾辅仁大学、台南师范学院师生78人到璧山参访交流。台湾乡镇市民代表会联合总会参访团一行到璧山了解学习中共历史和基层党建。台湾社团领袖一行40人到璧山考察投资环境。全年接待来到璧山参访台胞近200人次，对台交流工作获中台办肯定及市台办的致谢函。台商工业园有投产台资企业33家，年产值165亿元，同比增长13.1%，实缴税金8.25亿元。建立对台服务沟通协调、分析研判、解决答复机制，分解落实意见建议10条，并组织相关单位面对面答复。协调相关部门办理在璧山台胞子女就近入学，为2个经贸交流团队办理赴台审批手续。

【非公有制经济领域统战】 全区非公经济户数达到50442户。其中，私营企业12760户，个体工商户37614户，外资企业68户。非公经济增加值363亿元，占全区地区生产总值（GDP）的80%。组织非公经济人士宣讲十九大精神，开展以“守法诚信、坚定信心”为重点的理想信念教育实践活动。指导完成装饰建材商会党支部和奥丰鞋业党支部等党组织换届。25名非公经济人士当选区人大代表，占全区人大代表总数的10.3%；55名非公经济人士当选为政协委员，占全区政协委员总数的23.4%，提交提案、议案、社情民意、建议意见等近60件，在区政协十届一次会议上，作题为《助推我区中小企业融入资本市场的思考》的大会发言，受区领导及相关部门重视。解决非公经济实际困难取得新进展，区领导与25名工商联副主席（副会长）、常委建立一对一联系制度，开展交心谈心20人次，协调解决非公企业问题困难10件次。（区委统战部）

机构编制

【概况】 2017年，区机构编制工作围绕全面深化改革，持续推进政府职能转变，积极推进行政审批改革，稳步推进事业单位分类改革，严格控制和优化机构编制，为全区实施“三区一美”行动计划，提供有力的体制机制保障。

【政府职能转变】 开展城市管理领域体制改革，推进综合行政执法改革。调整区城市管理机构设置，将市政园林管理局更名为城市管理局（挂城市管理综合行政执法局牌子），市政监察支队（挂园林绿化执法支队牌子）更名为城市管理综合行政执法支队，取消挂牌。明确城市管理主要职责及具体实施范围，明确执法管理体制层级，加强人员配备，充实城市管理执法力量，实现城市管理领域的综合行政执法。深化安全生产领域监管体制改革，在区安监局设立安全生产巡查办公室，区安监执法支队设立安全生产考务科，将镇街安全生产监督管理办公室由挂牌机构调整独立设置为综合办事机构，增加安监执法工作力量，明确全区各级各部门的安全生产监管职能职责。平稳有序完成区纪委派驻机构编制划转工作，积极协助推进监察体制改革。

【事业单位机构编制】 加强事业单位公益属性，将区东风林场事业机构类别由公益二类调整为公益一类。开展事业单位法人治理结构建设试点工作，将区中医院作为全区试点单位，阶段性评估其工作开展情况。推进事业单位管理体制机制创新，厘清区商务局（挂区旅游局牌子）、区旅游发展中心职能职责及编制情况，整合设置重庆市璧山区旅游发展中心，为区旅游发展提供机构编制保障。整合撤并区农业机械化推广管理站、区苗圃场等职责相近、职能弱化的事业单位12个，新设置区综治中心、区智慧城市管理指挥中心等涉及社会管理、民生领域的事业单位6个，较2016年年底减少事业机构6个。

【行政审批改革】 全面推进和实施行政许可标准化建设。全区30个部门，317项区级行政许可事项全部建立和实施行政许可标准化，标准45个（含服务指南）。加强行政审批事项动态管理。印发《重庆市璧山区行政审批事项动态管理办法》，建立行政审批事项动态调整机制，对应取消调整区级行政审批事项74项，区级非行政许可事项全部取消调整，形成新的区级行政许可事项目录清单。建立行政审批中介服务事项清单。通过清理规范，建立《璧山区区级行政审批中介服务事项清单（2017年版）》，纳入涉及行政审批的中介服务事项57项，涉及区级行政审批事项56项。

（徐杰　余亮）

政策调研

【概况】　2017年，全区政策调研围绕年度区委中心工作，履行自身职能，主动服务，深入调查研究，献言献计。

对接市委研究室，主动对外宣传璧山。坚持加强与市委研究室的沟通联系，结合璧山实际，组织撰写总结和推广璧山工作亮点的调研文章2篇，被市委内部刊物《新重庆》杂志刊载。对接市委研究室到璧开展专题调研2次，为市委决策提供帮助服务。接待上海市委研究室，四川省德阳市委研究室，铜梁区委研究室、忠县县委研究室等市外相关省市考察团和区外相关单位到璧山学习调研，积极宣传和推介璧山的经验及做法，受到璧山考察单位各级领导的肯定。

协助区委法治办履行好职责。牵头起草《璧山区2017年全面依法治区工作要点》,筹备召开区委全面推进依法治区领导小组会议、领导小组办公室与各专项小组联络员会议3次，协调推进全面依法治区工作。推进依法治区教育宣传，开展书面和实地督察2次。做好和市委法治办及有关工作部门的衔接和区委法治办日常工作，及时整理相关资料并健全归档，营造良好的全面依法治区氛围。抓好群团改革工作，开展群团改革试点“回头看”工作评估，群团改革纵深推进。

【服务区委】　参与全区重要文稿的起草、完善和审查工作等，参与起草区第十四次党代会报告主要任务分解、区委常委会工作规则、市委书记陈敏尔到璧山调研工作汇报材料、学习贯彻市委书记陈敏尔调研璧山讲话的通知、渝西片区座谈会发言材料、各级领导到璧视察汇报材料、区委常委会会议纪要等一系列重要文稿100余次，多次获区委主要领导、分管领导肯定。

【调研成果】　围绕“三区一美”行动计划，紧扣区委中心工作的开展，制定重点调研课题，主动深入基层，发动和协调各方面力量有针对性地开展调查研究，通过《调研与思考》《信息参考》这2个刊物平台，为领导科学决策提供参考依据，发挥参谋助手作用。编印《信息参考》12期，撰写《调研与思考》6期，按时完成年度调研任务。《关于开发建设领域资金监管情况调研报告》《关于加强国有工程建设项目质量监管工作调研报告》获区委、区政府领导肯定。（区委研究室）

党　校

【概况】　2017年，区委召开区委常委会2次，专题研究党校工作，在师资队伍、经费投入、机制建设等方面给予大力支持。区委书记吴道藩，区委副书记、区长章勇武，区委副书记、区委党校校长何平，常务副区长、区行政学校校长张献强等到校调研指导，区级领导到党校上课66人次，区管领导干部到党校授课134人次，领导干部授课占总课时数的34.2%。市委党校副校长曾维伦多次到校检查指导工作，市委党校10位教授到校授课。获全市党校（行政院校）系统办学考评二等奖，“我与党校二十年”主题演讲比赛第五片区二等奖，全市党校行政院校系统第五届教学比赛一等奖,第五片区理论研讨会一等奖。

【主体班培训】　全年举办主体班次34期，培训学员3173人次。其中，举办常规班8个，培训323人次；举办专题班5个，培训561人次；举办“其他班次”19个，培训2211人次；承接2个对外培训任务，分别是秀山县组织委员培训班、昌都市三级强基办人员和选派村支书培训班，培训78人次。

【理论教育】 以提升学员党性修养，提升学员能力素质为目的，将整个教学过程分为理论教育、党性修养、能力提升三大板块。按照理论教育不少于总课时50%的比例，突出理论教育的主业主课地位。把马克思主义经典著作导读课作为重要课程，把马克思主义中国化最新成果作为理论教育中心内容，把学习习近平总书记系列重要讲话特别是视察重庆重要讲话精神作为重中之重，开设毛泽东思想、党内经典著作、中国梦等马克思主义中国化的理论专题，落实意识形态工作责任制。按照党性修养课程不少于20%的要求，坚持把传统教育作为党性教育的必修课，邀请全国敬业奉献道德模范马善祥、区内先进人物为学员作报告；组织学员到渝西廉政教育基地、长寿预防职务犯罪教育基地、璧山看守所开展现场警示教育等。在常规班次中合理安排时间开展实岗锻炼。组织学员围绕共产党员“四讲四有”的现实体现，“为民服务、爱岗敬业”等主题开展党性分析活动。按照“学员最需要什么知识就开什么课”的方式，开展能力提升课程。

【科研资政】 以《资政参考》形式上报科研课题小组、教师调研文章或建言建议超60篇，获区领导肯定性签批45篇。其中获区长章勇武签批3篇、区政协主席向邦俊签批1篇。向区科委申报2017年软科学课题，获立项2个。完成区政府及区人大常委会委托课题3个，其中重点课题2个。与区民政局开展科研合作。完成市委党校重点课题结题1个、一般课题结题2个。向市委党校申报2017年校级课题4个，获1个重点课题、2个一般课题立项。参加2017年川渝蓉党校系统理论研讨会，理论文章《用辩证思维推进生态共建环境共治》入选。完成2017年度重庆市党校系统第五片区协作组理论研讨会承办工作，获一等奖文章1篇。在《重庆行政》（公共论坛）、《新西部》等省级公开刊物发表文章24篇。

【现场教学基地建设】 璧山产城融合现场教学基地除本校主体班外，接待市外党校、市委党校和市内兄弟党校主体班37个，培训人数1858人次。此外全区建有经济建设类3个、传统教育类1个、基层党建类4个等三大类区级现场教学基地8个。区级现场教学基地，接待主体班13期，培训664人次。

【信息化教学】 通过市委党校视频会议系统，完成“重庆学习论坛周末讲堂”8期1836人次。学习贯彻市委五次党代会精神专题班3期，培训处级以上领导干部538名。学习贯彻中共十九大精神专题培训4期，培训处级以上干部548名，一线宣传骨干99名等。 （区委党校）

机关党建

【概况】 2017年，全区机关党建围绕学习宣传贯彻落实中共十九大精神、“两学一做”学习教育常态化制度化工作，开展系列活动。加强政治建设，增强机关党员“四个意识”。加强制度建设，完善各项规章制度，坚持把制度治党作为机关党建的关键环节来推进。加强队伍建设，推进党的建设工作持续发展。

【学习教育】 按照《关于加强“两学一做”学习教育常态化制度化的实施方案》文件要求，指导区机关单位制订“两学一做”学习教育常态化制度化实施方案，实行季报告、监督制度，分3个督导组，督查全区86个企事业单位“两学一做”

图表 7　图为 2017 年 6 月 30 日，区直机关开展“我的第一身份”演讲比赛现场　（孙茜　摄）

学习教育开展情况。将“两学一做”常态化制度化，以及机关党建业务等纳入对全区 300 名机关事业单位党支部书记全覆盖培训内容，邀请区委书记吴道藩和区委组织部部长万容为学员授课。组织本单位、下辖党组织收看中共十九大会议直播，会后牵头开展系列宣讲活动，为 1600 名党员群众宣讲十九大精神，将中共十九大精神宣传到各机关事业单位。

【组织建设】　实现机关党组织书记述职评议全覆盖，全面完成机关基层党组织及党员信息核查，培训书记 309 人、党员发展对象 213 人，新发展党员 15 人、转正预备党员 26 名，指导按期换届党组织 55 个，走访慰问困难党员 167 名，发放慰问金 8.35 万元。持续开展“星光工程”，推动在职党员到社区认领服务岗位 5680 个，结对包建村（社区）88 个。开展“我的第一身份”主题演讲活动，举办“小城故事”演讲比赛，举办区直机关党组织书记讲党课比赛等一系列活动。坚持以调查研究为抓手，把市直机关党建设研究会安排布置的专题研讨课题结合区机关党建瓶颈问题分解细化为若干子课题，安排机关党建协作组和机关党组织深入调研，取得一批有价值的调研成果；遴选聘任对机关党建工作有经验的党员 17 名，组建机关党建特约研究员队伍。

【作风建设】　以“作风建设永远在路上”为工作主旋律，教育引导机关广大党员干部不断增强“四个意识”，根除群众到机关办事脸难看、门难进的个别不好现象。设置调研课题，加强机关党内作风建设。将严肃机关党内政治生活、加强机关党内监督纳入党建调研课题，为提供消除机关党建“灯下黑”现象、找准机关党建工作和业务工作结合点解决“两张皮”问题等提出一系列对策建议。指导研究对象侧重对如何发挥普通党员对党员领导干部的监督、如何通过监督巩固团结纯洁友谊等方面开展调查研究。配合纪检部门工作，配合区纪委对 8 名违法违纪党员进行处理。

（区直机关工委）

老干部工作

【概况】　区委老干部局，是中共重庆市璧山区委服务管理全区离休干部、区级（含原县级）退休干部和处级退休干部的职能部门，内设办公室、离退休干部管理科、关工科，工作人员 8 名（其中局长 1 名，副局长 1 名，科室负责人 3 名）；下属（参公）事业单位 1 个：重庆市璧山区老干部活动中心（主任 1 名，工作人员 3 名）。主要职责是贯彻执行有关老干部工作的方针、政策和规定；落实老干部政治待遇和生活待遇；组织引导老干部在经济社会建设中发挥作用；协调全区涉老部门的工作。

2017 年，全区服务管理对象新增区级退休干部 2 名，处级退休干部 33 名，离休干部去世 4 名、区级退休干部去世 1 名，去世 1 名，收归市级部门管理3名。年底实有74名，其中，离休干部33名（含代管离休干部3名）、区级退休干部41名。年底全区实有处级退休干部341名。

【老干部政治和生活待遇】 1月22日，区委、区政府召开老干部迎春座谈会。区委书记吴道藩作重要讲话，区长章勇武通报2016年全区社会经济发展情况，区委副书记何平主持会议。在元旦、春节等8个重要节日，慰问老干部、困难遗属755人次，发放各种慰问金58.5万元；探望生日、生病住院老干部30人次，使用经费1.7万元；日常走访和重点走访老干部150人次，接待来访老干部70人次。全年帮扶离退休干部及困难遗属17人次，解决困难帮扶资金7.5万元。给离休干部和区级退休干部赠订《中国老年》《老同志生活》，为老干部阅览室订阅多种报纸杂志，并按规定发放71人书报费3.55万元。5月，在区人民医院集中为70名离休干部和区级退休干部进行一年一次的健康检查。年底发放离休干部、区级退休干部健康休养费18.75万元。根据渝委老〔2017〕97号文件规定，自2017年7月1日起调整离休干部护理费标准。其中，抗日战争时期参加工作的离休干部护理费标准由原每人每月1200元提高到2000元，解放战争时期参加工作的离休干部护理费标准由原每人每月700元提高到1500元，生活长期完全不能自理的离休干部护理费标准由原每人每月1000元提高到2500元。

【处级退休干部管理】 处级退休干部有110人参加门球队、舞蹈队、合唱团、二胡队、太极拳(剑)等经常性活动、580人次参加情况通报会、座谈会、就近参观等活动，年底为区属部门的处级退休干部发放健康休养费37.12万元。

【老干部活动】 组织老干部参加渝西片区五届一次老干部门球赛（老干部休养所，永川区）、重庆市第九届老干部门球邀请赛（市老干部活动中心）、渝西片区五届二次老干部门球赛（大足区）、重庆市第十二届老干部桥牌赛（市老干部活动中心）等。分批次组织全区的离休干部、区级退休干部和处级退休干部参观中铁任之健康城、东岳体育公园等。组织老干部开展“畅谈十八大以来发展变化展望十九大胜利召开”专题活动,收到老干部建言献策45条，畅谈文章20篇，散文诗歌14篇，书画作品42幅。

【老干部艺术节】 9月15日，“重庆市第七届老干部文化艺术节璧山区分会场活动在区文化艺术中心开幕。区委常委、区委组织部部长万容出席开幕式并致辞。开幕式上，有老干部二胡队的《花儿与少年》《牧羊曲》、老干部合唱团《在太行山上》《为了谁》、区老年体育协会的健身球操《满山红叶似彩霞》、区老年大学的舞蹈《青藏姑娘》等节目参演，全区离休、区级退休干部和处级退休干部代表观看本次文艺表演。该次艺术节分会场活动时间为9月15日至20日。开展有老干部书画摄影展、老干部电影专场、老干部门球赛等多项活动。

（胡　涛）

党史工作

【概况】 2017年，全区围绕“三区一美”行动计划，坚持以“资政育人”为根本任务，推进党史研究、资料征编、党史宣传和党史干部队伍建设工作。

【征集史料】 以《国家记忆》为线索，重点征集保存在美国国家档案馆反映璧山抗战时期政治、经济、军事、教育、商贸、农耕劳作、民风民俗等抗战历史图片近200张和美国1944年《展望》周刊杂志一册，为璧山抗战文化研究提供直接、翔实的第一手资料；推进年度大事记、重要会议的文稿征集工作；征集回忆录5篇。

【编研成果】 完成《璧山改革开放实录》《抗战

大后方·璧山记忆之档案实录》核审和清样工作；完成《璧山“三区一美”战略的实践和成效》专题研究。

【宣传教育】 以党员领导干部和青少年为重点对象，不断深化党史育人工作。走进企业，与璧山砂之船支部一起为纪念“七七”事变80周年，开展《历史是最好的教科书》党课主题活动；走进社区，与璧泉街道南关社区开展志愿活动，机关党员干部与该社区党员开展《强化核心意识 全面从严治党》的党课学习活动；与单位联系点青杠街道塘坊社区，共同开展主题党日活动。走进学校，在璧泉小学开展“好好学习，争做新时代接班人”的读书学习活动；充分利用《璧山报》、广播电视、手机报刊载党史纪念文章。（徐德万）

图表8 图为渝西地区关工委第16次联席会现场

（璧山报社 供图）

关心下一代工作

【概况】 2017年，坚持“急党政所急，想青少年所需，尽关工委所能”的工作方针，以创建“五好”关工委为契机，推动关心下一代工作上台阶。全区有思想道德教育团、科技服务指导团、校外工作指导团、法制宣传教育团、读书活动指导团和办公室共五团一室，有50人。全区有基层关工委组织357个，其中企业关工委组织21个，成功创建区“五好”基层关工委313个，市级“五好”基层关工委11个。复查验收2015年授牌的区级“五好”基层关工委，有77个单位合格。新评审并授牌“五好”基层关工委5个。全区镇街、村（社区）、部门、学校关工委主任均由主要领导担任，各级关工委组织健全。区关工委获重庆市2012—2017年度宣传工作“先进集体”称号。

【社会主义核心价值观教育】 清明节开展《缅怀革命先烈，争做红色传人》主题报告22场，参与学生12200人。有25600名学生参加《中国文明网》祭英烈网上签名活动；有520个班级开展“缅怀革命先烈，听党话，跟党走”主题班会和演讲、征文比赛等活动。为9所中小学开展“学党史国史”专题教育，受教育师生4500人。广泛开展“中华魂”主题教育。订阅“中华魂”（辉煌与梦想）读本63472册，参与读书活动人数10万人。参加区级征文比赛289篇，演讲比赛107人。获征文演讲等次奖316人，指导奖老师300人。有17个单位获优秀组织奖，23人获优秀组织者奖。参加市级征文演讲比赛55人均获等次奖，其中获市级演讲比赛一、二等奖7人并获全国《演讲与口才》青少年演讲能力等级认定。来凤中学曾随利老师获市“优秀组织者”奖，区关工委获市“优秀组织单位”奖，同时获中国关工委、教育部关工委、全国“中华魂”读书活动组委会“先进集体”奖。

【青少年法治教育】 2017年是第三届“关爱明天，普法先行”青少年法制教育收官之年。355名中小学生获区法律知识竞赛奖，36名获“优秀辅导员”，18名获“先进个人”，5个单位获“优秀组织奖”，20 所学校创建为“零犯罪学校”。来凤中学等 6 所学校获市级“零犯罪学校”。45 914 名中小学生，参加《西部普法网》知识竞赛，672 人获满分。开展老少书画大赛，20 幅获区级等次奖，其中老年组 2 幅获市优秀奖，少儿组 3 幅获市等次奖、1 幅获优秀奖。区关工委法制报告团和 56 名法制副校长，作法制报告 60 场，受教育师生达 67 400 人。璧山区委、区人民政府获中国关工委、司法部、中央综治办“青少年普法教育示范区”称号，区关工委被评为“优秀组织单位”。

【参与社会治理】 全区聘有“网吧”义务监督员 21 人，志愿者 27 人，集中或分地区对 120 家网吧开展“净网”巡查 480 次，劝导未成年人 220 人，提出改进意见 120 条。查处违规网吧 1 家，查封“黑网吧”1 家。开展首个家庭教育日宣传服务活动，颁发家教教师聘书 10 个，市家庭教育教师周守兵现场指导 700 位家长。各校均建有家长学校，有校级、年级、班级家委会。关爱“五失”困境青少年。利用端午、“六一”和春节等，关爱慰问“失足、失管、失学、失业、失亲”青少年，为 155 名困境留守儿童送御寒衣物和学习用品。牵手爱心企业为大兴、正兴的 16 名困难儿童和区敬老院 8 名弃婴送去奶粉和大米。

【开展科技服务】 深入镇街、村社，提供植物病虫害防治和动物疫病防治技术指导回乡创业大学生和返乡青年 1000 名。深入七塘、八塘 6 个村开展电商网络知识等技术培训 14 次，培训人员 1230 人。深入校园，为全区 42 个初中班 2000 名师生开展“食品卫生安全知识”教育。（区关工委）

督查工作

【概况】 根据《关于中共重庆市璧山区委督查室主要职责内设机构和人员编制规定的通知》（璧山委发〔2014〕97 号）文件精神，区委督查室是由中共重庆市璧山区委办公室管理的正处级机构，负责全区督促检查工作。

2017 年，开展各类督查 100 次，编发《督查报告》24 期，《督查月报》11 期，《督查专报》12 期，《督查通报》5 期。制定和修改完善督查室机关管理规章制度 19 项。与区级相关职能部门配合与协作，在开展全区性督查工作时主动邀请他们参加，形成互动的大督查格局。

【督查宣传】 一是通过主题宣讲、专题党课、研讨交流、个人自学等形式组织干部职工重点宣传十九大重要精神和习近平新时代中国特色社会主义思想。及时对全区各单位学习宣传中共十九大精神情况开展专项督查，并向市委督查室上报调研文章《璧山区坚持“三个突出”做好“三篇文章”推动党的十九大精神扎根于璧山》，被市委督查室刊物《重庆督查工作》采用。二是积极推动中央、市委重大决策部署贯彻落实，根据《中共中央关于加强新形势下党的督促检查工作的实施意见》《中共重庆市委关于加强新形势下党的督促检查工作的实施意见》，联合区委办草拟《中共重庆市璧山区委关于加强新形势下党的督促检查工作的实施意见》报区委常委会审定。

【专项督查】 一是坚持“干部对账”，促进重大决策落实。每季度牵头与区委办、区政府办等相关部门组成专项督查组，严格按照督查方案明确的内容和目标进度要求，逐项督查各责任单位 2017 年“两会”报告任务分解完成情况。二是围绕 25 件民生实事开展专项督查。三是开展“迎接十九大忠诚保平安”工作督查。牵头召集相关部门在中共十九大期间持续开展多次督查，全区未发生生产安全事故和进京非访。四是开展创建国家卫生区工作推进情况督查。会同区创卫工作指挥部开展专项督查，对照全国爱卫办、市爱卫办专家组的指导意见，推动创卫工作，特别是重点、难点问题整改落实。五是参与创建国家级生态文明建设示范区和全面推行河长制工作督查。按照生态创建工作领导小组安排，安排专人对各相关单位生态创建工作推进情况、迎接国家级生态文明建设示范区验收相关工作落实情况和河长制工作推进情况开展全面督查。六是对区领导交办的重要工作专项督查。对区领导交办的“荣亮烟花爆竹有限责任公司厂区内新增建筑物有关情况”“非法采石场整治”“镇街不规范广告清理整治情况”“商事制度改革”“建设领域并联审批制度改革”“九永高速推进情况”“创建国家食品安全示范城市相关工作”“公路行道树未经批准被砍伐”“信访稳定工作开展情况”“政法重点工作落实情况”“卫生计生民生实事”“敬老院达标建设”等10项工作开展督查。（谷　雨）

保密工作

【概况】 2017年，全区保密工作围绕全国保密工作会议和全市保密工作会议精神以及全区经济社会发展工作大局，以贯彻中央、市委相关文件精神为主线，坚持问题导向，突破重点难点，强化责任落实，理顺体制机制，切实夯实工作基础，深入推进“三大管理”，不断提升保密综合防范能力，全力保障中共十九大和重庆市第五次党代会胜利召开。开展高考、成人高考、中考等各类考试保密督查，全区中高考无一例考试泄密事件发生。

【保密法治宣传教育】 一是加强对领导干部的保密法治宣传教育，突出领导干部这个“关键少数”重点，大力推动领导干部带头学法、模范守法。二是加强对涉密人员的保密法治宣传教育，对聘用、借调、挂职锻炼、外包业务人员等非在编涉密人员和出国（境）人员的保密法治宣传教育和提醒。三是加强对公务员的保密法治宣传教育，将保密法治宣传教育纳入“十三五”时期全区干部教育培训规划和公务员培训纲要，作为公务员初任、任职和在职培训的重要内容。四是加强对保密干部的专业化培训，提升全区保密干部队伍的整体素质和能力。五是加强对公民的保密法治宣传教育。利用保密法治宣传月、宣传周、新修订保密法颁布十周年纪念日和全民国家安全教育日等重要时间节点，开展保密法治宣传教育“七进”活动；利用“保密观”微信号、官方微博等新媒体，开展保密法治宣传教育；推进保密法治文化建设，培育保密法治文化精品，创作推广保密题材书画作品。

【自查自评和督查】 全区党政机关、涉密单位常态化开展自查自评工作，区国家保密局重点围绕中央市委文件管理、涉密计算机使用管理、非涉密计算机使用管理、移动存储介质使用管理、相关制度建设、保密承诺书签订等6个方面督查，并指导各机关、单位针对自查和督查发现的问题，分析原因，找出症结，拿出对策，进行扎实整改，确保全区国家秘密安全。（区委保密办）

重庆市璧山区人大常委会

【概况】 2017年，依法履行重大事项决定权、监督权和人事任免权，筹办人代会会议1次，组织召开主任会议27次、常委会会议10次，作出决议、决定14项；向区委专题请示重要工作6次，专题报告重大事项6次；听取和审议专题报告6项，开展执法检查4项、视察11项、调查1项、专题询问1次、调研13项、评议2次，对区政府规范性文件备案审查6件；受理人民群众来信54件，来访40批45人次，来电14件次；接收代表建议202件，需办理的139件代表建议，政府及相关部门按时全部办理回复，办理答复率为100%，代表对答复的满意率及基本满意率为100%，落实率及部分落实率为72.66%。

【区十七届人大一次会议】 1月7日至11日在区文化艺术中心召开。会议听取和审议区人民政府区长章勇武所作的政府工作报告、区人大常委会主任薛方梅所作的区人大常委会工作报告、区人民法院院长陈宏宇所作的法院工作报告、区人民检察院检察长孟卫红所作的检察院工作报告；审查和批准璧山区2016年国民经济和社会发展计划执行情况与2017年国民经济和社会发展计划（草案）的报告，批准璧山区2017年国民经济和社会发展计划；审查和批准璧山区2016年预算执行情况和2017年财政预算（草案）的报告，批准璧山区2017年区本级财政预算；选举产生区第十七届人民代表大会常务委员会主任、副主任、委员，区人民政府区长、副区长，区人民法院院长，区人民检察院检察长；决定设立区第十七届人民代表大会法制委员会、财政经济委员会和教育科学文化卫生委员会等专门委员会3个，通过各专门委员会的组成人员名单。

图表9 图为人大代表到田间帮助人民收菜籽现场

（张承刚 摄）

【人大决定、决议】 全年作出关于开展第七个五年法治宣传教育的决议、关于批准2017年区本级政府性基金预算调整方案的决议、关于批准2016年区本级决算的决议、关于同意《重庆市璧山区国家生态文明建设示范区创建规划》的决定、关于批准2017年区本级预算调整方案的决议等重大决议、决定。

【人事任免】 办理人事任免91人

次，其中决定任命77人次，决定免去27人次。组织任命人员向《中华人民共和国宪法》宣誓77人次。

【重要事项审议】 听取和审议《重庆市璧山区人民政府关于法治宣传教育工作的报告》《重庆市璧山区国家生态文明建设示范区创建规划（送审稿）》《重庆市璧山区2017年区本级政府性基金预算调整方案》《重庆市璧山区2016年区本级决算草案报告》《2016年度区级预算执行和其他财政收支的审计工作报告》《重庆市璧山区2017年上半年财政预算执行情况的报告》《重庆市璧山区2017年国民经济和社会发展计划上半年执行情况报告》《重庆市璧山区2017年区本级财政收支预算方案》《重庆市璧山区人民政府关于全区环境保护工作情况的报告》。

【人大监督工作】 检查全区贯彻实施《中华人民共和国土地管理法》《中华人民共和国禁毒法》《中华人民共和国农业技术推广法》《医疗机构管理条例》情况。视察全区贯彻落实“营改增”政策情况、全区推进“1+10”产业研究院创新体系建设情况、全区创建国家食品安全示范城市工作情况、全区重大交通基础设施建设推进情况、区人民检察院司法体制改革工作情况、环秀湖商圈建设情况、区人民医院“创建三级甲等医院”工作情况、御湖小学和凤凰小学、东岳体育公园建设情况、区公安局机动车管理中心建设管理工作、重庆西郊福寿园人文纪念公园及殡仪馆搬迁工程建设情况。调查全区饮水质量安全情况。专题询问政府职能部门服务高新区发展情况。评议区科委、区司法局工作。

【人大代表工作】 补选区人大代表4人，终止区人大代表职务5人、办理代表关系变动2人；组织开展市人大代表璧山联系组集中活动4次；各区人大代表小组组织代表开展集中活动155次，视察、专项调研98次，对辖区34个部门开展工作评议，提出建议意见182条。组织代表列席区人大常委会会议27人次，参加区人大常委会调研、检查等监督活动284人次；组织各级代表列席全区重大会议，参与重大决策，参加行风、政风、警风监督和其他重要活动200人次；指导各街镇代表小组开展闭会期间集中活动60次，参与代表1200人次。

【人大调研工作】 调研2016年区预算收支、预算调整、决算情况，2016年区本级预算执行和其他财政收支的审计工作情况，2017年区上半年预算执行情况、国民经济和社会发展计划上半年执行情况，全区法制宣传教育情况、法制政府建设情况、建立财政R&D经费支出稳定增长机制的推动情况、农村土地承包经营权流转情况、环境状况及环保目标完成情况、政府有关职能部门服务高新区发展情况、行政负责人出庭应诉工作、文化执法工作、教育资助工作，区法院基本解决执行难工作情况、审判与执行工作，城区大气污染防治情况、高层建筑消防安全情况、外墙瓷砖脱落问题、海绵城市建设重点项目推进情况。

图表10　图为区人大常委会调研城区大气污染防治现场

（杨勇　摄）

【评议工作】 修订《评议工作办法》，将过去工作评议在常委会上作一次工作报告调整为工作调查、工作报告和整改情况三个阶段、三次评分，并把评议重心放在对评议发现问题的整改落实阶段。此项工作被市人大公民报刊社评为“2017年重庆十大人大新闻事件”。

【人大常委会会议新增分组审议环节】 对所有需表决的议题，在听取相关报告和说明后，安排专门时间分组审议，“一府两院”和相关单位负责人全程参加，充分听取组成人员的意见，并召开会中主任会议汇总审议情况，再提交会议表决。

【专题询问】 在专题调研职能部门服务璧山高新区发展情况后，针对反映出的突出问题，常委会依法对8个职能部门开展专题询问。

【任职承诺】 首次推行国家机关工作人员任前表态发言、任后在《璧山人大》上“谈接受人大监督”，促进被任用人员在监督中依法履职、正确履职、努力履职。

【预算审查监督联络员设立】 在各代表团确定熟悉财经工作的区人大代表为预算审查监督联络员，平时根据需要参与日常预算审查监督工作，人大会议期间帮助代表读懂相关工作报告，提高审议质量，加强预算审查监督。

【“三到三访三倾听”活动】 常委会领导分别到代表选区、工作岗位、家庭，访代表履职情况、工作情况、生活情况，听取代表对常委会和“一府两院”工作的意见，听取代表对议案、建议办理落实情况的意见，听取代表收集的群众普遍关心的热点难点问题。全年走访代表183人次，收集建议67条，实现非职务代表的全覆盖。

（区人大办公室）

2017年璧山区人大常委会及其办公室重要文件目录一览表

表5–5

发布文号	文件名称
璧人发〔2017〕1号	关于区人大常委会领导分工的通知
璧人发〔2017〕2号	关于任免王大全等九名同志职务的通知
璧人发〔2017〕3号	关于决定任免董奕峰等25名同志职务的通知
璧人发〔2017〕4号	关于任命李杰等四名同志职务的通知
璧人发〔2017〕6号	关于任免黄星等十名同志职务的通知
璧人发〔2017〕7号	关于决定任命舒朝勇、杨中亮二名同志职务的通知
璧人发〔2017〕8号	关于任免陈伟、李远宏二名同志职务的通知
璧人发〔2017〕9号	关于许可对区第十七届人大代表王济民依法采取取保候审措施的决定
璧人发〔2017〕10号	关于开展第七个五年法治宣传教育的决议
璧人发〔2017〕11号	关于同意《重庆市璧山区国家生态文明建设示范区创建规划》的决定
璧人发〔2017〕12号	关于任命邓胜超等六名同志职务的通知
璧人发〔2017〕13号	关于决定任命郭逢义同志职务的通知
璧人发〔2017〕16号	关于印发《重庆市璧山区人大代表述职办法》的通知
璧人发〔2017〕18号	关于批准2017年区本级政府性基金预算调整方案的决议
璧人发〔2017〕20号	关于报送《重庆市璧山区人民代表大会常务委员会议事规则》备案的报告

续表

发布文号	文件名称
璧人发〔2017〕21号	关于审议我区贯彻实施《医疗机构管理条例》情况的意见
璧人发〔2017〕22号	关于审议我区贯彻实施《中华人民共和国禁毒法》情况的意见
璧人发〔2017〕25号	关于印发《重庆市璧山区人大常委会调研组关于全区饮用水质量安全情况的调研报告》的通知
璧人发〔2017〕26号	关于接收王济民辞去重庆市璧山区第十七届人民代表大会代表职务的决定
璧人发〔2017〕28号	关于任免赵丽等六名同志职务的通知
璧人发〔2017〕30号	关于审议区人民法院审判和执行工作情况的意见
璧人发〔2017〕31号	关于《重庆市璧山区人大常委会执法检查组关于检查我区贯彻实施〈中华人民共和国土地管理法〉情况的报告》的审议意见
璧人发〔2017〕32号	关于报送《重庆市璧山区选举市第五届人大代表候选人提名推荐和选举工作方案》的报告
璧人发〔2017〕33号	关于批准2016年区本级决算的决议
璧人发〔2017〕34号	关于《重庆市璧山区2016年区本级决算草案报告》《重庆市璧山区2017年上半年财政决算执行情况的报告》的审议意见
璧人发〔2017〕35号	关于《2016年度区级预算执行和其他财政收支的审计工作报告》的审议意见
璧人发〔2017〕37号	关于市第五届人大代表候选人初步建议人选推荐情况的报告
璧人发〔2017〕38号	关于补选重庆市璧山区第十七届人民代表大会代表的决定
璧人发〔2017〕39号	关于免去徐远达同志职务的通知
璧人发〔2017〕40号	关于决定任命谭良宽同志职务的通知
璧人发〔2017〕41号	关于举行重庆市璧山区第十七届人民代表大会第二次会议的决定
璧人发〔2017〕42号	关于调整重庆市璧山区第十七届人民代表大会第二次会议召开时间的决定
璧人发〔2017〕43号	关于接受陈文辞去重庆市璧山区第十七届人民代表大会代表职务的决定
璧人发〔2017〕44号	关于接受徐华福辞去重庆市璧山区第十七届人民代表大会代表职务的决定
璧人发〔2017〕45号	关于补选重庆市璧山区第十七届人民代表大会代表职务的决定
璧人发〔2017〕46号	关于印发《重庆市璧山区人民代表大会代表履职积分暂行办法》的通知
璧人发〔2017〕47号	关于印发《区人大常委会调研组关于调研农村土地承包经营权流转的报告》的通知
璧人发〔2017〕48号	关于印发《关于调查重庆市璧山区人大常委会关于审议全区扶贫脱贫工作的意见办理落实情况的报告》的通知
璧人发〔2017〕49号	关于批准2017年区本级预算调整方案的决议
璧人发〔2017〕50号	关于任免王万书等10名同志职务的通知
璧人发〔2017〕51号	关于决定任免刘全模等8名同志职务的通知
璧人发〔2017〕52号	关于任免周燕铭等6名同志职务的通知
璧人发〔2017〕53号	关于印发《重庆市璧山区人大预算联网监督实施方案》的通知
璧人发〔2017〕54号	关于印发《关于调查重庆市璧山区人大常委会关于审议全区扶贫脱贫工作的意见办理落实情况的报告》的通知
璧人发〔2017〕55号	关于批准2017年区本级预算调整方案的决议
璧人发〔2017〕56号	关于任免王万书等10名同志职务的通知
璧人发〔2017〕57号	关于决定任免刘全模等8名同志职务的通知
璧人发〔2017〕58号	关于任免周燕铭等6名同志职务的通知
璧人发〔2017〕59号	关于印发《重庆市璧山区人大预算联网监督实施方案》的通知

续表

发布文号	文件名称
璧人办发〔2017〕2号	关于印发《重庆市璧山区人大常委会规范性文件备案审查工作规程（试行）》的通知
璧人办发〔2017〕3号	关于印发《重庆市璧山区人大常委会2017年工作要点》的通知
璧人办发〔2017〕7号	关于设立信息中心的请示
璧人办发〔2017〕11号	关于印发《重庆市璧山区人大常委会2017年镇街人大工作考核办法》的通知
璧人办发〔2017〕12号	关于印发《重庆市璧山区人大常委会2017年区属工作部门和有关单位人大工作考核办法》的通知
璧人办发〔2017〕14号	关于印发《重庆市璧山区人大常委会视察活动实施办法（试行）》的通知
璧人办发〔2017〕20号	关于印发重庆市璧山区人民代表大会各专门委员会职责的通知
璧人办发〔2017〕21号	关于印发《重庆市璧山区人大常委会“主任接待日”活动走访代表工作实施办法》的通知
璧人办发〔2017〕26号	关于转发重庆市人大常委会办公厅《关于乡镇人民代表大会年中会议有关问题的指导意见》的通知
璧人办发〔2017〕44号	关于印发《重庆市璧山区人民代表大会常务委员会组成人员履职规定》的通知
璧人办发〔2017〕45号	关于印发《重庆市璧山区人大常委会专家咨询工作暂行办法》的通知
璧人办发〔2017〕46号	关于印发《重庆市璧山区人大常委会关于评议区司法局工作情况的整改意见》的通知
璧人办发〔2017〕52号	关于转送《重庆市璧山区人大法制委员会关于视察区车管所建设管理情况的报告》的通知
璧人办发〔2017〕59号	关于印发《重庆市璧山区人民代表大会常务委员会审计查出问题整改工作监督暂行办法》的通知
璧人办发〔2017〕60号	关于印发《重庆市璧山区人大代表预算审查监督联络员工作办法》的通知
璧人办发〔2017〕65号	关于印发《重庆市璧山区人大常委会评议调查组关于区科委工作情况的报告》的通知
璧人办发〔2017〕69号	关于印发《重庆市璧山区人大常委会视察组关于视察创建国家食品安全示范城市工作情况的报告》的通知
璧人办发〔2017〕71号	关于印发《重庆市璧山区预算审查前听取人大代表和社会各界意见建议的实施办法》的通知
璧人办发〔2017〕75号	关于印发《重庆市璧山区人大常委会评议调查组关于评议区司法局工作情况的报告》的通知

（曾　凯）

重庆市璧山区人民政府

综 述

【概况】 2017年，全区经济社会发展上取得新进展。“中意创新产业园”落户璧山，璧山作为重庆唯一区县，获全国首批“国家重庆文明建设示范区”命名，璧山经验20次登陆中央电视台，27次通过国家主流媒体亮相全国舞台。

【区政府十五届八次全体会议】 2017年12月29日召开。会议审议并原则通过《2018年重庆市璧山区政府工作报告（审议稿）》，决定提交区十七届人大二次会议审议。

【区政府常务会议】 2017年，区政府召开19次常务会议（第1次至第19次）审议并原则通过有关事项决议100余项。主要涉及8个方面：一是经济发展方面，审议通过《中共重庆市璧山区委重庆市璧山区人民政府关于对璧山区第十四次党代会报告和2017年政府工作报告主要任务进行责任分解的通知（送审稿）》《2017年区级重点项目联系名单（送审稿）》《重庆市璧山区2017年国民经济和社会发展计划指标完成情况表》和《重庆市璧山区2018年主要指标建议情况表》。二是改革开放方面，审议通过《重庆市璧山区关于利用综合标准开展专项整治规范企业生产经营行为工作实施方案（送审稿）》《璧山区清理处置“僵尸”“空壳”国有企业工作方案（送审稿）》《重庆市璧山区2017年钢铁行业去产能工作实施方案（送审稿）》《区发展改革委关于建设区级社会信用信息公共服务平台“信用璧山”的请示》《重庆市璧山区烧结砖企业削减现有产能环保关闭工作实施方案（送审稿）》。三是城乡统筹和区域发展方面，审议通过《璧山区村镇分散式供水管理办法（送审稿）》《璧山区基础设施薄弱村建设项目一览表（送审稿）》《重庆市璧山区人民政府关于全面禁止销售使用高毒高残留农药的通告（送审稿）》《璧山区村镇供水安全工程升级改造方案（送审稿）》《璧山区精准脱贫和国家扶贫督查反馈意见整改落实工作方案（送审稿）》《璧山区基础设施薄弱村建设项目一览表（送审稿）》。四是城乡规划与建设方面，审议通过《黛山大道南延线（一期）工程项目投资建设方案（送审稿）》《璧山区建设项目管理实施考核评比办法（试行）（送审稿）》《关于贯彻重庆市招标投标条例有关问题的通知（送审稿）》《重庆市璧山区城市建成区违法建筑分类处置实施意见（送审稿）》。五是社会事业和社会保障方面，审议通过《2017年民生实事任务分解表》《重庆市璧山区人民政府关于加快推进残疾人小康进程的实施意见（送审稿）》《区人力社保局、区财政局关于调整2017年城乡居民合作医疗保险资助参保标准的请示》《重庆市璧山区人民政府办公室关于进一步深化“2+N”联调机制的意见（送审稿）》。六是生态文明和环境保护方面，审议通过《重庆市璧山区国家生态文明建设示范区创建规划（送审稿）》《璧山区全面推行河长制工作方案（送审稿）》《重庆市璧山区人民政府关于划定高污染燃料禁燃区的通告（送审稿）》《璧山区土壤污染防治行动计划工作方案（送审稿）》。七是安全生产方面，审议通过《重庆市璧山区消防事业发展“十三五”规划（送审稿）》《区安监局关于印发〈重庆市璧山区安全生产大检查暨保十九大安全生产考核办法（送审稿）〉的请示》《重庆市璧山区贯彻落实国务院安委会安全生产巡查反馈意见整改实施方案（送审稿）》。八是政府自身建设方面，审议通过《关于进一步加强审计工作的实施意见（送审稿）》和《重庆市璧山区审计项目五年轮审规划（修订版）（送审稿）》《重庆市璧山区深入推进“互联网+政务服务”工作方案（送审稿）》《璧山区企业创新型人才专项资助暂行办法（送审稿）》《“璧山英才”遴选及资助管理暂行办法（送审稿）的请示》《重庆市璧山区行政审批事项目录2017年版（送审稿）》《重庆市璧山区人民政府办公室关于公布重庆市璧山区区级行政审批中介服务事项清单（2017年版）的通知（送审稿）》。

【电子政务】 一是精简务实，提高效能，加强公文数量管理。全年印发区政府、区政府办公室正式文件690个，同比下降8.6%，运转处理上下级来文4620件（其中：上级公文1250件，区内请示1830件，财政请示1540件），发送领导批示抄告单3080个。二是建章立制，较真逗硬，倒逼公文质量提高。印发《关于进一步规范全区行政机关公文处理工作的通知》和《关于开展公文错情通报工作的通知》，对全区办公室系统工作人员培训，同时，严格落实公文质量季度通报和年度通报制度。

【政务督查】 一是跟踪落实领导决策事项。全年督办领导决策事项47件，形成调查报告13份，督办“垃圾处理场渗沥液处理”“房屋严重开裂存在安全隐患”“青杠塘坊村安置房空气污染严重”“东岳公园游乐设施安全防护”等一系列群众关心的难点、热点问题。二是加强网络留言的甄别和筛选工作。全年受理网络留言93件，比上年同期减少25%，其内容主要涉及道路交通、规划建设、教育医疗卫生、公共安全、城市管理、环境卫生、水电气通信等方面，回复率100%。三是重视建议提案回复工作。135件代表建议（含“主任接待日”代表建议）和169件政协提案（含闭会期间提案）均在规定时限内答复完毕，限时办复率100%。

【应急管理】 一是突发事件应急体系体制机制不断健全。制订并下发《重庆市璧山区突发事件应急体系建设“十三五”实施方案》。二是基层应急管理规范化建设成果得到巩固。开展基层应急管理规范化“回头看”工作。三是风险防控能力显著提升。完成风险登记6096条，较大及以上风险均制定整改、防控措施。四是开展预案修编和应急演练。修订区级预案8个，开展区级应急演练3次，各行业应急演练、队伍拉练、桌面推演300余次。五是综合保障能力增强。增强以“1+9+12”应急救援队伍规模，突发事件应急处置能力不断增强。六是加强平台建设。“璧山应急”APP正式上线运行，为突发事件信息上报、应急处置、辅助决策等方面提供科技支撑。

【便民服务电话】 做好市（区）长公开电话（信箱）办理工作，全年办理市长公开信箱1544件，公开电话（信箱）88件。一是提高办理落实率。将收到的各类电话投诉及时转办，加强办理回复工作的督促检查，提高办理落实率。二是强化办理时效性。对市长公开信箱转来的投诉，在当天通过互联网回复，公开电话（信箱）转来的投诉，15天内回复。

【信息调研】 全年上报市政府办公厅信息218条，采用90条，得分462分，居全市38个区县第17

2017年璧山区政府及其办公室重要文件目录一览表

表5-6

发布文号	文件名称
璧山府发〔2017〕2号	关于公布区级部门和镇街行政权力清单和责任清单的公告
璧山府发〔2017〕5号	转发重庆市人民政府关于印发重庆市积极稳妥降低企业杠杆率工作方案的通知的通知
璧山府发〔2017〕14号	关于加快推进残疾人小康进程的实施意见
璧山府发〔2017〕17号	关于印发重庆市璧山区全民健身实施计划（2016-2020年）的通知
璧山府发〔2017〕20号	转发重庆市人民政府关于印发重庆市引进海内外英才“鸿雁计划”实施办法的通知
璧山府发〔2017〕31号	关于印发璧山区2017年改善农村人居环境工作要点的通知
璧山府发〔2017〕32号	关于加强违法占用农村集体土地监管工作的通知
璧山府发〔2017〕34号	关于印发璧山区2017年深化简政放权放管结合优化服务改革工作方案的通知
璧山府发〔2017〕35号	关于划定高污染燃料禁燃区的通告
璧山府发〔2017〕41号	关于进一步做好2017年度耕地保护工作的通知
璧山府发〔2017〕44号	关于印发深入推进农业供给侧结构性改革加快培育农业农村发展新动能实施意见重点工作目标任务分解的通知
璧山府办发〔2017〕5号	关于印发重庆市创建国家食品安全示范城市璧山区实施方案的通知
璧山府办发〔2017〕8号	关于印发《重庆市璧山区火灾事故应急预案》的通知
璧山府办发〔2017〕30号	关于下达2017年农村公路建设计划的通知
璧山府办发〔2017〕32号	关于转发重庆市人民政府办公厅关于公布重庆市减轻企业负担政策措施目录清单（第五批）的通知的通知
璧山府办发〔2017〕36号	关于印发重庆市璧山区2016年度土地矿产卫片执法监督检查工作实施方案的通知
璧山府办发〔2017〕48号	关于印发璧山区创建国家农产品质量安全县（区）工作实施方案的通知
璧山府办发〔2017〕54号	关于印发璧山区推进农产品电子商务加快发展实施方案的通知
璧山府办发〔2017〕59号	关于印发璧山区2017年违法建设整治实施方案的通知
璧山府办发〔2017〕61号	关于印发重庆市璧山区行政许可标准化建设工作方案的通知
璧山府办发〔2017〕66号	关于印发重庆市璧山区2017年钢铁行业去产能工作实施方案的通知
璧山府办发〔2017〕70号	关于印发重庆市璧山区利用综合标准开展专项整治规范企业生产经营行为工作实施方案的通知
璧山府办发〔2017〕73号	关于印发璧山区出口食品农产品质量安全示范区建设工作推进计划的通知
璧山府办发〔2017〕74号	关于印发重庆市璧山区进一步完善农村生活垃圾治理工作实施方案的通知
璧山府办发〔2017〕75号	关于印发璧山区清理处置“僵尸”“空壳”国有企业工作方案的通知
璧山府办发〔2017〕104号	关于印发重庆市璧山区国有工程建设项目招标投标实施细则（试行）的通知
璧山府办发〔2017〕108号	关于进一步深化“2+N”联调机制的意见
璧山府办发〔2017〕123号	关于印发璧山区土壤污染防治行动计划工作方案的通知
璧山府办发〔2017〕138号	关于印发《重庆市璧山区行政审批事项动态管理办法》的通知
璧山府办发〔2017〕141号	关于转发重庆市人民政府关于公布重庆市市级行政审批中介服务事项清单（2017年版）的通知的通知
璧山府办发〔2017〕157号	关于印发璧山区烧结砖企业削减现有产能环保关闭工作实施方案的通知
璧山府办发〔2017〕172号	关于印发重庆市璧山区行政审批事项目录2017年版的通知
璧山府办发〔2017〕173号	关于取消调整非行政许可审批事项的通知
璧山府办发〔2017〕174号	关于公布重庆市璧山区区级行政审批中介服务事项清单（2017年版）的通知
璧山府办发〔2017〕185号	关于下达基础设施薄弱村建设计划的通知
璧山府办发〔2017〕190号	关于印发璧山区贯彻落实长江经济带沿江取水口排污口和应急水源布局规划实施方案的通知

位。其中，采用专报信息8条，市政府约稿“上报国办信息”38条，简况信息41条，专报信息获市领导及秘书长批示4条。编辑《政务信息》52期，采用区级部门及镇街信息近600条。

（区政府办公室）

行政审批工作

【概况】 2017年，全区行政审批工作围绕完善服务硬件基础设施、互联网+政务服务、政务服务改革创新、三级服务中心以及新行政服务中心建设为重点，提升服务能力和水平。

【政务服务】 一是硬件设施进一步完善，新设建设领域联合办事大厅350平方米，设置会审室、档案室，配置办公桌椅、电脑等办公设备，规范标示标牌和配齐便民设施；二是服务能力进一步提升，新增13个部门进驻区行政服务中心，新增窗口工作人员32名。全年受理审批（服务）事项414330件，税费征收51.61亿元。

【互联网+政务服务】 一是规范清理网上服务事项。按照市级政务服务事项规范清理要求，编制政务服务事项目录。全区317项行政许可事项全部通过测试，纳入市网审平台运行。网上行政审批工作进入常态化管理，各部门均有管理员专门负责处理网上群众的咨询投诉，区行政服务中心则负责督促各部门及时受理申办事项。全年受理项目137项，受理事项43785件。二是开展行政许可标准化。根据《重庆市璧山区人民政府办公室关于印发重庆市璧山区行政许可标准化建设工作方案的通知》要求，在编制行政许可目录清单的基础上，对保留的事项，实行行政许可事项统一编码管理，规范事项名称、条件、材料、流程、时限等，建立行政许可事项标准化、行政许可流程标准化、行政许可服务标准化、行政许可受理场所与管理标准化、监督检查评价标准化等符合璧山实际的行政许可标准化体系，编制形成统一的网上行政审批事项标准化目录，逐步做到“同一事项、同一标准、同一编码”，基本实现统一规范的行政审批事项网上运行“全程在线、全面覆盖”。

【政务服务改革创新】 结合建设领域审批的运行机制和工作实际，制定出台《璧山区推进建设领域并联审批制度改革实施方案（试行）》。一是确立改革牵头部门。根据建设领域审批立项、用地、规划、设计施工、验收五大环节，实行“五大环节有限并联审批”，涉及17个部门，73项审批事项，确立区发展改革委、区国土房管局、区规划局、区城乡建委为改革牵头部门（简称“首问部门”），对应牵头办理立项环节、用地环节、规划环节、设计施工和验收环节。二是实行首问负责制。按照“统一受理、分头审批、限时完成、集中回复”的原则，推行首问负责制度。对纳入并联审批的项目，企业和群众在办理并联审批时，只需到对应环节的首问部门窗口办理，对办理过程所需的全部资料由首问部门负责一次性告知。制定出台各环节实施办法。三是落实“两集中、两到位”。根据“两集中、两到位”的要求，区政府部门有关单位审批事项向一个科（室）集中，行政审批科（室）向区行政服务中心集中，所有进驻区行政服务中心的审批事项到位、审批权限到位。全区30个部门有行政许可事项317项，其中20个部门已入驻区行政服务中心，入驻行政审批事项226项，其中涉及建设领域并联审批的17个部门已入驻13个，入驻行政审批事项138项。四是启用2号印章。对入驻行政服务中心的单位制作启用2号印章，该印章只限于审批服务，专门用于入驻单位在行政服务中心窗口处理审批、审查、认定等事务。入驻行政服务中心的13个并联审批单位全部刻制并使用2号印章。五是压缩审批时限。对审批承诺办理期限压缩至45个工作日（备案类）和50个工作日（核准类）以内，立

图表11　2017年1月4日，全区网上行政审批工作座谈会召开　（张曦　摄）

项环节审批期限核准类5个工作日（备案类即办）、用地环节审批期限5个工作日、规划环节审批期限16个工作日、设计施工环节审批期限16个工作日、验收环节审批期限8个工作日。六是规范行政审批中介服务。清理规范行政审批中介服务，对保留的区级行政审批中介服务事项实行清单管理。对审批相关的技术性审查和中介服务事项，由发展改革、经济信息、国土房管、规划、城乡建设等行业主管部门对其主管的中介机构监督考核、"捆绑"压缩办理时限，行政部门委托的中介机构的服务时限原则上不超过部门对该事项的审批时限。探索建立"网上中介超市"，对同一类别在全市不超过3家中介机构由主管部门实行限时服务，接受主管部门监督；其他中介服务实行公开承诺比选机制。七是探索推行区域整体评价机制。对可以整体性进行技术审查、评价的地质灾害、压覆矿产、洪水影响评价等审批中介事项，探索由政府有关行政审批部门进行区域性整体评价，如无特殊情况，企业根据评价结果进行登记，不再单独办理相关技术性审查和中介服务事项。八是推行"联合办理"工作机制。推行按立项、用地、规划、设计施工、验收分阶段进行"联合办理"工作机制，首问部门统一受理材料，出具并签署联合受理意见，组织协办部门联合行政指导、联合审查、联合踏勘、联合验收和并联审批，督促协办部门同步审批，限时办结，统一颁发相关批文和证照。

【三级服务中心建设】　根据《关于加强区、镇街、村（社区）三级服务中心建设健全服务群众工作体系的实施意见》要求，立足便民利民，着力打造覆盖全面、科学规范、群众满意的综合服务平台，建立健全区、镇街、村（社区）服务群众工作体系。一是建好用好"硬平台"。按照"两集中、两到位"要求，全区"1个区行政服务中心+15个镇街公共服务中心+187个村（社区）便民服务中心"三级服务中心构架体系全面规范化建成，实现行政服务全域化覆盖，全区村（社区）便民服务中心平均面积550平方米。其中，最大面积2194平方米，最小面积140平方米。区行政服务中心总面积3050平方米，按照"应进则进"的原则，15个镇街公共服务中心充分整合区属各部门在基层的办事机构，建成"一站式"综合办事（服务）大厅，面积最大的380平方米，最小的60平方米。全区187个村（社区）便民服务中心全部配齐"六大件"（电脑、电话、打印机、复印机、照相机、指纹机），一站式服务平台设立党群综治、惠民政策、综合服务等窗口，坚持每天至少2名窗口工作人员上班（在岗），面向基层群众提供落实惠民利民政策、纠纷调解、政策咨询、民事代办、劳动社保等"基本服务"，严格执行错时上下班、首问负责、全程代办、即时办结、限时办结、一次性告知、坐班值班、网上约办、公共事项准入等制度。有条件的村（社区）还结合实际开展农资购销、爱心超市、家政养老、金融网点、就业培训、邮件快件转交等"拓展服务"。二是管好用活"软平台"。市委组织部开发的服务群众工作信息系统（简称“群工系统”），通过网上受理、办结、反馈群众诉求和意见建议，采取“前台一口受理、后台分工协同”的运行模式，分级办理群众反映事项，实现“三级”服务群众工作上下联动、高效运转，达到方便群众的目的，确保小事不出村（社区），大事不出镇街，难事不出区。区委组织部统筹，区行政服务中心管理办具体负责，镇街、部门密切配合，村（社区）干部、村（居）民小组长、网格长全覆盖安装使用群工系统，严格落实24小时值守、大数据定期分析、每周每月通报等制度。发出月通报12期、周通报53期，对办理不及时、不认真的单位电话提醒127次，对相关单位负责人约谈1次。全年璧山区群工系统受理群众反映事项9344件，办结9240件，办结率98.8%，群众满意率97.6%。跟踪办理群众不满意事项57件，其中46件已得到群众满意评价，解决率81%。向重庆市群工系统平台报送璧山区典型事例70条，被市级平台通报采用7条。其中，在群工系统上公开党务、村务（居）务、财务、服务，公开“两学一做”学习教育工作方案、工作进度、党员履职情况、问题整改台账，获市委组织部的肯定，全市群工系统简报、“两学一做”简报全文刊发。三是务实拓展“新平台”。统筹区属部门、镇街、村三级力量，利用农商行、邮储银行、淘宝、京东、易田商务等平台资源，推进“便民超市、电子商务、金融网点”进村，覆盖率84.4%，3个贫困村实现全覆盖。

【新行政服务中心建设】 新中心位于璧山高新区太阳堡标准厂房处,包括1号楼和6号楼两栋，共10层，总面积26648平方米，含行政服务中心、公共资源交易中心、就业培训及人才市场、社保局等，入驻部门38个，入驻项目317项，入住率达到100%。装修设计、招投标工作已完成。

（区行政服务中心管理办公室）

人事工作

【概况】 2017年，全区严格贯彻实施《中华人民共和国公务员法》，进一步完善公务员管理制度。按照管理权限，做好选拔任用、职务任免、年度考核、奖励表彰、公务员调任等工作。加强公务员职位管理，办理转任领导干部登记手续35人，一般干部登记49人，核准职务与职级并行58人。加强机关科级领导职务和非领导职务管理，审批晋升科级非领导职务101人。举办科级非领导职务培训班2期、初任公务员培训班1期，内设机构负责人培训班1期。

【人才队伍建设】 参加“鸿雁计划”，大力引进高层次、高技能人才。面向社会公开招聘事业单位工作人员11批次，217名。其中，研究生48人，本科毕业生163人，专科生6人。接收76名大学生到璧山带薪实习。加强事业人员岗位管理。报请市人社局核准全区127个事业单位的岗位设置及结构比例方案；完成全区224个事业单位岗位聘用备案审核工作。开展2017年职称申报评审工作，审核送评高级职称人员90名，中级职称人员53人，初级职称人员47人。推进人才重点工作、人才项目建设，博士后科研工作站达到5个。组织开展“贯彻依法治国方略，全面推进依法治市”公需科目培训、企事业单位专业技术人员公需科目远程教育网络培训，全区有7156名学员开通学习课程。举办高级专业技术人员岗前培训1期，参加培训人员107人；举办事业单位负责人培训1期，参加培训人员49人；举办新聘用事业单位工作人员培训1期，参加培训人员53人；举办事业单位副高级专业技术人员创新理论培训2期，参加培训人员151人；举办新取得中级职称资格人员岗前培训1期，参加培训157人。深入推进技能人才培养及职业技能鉴定工作。全区2732人参加职业技能鉴定并获国家职业资格证书。

（区人力社保局）

信访工作

【概况】 2017年，璧山群众到国家信访局、市和区信访办信访2197件次、3838人次，同比分别上升57.3%、33.9%。其中，国家信访局信访144件次、144人次，件次上升9.1%、人次下降2.7%；市信访办信访478件次、578人次，分别上升50.3%、24%。区信访办信访1575件次、3116人次，分别上升66.3%、38.4%。

【“走进矛盾、破解难题”主题活动】 在全区范围内继续开展以集中化解突出信访案件为主要内容的“走进矛盾、破解难题”主题活动，坚持区级领导包案制度，梳理和交办一批突出信访案件。全年，市交办信访积案10件，化解10件，化解率100%。市、区联席办集中交办信访积案31件，经市、区联席办审核确认，化解18件。国家信访局和市信访办交办督办张某、陈某某等案件5件，全部按期办结上报销案，办结率100%。

【干部下访】 镇街和区级部门领导干部走访群众4386件次，26041人次，收到问题3982个，解决问题3645件，投入1778万元，惠及群众4.1万人。

【网上信访】 出台加强网上信访代理费使用办法的规定，区财政预算8万元，全区各镇街所辖村（社区）分为三类，当年完成网上信访事项代理指标的，分别给予代理费600元、400元、200元。网上投诉3123件，占全年信访总量4322件的72.3%。信访系统应用率和信访事项录入率100%、及时受理超期1件，受理率99.96%、按期办结率100%、群众对有权处理机关满意率评价100%，对信访工作机构满意率99.6%、参评率80.7%。

【社会稳定风险评估】 坚持对重大事项进行社会稳定风险评估制度，将重大决策社会稳定风险评估纳入各级党委决策程序，加强稳评工作的督查、考核和责任追究，重点监督评估区政府工作报告中确定的重大事项，量化考核各镇街和相关职能部门的评估项目。指导开展社会稳定风险评估29项，暂缓实施1项，准予实施28项。

【区级领导定期公开接待】 坚持周一由区人大、区政协领导，周三由区委、区政府领导以及特殊敏感时期区领导到区信访办轮流公开接待群众制度。全年，区领导公开接访群众585批次、1355人次。特别是中共十九大期间，全体区级领导按时按要求每个工作日坚持到区信访办公开接待群众，自9月1日至十九大闭幕期间，区领导公开接访群众136批次、348人次（其中集访15批次、162人次）。

【矛盾纠纷排查调处】 坚持区信访办每月、各镇街和部门每半月、各村（社区）每周开展一次的矛盾纠纷排查机制。全年，全区排查出重点矛盾纠纷68件，化解65件，化解率95.6%。

【稳控工作】 制定维稳工作预案48个，完成重大维稳活动48次，全年228天参与维稳工作。到京非接待场所上访量为零，实现历史突破。未发生二级以上群体性事件、个人极端事件、危害公共安全事件、网上舆情负面炒作事件，没有违反“两个一律”，群体性事件及其处置成功，完成市委提出的“七个坚决防止”和“三个零”目标。

【“三无”镇街创建活动】 以“无进京越级上访、集体上访、缠访闹访，无因信访问题引发的极端恶性事件或群体性事件，无因信访问题引发的舆论负面炒作”为目标，结合区实际，细化创建方案，加强工作保障和具体指导，来凤街道、丁家街道、七塘镇、河边镇、福禄镇、大兴镇、正兴镇、三合镇、广普镇、健龙镇创建“三无”镇街。

（龙小晶）

机关事务管理

【概况】 2017年，在《重庆市璧山区机关事务工作“十三五”规划》指导下，以管理科学化、保障法治化、服务社会化为目标，坚持从服务党和政府中心工作出发，加强公务接待、公务用车管理，推进公共节能建设，集中统一管理办公用房，完善后勤服务保障体系，坚持规范、优质、高效服务，担当实干，务实创新，各项工作稳步推进。

【公务接待】 落实《党政机关国内公务接待管理规定》，严格按照中央“八项规定”精神，坚持厉行节约、反对浪费，发挥“公务接待基地”作用，打造务实节俭接待新风。完成市委书记陈敏尔、市长张国清、市人大常委会主任张轩、吉林省政协主席黄燕明，中国轨道交通协会会长包叙定、中残联副主席吕世明等领导到璧山接待工作，承办全区各界人士迎春茶话会，配合完成区党代会、人代会、政协会筹备及后勤保障工作，协助完成国家卫生城区创建验收、国家生态文明建设示范区验收、土地招商推介会及区内重要会议、活动的保障和服务工作。接待来宾78批次，800人次。其中，省部级领导21人次，厅级领导126人次，指导和协助各部门公务接待150批次，接待费用较2016年下降70%。

【公务用车管理】 完成全区党政机关公务用车制度改革工作，加强保留车辆管理工作。全区党政机关核定公务用车辆编制384辆，实际配备公务用车383辆。完善党政机关机要通信、应急、特种专业技术、综合执法以及离退休干部服务等公务用车标志化工作。严格审批党政机关保留车辆更新，探索公车改革后保留车辆的使用管理。统筹推进事业单位公务用车制度改革的准备工作，暂停事业单位一般公务用车更新，从严控制事业单位特种专业技术用车购置。党政机关公务用车2171次。协助市车改办完成市级党政机关公车改革取消车辆拍卖璧山分场拍卖工作。

【公共机构节能】 印发《璧山区2017年公共机构节能工作要点》《重庆市璧山区实施公共机构能源资源消费统计制度的工作方案》，突出公共机构节能的目标任务，抓重点，抓落实。印发《重庆市璧山区公共机构节约能源资源“十三五”规划》指导未来五年全区公共机构节能工作。示范创建工作常抓不懈，积极申报示范创建工作，区公共服务中心列入第三批全国节约型公共机构示范单位创建单位。举行“节能有我·绿色共享”节能宣传活动。开展公共机构节能远程培训，全区8名同志获全国公共机构节能管理远程培训教育结业证书。同比人均综合能耗下降2.1%、单位建筑面积能耗下降2.0%、人均水耗下降3.5%。璧山区公共机构节能工作获全市第二名。

【办公用房管理】 完成区委、区政府搬迁至公共服务中心工作，入驻公共服务中心单位全部搬迁完毕并正常运转。严格按照《重庆市璧山区机关事务管理局关于第二轮部分办公用房调配的通知》《党政机关办公用房建设标准》核定办公用房使用面积，完成区第二轮办公用房调配后续跟进工作。全年调配办公用房12处，面积20758平方米，所涉及的单位25个。

【后勤服务】 公开招标新大正物业管理公司负责公共服务中心和后勤服务中心保洁、保卫、维护维修、会场服务等。维护维修区公共服务中心、后勤服务中心900次，提供会议服务1200次。物业服务市场化、专业化和规范化程度进一步提高，干部职工满意率98%。完成区公共服务中心、后勤服务中心车库智能识别系统的安装，大楼外墙清洗招标工作，清理和整改公共服务中心区域车辆乱停乱放现象。提升异地交流领导干部住房、饮食、安保服务质量。区机关职工3个食堂以创建“绿色食堂、健康食堂、透明食堂、人文食堂、满意食堂”为重点，抓平时，重细节。每季度及全年综合测评过程中，2个食堂满意度均在85%以上。配合完成区创国卫检查，在7月21日创国卫迎检中得到专家组的肯定和好评。在区食药监局的食品安全大检查中，2个食堂等级均为优秀，并双双被区疾控中心评为“健康食堂”。获璧山区颁发的国家食品安全示范城市的“示范食堂”。（区机关事务局）

延伸阅读 ▶▶

璧南河获评全国“最美家乡河”

2017年12月17日在西安举行的首届“寻找最美家乡河”大型主题活动颁奖仪式上，璧山璧南河、陕西渭河、山东沂河等10条河流成功获评全国“最美家乡河”。

2016年9月，水利部水情教育中心联合阿里巴巴天天正能量、新浪微公益共同开展首届“寻找最美家乡河”大型主题活动。通过各省推荐、网络投票、专家打分，从19条进入决赛的河流中甄选出10条2017年度“最美家乡河”，璧山璧南河作为重庆唯一的代表入选。在17日的颁奖仪式现场，璧南河以“城市中小河流治理典范”而获评最美家乡河。主办方给出的获奖理由是：她发源于大山深处，穿镇过街汇入长江。她秉承与水共存，依水发展理念，从臭水河变为亲水河，春夏秋冬，沿河大道写下水清岸绿；日日夜夜，城市河湖镌刻小而美。

璧南河是璧山的母亲河，属长江一级支流。本世纪初，受当时牺牲生态换取经济发展模式的影响，璧南河被周边的污染企业所吞噬，一度臭气熏天、鱼虾绝迹，水质一度达到劣V类，成为居民闻之掩鼻的臭水河。不仅如此，河流中淤泥堆积，十年九淹成为常态。为改善璧南河面貌，2010年，璧山率先在全国推行“治河先治污、治污先治水、治水先治人、治人先治官”的河段长制，对璧南河进行综合治理。在工程技术上，采取“河内清淤、河外截污、外域调水、生态修复”的中小河流治理模式，同时推广中水回用工程，深层次解决隐形污染。全区累计治理河道60千米，新建河堤52千米，绿化河岸38千米，建成主要由璧南河畔的秀湖公园、璧南河城区段及观音塘湿地公园三大骨干水利景区组成的璧南河国家水利风景区，实现由“臭水沟”到“亲水河”的转变。

为保护璧南河生态，璧山区要求璧南河观音塘下游河道两岸30米内一律不得作为开发用地，一律实行绿化美化。对璧南河的支河沟采取建湿地的方式，起到美化环境和净化水质的作用。如今，璧南河两岸以及秀湖、观音塘2个水生态公园已成为市民休闲的好去处，每到傍晚和周末时人流如织。

（连宏宇）

政协重庆市璧山区委员会

【概况】 2017年，政协工作围绕全区中心工作，重点开展政治协商、民主监督、参政议政以及“三优三全三传递”工程。组织召开区政协十届一次全会，选举产生新一届政协班子。修订管理制度4个。入选《重庆市政协理论研究会论文集》2篇。征集各类文史资料稿件50篇，编印《文史通讯》4期8万字。市级以上媒体采用宣传稿件38条，区级媒体或刊物采用359条。区政协机关领导班子连续5年被区委评为“好班子”。

【区政协十届一次全会】 1月17日至20日，中国人民政治协商会议重庆市璧山区第十届委员会第一次会议在区文化艺术中心B区演出大厅召开。会议听取并审议九届区政协常委会工作报告及提案工作报告；列席十七届区人大一次会议；听取并协商讨论政府工作报告及其他工作报告；选举十届区政协主席、副主席、秘书长和常务委员；审议通过相关决议。

【政协常委会议】 全年召开政协常委会5次。3月29日，召开区政协十届一次常委会议，传达学习全国政协十二届五次会议精神，听取区政协十届一次会议提案审查情况的报告，通报《区政协2017年工作要点》《区政协2017年协商计划》；审议有关人事事项。8月2日，召开区政协十届二次常委会议，总结区政协2017年上半年工作；通报并协商《关于我区医药卫生体制改革工作情况的调研报告》；区委、区政府通报办理区政协十届一次会议提案情况并协商；区政府通报全区上半年经济运行情况并协商；区政府通报全区重点项目推进情况并协商。10月12日，召开区政协十届三次常委会议，专项评议2017年民生实事推进情况；区法院、检察院通报2017年上半年工作情况并协商；民主评议区林业局工作；审议有关人事事项。11月23日，召开区政协十届四次常委会议，学习中国共产党第十九次全国代表大会精神；审议《政协重庆市璧山区委员会关于认真学习宣传贯彻中国共产党第十九次全国代表大会精神的

图表12　区政协十届一次常委会举行现场

（张承刚　摄）

意见（草案）》。12月28日，召开区政协十届五次常委会议，由区政府通报全区2017年经济社会发展情况并协商；区政府通报全区2017年重点项目推进情况并协商；区委、区政府通报区政协十届一次会议提案办理情况并协商；审议有关人事事项；审议区政协十届二次会议有关事项；协商决定十届区政协专委会、委员小组委员建议名单。

【主席会议】 全年召开主席会议11次。1月11日，召开区政协十届1次主席会议，协商决定十届区政协委员小组负责人建议名单；协商决定十届区政协委员界别小组负责人建议名单；协商十届区政协主席、副主席、秘书长分工。2月9日，召开区政协十届2次主席会议，协商区政协委室对接市政协厅委处室安排（草案）；协商区政协主席会议成员联系常委建议名单（草案）；协商主席会议成员及委室联系委员小组、界别小组（草案）；协商区政协2017年工作要点（草案）；协商2017年区政协主席接待委员日安排（草案）。3月24日，召开区政协十届3次主席会议，协商决定《重庆市璧山区政协工作考核办法（修订稿）》《重庆市璧山区政协委员履职考核办法（试行）》《重庆市璧山区政协智库建设方案》及政协理论研究相关工作，协商有关人事事项；审议决定区政协十届一次常委会议召开时间及议程（草案）。5月15日，召开区政协十届4次主席会议，学习《重庆市政协提案办理协商办法》；讨论市政协代市委起草的《关于加强和改进人民政协民主监督工作的实施意见（代拟稿）》；协商《重庆市璧山区政协委员管理办法》及2017年城区幼儿园规划建设及管理情况。6月26日，召开区政协十届5次主席会议，协商《学习及文史委员会关于文旅融合景观产品打造情况的调研报告》《提案委员会关于我区再生资源回收行业管理情况的调研报告》及区政协专门委员会、委员小组、界别小组2016年度工作考核结果。7月31日，召开区政协十届6次主席会议，协商决定区政协十届二次常委会议议程（草案）及召开时间；协商《关于我区医药卫生体制改革工作情况的调研报告》；协商《农业委员会关于农村电子商务发展情况的调研报告》《人口资源环境建设委员会关于视察全区重大交通建设项目推进情况的报告》《社会和法制委员会关于我区敬老院建设情况的调研报告》及区政协2017年上半年工作总结。9月18日，召开区政协十届7次主席会议，协商《区政协关于对区林业局的初步评议意见》《区政协经济委员会关于民营经济供给侧结构性改革推进情况的专题协商意见》《区政协经济委员会关于璧山区企业科技创新情况的调研报告》《区政协科教文卫体委员会关于加强体教结合工作的视察报告》《区政协人口资源环境建设委员会关于〈璧山区城市综合管廊规划〉专题协商意见》《区政协专项评议2017年民生实事推进情况工作方案》，通报《区政协办公室差旅费报销管理制度》《区政协机关工作人员带薪年休假管理制度》。10月10日，召开区政协十届8次主席会议，协商《政协重庆市璧山区委员会关于2017年民生实事的评议意见（讨论稿）》《区政协提案委员会关于三级服务中心建设及运行情况的视察报告》《区政协农业委员会关于对我区河湖水系连通工程建设情况的视察报告》，审议有关人事事项，协商决定区政协十届三次常委会议议程（草案）及召开时间。11月4日，召开区政协十届9次主席会议，协商《区政协关于对区经济信息委民主评议情况的回访报告》《区政协关于我区农村土地“三权分置”改革推进情况的协商意见》《区政协关于食品安全监测及信息公开的专题协商意见》《区政协经济委员会关于视察我区充电基础设施建设情况的报告》《区政协对市政协2018年重点视察、调研题目的建议》。11月21日，召开区政协十届10次主席会议，协商《政协重庆市璧山区委员会关于认真学习宣传贯彻中国共产党第十九次全国代表大会精神的意见（草案）》《关于2017年区政协委员年终视察活动的方案（草案）》。12月22日，召开区政协十届11次主席会议，听取各分团关于年终视察和走访委员情况的报告，协商《人资环建委员会关于璧山区2017年海绵城市建设（试点）的调研报告》《社会和法制委员会关于我区民事行政检察情况的调研报告》，审议区政协十届二次会议有关事项。

【政治协商】 探索创新协商民主实践，深化协商民主理念，完善协商民主机制。坚持助力“三区一美”行动计划，组织开展全委会协商1次，常委会协商5次，主席会协商11次，专题协商9次，对口协商15次，界别协商18次，提案办理协商158次。围绕城区幼儿园规划建设与管理、城市综合管廊规划、深化民营经济供给侧结构性改革工作、食品安全监测及信息公开、农村土地“三权分置”改革推进情况等工作开展协商议政。指导城北小学、青杠街道卫生院、璧泉街道南关社区、来凤街道安乐村等基层协商民主试点单位4家开展协商民主活动。

【民主监督】 贯彻落实中共中央关于加强和改进人民政协民主监督工作的决策部署，切实加强提案征集审查工作，征集提案287件，立案交办170件。发挥社情民意“直通车”和“连心桥”作用，收到社情民意信息280条，编印《社情民意》专刊98期，有59期得到区级领导批示或部门回复。推动民主评议工作，开展对民生实事推进情况的专项评议，民主评议区林业局，评议回访区经济信息委，民主评议区商务局提案办理情况。

【参政议政】 发挥在璧市政协委员作用，提交《将璧山全区、江津双福、合川草街等纳入主城区公交一体化运行管理》《尽快开工建设渝蓉高速至内环延伸段工程》等提案，助推渝西地区发展。主席会议成员围绕大路物流园、中铁任之健康城、文化艺术中心、东岳体育公园等重点项目建设，以及全区15个镇街发展，组织各类调研40次。各专委会、委员小组、界别小组围绕企业科技创新、再生资源回收行业管理、文旅融合景观产品打造等开展调研56次；围绕区重大交通项目推进情况、河湖水系联通工程等开展视察51次。十届一次会议期间，征集印发大会发言材料39篇，其中10人在大会上发言。

【“三优三全三传递”工程】 以“委员传递正能量”履职实践活动为载体，区政协系统全年向贫困群众、公益事业捐款484.6万元，办实事513件，接访群众2119人次，化解矛盾纠纷800起。修订《区政协委员管理办法》《区政协工作考核办法》《区政协委员履职考核办法》等制度，量化考核委员履职情况。

【政协理论研究】 坚持发挥政协理论研究的引领作用，围绕“人民政协与国家治理体系和治理能力现代化研究”主题，开展理论研究，入选《重庆市政协理论研究会论文集》2篇。其中《国家治理体系和治理能力现代化视野下的人民政协》获市政协理论研究优秀论文一等奖。区政协主席作为全国基层政协代表，2次应政协全国委员会办公厅邀请，参与中共十八大以来人民政协工作经验总结和政协第十三届全国委员会第一次会议常委会工作报告起草的集中研讨。

【文史资源】 深入挖掘璧山特色文史资源，积极推进文史资料工作。全年征集各类文史资料稿件50篇，编印《文史通讯》4期8万字，在《璧山政协》开设“文史杂谈”专栏，选登文史故事，开展璧山文史线索调查，协调和参与美国国家档案馆藏璧山抗战时期珍贵历史照片收集工作，重拾璧山历史碎片，修复遗落文脉，为璧山“文化古城”建设和“文旅融合”发展贡献力量。

2017年政协璧山区委及其办公室重要文件目录一览表

表5–7

发布文号	文件名称
璧山政协党组〔2017〕9号	关于印发《重庆市璧山区政协委员管理办法》的通知
璧山政协〔2017〕1号	关于主席、副主席、秘书长分工的通知
璧山政协〔2017〕2号	关于十届区政协各专门委员会、委员小组组成人员通知
璧山政协〔2017〕3号	关于任命十届区政协委员小组组长、副组长的通知
璧山政协〔2017〕4号	关于任命十届区政协委员界别小组组长的通知
璧山政协〔2017〕5号	关于《区政协十届一次会议关于检察院工作报告的协商意见》的函
璧山政协〔2017〕6号	关于《区政协十届一次会议关于法院工作报告的协商意见》的函
璧山政协〔2017〕7号	关于《区政协十届一次会议关于政府工作报告的协商意见》的函
璧山政协〔2017〕8号	关于印发《政协重庆市璧山区委员会2017年工作要点》的通知
璧山政协〔2017〕9号	关于印发《2017年区政协协商计划》的通知
璧山政协〔2017〕10号	关于饶静等21名同志任职的通知
璧山政协〔2017〕12号	关于《区政协十届二次常委会议关于深化我区医药卫生体制改革的协商意见》的函
璧山政协〔2017〕13号	关于《民营经济供给侧结构性改革推进情况的专题协商意见》的函
璧山政协〔2017〕14号	关于撤销周明进十届区政协委员的决定
璧山政协〔2017〕15号	关于2017年民生实事推进情况的评议意见的函
璧山政协〔2017〕16号	关于民主评议区林业局的报告
璧山政协〔2017〕17号	关于认真学习宣传贯彻中国共产党第十九次全国代表大会精神的意见
璧山政协〔2017〕18号	关于回访经济信息委民主评议情况的报告
璧山政协〔2017〕19号	关于《我区农村土地“三权分置”改革推进情况的协商意见》的函
璧山政协办〔2017〕2号	关于印发向邦俊主席在区政协十届一次会议闭幕式上的讲话的通知
璧山政协办〔2017〕4号	关于印发区政协主席会议成员联系常委的通知
璧山政协办〔2017〕7号	关于印发区政协委员小组、界别小组2017年重点协商、调研、视察活动安排的通知
璧山政协办〔2017〕10号	关于印发向邦俊主席在区政协十届一次常委会上的讲话的通知
璧山政协办〔2017〕11号	关于转送区政协中共界别小组《关于宗教工作情况的调研报告》的函
璧山政协办〔2017〕15号	关于印发《重庆市璧山区政协委员履职考核办法（试行)》的通知
璧山政协办〔2017〕16号	关于印发《重庆市璧山区政协工作考核办法 (试行)》的通知
璧山政协办〔2017〕17号	转送区政协科教文卫体委员会《关于城区幼儿园规划建设及管理情况的协商意见》的函
璧山政协办〔2017〕25号	关于转送区政协提案委员会《关于再生资源回收及行业管理工作调研报告》的函
璧山政协办〔2017〕30号	关于转送区政协社会和法制委员会《关于我区敬老院升级改造情况的调研报告》的函
璧山政协办〔2017〕31号	关于转送区政协农业委员会《关于农村电子商务发展情况的调研报告》的函
璧山政协办〔2017〕34号	关于印发向邦俊主席《在区政协十届二次常委会上的讲话》的通知
璧山政协办〔2017〕37号	关于转送区政协人口资源环境建设委员会《关于视察我区重大交通建设项目推进情况的报告》的函
璧山政协办〔2017〕40号	关于转送区政协中共界别小组《关于群工系统作用发挥情况的视察报告》的函
璧山政协办〔2017〕48号	关于转送区政协科教文卫体委员会《关于加强体教结合工作的视察报告》的函
璧山政协办〔2017〕49号	关于转送区政协人口资源环境建设委员会《关于璧山区城市综合管廊规划》专题协商意见的函

续表

发布文号	文件名称
璧山政协办〔2017〕51 号	关于转送区政协经济委员会《关于璧山区企业科技创新情况的调研报告》的函
璧山政协办〔2017〕53 号	关于转送《区政协农业委员会对我区河湖水系连通工程建设情况的视察报告》的函
璧山政协办〔2017〕54 号	关于转送区政协提案委员会《关于三级服务中心建设及运行情况的视察报告》的函
璧山政协办〔2017〕59 号	关于转送《食品安全监测及信息公开协商的专题协商意见》的函
璧山政协办〔2017〕61 号	关于转送区政协经济委员会《关于视察我区电动汽车充电基础设施建设情况的报告》的函
璧山政协办〔2017〕66 号	关于转送区政协社会和法制委员会《关于我区民事行政检察工作的调研报告》的函

（区政协办公室）

延伸阅读 ►►

璧山国家农业科技园区通过现场验收

8 月 1 日，受国家科技部委托，市科委副主任王力军率专家组，对璧山国家农业科技园区进行现场考察验收。副区长程虎陪同。

璧山国家农业科技园区于 2013 年 9 月被国家科技部批准建设国家级农业科技园区，园区规划面积 14 万亩。目前，园区累计整合各类资金 19.8 亿元用于相关建设，已建成核心区 1 万亩、示范区 3 万亩，辐射带动面积 10 万亩。建成国家创新创业平台 5 个、省部级平台及实验室 6 个、区级研发推广平台 6 个。

当日上午，专家组深入农业科技创新中心、农业良种繁育组培工厂、渝西蔬菜研发中心、科普教育基地、蔬菜冷链出口加工基地等地进行实地考察。在下午召开的座谈会上，程虎对璧山国家农业科技园区发展历程、建设内容、科技成果转化能力等进行介绍。

专家组表示，璧山国家农业科技园区做大量工作，产业特色明确、科技支撑具实，建设成就显著，同意通过现场验收。专家组还就进一步创新管理机制、加强科技创新与科技成果转化体系建设、提升产品质量等园区建设工作提出建议。（杨勇）

民 主 党 派

民盟璧山支部

【概况】 民盟璧山区支部现有盟员63人，设教育组、医卫组、综合组3个小组开展活动。坚持按标准和程序发展盟员，全年新发展盟员6人，调走1人。增设1名副主委，增补2名委员，配齐参政议政委员，班子力量得到加强。2名盟员获提拔重用，1名提拔任区安监局局长，1名提拔任璧山大路中学副校长。1名盟员教师获评区级优秀教师，10名盟员教师在学校年度考核中获评优秀等次。盟员教师辅导学生参加各级比赛，获国家级奖项3个，市级奖项3个，区级奖项4个。

2017年，支部获民盟重庆市委参政议政先进集体奖、反映社情民意信息工作优秀奖。2位盟员获民盟重庆市委参政议政先进个人，4位盟员分别获民盟重庆市委反映社情民意信息先进个人、优秀盟员、优秀新盟员、优秀盟务工作者，2篇征文获民盟重庆市委“不忘合作初心，继续携手前进”征文三等奖。

【参政议政】 参加区委政党协商会，积极提出意见建议。完成民盟重庆市委调研课题2项，形成《二孩政策实施后我市教师队伍的现状及对策》《关于推进我市军民融合战略的建议》调研成果。配合民盟重庆市委专职副主委黄燕苹一行到璧山开展支持实体经济发展调研。上报信息中，市委统战部《党外人士建言》采用1条；民盟重庆市委社情民意信息采用6条。向区政协提交大会发言材料2篇，均被采用；提交集体提案3件，全部立案；区政协《社情民意》刊物采用信息5条，其中1条得到区领导批示和部门回复。

【社会服务】 盟员以“爱心助学”形式，与六塘小学结成帮扶对子，为贫困学生送去帮扶资金12000元，并与学校师生开展座谈、联谊等活动2次。

（明盟璧山支部）

民建璧山支部

【概况】 2017年，考察发展新会员5名，年底有会员83名，工委委员成员12人，下设支部3个。经济界人士会员占总会员数的57%。会员在新一届区人大、区政协中，有人大代表3名，政协委员19名，其中政协常委3名。区级以上集体表彰1个，个人表彰3人。

【参政议政】 向重庆市政协提交提案4件，均被采纳。申报民建市委一般课题11个，被市委会立项3个，完成3个；向市民建提交社情民意26件，采纳6件。向区政协提交集体提案5件，立案3件，做意见转送2件；会员提交提案25件，立案15件，做意见转送9件，销案1件，其中《加强产后抑郁症的重视、提高医务工作人员素质》获政协主席向邦俊批示，《搭建全域景区智慧解说平台的建议》被列为重点提案得到副区长敖斌督办，《实施创新驱动战略，引领璧山绿色发展》在区政协十届二次全会大会作发言；提交社情民意24件，采纳4件。

【社会服务】 会员开展精准扶贫、救助危难、爱心助学和关爱留守儿童等活动，向留守儿童和贫困家庭捐款10.2万元，捐赠物资160件。开展“送科技、文化、卫生、法律下乡”活动23场，会员企业安置就业1600人。

【民建重庆市璧山区工委成立】 11月17日，支部升格为中国民主建国会重庆市璧山区工作委员会，配备工委专职干部1名。大会任命民建重庆市璧山区工作委员会第一届领导班子，王复莲作主任委员，汪强、赖华、陈春梅任副主任委员。市人大常委会副主任，民建中央常委、民建重庆市委主委沈金强为璧山工委授牌。

（明建璧山支部）

民进璧山支部

【概况】 民进璧山支部成立于2016年4月，2017年有会员39人，男性会员30人，女性会员9人。支部会员以教育界别为主，来自教育界别的26人，来自经济界的6人，来自医疗卫生2人，来自机关5人。支部现有市政协委员1人，区政协委员5人，区人大代表1人。支部按照上级要求成立支委，设主委1名，副主委2名，下设活动小组2个，分设组长、副组长。

2017年，民进璧山支部秉承参政议政、民主监督的基本职能，发挥民主党派成员的参政议政作用,积极建言献策。向区政协提交大会发言材料2篇，为《中小学教师性别比例失调对学生发展的影响》《创新管理机制充分调动基层医务人员工作积极性》。提交社情民意《关于继续执行困难企业社保阶段性降费政策的建议》和提案《关于进一步加大对家庭医生签约服务政策服务支持的建议》。

【政协提案】 全年有政协提案5件。分别为《科学合理的安排垃圾转运车行车路线和工作时间的建议》《解决“数线矛盾”保障区正常用电的建议》《多地设立空气质量监测点的建议》《在人口密集场所建立母婴关爱室的建议》《优化初中学校布局结构的建议》。

【立项课题】 全年有立项课题7件。分别为《加强青少年学生法制教育实施路径研究》《关心农村留守老人，落实落细家庭医生签约服务》《中小学教师性别比例失调对学生发展的影响》《困难刑满人员回归社会问题及探索》《环重庆主城抗战文化的研究》《区域电网电压的暂降与波动闪变对区域内用户自动回化敏感设备影响及对应措施》《创新管理机制充分调动基层医务人员工作积极性》。

【社会服务】 履行社会服务职能，将社会服务落到实处。6月向璧山区北街小学捐赠图书，8月民进璧山支部开展捐赠贫困大学生助学活动，11月调研璧山三江村助推乡村脱贫。

（民进党璧山支部）

农工党璧山支部

【概况】 中国农工民主党重庆市璧山区支部委员会成立于2014年12月31日，截至2017年12月31日，全区有农工党党员35名。2017年，新发展党员3名，其中人大代表1名。有重庆市人大代表1名，区人大代表2名，市政协委员1名，区政协委员9名，其中区政协常委5名，新提拔正处级领导干部1名，副处级领导干部1名。慰问获区级以上奖励的党员6名和老党员2名。1名党员获重庆市委、市政府表彰，3名党员获农工党重庆市委表彰。“坚持和发展中国特色社会主义学习实践活动”获农工党中央“参政议政先进基层组织”表彰，2名党员获农工党重庆市委“坚持和发展中国特色社会主义学习实践活动”先进个人表彰。

【工作调研】 开展“川东路（璧山段）古道文化资源的发掘及利用”研究课题，并在农工党重庆立项，完成调研考察报告，为收集历史资料，开发利用小川东路提供丰富的历史资料。组织政协委员撰写区政协集体提案1篇，委员提案6篇，其中重点提案1件，社情民意9篇，大会发言材料2篇，在政协全会上作交流发言的1篇。

【社会服务】 开展关爱行动，长期资助区社会福利院孤儿1名，有12名党员积极参加各种捐资助学扶贫济困活动，捐款捐物20920元。

（农工党璧山支部）

致公党璧山支部

【概况】 2017年，有正式党员38人，预备党员7人。2名党员任璧山区第十七届人民代表大会代表，并任人大常委会委员；6名党员任区政协委员，1名委员进入政协常委。支部3名代表刘华、陈志强、祝英参加致公党重庆市委第五次代表大会。1篇提案被致公市委选中作为集体提案。1篇材料在区政协十届届一次会议作大会发言。全年报送宣传信息32条，其中致公党市委采用7篇，璧山区政协采用9篇，《璧山侨讯》工作宣传刊物采用16篇。获致公党中央表彰2项，市级表彰2项，国家专利授权1项和重庆市科学技术成果1项。

【参政议政】 支部向致公党重庆市委提交集体提案2篇，其中《我市分级诊疗存在的问题及建议》经致公党重庆市委论证后，入围集体提案。区“两会”期间，党派中政协委员提交提案建议12件。区政协集体提案4件，党员个人8件。支部撰写的《准定位推一把广借力保兜底》——关于我区精准扶贫工作的建议一文在大会上发言。全年，致公党璧山区支部提交社情民意信息6条，其中1条获区领导批示。支部中人大代表提交建议3篇。

【社会服务】 支部在致公党中央副主席闫小培的带领下，组织价值300万元的助听器与致公党市委一起捐赠酉阳耳疾患者。联合区侨联在传统节假日开展社会公益活动，看望敬老院老人，与老人同包饺子，为老人整理房间缝补衣被，请医生专家开展义诊活动，还为全区各个层面的贫困群众送去冬衣1200件，动员全体党员捐赠善款，在“六一儿童节”为乡村小学捐书捐物帮助困境儿童实现“微梦想”。

图表13 图为支部考察养老产业现场

（周海瑞 摄）

【联络联谊】 7月，致公党南岸区委、致公党璧山支部一行30人，调研璧山区深绿型生态化城市建设、新型工业化城市建设、高新区产业技术发展等情况。9月，致公党重庆市委协商议政专委会委员来到璧山调研考察座谈交流。12月，北碚、璧山、荣昌致公党组织联合开展组织生活会，传达致公党十五大会议精神，交流自身工作。

【自身建设】 组织收看中共十九大直播，并开展中共十九大精神学习系列活动。聘请区内、区外领导到会作政治理论、廉洁从政、参政议政等方面的讲座，开展理论、业务知识学习。每个季度，支部组织党员开展支部活动1次至2次。3月，组织支部女党员参加致公党重庆市委的“三八”国际劳动妇女节“女性健康知识”讲座和“如何选一本读一本好书”活动。5月至6月，支部开展致公“五四”感言集收集活动。7月，安排接待“逐梦他乡重庆人”璧山籍人士的座谈交流会。8月至9月，组织收看学习习总书记“7·26”重要讲话精神，参加统战工作的安全稳定工作会。10月至12月，接待市委领导调研支部并协助致公党市委承办西部“云贵川陕渝”五省市扶贫工作会。

（致公党璧山支部）

延伸阅读 ►►

璧山入选首批国家农业可持续发展试验示范区

2017年，璧山区入选国家第一批农业可持续发展试验示范区，是重庆唯一入选的区县。

建设国家农业可持续发展试验示范区，是贯彻绿色发展理念、推动生态文明建设、转变农业发展方式、补齐资源环境短板、加快农业现代化、促进农业可持续发展的重要抓手，对探索中国特色农业可持续发展道路具有重要意义。近年来，璧山区始终坚持都市农业发展方向，坚持绿色可持续发展，强化一产与二三产业的融合，重点围绕农业产业可持续、资源管理可持续、农村社会可持续，探索生态农业发展道路，加速构建循环农业经济业态，最大程度利用农业可再生资源，全面提高农业综合生产能力，打造农业可持续发展示范区。

（陈富春）

群 众 团 体

璧山区总工会

【概况】 2017年，全区有高新区总工会1个、街道总工会6个和镇工会联合会9个、部门工会联合会12个，机关下属事业单位重庆市璧山区群团活动中心有在职职工11人。区总工会被市总工会评为技能竞赛优秀组织单位。

【职工合法权益维护】 一是建立健全劳动关系三方协商机制，全区所有镇、街道全部建立协调劳动关系三方机制。二是贯彻《重庆市集体合同条例》，聘请集体协商专职指导员2名，建会的非公有制企业建制率、签订率动态保持在85%以上，集体合同涵盖企业1977家、职工6.3万人。三是加大法律援助力度。聘请专业律师为职工群众提供法律援助。维权职工64名，挽回经济损失9万元；开展“千名律师进企业、服务职工在基层”活动，派驻志愿律师10名到4个单位、100家企业开展法律服务工作，服务职工2200人次，开展法律讲座15次，走访职工1300人，接受热线咨询350人次。四是参与安全事故的调查和善后处理工作。参与安全事故调查和善后处理工作6件，按规定赔付600万元。五是集中开展企业职业病检查和宣传工作，保障职工的生命健康；联合人社、安监等部门开展劳动保护监察工作。

【工会帮困扶贫】 一是困难职工帮扶服务。出台《璧山区职工临时困难救助管理办法（暂行）》，完善精准帮扶机制，脱困建档困难职工256名，继续实施困难帮扶职工327名。开展“春送岗位”，参与招聘会24场，协助实现就业6000人；筹资18万元开展“夏送清凉”，为1400名一线职工送去清凉药品；筹资37万元开展“秋送助学”，为94名困难职工子女发放助学金；筹资38万元开展“冬送温暖”，节日慰问职工585名。二是开展女职工“关爱行动”。为146名困难女职工及142名困难职工家属购买女性特殊疾病保险，并为138名建档困难女职工购买重大疾病保险。邀请重庆华西妇产医院深入党群活动中心、企业，免费提供健康知识讲座和体检女职工141名。三是继续推进职工互助保障工作。283家单位参加互助保险职工18680名，理赔833人次，发放理赔金113万元。四是继续开展在职党员进社区发挥作用、精准扶贫等帮扶活动，在重阳节、端午节等节日期间，为结对户送去慰问品。

【工会组织建设】 一是开展工会干部培训，提升工会干部履职能力。组织32人次参加市总及以上培训15班次；以新任区属工会主席（干部）、非公企业工会主席（干部）、村（社区）工会干部为重点，开展基层工会干部专题业务培训2期，参训工会干部290人次。同时，以会代训的方式对基层工会干部进行农民工入会、职工互助保障等培训，进一步提高业务水平。二是加强组织建设，运用“互联网+”基层工会建设，深化“新领域建会集中行动”“农民工入会集中行动”。新建非公企业和社会组织等工会组织58家。广泛吸纳农民工入会，村（社区）工会覆盖率100%。继续开展“双亮”工程，“职工之家”建设。1个企业工会获市级模范职工之家、2个工会小组获市级模范职工小家、1名职工评为信赖的娘家人；打造市级基层工会改革示范单位2家。

【服务发展】 一是开展技能提升活动。承办2017年渝西片区技能大赛决赛。选拔一线职工参加市总工会技能大赛8次，获奖项16个，其中个人一等奖2个。联合区经济信息委、区卫生计生委、区城市管理局举办行业技能竞赛。区直管工会普遍开展技能竞赛；企业工会开展岗位练兵、技术比赛、师徒帮教、技能培训等活动。二是开展技术创新活动。组织8家区级劳模创新工作室负责人到大足区贺小琴劳模创新工作室学习，进一步改进劳模示范创新工作室建设。在非公企业和社会组织持续开展合理化建议等“五小”群众性技术创新活动，4家企业项目入围第二届重庆市职工创新优秀成果评选。三是开展劳动模范和先进工作者推选工作。1个班组获“全国工人先锋号”，1名职工被评为全国职工职业道德标兵个人；1家单位、1个班组分别获重庆五一劳动奖状、工人先锋号，6名职工被评为重庆市劳模。政审省部级以上劳模59名全，约谈劳模2人；及时落实劳模生活补助、节日慰问、定期体检、疗养休养等各项待遇；组织劳模开展进机关、进校园、进企业、进村居活动。（区总工会）

共青团璧山区委

【概况】 2017年，开展“和小青青一起来璧山找茬”“你所不知道的璧山——璧山数字大猜想”“爱乐之城·青春影韵”“璧山好声音”等暗含璧山发展主旋律要素的线上线下活动13次，辐射上百万人次。“璧山好声音”首次尝试网络同步直播，2小时累计观看人次29.5万。《璧山水、巫山云，璧山城、巫山峰，小青青与你走入江山、驻足云水!》等作品广受好评。组建“璧山西部志愿者文化生产队”，作品《青春言子》入围2017重庆市48小时极拍大赛最佳影片奖，《小城故事·盛夏回忆》《2018爱在璧山》等志愿者拍摄MV在社会上引起广泛反响。璧山区台商工业园党群服务中心“青年之家”被团中央命名为全国示范性“青年之家”综合服务平台。团区委获团中央荣誉表彰2次，团市委通报表扬3次。2017年度市委对区委党建考核共青团延伸指标综合得分璧山在渝西同考核组位列第一。

【智慧团建】 团内整治与团外激活并重，以“建机制”实现改革成果系统化与长效化。在全区范围内开展“理清家底、明晰建制”工作，彻底整肃上级节点对下级分支底细不清、账目不明问题，畅通神经末梢、归顺建制链条，确保上下级节点之间、节点与个体之间“节节贯通”，筑牢从严治团的根基与底座。全区669个团支部、17344名团员实现分类标志、登记造册。打下“智慧团建”

图表14 璧山高新区台商工业园群团服务站获“青年之家”全国示范点
（团区委 供图）

基础。建立团区委文件、会议、活动统筹审核制度，明确重点工作具体内容、开展要求、完成时限、考核方式，约法三章、逗硬惩处。确保队伍严整、作风优良。进一步探索完善以“青年点单、社会承办、大众参与、全域开放”为特点的“开放共享”工作机制。“五四”青年节7265人通过网络参与方案设计和选择。活力青春、公益青春、创业青春、红色青春系列活动分别由事业单位、商业机构、运动社团、高校团体、创业基地等不同领域15个“力量主体”承办，辐射全区6000名青年。746人对“五四”主题演出《幸存者》热情评分。

图表15 图为璧山区“冬日阳光·温暖你我”2018新春关爱行动 （团区委 供图）

【团媒建设】 用网建网抢占网络高地，运营新媒体矩阵，新媒体工作成为全市标杆。“青年之声”获团中央通报表彰。“璧山共青团”微信公众号综合影响力年末持续四周排名全市各区县前三，全年稳居前列。通过各网络平台推出原创文化产品16部，包括《璧山创业青年说》《璧山冷知识科普》《璧中为你读诗》《来中读史——品味身边的历史》等，辐射1.3万人次。

【少先队建设】 深入推进少先队改革工作，加强革命文化教育，结合节庆日、纪念日和重大时间节点，积极开展相关主题教育活动。

【青年志愿服务】 青年志愿者队伍不断壮大，活动内容丰富。全区注册青年志愿者总数22890人，总服务时长37935小时。建立城乡社区市民学校202个，整合大学城14所高校共青团资源，探讨合作校地共建事宜。全年服务群众8000人次。组建“山茶花青年扶贫志愿服务队”，全年募得资金8000元，慰问孤儿9名、重病患者12位、孤寡老人23名与留守儿童26名。开展“精准扶贫·圆梦行动”——为爱助跑荧光夜跑活动，募集资金752元。联合培训学校开展“关爱贫困儿童慈善晚会”，募集资金18262.5元。

【青少年权益维护】 建立璧山区“12355”青少年服务台，开展线下心理咨询50小时和困境儿童心理团辅2次，惠及特殊青少年100人。开展“冬日阳光·温暖你我”新春关爱活动，500名困境儿童实现新年心愿。开展亲子系列活动7场次，参与活动家庭400个。开展希望工程“精准扶贫·圆梦行动”，帮助成绩优秀、家庭贫困学生12名，爱心车票6张，爱心卡75张，计金额85200元。

（团区委）

璧山区妇女联合会

【概况】 2017年，全区有镇街妇联（下辖135个村妇联，52个社区妇联）15个，区直属妇委会17个。辖区妇女31.69万人，占辖区人口的49%。

【农村妇女工作】 鼓励电商、家庭经济等新业态，创建培育“巾帼现代农业科技示范基地”“三八绿色工程”等妇字号农业，“巾帼家庭农场”增至17个，打造“巾帼家庭农场示范点”5个。指导青杠街道梁山村成为璧山第二个市级农村留守妇女关爱服务项目点，筹集互助关爱资金2万元。举办农村留守妇女“双学双比”劳动技能大赛60场，加强政策宣传，开展电商、家政、育婴、养老护理等免费技能培训。

【城市妇女工作】 复查验收合格“巾帼文明岗”区级91个、市级35个、国家级7个，深化女性岗位建功活动。开展“巾帼心向党，建功新时代”等主题活动，宣传“巾帼建功”“巾帼文明”“巾帼维权”和“巾帼关爱”等典型事迹，发挥“巾帼文明岗”示范带动作用。

【妇女儿童权益维护】 依托“璧山女性”微信公众号、QQ群、微信群等新媒体，开展线上常态化法治宣传。利用“三八维权宣传周”“六一反拐宣传周”等契机，协调区检察院“莎姐”讲师团、区法院、区教委等相关部门深入社区、广场、学校，多形式开展“法治中国·巾帼在行动”主题法治宣讲及法律知识有奖问答20次，发放《中华人民共和国反家庭暴力法》《预防性侵自护教育》等宣传资料10万份，接受群众咨询1000人次。建立妇女信访代理员制度，为近100名来访妇女群众纾解疑难。承接国务院妇儿工委办和联合国儿童基金会联合实施的“重庆市儿童工作资源中心项目”，重点推动来凤街道东街社区、大路街道团坝村等10个试点“儿童之家”建设，以购买服务、聘请社会组织等方式推动各个“儿童之家”开展剪纸、绘画、阅读等亲子活动及家庭教育讲座，形成工作常态。

【妇女参政议政】 建立妇女群众利益诉求征集机制，充分发挥妇联界别政协委员作用，加强与政协专委会的工作联系，牵头组织调研《中华人民共和国反家庭暴力法》贯彻落实情况2次，形成《璧山区关于进一步加强预防和制止家庭暴力工作的实施意见》。

【妇联扶贫助困】 大力实施“母亲邮包”“母亲健康快车”“三留守关爱”等妇联扶贫关爱项目，筹集资金近100万元。联合区卫计委举办大型义诊及健康知识讲座，并为74名农村贫困“两癌”妇女每人争取到1万元救助金。对困境儿童施行“1+1+N”（即1个困境儿童+1个爱心妈妈+N个志愿者）结对帮扶模式，加强“爱心妈妈”六个一职责，开展“情暖童心·相伴成长”等关爱帮扶活动，提供心理团辅及心理测评。关爱留守儿童，开展“爱心童享·筑梦行动”快乐开学季等主题活动，给予心理、学习、生活等各方面关爱和帮助。

【家庭文明建设】 以家风建设为重点，扎实推进“最美家庭”系列活动，评选出区级“最美家庭”“最美孝顺媳妇”“最美女工”各10名（户），推选获市级最美家庭4户。围绕区委区政府“城市立体绿化”中心工作，引导全区广大家庭开展

图表16 图为“三八”维权宣传活动现场

（区妇联 供图）

“最美家庭阳台（庭院）”评选展示和“绿满家园”家庭阳台绿化美化实践活动，参与深绿型生态化城市建设。指导全区187个村（社区）全面开展“平安家庭示范户”“平安家庭示范村（社区）”创建活动，以家庭的平安促进社会的稳定。

【家庭教育】 推进家庭教育工作，推动出台《关于贯彻落实〈重庆市家庭教育促进条例〉的通知》《关于印发〈重庆市璧山区家庭教育五年规划(2016—2020年)〉的通知》。组建96人的家庭教育专业指导队伍，实现全区村（社区）、学校家庭教育指导和家长学校全覆盖，并邀请市级讲师，开展10场家庭教育公益巡讲，发放宣传资料30万份，惠及近千户家庭。（陈 飞）

璧山区科学技术协会

【概况】 2017年，全区科协所属团体48个。其中，街镇科协15个、园区科协2个、企业科协16个、学协会15个；全区有科技志愿者队伍1支；科学传播专家分团1个；187个村居建有村居科普小组并设兼职科普员；有市级科普示范街镇6个、市级科普示范社区5个、市级科普示范村2个、市级青少年科技工作室2个；区级科普示范单位44个；全区15个街镇均有科普活动站，80%以上村居设科普工作站；有标准化社区科普活动室5个，科普之窗28个。全区科普组织网络建设完善。璧山区蔬菜协会获中国科协和财政部联合表彰基层科普行动计划项目先进集体。璧山区科协获重庆市2017年度区县科协工作考核一等奖。

【科协换届选举】 11月16日，区科协召开第六次代表大会。大会选举产生区科协第六届委员会、常务委员会和区科协领导班子，修改审定《璧山区科协创新争先行动方案》。区科协第六届委员会由左利静、冯大春、吕浩、牟祖伟、李晓玲、杨济华、肖海燕、吴明平、邹小余、沈军、张强、张长虹、张本柱、陈君、陈静、陈应杰、陈洪春、苟元洪、范翔翔、罗媚、周海瑞、孟祥杰、赵容、赵雷、秦波、秦启巍、徐远达、唐剑锋、黄兴胜、龚茜、彭彩碧、蒋斌、蔡金东33名委员组成。区科协第六届委员会设主席1名、副主席1名、兼职副主席2名、挂职副主席1名。主席为徐远达，副主席为冯大春，兼职副主席为吴明平、龚茜，挂职副主席为陈君。区科协第六届常务委员会由左利静、冯大春、肖海燕、吴明平、张强、陈君、苟元洪、罗媚、赵容、秦波、徐远达、唐剑锋、龚茜13人组成。赵容为区科协第六届委员会秘书长。

【科普活动】 组织开展“全国科技工作者日”“百计进百村”、科技迎新春、科普知识巡展、“全国科普日”“三下乡”“科技活动周”“四进社区”等大型主题科普活动和食品安全、消防安全、低碳节能、生态环保、防震减灾等专题科普活动。更新维护科普画廊和科普挂牌。组织开展全区青少年科学素养大赛、青少年科技辅导员培训活动和青少年科技创新大赛、科技模型大赛、机器人比赛、小小实验家、高校科学营等青少年科技教育活动。全区65个企业继续开展企业科技信息应用推送服务，11个社区科普大学教学点开展科普教学。全区新建社区和学校科普文化云平台23个。

【科普宣传】 全区举办各类科普宣传活动100场次，参与活动的科技工作者800人次，受益群众40万人次，印发科普环保手袋、各种实用技术资料、科普书籍、光盘、挂图等资料100余种，200万份，技术咨询12万人次。（赵 容）

璧山区归侨侨眷联合会

【概况】 2017年，全区有新老归侨5人，侨眷属6000人。在外华侨华人800人，分布于全球20个国家和地区。其中博士、硕士30人。有基层侨联片区分会4个，留学生家长联谊会1个。借助市侨联、市华商会、市侨青会资源，主动对接，为区招商硬平台提供60亿以上投资信息。助力“蒋庆云连加林教育基金”作用发挥，58名优秀教师获“蒋庆云连加林教育基金”64000元人民币奖励。第十八届世界华人学生作文大赛再获佳绩，有76篇征文获奖，其中一等奖10名，二等奖35名，三等奖31名，分别占重庆市获奖总量的9.2%、9.5%、7.2%，获奖数量远高于全市平均水平。

【联络联谊】 春节期间，向海外华侨华人发去新春祝福贺信，通过《璧山报》向璧山籍海外侨胞、港澳同胞，全区的归侨侨眷、致公党员致以新春祝福。与江苏省常熟市侨联缔结友好侨联。接待万大庆、胡一、罗海燕、王志刚、杨刚、连加林等海外侨胞。春秋两季分别组织开展主题为“考察养老产业关注道口经济”“迎中秋庆国庆探访生态正兴”的眷属联谊活动。区侨联璧城、璧泉、璧西、璧北片区分会联合开展学习贯彻中共十九大精神集中宣讲会。海外璧山籍华侨华人孩子与家乡同龄孩子结对工作启动，成功结对孩子3对。

【参政议政】 “两会”期间，区侨界人大代表、政协委员提交个人提案和建议11件。区侨联提交的《关于促进我区足球事业发展的建议》列为大会书面发言材料。彭雪松撰写的《关于发掘和利用抗战文化的建议》提案被列为重点提案。

【为侨服务】 春节前夕，走访慰问归侨侨眷70户，留学生家长10名，侨商侨企10家，精准扶贫对象10户，为他们送去慰问金、慰问品35000元。端午节前夕，走访慰问重点归侨侨眷和留学生家长30户。中秋节前夕，慰问归侨侨眷、留学生家长和精准扶贫户30户。协助侨资企业——重庆博张机电设备有限公司与相关部门共同解决企业发展与噪声污染等问题。开展“温情连侨企酷暑送清凉”活动，为8个侨（港）资企业送去总价值约17000元的清凉防暑物品。帮助港资企业重庆捷正经贸有限责任公司妥善解决与承租人黄某长达半年的商铺租赁纠纷。

【社会公益】 协办“心·迹”——纪念潘天寿先生诞辰120周年，雪野陈龙书法美术展。为精准扶贫对象送去价值7600元的鸡苗250只。开展“梦圆‘六一’幸福‘童’享”公益品牌活动，组织侨界爱心人士捐款，为石院小学50名孩子送去包括书包、篮球、绘画工具、书籍等价值5000元的礼品。联系江北爱尔眼科医院对区内报名的200名白内障患者开展筛查工作，符合条件接受手术的白内障患者15名。

【区第九次归侨侨眷代表大会召开】 7月26日，区第九次归侨侨眷代表大会召开，参会代表70名。大会选举产生新一届领导班子，选举产生主席1名，专职副主席1名，兼职副主席3名，聘请侨联顾问、荣誉主席各1名。主席为刘华，专职副主席为彭雪松，兼职副主席为艾科、刘泽伟、张育锋，聘请殷登义为顾问、张远明为荣誉主席。

（区侨联）

工商联

【概况】 2017年，把握“两个健康”工作主题，非公经济人士政治引领、参政议政、服务非公经济发展、组织建设等有序推进。区工商联十一届三次常委会上审议通过调整区政协副主席杨靖为工商联（总商会）主席的决定。全面部署“四好”商会建设工作，推动璧城街道商会、餐饮商会争创市级“十佳”镇街商会和“十佳”行业商会。新组建成立食品流通商会。12月，区工商联再次被确认为全国“五好”县级工商联。

【非公有制经济人士教育引导】 坚持落实执委

图表 17　图为区工商联向留守儿童捐赠衣物现场

（璧山报社　供图）

会、常委会、主席会等会议制度，传达学习中共十九大精神和习近平新时代中国特色社会主义思想等。开展执常委培训 2 天，邀请上海社会科学院副院长张兆安到璧山作宏观经济形势报告，主办上海交通大学璧山民营企业家培训班，选派 20 名非公经济代表人士赴厦门大学、中山大学等知名高校参加学习。深入开展以“守法诚信、坚定信心”为重点的理想信念教育实践活动，召开动员部署会议，开展“遵纪守法、诚信经营”主题活动启动仪式，组织 100 家企业参与全市守法诚信法律知识竞赛活动、法律知识讲座培训等。抓非公党建，推进“两学一做”学习教育常态化制度化。开展结对帮扶，组织 20 家企业为区 92 名建档贫困户提供精准就业扶贫，为 12 名贫困大学生捐赠学费 4.8 万元，为 50 名贫困中小学生，捐赠衣物价值近 4 万元。

【参政议政】　围绕非公经济发展中的热点、难点问题，开展上规模民营企业、用工成本、传统民营制造业转型升级等多项调研；牵头渝北区、长寿区、永川区等区工商联开展传统民营制造业转型升级专题调研。全区非公经济人士人大代表和政协委员提交提案、议案、社情民意、建议意见等近 60 件。在区政协十届一次会议上，作题为《助推我区中小企业融入资本市场的思考》的大会发言，受到区委、区政府领导，相关部门的高度重视。

【优化服务方式】　一是广角度搭建经贸合作交流平台。邀请昆明市重庆璧山商会部分会员到璧山开展投资考察活动；召开对接“重庆山水主题小镇”项目座谈会。与贵州道真县工商联缔结为友好商会。二是助推军民融合发展。2 家执委企业参与组建以重庆军民融合协同创新研究院为依托的重庆市智能传感器产业技术创新联盟以及重庆黄桷树智能传感器研究院。三是合力搭建政企互动平台。区领导与 25 名工商联副主席（副会长）、常委建立一对一联系制度，开展交心谈心 20 人次，协调解决非公企业问题困难 10 件次。与区公安局联合召开服务民营经济发展座谈会，对全区如何贯彻落实“30 条”扶持民营企业提出具体意见；协调区人民检察院在工商联设立维权办公室；协调区人社局、教委、工会等单位联合举办精准就业帮扶现场招聘会，组织 100 家民营企业为求职者提供 1000 个就业岗位；为民营企业解决劳动纠纷等涉法问题和案件 10 起。四是坚持人文关怀制度。组织近 60 名非公经济人士到区医院健康体检，选购人身意外伤害和车辆意外保险 70 人次。

（尹　红）

计划生育协会

【概况】　2017 年，全区计生协会有基层组织 253 个，由镇街 15 个、行政村 135 个、社区 51 个共同组成，有会员 138042 万人，会员小组 2720 个，骨干会员 1803 人，会员中心户 6215 户，会员之家 198 个。

图表18　图为“5·29计生协会员活动日”庆祝活动现场

（区计生协会　供图）

【生育关怀行动】　健全区生育关怀资金筹、管、用机制。区财政总计支出生育关怀基金902000元，帮扶救助独生子女死亡家庭39户。春节走访慰问计生特殊家庭845户，全区送慰问品（金）469090元。2010年10月至2017年12月合计支出生育关怀金7570877.4元。建立实施计划生育特殊家庭联系人制度。对全区845户、1315人建立“3+X”结对帮扶联系人制度。市卫生计生委、市计生协会采取第三方测评、抽样调查、定点追踪调查等形式评估联系人制度落实情况。每年足额划拨联谊会会员每人每年活动经费1000元，确保15镇街联谊会小组，738名会员正常开展活动。开展“生育关怀—计生特殊（困难）家庭保险行动”。免费购买计生特殊（困难）家庭住院护理和意外伤害两大保险。

【生育宣传倡导】　一是5月26日上午在大成广场举行创建全国计生基层群众自治示范区启动仪式暨“5·29计生协会员活动日”活动。二是5月26至27日，在区文化艺术中心组织培训计生协系统干部260名。三是组织参加中国计生协“二孩来了，你准备好了吗”文艺作品征集活动。收到会员原创作品22件，其中，《宣传品围裙》获“优秀作品奖”，4件作品获全国“最佳人气奖”。

【创建全国基层群众自治示范区】

璧山区被重庆市唯一纳入第四批创建全国计生协全国“计生基层群众自治项目示范区”，获国家项目资金15万元。区委、区政府下发《璧山区全国计生基层群众自治示范区创建工作实施方案》通知。7月26日，召开创建全国计生基层群众自治示范区项目工作（培训）会。璧山区创建工作进入全面实施阶段。

【流动人口服务管理】　一是努力打造流动人口计生协示范点。在企业成立计生协会。全区在企业、市场、社区等建立流动人口计生协会26个，青杠街道山青机械制造有限公司流动人口计生协会被纳入区级流动人口计生协会示范点。二是开展流动人口健康服务年活动。8月24日，璧山区计生协会、区卫生计生委、区红十字会、璧泉街道、区妇幼保健院走进流动人口计生协会市级示范点重庆金冠汽车制造股份有限公司,开展流动人口健康服务活动。三是在璧城、璧泉街道和福禄镇开

2016–2017年度璧山区开展计生保险服务理赔情况统计表

表5-8

年度	险种	参保户数	参保人数	保费	保费总额（元）	理赔人次（人）	理赔金额（元）	理赔率
2017年度	住院护理保险		1844人	177.5元/人/年	327310	313	594308.64	181%
	意外伤害保险	2627户		100元/户/年	262700	6	123011.2	46.79%

展流动人口健康问题和需求调查。（曹　勇）

璧山区社会科学界联合会

【概况】 2017 年，广泛开展社会科学普及工作，挖掘璧山历史，弘扬优秀传统文化，增强人文素养，培育和践行社会主义核心价值观。以璧山社科大讲坛、社科知识普及优质课评选等为载体，积极探索创新，丰富社科普及内容，增强社科普及效果。指导璧山社科工作者完成《璧山来凤鱼文化》一书，并由吉林人民出版社出版。

【社科研究】 开展社会科学研究工作，组织开展有关课题研究工作。向市社科联申报有关课题项目，参加有关学术研讨活动，《璧山区绿色发展的启迪及思考》获市社科联立项，列为学术沙龙资助项目。

【社科管理】 一是加强对社科社团的指导和管理工作。进一步对全区的社科社团进行调查摸底。对管理不明确、活动开展不规范等社科社团进行梳理。二是加大对区社科联直属社团的管理力度，经常性开展过程督导。三是切实加强社科社团的意识形态管理工作。（区社科联）

延伸阅读 ▶▶

乐山　乐水　乐读书

璧山是一座山清水秀的小城，百姓以山水怡情，以读书为乐。在秀湖公园沿着青石板拾级而上，欣赏着如画美景，读书台从四周的绿树中脱颖而出，显得颇具生机，成为小城独特的文化坐标。

读书台位于秀湖公园内（渝西跨境商品直购体验城旁），其地可居高临下俯瞰秀湖的湖光山色，倚岗叠翠。11 月 4 日，记者走进读书台看到，10 余张书桌错落有致，每张桌子都设置有座椅、雨伞。市民在这里既可看书、写生、朗读，又能听着鸟鸣欣赏山水美景，乐在其中。

“读书修身之地，命笔泼墨之所，吟诗赋词之所。”区政协学习文史委主任傅应明告诉记者，该读书台于 2012 年复建于秀湖公园，不仅为喜欢读书的人提供良好的、优雅的户外阅读场所，也可以让外地游客更加了解璧山历史文化，有助于进一步展示、接续璧山厚重的文化底蕴。

说起该读书台，不得不提璧山古代读书台。据乾隆《璧山县志》记载“士知力学，浮嚣者稀”，传说璧山文庙背后的“凤凰山”，山腰子上那两块像桌子一样的平石，就是宋代璧山状元冯时行少年时的读书台。傅应明说，复建读书台，就是根据这一历史记载而受启发。

“在这里练习朗读，比在家中更能静下心来，更加投入。”每到周末，璧山中学初中三年级学生廖杨莉就会带上英语资料到这里大声朗读。“累了就抬头看看周围的蜂飞蝶舞，看看秀湖的湖光山色，让人心旷神怡。”

而四川美术学院学生何康强虽然在大学城上学，但只要一有时间，就会来到这里写生。“这是一个绿树成荫花满枝的读书台，也绝对是一个写生的绝佳之地。”何康强说，秀湖公园环绕于山水之中，有着淳朴自然的气息。将读书台建在这里，不仅可以感受璧山的文化氛围，还能就地取材出好画，因为原景就是一幅好作品。

傅应明表示，下一步将在读书台策划开展书法、绘画、写诗等系列活动，让这里成为文人、雅士、阅读者的“根据地”。（杨勇）

法　治

政法委及综治办

【概况】　2017年，全区政法综治工作严格按照中央、市委、区委政法工作会议精神，以“打击有力、防范严密、管理有序、控制有效、公正司法、从严治警”的总体思路，围绕“主动作为、防控风险”抓安全、保稳定、促和谐，政法综治各项工作取得新成效，社会大局稳定和谐。全年，全区群众安全感达到97.13%，同比上升0.69个百分点，连续5年稳步提升。

【社会治理】　健全视频监控系统，建成投用高清公共视频监控探头1277个，镇街改造升级1745个，新建990个。推行“三级巡逻”模式，整合187支专兼职巡逻队伍、1558名专兼职巡逻队员、100辆专门巡逻车，构建起全天候、立体化的社会治安巡逻防控网。在中心城区组建200人的社区专职巡逻队伍，在重点企业、重要路段组织警企联动巡逻队伍10支，24小时交叉巡逻。重点地区排查整治。全区3个市级A类挂牌地区、3个区级B类挂牌地区均全部整治到位，刑事案件下降46%。

【社会矛盾纠纷化解】　坚持问题导向、底线思维，以“控源头、促化解、保稳定”为主线，着力防控化解各类矛盾，确保“五个不让”和“七个严防发生”的实现。全区信访总量2197件次、3838人次，件次上升57.3%、人次上升33.9%。群众到市进京越级访8批次、11人次，比2016年批次持平，人次下降69.4%。全区办理信访件及时受理率、按期办结率均100%；群众参与满意度评价713件次，参评率82.1%，比上年提高11.7个百分点。通过建立和深化“2+N”联调机制，使公安警力得到进一步释放。全区15个“驻所调解室”受理案件2657件，比2016年同期1392件增加1265件，增长率90.88%；调解成功2657件，比2016年同期1354件增加1303件，增长率为96.23%；调解

图表1　图为2017年3月21日，璧山区启动社会治安综合治理“防邪”集中宣传活动现场　（杨勇　摄）

成功率由上年的97.27%提高到100%；当事人主动申请调解的矛盾纠纷271件，比2016年同期81件增加190件，增长率为234.57%。群众满意度达95%以上。

【公共安全体系建设】 加强铁路护路工作。通过LED屏幕、巡逻车显示器、宣传资料、横幅等视觉方面的宣传累计1000次，通过巡逻车喇叭、村村通广播、村民会议、人对人等听觉方面的宣传累计800次；整合综治网格员、护路队员等力量，实现工作联动，第一时间发现铁路沿线矛盾纠纷、安全隐患等，并及时上报处置；将铁路护路联防工作纳入平安综治考核，层层落实考核制度，区护路办对涉铁护路街镇督查5次，街镇对护路队员督查60次，重点抽查护路队员在岗、隐患消除情况。加强易制爆危险化学品和寄递物流整治。全面摸排辖区内所有易制爆危险化学品和寄递物流单位，签订安全承诺书，建立安全隐患问题清单以及安全管理制度，组建联合督导组，形成整治合力。深入开展网络巡查，第一时间发现、处置涉易制爆危险化学品及寄递物流违法信息。

【服务经济发展】 按照"党政出资购买服务、公安指导协调联动、企业安保资源共享"的原则，在国家高新技术产业开发区整合重庆蓝黛动力传动、重庆众泰汽车、中国嘉陵工业、区人民医院等20家重点企事业单位保安力量150名，组建璧泉警企联勤联动巡逻队。开通民营企业立案绿色通道，选任有丰富专业知识和办案经验的法官专门处理民营企业涉法涉诉案件，做到快速受理、快速立案、快速裁决。开通涉企案件"绿色"办理通道，抽调优秀干警组成涉企案件工作小组，对涉企案件依法快速妥善处理。

【基层基础工作】 全面开展网格化服务管理工作，全区15个镇街采集住房信息358209套。其中，自住房253080套，租住房20902套，空置房84227套。完成住户信息采集289151户。其中，自有房住户267580户，租赁房住户21571户。完成人口信息采集732207人。其中，实有人口683942人，流动人口230638人。完成各类门店信息采集25161家，采集门店从业人员信息36836人。采集生产经营重点企业、学校幼儿园、机关事业单位及社会组织、医院和各类场所信息4118家（处）。创新开展基层政法单位评议，全年有党代表、人大代表、政协委员、企业代表和群众代表约1500人评议15个镇街34个基层政法单位，平均满意率97.77%

【平安建设】 全力做好中共十九大安保维稳工作。政法全体干部提前进入战备状态，以"宁可百日紧不可一日松"的态度，注重在预警预报、源头治理、排查化解以及应急应对上狠下功夫，实现"七个坚决防止"目标。创新开展"十分钟工程"，让社区警务工作更有载体，让打防有效结合并形成互动，社区防控工作更有针对性。该平台录入问卷数据1000条，推送案件数据5000条，产生案件线索280条，取得各类工作成效600次。

（区委政法委）

法治政府建设

【概况】 2017年，贯彻落实中共中央、国务院《法治政府建设实施纲要（2015—2020年）》精神，按照市委、市政府《重庆市法治政府建设实施方案（2016—2020年）》要求，深入推进依法行政，加快法治政府建设，为"三区一美"建设提供有力的制度支撑和法治保障。

【规范性文件审查】 执行《重庆市行政规范性文件管理办法》，严格落实合法性审查制度和备案审查制度，维护法治统一。制发区政府规范性文件5件，均在提请政府常务会审议前进行合法性审查，并在发布后及时报市政府法制办及区人大常委会备案审查。完善规范性文件“三统一”制度，对区政府规范性文件统一登记、统一编号、统一发布。认真清理涉及“放管服”改革、生态文明建设和环境保护领域的规范性文件，经清理，废止“放管服”改革规范性文件1件，修改1件。

【行政处罚案卷评查】 10月至12月，按照《重庆市行政处罚案卷评查标准（2017版）》的要求，抽查全区具有行政处罚权的单位的行政处罚案卷，对评查中发现的问题，在考核通报中逐一举例，要求各单位对照存在的问题，及时整改，促进全区行政处罚案卷质量的提高。

【双随机一公开】 全面推开“双随机一公开”工作，规范行政检查行为。制定下发《关于进一步深化“双随机一公开”监管改革的意见》，指导监督全区建立“双随机一公开”工作制度具备行政检查权部门30个，全面推行“双随机一公开”监管改革，随机抽查部门、领域、事项均达到100%，实现“双随机一公开”监管全覆盖。全年抽查事项数目367项，抽查次数1512次，抽查对象数为9824个。

【行政执法人员管理】 建立健全行政执法人员平时考核制度。规范行政执法辅助人员管理，完善行政执法人员轮训制度，指导区食药监局、区城乡建委、区卫生计生委等部门开展行政执法人员专题培训；分3期集中培训全区行政执法人员762名，由区人民检察院领导、律师担任授课老师，剖析和讲解一系列典型案例，详细释明公益诉讼概念和相关问题，重点培训行政执法通用法律知识。建立行政执法人员专业知识年度抽考机制，对取得行政执法资格的人员按50%的比例抽取参加培训，对参加培训的按30%的比例抽取参加区政府法制办组织的闭卷考试。

【招标文件会审】 修订完善房屋市政工程招标文件范本、交通工程招标文件范本、水利工程招标文件范本。区政府法制办参与审查政府投资项目招标文件会审（含工程招标文件和政府采购文件）257件，投资额约29亿元。其中，医疗项目23件，教育项目41件，绿城、水城建设项目33件，农村环境整治、污染治理等生态环境建设项目26件，保障性住房建设项目6件，道路建设项目62件，其他政府投资项目66件。

【政府合同审查】 区政府法制办审查砂之船集团总部项目入驻璧山《投资合同》、苹果耳机项目《投资合同》、深圳市得润股份有限公司《投资合同》、众泰汽车配套产业园项目《投资合同》等区政府合同59件。其中，高新区《工业项目投资合同》47件，财政金融《合作协议》6件，其他合同6件。

【行政执法文书审查】 审查区政府行政执法文书151件。其中，强制拆除违法建筑案件执法文书35户105件，强制消除在建违法建筑执法文书46户46件。

【行政复议与应诉】 畅通行政复议受理渠道，完善行政复议接待工作。全年全区行政复议案件42件，受理36件。其中，驳回6件，维持15件，确认违法1件，撤销2件，终止7件，其他结案方式1件。全区一审行政应诉案件89件。其中，行政处罚类10件，行政强制类2件，行政征收类3件，行政确权类4件，行政确认类55件，信息公开类2件，行政不作为类1件，其他类12件。行政机关负责人出庭应诉29件。

【征地补偿安置协调】 按照《重庆市征地补偿安置争议协调裁决办法》要求，明确区政府法制办为协调机关。全年，收到征地补偿安置争议协调申请7件，受理5件，协调5件。

【仲裁推广】 区政府投资合同、工业项目招商引资合同约定以仲裁方式解决纠纷84份，涉及金额213亿元，涉及金额比上年增加23.8%。全区仲裁推广工作得到重庆仲裁委员会、市政府法制办的肯定。全年，区政府法制办被重庆仲裁委员会、市政府法制办评为仲裁法律制度宣传推行工作一等奖。 （区政府法制办）

公 安

【概况】 2017年，全区以维护国家政治安全特别是政权安全、制度安全为首要任务，以公安改革和“四项建设”为动力，以“四大保卫战”为重点，全力做好中共十九大安保维稳工作，实现市委“七个坚决防止”和公安部“五个严防”“三个不发生”目标。

全年，区公安局干警荣立个人二等功4人、荣立个人三等功27人、记个人嘉奖97人、获评先进个人22人，辅警记二级嘉奖8人、记三级嘉奖43人、被通报表扬4人，区公安局单位荣立集体三等功13个、单位记集体嘉奖11个、单位获评先进集体11个。治安管理支队被评为“重庆市优秀公安基层单位”，经侦支队政委冯浩被评为“全国优秀人民警察”，刑侦支队副支队长徐鹏被评为“重庆市特级优秀人民警察”，交巡警支队副支队长廖善富被评为“重庆市优秀人民警察”。群众安全感、满意度、执法公信力稳中有进。

【打击刑事犯罪】 立刑事案件2721起、同比下降20.1%。破刑事案件1456起、下降3.4%。起诉犯罪嫌疑人657人、上升8.42%。抓获网上逃犯99人，破获现行命案3起，打掉扒窃团伙3个，破获涉枪案件8起。通过图像侦查挖掘案件线索200条，明确嫌疑人身份242名，抓获犯罪嫌疑人172人，刑事科学技术室于7月通过资质认定。

【打击经济犯罪】 以打击防范涉众型经济犯罪、食药安全犯罪为重点，受理经济犯罪案件51件、立案47件、破案22件、抓获犯罪嫌疑人36人、起诉12人、挽回经济损失1220万元。全年侦办公安部大要案件3件，发起集群战役2件，参战集群战役并取得战果2件，捣毁制假窝点3个，查获涉假仓储窝点3个，打击售假销售网络3处。支队民警根据办理的李某某等人合同诈骗案，提炼、撰写的《房屋中介实施涉众型合同诈骗打击挽损技战法》被评为全市公安经侦系统2015-2016年度优秀技战法，主撰写人甘鑫被评为“情报导侦能手”。

【打击涉毒犯罪】 破获涉毒案件61件、移送起诉65人、行政拘留298人、责令社区戒毒83人、强制隔离戒毒161人、缴获毒品14.49公斤，破获公安部部督案1件，该案抓获犯罪嫌疑人33人、缴获涉案车辆3辆、缴获各类毒品32.45公斤。

【安保任务】 将中共十九大安保维稳工作作为首要政治任务和中心工作，7月18日起全警停休，10月9日起局党委班子成员和二级机构负责人均处于24小时在岗状态。全面落实三级维稳研判、每日点名调度、领导公开接访、交办督办等机制，深入开展各类矛盾纠纷排查，细化完善各类应急预案，常态开展涉恐要素排查，着力加强重点人员管控，优化社会面巡逻防控，期间投入巡逻警力4000人次，检查重点单位750家次、重要部位630处，发现并整改隐患180起，累计走访约谈重点人员500人次，组织重点单位开展应急演练3次，研判新疆危安在逃人员轨迹信息，推送市局抓获在逃人员2人，查处各类违法人员417人，妥善处置群体性事件27起，确保全区社会大局持续稳定。

【服务民营经济发展】 贯彻执行市公安局《服务民营经济发展30条》，出台案件会商、督办通报、联席会议、走访宣传、受理办理工作机制5套，全面细化流程和任务。制定领导干部联系企业工作方案，区局党委班子成员每人落实联系企业3家。各警种和派出所主动对接，召开警企座谈会议60次，广泛听取企业意见。工作期间，接受咨询789起，走访企1051家，上门服务1750人次，解决涉企问题调解处理涉企纠纷40起，为民营企业员工异地办理身份证68个，社区民警上门服务民营企业排除治安隐患数280起，为民营企业公章刻制备案3562个。

【治安管理】 以维护稳定为首要责任，巩固和完善矛盾纠纷源头排查化解、群体性事件“早小快”处置等机制，进一步深化“2+N”联调联动，全年累计调解矛盾纠纷3000起，查处治安案件6886起，查处违法人员1048人。强化枪爆危、公交客运、单位内部安全监管，积极开展易制爆危险化学品暨寄递物流专项整治，查处易制爆危险化学品行政案件328件，查处非法寄运案件130件，配合邮政部门处罚违规寄递企业18家，配合交通运输部门处罚违规物流企业750件，全区加油站散装汽油APP监管系统安装实现全覆盖。重拳整治黄赌问题，优化社会面三级巡防，圆满完成中共十九大、G20峰会等重要节点150起安保任务。

图表2 中国汽车场地越野锦标赛总决赛安保现场

（区公安局 供图）

加强大型活动安全监管，确保中国汽车场地越野锦标赛总决赛等100场次大型活动安全事故零发生。

【人口管理】 以户籍三项重点改革任务、“一标三实”基础信息采集、死亡人员注销、相似人像处理工作为重点，大力开展农业转移人口市民化改革，实现暂住人口市民化。全区户籍人口645041人、城镇人口337349人，户籍人口城镇化率52.29%、增加0.23%。无户口人员登记户口1189人。

【出入境管理】 受理出入境证件19890件、增长0.67%。邀请接待外国人单位备案14家、受理赴港澳商务登记备案单位2家，报备核查法定不批准出境人员726人次、减少20.22%，核查境外人员临时住宿登记信息2298条、增加9.69%。新增和更新国家机关工作人员信息54人。全区有涉外企业53家，常住境外人员191人。

【道路交通管理】 全区新增机动车11896辆、保有量达到140911辆，新增驾驶员20769人、保有量达到182921人。创新农村道路交通安全管理模式，发挥73个交通劝导站作用，扎实推进“三化六体系”建设，全年农村道路交通事故下降19.81%，未发生较大道路交通事故，农村道路交通管理工作全市排名第一。

【消防安全管理】 编制《重庆市璧山区消防事业发展“十三五”规划》，深入推进冬春、夏季、高层建筑等消防专项检查，重点开展皮革小区“三合一”区域性火灾隐患整治。发生火灾32起，未发生亡人及伤人火灾事故。全年检查单位5504家，增加67.6%。整改重大火灾隐患单位6

家。投入205万元开展区域消防安全评估、安装建筑水压监控系统49套、改造40栋老旧居住建筑消防设施、编制市级中心镇消防专项规划，新建市政消火栓400个。

图表3　区公安局举办“不忘初心牢记使命”主题演讲比赛现场

（区公安局　供图）

【执法规范化建设】　以执法办案场所安全管理和案件管理中心为依托，强化网上巡查，严格落实“四个一律”，规范执法办案流程，统筹推进执法规范化建设。围绕执行传唤、查处酒驾、处置肇事肇祸精神病人等现场执法热点难点问题，开展现场执法能力专题培训4次，深化执法资格等级考试管理，组织民警旁听庭审700人次。强化执法监督，每月开展执法质量检查，每月评出最差案件和最优案件，每季度全局通报。进一步加强规范性文件管理，落实清理行政执法审批事项45项。

【警务信息化建设】　“应指工程”全面投入使用，建成高清公共视频监控镜头1277个，15个街镇在背街小巷和村社自建高清镜头2735个，全部接入派出所。与江苏、成都等科技公司合作，开发建设“城市车辆卡口大数据自动比对平台”“二手物品交易信息化管理平台”“社区警务信息互动平台”，十九大安保维稳期间，在城区布建121个点位477个高清视频监控镜头，加装20套电子围栏，配置围栏巡查车1辆，合成作战中心进入试运行阶段，推送预警信息450条，提供破案线索210条、抓获违法犯罪嫌疑人198人、破案200起。

【侦破柯某某等人电信诈骗案】　2016年年末，区公安局通过侦查发现嫌疑人利用伪基站短信、钓鱼网站在全区内实施电信诈骗的犯罪线索，且涉案人员较多，金额较大，区公安局成立“11·22”电信诈骗专案组，集约刑侦、网安、技侦、情报、反诈等警种合成作战，展开专案侦查。5月至7月期间，相继在四川、福建、江苏、河北、广东等地将以柯某某（男，27岁，福建省安溪县人）为首的15名犯罪嫌疑人抓捕归案，各地被骗群众300人，诈骗金额280万元。成功打掉由金主、伪基站、洗钱通道、车手组成的完整犯罪链条。

【侦破郭某等人伪造货币案】　1月初，区公安局经侦支队获悉一条通过互联网销售假币的线索，即成立由技侦、网安、情报等部门组成的工作专班开展工作，历时3个月便锁定3名犯罪嫌疑人郭某（男，21岁，重庆市垫江县人）、唐某（男，33岁，重庆市璧山区人）、田某（男，35岁，重庆市璧山区人），摸清伪造货币的窝点及犯罪嫌疑人的活动轨迹。4月17日成功收网，现场抓获犯罪嫌疑人郭某、唐某，查获作案使用的电脑1台，打印机2台，烫金机1台，未打印的假币纸张若干及锉刀、酱油、吹风机、烫金纸、颜料等伪造货币的材料若干，缴获假币10万元，犯罪嫌疑人田某于7月28日到案，3名犯罪嫌疑人均对犯罪事实供认不讳。

（钟少丽）

检　察

【概况】　2017年，区人民检察院围绕“三区一美”行动计划，全面履行法律监督职能，落实司法责任制改革，强化诉讼监督，不断增强工作实效，为璧山经济社会发展提供司法保障。

【刑事犯罪查办】　受理审查起诉各类刑事案件561件710人，同比分别上升6.05%、6.77%。起诉531件676人，分别上升7.06%、11.92%。不起诉19人，2016年同期持平。移送单位撤回13件19人，分别上升160%、137.5%。公诉案件审结率为97.97%，收到法院判决533件650人，无无罪判决或撤回起诉的情况。追诉漏罪2条，追诉漏犯12人，追诉单位犯罪4个，提起抗诉案件2件，均获二审改判。加大对严重影响人民群众安全感的暴力犯罪、多发性犯罪打击力度，依法起诉强奸等暴力犯罪2件2人，起诉“两抢一盗”等多发性侵财犯罪220件300人，起诉“黄赌毒”等易发性犯罪案件80件107人。

【经济犯罪查办】　面对涉众型经济犯罪和电信网络诈骗风险逐年上升的趋势，主动加强研判和打击力度，积极参与防范和处置。如区人民检察院起诉李某某等11人诈骗案，2017年2月至5月，李某某伙同柯某某等人，基于图财心理，采取非法手段创建钓鱼网站，并利用伪基站发送诈骗短信，先后在重庆、成都、西安、晋城等地多次实施网络诈骗，牟取暴利，涉案金额283万元。

【职务犯罪查办和预防】　起诉职务犯罪案件10件13人，移送他院5件7人。如巫某、向某某贪污案，2人身为国家工作人员，利用向某某担任璧山区委宣传部原办公室主任负责采购、装修以及结算公务接待等职务之便，以及巫某具体协助经办采购、装修、报账的职务之便，通过虚开发票金额报销的方式，分别套取公款25万元及9万元，并据为己有。

【诉讼监督】　监督侦查机关立案8件，纠正漏捕5人，追诉漏罪2条漏犯12人，追诉单位犯罪4起。严防冤假错案，对不应立案而立案的，监督撤案3件；对不构成犯罪或者证据不足的案件，不捕40人不诉8人。开展民事行政检察监督。办理民行监督案件78件，建议提请抗诉和发出再审检察建议2件。办理支持起诉61件，法院已调解或判决胜诉52件。有序开展刑罚执行活动监督。强化监管场所监督，纠正执法监管不当9件，纠正暂予监外执行提请程序不当2件。深化监外执行监督，纠正监外执行罪犯脱漏管7人，监督收监撤销缓刑罪犯1人。加强羁押必要性审查，对不需要继续羁押的28人依法建议释放或者变更强制措施。探索刑罚财产刑执行监督，在全市率先对在押人员逐人开展财产状况调查，建议区人民法院对8名具有罚金缴纳能力的罪犯依法强制执行。

图表4　图为重庆市人民检察院检察长贺恒扬（中）在秀湖公园调研　　（璧山报社　供图）

【信访案件处理】 受理群众来信来访287件次。其中，受理举报28件，属院管辖的举报线索7件，转有关部门处理21件；受理控告案件47件，属院管辖的18件，转有关部门处理29件；受理其他民事申诉50件；办理刑事申诉案件5件，其中办理不服不起诉案件3件，经立案复查后维持原处理决定；办理不服已生效刑事判决案件2件，经立案复查后维持原判决；办理控告侦查活动违法案件2件；接受群众法律咨询155件次；全年无涉检越级访和进京访发生。

【接受监督】 自觉把检察工作置于人大、政协和社会各界监督之下，定期向人大、政协汇报工作，对2017年“两会”上人大代表、政协委员提出的12条意见建议逐条梳理，办理代表建议6件、委员提案3件。邀请人大代表、政协委员、人民监督员参加案件公开审查、检务公开活动60人次，发布案件程序性信息727条、重要案件信息2条，公开法律文书521份。加强检察公共关系建设，统筹门户网站、检察微信微博、新闻客户端等媒体平台，拍摄检察专题宣传片2部，在各级媒体刊发宣传稿件22篇，发布信息36条。

【典型案例】 孙某某虚开增值税专用发票、用于抵扣税款发票案。2014年7月至2015年9月，孙某某伙同李某某（另案处理）在无生产、无实际业务发生的情况下故意编造向他人收购药材业务的事实，并以重庆某生物科技有限公司的名义虚开收购业统一发票326份，实际纳税申报抵扣金额3000万元，抵扣税款4000万元。同时孙某某伙同李某某在没有真实交易的情况下，向4家医药公司虚开增值税专用发票，金额1015万元。2017年6月26日，区人民检察院以涉嫌虚开增值税专用发票、用于抵扣税款发票罪依法对孙某某提起公诉。

金某某等27人组织卖淫、协助组织卖淫案。2007年至2016年6月，以金某某为首的组织卖淫集团，聚集唐某某等7人，采取多点经营、统一管理的公司化运作模式，在重庆市多地酒店开设娱乐会所，实施组织卖淫活动。贺某某等19人，在明知金某某犯罪集团从事组织卖淫活动的情况下，仍积极参与或协助。除金某某等8人移送市人民检察院第一分院审查起诉外，2017年3月13日、5月2日，区人民检察院分别以组织卖淫罪、协助组织卖淫罪对剩余19人依法提起公诉。同年12月28日，区人民法院以组织卖淫罪、协助组织卖淫罪判处唐某某等9人有期徒刑1年3个月至12年不等的刑期。

重庆某投资咨询有限公司及法人陈某某非法吸收公众存款案。2012年至2015年，陈某某在未经任何部门批准的情况下，以重庆某投资咨询有限公司名义，承诺在一定期限内支付本金和给付月息1.5%~4%或日息千分之五的方式，通过发送传单和口口相传的方式，吸收社会公众袁某某等40人存款计6892万元。2017年1月13日，区人民检察院以涉嫌非法吸收公众存款罪对陈某以及重庆某投资咨询有限公司提起公诉。同年12月29日，区人民法院以非法吸收公众存款罪依法判处陈某某有期徒刑6年，并处罚金48万元；判处重庆某投资咨询公司罚金48万元。

谭某某污染环境案。7月3日18时许，谭某某在位于璧山区大兴镇梓潼街一门市内，用预先设置的抽水泵和软管将电镀槽内的电镀液直接抽至厕所排放至外环境。经检测，谭某某电镀作坊化粪池外排口处废水中六价铬含量超标17100倍。7月21日，区人民检察院以涉嫌污染环境罪依法批准逮捕犯罪嫌疑人谭某某。同年10月23日，市渝北区人民法院以污染环境罪判处谭某某有期徒刑2年。

（区检察院）

法 院

【概况】 2017年，区人民法院由13部门组成，其中人民法庭2个。全院有员额法官及其他工作人员130人。其中，员额法官53人，占40.77%；法官助理39人，占30%；书记员6人，占4.62%；司法行政人员17人，占13.08%；司法警察11人，占8.47%。全年受理案件16393件，审执结14889件。

2016、2017年连续2年被最高人民法院评为“在司法新闻宣传工作中做出突出成绩的人民法院”。2017年度区人民法院队伍建设、财务统计、司法警察、刑事审判工作受到市高级人民法院表彰。1篇案例获全国法院系统优秀案例二等奖，1篇案例入选市高级人民法院参考性案例。干警获区级及以上表彰27人次。

【刑事审判】 审结一审刑事案件534件，判处罪犯663人。审结故意伤害、强奸、猥亵、非法拘禁等严重暴力犯罪及盗窃、诈骗等多发性侵财犯罪案件235件324人。依法审理涉案金额超1800万元的重庆久鼎弘投资理财咨询公司非法吸收公众存款案。参与全市“渝安2号”打击整治专项行动，加大对涉黄赌毒犯罪打击力度，审结该类案件75件92人，加大对侵财类犯罪追缴力度，为被害人追回经济损失4026.93万元，没收被告人违法所得71.94万元，收取罚金175.35万元。

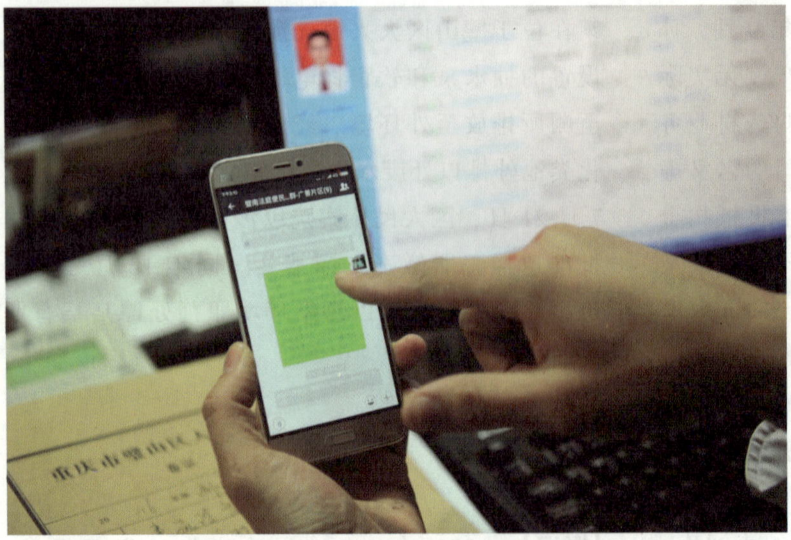

图表5 图为璧南法庭为农民工开辟“绿色通道”

（区法院 供图）

【民事审判】 审结一审民事案件3196件。灵活运用调解和判决方式，化解各类事关群众切身利益的民事纠纷。审结赡养、抚养、继承、离婚等家事纠纷案件1243件，审结交通事故、医疗损害等人身损害赔偿案件505件，审结物业合同纠纷案件778件，依法妥善办理涉军案件5件。诉讼调解结案1160件，调撤率69.8%。

【商事审判】 审结一审商事案件4978件，涉案标的额18亿元。主动延伸司法职能，服务璧山国家高新区经济发展，与高新区建立常态化沟通联系机制，审理高新区企业合同纠纷等案件190件。审结破产案件1件，推动审理破产案件4件。关注司法需求，总结分析区人民法院受理的征地拆迁划地自建房屋权属转让纠纷，从尊重历史、维护稳定的角度，率先提出法律意见并获上级法院认可，化解历史遗留问题300件。

【行政审判】 审结一审行政案件86件。审结行政非诉审查案件195件，裁定准予执行185件。秉承监督与支持并重，依法判决行政机关败诉11件。建立与行政机关良性沟通机制，针对在行政审判中发现的问题，向行政机关发出司法建议18份，行政机关回复16份。受邀为行政机关开展行政执法专题培训4次，提升行政机关依法行政水平及执法人员规范执法能力。参加区行政机关规范性文件制定和修改研讨会，为行政机关提供法律咨询20次。

【执行工作】 执结案件5863件，执行到位金额9亿元。用足执行强制措施，将3961名被执行人纳入失信名单库曝光，司法拘留15人次，移送公安机关立案侦查案件22件，以拒执罪判处1人，促进执行兑现3120万元。推行集约化查控，快执快结，案件办理期限缩短至15天。积极争取区委支持，推动将区属综治单位依法协助、配合法院执行工作情况纳入社会综合治理目标考核体系，形成联动执行合力。开展网拍平台工作改革，降低执行财产变现成本，提升执行兑现率，通过淘宝网、京东网、人民法院诉讼资产网等平台拍卖成交44件，成交金额4774.7万元，比传统拍卖方式节约拍卖成本160万元。

图表6　2017年6月6日，区人民法院邀请区人大代表、区政协委员见证“基本解决执行难”现场　　　（区法院　供图）

【司法改革】　深化司法责任制改革。院庭长带头承办重大、疑难、复杂案件，结案2835件。发挥专业法官会议、审判长联席会议咨询功能。健全法官、审判辅助人员、司法行政人员分类管理制度，细化岗位职责。遴选第二批员额法官5名，选任包括法官助理在内的司法辅助人员67名。深化单项改革试点。巩固立案登记制改革成果，当场立案率99.8%。13个内设机构整合为10个，初步实现扁平化管理。推进以审判为中心的刑事诉讼制度改革，落实证人、鉴定人、侦查人员出庭作证制度，证人、鉴定人、侦查人员出庭作证89人次。审结“认罪认罚”刑事案件270件，占刑事案件结案总数的51%。

【审判监督】　全年审理各类再审、执行异议案件26件。其中，民事再审7件，审结7件，执行异议19件，审结16件。全部实行内网办案系统评查案件，形成写评查报告、分析报告，发现问题及时向业务庭反馈，督促改正。

【典型案件】　重庆久鼎弘投资理财咨询公司非法吸收公众存款案。2014年5月至2015年6月，被告人姚某、廖某、沈某未经金融主管部门批准许可，以重庆久鼎弘投资理财咨询有限公司（以下简称久鼎弘公司）名义向社会公众宣传推介投资项目，以承诺给付月利息1.6%至2%的回报为诱饵向206名社会公众非法吸收资金1812.55万元，将吸收资金以月息3.5%至4%放贷给企业和他人，造成1017.92万元借款本金无法偿还。其中，被告人吴某在明知姚某等人非法吸收公众存款的情况下，仍然委托其帮忙吸收资金，导致其吸收的657.1万元本金无法归还。经区人民法院审理，依法判决4被告人犯非法吸收公众存款罪，分别判处有期徒刑3年至5年6个月不等刑罚，责令4被告人退赔182名被害人损失1017.92万元。

（区法院）

司法行政

【概况】　2017年，全区完成八塘、七塘、青杠、广普、来凤等5个司法所标准化建设。开展司法助理员及临聘人员业务培训8次，参训率100%。主动为基层党委政府决策、行政执法等提供法律服务。全年各司法所参与调解疑难、复杂民间纠纷113件，代表基层政府处理纠纷39件，参与处理社会矛盾纠纷72件，为基层政府提供法律建议98条。全区法律工作者为345家单位担任法律顾问，挽回经济损失6658万元。开展中小企业法律体检活动，提出合理化建议298条。

【人民调解】　一是健全网络基础。以镇街调解组织为骨干，村（社区）调解组织为基础，企事业单位和专业性、行业性调解组织为延伸，进一步建立完善点、线、面相结合的人民调解组织网络体系。二是探索机制创新。与相关部门协调联系，建立完善人民调解与行政调解、司法调解联动的工作体系。在区委政法委的统筹领导下，与区公安局协同推进“2+N”联调机制并不断深化。加强协调对接，在区法院及璧北、璧南法庭建立调解室。优选10名政治素质强、业务精湛的律师每周二参加区信访值班，每周三随区领导接访。三是加强源头治理。全区驻所调解室受理纠纷2987件，同比增长89.17%。其中，依申请调解320件，增长214.71%；调解成功2987件，成功率100%，涉及当事人6270人，协议金额达1604万元。驻区法院（法庭）调解室接受法院委托调解768件，调解成功657件，涉及当事人1957人，涉及金额达3405万元。各级调解组织主动介入劳资、医疗、交通等领域，妥善处理医患纠纷31件，排查出矛盾纠纷423件，受理人民调解案件10704件，调解成功10577件，调解成功率98.81%，涉及当事人23133人，涉及金额7544万元。

【社区矫正和安置帮教】　一是运用先进技术促管理。作为全市4个新版重庆市社区矫正信息管理系统运行的试点单位之一，运用大数据及人脸识别技术加强社区服刑人员管理走在全市前列。在全市率先建成应急指挥系统。二是疏导帮扶促自新。开展心理辅导，强化心理干预。加强困难救助，过渡安置社区服刑人员30名（住房、低保、就业培训）、刑满释放人员就业280名。三是严格执法促规范。吸毒筛查193人次，处理1人；警告处罚19人次，收监执行1人。在册社区矫正人员233人，全年社区矫正人员无一人重新犯罪，低于全市0.18%、全国0.2%的平均水平；衔接刑满释放人员579人，在册帮教率100%，高于全市0.7个百分点；重新犯罪率0.69%，低于中央综治委2%的管控目标。

【普法宣传】　一是“七五普法”规划有序推进。提出“行政机关负责人出庭应诉率达到80%以上，行政首长出庭应诉率达到20%，行政诉讼案件败诉率低于全市平均水平、且控制在10%以下”的主要目标，坚持问题导向，对破解全区行政诉讼领域中存在的“一低一高”（行政负责人出庭应诉率低、败诉率高）的突出问题指明方向，推动“七五”普法由“软任务”变成“硬指标”。从4月12日人大作出决议后，截至12月底，全区结案58件。其中，行政负责人出庭案件18件，主要负责人出庭5件。行政负责人出庭率31.03%，比2016年提高28个百分点；行政诉讼败诉8件，败诉率为13.79%，比2016年下降2个百分点。建立与区人大法工委、区政府法制办、区人民法院等相关单位的季度联

图表7　图为法制宣传现场

（曾清龙　摄）

席会议和季度通报制度。二是完成60个普法责任部门和15个普法责任镇街年度普法计划申报审查工作，明确各单位普法责任。落实以案释法的主体责任，健全包括以案释法制度、典型案例编辑制度、发布制度、宣讲制度、办案过程告知制度等5项。三是干部法治理论考试方式变为网上考试，50名新提任领导干部法治理论考试参考率和合格率均100%。组织400名领导干部参加行政诉讼和刑事诉讼案件的审判旁听。干部专题培训3期，培训干部700人次。三是开展各类主题法治宣传和咨询活动100场次。《百姓法律讲堂》定期播出，以案释法深入开展。依托璧山报开办"谁执法谁普法进行时""法润万家"专题栏目，完成"迎接十九大，依法上访"等各类专题报道31次；每周四、周五定时播出《百姓法律讲堂》40期。启动法治电影进村居活动，观看群众9000人次。

【法律服务】 全区有重庆竞豪、弘平、山立、言诚、奥嘉斯、理博、柯成、康通、鼎圣（璧山）、景誉律师事务所10家，璧城、璧泉、大路、丁家法律服务所4家，社会律师75名、援助律师2名、公职律师33名，基层法律服务工作者29名。全区提前一年完成全面小康社会每万人律师比，并超标23.6%。全区律师和基层法律服务工作者办理民事案件1028件、刑事案件20件、行政案件76件，非诉讼案件77件，调解、仲裁90件；提出法律意见建议35条，协助村居调解民间纠纷76件，协助村、社区建立完善民主管理制度20项。

【司法鉴定】 有重庆市璧山司法鉴定所1家，工作人员4名。办理司法鉴定案件762件，采信率100%，连续10年"零投诉""零信访"。

【司法考试】 开展法律职业资格证持有人备案和司法考试政策宣传，解答咨询150人次，取得法律职业资格证书备案30人。

【公证】 升级改造办证大厅，打造集咨询、受理、办证为一体的一站式服务，通过铺设WIFI、提供免费复印、设立绿色通道等不断提高工作效率。把"互联网+"运用到公证中，创建微信公众号、启用公证云平台、引入人证比对系统，做到线上线下同步公证。为区廉租住房、经济适用房等政策性住房分配、幼儿园摇号招生、征地拆迁等重点工程项目、企业和银行提供公证法律服务。办理公证案件6016件。其中，民事公证5728件，经济公证22件，涉港澳台公证38件，涉外公证228件，未出现一件错证、假证，合格率达100%。办证量与上年同期相比增长25%，实行简易公证案件主办公证员负责制，30%的案件均能在当天办结取证，出证时限缩短93%，使60%的案件结案时间从15个工作日缩短到10个工作日，出证时限缩短33%。全年公证处在办案过程中审查出7起隐瞒继承人、3起不实陈述婚姻状况，2起携带假证明材料，1起携假人骗取公证书的行为，避免当事人财产损失近300万元。在市司法局公证执业"五不准"专项执法检查中，公证案件合格率100%，没有出现一例错证、假证。公证处连续5年被评为全市优秀公证处。

【法律援助】 11月建成区公共法律服务中心。参与绿城上岛、龙溪煤矿和重庆信荣石膏建材有限责任公司井下车间关闭涉及职工离职补偿、社会保险、职业病待遇的信访处理。受理法律援助案件438件，办结430件（其中，民事案件384件，刑事案件44件，行政案件2件），挽回经济损失928.48万元（其中为农民工挽回经济损失521.12万元）。

（司法局）

仲 裁

【概况】 2017年，璧山区人力资源和社会保障局、璧山区劳动人事争议仲裁院以提升办案质量、和谐劳动关系、普及劳动法律法规三个方面为切入点，以目标任务为主线，维护当事人合法权益，协调劳动关系和促进社会稳定。

【案件办理质量】 加大劳动人事仲裁受案力度，切实维护用人单位与劳动者的合法权益。杜绝有案不立现象，提高办案质量和效率，确保公正执法。法定时效内结案率达到100%，年末结案率达90%以上，重大案件当年结案。围绕案件处理质量和效率，改进办案方式，规范办案程序，完善仲裁体制。

【劳动争议纠纷】 受理劳动仲裁案件1039件。其中劳动者申请992件，涉案金额近2927.82万元。其中，劳动报酬539件，社会保险244件，经济补偿金、赔偿金140件，确认劳动关系54件。较2016年相比，劳动争议纠纷案件数量有所减少，但案件的复杂程度有所增大。

（区人力社保局）

延伸阅读 ▶▶

科技创新引领　五年铸就经济发展新动能

在璧山国家高新区，从高大上的国家级企业技术中心到小清新的众创空间，从最前沿的机器人到最实用的新能源汽车，处处都洋溢着浓郁的科技创新气息。在璧山国家农业科技园区，大面积推广使用的喷灌滴灌系统、实时监测自动控制的智能化温室，让人时时皆能感受到科技带来的神奇变化。

五年来，璧山不断探索科技与经济深度融合的可行路径，全区科技创新能力进一步增强，创新体系进一步完善，科技成果、高新技术企业及产品迅速涌现。全区已有高新技术企业71家，拥有市级以上企业研发平台54个，拥有市级众创空间（孵化器）5家，国家部级2家，万人发明专利已达到6.37件/万人。

建设载体培植创新土壤

科技创新，必须有专业化的载体支撑。五年来，璧山区以科技创新载体建设为着力点，全力推进璧山国家农业科技园区、璧山国家高新区以及各类创新创业服务平台建设，为科技创新培育适宜的土壤。

如今，璧山国家农业科技园区已建成蔬菜育苗中心、蔬菜展示中心、蔬菜科技专家大院、儿菜良种繁育组培工厂、渝西蔬菜研发中心5大创新平台。累计引进新品种900余种、新技术20余项；组织实施农业科技项目16个，其中国家级7项。

军 事

民兵预备役

【概况】 2017年，民兵预备役工作坚持以习近平新时代中国特色社会主义思想和强军思想为指导，以强军目标为引领，以学习贯彻中共十九大精神为主线，按照“维护核心、看齐追随，着眼职能、依法抓建”的工作思路，扭住根本铸军魂，聚焦中心谋打赢，改进作风抓落实，主动适应改革形势要求，有力推动国防后备力量建设。

【思想政治建设】 跟进改革形势开展教育，学习大功三连先进事迹，号召学习身边典型和老党员，正确看待面对调整改革。周密筹划组织“维护核心、听从指挥”主题教育和推进“两学一做”学习教育常态化制度化，开展清明扫墓、纪念建军90周年等活动，完成6次专题授课和2次党课辅导。深入领会习主席系列重要讲话精神，自觉坚定“三个维护”“四个意识”。组织学习宣传贯彻中共十九大精神，第一时间收听收看大会实况，以主题演讲、重温入党誓词等多种形式，浓厚学习氛围、深化学习成果，并在驻璧部队、民兵预备役队伍和扶贫群众中宣讲。

【战备训练】 狠抓战备值班秩序，修订完善各类方案预案，改善值班室、武器装备仓库等硬件设施，加强人员战备意识。开展国防动员潜力调查，摸清数量底数，查找薄弱环节。坚持战斗力标准施训，年初召开专题会议，学习上级要求，安排部署任务。全年，集训专武干部和民兵骨干3期300名，指导应急分队民兵40人开展新大纲试训论证，以扑救山火为背景点验拉动民兵应急分队4个，选送6名新任专职武装部长参加警备区轮训。全年完成征集兵员任务，大学生比例达到40.5%。完成重庆机电职业技术学院定向培养士官新生体检面试、学员复检及批准入伍等工作。

【规范管理】 严格贯彻落实安全稳定工作会议精神，学习条令条例等法规要求，汲取上级通报教训，抓好安全工作。开展枪弹专项清理整治及“回头看”，多次逐一检查武器弹药，规范各项制度。坚持每季度安全形势分析，逐一对表、过细排查，进一步规范营门警戒、涉密文件管理等。加强人员教育管理，对照70条“微腐败”和不正之风问题，查究反思自身问题。

【参建参治】 全年组织区党政机关开展军事日活动10次，800人次参加。积极发挥服务保障功能，会同区教委统筹指导全区院校学生军训。协调军地双方迅速关停涉部队有偿服务项目3个，协调交通部门为驻璧部队快速换防提供铁路、公路等绿色通道。召开专题会议解决部队训练、用水、供电等实际困难。协调解决璧山籍军人和驻璧部队官兵子女上学、家属就业等问题和军地军民纠纷。协助民政、人社局等部门，查阅退伍军人档案2万人次。

（范小麟）

民　防

【概况】 2017年，为方便群众服务企业，正式入住行政审批大厅。结合民用建筑配套修建防空地下室（含易地建设）审批及人防工程的拆除、损毁审批纳入建设领域并联审批。行政审批标准化建设有序推进。在全市民防工作目标考核中评为二三类重点防护区域先进单位。

【信息化建设】 区民政局、区党政信息中心、区安监局、区公安消防支队与区民防应急指挥中心视频会议系统实现音视频互联互通。完成MCU的搬迁、应急指挥中心视频会议、短波电台的搬迁工作。指挥中心设备运行良好，各项工作指标正常，承办全市应急管理等各类会议120余场，参与演练9次。完成区人民防空战备资源数据信息的录入和更新工作，对标对表完成区人民防空军事斗争准备检验评估工作（静态）。

【人防指挥设施建设】 全区警报覆盖率100%，完成“6·5”警报试鸣放工作。新建2处能容纳约3万人的民防疏散基地，累计疏散基地14个，总投入848万元，可安置8万人。新建两防一体化社区5个，投入约48.6万元。累计两防一体化社区14个，市级示范社区1个，总投入145万元。完成跨区域拉练，拉练距离约2000千米。指挥所开设与信息传输37次，短波电台开设与通信联络50次，车载卫星站开设与信息传输50次，对镇街点名50次。

【人防工程建设】 城区有防空洞4处。其中，3处被封闭，1处作为存放水果的仓库使用。全区竣工并投入使用人防工程5处。在建人防工程2处。

【人防宣传】 一是充分利用“5·12防灾减灾日”、“6·5”防空警报试鸣日、国防宣传周、“12·4”法制宣传日等，深入开展丰富多彩的民防宣传活动。全年发放防空、防灾应急手册1000本，宣传单5000份。二是向全区初级中学免费发放《人民防空》教材6000本，全区6000名初一学生接受民防知识教育。三是将民防知识教育纳入党校主体培训班课程中。

（区民防办）

延伸阅读►►

科技创新引领　五年铸就经济发展新动能

壁山国家高新区已拥有国家高新技术企业63家，国家级企业技术中心2家，市级企业技术中心、工程技术研究中心等各类创新平台46家。建立“1+10”研究院建设体系，推动得润电子、众泰新能源汽车成立独立法人研究院。与重庆大学等9所高等院校签订战略合作协议，与25家企业建立校企合作关系，形成“高等院校+科研机构+企业”一体化发展模式。

同时，璧山区已建成璧山创智工场、金色郊区星创天地、电子商务孵化园、重庆机电职业技术学院微型企业孵化园等创新创业服务平台20个，入驻企业686家。

（刘畅）

经　济

园区建设

国家高新技术产业开发区建设

【概况】　2017年，高新区管委会纳入重庆国家自主创新示范区核心建设区范围，成为科技部科技服务业区域试点单位。高新区规上工业增加值248.9亿元；固定资产投资337.7亿元；智能装备、信息技术、生命健康三大主导产业产值占工业总产值比重提高到89.1%。建成面积18平方千米，入园企业1056家，全年新增规上企业28家，高新区规上企业累计达到241家。拥有市级企业技术中心37家，国家级企业技术中心2家，中小企业技术研发中心19家，科技型企业205家，高新技术企业98家，“牛羚企业”7家，“瞪羚企业”5家。

图表1　图为2017年2月14日，高新区227家企业科技创新培训会现场　　（杨勇　摄）

【创新创业生态优化】　一是推进企业成为创新主体。梦赛力士、万泰电力、众青齿轮等35家企业申报为高新技术企业（其中9家参与复审），拥有高新技术企业98家；进入重庆市科技资源共享平台科技型企业管理系统的企业205家；得润电子、兴渝涂料、众泰汽车等3家企业申报为新型研发机构；宇海精密、桂生机械等5家企业申报为市级企业技术中心，地泽机械、三三电器、河海碳素等10家企业申报为中小企业技术中心，各类市级创新平台达到71家。二是推进众创空间和孵化器建设。建成“璧山·创智工场”1个国家级众创空间；联合重庆机电职业技术学院，建设璧山高新区创新创业大街。在高新区牛角湾原蓝黛标准厂房启动打造“中国智化创客公园建设”。引进“阿里巴巴内外贸平台”进驻创业大道，并注册成立重庆小金牛网络技术有限公司。

【招商引资】 依托“3+3+N”招商模式（以高新区、绿岛新区、农业科技园区为3个管委会为实体平台；以经信委、商务局、农委为3个区级部门为主体单位；由其他部门、镇街、行业协会、商会、专业招商中介机构等N个单位挖掘、推荐招商信息），突出“专业招商”“敲门招商”“口碑招商”，围绕三大产业引进细分行业领域的“龙头”项目。引进得润电子、晶华光学、大泰电子等战略性新兴产业项目34个，投资额103亿元。其中包括得润电子、晶华光学100亿级项目2个，大泰电子、铂汉电子50亿级项目2个。收集招商引资推荐项目信息500条，成功签约天成公司、保利公司等一批投资企业。

图表2 图为2017年4月18日，璧山区砂之船党群服务中心投用现场 （连宏宇 摄）

【要素保障】 一是创新融资方式，保障资金需求。以两山公司为平台，争取到位资金44.58亿元，其中，以西南证券为主承销商发行企业债券19.7亿元，银行融资5.74亿元，政府债券到位19.14亿元。积极拓展融资渠道，快速推进双创债、债权融资计划、PPN等多个重点融资项目申报。强化国有资产保值增值，国有资产租赁收入0.32亿元。二是突出规划引领，保障用地需求。划定高新区20平方千米生态园区范围，调出基本农田，拓展未来发展空间。快速推进镁山路以南约7.3平方千米片区控规修编，完成城规范围内193公顷有条件建设区域调整工作。完成土地报件80公顷，实施土地拆迁131公顷，完成土地平场179公顷，开展奖励指标67公顷和来凤街道20公顷土地拆迁。三是推进基础设施建设，保障民生需求。新建生态停车场4个，新增车位1000个；完成青杠龙青路“白改黑”、青杠民安街延伸段等道路建设，启动建设东林大道南延段、剑山路南延段、沿河东路、铝山路等道路10千米；实施市政绿化20万平方米、绿地60万平方米。完成凤凰小学、两山秀苑二期主体及附属工程、清明经适房附属工程、两山景苑公租房主体及附属工程建设；启动两山丽苑建设工作。

【党群服务中心建设】 有台商工业园党群服务中心、塘坊党群服务中心2个，分别于2016年3月、10月投用，是璧山高新区服务企业、服务职工、服务党员群众的重要阵地，党群服务中心设有服务大厅、多功能室、文体活动室、四点半课堂、儿童之家、妇女之家、心灵驿站、维权帮扶站等功能区域，免费向企业、党组织和党员、职工群众开放，其中，台商党群服务中心成立璧山高新区台商工业园工会联合会，为台资企业提供服务。党群服务中心围绕“心中有党旗·服务零距离”宗旨，接待参观考察34次；周日活动130次，服务5380人次；党课20次，参与人数达1122人次；积分换礼20次，获利493人次。

【高新区总工会成立】 5月9日召开璧山高新技术产业开发区总工会第一次代表大会，选举产生璧山高新技术产业开发区总工会第一届委员会、经费审查委员会、女职工委员会。经济发展局局长唐刚任主席，副局长陈楠、办公室副主任冯文静任副主席，委员有 10 人，工会会员有 11972 人。

【普洛斯璧山物流园建设】 普洛斯一期 6.5 万平方米，标准仓库建成投运。启动报建二期 3.5 万平方米标准仓库手续。形成本地最大最专业化的标准仓库 10 万平方米。启动报建丰树 6.5 万平方米标准仓库手续（含开展土地招拍挂）。

【非公党建工作】 秉承“围绕发展抓党建、抓好党建促发展”的工作思路，全面提升基层党组织规范化建设水平。高新区党工委下设 5 个二级党委，管理近 80 家非公党组织，党员数量（含流动党员）超过 1000 人。全年新批准中共预备党员 13 人，正式党员 15 人。实施“新三会一课”和先锋工程，推行“订单式”服务，解决涉及企业、职工以及党建方面的问题 60 项。抓好党建工作与经济发展的互促共融，创建区级“双强”示范党组织 12 家。建成投用台商工业园、塘坊 2 个党群服务中心，定期举办共享党课、知识讲座、摄影比赛、运动会等主题活动 120 场次。（高新区管委会）

绿岛新区建设

【概况】 2017 年，绿岛新区管委会围绕“三区一美”行动计划，以完善城市功能为抓手，以“两学一做”学习教育为契机，秉持“大局、精品、多元、创新、团队”思维，强力推进各项重点工作。全年完成固定资产投资 70.69 亿元，东岳体育公园、定向经济适用房 B 区建成投用，六旗乐园、御湖新区、秀湖汽车露营公园等重点项目建设快速推进。

【规划设计】 完成六旗乐园片区控规编制，启动御湖新区控规修编及部分地块控规修改。完成文化艺术中心 C 区电视台室内装修及广电工艺系统、千层岩花市箱涵、绿岛新区支路（4、5# 路）、海绵城市建设改造等工程项目的设计工作；启动儿童公园环湖路和 WC 线截污干管（雪山水库—两岔河段）设计工作。

图表 3 图为建设中的御湖新区

（曾清龙 摄）

【投融资与土地出让】 绿岛新区核心区范围内完成固定资产投资 70.69 亿元，其中房地产完成投资 45.97 亿元。绿岛新区管委会完成投资 20.13 亿元，政府其他部门完成投资 4.59 亿元。持续加强与房地产公司联系，加大宣传推介力度，全年出让土地 20 宗、总面积 109.2 公顷，实现土地出让收入 25.6 亿元。

【征地拆迁安置】 全年完成征地拆迁 484.87 公顷，完成年度任务的 181.8%；110 千伏茅秀双回、田秀西线路迁改下地工程建成投用。

【新区市政道路建设】 完成海绵城市道路建设 0.71 千米，建成投用污水干管 0.87 千米。

【御湖新区建设】 出让土地 16.17 公顷。完成御湖新区一期土石方 5 万立方米场地平整工程。确定新中医院地块选址约8.47公顷。御湖小学于9月正式投用。完成御湖新区（1号、2号）支路工程1.16千米的设计、招标工作。积极协助金惠森文化旅游发展有限公司，完成全球北纬29°茅莱山植物园概念规划、生态旅游度假区滨水小镇概念方案和旅游集散中心建筑方案等设计工作。

【文化艺术中心建设】 开工建设文化艺术中心C区电视台室内装饰工程及广电工艺系统工程，完成文化艺术中心地下车库交通安全设施及环氧地坪工程。

【东岳公园建成投用】 9月28日，璧山区在东岳广场举行东岳体育公园投用慰问活动，标志着历经150天建设的东岳体育公园建成并向市民免费开放。东岳体育公园位于绿岛新区核心区，东临黛山大道，西临雪山路，南临永嘉大道，北临文化艺术中心，以群众体育为根，旨在让体育绿起来、公园动起来、城市活起来。公园总占地面积约23.33公顷，其中水体面积约8公顷。公园内栽植垂丝海棠、桂花、红梅、罗汉松、墨西哥落羽杉、香樟等50余种乔木6000余株，栽植贴梗海棠、春鹃、洒金珊瑚、佛顶珠桂花等20余种花灌木约350万株，绿地率达到70%；建设环湖路2.4千米，人行便道、登山步道1.2千米；布局有阳光草坪、景观瀑布、人造假山、动物小品等；设置标准化公厕2个、生态停车场2个、景观草亭3个、5人制足球场2块、网球场2块、篮球场4块、排球场1块、羽毛球场7块、门球场2块、运动器材场地7块、乒乓球台24张。该公园以“东岳”冠名，园内的水库命名为“东岳水库”、园旁的广场命名为“东岳广场”，园中心的瀑布命名为“东岳瀑布”，水体大坝命名为“东岳堤”。该公园内，11个运动区从入口处依次布局。该公园的建成投用，成为璧山文旅融合发展的新亮点，吸引更多的外来游客走进璧山。

图表4　图为东岳体育公园一角

（绿岛新区　供图）

【秀湖汽车露营公园建设】 秀湖汽车露营公园位于黛山大道西侧，毗邻御湖国际生态旅游度假区、秀湖国家湿地公园，拥有良好的景观资源和区位优势，是璧山打造全域旅游景区和建设重庆郊区旅游优秀目的地的重要支撑项目之一。公园以露营为主题，营造“途中之家”。公园于3月开建，12月底主体工程及配套设施基本完成。施工单位为重庆龙建建筑工程（集团）有限公司，监理单位为重庆兴利工程监理有限公司，总投资8000万元，占地13.33公顷，内设小车停车区、大巴车停车区、帐篷露营区、房车露营区、儿童游乐区、烧烤区等六大功能区。建有大小停车位800个、帐篷营位100个、房车营位33个、房车接待中心755平方米、综合服务区756平方米、6个景观草亭和一座标准化公厕。

【定向经济适用房建设】 定向经济适用房B区（东林丽景小区）8.8万平方米建成投用，安置拆迁群众1553人。

【招商引资】 持续加强宣传推介工作，积极推动项目落地。6月28日，召开“千年璧山·深绿城市”2017重庆璧山土地招商推介会，全年接待龙湖、保利、蓝光、富力、中联影视等知名企业考察80次，洽谈项目涉及房地产、酒店、国际学校、影视基地、特色文化旅游等。天安商业综合体金融街、秀水湾商业街已开业；红星美凯龙一期3号、4号楼竣工验收；渝西跨境商品直购体验城入住率80%；俊豪购物广场部分商家正在装修中。

【项目管理】 创新中介机构选取机制。出台《中介机构选取管理办法》，建立中介机构备选库，优选环评、可研、工程造价咨询等13个种类41家中介机构入库，采取“定价轮流”和“低价选取”相结合的方式，确定中介机构并严格考核，动态管理，确保中介机构服务质高价低、优胜劣汰；创新工程项目抽检机制。每季度随机抽取抽检20%的项目，发现有材料、设备或工程实体质量不合格等情况，则严格按照相关规定及施工合同约定办理，确保工程质量；创新工程项目验收机制。制定《工程项目竣工验收管理办法》，加强项目竣工验收的事前、事中、事后管理，规范验收程序和审批流程，确保工程项目竣工验收质量；创新工程项目监督机制。加强对重点项目进展情况、质量安全、资金使用、现场人员及监理人员到位情况的跟踪监督，并向社会公布举报电话和投诉渠道，受理群众的投诉和举报，确保政府投资项目安全、廉洁、高效。

【对外接待工作】 区规划展览馆、文化艺术中心全年接待工作无失误、零投诉。接待国家发改委、国家行政学院、环保部等考察团以及中外客商835场次1000人次，到访参观群众20000人次，同比增长20%；文化艺术中心承接区“两会”等会议86场次，举行区“春晚”“群星奖”获奖作品巡演、大型话剧、好戏“月月演”等演出10场次。

【安全环保工作】 建立部门联动机制，实现对绿岛新区范围内在建项目的施工安全、扬尘管控、噪声治理、污水管网和建筑垃圾管理全覆盖，通过分片分组巡查、邀请专家专项检查，分列施工工地巡查台账，联合职能部门联动执法，组建应急抢修队伍等方式，确保所有在建项目的施工安全和环境污染得到有效控制。（王 川）

国家农业科技园区建设

【概况】 璧山国家农业科技园区前身为璧北十万亩蔬菜基地，主要承担全区以蔬菜为代表的现代农业发展、高速公路道口开发、人文纪念公园建设三大任务。2010年11月，璧山被确定为重庆市核心蔬菜基地区县；2012年5月，璧山被国家发改委、农业部授予全国蔬菜产业重点县，同年7月被授予重庆市现代农业综合示范园区，10月被农业部授予国家农业标准示范区；2013年9月，科技部、农业部、水利部等6部委批准建立璧山创建全国第5批，重庆市第3家国家级农业科技园区；2017年9月30日，璧山国家农业科技园区通过科技部验收。

2014年7月，重庆璧山国家农业科技园区党

图表5 图为蔬菜基地里的大棚

（刘畅 摄）

工委、管委会挂牌成立，园区有1个参公单位即管委会、1个正科级事业单位即科技创新中心、1个所属国有企业即重庆国隆农业科技发展有限公司。管委会内设综合部、规划建设部、土地利用部、招商服务部、财务部等5个部门。

2017年，主要围绕壁北蔬菜基地、大路道口产业、大路定向经济适用房、物流园、三担湖公园以及重庆西郊人文纪念公园、中铁任之健康城建设而展开，积极加强国隆公司建设和管理，公司资产18.5亿元。其中，国隆公司与万达物流集团共同建设大路智慧物流园，占地13.33公顷、投资5亿元；三担湖公园被市文化委评为“重庆市乡村文化乐园”；重庆西郊人文纪念公园一期初步建成。

【壁北十万亩蔬菜基地建设】 整合投入各类建设资金19.8亿元用于农业园区相关建设。建成核心区总面积666.67公顷，通过核心区内的新品种、新技术示范推广，带动蔬菜1666.67公顷、经果766.67公顷、畜禽20公顷、乡村旅游200公顷等产业的循环发展，形成2666.67公顷示范区。在核心区和示范区带动下，推动璧山及其周边区县大力发展蔬菜、经果、乡村旅游业、物流冷链等产业发展，形成6666.67公顷的辐射区。农业园区产值由2014年38.8亿元增加到2017年的79.5亿元，入园涉农企业总数由建园时的133家增加到2017年的396家，农业园区一二三产比重由2013年的53.2:19.6:22.2调整到2017年的41.9:28:30.1。截至年底，引进展示蔬菜新品种900种、蔬菜新技术40项，大面积种植蔬菜品种100种；从事蔬菜生产经营的专业合作社30个、农业公司547家、种植大户73户，实现蔬菜播种面积7866.67公顷，产量27.2万吨，产值约4.69亿元。

图表6　图为壁北十万亩蔬菜基地核心区一角

（国家农业园区　供图）

【大路道口产业开发区建设】 土地保障。累计新征集体土地80公顷，盘活存量国有土地33.33公顷，实施征地拆迁86.67公顷，向市国土房管局争取用地指标73.33公顷，调整土地利用规划100公顷。基础设施建设。完成道口片区5平方千米总体规划编制，建成投用市政道路3千米，建成大路定向经济适用房2.4万平方米。招商引资。大力创新股权招商、以商招商模式，引进江苏万达物流，四川蓝剑唯怡豆奶制品、重庆琪金食品集团有限公司食品加工等项目，逐步构建成农产品生产、加工、运输、销售全链条体系。

【大路定向经济适用房建设】 采取购买在建房地产项目房源方式，购买23700平方米房屋用于大路定向经济适用房安置。其中，房屋户型包含30、60、90平方米户型，总计314套。

【中铁任之健康城项目建设】 中铁任之健康城2.4万平方米体验展示区对外开放，20万平方米颐养中心和养老公寓主体完工，精心打造涵盖“医疗康复、养老养生、休闲观光”等功能为一体的高端居家养老社区。

（国家农业园区管委会）

农 业

综 述

【概况】 2017年，全区乡村户数16万户，农业人口36.7万人，实有乡村从业人员31.9万人，农林牧渔业从业人员10.8万人。耕地2.45万公顷(其中田16673公顷、土7827公顷)。全区农村土地流转面积2.09万公顷，流转率54.76%，规模经营集中度达47.15%。新认证无公害产地17个、无公害农产品47个、绿色食品18个，新获市级名牌农产品7个。全区“三品一标”和重庆名牌农产品累计认证305个。其中，无公害农产品225个，绿色食品认证50个，地理标志1个，重庆名牌农产品29个；另无公害农产品产地认证117个。

【农业生产】 全区农业固定资产投资6.5亿元，同比增长8.3%；农林牧渔业总产值41.85亿元，增长3.8%。其中，农业产值23.7亿元、林业产值0.58亿元、牧业产值13.98亿元、渔业产值3.23亿元、农林牧渔业服务业产值0.37亿元，分别增长3.3%、增长20%、下降0.7%、增长27.6%、增长8.3%。农村常住居民人均可支配收入17217元，增长9.8%。其中工资性收入9469元、家庭经营收入4833元、财产性收入715元、转移性收入2200元，分别增长10.7%、7%、13.3%、11.5%。

【农业产业化发展】 培育新型职业农民、家庭农场、农民合作社、龙头企业、社会化服务主体等“挑大梁”的新型经营主体。新增土地流转面积214.93公顷，新增农民合作社36家，新增家庭农场28家；培育新型职业农民600人。建立区级农村电商运营中心1个，镇街农村电商服务中心15个，村级电商服务站137个，发展电商个体经营户12个，实现农产品网上销售额1.02亿元。新增农业精品园6个，“美丽农庄”5个。

【农村改革】 在来凤街道和健龙镇开展首批改革

图表7 图为新建的人行便道

(曾清龙 摄)

的2个试点社进一步完善法人治理结构，实现首次分红，每人每年分红最高金额1540元。指导第二批在丁家街道开展改革的3个试点社稳妥推进量化确权改革，涉及改革村民人口1139人，完成清产核资和清人分类，初步拟定集体经济组织成员界定方案和股权分配方案。2016年开始，在七塘镇和河边镇6个村民小组开展以地入股发展产业化经营试点，将承包权与经营权分离，以经营权入股成立土地股份合作社，由合作社对土地进行统一规划整治后对外流转，或由合作社统一经营发展农业产业。完成改革任务，涉及改革面积96.67公顷，农户数346户，确定享有红利分配权集体经济组织成员1273人。设置股份数量1166股，按股分红总金额85.86万元，每股分红736.4元，盘活闲置及撂荒土地35.8公顷，比改革前亩均直接增收425元。

【农村社会事业】 在13个镇街34个村，完成新建村社便道158.6千米，完成计划任务的264%，受益群众35060人。对新增建卡贫困户，每户落实产业扶持资金2000元，并落实结对帮扶单位、帮扶干部；建立贫困子女学生精准档案583人，实现贫困子女学生助学全覆盖，累计投入56.8万元；建立贫困户精准疾病档案，为贫困户购买城乡合作医疗保险和大病保险，贫困户每年实际报销5000元，筹资300万元建立区级扶贫济困医疗基金，每户每年投入100元，为贫困户购买“精准扶贫保”；开展贫困户危旧房摸底排查，完成贫困户危旧房改造245户任务；每年每户投入30元，为贫困户购买农房险；大力推进扶贫爱心公益岗位，优先安置难以实现市场化就业的贫困人口81人。

【美丽乡村管理】 组织实施美丽乡村、一事一议、新农村建设等项目，正兴镇卫寺村、璧城街道天池村被评为部级美丽乡村，七塘镇将军、八塘镇智灯等8个村被评为市级美丽乡村。“十三五”期间，整合农委、交通、发改、水务等部门各类项目资金近20亿元，投入到休闲观光农业发展基础设施建设中。加大招商引资力度，引进休闲观光农业企业32家，建设美丽农庄34家，乡村酒店6家，社会投入总额达到2.3亿元。

（区农委）

种 植 业

【概况】 2017年，全区水果特色效益切块项目40个，完成8个，取得市级水果名牌农产品6个，三业茶叶、卫寺蜜柚、璧山葡萄均获全国名特优新农产品目录。对接重庆电视“天天农事通”栏目组，3期专题报道七塘、福禄柑橘基地。将10万公斤葡萄引入“新世纪”“永辉”等超市，拓展产品市场销路。加强重庆璧山都市果业研发中心建设，引进栽种约2公顷果园，完成园内基础设施建设，基本实现园内沟渠相通、路路相连的生产格局，正在进行6.67公顷果园灌溉设施和1.5公顷葡萄避雨大棚建设。

【粮油生产】 全区紧扣粮油稳产、农民增收主题，坚持以稳定粮食综合生产能力为中心，以重点项目实施为抓手，把握关键环节、落实抗灾增产措施，保障全年粮油稳产和农民增收，完成全年粮食总产17.4万吨的目标任务。粮油生产。据统计，全年粮食作物播种面积28531.1公顷，比上年减少147.8公顷、减0.52%；总产173811吨，比2016年减少860吨、减0.5%。其中，小春粮食作物播种面积4035.6公顷，比2016年减少33.2公顷、减0.82%；总产10227吨，比2016年减产401吨、减3.8%。大春粮食作物播种面积24495.5公顷，比2016年减少114.6公顷、减0.47%；总产163583.9吨，比2016年减产459.1吨、减0.28%。全年油料作物播种面积2924.7公顷，比2016年增加60.7公顷、增2%；总产4868.5吨，比2016年增产156.5吨、增3.3%。其中，小春油

图表 8　图为丁家儿菜基地一角

（连宏宇　摄）

料作物播种面积 2661.67 公顷，比 2016 年增加 39.67 公顷、增 1.52%；总产 4392 吨，比 2016 年增产 144 吨、增 3.39%。大春油料作物播种面积 262.9 公顷，比 2016 年增加 21 公顷、增 8.68%；总产 476.5 吨，比 2016 年增产 12.5 吨、增 2.69%。技术指导。以全国基层农技体系建设项目为载体，强化全区粮油生产科技示范户、种植大户和农业专业合作社的技术指导，培育现代新型农民，带动农民学技术、学方法，提高科技种植水平，增强科技、生产、经营、管理意识，提升自我发展的积极性和主动性。全年开展粮食技术指导 150 次，指导农户 1200 人次。大面积生产情况调查。一是作物生育进程调查，开展水稻出苗调查、秧苗素质调查、基本苗调查、最高苗调查和玉米调查。二是开展水稻、玉米产量调查。三是开展水稻、玉米、蔬菜、果树等施肥情况调查，包括肥料品种、肥料用量、施肥方式等。深入宣传农业法律法规，农业新技术、新知识，提高生产水平。为确保农业技术措施落到实处，在粮油作物生产的关键时期，及时组织召开现场会、培训会和院坝会等。培训区相关部门人员、街镇技术人员、科技示范户、种粮大户和专业合作组织等 2800 人次，并印发水稻高产栽培技术，水稻旱育秧技术、水稻机插秧育秧技术、水稻和玉米测土配方施肥等技术资料 5000 份。按照农业生态环境和农产品质量要求，积极宣传《中华人民共和国农业法》《中华人民共和国农业技术推广法》《中华人民共和国农产品质量安全条例》《重庆市璧山区关于禁止野外焚烧秸秆的通告》等农业法律、法规、条例、办法，引导街镇开展相关工作。

【水果生产】　璧山区水果产量和产值与 2016 年同期相比均有明显增加。据统计，全区水果种植面积 1.14 万公顷、总产量 16.24 万吨、产值 8.3 亿元，分别增长 2.4%、7.6%、9.4%。全区茶叶种植面积 654.67 公顷、产量 650 吨、产值 2210 万元，分别增长 11.3%、7.4%、17.5%。全区中药材种植面积 164.4 公顷、产量 412 吨、产值 716.6 万元，分别增长 7.4%、28.9%、38.3%。

2017 年璧山区水果生产同期对比表

表 8-1　　单位：公顷、吨

指标名称	代码	播种面积	产量	播种面积（2016 年）	产量（2016 年）	播种增减幅度（%）	产量增减幅度（%）
水果总计	01	11364.33	162449	11093.27	151035	2.4	7.6
一、瓜果类	02	306.2	6896	283.27	6255	8.1	10.2
西瓜	03	296.67	6780	270	6140	10.0	10.4

续表

指标名称	代码	播种面积	产量	播种面积（2016年）	产量（2016年）	播种增减幅度（%）	产量增减幅度（%）
甜瓜	04						
草莓	05	9.53	116	13.27	115	-28.1	0.9
二、园林水果	06						
1.苹果	07						
其中：红富士苹果	08						
国光苹果	09						
2.梨	10	2767.33	31730	2921.73	31540	-5.3	0.6
其中：雪花梨	11						
鸭梨	12						
酥梨	13						
香梨	14						
沙梨	15						
3.柑橘类	16	3800.6	49019	3500.6	42670.0	8.6	14.9
其中：柑	17	334.07	5017	334.07	4480.0	0.0	12
桔	18	231.67	3646	325	5085.0	-28.7	-28.3
橙	19	2108.27	28370	1998.27	24720.0	1.4	10.3
柚	20	541.87	6596	508.53	5235.0	5.5	5.1
杂柑	21	584.73	5390	334.73	3150.0	74.7	71.1
柠檬	22						
4.热带亚热带水果	23	24	352	16	341	50.0	3.2
其中：香蕉	24						
菠萝	25						
荔枝	26	24	352	16	341	50.0	3.2
龙眼	27						
5.其他园林水果	28	4466.2	74452	4371.67	70229	2.2	6.0
其中：桃子	29	704.6	8737	711.87	8430	-0.1	3.6
猕猴桃	30						
葡萄	31	2365.73	48235	2365.73	46070	0.0	4.7
枣子	32	27.87	177	27.87	168	0.0	5.4
柿子	33	32.4	259	32.4	230	0.0	12.6
枇杷	34	609.47	5430	609.47	5115	0.0	6.2
石榴	35						
樱桃	36	208.6	2405	175.27	2287	19.0	5.2
李子	37	397.27	7526	337.27	6398	17.8	17.6
杏子	38	31.87	452	25.2	411	25.8	10.0

续表

指标名称	代码	播种面积	产量	播种面积（2016 年）	产量（2016 年）	播种增减幅度（%）	产量增减幅度（%）
杨梅	39						
无花果	40						
其他	41	86.6	1231	86.6	1120	0.0	9.9
食用坚果总计	42						
其中：核桃	43						
板栗	44						
松子	45						
榛子	46						
开心果	47						
白果	48						
腰果	49						
其他	50						

2017 年璧山区中药材面积产量统计表

表 8-2

填报区县	中药材名称	种植乡镇数（个）	种植面积（公顷）	收获面积（公顷）	产量（万吨）	产值（万元）	是否为地道药材
璧山	黄栀子	6	111.07	111.07	0.004	97.6	√
	薄荷	1	4	4	0.001	17	√
	天南星	1	16.67	16.67	0.006	68	√
	青蒿	1	0.67	0.67	0.004	36	√
	紫苏	1	13.33	13.33	0.008	320	√
	佛手	1	18.67	18.67	0.018	178	
	合计		164.4	164.4	0.041	716.6	

2017 年璧山区茶叶面积统计表

表 8-3

项目	茶园面积（公顷）	去年同期（公顷）	采摘面积（公顷）	去年同期（公顷）
合　计	654.67	588	513.33	520
一、无性系	512.67	412.67	371.33	
1. 巴渝特早				
2. 福鼎大白茶	371.33	371.33	371.33	371.33
3. 名山系列				
其他品种	141.33	41.33	0	

续表

项目	茶园面积（公顷）	去年同期（公顷）	采摘面积（公顷）	去年同期（公顷）
二、有性系	142	175.33	142	175.33
1. 云南大叶种				
2. 川茶中小叶种	142	175.33	142	175.33
其他品种				

2017年璧山区茶叶产量产值统计表

表8-4

填报区县	毛茶产量（吨）	其中			毛茶产值（吨）	其中			名优茶产量（吨）	名优茶产值（万元）	其中		春茶产量（吨）	春茶产值（万元）
		绿茶（吨）	红茶（吨）	其他茶（万元）		绿茶（万元）	红茶（万元）	其他茶（万元）			名茶产量（吨）	名茶产值（万元）		
璧山	650	575	75		2210	1785	425		490	1960	32.1	520	430	1367
去年同期	605	510	95		1880	1495	385		485	1750	31.2	500	425	1250

2017年璧山区大春农作物播种面积对比表

表8-5 单位：公顷

	2017年	2016年	2017年比2016年增减百分数	
			绝对数	相对数
大春农作物播种面积	28831.8	28903.4	-71.6	-0.25
一.粮食面积	24487.53	24602.07	-114.54	-0.47
1.稻谷	14827.93	15016.87	-188.94	-1.26
中稻	14827.93	15016.87	-188.94	-1.26
2.玉米	4707	4633.6	73.4	1.58
3.高粱	94.87	94.8	0.07	0.07
4.豆类	231.27	239.4	-8.13	-3.40
春豆	95.4	102.13	-6.73	-6.59
冬豆	91.87	92.13	-0.26	-0.29
杂豆	44	45.13	-1.13	-2.51
5.薯类	4626.47	4617.4	9.07	0.20
其中:洋芋	265.6	265	0.6	0.23
其中:红苕	4360.87	4352.4	8.47	0.19
二.油料	236.4	241.93	-5.53	-2.29
1.花生	232.47	237.87	-5.4	-2.27
2.芝麻	3.93	4.07	-0.14	-3.28
3.向日葵	0	0	0	0.00

续表

	2017 年	2016 年	2017 年比 2016 年增减	
			绝对数	相对数
三.麻类	0.93	0	0.93	0.00
四.甘蔗	4.47	5.87	-1.4	-23.86
五.烟叶	0.13	0	0.13	0.00
六.药材	8	16	-120	-50.00
七.蔬菜、果用瓜	3364.53	3343	21.53	0.64
1.蔬菜	3321.4	3300.07	21.33	0.65
2.果用瓜	43.13	42.93	0.2	0.47
八.其他农作物	729.8	694.53	35.27	5.08
1.饲料	241.33	306.33	-65	-21.22
2.海椒	152	126.4	25.6	20.25
3.黄花	77.67	71.8	5.87	8.17
4.芦笋	0.53	1	-0.47	-46.67
5.莲藕	93.93	75.33	18.6	24.69
6.其他	163.07	113.67	49.4	43.46

【农业植保】 病虫测报。全年测报工作出动 421 人次，发布病虫预测预报和农情信息 10 期，上报病虫害调查统计情况 30 次，全年农作物病虫害发生面积 9.98 万公顷次，防治面积 8.93 万公顷次，其中粮食作物挽回损失 18416.5 吨，实际损失 3645.9 吨；油料作物挽回损失 348.77 吨，实际损失 65.65 吨；果树挽回损失 11564.69 吨，实际损失 3529.18 吨；蔬菜挽回损失 51715.15 吨，实际损失 13873.46 吨。两杂种子高产展示。在璧山区正兴镇石院村 7 社，展示示范品种 13 个。其中水稻展示品种 5 个，每个品种种植面积 0.03 公顷，合计0.17 公顷；水稻示范品种 3 个，每个品种种植面积 2.33 公顷以上，合计 7.33 公顷。玉米展示品种 5 个，每小区面积 0.03 公顷，合计 0.17 公顷。水稻高产展示品种 5 个，分别为繁优 609、德优 4727、川丰 6 号、炳优 900、丰两优六号。水稻示范品种分别是：宜香优 2115、Y 两优 1 号、渝香 203，3 个品种。玉米高产展示品种 5 个，分别为金泰 99、帮豪 58、齐单 6 号、先玉 1170、兴玉 81。植物检疫。重庆市璧山区农业技术推广中心挂植保站牌子，专职农业植物检疫员 9 人。其中，研究生 2 人，本科生 2 人，大专生 5 人，兼职检疫员 28 人。2017 年产地检疫签发产地检疫合格证 33 份，涉及无检疫对象的各类种子 11.19 万公斤，各类苗木 2230.1 万株。省间调运检疫调运 25 批次，涉及各类苗木 160.5 万株；省内调运检疫调运 111 批次，涉及无检疫对象的各类种子 6.2 万公斤，各类苗 200 万株。全区设立疫情监测点 88 个。实蝇监测点 53 个，2017 年收集到各类实蝇 1177 头，其中桔小实蝇 12 头；柑橘溃疡病监测点30 个，每月定期监测并技术上报数据，备案归档；设立农业植物检疫性有害生物疫情阻截防控监测点 5 个，监测地中海实蝇、柑橘溃疡病、柑橘黄龙病、稻水象甲、葡萄根瘤蚜。6 月 5 日，在蔬菜上发现寄生性菟丝子属杂草，有 9 家种植户受害，面积 1 公顷，经与七塘镇镇政府联合处置，疫情得到控制。10 月 24 日，大路街道大竹村 2 社重庆凌通农业有限公司，发现疑似全国检疫性病害"柑橘溃疡病"，经重庆大学分子检测确证。通过近 5 天的深坑焚烧，处理苗木 15 万株，疫情

2017 年璧山区大春农作物产量对比表

表 8-6

填报单位：璧山区农业委员会　　　　单位:公顷、公斤/公顷吨

	2017 年			2016 年			2017 年比 2016 年增减					
	面积	产量	总产（吨）	面积	产量	总产（吨）	面积		公顷产		总产	
							绝对数	相对数	绝对数	相对数	绝对数	相对数
一、大春粮食	24315.53	6678	163283.5	24610.07	6664.5	164043	-294.54	-1.20	13.5	0.20	-759.50	-0.46
1. 谷物	14827.93	7545	111876.8	15016.87	7530	113079	-188.94	-1.26	15	0.20	-1202.20	-1.06
中稻	14827.93	7545	111876.8	15016.87	7530	113079.0	-188.94	-1.26	15	0.20	-1202.20	-1.06
再生稻	0.00	0	0	0.00	0	0.0	0	0.00	0	0.00	0.00	0.00
2. 豆类	239.27	4110	983	247.33	4065	1003.4	-8.06	-3.26	45	1.11	-20.40	-2.03
春豆	95.40	3285	313.4	102.13	3150	322.0	-6.73	-6.59	135	4.29	-8.60	-2.67
冬豆	91.87	5175	475.4	92.13	5265	485.0	-0.26	-0.28	-90	-1.71	-9.60	-1.98
杂豆	44.00	3990	175.6	45.13	3945	178.0	-1.13	-2.50	45	1.14	-2.40	-1.35
秋大豆	8.00	2325	18.6	7.93	2325	18.4	0.07	0.88	0	0.00	0.20	1.09
3. 薯类	4626.47	4485	20772.7	4617.40	4470	20621.0	9.07	0.20	15	0.34	151.70	0.74
红苕	4360.87	4620	20147.2	4352.40	4605	20026.0	8.47	0.19	15	0.33	121.20	0.61
马铃薯	265.60	2355	626	265.00	2250	595.0	0.6	0.23	105	4.67	31.00	5.21
4. 玉米	4527.00	6300	29354	4633.60	6270	29053.0	-106.6	-2.30	30	0.48	301.00	1.04
5. 高粱	94.87	3135	297	94.87	3015	286.0	0	0.00	120	3.98	11.00	3.85
二、油料	236.40	1815	476.5	241.93	1920	464.0	-5.53	-2.29	-105	-5.47	12.50	2.69
1. 花生	232.47	1920	446.3	237.87	1935	460.0	-5.4	-2.27	-15	-0.78	-13.70	-2.98
2. 芝麻	3.93	990	3.9	4.07	1065	4.0	-0.14	-3.44	-75	-7.04	-0.10	-2.50
三、麻类	0.00	0	0	0.00	0	0.0	0	0.00	0	0.00	0.00	0.00
四、甘蔗	4.47	22410	100	5.87	20715	122.0	-1.4	-23.85	1695	8.18	-22.00	-18.03
五、烟叶	0.00	0	0	0.00	0	0.0	0	0.00	0	0.00	0.00	0.00
小春粮食	4035.60	2535	10227	4002.13	2580	10318.0	33.47	0.84	-45	-1.74	-91.00	-0.88
全年粮食	28351.13	6145.5	173510.5	28612.20	6165	174361.0	-261.07	-0.91	-19.5	-0.32	-850.50	-0.49
全年油料	2924.67	1665	4868.5	2863.93	1650	4712.0	60.74	2.12	15	0.91	156.50	3.32

得到控制。绿色防控。一是在正兴镇建立水稻、玉米绿色防控和统防统治示范片 1 个，示范面积 20 公顷，主要示范推广太阳能杀虫灯 10 盏、二化螟性诱剂 400 套、杀虫平台 8 个和生物导弹 840 枚。二是在璧北蔬菜基地建立蔬菜病虫害专业化统防统治与绿色防控融合推进示范区，示范 220.4 公顷，辐射带动推广应用 1551.13 公顷，示范区使用化学农药的次数和数量明显减少，与自防区相比每茬减少用药 2 次至 3 次以上，每亩可减少农药施用量 25%左右。全区水稻、玉米、蔬菜、果树、茶叶病虫防治面积 7.42 万公顷次，绿色防控面积 2.39 万公顷次，绿色防控覆盖率达到 27.81%，减少化学农药的使用量，农药使用量为 189.12 吨，比 2016 年减少 28.37 吨。统防统治。在水稻中后期病虫防治阶段，示范推广背负式静电电动喷雾器 60 台，1000 亿 cfu/克枯草芽孢杆菌 400 公斤，10%烯啶虫胺 240 公斤，32000IU/毫克苏云金杆菌 250 公斤，75%三环唑 400 公斤。全区三大粮食作物统防统治覆盖率达到 32.03%。

养 殖 业

【畜牧概况】 2017 年，以转变生产方式为主线，以标准化养殖为抓手，以产业优化升级为重点，以生态安全、质量效益为核心，推动畜牧养殖健康持续发展。全区生猪出栏 27.52 万头，减少 1.29%；家禽出栏 3270.16 万羽，减少 0.72%；肉兔出栏 366.97 万只，增长 0.29%；牛出栏 0.07 万头，增长 8.58%；羊出栏 1.93 万只，增加 4.32%；畜禽肉类总产量 7.63 万吨，减少0.17%；禽蛋产量 0.71 万吨，减少 2.74%。

【畜牧项目实施】 畜禽养殖业实施《现代特色效益农业市级切块资金项目》6 个子项目，实施重庆市畜禽养殖污染治理补助资金项目 324 个子项目，市、区两级财政投入资金 167 万元，业主自筹资金 62 万元。严格做到项目资金的专款专用，按照项目建设要求实施，完成项目投资 56.1 万元，有24 个项目见效益。

【动物疫病防控】 全区免疫散养户的应免生猪口蹄疫、高致病性猪蓝耳病、猪瘟 58 万针次，牛羊口蹄疫 1.3 万针次，羊小反刍兽疫 0.8 万针次，散养高致病性禽流感 736 万针次，犬狂犬病 3.8 万针次；消毒农村散养户畜禽圈舍 10 万户。监督养殖大户（场）常年开展自主免疫，督促强制免疫高致病性禽流感 3000 万针次。监测口蹄疫等重大动物疫病免疫抗体 5.92 万份，免疫抗体合格率均达到农业部规定要求；病原学及感染抗体样品 14398 份，监测结果均为阴性。2017 年全区无重大动物疫情发生。产地检疫生猪 15.12 万头，检出病害生猪 63 头；牛 520 头；羊 450 只；禽 3047.26 万只，检出病害禽 6100 只。屠宰检疫检验生猪 288077 头，无害化处理病害猪 643 头，对 1354 份尿样进行“瘦肉精”检测，均未发现阳性。按一般程序办理案件 15 件，罚款 21467.53 元。2017 年全区无重大畜产品质量安全事件发生。

图表 9 图为新型职业农民展示网络带来的便利场景

（周海瑞 摄）

2017 年璧山区畜牧基本情况对比一览表

表 8-7

指标名称	单位	2016 年	2017 年	±%
大牲畜				
年末存栏数	头	1350	1315	-2.59
出栏或自宰的牛	头	653	709	8.58
牛肉产量	吨	84	91	8.33
牛奶产量	吨	9	0	-100
生猪				
年末存栏数	万头	16.98	18.31	7.83
# 能繁殖母猪	万头	0.87	1.49	71.26
出栏肥猪	万头	27.88	27.52	-1.29
猪肉产量	万吨	2.07	2.09	0.97
羊				
年末存栏数	万只	1.29	1.37	6.20
出栏羊	万只	1.85	1.93	4.32
羊肉产量	吨	256	268	4.69
家兔				
年末存栏数	万只	101.65	101.88	0.23
出栏兔	万只	365.91	366.97	0.29
兔肉产量	吨	4443	4456	0.29
家禽				
年末存栏数	万羽	1009.24	1031.35	2.19
# 鸡	万羽	966.99	988.49	2.22
年内出栏	万羽	3293.94	3270.16	-0.72
# 鸡	万羽	3181.24	3155.23	-0.82
禽肉产量	万吨	5.06	5.03	-0.59
禽蛋产量	万吨	0.73	0.71	-2.74

【水产概况】 2017 年，全区水产品总产量 19960 吨，鱼苗产量 10960 万尾，鱼种产量 3324 吨，养殖面积 2979 公顷，同比分别增加 4.18%、7.35%、6.98%、0.98%；渔业总产值 4.22 亿元，其中渔业产值达 3.35 亿元。开展重庆地区松浦镜鲤人工繁殖技术研究，完成松浦镜鲤人工繁育水花 580 万尾，培育寸片 160 万尾；推广新品种长丰鲫 66.67 公顷，示范推广松浦红镜鲤 26.67 公顷，鱼病监测主养品种 6 个，测报面积 40.47 公顷。有 128 户养殖渔民参加养殖保险，参保面积286.13 公顷。在璧山区国有水域内组织开展增殖放流活动 3 次，金额 38.48 万元，投放优质鱼种232.42 万尾，田螺

2017 年璧山区水产基本情况对比一览表

表 8-8　　单位：公顷、吨

指标名称	2016	2017	±%
养殖面积	2950	2979	0.98
水库	1121.33	1121.33	0.00
池塘	590.73	590.73	0.00
商品鱼基地	64.4	64.4	0.00
耕地养鱼	1037.4	1070.53	3.19
河道网箱	0.00	0.00	0.00
其他	136.13	132.00	–3.04
稻田养鱼面积	616.67	614	–0.43
生产鱼苗	10210	10960	7.35
水产品产量	19159	19960	4.18
水库	1930	1958	1.45
池塘	16512	17311	4.84
河沟	0	0	0.00
稻田	35	40	14.29
河道网箱	0	0	0.00
淡水捕捞	524	485	–7.44
其他	158	166	5.06
在产量合计中			
草鱼	2862	3184	11.25
鲤鱼	805	928	15.28
鲢鱼	5607	5699	1.64
鳙鱼	1217	1441	18.41
鲫鱼	6937	7076	2.00
罗非鱼	408	375	–8.09
鲶鱼	58	63	8.62
鳝鱼	109	110	0.92
泥鳅	314	342	8.92
其他	703	490	–30.30
虾蟹类	82	201	145.12
贝类	57	51	–10.53

0.4 万个，河蚌 0.12 万个。

【水产项目实施】 完成 2016 年 16 个特色效益切块资金项目结题验收，2017 年,新申报特色效益切块资金项目 6 个，获财政补助资金 105 万元。

（区农委）

林　业

【概况】　2017年，全区林业系统围绕“生态文明建设”这条主线，树牢践行“绿水青山就是金山银山”理念，坚持“生态优先绿色发展”，按照“三区一美”行动计划，大力实施林业“五大行动”，全年生态保护全面加强、国土绿化稳步推进、生态经济快速发展、林业改革顺利实施、基础设施不断提升，森林覆盖率达到43%，林木覆盖率达到51.5%。

【森林资源】　全区林地总面积39791.16公顷，森林面积38310.46公顷，森林覆盖率43%。全区公益林地面积14871.71公顷（其中，国家级公益林7984.04公顷，地方公益林6887.67公顷）；商品林24919.45公顷（其中，重点商品林2058.11公顷，一般商品林22861.34公顷）。全区Ⅰ级保护林地542.01公顷，占林地总面积的1.36%；Ⅱ级保护林地7442.03公顷，占林地总面积的18.70%；Ⅲ级保护林地8945.78公顷，占林地总面积的22.48%；Ⅳ级保护林地22861.34公顷，占林地总面积的57.45%。

【林业产业】　一是优化升级品种结构，推动璧南苗木基地品种结构向“精品化”发展。全区各类花卉苗木栽培面积达到5353公顷，年经营收入约10亿元。二是坚持“生态产业化，产业生态化”，积极调整产业结构，因地制宜发展沃柑、血橙等经济林，形成大兴福禄沃柑、正兴蜜柚、广普脐橙、七塘血橙为代表的特色水果基地以及以三合为代表的茶叶基地。“绿爽”牌璧玉毛峰、璧玉翠芽系列产品达到国家无公害农产品标准，获茶叶进出口自主经营权，被评为重庆市名牌农产品。

【林业项目建设】　完成长江防护林三期工程人工造林任务400公顷。因地制宜，因林施策，实施森林抚育2666.7公顷。完成封山育林1333.3公顷，退化林修复1333.3公顷。指导督促各街镇实施乡村公路绿化100千米。

【天然林保护】　严守“五个决不能”底线。严格林地用途管制和分级管理,严格林地非法流转。严格保护天然林，完成“天保”二期阶段性建设任务。

【林业有害生物防治】　坚持“预防为主，科学治理，依法监管，强化责任”的防治方针，狠抓森林病虫防治检疫工作。林业有害生物无公害防治率100%，产地检疫率100%，调运检疫率100%，无成灾面积，林业有害生物成灾率控制在3‰以内。

【森林防火】　狠抓森林防火基础设施建设，修建消防水池2个，防火通道18.28千米、防火瞭望塔2座。建立以二号工具、油锯、水带等防火物资储备库17个。森林火灾受害率始终控制在0.1‰以内，无重特大森林火灾和人员伤亡事故发生。

【林业法治】　开展林业综合执法活动，严厉打击破坏森林资源的违法犯罪行为，办理各类森林案件30件，查处30件。林政处罚30人，为国家挽回各种损失10万元。全区生态系统得到保护，生态质量不断提升。

【国有林场改革】　稳步推进国有林场各项改革。东风林场机构类别由公益二类调整为公益一类，经费性质由财政部分补助调整为财政全额补助；按照分类推进事业单位改革以及控编减编有关要求，重新核定编制名额为54名。其中，干部21名，工人33名；完成岗位设置调整，其中，管理岗位15%，专业技术岗位45%，工勤岗位40%；偿还历史债务350万元。（黄　宏）

水　利

【概况】　2017年，全年争取市级以上国家水利资金1.5亿元，完成水利投资15.3亿元，助推全区水利建设呈现出项目多、规模大、进度快、质量优、标准高、效果好的新局面。

【水利项目规划与编制】　《渝西水资源配置工程规划》获市政府批复，该工程采用“大集中、小组团”的总体布置格局，以解决渝西片区缺水问题。璧山供水总规模50万吨/日。其中，嘉陵江草街泵站提水40万吨/日作为璧山主水源，长江金刚沱泵站提水10万吨/日。工程主要方案为新建草街泵站提水至璧山千秋堰水库（拟扩建），再经隧洞至盐井河水库，在盐井河水库新建二级提水泵站至璧山城市新区，线路总长46.5千米。同时与青杠向东穿越缙云山输水至团结水库，向江津、沙坪坝、九龙坡备用供水，与长江金刚沱泵站提水形成互联互通。修订完成《璧山区节水型社会建设规划》《农村饮水安全巩固提升规划》等系列专项水利规划。

【重点水利工程】　长江提水璧山供区工程完成隧洞混凝土浇铸1800米，年底隧洞混凝土浇铸全部完成并开展管网安装工作。城市新区水厂完成厂区场地平整，开始实施土建工程，一期工程供水规模为5万吨，远期供水规模达30万吨。有序推进河湖库水系连通工程。其中，千秋堰—盐井河—同心水库连通工程（一期）隧洞掘进1100米，占总长4677米的23.5%；璧北河—璧南河连通工程完成隧洞掘进约3460米，占总长5500米的63%。完成城区中水回用二期工程，日处理能力由1万吨提升为2万吨。大学城至璧山调水工程完成管道安装8500米。

【水利民生实事】　投入3034万元，分别在璧城街道、八塘镇、福禄镇、大兴镇等15个镇街实施山坪塘整治291口，占全年计划整治山坪塘280的104%。291口山坪塘整治后新增和恢复蓄水能力200万立方米，新增和恢复灌溉面积1333.33公顷，受益群众3万人。完成饮水安全巩固提升工程9处，6.13万人的饮水质量得到提升。

【农田水利】　围绕蔬菜、苗木、水果、特色食品等农业主导产业，建成以山坪塘、蓄水池、提灌站、节水灌溉、末级渠道为主体的一大批农业配套水利设施，因地制宜开展农村“五小水利”工程建设，完成各类水利设施项目2000处。其中，兴建小型水源工程73口，整治病险水库4座，新建和改造提灌站6处，维修养护提灌站186处，修复水毁工程521处，新建防渗渠道289千米，维修清淤渠道800千米，恢复改善灌溉面积3066.67公顷，新增灌面800公顷。

图表10　图为新整治的山坪塘

（曾清龙　摄）

【河流治理】　一是责任落实。全区根据河流集雨面积大小，区级3条主要河流（璧南河、璧北河、梅江河）明确由区委主要领导任总河长、区政府主要领导任副总河长，区委、区政府分管领导任河长，镇街党（工）委

图表 11　图为治理中的河系防洪工程

（张承刚　摄）

程、重要河段以及蓄水 1 万立方米以上山坪塘进行拉网式安全大检查。修订完善防汛抗旱应急预案，健全 1 支 120 人组成的区级防汛抗旱应急抢险队，同时各镇街分别建立约 50 人的防汛抗旱应急分队，汛前在健龙镇寨子村和璧泉街道雪山水库开展防汛抢险综合应急演练和山洪灾害防御演练各 1 次，培训人员 1200 人次，备足 800 万元的防汛物资。实施一批防汛抗旱应急工程，成功防御 5 月 20—22 日降雨量达 150 毫米的“5·20”强降雨，全区没有发生明显灾情。

书记任河段长；52 条一级支流全部由镇街党政主要负责人任河长，分管负责人任河段长；48 条二级河流由村（社区）书记任河长；在此基础上每条河流分段明确专职河管员 1-2 名。二是建立长效机制。设立专职机构，从镇街、部门抽调22 名骨干人员专职从事河长制工作，明确河长办与生态办合署办公，解决“工作重复、多龙治水、多龙治污”问题，同时着眼机构设立到治污监管整个环节建立监管办法 18 个。三是有序推进河系防洪护岸综合治理工程，治理河道 7 段、长 7 千米，新建堤防 10 千米,完成全区河道普查工作。四是拓宽治河范围。从治河到治岸纵深发展，由主次河流扩展至全区 98 座水库、3000 口山坪塘，对涉及农业污染、工业污染、城乡居民生活污染等多方面开展多层次治理。五是坚持日常巡河巡库。各级河长、河段长按规定进行日常巡河巡库，发现问题及时予以整改解决。六严格奖惩考核。将河长制工作纳入全区生态创建考核内容，并在区内媒体进行公示，对镇街工作不力的，扣减镇街第二年的财政预算资金 1%。

【防汛抗旱】　全面落实以行政首长责任制为核心的各项防汛抗旱责任制。汛前，组成多个防汛抗旱工作检查组，对全区 15 个镇街的 98 座水库工

【供排水事业】　供水方面，按照“供好水、供足水、服好务”的目标，切实加强供水源头监管，强化水质检测力度，加强对净水剂和消毒剂的使用管理，提高从业人员素质，落实各项管理制度，提高供水质量，保障供水安全。全年城区累计实现供水 2000 万立方米，同比增加 8%，其余镇街的供水也得到正常保障。排水方面，城市核心区和 45 个场镇污水处理厂站均严格按工艺处理污水，做到达标排放，城市核心区的污水收集处理率达 93%以上，其余镇街污水处理率达 80%以上。中水方面，完成中水回用二期工程建设和城区中水管网连通工程，新建中水管网建设 3000 米，中水回用率达到 46%。

【水政及水质监测】　一是强化宣传。在“世界水日”和“中国水周”等活动期间，在大成广场、南河公园、大路街道等地组织开展以水法、水资源管理、河道管理、节水惜水为重点的水法律法规宣传活动，增强人们的水忧患意识、水资源保护和节水意识。二是严格水务综合执法，全年查处水事违法行为 5 起。三是完成水质检测任务，检测范围包括 15 个镇街水厂出厂水、管网水、16 个重要水源水水库每月检测 29 项、33 个农村集中

图表 12　图为农村饮水工程让农民用上安全水

（周海瑞　摄）

【水利改革】　一是深化河长制改革。全区根据河流集雨面积大小，巩固区、镇街、村社三级联动的河长制管理体系，从机制上保障治河工作有序开展。二是深化水利投融资改革，积极探索 ppp 融资形式开展水利项目建设。如“六旗乐园”中的三角滩水库（玉泉湖）建设，政府只负责三角滩水库大坝建设和移民资金，“六旗乐园”周边的水景观工程均采取 PPP 融资模式融资建设。三是推进城乡水价综合改革，实行城区供水“一户一表”和阶梯式水价制度，利用价格杠杆促进全民节水、惜水、爱水。

式供水工程的水质抽样检测。四是完成水质检测扩项工作，区水文水质监测站的水质监测能力从原来的 36 项提升至 74 项（其中，生活饮用水监测标准 42 项，地表水监测标准 32 项）。五是完成梅江水文站新建工作，主要建设内容为建设测验基础设施，配置水文仪器设备等。

【水土保持】　坚持生态水利优先的原则和“因地制宜、全面规划、综合防治、注重效益”的水土保持工作方针，全年审批水土保持方案 11 件，征收水土保持规费 45 万元；全年整合水利、农业、林业、国土部门资金 2641 万元，完成治理水土流失面积 21.66 平方千米，在项目区修建蓄水池 29 口，生产道路 17.1 千米，排灌沟渠 6.45 千米。

【水库管理】　抓好水库饮用水源管理，组织相关部门和人员对 27 座重点饮用水源水库和 40 座备用水源水库进行为期 3 个月的联合执法，禁止承包肥水养鱼行为，巩固水库水源保护成果，配合有关部门加强治理各类污染源。通过强化管理，水库内游泳、钓鱼等违法行为日趋减少，库内原水水质大幅改善。

【水库精准扶贫和移民后期扶持】　重点扶持正兴镇大面坡村、丁家街道三五村、三合镇二郎村等 3 个村，帮助规划建设一批山坪塘、饮水安全工程、蓄水池、提灌站、渠道等水利基础设施，基本解决村民的生产生活用水问题；还重点扶持贫困家庭 25 户。在水库移民后扶工作方面，全区核实登记农村移民 1214 人，按时足额发放 1214 名水库移民直补资金，确保全区无农村移民上访和群访、集访事件发生；抓大中型水库移民后扶项目建设工作，投入移民后扶资金 1000 万元，实施水库移民后扶项目 17 个，建设移民区的农村交通公路 12 条 8 千米，新建和整治山坪塘 5 口，库区基础设施相对滞后的现状逐步改善。

【水生态文明和水城建设】　坚持“绿水青山就是金山银山”的理念，以“一河六湖十八湿地”为构架，抓水生态文明城市建设和活力水城建设，注重以水的灵气彰显城市的神气、滋润老百姓的福气、涵养水文化的秀气。玉泉湖水库（三角滩水库）主体工程完工，棕树湖（棕树水库）开工建设；建成雪山、菜子沟、鹅颈项等 3 处湿地，新增水域面积53.33公顷，城区水面占比提升至11.6%，人均水面面积达到10.2平方米，溪道密度超过3.3千米/平方千米。

【水利工程建设管理】 严格执行基本建设程序和“三公示”“四制度”，采取“先建后补”“以奖代补”“竞标”等措施，按照“谁积极、支持谁”的原则，鼓励各镇街开展水利建设，着力建设优质阳光工程。工程竣工后，按照“竣工一处，验收一处，移交一处，管好一处，用好一处”的原则，每个工程均落实管理机构、配备管理人员、落实管护职责和管护经费、完善管理制度，抓好建设管理、安全管理和建后管理工作，确保水利工程的良性运行和持续利用。 （王炯其）

农业新型经营主体

【龙头企业】 截至2017年12月31日，全区培育农业产业化龙头企业73家。其中，国家级1家，市级13家，区级59家。

【农民合作社】 截至2017年12月31日，璧山区农民合作社有515个，全部在工商部门注册登记，农民合作社成员数有9756户。围绕果蔬等产业组建农民合作社联合社7个，实现利益联结、融合发展。以货币、资产或农村土地承包经营权等多元化入股，累计发展农村新型股份合作社105个，入社农户0.78万户，以农村土地承包经营权入股840公顷，农民组织化程度得到提高。净增农民合作社36个。评定区级示范农民合作社24家，成功申报市级示范农民合作社17家、国家级示范社6家。

【家庭农场】 2017年，璧山区有家庭农场434家，工商注册登记147家。评定区级示范家庭农场20家，成功申报市级示范家庭农场14家。净增家庭农场28家。

农业机械化

【概况】 2017年，扣农业现代化主题，以农机推广为中心，以平安农机建设为保障，把握关键环节，强化综合管理与服务，农机技术推广率得到提高，农业服务体系更加健全，农机购置补贴进一步扩大。

【农机作业】 全区完成机耕4.44万公顷、水稻机插秧0.34万公顷、水稻机收1.33万公顷。

【农机技术推广】 推广各类农机补贴机具1772台套。其中，耕整机583台（套）、拖拉机3台（套）、水稻插秧机1台（套）、联合收割机1台（套），其他机具1184台（套），完成各类农机化实用人才培训2720人次。全区完成土地宜机化整治53.33公顷。

【农业机械化率】 全区拥有农机总动力32.13万千瓦，各型农机具7.43万台。其中，耕整机9212台套，插秧机291台，联合收割机272台，农用排灌机械33753台（套）。

【农机化服务体系建设】 全区拥有农机专业合作社22个，农机作业大户121户，农机社会化服务组织总资产8450万元。

【农机购置补贴】 全区销售补贴机具1164台套，发放农机购置补贴103万元，惠及农户925户。

【农机安全监管】 清理整治全区农机安全生产隐患，区、镇（街）、村居分别建立4类15个农机动态管理台账，各镇街对隐患进行属地管理，公安驻农机警务室加大道路检查力度，强化隐患整改效果。在“三夏”“三秋”等重要时节主抓农机安全生产宣传发动和落实，平均每月向农机主和机手发送安全短信5500条，全年发放宣传资料18000份，各镇街每月至少到农机作业场所检查1次。全区新创建市级“平安农机”村（居）5个(大路街道阳河村、青杠街道大兴社区、丁家街道凉风村、正兴镇湾塘村、大兴镇独耳村)，合作社1个（堂佑农机专业合作社)。

农村信息化

【概况】 2017年，出台《重庆市璧山区人民政府办公室关于印发璧山区推进农产品电子商务加快发展实施方案的通知》，推进农产品电商加快发展措施和扶持政策，明确通过电商平台销售农产品补助对象、补助标准。建设完成“区—镇—村—企”四级农村电商服务体系。建成区级运营中心1个、镇街服务中心15个和村级服务站137个。实现137个行政村全覆盖，发展12个农业企业成为农产品电商易店。对涉农企业、农民专业合作社、种养大户等结合新型职业农民培育进行电商知识专题培训600人，举办农产品电子商务培训班12个，培训900人次。（区农委）

农业科技创新

【农作物良种创新】 2017年大力推进测土配方施肥，实现耕地质量保护与化肥减量，编制《2017年璧山区化肥使用量零增长工作方案》《重庆市璧山区2017年主要粮食作物肥料利用率田间试验方案》《重庆地区稻田氮肥利用率田间试验方案》，完成实施测土配方施肥面积6.8万公顷；开展土肥实验11个，建设化肥减量示范片3个（七塘、八塘酸化调理和有机肥替代示范片、大兴水肥一体化示范片、大兴绿肥种植示范片)，示范面积140公顷以上。

【经济作物科技创新】 新完成水果基地土地宜机化整治整理面积18公顷，新建水果水、肥、渣一体化设施农业示范面积33.33公顷，加强重庆璧山都市果业研发中心基础设施规划、土壤培肥及特色水果种植管理工作，完成地块深松与培肥工作。引进栽种果园约2公顷，完成园内基础设施建设，基本实现园内沟渠相通、路路相连的生产格局，6.67公顷果园灌溉设施和1.53公顷葡萄避雨大棚正在建设中。

【畜牧水产科技创新】 推广畜禽粪便有效处理技术，建设循环生态种养模式示范片33.33公顷。一是加强生态渔业建设，促进渔业升级转型。开展重庆地区松浦镜鲤人工繁殖技术研究，完成松浦镜鲤人工繁育水花420万尾，培育寸片110万尾以上；推广新品种长丰鲫66.67公顷，示范推广松浦红镜鲤26.67公顷；开展松浦镜鲤和湘云鲤生长对比试验，池塘低碳循环流水养殖广东快长草鱼技术试验示范，湘云鲤一年两季养殖试验示范，为新品种推广积累数据。继续推广池塘鱼菜（稻）共生综合种养技术、池塘内循环微流水技术、池塘底排污技术等节能减排技术，促进绿色发展。积极开展池塘水质在线物联网测控仪、水下高清探头视频、在线视频监控等物联网渔业设施应用试验，改变传统的养殖生产管理方式。二是开展渔业资源增殖放流4次，投放各类优质鱼苗171.9万尾，改善水域生态环境，恢复天然渔业资源。

【农业科技成果转化】 渝西蔬菜研发中心品种选育、技术推广、科技示范、成果转换大幅提升，璧山果业研发中心研发功能不断完善，新技术推广范围不断扩大，水果科研高地逐渐凸显。新引进推广新品种162个，新技术36项。推广农业新机具1200台（套），农业综合机械化率达53%。大力推进“互联网+”，提升信息化服务水平。璧山区被农业部认定为“全国农业农村信息化示范基地”。

农村土地流转

【概况】 2017年，璧山区家庭承包耕地流转总面积2.1万公顷，农村土地适度规模经营面积1.8万公顷。家庭承包耕地流转入农户1.19万公顷，流转入农民合作社0.23万公顷，流转入企业0.35万公顷，流转入家庭农场0.09万公顷。

农业生态建设

【概况】 2017年，大力推广秸秆还田技术，举办培训会5次，培训人员324人次，开展禁止野外焚烧秸秆督查51次，出动人员153人次，玉米秸秆还田率60%，水稻秸秆还田率90%。全区农作物秸秆综合利用率97%。累计巡查养殖场、屠宰场2416个，出动人员4800人次，改造养殖场83家，验收关停养殖场13家。完成种养模式示范片33.33公顷，成片实施测土配方施肥面积4.024万公顷；开展土肥实验11个，建设化肥减量示范片3个，示范面积140公顷。开展农膜减量化工作，建成地膜残留监测点3个，建立收购点8个，回收农膜12.85吨。大力实施农村畜禽养殖污染综合整治，畜禽养殖污染规范整治率70%。

【生态农业建设】 完成《有机、绿色、无公害农产品种植面积比重实施方案》编制并组织实施。完成种养模式示范片33.33公顷（在璧山区大兴镇莲生村2社依托重庆市璧山区勋贵家庭农场建立种养模式示范片）。完成新增良种水果面积133.33公顷（在健龙镇白果村新种植青脆李、沃柑、晚熟血橙66.67公顷，在三合镇龙凤村新种植大雅柑33.33公顷，在河边镇浸口、新寺村新种植大雅柑33.33公顷）。加强畜禽养殖污染防治和控制农业面源污染。完善《重庆市畜禽养殖环保基础信息系统》，建立台账。完成畜禽养殖粪污综合利用整治生猪当量（83家）2.7万头，占任务2.7万头生猪当量的100%。完成测土配方施肥技术推广面积6.8公顷，测土配方施肥技术推广覆盖率达97%以上。农技中心牵头组织开展禁止焚烧秸秆的专项督查（雨天除外），主要检查各镇街、村、社巡查情况，全年开展督查77次，出动人员462人次。

【农业生物资源保护】 璧山区设立农产品产地土壤环境质量国控例行监测点8个，开展农产品产地重金属污染防治工作，完成区地膜残留监测点3个建设及采样跟踪工作。完成对辖区内重点外来物种入侵的监测、防除工作。主要开展秀湖公园、湿地公园发现的“加拿加一枝黄花”的灭除工作。

图表13 图为3月8日，工人们正在扩建黑斑蛙养殖基地
（孙茜 摄）

【农业生态项目】 农村沼气建设工作。分别在来凤街道新七村6组重庆市科博果树种植农民专业合作社和大兴镇山王村1组源福养猪场立项建设大中型沼气工程2个。项目总投资669万元，其中，财政资金投入234万元，业主自筹435万元，项目主体工程基本完工。璧山区大路街道阳河

村实施农村集中居住区农村能源综合示范建设项目。项目根据当地实际情况，在农户自愿的基础上因地制宜地选择农村能源发展模式在未安装路灯的社区公共区域计划推广太阳能路灯使用35盏。同时开展农户培训，重点对农村新能源技术应用、生态循环农业技术推广开展培训4次，累计培训200人次。

农业综合开发

【概况】 2017年，围绕蔬菜、水果、苗木等农业主导产业和特色产业发展，在全区4个镇组织实施农业综合开发项目，计划投入各类资金3085.54万元，用于土地治理、产业化经营财政补助项目以及产业化经营贷款贴息项目。其中，中央财政资金1640万元，市级财政资金984万元，区级财政配套资金15万元，自筹资金446.54万元。农业综合开发项目极大改善项目区群众的农业生产基本条件，提高农业综合生产能力。

【土地治理项目】 璧山区农业综合开发土地治理项目2个，即璧山区2017年大兴镇高标准农田建设项目、璧山区2017年三合镇高标准农田建设项目，建设地点为大兴镇万民村和高桥村，正兴镇石院村；三合镇石龙桥村，八塘镇前进村。完成治理土地面积0.1万公顷。计划修建的项目工程有开挖疏浚渠道38.56千米，新修衬砌渠道12.37千米，埋设管道3.01千米，山坪塘8座，蓄水池3座，田坎护坡2539米，土地平整12.67公顷，整修机耕道路14.31千米，生产便道16.88千米，堡坎511米。完成项目总投资2423万元，其中各级财政资金投资2280万元。

【产业化经营财政补助项目】 农业综合开发产业化经营财政补助项目3个。一是由重庆派登特农业科技有限公司在河边镇浸口村实施的“重庆市璧山区2017年度33.33公顷柑橘基地建设项目”，项目总投资189.54万元。其中，财政资金90万元，业主自筹资金99.54万元。二是由重庆福果农业科技有限公司在福禄镇福中村实施的“璧山区2017年度1.53公顷柑橘育苗大棚新建项目”，项目总投资202万元。其中，财政资金100万元，业主自筹资金102万元。三是由重庆隆寰生态农业有限公司在七塘镇三步梯村实施的“璧山区2017年度20公顷晚熟柑橘种植基地新建项目”，项目总投资202万元。其中，财政资金100万元，业主自筹资金102万元。

【产业化经营贷款贴息项目】 农业综合开发产业化经营贷款贴息项目1个，即重庆市凌翔食品有限公司的“果蔬罐头食品加工项目”，中央财政提供贷款贴息资金69万元。

农村扶贫

【概况】 2017年，巩固已脱贫户1891户5014人、脱贫村3个的脱贫成果，推进新识别贫困户446户1220人稳定脱贫。

【整村整片扶贫】 整合投入9676.97万元，新修及改扩建公路107.5千米；投入1027.7万元，新建人行便道158.6千米；投入284.44万元，整治山坪塘8口，整治提灌站1座，改造人饮工程2处；改造便民服务中心2个，修建农村垃圾台150个，修建污水处理厂1个。全面改善村社生产生活条件。

【贫困户动态调整】 经农户申请、入户调查、村级评议公示、镇街审核公示、区级复查公示等流程，最终新识别建卡贫困户446户1220人。

【生产发展】 一是投入89.2万元，对今年新增的建卡贫困户，每户落实产业扶持资金2000元。二是联合多部门组织开展贫困户用工企业招聘，招聘就业 300 人。三是通过扶贫爱心公益岗位安置贫困人口 181 人。

【教育资助】 累计投入资助资金 1838.4 万元。其中，学前教育免保育保教费和生活费 117.07 万元，义务教育阶段爱心午餐 241.73 万元，寄宿生生活补助 355.97 万元，高中阶段免学费 40.97 万元、发放助学金 508 万元、免教科书费 2.1 万元；资助中职教育免学费 401.14 万元、发放助学金 125.96 万元、寄宿生补助 16.93 万元，资助贫困大学新生 28.5 万元。

【医疗保障】 一是建立贫困户精准疾病档案，实现贫困户人口家庭医生签约服务全覆盖。二是投入 179.62 万元，为贫困户购买“精准脱贫保”、城乡合作医疗保险和大病保险、住院医疗保险、特病贫困人员门诊医疗费商业保险。全年累计发生赔付案例 169 起，赔付金额 40 万元。三是将建卡贫困户全部纳入民政医疗救助和临时救助范围。全年发放救助金 8.4 万元，救助 349 人次。四是筹资 300 万元建立区级扶贫济困医疗基金。全年发放救助金 156 万元，救助 912 人次。

【危旧房改造】 完成贫困户危旧房改造 245 户（C 级 65 户、D 级 180 户）。

农业行政执法

【概况】 2017 年，严格落实市农委《绿剑护农行动实施方案》的要求,坚持以“绿剑护农·‘一打四放心’”行动为主线，以执法办案为中心，扎实推进种植业、养殖业、农产品质量安全、渔业渔政等专项整治行动，确保全区农业生产安全、食用农产品质量安全，促进全区现代农业的健康发展。

【专项整治行动】 种植业专项整治行动。检查种子、农药、肥料生产企业、经营门市 151 个。养殖业专项整治行动。检查兽药生产经营企业 57 个，检查饲料生产经营企业 147 个。农产品质量安全专项整治行动。检查农产品生产企业、专业合作社 383 个。渔业渔政专项整治行动。检查企业或个体 69 个。

【质量抽检】 全年抽检农资样品 95 个。其中，农药样品 8 个，不合格 1 个；饲料 3 个，不合格 3 个；兽药 54 个，全部合格；农产品质量安全 30 个，全部合格。

【违法案件查处】 根据抽检、市场检查、农民投诉立案查处的农业违法案件 23 件。其中，农药案 7 件，移交公安机关 1 件，兽药案 7 件，饲料案 2 件，渔政案 7 件。

【高毒农药定点经营试点】 按照市农委的要求在全区开展全面禁止高毒高残留农药的试点工作，并将此项工作纳入 2017 年区政府工作报告。3 月 15 日，区农委印发《璧山区全面禁止销售使用高毒高残留农药实施方案》，明确目标任务和工作措施。6 月 6 日，经区人民政府常委会通过，由区长章勇武审定后签发《重庆市璧山区人民政府关于全面禁止销售使用高毒高残留农药的通告》。《通告》要求：自 2017 年 7 月 1 日起，璧山全面禁止销售使用高毒高残留农药 60 个品种。

【农业法治宣传】 印发农业法律法规、农资识别手册等宣传资料 6.83 万份。利用赶场天和到人员集中地农贸市场或广场进行法律法规宣传，并出动宣传车、悬挂张贴标语横幅 26 条幅。在主要农产品生产基地和生产企业以及农贸市场设立农产品质量安全认证公示栏 10 个、农产品质量安全宣传横幅 50 条幅及宣传展板 15 个。在重庆农业农村信息网发表信息 13 篇，重庆农业执法网 24 篇，璧山农业农村信息网 18 篇，璧山网 3 篇，璧山报 7 条，璧山政府公众信息网 4 篇，璧山电视台宣传 2 次。

【农业纠纷调解】 全年接到投诉举报93件。其中，涉及种子7件，涉及农药6件，涉及肥料1件，涉及饲料1件，涉及兽药2件，涉及渔政76件。积极调解农业生产事故纠纷4起。

【渔业船舶管理】 区农委与15个街镇签订渔业船舶安全生产责任书，区农业执法大队与26艘渔船的船主签订2017年渔业船舶安全生产责任书。召开渔业船舶安全暨禁渔管理工作会，召开渔民座谈会3次。群发安全短信156条。检查渔船39次，基本实现“船入港、网入库、河中无渔船”的禁渔管理工作目标。推荐健龙镇创建为“重庆市平安渔业示范乡镇”。

【执法硬件建设】 实施农业执法建设项目，建成标准化询问室、听证室，配置询问室前端设备，配置调查取证设备、现场执法集成装备（笔记本电脑、数码相机、数码相机、打印机、执法记录仪、4G无线路由器、执法装备箱）、现场执法手执终端设备、强光电筒等执法办案设备。实施农业投入品监管项目，建立农药监管执法管理平台，在全区开展主要的高效低毒低残留、生物农药推广补贴。

惠农政策

【概况】 2017年耕地地力保护补贴情况。补贴标准。一般农户，每亩补贴93元。种粮大户，每亩补贴230元。补贴对象。一般农户补贴，用于补贴一般农户的耕地地力保护资金原则上补贴给拥有耕地承包权的种地农民，与耕地面积挂钩，直接补贴到户。种粮大户补贴，具备以下条件的自然人、法人、专业合作组织或其他组织。一是相对集中成片承包耕地或租种耕地（包括代种撂荒地、新开垦未发包耕地）3.33公顷（含3.33公顷）以上，种植一季主要粮食作物。二是独立承担风险、自负盈亏，统一生产经营管理，独自享有产品处置权。三是按当地基本种植技术要求规范耕种。

补贴面积和补贴金额。一般农户补贴面积21162.71公顷，种粮大户补贴面积107.6公顷。一般农户补贴金额29521983.44元，种粮大户补贴金额371220元。

补贴兑现完成时间。一般农户补贴和种粮大户补贴2017年8月30日全部完成。

2017年璧山区补贴资金分配汇总表（农业支持保护补贴——种粮大户补贴）

表8-9 单位：户、公顷

单位	户数	补贴面积	基础面积	扣除面积	增加面积	补贴金额（元）
合计	18	107.60	78		29.6	371,220.00
河边镇	1	6	6			20,700.00
大兴镇	4	20.47			20.47	70,610.00
丁家街道	3	20.27	20.27			69,920.00
广普镇	1	5.47			5.47	18,860.00
健龙镇	1	3.67			3.67	12,650.00
大路镇	1	5.93	5.93			20,470.00
七塘镇	3	14.93	14.93			51,520.00
正兴镇	4	30.87	30.87			106,490.00

2017年璧山区补贴资金分配汇总表（农业支持保护补贴——一般农户补贴）

表8-10　　单位：户、公顷

单位	户数	补贴面积	基础面积	扣除面积	增加面积	补贴金额（元）
合计	130735	21163.25	21259.56	49	638.8	29,521,983.44
璧城街道	7793	1055.80	1055.80			1,472,847.20
河边镇	7046	1068.91	1068.91			1,491,135.96
璧山县福禄镇	5983	1012.44	1012.44			1,412,349.99
大兴镇	15901	2726.62	2667.55	19.7	354.57	3,803,639.97
璧山县青杠街道	4531	715.84	834.08	9.63	26.18	998,591.85
丁家街道	15337	2530.55	2532.04	0.56	6.97	3,530,117.28
广普镇	6863	1316.57	1316.18	1.48	22.58	1,836,621.70
三合镇	4160	819.57	819.57			1,143,302.02
健龙镇	7335	1200.17	1108.58	5.67	176.65	1,674,230.35
大路镇	16802	2288.52	2294.96	1.44	15.11	3,191,737.81
八塘镇	8467	1276.03	1276.03			1,780,069.38
七塘镇	9066	1554.39	1560.17	0.58	2.93	2,168,367.54
正兴镇	11569	2175.15	2199.42	3.85	33.51	3,034,337.35
来凤街道办事处	7954	1204.28	1204.28			1,679,974.96
璧泉街道	1928	218.39	309.52	6.09	0.29	304,660.08

（温志为）

工　业

综　述

【概况】　2017 年，全区有工业企业 2015 家。其中规模工业企业 333 家，实现产值 938.6 亿元。规模企业中，以汽车摩托车及其零部件为主的装备制造业 154 家，产值 481.7 亿元；电子信息业 62 家，产值 210.8 亿元；食品医药 9 家，产值 23.4 亿元，制鞋业 29 家，产值 133.9 亿元，其他产业 61 家，产值 88.8 亿元。

【工业经济运行特点】　工业经济稳步增长。工业增加值突破 300 亿元，增长 11.1%；完成工业投资 376 亿元，增长 13.6%；实际利用内资 201 亿元；规上工业主营业务收入增长 13.2%，利润总额增长 16%。工业转型升级成效明显。获批西部地区唯一一个全国促进工业稳增长和转型升级成效明显区，受国务院书面表扬，为工业经济发展带来新机遇。积极向上争取资金 7300 万元，进一步夯实企业技术改造和转型升级基础。研发平台建设有序推进。一是牵头制定出台规模以上工业企业建立研发机构扶持办法和区级研发机构认定管理办法；二是成功申报市级研发机构 15 家，全区累计拥有国家级技术中心 2 家、市级研发机构 56 家，占比达 17.7%；三是为 20 家有研发机构的企业争取上级研发经费增量补贴 1441 万元，为 30 家有创新项目的企业争取上级创新专项资金 3001 万元。

【工业经济发展举措】　一是做大做强支柱产业，保证全区工业经济健康发展。重点推进“智能装备、信息技术、生命健康”三大主导产业聚集发展。二是全力抓好招商引资工作。结合《重庆市政府办公厅进一步激发民间有效投资活力促进经济持续健康发展重点任务分工的通知》精神，全力对接，做好招商引资工作。三是全力推进在建项目投产。加大重点项目联系制度的跟踪督促工作，全力推进 9 个市级重点工业项目投产达产，形成新的经济增长点。四是加大企业的资金支持，

图表 14　图为高新企业生产一角

（谢捷　摄）

继续实施“企业成长计划”。积极争取市级专项资金支持，鼓励企业加大技术改造投资，重点培育一批有潜力的企业，提升工业经济发展质量。五是转变服务方式，优化企业发展环境。

智能制造产业

【概况】 2017年，智能制造产业是璧山区的重要产业，主要以汽车及零部件生产为主，有汽车零部件配套企业200家，汽车整车制造企业3家(众泰、金冠、嘉陵)，其中规模以上汽车产业企业154家。整车以SUV轿车、改装车、全地形车等为主，总成以汽车底盘系统、变速箱、转向器、传动装置等为主，零部件以齿轮、轴等为主，基本覆盖汽车产业链条，形成以青山公司、红宇公司、南方天合、蓝黛公司、龙润公司等为代表的汽车零部件生产龙头企业。实现产值481.7亿元，占全区规模工业产值的比重达51.3%。年底成立璧山区汽车工业协会。

信息技术产业

【概况】 2017年，全区投产电子信息企业达到200家。其中，规模以上企业62家，市级重点笔电配套企业9家。全年电子信息业累计实现产值250亿元，销售收入240亿元，带动就业10万人。信息技术产业主要围绕主城区整机装备，引进笔电配套龙头企业及上游配套企业，打造重庆笔电核心配套基地。

图表15 图为众泰汽车智能化车间一角

(谢捷 摄)

生命健康产业

【概况】 2017年，生命健康主要以食品药品加工企业为主，全区有食品药品加工企业30家，其中规上企业9家(有友食品、轰茂食品、统一企业、达能食品饮料、中亚动物药业、洋洋水业、凌翔食品、特驱饲料)，实现产值23.4亿元，占全区规模工业产值比重2.7%。

技术创新及培训

【清华班培训】 清华班第九期于2017年4月17日结业。清华班第十期“卓越企业领导人高级研修班”招收学员43人，并于2017年9月26日在清华大学开课。

【专题培训】 2017年中层培训和各类专题培训班培训970人。其中，劳动合同法培训3期，485人参加，最新公文写作培训185人参加，企业技术中心的政策解读会53家企业参加；组织16949内审员培训并取得证书27人；研发投入及相关政策解读培训会220人参会。

【企业人才引进】 对企业引进和培养的高层次人才82人兑现奖励资金74.7万元。其中，区内自主培养硕士9人、正高级5人、副高级12人、高级技师4人；区外引进博士研究生3人、硕士研究生47人、副高级1人、正高级1人。

【项目申报】 组织市级重点新产品计划项目、技术创新计划项目申报，全区通过市经信委批准立项的技术创新项目24个。

【创新平台建设】 一是组织上报并成功认定市级技术中心企业5家，市中小企业技术研发中心10家。累计有国家级技术中心2家，市级技术中心37家，市级中小企业研发中心19家，重庆市技术创新示范企业2家，重庆市新型研发机构1家，重庆市产业创新联盟1家。二是起草璧山区规模以上工业企业建立研发机构的扶持办法并由区政府办公室行文下发。联合区发展改革委、区科委分别制定各自领域内的区级研发机构认定管理办法。三是推动企业建立研发准备金，61家企业按相关文件要求完成研发准备金备案。

【争取上级资金】 获批市级2016年研发费增量补贴22家，资金补贴为1441万元。技术创新专项资金7家，获专项资金补贴286万元。

【企业服务中心建设】 推广中小企业公共服务平台，68家中小企业在平台注册。建立璧山区企业服务中心工作群，覆盖80%规上企业。

信息化建设

【概况】 2017年，全区通过大力推进通信基础设施建设，主要从驻地网、光网城市及无线4G建设等方面落实和推进，重点加大基础网络建设改造力度。利用现有基础设施，推进网络统筹规划和共建共享，以满足全域景点信息的建设、管理、维护的需求。加快电信网络升级换代，大力推进城区光纤到户，扩大农村地区宽带网络覆盖范围。4G网络在农村地区基本全覆盖，187个村（居）光纤全覆盖，新建4G基站550个。云计算、物联网等新技术应用不断推广，“互联网+中小企业”服务平台顺利实施。区政务信息化系统集约化搬迁完成。区党政信息中心对全区的网站进行集中整合，采取租用空间的形式将璧山区的政务信息系统搬迁至水土。中新“智慧区县”试点工作稳步推进。确定在璧山建设“智慧医疗”和“智慧养老”项目，实施方案制作完成，评审通过。

（区经济信息委）

交通　邮政

交通综述

【概况】　2017年，作为重庆主城西进“第一站”，辖区内现有成渝、渝遂、渝蓉、九永4条高速公路，通车里程75千米。其中，成渝高速公路境内长23千米，开设青杠、丁家2个互通立交下道口；渝遂高速公路境内长15千米，开设璧山（保家）、大路2个互通立交下道口；渝蓉高速公路境内长15千米，开设璧山、福禄2个互通立交下道口；九永高速长22千米，开设来凤、三合2个互通立交下道口。国道G244、G319线、省道S105、S106、S107、S444、S445、S446、S447线等干线公路过境璧山。璧山隧道建成通车，实现璧山与重庆主城的“无缝”对接；黛山大道通车里程达到28千米，串联3条高速公路和成渝高铁。璧山与重庆主城形成“多点融入，无缝对接”的交通格局。

公路交通。璧山公路总里程达到2352.09千米（不含高速公路）。按行政等级划分，国道97.06千米、省道139.92千米、县道122.32千米、乡道143.52千米、村道1千米838.34千米、专用公路10.93千米。按技术等级划分，一级公路39.19千米、二级公路155.47千米、三级公路39.30千米、四级公路830.14千米、等外级公路1287.99千米。公路密度245千米/百平方千米、34千米/万人。乡通畅率100%，村通畅率100%，撤并村公路通畅率100%。

铁路交通。璧山铁

璧山区综合交通规划图

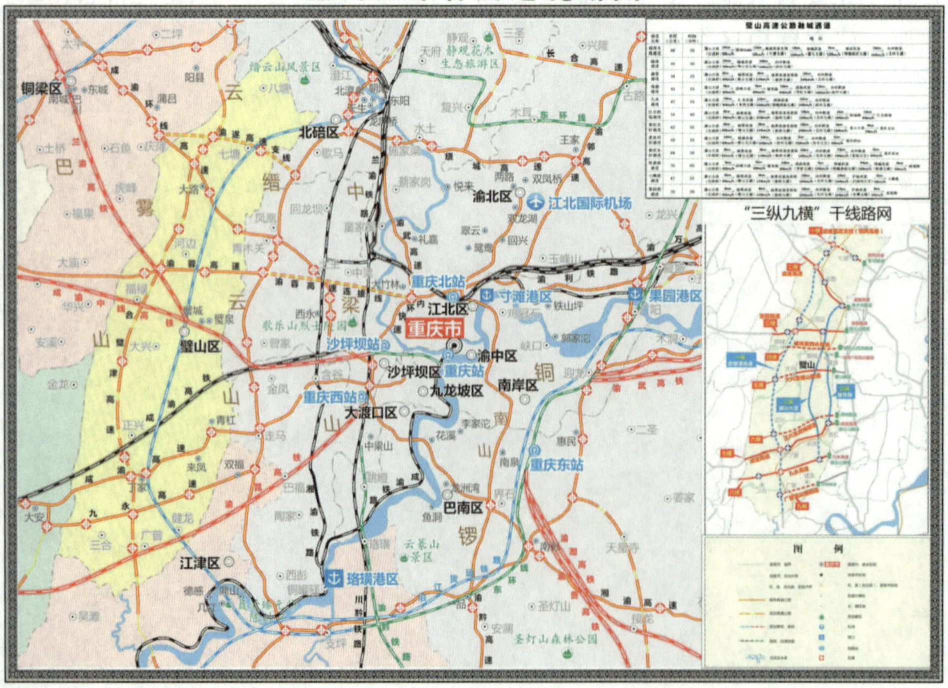

图表16　图为璧山区综合交通规划图

（李吉林　制）

路运输现有成渝客专1条高铁，设计时速350千米/小时，高铁里程23千米，设璧山站。

水上交通。璧山有等外级航道112千米，水库渡口28个、渡船2艘、游船67艘。

开展群众身边不正之风和腐败问题专项整治和“1+3”专项整治，完善内部控制制度6个和公路工程建设管理制度10项、交通行政执法管理制度18项。（赵万军）

【基础设施建设】 投入资金7.74亿元，加快推进交通重点项目建设、干线公路升级改造、农村公路建设。轨道交通建设。轨道交通大学城至璧山段全长约5.6千米，其中，地下段长3.6千米（主要为两座隧道，1号隧道全长177米，2号隧道全长3359米），高架段长2千米，设璧山高架站1座，设璧山车场1座。总投资估算约21.9亿元（不含征地拆迁、管网迁改、绿化移植及利息等费用）。工程于2014年6月17日开工建设，项目控制性工程缙云山隧道于2017年8月贯通；轨道交通高架部分累计完成工程总量的51%；轨道车站和车场开工建设。轨道换乘枢纽及站前广场开工建设。高速公路建设。九（龙坡）永（川）高速起点位于九龙坡区，终点位于永川区，全长约48千米，璧山境内约22千米，途经来凤、丁家、三合、健龙等4个镇街，并设来凤、三合2个互通立交，双向六车道，沥青混凝土路面，征地约153.33公顷。工程于2014年12月25日开工，2017年12月九永高速璧山段建成通车。合璧津高速初设工作基本完成，进入协调配合做好合璧津高速璧山段地质详勘、施工图设计等前期工作。配合做好渝遂高速支线项目前期工作，项目已进入可研阶段。重要连接线建设。六旗大道设计速度60千米/小时、双向八车道一级公路标准、兼顾城市道路功能，起于黛山大道张家湾，经璧铜路（G319）（K0+450）、朱家桥（K1+640）设朱家中桥上跨璧南河，终点接G319（璧渝路）（K1+181.696），全长2.18千米。其中，桥梁长60米（含两侧桥台），桥隧比1.84%，占地15.33公顷。工程于2016年12月8日开工，截止2017年年底基本完成主体工程。启动5条高速公路连接建设，黛山大道南延至来凤项目施工图文件设计工作已完成，一期工程完成主体工程；双星大道至合璧津高速大兴互通、黛山立交至合璧津高速正兴互通接线完成可研编制工作；六旗大道西延至福禄、广普至江津双福连接线处于开展可研和方案设计阶段。国省道及农村公路建设。升级改造国省道47千米，省道S107线完成投资额80%；省道S105、S444线完成初步设计，进入施工图设计。完成113千米农村公路硬化项目，同步实施113千米农村公路安保工程。（赵万军）

图表17 图为建设中的黛山大道南延段

（傅相良 摄）

【道路运输管理】 璧山道路客货运输周转量增速7.4%，规模以上交通运输业营运收入增速28.3%。公交车管理。新增旅游公交线路1条、投放公交车10辆，调整公交线路13条，更新（新增）公交车17辆；建成公交站亭61个，安装公交站牌150个。办理公交IC卡27.35万张，落实特殊群体免费或半价乘车财政补贴2226万元，划拨普通卡刷卡资金2673万元，落实公交首末站补贴400万元。班线客运管理。完成省际、县际客运班线延续经营许可25个，报废客运车辆35辆，更新27辆。发放农村客运车辆燃油补贴382万元、燃气补贴318万元、营运补贴60万元，为农村客运车辆购买保险63万元。出租汽车和汽车租赁管理。统一出租车企业的收费项目和收费标准，巡游出租车有偿使用费，办理网约车许可11辆。新增小型车租赁许可3家、大型车租赁备案3家。货物运输管理。全年新增规上货运企业8家，增加货运车辆862辆。全区5家道路危险货物运输企业按照公司化经营的有关规范要求逐步实施并持续推进公司化经营。

（赵万军）

【公路管理养护】 根据全市国省规划调整情况，璧山国省县道公路养里程增至394千米，全年累计投入养护资金1959万元。公路养护市场化。9月，通过政府购买服务方式，将管辖范围内的约270千米国省县道纳入市场化养护，并对养护公司实行养护考核月度管理制度，补齐养护人员配额不足的短板，提高日常养护和预防性养护质量，全区国省县道公路路面优良路率达95%以上。桥隧管护。完成47座公路桥梁117块标志标牌的更换，53座公路桥梁的定期检查,天马桥，花房桥、临江桥、老交警队立交桥加固工程,加强璧山隧道清扫保洁、设施维护、路面养护，保持隧道安全畅通。公路应急抢险。加快全区公路应急服务中心建设，完成主体工程；清除水毁塌方1000立方米；实施S106线高危路段修筑挡墙、喷锚加固工程。建立公路应急救援队伍，配齐应设施、设备，组织开展公路抢险应急演练1次，提高公路应急救援能力。

（赵万军）

【九永高速（璧山段）建成通车】 12月26日13时，成渝高速扩能项目—九永（九龙坡至永川）高速公路建成通车。该项目总投资53.5亿元，长约49千米。由中交第一公路工程局有限公司采用BOT+EPC模式建设，路线起于九龙坡区走马镇，与华岩隧道西延伸段对接，经江津区、璧山区，在永川区大安街道设小坎枢纽互通与成渝高速公路相接，止于卫星湖街道与三环高速公路永川至江津段相连。九永高速全线设服务区1处，即璧山健龙服务区（设在璧山区丁家街道），设收费站7个。其中，璧山区设来凤、三合2个收费站。璧山境内全长23千米，有缙云山隧道、云雾山隧道2座隧道，途经来凤、丁家、三合、健龙等镇街4个，设来凤、三合2个互通立交，双向六车道，沥青混凝土路面，征地约153.33公顷。工程于2014年12月25日开工建设。

【交通安全建设】 全年运输企业未发生死亡3人以上的责任事故；交通在建项目未发生死亡责任事故；水上交通连续34年无死亡事故发生。安全诚信体系建设。深入开展公路工程建设安全生产诚信管理试点工作，累计发出《诚信管理扣分通

图表18　图为4月14日，成渝高速公路丁家至青杠路段大修现场

（曾清龙　摄）

知单》30份，约谈项目经理2人，扣分处理从业人员29人。继续加强运输行业安全服务质量及信用考核，安全服务质量及信用考核客运企业4家、驾校5家、危险品运输企业5家、维修业户310家。水上交通安全监管。加强水上交通安全监督查检，严把船舶、船员审验关，年审营运资格船舶67艘。维护行业稳定形势。坚持定期召开矛盾摸排联席会，及时掌控行业稳定形势，妥善处置行业矛盾，全系统未发生群体性事件、到市集访和非正常进京上访事件。（赵万军）

【交通法治建设】 交通系统开展法治宣传活动27次，办理行政许可835件，实施行政处罚3562起。未发生行政投诉和行政复议案件。法治宣传教育。以“七五”普法工作为契机，组织法制培训24学时，参培人员400人次。开展送法下乡法制宣传活动，发放宣传资料27500份（册）。开展路政治超人员纪律作风整顿2次、军训2次，参训人员206人次。交通行政执法。严格执行治超“新政”，建立“一超四罚”工作机制，检测货运车辆66.1万辆，超限率为0.55%。加大非法运营打击力度，查处各类违法违章案件2300件。不断强化公路质检执法改革，实施46个在建项目111.4千米的质量监督。累计发出《公路工程质量监督检查意见书》30份，确保交通工程建设质量。落实“放管服”政策。按照“简政放权，放管结合，优化服务”的总体要求，清理行政权力事项38项，取消路政许可项目2项、中介服务1项。全力实施行政许可标准化建设，在区行政服务大厅设置交通受理窗口，提高工作效率，减轻企业负担。（赵万军）

2017年璧山区交通概况表

表8-11

公　路			
通车里程（千米）	总里程：2427.09		
	其中	高速公路	75
		一级公路	39.19
		二级公路	155.47
		三级公路	39.30
		四级公路	830.14
		等外公路	1287.99
通达情况	通公路的乡镇9（个）占乡镇100（%）		
	通公路的村137（个）占村100（%）		
养护里程（千米）	总里程：1592		
	其中	国省道	236.98
		县道	122.32
好路率（%）	国省道		95
	县道		95
绿化里程（千米）	国省道		236.98
	县道		122.32

续表

公路			
公路密度	以国土面积计算（千米/百平方千米）		245
	以人口数量计算（千米/万人）		34
客运站（个）	总数（个）：23		
	其中	一级站	
		二级站	2
		三级站	2
		四级及以下站	19
营运汽车	客车583（辆）23632（座）		
	货车6038（辆）26599（吨）		
公路运量	客运	运量（万人）	2677
		周转量（万人千米）	140641
	货运	运量（万吨）	2390
		周转量（万吨千米）	254220
地方重点建设项目	总数（个）：2		
	新开工（个）	路桥	
		站（点）	
	续建（个）	路桥	2
		站（点）	
	总投资（亿元）		26
	2017年完成（亿元）		5.51
内河航运			
通航里程（千米）	总里程：112（为等外级航道）		
	其中	四级航道	0
		五级航道	0
		六级航道	0
		七级公路	0
港口（码头）	数量（个）：0		
	吞吐量	旅客吞吐量（万人）	0
		货物吞吐量（万吨）	0
水路运量	客运	运量（万人）	2.42
		周转量（万人千米）	4.81
	货运	运量（万吨）	0
		周转量（万吨千米）	0

续表

营运船舶	客船 68 （艘） 1020 （座）		
	货船 0 （艘） 0 （万吨）		
地方重点建设项目	总数（个）：0		
	新开工（个）	航电枢纽	0
		港口码头	0
		航道渠化（整治）	0
	续 建（个）	航电枢纽	0
		港口码头	0
		航道渠化（整治）	0
	总投资（亿元）		0
	2017 年完成（亿元）		0
文明单位			
国家级	新建 0 （个） 保持 0 （个）		
部 级	新建 0 （个） 保持 0 （个）		
市 级	新建 0 （个） 保持 3 （个）		
区（县）级	新建 0 （个） 保持 2 （个）		

道路运输

【概况】 2017 年，全区现有客运企业 4 家，有农村客运线路 33 条农客 98 辆，行政村通客车率 100%。县际线路 16 条班车 174 辆。省际线路 12 条班车 24 辆。公交企业 4 家，公交线路 26 条公交车 292 辆、321 标台，实现全区镇街公交全覆盖。出租汽车企业 4 家，巡游出租汽车 300 辆。货运车辆 6038 辆 26599 吨。汽车客运站 23 个（其中，二级站 2 个、三级站 2 个、四级站 10 个、五级站 9 个）。维修业户 544 户。驾驶培训学校 5 家、教练车 233 辆、教练员 238 人；汽车租赁业户 6 户、租赁车 52 辆；网约出租汽车 11 辆。道路客货运输周转量增速 19.6%，规模以上交通运输业营运收入增速 28.3%，教育业营业收入增速 29.1%。

【从业资格管理】 完成道路运输驾驶员继续教育培训考试 1855 人次，考试合格 1757 人。新增客货运输驾驶员从业资格培训 1364 人次，考试合格 1055 人。新增公共交通驾驶员从业资格培训 83 人次，考试合格 70 人。新增出租汽车驾驶员从业资格培训 257 人次，考试合格 205 人。新增网络预

图表 19 图为严查客运车辆超载现场

（张承刚 摄）

约出租汽车驾驶员从业资格培训16人次，考试合格12人，网络预约出租汽车驾驶员从业资格申领3人。招收初学驾驶学员1562人，完成科目一培训审核1562人次，科目二、三审核11408人次。培训合格学员5704人。因原驾驶证被注销、到期未换发从业资格证等原因注销从业资格证120个。因发生道路交通事故且负同等（含同等）责任吊销从业资格证17个。诚信考核道路运输驾驶员3769人次。其中，A级198人，AA级1792人，AAA级1774人，B级5人。

【应急保障】 春运期间日均投放客车300辆，完成客运量282.45万人次，同比增加7.5%，未发生重、特大交通事故，无旅客压站、滞留情况，确保“春节”“全国两会”“高、中考”期间旅客运输应急保障。

【安全稳定】 全年组织安全检查组102个，检查人员315人次，检查企业189家次，查出安全隐患289项。其中，现场整改276项，限期整改13项，下达整改通知书4份，并全部整改完毕。按照“首查必罚”的规定，处罚不符合安全要求又违反道路运输法规客运企业2家、危化品运输企业2家，注销1家二类维修企业《经营许可证》，17名营运驾驶员《从业资格证》，安全告诫9家企业负责人。未发生一起死亡3人以上（含3人）的重大责任事故，且发生负同责（含同责）以上的事故起数和死亡人数均下降50%。

【道路运输行业改革】 新增规上企业8家，报废营运黄标车和老旧车209辆，更新巡游出租汽车50辆，新增（更新）公共汽车17辆。调整公交线路13条，新增旅游公交线路1条，投放公交车10辆，全部使用新能源车。统一巡游出租车收费项目及标准，清理300辆投放巡游车预交的剩余有偿使用期限的有偿使用费，并会同区财政部门据实返还8658547元。与4家出租汽车企业协商，统一企业的收费项目和收费标准。

（区交委）

2017年重庆市璧山区公交线路运行表

表8-12

路号	起点站	主要途经站
101	大鹏	凯成科技、两山景苑、剑山路、蓝黛传动、嘉陵集团（东）、春和景明、实验小学、人民医院、恒大绿岛新城、党校、天湖花园、新生街、南街、大东门、向阳农贸市场、宝安大厦、一天门、祥和小区、万盛花园、天佑山水、瀚恩公园、大旺桥、吉旺房产
	城北小学	吉旺房产、大旺桥、瀚恩公园、天佑山水、万盛花园、祥和小区、一天门、宝安大厦、中医院、重百、东关小学、文星桥、南关、党校、恒大绿岛新城、人民医院、图书馆、实验小学、春和景明、嘉陵集团（东）、蓝黛传动、剑山路、两山景苑、凯成科技
102	蒲元	三角滩桥、交通职培中心、瀚恩公园、林家店、璧泉小学、重长司车站、金三角、小东门、大成广场、南街、新生街、天湖花园、党校、俊豪中央大街、锦春、妇幼保健院、人民医院、璧山中学、文化艺术中心、人民广场、御湖小学、千年重庆（东）、鸥鹏御府
	碧桂园	鸥鹏御府、千年重庆（东）、御湖小学、人民广场、文化艺术中心、璧山中学、人民医院、妇幼保健院、锦春、俊豪中央大街、党校、天湖花园、新生街、南街、大成广场、小东门、金三角、重长司车站、璧泉小学、林家店、瀚恩公园、交通职培中心、三角滩桥

续表

路号	起点站	主要途经站
103	天佑山水	瀚恩公园、林家店、璧泉小学、重长司车站、金三角、安川桥、大成广场、大东门、向阳农贸市场、中医院、重百、璧城大厦、红宇桥、锦城天秀、规划展览馆、恒大绿岛新城、人民医院、秋实学府、上界国际、瀛嘉天下、永嘉桥、质检中心、福顺桥、璧玉广场、紫竹三路、铁山桥
	凤凰小学	铁山桥、紫竹三路、璧玉广场、福顺桥、质检中心、永嘉桥、瀛嘉天下、上界国际、秋实学府、人民医院、恒大绿岛新城、规划展览馆、锦城天秀、红宇桥、璧城大厦、重百、东关小学、文星桥、南街、大成广场、安川桥、金三角、重长司车站、璧泉小学、林家店、瀚恩公园
105	新胜	聚金大道路口、聚金大道、两山景苑、东林大道、溯园、两山秀苑、上界国际、秋实学府、实验小学、图书馆、天安绿岛中心、规划展览馆、秀湖公园、南门唐城、天湖花园、新生街、南街、大东门
	向阳农贸市场	中医院、重百、东关小学、文星桥、南关、南门唐城、秀湖公园、规划展览馆、天安绿岛中心、图书馆、实验小学、秋实学府、上界国际、两山秀苑、溯园、东林大道、两山景苑、聚金大道、聚金大道路口
106	千年重庆（桑家坪）	御湖小学、人民广场、文化艺术中心、璧山中学、人民医院、妇幼保健院、双星桥、科普中心、文体广场、璧城大厦、重百、中医院、宝安大厦、一天门、祥和小区、万盛花园、天佑山水、瀚恩公园、交通职培中心、三角滩桥
	轨道交通璧山站	三角滩桥、交通职培中心、瀚恩公园、天佑山水、万盛花园、祥和小区、一天门、宝安大厦、中医院、重百、璧城大厦、文体广场、科普中心、双星桥、妇幼保健院、人民医院、璧山中学、文化艺术中心、人民广场、御湖小学
107	轨道交通璧山站	三角滩桥、交通职培中心、瀚恩公园、林家店、璧泉小学、皮革一区、皮革二区、宝安大厦、中医院、重百、璧城大厦、文体广场、科普中心、金剑小学、牛角湾路口、永嘉大道、摩登时代广场、奥康大厦、瑞湖名苑、紫竹一路、利安总部基地
	行政服务中心（聚金大道路口）	利安总部基地、紫竹一路、瑞湖名苑、奥康大厦、摩登时代广场、永嘉大道、牛角湾路口、金剑小学、科普中心、文体广场、璧城大厦、重百、中医院、宝安大厦、皮革二区、皮革一区、璧泉小学、林家店、瀚恩公园、交通职培中心、三角滩桥
108	凤凰小学（众泰东门）	铁山桥、凤凰城、湿地公园、溯园、两山秀苑、康宁路、金冠公司、璧河名都、瀛嘉天下、永嘉大道、牛角湾路口、金剑小学、科普中心、文体广场、璧城大厦、重百、中医院、宝安大厦、金山农贸市场、安川桥、北门部队、北门社区、璧铜路、城北小学、吉旺房产、北城馨园
	轨道交通璧山站	北城馨园、吉旺房产、城北小学、璧铜路、北门社区、北门部队、安川桥、金山农贸市场、宝安大厦、中医院、重百、璧城大厦、文体广场、科普中心、金剑小学、牛角湾路口、永嘉大道、瀛嘉天下、璧河名都、金冠公司、康宁路、两山秀苑、溯园、湿地公园、凤凰城、铁山桥
109	大泰电子	铁山路口、铜山路口、四通机械、虎溪电机厂（西）、虎溪电机厂（北）、蓝黛传动、嘉陵集团（东）、春和景明、实验小学、秋实学府、瀛嘉帝逸城、南河丽景、璧兰河1号、妇幼保健院、人民医院、恒大绿岛新城、规划展览馆、锦城天秀、红宇桥、璧城大厦、重百、中医院、宝安大厦、金山农贸市场、金三角、重长司车站、兴旺正街、瀚恩阳光、香漫溪岸
	天正小区	香漫溪岸、瀚恩阳光、兴旺正街、重长司车站、金三角、金山农贸市场、宝安大厦、中医院、重百、璧城大厦、红宇桥、锦城天秀、规划展览馆、恒大绿岛新城、人民医院、妇幼保健院、璧兰河1号、南河丽景、瀛嘉帝逸城、秋实学府、实验小学、春和景明、嘉陵集团（东）、蓝黛传动、虎溪电机厂（北）、虎溪电机厂（西）、四通机械、铜山路口、铁山路口 大泰电子

续表

路号	起点站	主要途经站
111	金剑山森林公园	天赐华汤温泉、一天门、宝安大厦、金山农贸市场、小东门、大成广场、陵园、职教中心、天湖花园、南门唐城、水街、汽车露营地、秀湖鹭岛、登云公园、民国风情街、御湖小学、人民广场、文化艺术中心、璧山中学、人民医院、妇幼保健院、双星桥、科普中心、双星立交桥
	奥特莱斯	双星立交桥、科普中心、双星桥、妇幼保健院、人民医院、璧山中学、文化艺术中心、人民广场、御湖小学、民国风情街、登云公园、秀湖鹭岛、汽车露营地、水街、南门唐城、天湖花园、职教中心、陵园、大成广场、小东门、金山农贸市场、宝安大厦、一天门、天赐华汤温泉
112	碧桂园	东岳体育公园、鸥鹏御府、御湖小学、人民广场、文化艺术中心、东岳桥、俊豪城、璧中体育馆、实验小学、秋实学府、人民医院、恒大绿岛新城、党校、天湖花园、新生街、南街、大成广场、北门部队、北门车站、城丁路口、东林大道路口、城北小学、吉旺房产、北城馨园
	轨道交通璧山站	北城馨园、吉旺房产、城北小学、东林大道路口、城丁路口、北门车站、北门部队、大成广场、南街、城关幼儿园、南关、党校、恒大绿岛新城、人民医院、秋实学府、实验小学、璧中体育馆、俊豪城、东岳桥、文化艺术中心、人民广场、御湖小学、鸥鹏御府、东岳体育公园
201	一天门	宝安大厦、金山农贸市场、安川桥、北门部队、北门社区、璧铜路、城北小学、河边、冀东水泥公司
	浸口	冀东水泥公司、河边、城北小学、璧铜路、北门社区、北门部队、安川桥、金山农贸市场、宝安大厦
202	来龙	城西、城丁路口、北门车站、北门部队、大成广场、南街、城关幼儿园、南关、党校、锦城天秀、红宇桥、文体广场、科普中心、金剑小学、牛角湾路口、永嘉大道、摩登时代广场、奥康大厦、瑞湖名苑、福顺桥、两山秀苑、溯园、湿地公园、凤凰城、铁山桥
	行政服务中心	铁山桥、凤凰城、湿地公园、溯园、两山秀苑、福顺桥、瑞湖名苑、奥康大厦、摩登时代广场、永嘉大道、牛角湾路口、金剑小学、科普中心、文体广场、红宇桥、锦城天秀、党校、天湖花园、新生街、南街、大成广场、北门部队、北门车站、城丁路口、城西
203	轨道交通璧山站	三角滩桥、交通职培中心、瀚恩公园、林家店、璧泉小学、重长司车站、金三角、安川桥、北门部队、北门车站、城丁路口、北街小学、职教中心、新生街、南街、大东门、向阳农贸市场、中医院、重百、璧城大厦、红宇桥、锦城天秀、俊豪中央大街、锦春、璧兰河1号、南河丽景、瀛嘉帝逸城、瀛嘉广场、瀛嘉天下、璧河名都、康宁路口、福顺桥
	状元桥	福顺桥、康宁路口、璧河名都、瀛嘉天下、瀛嘉广场、瀛嘉帝逸城、南河丽景、璧兰河1号、锦春、俊豪中央大街、锦城天秀、红宇桥、璧城大厦、重百、东关小学、文星桥、南关、天湖花园、职教中心、北街小学、城丁路口、北门车站、北门部队、安川桥、金三角、重长司车站、璧泉小学、林家店、瀚恩公园、交通职培中心、三角滩桥
204	轨道交通璧山站	北城馨园、大旺桥、瀚恩阳光、兴旺正街、重长司车站、金三角、小东门、大成广场、大东门、向阳农贸市场、中医院、重百、红宇家苑、红宇大道路口、中石油加气站、双星立交桥、牛角湾、永嘉大道路口、星岛公园、石堡公园、湖上大酒店、机电学院、紫竹三路路口、铁山路
	行政服务中心	机电学院、湖上大酒店、石堡公园、星岛公园、永嘉大道路口、牛角湾、双星立交桥、中石油加气站、红宇大道路口、一天门、一天门农贸市场、重百、东关小学、文星桥、南街、大东门、大成广场、小东门、金三角、重长司车站、兴旺正街、瀚恩阳光、大旺桥、北城馨园

续表

路号	起点站	主要途经站
301	青山公司	青山花园、青山北路、青杠车站、青杠中学、海尔幼儿园、青杠小学、永辉超市、青杠街道办事处、新桥医院、云湖西城、杨柳小区、青柳阳光
333	六旗乐园	轨道交通璧山站、G319（璧铜段）、城北小学、北门部队、大成广场、南街、新生街、天湖花园、南门唐城、水街、汽车露营地、御湖旅游度假区、御湖小学（千年重庆）、人民广场、文化艺术中心、璧山中学、人民医院、妇幼保健院、双星桥、科普中心、金剑小学、牛角湾路口、永嘉大道、摩登时代广场、奥康大厦、瑞湖名苑、紫竹一路、利安总部基地、行政服务中心、铁山桥、凤凰小学、溯园
	湿地公园	溯园、凤凰小学、铁山桥、行政服务中心、利安总部基地、紫竹一路、瑞湖名苑、奥康大厦、摩登时代广场、永嘉大道、牛角湾路口、金剑小学、科普中心、双星桥、妇幼保健院、人民医院、璧山中学、文化艺术中心、人民广场、御湖小学（千年重庆）、御湖旅游度假区、汽车露营地、水街、南门唐城、天湖花园、新生街、南街、大成广场、北门部队、城北小学、G319（璧铜段）、轨道交通璧山站
801	客货中心璧山车站	红宇大道路口、中石油加气站、双星立交桥、牛角湾、永嘉大道路口、星岛公园、石堡公园、湖上大酒店、机电学院、紫竹三路路口、铁山路路口、聚金大道路口、展运（南）、荷香苑、狮子、狮子粮站、高铁璧山站、瓷砖厂、塘坊、塘坊村委、石杨三路、民生新城、石河村委、青柳阳光、杨柳街、云湖西城、青杠加油站、白云湖、民安街、青杠车站、青山北路、青山医院、护养中心、护理职业学院、安乐村委、来津路口、来凤小学、来凤桥、来凤中学、来凤敬老院、部队、双堰路口、新七新村、杨城、兴隆、石垭、电杆厂、花卉基地
802	北门汽车站	来龙、大兴、船型、丹凤
803	北门汽车站	来龙、大兴、同心
804	北门汽车站	来龙、大兴
805	北门汽车站	来龙
806	重长运璧山汽车站	翰恩阳光、大旺桥、吉旺房产、城北小学、东林大道路口、双龙、渝蓉高速璧山站、袁家坝、蒲河路口、渝遂高速璧山北站、庙儿坡、保家小学、保家、保家初中、郭家村委、杨家院子、毛家垭口、狮子桥、大路加油站、大路金山站、迎宾广场、大路场口、团坝新村、团坝、逸夫小学、新民、高拱村委、石板丘、亚峰药业、盐店、二郎桥、红旗岔路口、卷洞桥、依凤、依凤农商行、七依路口、梨树弯、璧北蔬菜基地、石坡、敢英村委、八塘新街
807	重长运璧山汽车站	蒲元、福里树、保家（六塘）、鞍子、铁厂、水库（七塘）
808	丁家新车站	
809	丁家新车站	
810	丁家新车站	
901	职教中心（高铁璧山站）	天湖花园、党校、俊豪中央大街、锦春、科普中心、城市管理学院、东方剑桥、重大东门、轨道交通大学城站
	大学城美院	轨道交通大学城站、重大东门、东方剑桥、城市管理学院、科普中心、锦春、俊豪中央大街、党校、天湖花园

（区交委）

邮　政

【概况】　2017年，全区立足“发展创效益、改革出成果、管理上水平、思想聚共识”的总目标，对标发展抓经营，创新发展促转型，健康发展强管理，从严治党聚共识，各项工作快速推进。邮政业务总收入11715万元，同比增长19.35%，高于全市平均进度1.39%，增幅排名全市第11位。其中，完成邮务类收入1928万元，增幅26.89%，收入规模全市排名第25位；完成金融业务收入9631万元，多增1410万元，增幅17.15%，收入规模全市排名第14位。

【代理金融转型】　一是深化网点转型工作。创新开展厅堂营销，热点节日、会员日活动、微沙宣传，推动网点产能提升。二是踩准接点精心组织劳动竞赛。每季度开展金融业务劳动竞赛活动、电子银行专项营销竞赛、基金定投专项营销竞赛活动，为实现8亿超越目标开展“携手同心,再创佳绩”储蓄余额专项竞赛和“讲责任、勇担当、聚焦余额创新高”评选活动。三是加大职工培训力度，提升营销技巧，开展精准营销，广普片区“花椒揽收”、大兴、丹凤“葡萄揽收”等特色项目在抓地方经济中实现新突破。全年代理金融5万以上客户数提升6873户，资产提升10.86亿元，增幅24.91%。邮政代理金融总资产规模65.86亿元。其中，余额规模57.9亿元，累计新增余额8.71亿元，完成全年确保目标（7亿元）的124.43%，跨越目标计划（8亿元）的108.84%，新增余额市场占有31.34%，提升0.43%。新增有效销量总资产13.96亿元。其中，代理保险新增3.81亿元，国债、基金、理财类业务新增1.44亿元。

【保险业务】　完成代理新保保费38065万元。其中，中邮期交1409万元，占期交业务比例51.44%；代理保险综合手续费率4.69%，全市排名第二。代理车险1333笔，保费350万元；简易险营销4403笔，实现保费33万元。

【包裹快递】　一是深挖优质电商客户，根据需求细化服务，逐步形成“回头客”“客带客”良性循环。二是打造便民服务理念，微信预约上门揽件、智能包裹柜等方式。全年实现收入534.81万元。其中，标快106.37万元，增幅-29.94%；快包收入256.02万元，增幅70.63%；普包收入148.42万元，增幅16.89%。

【渠道文传】　渠道业务。全年实现农资销售187.27万元，快货商品销售75.23万元；农副产品销售88.6万元；季节性商品销售收入75万元；区域性烟草配送收入36.5万元，新增“烟草零售”网点10个，“双税双代”网点10个，区域内18个双税代开网点开票6188份，代开总金额15389万元，代理手续费收入36.18万元。集邮与文化传媒。实现收入727万元。其中，函件收入238.9万元，集邮业务收入245.46万元，报刊业务收入242.63万元，报刊大收订流转额920万元。实现网点一体化服务、一体化营销。

【建设项目】　一是迁址改造大路、同心、福禄、脂山路、鹿鸣营业网点5个，原址装修改造壁渝路、龙江、依凤营业网点3个。二是新增布放ATM/CRS/存折CRS6台，自助填单机5台，整治迁移低效设备7台。三是新增网运PDA6台，投递PDA30台，安装投递图形终端36台，投放智能包裹柜14台。

【渠道平台整合】　一是将网点及社会加盟点打造为综合便民服务渠道，发挥“邮乐网”“邮掌柜”、电子银行、微信公众号等线上平台优势，丰富邮政产品种类，整合邮务、金融、包裹业务资源，拓展邮政电商市场，提升邮政平台和渠道运营能力。二是全年新增手机银行客户27667户，期末客户达到95347户；新增通码商户272户，POS商户71户。三是建成绿色书站10个，农村电商村级服务站13个，邮掌柜162个，针对电商大客户新安装热敏打印机20台。

【风控管理】 一是开展“一加强两遏制”专项排查、“强履职、治顽疾”“两个加强、两个遏制”、安全专项大检查等工作，及时消除经营管理中的各类风险，严肃经营纪律。二是开展各级人员操作和业务培训，安全和消防培训，建立健全分公司《案件管理和案件防范制度》《负责人安全职责》《安全员职责》等制度。三是处理“95580”投诉工单，分析客户投诉关键点，指导员工解决客户异议。 （区邮政局）

电 信

【概况】 2017年，中国电信璧山分公司设5个部门，即综合管理部、销售服务部、政企客户部、网络部、综合支撑中心。城区设6个支局即一天门支局、奥康支局、绿岛支局、瀚恩支局、文庙支局、园区支局；区乡设八个支局：青杠支局、丁家支局、大路支局、来凤支局、大兴支局、河边支局、广普支局、八塘支局。现有从业人员134人。其中，合同制员工85人，代管外包人员49人；本科及以上学历61人，专科学历63人，专科以下学历10人，平均年龄34.6岁。

建成天翼专营店83个。其中，全网通手机店35个，电宽带服务中心48个。面向璧山区广大光宽带用户和天翼高清业务的客户推出“当日装、当日修、慢必赔”举措，树立宽带产品服务的新标杆。

实现全光网“同城领先”的目标。璧山区光网城市覆盖率99.62%，乡镇覆盖率98.1%，行政村覆盖率71.86%；城区宽带能力1000M（流量，下同），行政村宽带能力200M，可根据用户实际需求定制高带宽业务。 （中国电信璧山分公司）

移动通信

【概况】 中国移动通信集团重庆有限公司璧山分公司（以下简称璧山移动）隶属于中国移动通信集团重庆有限公司。自1999年9月成立以来，以客户为根，服务为本，建设以销售、服务、协调为中心的渠道平台，促进整体市场健康发展。现有员工120人，平均年龄33岁，大学本科及以上占比78.3%，党员33人。

2017年，璧山移动基站总数量1856个。其中，2G基站473个，4G基站1310个；基站建设完成宏站150多个，室分170个，NB建设70个。

【网络建设】 完成家庭宽带建设6万多线。在农村宽带建设通过互挂、自建等方式，建成农村宽带7000线；建设零星专线360条，建设医保网专线150条。建设和开通秀湖公园、东岳公园、观光路线26个热点52个AP。对无线城市105个热点每月巡查1次，新建热点26个，产生流量2780G，用户超5万人/次使用，每半月生成1次报告，计24期。通过2017年的网络建设，璧山移动的专线、驻地网、WLAN等业务快速发展，分公司全年基础网络建设总投资为8000万元。其中农村网络建设投资金额2000万元，农村网络建设投资占分公司总投资的33.51%。

（中国移动璧山分公司）

联合网络通信

【概况】 中国联合网络通信有限公司璧山区分公司是中国联通在璧山区的分支机构。成立于2002年2月，分公司设有6个职能部门：综合部、销售服务支撑中心、建设维护中心、城区综合网格、乡镇综合网格、集团综合网格。

2017年，全区安装宽带端口56826个，城区及重点乡镇实现全光覆盖。用户实名制比例为100%，并且成功捣毁多个电信诈骗恶意呼叫窝点，销毁用于电信诈骗的各运营商电话卡600张。建成基站1200个。重点区域4G网络RSRP≥-100dBm的比例达到94.35%，实测上网速率超过50Mbps。

2017年壁山联通公司用户数据情况

表8-13　　单位：户

ARPU	用户数据	占比
0-30	72900	45%
30-50	27540	17%
50-80	29160	18%
80以上	30780	19%
合计	162000	

（中国联通壁山分公司）

延伸阅读▶▶

科技创新引领 五年铸就经济发展新动能

搭建平台促进成果转化

科技成果转移转化不畅，是制约创新驱动发展战略实施的重要瓶颈。五年来，壁山区着力搭建公共服务平台，努力促进科技成果转移转化。

壁山区与意大利圣安娜大学、重庆大学签署合作协议，共建“中意创新产业园”，围绕虚拟现实、生物医疗、生命科学等领域开展研究及成果转移转化。

壁山区与相关单位共同组建重庆军民融合协同创新研究院，引导先进军民资源、科技成果落户重庆进行转移、转化和产业化，培育发展战略性新兴产业。

壁山区建成“壁山科技服务平台”，平台通过开设“技术市场”“知识产权”“科技资源”等版块，提供科技政策信息发布、技术成果展示对接、难题需求招投标、知识产权管理、创新创业互动等服务。

同时，壁山国家高新区正与重庆理工大学合作，探索建立科技型中小企业研发共享服务中心，通过“政府引导、市场化运营”，为科技型中小企业提供专业化服务。（刘畅）

城乡建设

城乡规划

【璧山城市总体规划局部修改】 《璧山城市总体规划（2013年编制）》（2016年局部修改）于2017年6月7日获市政府批准。该规划在现行总体规划确定的人口规模47万人、城市建设用地53.5平方千米不变的前提下，调整优化城市规划用地布局，对各组团及片区的建设用地规模进行平移、置换，为市级重点项目“重庆山水主题小镇—六旗乐园”依法依规落地建设和重庆护理职业学院办学需求提供规划保障。

【控规编制】 《六旗乐园片区控制性详细规划》获区政府批准，实现城市总规局部修改后控规全覆盖目标。工业园区璧城组团控规修改、重庆绿岛新区控规修改、重庆御湖新区控规修改和璧山区旧城片区控规修改获区政府批准。

【专项规划编制】 基本完成“多规合一”编制工作。该规划统筹城乡总体规划、土地利用总体规划、生态环境保护规划等规划，形成生态保护空间、基本农田空间、建设空间协调一致的“多规合一”一张图规划成果。《璧山区城市综合管廊专项规划》和《璧山区土石方平衡专项规划》获区政府批准。

【村规划编制】 璧城街道天池村等80个行政村《村建设规划》获区政府批准。组织完成丁家街道八寿村等47个行政村的《村域现状分析及规划指引》的编制工作。实现全区135个村“村域现状分析及规划指引”全覆盖，村建设规划编制覆盖率59%。

【城乡规划管理】 全区核发用地规划许可面积138万平方米，核发工程规划许可总建筑面积193万平方米，完成规划方案审批总建筑面积485.2万平方米，完成竣工规划核实总建筑面积223.8万平方米。全区立案查处违法建设案件387件，建筑面积7.83万平方米。其中，违法建筑377件，面积2.02万平方米；违法建设行为10件，面积5.81万平方米。开展违法建筑专项整治工作。草拟《璧山区2017年违法建设整治实施方案》并经区府办印发实施，将违法建设整治工作由城区推进到镇街，进一步完善巡查、快速处置工作机制。消除新增违法建筑0.73万平方米；整治存量违法建筑13.78万平方米。

【地下管线工作】 《重庆市城市管线条例》于1月1日起实施，全区加强管线项目的规划审批工作，全年核发选址意见书6件，核发工程规划许可证1件。完成地下管线综合数据库的更新工作。

【测绘工作】 完成六旗乐园项目用地范围、重庆绿岛新区未建设区域、璧山国家高新区未建设区域的老旧1:500地形图修测，总计面积约32.52平方千米。

【综合数据库建设】 完成“璧山区综合数据库”建设工作。该数据库包含基本地图数据库、现状地表数据库、综合发展数据库、城市运行数据库、规划成果数据库和规划管理数据库，实现全区空间范围规划“一张图”管理。完成地理国情数据库、村镇规划信息数据库、区县建筑物信息的更新工作。（区规划局）

城市建设

【概况】 2017年，完成城市总规修编，实现城乡规划全覆盖，增加城市发展用地规模空间8.5平方千米，城市建成区面积拓展到48平方千米。完成城市综合管廊专项规划、城市排水（雨水、污水）专项规划、海绵城市建设专项规划，提升城市建设水平。

【重点工程建设】 海绵城市建设工作。根据《璧山区海绵城市专项规划（2016—2030）》《璧山区“十三五”海绵城市建设规划（2016—2020）》，结合璧山区项目建设计划，明确规划试点面积8.35平方千米，计划到2018年三年完成海绵城市建设投资14.64亿元，完成项目74个。璧山区海绵城市建设累计完成投资5.07亿元，完工面积5.06平方千米，待建面积3.29平方千米，完工项目41个，待建项目33个。其他基础设施建设。新建生态停车场19个，新增公共停车位3469个。河湖水系连通工程顺利实施，城区水面比例提高到10.6%，人均水面面积达到10.2平方米。投资1929万元，建成城市污水管网16.77千米；投资900万元，建设消火栓872个。改造消防设施老旧居住建筑40栋和改造棚户区1.1万平方米。

图表20 图为御湖小学停车场效果图

（黄萍 供图）

【城市道路建设】 投资16834万元，新开工城市道路3.41千米。其中：由区交委建设的六旗大道全长2180米,双向六车道,完成投资约13636万元；由绿岛新区管委会建设的1号支路全长400米，双向四车道，完成投资约500万元；由区城乡建委建设的安居路北延伸段道路改造工程360米，完成投资约1900万元，红宇大桥西桥头沿河道路扩建工程470米，完成投资约282万元。

【建设审查与审批】 为进一步推进行政审批“两集中两到位”，10月设立行政审批科。10月26日，行政审批科6名工作人员入驻区行政服务中心区城乡建委窗口，各行政审批事项具体办法、办事指南、办事流程图、格式文书制定完备。全年办理直接发包项目57个，建筑面积204.55万平方米，总投资20.24亿元。其中，房地产开发项目38个，建筑面积177.92万平方米，投资金额17.39亿元；工业建设项目15个，建筑面积24.21万平方米，投资金额2.65亿元；居民自建房屋3个，建筑面积2.28万平方米，投资金额0.18亿元。办理国有房屋建筑及市政项目合同备案60个。办理建设工程四方责任单位人员备案71项。新增质量报监69个房建项目，总建筑面积478万平方米；7个市政工程项目，总造价10454万元。办理建筑工程施工许可证73个项目，总建筑面积195.3万平方米。其中，房地产开发项目36个，建筑面积159万平方米，同比增速2.9%。建设工程竣工验收备案登记110个，建筑面积217.2万平方米，增速105%，其中房地产开发竣工备案登记53个，建筑面积151.1万平方米。

【建设工程质量监管】 重点监督全区在建项目执行法律法规、强制性标准、质量行为等。监督工程量134项，建面451万平方米，比2016年上升19%；竣工64项，建面214万平方米，比上年下降47.6%；施工企业诚信评价打分337项次，比上年下降0.01%。全年巡查检查205次，下发整改通知书27份，项目经理违法违纪行为累计计分50分。受理各类质量投诉、来信来访等68件，比2016年下降2%。主办重庆市第三片区工程质量观摩会，11个区县400人参加；组织专业培训学习24次，累计850人次参加。

【城乡建设纠纷调处】 收到并办理市、区信访办网等信访件184件（市、区信访办转办信访件29件次，群众来信来访59件次，政府公开信箱投诉26件次，其他转办投诉案件20件次,处理民工清欠项目50次），95%以上息访，未发生到京非正常上访、集访事件。重点涉及房屋开发建设、质量投诉、建筑工伤纠纷、拖欠工程款、劳务纠纷等问题。市重点督办的房地产开发建设信访突出问题即璧山绿城·上岛项目一直处于稳控中。主要做法：一是成立信访纠纷调解领导小组，委班子每月专题分析研判信访矛盾形势，逐项目包案，全员行动，开展2次全覆盖调研。二是在元旦、春节、国庆、中共十九大等重要时节对全区所有在建项目进行分组管理，落实分管领导和科室负责，重点抓安全、质量、民工拖欠等问题的摸底排查和矛盾提前化解，并及时协调处置涉及资金短缺、内部配套设施不完善等问题。三是强化一企一案、逐项目重点矛盾评估预判、一事一案、特事特办、限时督办、遗留问题处理等措施。 （黄　萍）

村镇建设

【概况】 2017年，继续打造市级特色小镇1个，着力打造七塘镇人居环境示范片，创建绿色村庄5个，美丽宜居村庄4个，超任务创整洁庭院建设522户，镇街基础设施建设进一步完善，农村居民居住生活环境进一步改善。

【特色小镇建设】 福禄镇以柑橘文化为核心，继续打造市级特色小镇，2017年重点打造福禄镇滨河路改造项目。项目投资1980万元，项目占地5337平方米，包含场镇管网测绘、场镇地形图测绘、滨河路危房拆危、场镇立体绿化、中小学风貌整治、环城路行道树树框硬化等。其中，建设景观道路3644平方米，建筑物立面整治维修6500平方米，水电安装4560平方米，停车场1693平方米。建设福禄镇橘乡大道3.29千米，路基宽度6.5米，路面宽度6.0米。主要工程内容包括挖填土石方、新修44米桥梁、新修边沟、路基防护、铺筑路面、新修涵洞、增设波行梁钢护栏、标线及标志牌等。

【改善农村人居环境】 着力打造七塘镇金色郊园改善农村人居环境示范片，加大对农村居民生活环境的改善力度。一是美化河堤两岸。打造璧北河杨家桥至寿龙桥河段堤岸，绿化河堤长度2100

图表21　图为福禄镇福兴公园

（区城乡建委　供图）

米，面积11000平方米。二是美化可视公路两侧。绿化公路两侧，栽种行道树及美人蕉，绿化长度15千米，绿化岔路口面积4500平方米。三是突出环境卫生整治。新修垃圾台83个，垃圾箱体15个，垃圾桶600个，实行镇、村、清洁公司三结合，落实专人常年保洁，实现场镇全天候、全方位保洁。四是突出基础设施建设。以道路硬化、社区综合服务中心等建设为工作重点，硬化农村公路9条、15千米；铺设人行道8000平方米，新修田间便道3500米，人居环境“提档升级”。打造七塘镇建设村、喜观村、将军村，河边镇复兴村4个美丽宜居村庄，完成公路沿线庭院整治和绿化、公路沿途绿化以及重要节点的景观石、景观墙打造。创建大路街道团坝村、丁家街道莲花坝村、福禄镇斑竹村、七塘镇盐店村、八塘镇前进村5个绿色村庄。完成522户整洁庭院的创建工作。

【农村危旧房改造】　在没有市级任务的情况下，依据精准扶贫的原则，由区财政出资危旧房改造建卡贫困户290户。改造采取“主体排危、风貌改造、环境整治”的模式，在解决房屋安全的同时，注重农房巴渝民居风貌改善，做到“改危”与“改观”并举。

图表22　图为七塘镇喜观村标准院落

（璧山报社　供图）

勘察设计

【概况】　2017年，全区原有设计企业1家，即重庆市瑞丰建筑勘察设计有限责任公司，资质为建筑行业（建筑工程）甲级，市政行业（道路工程）专业乙级，拥有具有注册执业资格的专业技术人员17人，其他非注册类技术人员35人。全年新增设计公司1家，即重庆城行工程规划设计研究院有限公司，有职工20人，拥有公路行业（公路）专业丙级资质，在产业上形成以工程勘察、规划、设计为主体，在行业上以房屋建筑、风景园林、市政道路桥梁、公路为主导的格局。

【工程质量管理】　全年办理初步设计审批项目55个（其中初设备案项目14个），建筑物总面积2384934.28平方米，总概算796485.46万元（含道路、桥梁等市政工程），节能强制性标准执行率100%（其中，工业项目建筑物总面积319505.54平方米，概算投资63614.41万元；房地产开发项目面积1931203.93平方米，概算投资637568.32万元。市政道路及管网总长13953.94米）。办理施工图审查备案97件，总面积2168389.67平方米（施工图变更、幕墙工程、市政道路桥梁工程等未计入面积），节能强制性标准执行率100%。按照事前例行审查、事后专家抽查的方式对勘察设计质量进行把关，保障建设工程的勘察设计质量。

（区城乡建委）

城市管理

【概况】　2017年，根据党中央、国务院的统一部署，以及市委、市政府的统一要求，经区委、区政府研究决

图表 23　图为授牌现场

（璧山报社　供图）

定，撤销中共重庆市璧山区市政园林管理局党组，成立中共重庆市璧山区城市管理局委员会。撤销重庆市璧山区市政园林管理局，成立重庆市璧山区城市管理局（重庆市璧山区城市管理综合行政执法局）。

【市政基础设施维护管理】　不断加强市政设施精细化管护水平，提升基础设施承载能力。一是全年修补人行道 29692.66 平方米，修补草油路面 30853.8 平方米，修补路沿石 4769.4 米，维修混凝土路面 1558.36 平方米，市政设施完好率达 98%以上。二是更换自调式防沉降球墨铸铁防盗井盖 200 套、水篦子 1055 套。三是疏浚清掏城区下水道 22 万米。四是突击疏浚维护金剑路下穿道排水管网及污水池。五是控制城市道路开挖，全年办理市政道路挖掘审批 55 件，查处乱开挖道路行为 2 起，办理停车场设置许可 18 件，洗车场设置许可 9 件。

【环境卫生管理】　深入推进城区环境卫生精细化、机械化、常态化管理。一是采购 5 吨后装压缩式垃圾车 2 辆、8 吨高压清洗车 2 辆、3 吨后装压缩式垃圾车 1 辆、1.5 吨路面养护车 4 辆、1.5 吨后装自卸垃圾车 3 辆、大件垃圾收集车 1 辆、轮式挖掘机 1 辆、电动三轮快速保洁车 30 辆、15 立方米移动式压缩垃圾箱 7 个、河道机动清漂船 3 艘、玻璃钢复合材料果皮箱 500 个、240 升塑料垃圾桶 1000 个。二是升级改造芋荷生态停车场、24 队车站、一天门、战斗路、陵园的 5 座公厕和一人巷、北街、大成广场、陵园的 4 座垃圾收集站。三是修建东岳体育公园、秀湖汽车露营地、聚金大桥清漂专用码头 3 个。四是新增俊豪城中央大街、众泰生态停车场、伊顿幼儿园旁等 10 个环卫爱心驿站。五是在瀛嘉天下、漫水湾公园、野庐公园等地选址增设中水加水桩 33 个。六是在俊豪城中央大街、秀湖公园、东岳体育公园等 30 座标准化公厕内安装直饮水机，24 小时免费提供开水和常温水。

【城市照明设施建设】　加强路灯灯饰功能照明，实现高效节能。一是实施路灯新建改造工程，新

图表 24　图为璧山城区标准化公厕一角

（谢捷　摄）

建改造路灯650盏，主次干道装灯率100%。二是强化道路照明设施日常维护管理，确保全城22000盏路灯设施完好率和亮灯率均达99%以上。三是完成新塔还建房、金剑路、秀湖公园、人民广场陈旧锈蚀电杆、标志标牌、箱体、围墙、景观石等涂装改色翻新近20000平方米。四是提升智能化管理水平，在秀湖公园水街、翰林院、雪山路等区域新安装路灯灯饰智能化控制终端设备23套，城区智能化控制覆盖率达90%以上。五是建设临高桥、龙珰山公园、东岳体育公园等景观照明休闲亭5座。六是启动“一塔两馆三中心四节点”10处13幢公共建筑景观灯饰建设工作，完成13栋公共建筑现场勘查及概念性景观照明设计。七是持续推进夜景灯饰“三同时”制度，审批验收社会单位配套灯饰建设项目45件计150幢楼宇。

【市政监察执法】 加强市容秩序常态化管理，提升市政管理执法水平。一是开展各类乱点专项整治行动。二是深化市容环境综合整治成果。三是实行“网格化”管理，对管理区域采取定路段、定人员、定目标、定责任、定奖惩的“五定”措施，落实划片包干责任制。四是整治小广告张贴，在背街小巷、居民小区新增广告张贴栏260块，清除牛皮癣31375张。五是禁止一切竖幅横幅标语，取消店招牌底板赔偿费，审批备案店招1618块，拆除LED508起，拆除灯箱465起，拆除违规户外广告248块、店招牌186块，合规率98.5%。

【智慧城市管理】 智慧城市管理平台扩容升级。一是扩展智慧城管系统覆盖区域，纳入智慧城市管理一类责任单位22家，二类责任单位11家，通过439个“万米单元网格”系统，覆盖城区重点区域24.4平方千米。二是逐步融合市政信息系统功能，接入视频监控、园林绿化、路灯及环卫车辆GPS定位等系统。实现市政信息的在线监控和管理。全年实施视频抓拍1300件，处置1300件，按期结案率100%。三是全面接入并启动“12319”城市管理服务热线、阳光重庆114热线、政府公开信箱及网络舆情处理系统，开通区“41512319”“41555319”建设垃圾24小时及城市管理服务热线，接收市民的投诉、咨询及建议。受理各类民生诉求283件，处置283件，按期结案率100%，群众满意度100%。

【垃圾处置费征收】 定期召集收费人员接受相关法律法规、财务票据、礼仪等学习培训，以提升服务质量促进征收效率的提高。对申请报停的商业门店逐一上门核实，将三角滩、温泉、金科、南门唐城等区域纳入征收范围，对新增片区的商业门店进行实地走访。全年征收垃圾处置费1706.48万元。

【绿城建设】 按照“秀美绿城”定位，加强城市山体、水系的保护和利用，坚持“绿随路建”，坚持沿道路退让10至40米用于城市绿化，推进完成福顺大道西延段、银山路西延段等新建道路绿

图表25　图为观音塘湿地公园一角

（曾清龙　摄）

地建设。引进金边山莞兰、香露兜、翠芦莉、火星花等100种水生植物。城区植物品种达到2800种，建成区公共绿地面积超过1900万平方米，人均公园绿地面积达29平方米。

【公园与广场建设】 竣工投用龙珰山公园、东岳体育公园、青杠公园、塘坊社区公园等，启动建设秀湖汽车露营公园，东岳体育公园获“市级大型城市体育公园”称号。城区大小公园30个，广场20个，休闲亭110个。

【生态停车场建设】 新建红土地、大泰、俊豪中央大街等生态停车场12个，新增公共停车位1482个，生态停车场总数达到68个，开敞治理城市公共空间66.67公顷，生态停车场停车泊位总数达到8128个。

【标准厕所建设】 新建标准化公厕5座，分别是俊豪城中央大街公厕、众泰生态停车场公厕、东岳体育公园公厕、芋荷公租房公厕、青杠公园公厕。

【农村生活垃圾治理】 按照“村归、镇集、区运输、区处理”的模式，清理历年存量各类垃圾5000吨，建立村级专收员队伍156人，保洁员队伍492人，新建垃圾收集（站）点4972个，配置三轮垃圾收集车156台，建设阳光辅热堆肥房5个，通过拉网式高密度巡查清理，全区156个涉农行政村（社区）生活垃圾得到治理，顺利通过市级验收，农村垃圾治理的短板得以补齐。

（区城市管理局）

园林绿化

【园林绿化建设】 2017年，城市园林绿化工作坚持科学规划、品质建设、精细管理，大力推进深绿型生态化城市建设，以还原城市自然本色，优化“环境功能”，提升“幸福指数”为着力点，全力改善城市环境。一是持续打造秀美绿城。按照“深绿城市”定位，加强城市山体、水系的保护和利用，坚持“绿随路建”，坚持沿道路退让10至40米用于城市绿化，进一步提升城市道路景观品位，延伸城市绿廊、绿带。建成太阳堡公租房、越野赛车场、新公安局、两山景苑公租房等7处配套绿化。

二是坚持生物多样化。全城引进栽植西凤竹、石心竹、长寿竹等16个竹子品种近2666.67公顷。引进血橙、枇杷、李等20种大规格（胸径10—20厘米）本土果树品种栽植于秀湖公园内。引进金边山莞兰、香露兜、翠芦莉、火星花等100种水生植物，着重用于建设东岳体育公园、龙珰山公园，并进一步完善观音塘湿地公园、秀湖公园的植物品种。城区植物品种达到2800种。

三是推进城市景观文化建设。采购灵璧石、太湖石、三峡石、雅安石等10省市景观石3000块，安放2000块，吟诗赋词、史志典故，挖掘传承璧山历史文化。

新增城市园林绿地面积100万平方米，建成区绿化覆盖率提高到50%。

【立体绿化建设】 实施居民户立体绿化1500户、新增立体绿化面积1.1万平方米，新建示范街区9条、规模示范点3个，新建公厕、垃圾站台等公共建筑立体绿化基本实现全覆盖，立体绿化面积达到25万平方米。

【苗圃建设】 启动鲜草花基地和苗圃建设，建成人民广场东、西支路等苗圃基地4个，储备木槿、黄花槐、黄桷兰等开花植物及红叶石楠等彩叶植物，逐步解决日常用鲜草花和补植补栽所需苗木。采取综合措施，降低投入，节约资金20%以上。

2017 年重庆市璧山区新建公园、广场位置一览表

表 8-14 单位：公顷

名称	地址	建成时间	面积	备注
龙珰山公园	青杠街道	2017 年 2 月	8.20	
东岳体育公园	璧泉街道	2017 年 9 月 28 日	23.33	
秀湖汽车露营公园	璧泉街道	暂未投用	16.67	
青杠公园	青杠街道	2017 年 12 月	7.33	
塘坊社区公园	青杠街道	2017 年 12 月	0.67	
俊豪广场	璧泉街道	2017 年 11 月	2.00	
塘坊广场	青杠街道	2017 年 11 月	0.33	

（区城市管理局）

建 筑 业

【概况】 2017 年，全区有建筑资质企业 96 家。其中，一级建筑工程施工总承包资质 3 家，一级建筑装修装饰专业承包 1 家；二级建筑工程施工总承包 8 家，二级专业承包 10 家；三级建筑工程施工总承包 33 家，三级专业承包企业 9 家；不分等级企业 32 家。建筑行业从业人员 2.89 万人。总承包产值超亿元的企业 9 家，同比增加 1 家。新办建筑企业资质 6 家、增项 3 家、上报市建委 4 家（其中成功申报建筑工程三升二级 1 家，专业承包 2 家）。

【建筑科技教育】 严格贯彻执行市城乡建委“一至八号禁限通告”。通过发文、会议、培训、会谈等形式深度与企业交流，努力推广新技术、新材料。建成一批技术复杂、质量要求高的大型市政工程和大型公共建筑，轨道交通大学城至璧山延伸段开始掘进，成功推动一大批新技术运用的常态化，如中空玻璃、高强钢筋、新型建筑保温材料、预拌混凝土、节能型烧结页岩空心砖砌体等。施工企业在土石方、基础工程、吊装等施工过程中大量使用施工机械，且企业的施工机械设备的技术装备率和动力装备率逐年提高。计算机及信息技术在企业和工程项目上得到充分运用，成功将远程电子监管体系运用到大部分在建工程。办理建造初始注册 87 人，变更注册 39 人，注销注册 4 人，重新注册 4 人，通过市建委审批，均在规定时间内取得执业资格证书。开展建设工程岗位培训 2 次。参加培训人员 362 人，231 人获建设工程岗位证书。开展五大员继续教育 3 次，参加建设工程岗位证书的继续教育 569 人次，更换证书 174 本。

【建筑节能建设】 通过能效测评单位工程 190 个，公建面积约 166 万平方米，能效测评合格率 100%。全年强制执行公共建筑绿色建筑标准项目 6 个，建筑面积约 9.7 万平方米。在全市区县中首先形成大规模推广居住绿建项目，推动项目 8 个，建筑面积约 96.5 万平方米（含金级 31.8 万平方米）。其中，一个金级项目（24.8 万平方米）通过设计评价专家评审，一个项目（12.8 万平方米）执行居住建筑节能 65%（绿色建筑）设计标准，其余项目均在设计评价申报准备阶段。

【建筑工程招投标管理】 招标国有建设项目（含市政道路和桥梁）59 个，中标金额 12.11 亿元，较上年同期增加 5 个。金额增加 0.6 亿元。参与会审全区招标文件 130 个，较 2016 年同期 126 个增

加4个。全年处理招标投标投诉及举报5个，均按相关规定向投诉人作出回复。办理国有房屋建筑和市政工程增减工程量审批23个。参与制定《重庆市璧山区国有建设项目招标投标实施细则(试行)》文件；重新修订、发布《房屋建筑及市政工程招标文件示范文本》及施工合同示范文本。

【工程监理】 各工程监理企业在正式签订监理合同之日起15日内，通过“重庆市建设工程监理信息管理系统”填报监理合同备案信息，并提交相关附件材料。办理房屋建筑工程监理合同备案项目52个。参与监理合同备案的监理单位23个，项目总监52个，主监77个，辅监29个，监理员81个。其中，国有投资项目13个，私人投资项目39个。全年未发现违法行为。

【工程质量检测】 按照《实验室资质认定评审准则》《质量手册》《程序文件》开展工作，组织“实验室内部质量监督”“内部审核”和“管理评审”。对全区监管的在建工程各种建筑材料及构配件进行质量检测。完成材料力学性能检测、主体结构实体检测等报告4997份，包括混凝土保护层厚度等主体结构实体检测793份，钢筋焊接、机械连接、混凝土抗压强度等材料力学性能检测40204份。与2016年相比检测报告数量下降3.5%。

【预拌砼行业】 据本辖区内4家混凝土生产企业上报数据统计，全年全区预拌混凝土生产量180.98万立方米，同比增加14.35万立方米，增幅8.6%；企业生产总值53155万元，增加6057万元，增幅15.9%；企业创税3507万元，减少118万元，减幅3.6%；企业净利润7570万元，增加876万元，增幅14.0%。

【建筑安全生产管理】 全年新受理房屋建筑和市政基础设施项目安全报监73个，总面积288万平方米，新报监工程总造价31亿元。累计监督项目163个（含土石方工程扬尘备案项目17个），总面积644.9万平方米，总造价95亿元。新办理建筑起重机械设备备案56台，安装告知154台，使用登记122台，拆除告知152台，注销21台。印发安全专项文件42个，召开安全会议10次，安全知识讲座进工地36场，惠及3000名从业人员。完成“安管人员”继续教育培训考核161人和新考人员培训58人。实施企业安全生产条件动态抽查5家。发送预警信息85条，处理投诉57件(次)，约谈项目25次，简易处罚215件，立案查处31件，收缴罚款56.7万元。巩固和创建扬尘控制示范工地10个，创建市级文明工地1个，完成“智慧工地”创建项目2个。

【工程档案】 档案室新馆库（原文体广场1号楼），11月开工装修建设，面积1473平方米。启用新的档案验收意见书、业务指导服务告知书，原档案专项验收文书废止，移交电子档案纳入新接收进馆项目档案必备条件，成立项目跟踪业务指导服务组3个。签订档案报送责任书72份，档案业务指导告知书46份，业务指导165个单位工程，1600人（次），提出档案整改意见200份，专项验收工程档案90个，接收进馆档案86个10588卷，光盘91张，照片132册；著录86个工程，馆藏档案9万卷。

（黄　萍）

生态环境保护

【概况】 2017年，全区环保工作牢固树立生态优先、绿色发展理念，全面落实陈敏尔书记视察璧山重要讲话精神，围绕“三区一美”行动计划，以生态创建为主要抓手，以改善环境质量为核心，深入实施五大环保行动，全力推进中央环保督察整改，生态文明建设成效显著，生态环境质量持续改善，人民群众获得感和满意度不断提升。

【主要污染物总量减排】 督促环投公司、洁源公司稳定运行污水处理设施，31个污水处理厂总量减排达到考核目标要求。冀东水泥璧山有限公司4500吨/日熟料生产线脱硝设施稳定运行，氮氧化物排放浓度不超过320毫克/立方米。完成6家规模化畜禽养殖污染治理工作。主要污染物减排预期完成比例为（市级考核基准年为2015年）：化学需氧量降低12.5%，氨氮降低10.3%，二氧化硫降低12.9%，氮氧化物降低11.2%。

【服务和优化经济发展】 实现环保审批统一受理和一站式服务，大力服务高新区发展，众泰整车项目等重点项目顺利通过环保审批。严格实行规划环评与项目环评联动，不符合政策要求或者规划环评要求的一律不予引进。建立部门联动机制，属于“严控清单”禁止或限制内容的，区发展改革委、区工商局、区供电公司需听取环保局意见，一经核实，不予办理相关手续，招商引资项目均以满足环保准入为前提。审批项目173个均满足规划环评要求。建立事中事后监管协作机制，依托环保物联网平台，实现建设项目信息共享，建设项目在取得环评批准书后，系统自动生成巡查任务，形成常态化巡查监管体系，实现环保管理的无缝连接。全面开展排污许可证核发工作，全面部署排污许可证全覆盖工作，核发排污许可证203个。提前完成27家企业国家排污许可证核发任务。其中，水泥企业1家（冀东水泥），电镀企业26家。开展排污权有偿使用和交易，核定工业企业排污权285家，购买化学需氧量479吨，氨氮53.9吨，二氧化硫880.1吨，氮氧化物1262.8吨，交易金额305万元。

图表26 图为环保信息电子地图

（曾清龙 摄）

【生态环保法治】 关停整治高污染企业，配合市环保局深入开展环保执法利剑行动，关停工业企业148个，养殖场12个，洗车场1个，整治工业企业205家，办理行政处罚案件162件，同比增长6.58%；处罚金额574.14万元，同比增长9.37%。实施限产停产案件7件，移送行政拘留案件5件，查封扣押案件4件，环境污染犯罪案件3件，办理群众信访投诉2688件。

【中央环保督察问题整改】 坚持将中央环保督察整改作为生态创建考核的一票否决指标，成立区长任组长，区委、区政府分管领导任副组长的领导小组，下设办公室在区环保局。8位区领导作为牵头领导，13个区级部门作为责任单位，20个区级部门、单位和15个镇街全面参与。全面推进中央环保督察反馈意见整改，自查梳理整改措施31项和具体问题31个，制定并印发34个“一案一策”细化整改方案。切实加大整改工作力度，推动涉及环境监管执法、环保责任追究、环保表彰奖励、环境基础设施建设、环境污染治理等方面的31个突出问题按期销号，推进环保工作整体水平进一步提高。其中，解决高新区久拖未验项目问题67个，全面完善环保手续项目37个，关停或搬迁项目30个。区政府对在全区环境保护工作中表现优秀的集体和个人进行奖励，对做出较大贡献集体2个和个人10名记三等功，对表现突出的4个集体和20名个人给予嘉奖。区纪检监察部门对环保职责履行不到位或工作推进不力的单位和个人进行问责，全区22名领导干部因生态环保问题被问责，督促切实扛起生态环保的政治责任。

【环境安全】 深入开展“两会一节环境安全”“汛期环境安全隐患排查”“防范和打击长江流域一条龙式破坏生态环境违法犯罪”“长江经济带化工企业专项整治”等突发环境事件隐患排查整治专项行动，检查工业企业124家次，发现环境风险隐患46处，基本整改完毕。编制完成《璧山区环境保护局重特大环境污染事故应急预案》《璧山区环境行政执法支队环境突发事件应急预案》《璧山区集中式饮用水水源地突发环境事件应急预案》3个应急预案。对风险源企业开展环境风险评估、完善风险防控设施，119家企事业单位完成突发环境事件应急预案的备案工作。严格执行24小时应急值班值守和紧急信息报送制度，规范突发事件信息的初报、续报和终报工作，完善预警信息通报与发布制度，确保信息报送的时效性和准确性。10月27日，在璧山区电镀园区、璧南河组织开展电镀废水外泄威胁璧南河及下游饮用水源地突发环境污染应急处置演练，提高应对环境突发事件的实战水平。璧山区环境应急能力地市级二级标准化达标建设通过市环保局验收。

【环保物联网建设】 建立包括5000个污染源的基础数据库，采用“互联网+探头”，对重点污染源和涉危涉重企业及主要环境质量信息进行全天候自动监控，系统通过数据比对、视频分析等技术手段，第一时间自动分析预警，自动生成环境监管任务。通过“互联网+移动终端”，将环保部门和区级相关部门及镇街执法人员联系起来，工作任务通过移动终端及时派发到每一个具体责任人，实现环境监管横向到边、纵向到底。以排污许可证管理为核心，通过环保物联网平台串联各项环保业务工作，实时共享审批、监测、处罚等动态数据，实现全过程信息协同。

【五大环保行动】 实施“蓝天行动”。一是控制工业污染。加强重点行业废气治理，督促冀东水泥璧山有限公司稳定运行废气污染治理设施；落实水泥行业、砖瓦行业错峰生产安排，减少大气污染物排放；关停烧结砖厂6家和专项整治烧结砖厂32家；深度治理德忠制版等大气污染扰民企业4家。二是控制交通污染。淘汰黄标车312辆，超额完成市政府下达的300辆淘汰任务；建立机动车路检点2个，路检机动车2000辆；区政府发

图表 27　图为建设中的大路道口污水处理厂

（区环保局　供图）

布《关于划定高排放非道路移动机械禁止使用区域的通告》，将城市建成区和规划建成区划入高排放非道路移动机械禁止使用区域范围；加强油品质量管理，全区36家加油站全面供应“国五”标准油并实现油气回收装置全覆盖。三是控制扬尘污染。督促全区104个在建工地严格落实控尘八项规定；完成绿岛新区经济适用房一标段等10个扬尘控制示范工地的建设巩固工作；完成璧青路南段等10条扬尘控制示范道路的建设和巩固工作；督促区城市管理局合理制定作业路线、频次，抓好城市主干道、工地集中区域的道路冲洗和清扫保洁工作。四是控制生活污染。划定约39.16平方千米高污染燃料禁燃区。150平方米以上的餐饮单位（汤锅类除外）全部安装油烟治理设施，油烟污染治理餐饮单位10家。五是推进联防联控。深入实施大气污染防治攻坚行动，建立大气污染源网格化管理机制，将全区4063个大气污染源纳入网格化管理；建立PM2.5、PM10、臭氧等污染物的2小时预警机制，及时采取有针对性的应急措施，实施精准管控；完成空气自动监测站点位调整并启动增设工作。空气质量优良天数达到242天，9月至12月同比增加21天，PM2.5平均浓度为60微克/立方米，9月至12月同比下降20%，达到考核要求。二氧化硫、二氧化氮、臭氧、一氧化碳平均浓度均达标。

实施“碧水行动”。一是推进次级河流整治。编制并实施《璧南河流域水环境质量限期达标规划（2017—2020年）》，达标整治水库、山坪塘和精养鱼池，建立清漂保洁的长效机制和污染防治联防联控机制，商请江津区环保局对璧南河江津段河道影响区内畜禽养殖、人工垂钓等污染源开展整治。二是推进饮用水源保护。编制并实施《璧山区集中式饮用水源地水环境质量限期达标规划（2017—-2020年）》，调整划分全区集中式饮用水源保护区，推进规范化建设，完成集中式饮用水源系统调查并形成调查报告和地下水调查工作，落实城市集中式饮用水源信息公开。三是推进畜禽养殖污染治理。完成2.7万头生猪当量的污染治理配套设施工程整改工作，6家规模化畜禽养殖场的污染治理工作。四是推进地下水污染防治。完成27个加油站地下油罐更新为双层罐或建设防治渗池。五是建立沿江沿河化工企业数据库。结合化工污染专项行动，采录建研科之杰、江川化工等10家企业的排污口信息、行政处罚、设施运行等数据信息。同心水库、盐井河水库和三江水库3个城市集中饮用水源地水质达标率为100%。38个镇街集中式饮用水源地水质达标率为92.1%。璧南河、璧北河水质总体达到水域功能要求。

实施“宁静行动”。“璧南河1号”创建为2017年度安静居住小区，红宇家苑、天佑山水国际小区复查达标。完成6平方千米环境噪声达标区创建。整治璧城街道上海城海鲜排骨餐馆噪声扰民、璧泉街道钰馨居小区宴百汇餐馆空调外机和风机噪声扰民。化解重庆金锐龙建材有限公司每天夜间排放噪声信访投诉。开展高中考期间噪声专项整治，停止审批除抢险抢修外的夜间施工排放噪声临时许可证，强化夜间巡查力度，保障高中考顺利进行。

实施“绿地行动”。强化机构设置，增设辐射与固体废物管理科。印发《璧山区土壤污染防治行动计划工作方案的通知》，区环保局会同区农委、区国土房管局启动土壤污染状况详查工作。《璧山区土壤污染治理与修复规划》通过专家评审，确定土壤环境重点监管企业名单并按要求签订目标责任书。完成吉旺东福宏洲这一潜在污染地块的调查评估。完成《璧山区生态保护红线划定方案》编制，全区约23%辖区面积划入生态保护红线。开展危险废物规范化管理，危险废物产生和经营单位规范化管理抽查合格率均达到100%，纳入危险废物规范化管理医疗单位223家，实现“应收尽收”和规范化处置全覆盖。危险废物规范化转移汽车维修点33家。危险废物规范化督查考核自查评级为A。

实施“田园行动”。完成3个村农村环境连片整治项目，璧城天池、三合二郎、大路道口3个污水处理设施主体工程全面完工。完成2.7万头生猪当量污染治理配套设施工程整改。

【环境监测】 环境质量监测。开展城区每日环境空气质量监测，获有效监测数据37248个；按月监测2个城区集中式饮用水源，获有效监测数据2016个；完成璧南河、璧北河、梅江河7个监测断面的地表水环境质量监测，获有效监测数据2467个；完成城区区域环境噪声、道路交通噪声、功能区噪声监测任务，获有效监测数据802个；完成城区降尘、降水监测任务，获有效监测数据658个；完成农村环境质量监测任务，获有效监测数据292个。污染源监测。完成全区重点污染源监督监测、“三同时”验收监测、委托监测、比对监测等260个厂次820个排污口的监测，获有效监测数据17321个，质控数据1426个。按时保质完成5个国控污染源和8个市控污染源的监督性监测和比对监测任务。环境应急监测。高标准组织开展重庆亚特高级润滑油有限公司燃爆事件、璧南河污水管网渗漏油污事件、大兴镇梓桐街77号电镀作坊违法排污事件的应急监测，为环境应急事件的处置提供有力的支持。严格质量控制。污染源、地表水、环境空气、降水监测做到不少于10%平行样、10%加标样、10%的自控样，验收监测保证全过程质量保证措施，监测项目做到10%的平行样，10%加标样，10%外控样。强化环境监测三级审核制度，确保环境监测数据的有效性和准确性。区生态环境监测站顺利通过资质认证和能力认证。

【生态村镇创建】 生态创建细胞工程不断深化，全区11个镇街、52个村（社区）通过重庆市生态文明建设示范乡镇（街道）、村（社区）验收，市级生态文明建设示范创建实现涉农镇（街道）、村（社区）全覆盖。

【环境宣传】 开展“6·5”环境日系列宣传活动。围绕“绿水青山就是金山银山”主题，开展“倡导环保传播绿色”璧山环保知识大传送以及环保知识进校园、进社区、进企业等“6·5”环境日系列大型宣传活动。华龙网直播，上万人点击观看。新华网、光明网、中新网、《重庆时报》、重庆新闻联播、《重庆晨报》《上游新闻》《网易新闻》、腾讯新闻、重庆手机报、璧山电视台等20家媒体正面宣传报道。开展生态文明和环保宣传“十进”活动。通过“璧山生态文明建设”专题讲座、《重庆市环境保护条例》专题讲座、资料宣传和课堂讨论、led屏等宣传形式，生态文明和环保宣传“十进”活动进一步延伸到农村和景区，覆盖率达到100%。开展第三届环保公众开放周活动。12月2日至12月5日，邀请党代表、人大代表、政协委员、社会各界人士、学生代表以及媒体代表参加创意环保作品设计大赛、创意环保时装秀、手绘璧山绿等活动，参观璧山区医疗废物处置厂、无人机巡查河流断面等璧山环保和生态文明建设工作成效。邀请市环保局宣教国合处处长苟渊到璧山开展讲座。开展第四届生态文明知识竞赛活动。区委宣传部、区环保局联合印发《关于全面参与重庆市第四届生态文明知识竞赛活动的通知》，全区大中小学生、各镇街工作人员及其辖区居民积极参与答题。此次生态文明知识竞赛活动璧山区答题合格率全市排名第一。开展第二届“生命之水”环保科普教育活动。区环保局联合区教委共同组织开展第二届“生命之水”环保科普教育活动，对璧山区7所学校5年级、6年级学生开展科普教育活动。开展“世界无车日低碳璧山行”宣传活动。9月22日，璧山区在文体广场正式启动“世界无车日”暨“低碳节能绿色出行”主题志愿服务活动，通过组织自行车骑行活动，鼓励人们在城区内使用公共交通工具、骑车或步行，增强大众环保意识。（张锦云）

延伸阅读 ▶▶

破除瓶颈强保障　提升项目承载力

厂在林中，绿意盎然。

五年来，亲眼见证璧山工业园区一步步升格为璧山高新技术开发区、重庆市璧山高新技术开发区再到璧山国家高新区，让每一位璧山人都与有荣焉。2016年，璧山国家高新区实现规上工业产值达890亿元，规上企业达到200余家。这一切，与璧山区致力于破除发展瓶颈、强化要素保障、提升项目承载力息息相关。

产城融合　破除发展瓶颈

在工业化和城市化初期，产城分离式的城市新区建设模式的确能够极大地提升产业、居住等功能在区域的集聚。然而，随着工业化、城镇化的推进，这一模式将造成城市化的低效率和产业区的无法持续发展，使得项目承载力被严重削弱。

破解之道，唯有融合。要融合，就要打破传统产业区和服务区、居住区等在空间上的相互隔离。五年来，璧山区坚持“以产促城，以城兴产，产城融合”的理念，努力实现居住、生产、交通、服务等功能的融合。

所以，璧山区按照“20分钟步行半径”，在璧山国家高新区配套布局居住、商业、文化娱乐、教育、医疗卫生、公园等生活公共服务设施，让产业区、服务区、居住区实现空间融合。

为避免传统产业区的环境污染、视觉污染给生活带来的影响，璧山区按照循环经济“3R”原则，以“生态+”理念推动经济提质增效，坚持对污染“零容忍”，力求消除工业发展与环境保护的矛盾；同时，坚持高调的森林、低调的建筑，倾力打造璧山国家高新区的园林景观。

通过产城融合，让城市建设为产业升级提供有力支撑，而产业发展则是带动城市建设形象气质的再度提升，从而形成良性循环。（刘畅）

商贸流通

综　　述

【概况】　2017年，全区社会消费品零售总额138.9亿元，同比增长13%。重点加强环秀湖商圈建设，推进商贸流通体制改革，完善城乡商贸体系建设，加强商贸行业管理，商贸流通能力和水平得到进一步提升。

【环秀湖商圈建设】　环秀湖商圈位于璧山绿岛新区核心区，环秀湖公园而建，占地300公顷，建筑面积450万平方米。其中，商业面积150万平方米，建成60万平方米，年销售额32亿元。商圈包含璧山CBD、秀湖商业体、南门唐城、金科秀湖天街、红星美凯龙渝西国际家居广场、同景商业街、秀湖鹭岛等项目。其中，璧山CBD占地56.67公顷，建筑面积160万平方米，其中商业体面积70万平方米，项目集5A写字楼、滨水商业秀水湾、五星级酒店、金融街和高端住宅社区于一体。滨水商业秀水湾商业面积10万平方米，建成一期4.5万平方米，签约迪士尼梦幻星城卡通主体商场、枫丹白露一站式婚庆等知名商家。秀湖商业体为明清风貌仿古建筑群，入驻商家20家。南门唐城为仿唐代风格建筑，入驻商家100多家。红星美凯龙·渝西国际家居广场占地面积7.33公顷，总建筑面积21万平方米，建成3号楼、4号楼，商业面积3.9万平方米。秀湖鹭岛，占地33.33公顷，建筑面积60万平方米，签约打造“千年重庆”巴渝文化旅游特色街。金科秀湖天街占地约3.33公顷，签约圆缘园茶餐厅、紫荆酒楼等全国连锁商家。同景国际城占地近26.67公顷，建筑面积100万平方米，其中商业10万平方米，完工一期商业设施面2万平方米，二期8万平方米商业设施面积正建设中，签约商家有新世纪超市、北京幸福福泉双语幼儿园、海悦会高端健身等知名商家。俊豪中央大街占地4.67公顷，总建筑面积32万平方米，其中商业面积12.6万平方米，商业街主体建设已基本完工，招商餐饮、娱乐企业60多家。

图表28　图为建设中的CBD金融城

（曾清龙　摄）

【城乡商贸网络体系建设】　一是加快商圈及重点项目建设，提速环秀湖商圈集聚，助推璧山CBD等商贸重点项目建设；二是培育特色商业街区，加强对南门唐城特色夜市街区、红宇大道美食街、名豪商业步行街等商业街区的管理与培育；三是加强农村商贸流通体系建设，推动“万村千乡市场工程”建设成果与农村电商融合发展；四是推进社区商业设施建设，发展“一店多能”模式，搭建群众日常生活便利消费平台，新建社区便民商圈2个、镇级微型商圈3个、社区超市4个、农贸市场2个。

【商贸行业管理】 一是加强商贸行业政策研究和规划管理。以现代商贸理论为指导，根据国家商贸发展政策，结合区实际，建立健全统一、开放、竞争、有序的市场体系。二是严格市场运行与商品供求监测管理。三是加强商贸行业自律管理。

（区商务局）

【广告管理】 发挥指导发展职能，促进广告行业良性发展，全年增广告主体148户，累计655户。强化广告法律法规知识宣传，举办培训班2期，培训监管干部及房地产开发企业相关负责人180人次。强化媒体广告监测，监测3800条次，责令改正4条次。开展“四大神医”“特供”“专供”商品广告等专项整治，收缴内容违法广告3500份，行政约谈50户次，责令整改12户次。开展车身广告治理，召集相关部门召开户外广告规范协调会5次，现场拆除流动车身广告710台次1400幅，责令驱赶有噪声污染、光污染的LED车辆12台。

（区工商局）

零售业

【概况】 2017年，全区批发和零售业商品销售总额实现322.25亿元，同比增长18%。有大型商场6个，大型专业市场5个，其他商业设施完备，零售业逐年增长。

【大型商场】 渝西跨境商品直购体验城入驻商家22家，全年销售额为1817万元。新世纪百货商场销售额为2960万元。重百璧山商场销售额为2.6亿元。砂之船奥特莱斯销售额3.6亿元。永辉超市时代商都店销售额1.7亿元；永辉超市金山水岸店售额8000万元。摩登时代广场销售额320万元。

【专业市场】 家具交易市场。主要有全友家居专营店、绿岛国际家居广场、金三角家具市场、红星美凯龙渝西国际家居广场（建设中）。建材市场有商家890家，总经营面积7.5万平方米，经营方式以零售为主。大型的建材市场有光大建材市场、大宏鼎建材市场和瀛嘉天下家具建材城。家电交易市场商家有45家，总经营面积1.2万平方米，主要分布在金剑路、金三角，经营方式为零售。主要家电商家有苏宁电器、国美电器和重百电器。璧山鲜活农产品中转站。该站设经营摊位106个，经营面积约6000平方米，分为A区、B区、C区、D区4个区，主要经营蔬菜和水果。奥康皮鞋交易市场。经营品种主要为鞋材制品。营业面积8万平方米，仓储面积2.5万平方米，固定摊位550个，从业人员1500人。

（区商务局）

餐饮业

【概况】 2017年，全区住宿和餐饮业营业收入实现46.6亿元，同比增长16%。餐饮市场总营业面积8万平方米，规模以上商家有635家。璧山特色美食有大刀烧白、来凤鱼、水八碗、璧山财兔、璧山唐兔等；餐饮名店有大江龙餐饮、锦宏居大酒店、虹源大饭店等；形成规模的餐饮一条街有红宇大道美食街、远林美食街、东林大道美食街、瀛嘉天下美食街、沿河路冷酒一条街、南门唐城美食街等。

【特色酒店】 全区有4家特色酒店。其中，天赐华汤森林温泉度假酒店，位于璧山区温泉路8号，是一家按国际五星级标准兴建的温泉度假酒店，集温泉养生、商务会议、住宿餐饮、旅游度假、休闲娱乐功能为一体的超大型、综合性森林温泉旅游度假中心。民生酒店位于璧山区青杠街道白云大道978号，是民生能源集团投资近5亿元打造的五星级国际度假酒店，集会议会展、餐饮娱乐、休闲度假、温泉养生等功能于一体。海来汇景度假酒店位于璧山区来凤街道影视摄影基地内，酒店拥有百亩大型运动草坪、欧式教堂、景观温室大棚、林下养殖基地，重点打造以户外浪漫主题婚庆、高端本源养生、绿色餐饮及休闲观光旅游为主的养生度假、婚庆主题酒店。金都大酒店位于璧山区大东门桥天怡步行街10号，成立于2008年，是璧山最早的品质酒店。

【生态农家乐】 主要聚集在青龙湖和水天池。林园宾馆是一家依附于青龙湖的四星级农家乐，集住宿、餐饮、会议、娱乐为一体，设施齐全，娱乐项目有游船、篝火晚会、KTV、棋牌、烧烤、采摘和垂钓；特色菜品有秘制腊猪蹄、烧烤全鸡全羊全兔等。赖豆花是水天池最早开设的农家乐，也是璧山第一家以做豆花闻名的农家乐。

（区商务局）

供销商业

【概况】 2017年，立足农村、服务三农，加快推进体制机制创新，服务现代农业，全面推进供销社综合改革发展各项工作，全年销售总额22.3亿元，利润959万元，同比（与2016年比）分别增长17%、24.3%，其他主要经济指标均比上年有所增长，获市供销总社2017年度综合业绩考核特等奖，位列全市第四名。

【供销商业体系建设】 通过股份制改造，完善和发展壮大合作经济组织体系，实现基层社和基层社有限公司经济成分的多样化、产权的多元化，服务范围不断扩大，为农服务功能进一步拓展。璧泉街道和河边镇分别新建1个基层社示范社。

【两社建设】 新发展农民合作社18家（其中股份合作社4家），累计发展370家，实现经营收入6.45亿元，增长5%；新培育市级示范社1家，开展农产品规范认证6个；参与农村金融服务，5个基层供销社帮助6家农民合作社在银行贷款240万元。完善提升区农民合作社服务中心建设，为46家农民合作社开展各类公益和市场化服务。

【为农服务】 参与创建国家农产品质量安全县（区）工作，构建放心农业投入经营和配送网络，加快推进服务转型，拓展无人机飞防、农机作业等全程化综合服务。春耕期间组织供应各种化肥农药13700吨，推广销售“两杂”和优质蔬菜种子80万元，农资销售额3.35亿元，农资供应量保持在全区农资市场70%以上。新发展“庄稼医院”2家，培训“庄稼医生”3名，累计发展“庄稼医院”15家；56个农资连锁店进村入户送肥送药到田间地头；区农资公司分别在正兴镇高桥村和河边镇凉水村开展新产品试验示范，推广面积

图表29 图为农村电商培训现场

（张承刚 摄）

3333.33公顷。开展农技下乡和推广使用“双低”农药和生物有机肥料培训13场次计1500人次，印发农资科技宣传资料11000份，农资企业积极参与建立农药可追溯系统和农业面源污染防治，参与土壤污染修复，全系统农膜销量控制在区政府要求的150吨以下。

【农产品流通网络体系建设】 持续推进农产品流通网络体系建设，农副产品经营额9.8亿元，增长6%。拓展服务领域，依托重庆供禾电子商务公司打造电商服务平台，发挥“新网工程”便民店优势，为农民提供线上线下的服务；推进工副食品、农资商品进村入户、农副产品等网上销售。全年实现农产品电子商务销售额7904万元，同比增长36.2%。

【农用物资回收利用】 区物资回收公司依托120多个废品回收站点，积极开展生产生活垃圾回收利用，种养业废弃物资源化利用等。全年收购废旧物资30000吨，其中生态回收处理废旧农膜24吨、报废汽车1100辆，再生资源回收量占全区的80%以上，再生资源销售额1.25亿元。 （黄文良）

盐　业

【概况】 2017年,全区口盐销售1235.43吨，比计划少销850.57吨，多品种盐销售329.54吨，比计划少销87.46吨，行业用盐和小工业用盐销售1459.2吨，比计划多销476.7吨。

【盐务管理】 为保证建立稳定有序的食盐市场，清理整顿全区食盐市场，查封不符合盐改政策的外来盐6起，查封129.63吨。其中，河南神鹰盐产品36.8吨，按市稽查处的要求由厂方召回，没收处理天渠盐化有限公司不合格盐产品15.13吨，其他按流程处理4家。

【盐业市场管理】 针对硒盐、钙盐进行宣传促销，特别是在有消费能力的高档小区、璧山场镇的本地商超以及各片区的重点场镇摆摊设点进行宣传发放宣传资料，现场讲解。通过宣传，钙盐销售14.98吨，硒盐销售1.1吨。 （郭　霞）

特种商品流通

【概况】 2017年，加强对成品油、液化石油气、废旧物资回收、酒类、典当、租赁、拍卖、木材利用，旧货流通、散装水泥推广、二手车交易和报废汽车拆解等特种商品行业的监督管理工作，指导企业生产经营活动，提出行业管理要求和意见，积极为企业服务，协调解决企业生产经营中的困难，督促企业严格执行国家相关法律法规，促使璧山特种商品行业健康发展。

【成品油销售】 全区有成品油加油站42家。其中，中石油璧山经营部14家，中石化6家，壳牌加油站3家，龙禹3家，民营加油站12家，其他企业2家，新建加油站2家。42家成品油经营企业中，35家经营状况良好，3家因地埋油罐改造暂停营业，4家因城市建设需要，已停业并关闭，待下一步迁建。全年成品油销售13.49万吨，其中汽油7.76万吨，柴油5.73万吨。

【液化石油气经营】 原有充装站3个，零售经营户79家。因安全条件不达标，全年注销零售经营户4家。销售液化气986吨，经营户使用《液化气安全使用标签》3.58万张。

【再生资源回收】 全区备案的废旧物资回收企业或经营户197家，新增备案35家。检查废旧物资回收企业36次，关闭扰民和环境污染回收网点3家，搬迁3家，限期整改9家，其中补充备案16家。

【报废汽车更新】 全区有2家报废汽车拆解企业。全区报废黄标车312辆，淘汰任务为317辆，淘汰率124.29%。

【二手汽车交易】 璧山恒光二手车交易市场销售二手车1684辆，交易额3638.6万元。

【酒类管理】 进一步推行酒类流通备案登记制度和《酒类流通随附单》制度。全区酒类经营户3073户，新增63户；发放《随附单》3200本。

【散装水泥】 全年销售散装水泥240.8万吨。璧山区从2014年以后就未收取散装水泥基金。

【典当行业】 辖区有典当行业2家。其中，重庆裕隆典当有限责任公司，成立于2005年，注册资本500万元，2017年该公司业务笔数6笔，上缴税金0.14万元；重庆金竹典当有限公司，成立于2016年，注册资本2500万元，2017年该公司业务笔数41笔，上缴税金50.5万元。 （吴文灵）

粮油购销

【概况】 2017年，全区粮食市场趋于稳定，应急保供体系建设不断完善、粮食市场管理不断优化、粮食安全不断加强。

【应急保供】 与10家保供企业签订保供协议，储备价值25万元的应急食品、价值25万元的应急物资。按照每个街镇至少布局1个，中心街镇每3万人布局1个的原则，在全区布局31个粮食应急供应网点、1个应急加工企业。

【粮食市场】 全年开展粮食夏（秋）收购检查、粮食库存检查、“转圈粮”专项整治、粮食企业粉尘防爆专项整治和粮食“四无”检查评定等工作，粮食市场秩序良好。

【粮食安全】 开展粮油科技周、世界粮食日等活动，累积发放宣传单1万份。定期对区储备粮有限公司等粮食企业进行安全检查，确保粮食安全。

【粮库建设】 新建璧山区粮食物流园项目由璧山区储备粮有限公司组织实施，建设标准化粮食仓库5万吨及配套设施，总投资0.5亿元。

（何西伟）

物流业

【概况】 2017年，全区有物流公司37家，托运公司12家。在建的物流项目有普洛斯重庆璧山物流园、大路现代物流园、丰树璧山物流平台和璧山“企业天地”区域电商分拨中心。

37家物流公司中提供一体服务的综合物流公司2家（重庆世开物流股份有限公司和重庆直通宏业物流中心有限公司），提供配送服务的快递公司9家（申通、顺丰等）和提供运输服务的货运物流公司26家。物流企业仓储总面积约5.4万平方米，大部分物流企业仓储面积在100至500平方米之间，少部分不足100平方米甚至没有仓储设施；全区有货运车辆5002辆，其中物流企业的车辆610辆，占全区货运车辆的12.2%，物流从业人员735人。其中，快递人员200人，运输人员500人，其他人员35人。

【物流项目建设】 一是普洛斯重庆璧山物流园建设。该物流园位于璧泉街道双星大道8号（璧山高新区工业园内），由重庆普璧仓储设施有限公司投资建设。该项目总建设面积18.7万平方米，计划总投资2.83亿元，分两期进行施工建设，于2016年3月正式动工。一期工程占地面积11.7万平方米，建筑面积6.3万平方米，包括3栋单层钢结构物流仓库和1栋四层框架结构倒班宿舍楼及附属配套设备管理用房，于2016年12月完工并投入使用；即将开工建设的二期工程，占地面积7

图表 30 图为新建成的璧山普洛斯物流园一角
(张曦 摄)

万平方米，建筑面积 3.76 万平方米，包括两栋单层仓库及相应配套设施。二是大路现代物流园。该物流园位于重庆璧山渝遂高速公路大路道口片区，重庆大路物流有限公司投资建设。该项目总用地面积 13.3 万平方米，总投资约为 5 亿元，其中商业规划用地面积 4.3 万平方米；加油站规划用地面积 0.5 万平方米；仓储物流规划用地面积 8.3 万平方米。该项目于 2016 年 12 月 22 日开工，各项建设工作逐步推进。三是丰树璧山物流平台。该平台位于重庆市璧山区璧泉街道双星大道 8 号，由丰聚仓储（重庆）有限公司投资建设该项目几环用地 10 万平方米，建设约 6 万平方米的高标准厂房及物流设施，总投资 1.7 亿元。项目推进中。四是璧山“企业天地”区域电商分拨中心，由重庆优地工业地产发展有限公司投资建设。该项目拟建建筑面积 24 万平方米，总投资 5 亿元，其中建设区电商物流公共配送中心，一期启动 1 万平方米，后续建设 2 万平方米，申通、圆通、天天快递和百世汇通 4 家快递企业入驻公共配送中心，建成公共取送点 15 个。快递发件量达到 367.75 万件，同比增长 55.72%。 （谭 琳）

2017 年璧山区物流公司统计表

表 8-15

企业名称	地址	联系人
重庆极速快递有限公司	重庆市璧山区璧渝路 461	曾永
顺丰速递重庆有限公司璧泉街道速运管理部	重庆市璧山区璧青北路 876 号	李杰
重庆市璧山区同心易田电子商务有限公司	重庆市璧山区璧山街道建设路 303 附 22 号	吴英
重庆和美运输有限公司		王华
顺丰速递重庆有限公司	重庆市璧山区璧青北路 876 号	亢洋
中国邮政速递物流股份有限公司璧山区分公司	重庆市璧山区文风路 27 号	罗丽玲
重庆金洪通快递有限公司	重庆市璧山区璧泉街道永嘉大道 106 号附 332 号	田棕
重庆德邦物流	重庆市璧山区	胡名珊
宏升物流有限公司	重庆市璧山区青杠镇清明街	刘国伟
重庆璧山区万生物流有限公司	重庆市璧山区青杠街道缙云路 51 号	蔡万生
重庆利搏物流有限公司	重庆市璧山区金剑路 777 号	孙白罗
重庆安驰货运有限公司	重庆市璧山区金剑路 777 号	孙白罗
重庆民旭运输有限公司	重庆市璧山区福禄镇文丰路 55 号	钟宝伟
重庆余氏物流有限公司	重庆市璧山区丁家街道回龙路 38 号	余林
重庆志颖运输有限公司	重庆市璧山区青杠街道新桥一街 121.123 号	龙贻美

续表

企业名称	地址	联系人
重庆世开物流股份有限公司	重庆市璧山区福顺大道 22 号	冯光胜
重庆以得物流有限公司	重庆市璧山区璧城街道北门社区	徐德中
重庆市璧山区诚运物流有限公司	重庆市璧山区璧泉街道福顺大道 4 号	董其秀
重庆市山能物流有限公司	重庆市璧山区康宁路 7 号	程汝兴
重庆福尔时特国际物流有限公司		渝辉
重庆三毛物流有限公司	重庆市璧山区璧城街道东林大道 6 号	余立松
重庆荣鼎物流有限公司	重庆市璧山区璧城南关三路 76 号	钱荣
重庆双弘物流有限公司	重庆市璧山区金剑路 364 号附 1 号	柯长君
璧山区璧昆托运部	重庆市璧山区皮革小区 148 号	苏总
重庆广泰兴物流有限公司	重庆市璧山区璧泉街道铜山路 86 号	谢宛静
重庆海晨运输有限公司	重庆市璧山区璧宁大道 1 号	孙伟
重庆皇源货物运输有限公司	重庆市璧山区皮鞋城一街 121 号	蒋天华
重庆丰吉物流有限公司	重庆市璧山区璧泉街道文风路 6 号	申明光
重庆运红物流有限公司	重庆市璧山区璧泉街道金剑路 221 号 3 幢 12 号	李明红
北京京邦达贸易有限公司武侯公司	重庆市璧山区脂山路 1 号附 125 号	张祥
璧山区韵达快递	重庆市璧山区康宁路 5 号	何兵
璧山区申通快递有限公司	重庆市璧山区璧城街道双星大道 1 号	王丹丹
中通快递（信雅达）		谭兵
重庆市荣昭物流璧山分公司	重庆市璧山区皮鞋城南一街 39 号	罗先辉
重庆市龙坪物流有限公司	重庆市璧山区丁家街道渝隆路 360 号	谭小龙
重庆信雅达快递服务有限公司丁家营业部	重庆市璧山区丁家街道惠民路 42 号附 19 号	彭观华

2017 年璧山区托运部统计表

表 8-16

企业名称	地址	联系人
璧山县腾飞托运部	璧城皮革二区零幢 8、9 号门市	杨伟
璧山县惠实货运服务部	璧城街道安居小区	夏荣华
璧山县璧城镇三新托运部	璧城皮革小区二路 173 号	陈永义
璧山县璧城街道南昆托运部	璧山县皮革二路 159 号	赵维明
重庆市璧山区泰达货运部	重庆市璧山区璧城街道皮革二区四路 240 号	叶云强
璧山县恒龙货运部	璧城皮鞋城三期	杨世菊
璧山县璧城远达托运部	璧山县璧城皮鞋城三路 199 号	李明
璧山县璧城顺利泸州托运部	璧城皮革二区农贸市场处	吴南贞
重庆市璧山县长城货物托运部	璧城皮鞋城二区 3 路 152 号	张朝喜
璧山县璧城镇璧绵货物托运部	璧山县璧城街道璧渝路 309 号附 13.14	王彬
璧山县璧城街道南昆托运部	重庆市璧山县璧城街道皮革二路 159 号	赵维明
璧山县鸿渝托运部	重庆市璧山县璧城街道皮革小区塘湾街 44 号	张敬容

（区商务局）

电子商务

【概况】 2017年，璧山区电子商务经营主体460个，增长18%。其中，有平台企业13个，企业网店272个，个人网店173个。年销售额达千万的电商企业9家。有电子商务从人员6000人。全区电子商务交易额26亿元，增长30%，网络零售额4.6亿元，增长32%。

【电子商务集聚区】 围绕环秀湖商圈，布局渝西跨境商品直购体验城、红星美凯龙渝西国际家居广场智慧商城、璧山CBD电商创业园等3个电子商务集聚区，形成独具特色的跨境日用品直购、跨境美食体验、家居线上线下体验、创新创业为一体的环秀湖电子商务商圈，为全区居民“触电”提供独特的体验。

【电子商务进乡村】 引进“易田”“淘实惠”农村电商平台，同邮政、京东建成区级电子商务运营中心4个，电子商务服务点163个，形成区、镇、村三级服务网络，搭建“工业品下乡、农产品进城”双向流通网络，实现“农产品轻轻松松销全国，农民足不出户购全国”。

【电子商务人才培训】 把电子商务人才培训体系纳入全区人才培训体系建设。发挥璧山区电子商务协会的作用，规范促进璧山电子商务发展。依托区电商公共服务中心，与阿里巴巴、易田等企业合作，通过举办初级培训、提升培训、高级培训，提高本地电商从业人员操作水平。易田与阿里巴巴璧山区域执行“聚变中西 诚鹰计划”每周开展培训班，包括基础培训（开店基础、旺铺装修、五星级信息发布）、提升培训（推广引流、阿里推广活动资源盘点、如何管理好客户及店铺数据分析）、进阶培训（微商/淘货源入驻、网销宝使用等），以及每月后台基础操作、运营培训、岗位分工培训等，培训1000人次，培训对象包括大学生、待业、失业人员、农村种养殖大户和传统企业等。

（区商务局）

图表31 图为电子商务进乡村

（张承刚 摄）

【电子商务监督管理】 建立网络市场监管联席会议制度，进一步厘清各部门网络市场监管职能，构建一体化监管格局。完善辖区电子商务建库主体基础数据，新建库电子商务主体23户，清理失效27户，维护调整23户，全区电子商务建库主体累计229户，电子标志张贴率93%。开展“2017网络市场监管专项整治”“双打促双创”专项执法行动，集中巡查网站600次，查办网络案件6件，罚没金额9.59万元。

（区工商局）

对外经济贸易

【概况】 2017年，全区完成进出口总额18.48亿元，同比增长36.4%；实际利用外资1.51亿美元，增长17.82%；服务外包执行额达510万美元；对外直接投资502万美元。

【进出口贸易】 调优结构，进出口贸易取得新进展。针对全区进出口贸易受国际国内经济形势影响有所下降的现象，一是调结构，强基础。与部门联动成功申报重庆加工贸易梯度转移重点承接地示范园重点支持区县、通过“出口蔬菜质量安全示范区”国家级考核验收，农产品对港出口实现突破。二是重帮扶，促发展。区级领导带队调研外经贸企业，召开开放型经济座谈会2次，详细了解企业突出问题，制定针对性措施。组织企业参加国际国内重要展会19次，及时据实兑现外贸企业中央、市级补助资金434.5万元，增强企业发展信心。全区有实绩的外贸企业进出口额实现增长的有27家，其中12家增长率在100%以上。

【利用外资】 依托部门联动，抓好实际利用外资工作。以提高产业聚集度,完善产业链,培育新兴支柱产业吸引外资为工作重点，大力引进清洁无污染、投入产出高、税收贡献大、建设投产快的优势企业。新引进外资项目2个，全区外资企业达到63家。新引进秦川三立车灯项目资金到位；南门唐城入住率90%，得劲房地产公司成功增资；普洛斯物流项目一期招租投运；砂之船·奥特莱斯艺术商业广场二期项目建设进展顺利；六旗乐园体验中心开工建设，智能沙盘视频脚本概念、内装设计方案等进一步优化；璧山职高建设与德国方的融资合作在细化合同细节。

【贸易便利化政策措施】 加大金融支持力度。一是引导银行业金融机构加大对外贸企业的信贷投入力度，尤其对有市场、有出口订单的中小外贸企业适当降低贷款门槛，提高贷款审批效率，及时提供信贷资金支持。二是鼓励银行开展出口退税账户托管贷款、贸易融资等涉外信贷产品创新。三是扩大担保融资。增加补贴适用的担保公司范围，为企业提供50%担保费补贴。提供高效率的税收服务。一是加速政策兑现。按季兑现外经贸促进政策，减轻企业资金压力；二是落实包括西部大开发在内的各项促进对外贸易的税收优惠政策。为外来投资者特别是跨国公司和世界500强企业提供上门服务、跟踪服务等，满足他们的个性化需求。提高行政审批效率。对办理对外贸易经营者备案登记、加工贸易业务审核等手续实行即到即办；对产品研发、技改资助按月审核拨付；对国际市场开拓的资助一个季度办理一次。

【服务贸易】 引进跨境电商企业入驻，利用O2O等电商模式，为群众提供更多进口商品消费的同时做大商品进口。利用皮鞋等传统优势产品，让更多更好的璧山名特优产品利用跨境电商走出国门。加强服务外包政策宣传，鼓励璧山企业利用自身优势及技术，不断做大服务外包。2017年服务外包执行额510万美元。

【平台建设】 一是以国家级高新区平台为主，围绕智能装备、信息技术、生命健康三大主导产业，坚持以“引外、引强、引品牌”为目标，着力打造中意创新产业园和中德智能产业园。二是以重庆绿岛新区为平台，以打造重庆郊区旅游优秀目的地为目标，全力在商贸流通、休闲旅游、房地产开发、科教文化等三产领域利用外资上取得更大突破。三是以璧山的优势产业、优势区位和各级优惠政策，抓住深圳等沿海发达地区贸易型公司向内地逐步转移契机，积极引进大型外贸公司、供应链企业落户璧山。四是利用“中新示范项目”的金融政策，鼓励区内公司在境外办理发债或贷款，拓展融资渠道的同时，实际利用外资额实现增长。

（区经济信息委）

延伸阅读 ►►

破除瓶颈强保障　提升项目承载力

要素保障　全力保驾护航

项目要落地生根，产业要发展壮大，都离不开人才、土地、交通、能源等要素保障。

人才是“第一资源”和“第一生产力”。五年来，璧山国家高新区始终致力于多方面吸引人才，打造人才高地。通过破除机制体制束缚，重点针对主导产业、高新技术等领域，用“高薪”“优待”吸引优秀人才，加快吸引凝聚一批海内外高层次人才来璧创新创业发展；通过开展大学生实训基地建设，实施人才培养计划，留住高校人才；为企业高管、技术骨干创造机会到高校深造，提升企业创新能力。

项目能否尽快落地投产，土地是关键。五年来，璧山区严格土地规范化管理，推行集约节约用地，积极盘活存量用地。五年来，我区以中意创新产业园、中新产业示范园、中德产业示范园、中欧智慧能源产业园等项目为契机，积极向上争取用地指标。目前，已完成璧山国家高新区20平方千米生态园规划，为产业发展留足空间。

交通是支撑产业发展的血脉。五年来，随着黛山大道、渝蓉高速等重大公路交通项目的相继建成，已形成以成渝、渝蓉、渝遂3条高速公路为骨架，黛山大道、璧青公路为主要联系的公路骨架。而成渝高铁的通车让璧山实现铁路的零突破。璧山的交通区位优势进一步放大，物流成本也随之降低。

在能源保障上，日供水17万吨的长江提水璧山供区工程，以及日供水3万吨的大学城至璧山调水工程均将于明年投用，届时将彻底解决用水之忧。温泉、茅莱等变电站的相继建成，极大提升璧山国家高新区的供电可靠性。

正是在这些核心要素保障上的齐齐发力，确保项目“落得下、留得住、长得大”，进一步提升璧山国家高新区的地区竞争力。

（刘畅）

旅　游　业

综　述

【概况】　2017年，按照“三区一美”行动计划，围绕“全域景区，支柱产业”的发展定位，根据璧山实际，全区旅游发展形成璧中生态城市旅游片区、璧北山水田园旅游片区、璧南生态园林休闲旅游片区、璧西生态果园体验旅游区4个片区，着力于秀美绿城、活力水城、文化古城建设，致力于打造“重庆郊区旅游优秀目的地”。建成仿古建筑5.7万平方米、仿古亭廊14处，新开工1.6万平方米。

【旅游项目招商引资】　完成重庆御湖国际生态旅游度假区、“千年重庆”巴渝文化旅游风景区、民国风情街3个项目的签约。其中，重庆御湖国际生态旅游度假区占地约333.33公顷，计划总投资额约150亿元。项目以建设“产城融合、绿色生态、宜业宜游”的综合性示范项目为总体战略目标，以文化为吸引、产业为导向、生态为引领、社群为依托，拟建设内容包括：环御湖文化创意产业园区、“一带一路”特色商业街区、重庆非遗主题商业街区、“互联网+”线下新零售体验区型、山水温泉主题旅游区、野奢度假酒店、亲子乐活酒店、大型社群文化居住区、扩建东林寺佛禅文化区等。项目将充分体现生态优先、顺应自然、天人合一的理念，依托现有山水脉络等独特风光，让文化、产业、旅游及城市功能融入大自然，让居民望得见山、看得见水、记得住乡愁。“千年重庆”巴渝文化旅游风景区位于璧山区西部的双星大道和茅山路交汇处，用地面积为6.67公顷。规划地上建筑面积约6.7万平方米，地下建筑面积约2万平方米。园区结合地形地貌特点布局建筑街区、旅游线路和商业空间。以巴蜀历史建筑博物馆的理念作为园区设计的叙事方法，将千年重庆的建筑的展陈方式和老重庆文化的场景有机地结合。规划对各个时期巴渝历史建筑精华、城市片段和本地区特有的场镇空间进行梳理和再生，融合重庆自

图表32　图为跨境商品直购体验城一角

（连宏宇　摄）

然地形特点和历史街区空间形态，打造旅游区和商业街文化氛围。民国风情街项目位于重庆市璧山区行政中心北侧，涵盖秀湖鹭岛地块南侧沿街商业及登云山公园北侧部分，是一个以抗战时期的民国文化为背景，通过文化展示体验、观光游览、商业购物、历史宣传及教育等功能为一体的综合性文旅项目。璧山·1937项目传承璧山历史文化，展示城市形象，带动区域经济，服务市民及游客，以“文旅融合”新模式，填补璧山民国时期抗战文化的空白，打造璧山全域旅游的新景点。项目用地面积约5.47公顷，总投资3个亿元。

【风景名胜区建设】 青龙湖景区内设景区管委会，区内规划建设、资源保护、旅游市场秩序、景容景貌、交通秩序、森林消防、治安以及旅游安全监管工作全面加强，整体秩序经反复整治日渐规范，旅游从业人员管理制度日臻完善。截至年底，青龙湖景区工作处于招商引资中。

旅游接待与出游

【概况】 2017年，全区累计接待游客1339.2万人次，同比增长2.5%，旅游总收入累计实现37.24亿元，增长21.5%。

【乡村旅游】 四季采摘、特色研学、养生养老三大板块组建璧山乡村旅游新业态。大兴葡萄、福禄沃柑成为璧西水果采摘最火体验项目，八塘樱桃、七塘血橙、热带水果成为璧北云雾山休闲旅游度假区采摘新亮点，正兴蜜柚在璧南特色突出，采摘季游客络绎不绝。璧山四季采摘品种丰富、持续力强、市场占有率逐年攀升，田园风情采摘已是璧山乡村旅游持续发展的中坚力量。青龙湖古老寨生态旅游区、大路三担湖公园、喜观昆虫王国、地斯泥乡村乐园等成为璧山研学旅行热点景区。三担湖公园、喜观昆虫王国、地斯泥乡村乐园打造璧山研学示范性产业目的地，向重庆市教委申请研学实践教育基地。研学旅行已成为璧山旅游增长新的抓手。养生养老产业发展喜人，璧山全区将布局青杠养老养生旅游区、大路养老养生旅游区、茅莱山道教养生旅游区、九州花卉养老养生旅游区四块区级重点养生养老项目。重庆附一医院青杠老年养护中心被专业机构评为康养类全国第一名，中铁任之健康城已初见规模。带动璧山生命健康、生物医药、医疗器械等产业发展，为养生养老旅游奠定坚实的基础。

【旅游线路】 升级打造以秀湖公园、南河公园、观音塘湿地公园等为重点的小城故事之旅，以大圆祥博物馆、翰林山庄、状元桥、文庙等为重点的文化之旅，以喜观昆虫王国、农业科创中心、三担湖公园、东岳体育公园、砂之船奥特莱斯等为重点的亲子快乐之旅，以万木源乡村度假区、露德堂、秀湖汽车露营公园、天赐华汤温泉等为重点的浪漫温馨之旅，加快培育本地“一日游”“二日游”“多日游”精品线路。

旅游行业管理

【概况】 2017年，全区旅游业全部从业人员3万人。其中，直接从业人员1.8万人，间接从业人员1.2万人。旅游行业受过高等教育的从业人员比例达到56%，其中，行业管理、专业技术、企业中高级管理人才队伍中受过高等教育的比例均在75%以上。行业管理部门工作人员中具有大学本科学历的达到90%以上；专业技术人员中具有大学本科以上学历的达到85%；旅游服务人员中具有大专以上学历的达到35%；导游人员中具有大专及以上学历的达到80%。璧山境内有2家旅行社，重庆手拉手国际旅行社和重庆万国国际旅行社。有农家乐1644个，酒店181个。

【旅游商品】 境内旅游资源丰富，商品种类齐全，其中包括：三业茶叶、微雕（潘启慧）、黑色养生食品（“七蕊黄花”、黑土豆、黑玉米、黑花生）、竹木雕和葡萄酒等。

【旅游发展政策】 设立旅游发展专项资金，主要用于旅游开发建设、旅游产业提升、旅游市场促进、旅游产业培育等项目的扶持。在使用过程中，完善审批、支付的程序，强化各个环节的监督，发挥资金的引导和促进作用。

【旅游法治建设】 一是进一步加强对《旅游法》《安全生产法》《重庆市旅游条例》《重庆市安全生产条例》《旅游安全管理办法》等法律法规学习贯彻。二是结合普法宣传、教育培训、行业会议，扩大宣传旅游环境整治行动，引导旅游企业诚信经营，旅游者文明出游，踊跃参与旅游市场监督和治理。三是利用旅游日、重要节气，组织自愿者在景区景点、车站广场、星级饭店、旅行社服务网点等游客密集场所，开展各类宣传活动。播放文明旅游公益广告片200次，张贴文明旅游公益宣传海报50张，发放文明旅游宣传资料1万份。

【旅游行业管理】 结合“春季行动”“暑期整顿”“秋冬会战”，联合工商、市政、食药监等部门成立“综合整治小组”，持续开展旅游市场专项整治。全年开展旅游市场安全监督检查18次，联合执法5次，检查查处涉及旅游合同签订不完善、低价游宣传、管理不规范、安全隐患、环境卫生等5个方面问题，督促整改问题或隐患30处，立案4件，全部整改完毕。完成“12301”全国旅游监管服务平台投诉案件1件，游客电话投诉1次，均通过执法检查、协商处理，投诉双方意见达成一致，达成和解，投诉办结率和满意率均达到100%。全区未发生旅游安全事故。

【重点旅游项目建设】 重庆山水文旅小镇项目。重庆山水主题小镇——六旗乐园位于重庆市璧山区璧城街道，是以大型游乐设施为主体的游乐园。六旗乐园项目配套设施璧山区玉泉湖工程基本完成施工，新增水域面积约37.33公顷；六旗乐园体验中心完成主体施工，进入装饰工程和设备安装。千年重庆旅游项目。重庆市璧山区的“千年重庆”巴渝文化旅游风景区，由重庆禹舜生态文化旅游发展有限公司建设，为响应把旅游产业打造成为璧山“全域景区，支柱产业”的号召，倾力推出的集生态旅游、历史文化、人文故事、创意实践为一体的旅游风景区项目。该项目完成方案设计，现场平场完成，约2.5万平方米，施工图规划审核通过正在进一步调整建筑风格、优化设计方案。民国风情街项目。民国风情街由重庆卉森置业有限公司投资建设，项目位于璧山区绿岛新城核心发展区，临近黛山大道，总投资约3亿元，将建设以“民国历史”“巴蜀特色”为主题的特色商业街。该项目整体方案调规审批已通过。重庆御湖国际生态旅游度假区。拟建设内容包括：北纬29°植物园、环御湖文化创意产业园区、亲子乐活酒店、大型社群文化居住区、扩建东林寺佛禅文化区等，让文化、产业、旅游及城市功能融入大自然，让居民望得见山、看得见水、记得住乡愁。重庆御湖国际生态旅游度假区正在启动前期工作，北纬29°植物园正在开展概念设计。

旅游节庆活动

【第三届云雾山樱桃采摘节】 4月18日，为期15天的璧山第三届“云雾山樱桃采摘节”在八塘镇樱桃谷樱花广场拉开帷幕。“云雾山樱桃采摘节”由璧山区八塘凉水樱桃种植专业合作社、璧山区七塘梨檬樱桃种植股份合作社主办。本次采摘节分采摘区域4个，即A区，八塘镇凉水村，樱桃面积133.33公顷；B区，七塘镇四合村，樱桃面积40公顷；C区，八塘镇青云村，樱桃面积40公顷；D区，八塘镇石庙村，樱桃面积26.67公顷。

图表33　重庆市璧山区第三届云雾山樱桃彩摘节开幕式

云雾山樱桃谷总占地面积200公顷，其核心区位于云雾山脚下的八塘镇凉水村和七塘镇四合村。该区域紧邻云雾山畔，依山傍水，土壤肥沃，降水充沛，昼夜温差大，具有种植樱桃得天独厚的自然优势。该地区已有近40年栽培樱桃的历史，素有“樱桃之村”的美誉，该地区普遍种植的红花樱桃具有皮乌、多汁、鲜甜的显著特点。谷内可同时容纳几百人纵情于山水间品尝红花樱桃带来的视觉和味蕾冲击。

【第八届重庆璧山葡萄采摘节】　6月24日，第八届重庆璧山葡萄采摘节在大兴镇莲生村葡萄广场举行。活动旨在展示“中国优质葡萄之乡”——璧山的风采，推动现代旅游观光农业发展，打造风情葡萄小镇。璧山葡萄品种众多，品质优良、流香四方，“中华名果”蜜莉葡萄是主打品种之一。游客亲自到原生态的葡萄园里采摘、品尝最新鲜的葡萄，和家人朋友一起参加各色活动，诸如“葡萄搬家”对抗赛、“海吃葡萄”比赛、“开心学堂”亲子活动、文娱节目表演等。此届采摘节历时2个月。

大兴镇“重庆市万亩葡萄风情园”，种植面积1333公顷左右，已形成集旅游、观光、休闲、自驾采摘为一体的四季观光现代都市农业园区。

【“开笔礼·状元行”国学亲子游活动】　8月27日，璧山区首届“开笔礼　状元行”国学亲子游活动在大成广场举行开幕仪式。60名身着汉服的孩子参观文庙大成殿，在司仪引导下行拜孔礼。游览观音塘湿地公园，走状元桥、看状元秀、写状元笺、许状元愿，听璧山双状元的爱国故事。随后孩子们在民生大酒店亲身体验古代“开笔礼”的规范仪程，击鼓明志、朱砂启智、启蒙描红、正衣冠、拜孔子、读弟子规、叩拜父母及恩师，体验到中华礼仪之美，在快乐的学习中接受传统文化的熏陶。

【“秀湖月·云庄夜”中秋赏月活动】　10月4日，“秀湖月·云庄夜”2017中秋民俗赏月会在秀湖公园云庄举办。各界人士齐聚一堂，品尝月饼，春糍粑，聆听古筝《春江花月夜》与诗词朗诵，观赏茶艺表演、书法表演，共庆中秋美好佳节，在

图表34　图为游客采摘葡萄现场

（璧山报社　供图）

浓郁的文化氛围中如痴如醉。活动旨在把中国的传统佳节与文化旅游结合，打造文化主题街区，成为秀湖水街的一大亮点。

旅游景区

【青龙湖国家森林公园】 青龙湖国家森林公园位于重庆市璧山区西北云雾山中，景区以青龙湖和两座古寨为中心，有主要景观 12 个和小景点 72 个，2000 年被重庆市政府评为市级风景名胜区，2002 年被评为国家级森林公园。青龙戏水、九女出浴、群峰腾雾、观音坐莲等自然秀色，赤壁夕照、铁围晚霞、金坛虎啸、双狮鸣螺、古寨笑佛、五虎闹山等奇景使人流连忘返，被园林专家誉为“川东小九寨沟”。铁围寨断崖百丈，壁立千仞，被旅游行家赞为“川东小峨眉”。更令人称奇叫绝的是青龙湖“三宝”“三奇”“三绝”。“三宝”是青龙湖的 3 大特产：竹山玉笋、云雾绿茶、七蕊黄花；“三奇”是指青龙湖的 3 大奇观：青龙抬头、且听龙吟、双狮鸣螺；“三绝”是指青龙湖的双头蛇、树根龙、初春蒴鸥。青龙湖是重庆市近郊森林植被和水质保护最好的森林公园和风景名胜区。其景色以“翠、绿、幽、秀”著称。

【三担湖中铁任之健康城（AA）】 三担湖中铁任之健康城位于大路街道三担湖畔，占地约 200 公顷，其中三担湖水面及沿湖保护带约 66.67 公顷，依山傍水，具有良好的自然景观和生态环境。园内有大量湿地、冲沟、温泉以及高崇古寺旧址等自然人文资源。建有湿地乐园、果蔬基地、开心农场、葡萄庄园、四季花海、玫瑰园、竹园、红枫园、枇杷园、樱花园、桃花谷、垂钓园、荷花池、苗圃园、萤火虫乐园、特种养殖基地、儿童乐园、禅宗文化园、体育公园、汽车营地、乡村民宿等特色项目，是集田园观光、生态农业、农耕体验、休闲度假、康体养生于一体的重庆市近郊大型主题乡村生态休闲目的地。2016 年被评为国家 AA 级旅游景区，2017 年，申报争创国家 AAA 级景区。

【正兴露德堂（AA）】 露德堂位于璧山区正兴镇金堂湖旁，清光绪十九年（1893）前后，由法国传教士选址，后利用“庚子赔款”修建，并以圣母露德命名。露德堂由经堂、经楼、钟楼组成。经堂大门正上方有“露德堂”三字，建筑面积 2025 平方米，是区内保存较为完好的中西结合式建筑，结合哥特式建筑风格和中国传统文化建筑风格，汇集美学、声学、光学以及建筑学理念，具有重要的历史价值、艺术价值、文化价值和科学价值。2010 年，被列为“重庆市市级文物保护单位”。2011 年被评为国家 AA 级景区。景区在复活节和圣诞节都有相关活动，金堂湖边建有农家乐、观湖亭等休闲去处。坐在湖边钓钓鱼、玩棋牌，或环湖漫步怡然自得。吸引无数年轻人选择在此举行西式婚礼，婚庆时会请唱诗班唱诗、请神父赐福，别有一种浪漫情致。

【观音塘湿地公园（AAAA）】 观音塘湿地公园，占地 40 公顷，总投资 2 亿元，2014 年被评为国家 AAAA 级景区。整个湿地公园以巴渝文化为背景，倾注“自然、文化与未来”的概念，兼具“以人为本、天人合一”的可持续发展理念，吸纳璧山深厚而丰富的历史文化内涵，融合建筑、娱乐设施和道路、水体、广场之间的整体构架，形成山、水、林完美结合的绿色生态湿地游览区。湿地公园内，有仿古建筑 11 栋，建筑凸显明清风格，亭台楼阁以璧山“古八景”命名。整个公园形成“亭台到处皆临水，楼阁虽多不碍山”的独特意境。公园的著名景点“状元桥”长 120 米，桥上的彩绘、雕塑等全为手工完成；廊桥仿照明清宫廷风格，雕梁画栋、飞檐翘角；廊桥内部两侧镌刻名家字画和诗词歌赋 36 幅，均出自璧山历代书法大家和著名文人之手，体现璧山千年文化之精华。激光音乐喷泉占地面积 21000 平方米，长 200

米、宽 40 米，最高水柱可喷至 20 层楼高（60 米）。喷泉以动水型组合为主，泉水、音乐和灯光浑然一体，11 种光影声效，造型各异。

【秀湖国家湿地公园】 秀湖公园，占地 100 公顷，其中水体 33.33 公顷，公园布局 800 种植物，其中开花植物 300 种，可实现 365 天，每天都有开花植物。公园以“现代景观素材与自然景观、人文景观”有机融合，即强烈的具有现代艺术构成形态的都市景观与柔和起伏的自然生态景观、悠久的历史人文景观相互结合，又互相形成对比。突出“生态、生活、生机”主题，是璧山“西花园”和城市“绿肺”。秀湖公园具有“两大”“两多”“四浓”的八大特点。“两大”是指秀湖公园的占地面积大和湖面面积大；“两多”是指秀湖公园的植物品种多和景观文化石多；“四浓”是指秀湖公园的文化氛围浓、休闲氛围浓、动感氛围浓、商业氛围浓。秀湖公园以湿地景观为主题，根据原有的地形地貌，依湖、依山而建。亲水栈道、森林步道、跨湖廊道、空中栈道交错纵横；园林牌坊、亭台楼阁、奇石异卉、曲水叠岗广布其中。游览其间，曲径通幽，山环水绕、亲山亲水。

【东岳体育公园】 东岳体育公园位于绿岛新区核心区，东邻黛山大道，北邻区文化艺术中心，因地处东岳庙原址而得名，2017 年 9 月 28 日建成投用。公园占地面积约 23.33 公顷，其中水体面积约 8 公顷。公园以体育为主题，充分体现生态与健身融为一体的建设理念。在这里，游客既可以健身休闲，也可以拥抱绿色、享受生态，做到健身、赏景两不误。园内布局运动区 11 个，兼顾群体和个体、年长和年幼不同层次群众的需要。“既让体育绿起来，又让公园动起来，更让城市活起来”，东岳体育公园成为璧山体旅融合的匠心之作，获“重庆市 2017 年市级大型城市体育公园”称号。

（区旅游发展中心）

延伸阅读 ▶▶

2017·大事盘点

2017 年 1 月 7 日至 11 日，区“两会”选举产生新一届区人大、政府、政协领导班子，谋划未来五年工作。

1 月 7 日–10 日，召开区政协十届一次会议，会议选举产生新一届政协领导班子，向邦俊当选为璧山区第十届委员会主席，张正刚、刘正忠、周英碧、杨靖、钟昌国、雍湘当选为副主席，周厚强为秘书长。

1 月 8 日–11 日，召开区十七届人大一次会议，会议选举产生区第十七届人大常委会主任、副主任、委员、区人民政府区长、副区长、区人民法院院长，区人民检察院检察长。陈强当选区第十七届人大常委会主任，章勇武当选区人民政府区长。刘启海、杨红军、彭达宪、罗恩德、吴建卿当选区第十七届人大常委会副主任。张献强、敖斌、张树全、程虎、陈荣彬、万永生、王复莲当选区人民政府副区长。陈宏宇当选区人民法院院长，孟卫红当选区人民检察院检察长。

房地产业

综　　述

【概况】 2017年，璧山区完成房地产开发投资额81.1亿元（2016年完成80亿元），同比增长1.3%。璧山区规划批准建设总规模124.8万平方米，增长45.3%；商品房新开工面积104.4万平方米（2016年新开工面积94.3万平方米）增长10.7%。房地产市场发展逐渐回暖，总体呈上升趋势。引入房企与本地房企竞争增大，进而推动璧山区房地产开发品质上升和销售战略领域的创新突破。

房地产开发

【概况】 2017年，全区房地产开发企业总数58家。其中，二级资质18家，三级资质10家，暂定30家。辖区内有房地产开发项目44个。其中，在建项目35个，待建项目9个。1月至12月，全区完成房地产开发投资81.09亿元，增长1.3%；房屋施工面积610.3万平方米，减少3.5%；房屋新开工面积104.4万平方米，增长10.6%；房屋竣工面积147万平方米，增加61.3%

【商品房开发】 无新开工楼盘，有续建项目12个（鸥鹏·御府、鸥鹏·凤凰城、川东瀛嘉天下、怀旧年华·璧玉城、鸿丽·金山壹号、桓大·东方国际、恒大·绿岛新城、金科·中央公园城、中瓯·璧河名都、重庆·绿岛中心、俊豪城、交投·香漫溪岸）。全年商品房开发态势总体平稳，新开工面积减少18.4%，商品房销售量有所提高，销售商品房211万平方米，上升6%。（黄　萍）

房地产市场

【概况】 2017年，全区商品房成交面积161.93万平方米，上升31.41%。交易金额86.57亿元，上升61.39%，住宅成交均价4879元/平方米，上升21.08%。非住宅成交均价8228元/平方米，上升5.06%。二手房交易面积75.17万平方米，上升22.26%，交易金额19.22亿元，上升9.95%，住宅成交均价2525元/平方米，上升10.25%，非住宅成交均价2730.06元/平方米，下降192.67%。

【房地产中介】 7月，区国土房管局联合发改委、工商局、公安局、国税局、地税局等相关职能部门对全区95家房地产中介机构进行专项执法大检查。办理中介机构备案19家，取得从业人员资格证书42人。

【房地产市场调控与监管】 区外居民到璧山购房人数大增，房地产市场强势反弹。供应经营性用地19宗，增加217%，供应面积增加205%，建筑规模增加553%。批准预售商品房同比上升33.7%。销售商品房上升31.5%（其中住宅上升23.5%）。去商品房库存约107万平方米（其中住宅减少库存约52万平方米)。全年开展房地产市场巡查约180次。

房地产管理

【房地产权籍登记及权属纠纷调解】 2017年发放房地产权证61761个。其中，国有权证发放57707个，集体权证发放4054个。受理房地产业务77741件。其中，土地房屋初始登记1606件，各类转移登记27573件（其中涉及拆迁安置还房899件），各类变更登记3660件，其他业务44902件。办理各类历史遗留问题13件涉及2560人。

【物业管理】 对入住璧山区的57家物业服务企业开展“公开承诺、协商互助、和谐共处”小区物业服务活动。新增前期物业服务合同备案20宗，面积94.82万平方米，新增户数8468户，累计前期物业服务合同备案330宗，面积1347.41万平方米，房屋116435套。收集物业专项维修资金7918万元，累计收取物业管理专项维修资金37849万元。全年支取物业专项维修资金178万元，累计支取物业专项维修资金1362万元。

【房屋住用安全】 开展汛期城镇房屋排查和城镇危旧房安全隐患大排查、大整治活动，年末城镇C、D级危房183栋，建筑面积32621.71平方米。鉴定房屋230栋，建筑面积62870.77平方米。全年未发生城镇房屋住用安全事故。新建房屋白蚁防治面积1628122.2平方米。

【房屋征收管理】 采取收购方式实施国有土地上房屋拆除2户，收回土地使用权面积3576平方米，拆除房屋建筑面积2069平方米。

【公积金管理】 归集公积金42649.8万元，提取29184.21万元，发放贷款51873.8万元，1613笔，其中贴息贷款：23991.1万元，751户。实现增值收益1827.09万元。

【保障性住房建设】 建成公共租赁住房28.48万平方米5301套。在建公共租赁住房22.71万平方米3453套（其中购买0.24万平方米52套廉租住房）。安置分配公共租赁住房6582套保障10723人，发放廉租住房租赁补贴970户1485人105万元。

（江红英）

延伸阅读 ►►

2017·大事盘点

2017年2月22日，重庆大学、意大利圣安娜大学、重庆市璧山区共建中意创新产业园合作协议在北京人民大会堂签署。中意创新产业园落户重庆市璧山高新技术产业开发区。依据该协议，依托中意创新产业园，三方将重点围绕虚拟现实、生物医疗、生命科学及工业设计等学科领域，开展面向未来的联合研究、人才培养培训、技术转移、成果孵化、产业发展及投资创业等方面的合作，并围绕“面向社会开放的研发和资源共享平台”等方面建立创新合作的枢纽。

金 融 业

综 述

【概况】 2017年，围绕全区工作大局，准确把握“三区一美”行动计划，致力于做好金融业服务于重点项目、实体经济、“三农”发展、中小微企业等工作，积极引进金融机构，打造金融小镇，为全区金融业发展构建健康的生态环境。有金融机构54家，包括银行17家，保险公司19家、证券公司4家（含分公司2家及其营业部2家）、基金5家（合伙企业4家、基金管理公司1家）、小额贷款公司7家、融资性担保公司2家。

【本外币存贷款】 区本外币各项存款余额451.5亿元，同比增长5.8%；储蓄存款305.6亿元,增长10.0%；本外币各项贷款余额319.8亿元，增长7.0%；存贷款余额之和增长6.3%，存贷比为70.8%。其中，本币各项存款余额445.6亿元，增长6.5%；本币各项贷款余额311.6亿元，增长9.7%；存贷款余额之和增长7.8%

【金融市场培育】 各方联动内引外联，支持金融稳健发展。一是金融产业培育。新发展金融机构3家，分别是重庆银行互联网金融结算分中心、重庆中新绿岛股权投资基金合伙企业（有限合伙）、中科创投股权投资管理（重庆）有限公司。华夏银行开业，爱建证券由营业部升级为重庆分公司。二是多层次资本市场建设。推荐6家企业进入重庆市拟上市企业储备库，推荐8家企业申报重庆市拟上市重点培育企业，新增2家新三板挂牌企业，1家获同意挂牌的函。三是政银企合作项目。与建行合作的“助保贷”、工行合作的“银政通”累计发放20笔贷款，贷款金额4870万元。辖区银行使用转贷应急周转资金项目续贷累计11笔，使用应急周转资金额度7776万元。四是打击非法金融。全面开展打击非法金融活动宣传，加大非法金融的信息收集、清理排查、部门协同打击等。

【金融发展环境】 政策引导。中国人民银行江津中心支行制定《2017年璧山区信贷投向指引》，引导信贷合理增长，加强信贷政策与产业政策、财政政策的协调配合，重点支持璧山区绿色工业集群、三大支柱产业发展。打击非法集资。在市金融办的统筹安排下，全区积极开展打击非法集资宣传、清理涉嫌非法集资广告、排查和打击非法集资行为。召开打击非法集资工作会议10次，出台工作文件21个，开展集中宣传65次，发放各类宣传资料13万份，累计推送宣传短信2000万人次，排查各类企业238家，对7家存在风险的企业提出整改要求。集聚发展。璧山区主动对接，加大力度引进金融机构，并鼓励金融企业积极入驻CBD金融街，重庆银行、中国建设银行、中国人寿保险、中国人民财产保险、中国人民人寿保险、中国人寿财险、中国平安财险、中国平安人寿、西南证券重庆第一分公司、爱建证券重庆分公司、中天国富证券重庆分公司、重庆两山融资担保有限公司和中科创投股权投资管理（重庆）有限公司陆续进驻 CBD 金融街。

【微企融资】 全区微企贷款余额 6.62 亿元，较年初增加 2.59 亿元。中国人民银行江津中心支行助力金融服务实体经济转型升级，审核并通过重庆银行璧山支行 11000 万元、重庆三峡银行璧山支行 1500 万元的支持小微企业再贷款申请。全区微企贷款余额 29.05 亿元，较年初增加 24.98 亿元。江津银监分局通过强化监测、综合考评、走访调研、现场督导等方式不断加大督导力度，持续推动银行加强小微金融服务,引导银行机构增强服务小微企业的主动性和责任感，督导银行落实差别化考核激励、尽职免责等监管要求，优化审批流程，缩短办贷时长，提高办贷效率，积极推行年审制贷款、无还本续贷等，减轻企业冲贷压力,积极参加小微企业融资对接会，主动对接服务,创新产品服务，规范服务收费，切实推进普惠金融发展。

【金融自助服务】 移动金融技术创新。工行二维码支付、中行“中银长城 E 闪付”、建行“龙支付”、交行“立码付”、农商行微信贷款业务等相继推出，农行璧山支行 1 户农村电商“E 农管家”签约完成。金融 IC 卡行业应用。建设银行璧山支行、农商行璧山支行分别布放自动售货机 1 台。工商银行璧山支行 1 所学校校园一卡通项目正在项目申请流程阶段。各行积极推进设立助农取款点，农业银行璧山支行在农村 (村社区) 布放惠农通设备 180 台，新增试融平台 3 台。农商行璧山支行在璧山区人民医院布放银医自助缴款设备 17 台。自助设备改造。中国银行璧山支行整体装修和智能化改造老网点 2 个，新增奥康工业园和新行政中心 ATM 自助设备。农行璧山支行自助银行 9 个、特约商户 808 户，安装智付通 368 台，助农取款服务全年取款笔数 5709 笔，金额 239 万元。工商银行璧山支行推进自助渠道建设，完成所有网点的智能化改造、投产工作，新增金科自助银行。建设银行璧山支行自助设备投入使用 43 台，新增自助银行 4 个，单体柜员机新增 1 台。招商银行璧山支行投入自助银行设备 5 台

【农村金融定向补贴】 按照财政部和市财政局要求，筛查辖区内符合农村金融定向费用补贴的金融机构，重庆璧山工银村镇银行享受补贴满 3 年，不再享受该补贴，全区无金融机构享受该项补贴

【银行服务发展】 中国人民银行江津中心支行。首次以信贷资产质押方式向璧山工银行村镇银行发放支农再贷款 2000 万元，降低其再贷款利率 0.1 个百分点，带动涉农贷款投放近 5000 万元，贷款平均利率较普通贷款低 2~3 个百分点。江津银监分局。采取“银行自查+监管督查”、“一行一策”、监管工作会议、银政企座谈等多种措施，推进小微、涉农金融服务，继续实施名单制管理，持续推进“村村通”，推进手机银行、“金穗 e 融”平台等金融媒介在乡村的推广，扩大农村基础金融服务覆盖面，积极推进精准扶贫，督导机构与乡镇“一对一”精准帮扶，打造扶贫基金，变“输血”为“造血”。农发行璧山支行。加强向地方党政的汇报力度，广泛宣传政策性金融支农职能和支持新农村建设、城乡统筹发展的具体措施，特别是开展支持区域棚户区改造建设工作，实现业务营销发展的对接。中国银行璧山支行。稳步推进山水文园、蓝光房地产、青山工业、卉森置业等重点项目的落地，在中新互联互通金融服务上取得新进展，联动市分行、新加坡分行开展新加坡上市企业砂之船银团项目；集思广益突破中间业务，在贷款承诺费和公司金融咨询费方面实现首次突破，加强与商务局、高新区、工商、税务等政府职能部门的合作，与重点企业建立定期沟通机制，稳步推动个金业务工作计划等。农业银行璧山支行。负债业务方面：一是维护财政类账户资金。二是做好服务大客户工作。重庆山

水主题小镇项目六旗乐园在该行开立重庆山水系列账户，为重庆蓝黛动力传动机械股份有限公司开立票据池业务。三是做好基础客户服务。全年新增企事业账户325户，村社账户30户，新签约代发工资81户。资产业务方面：大力拓展住房按揭贷款、消费信贷业务、政府优质项目。三农服务方面：是加大涉农信贷支持。二是加大三农金融服务。工商银行璧山支行。完成所有网点的智能化改造、投产工作，新增金科自助银行，全力扶植中小微企业成长，新推出“大数据场景贷”“农担贷”等创新融资产品。全年发放小微企业贷款（含票据）58245万元。建设银行璧山支行。以“大资产带动大负债”“全面联动营销”的经营理念，不断夯实客户基础，扩大市场份额。农商行璧山支行。继续推进经营特色化、管理精细化、培育良好企业文化“三化”战略落地。三峡银行璧山支行。与区属国有公司合作关系进一步加强，与区拆迁办合作关系更加紧密，与璧山高新区入园核心企业积极对接，拓宽营销渠道。工银村镇银行。量身定制“三农”融资产品，探索创新支农贷款模式，扶植小微企业发展。成都银行璧山支行。立足地方经济，努力支持政府平台项目、把握区域重点行业、密切关注政府招商引资和园区企业项目、积极推进银企合作、支持中小企业，秉承发展、创新的经营理念，实现规模、效益协调发展。华夏银行璧山支行。重点进入城市基础设施项目、优良房地产开开发公司和重点工业园区，重点营销入园工业企业贷款，逐步提高基础设施类贷款占比和优良客户占比。对成长型中小企业在授信、利率、办贷效率等方面实行优先、优惠、优质的三优服务。（区财政局）

银　行

【概况】　2017年，全区有17家银行类金融机构运营，分别是：中国农业发展银行重庆市璧山支行、中国工商银行股份有限公司璧山支行、中国农业银行股份有限公司重庆璧山支行、中国银行股份有限公司重庆璧山支行、中国建设银行股份有限公司璧山支行、交通银行股份有限公司重庆璧山支行、中国邮政储蓄银行股份有限公司重庆璧山区支行、重庆农村商业银行股份有限公司璧山支行、重庆银行股份有限公司璧山支行、重庆三峡银行股份有限公司璧山支行、汉口银行股份有限公司重庆璧山支行、重庆璧山工银村镇银行有限责任公司、浦发银行璧山小微支行、民生银行璧山社区支行、招商银行股份有限公司重庆璧山支行、成都银行股份有限公司重庆璧山支行、华夏银行璧山支行。其中华夏银行于6月16日设立。

【银行消费者权益保护】　一是充分发挥辖区金融消费权益保护工作QQ群和微信群的作用，实际开展对商业银行的业务指导及管理。二是畅通投诉处理渠道，规范投诉处理流程，全年受理金融消费者投诉6起，均妥善解决。三是利用好“3·15金融消费者权益日”等重要节点，积极开展金融消费权益保护知识宣传，有效提升金融消费权益保护意识。四是依托璧山区9个金融知识与金融法治知识宣传站，构建区、镇、村、社四级“手机+微信”宣传网络，组织金融知识宣讲团成员，深入各街道、学校宣传金融消费权益保护等金融知识。五是开展消费者权益保护工作年度考评，督导银行机构进一步完善消保工作机制建设。

【银行业发展政策措施】　出台《重庆市璧山区关于鼓励金融产业发展暂行办法》《重庆市璧山区财政局重庆市璧山区金融工作办公室关于落实金融机构入驻金融街补助的通知》和《重庆市璧山区财政局财政性存款资源分配暂行办法》，推动金融机构到璧山设立分支机构，加大对璧山信贷支持。

【银行风险监管】　中国人民银行江津中心支行：

不断提升“两综合、两管理”工作效率和服务水平，做好辖区存款保险工作，积极开展金融广告治理工作，全年未出现系统性、区域性金融风险。其中，农发行璧山支行定期开展各项规章制度学习，加强“内部控制检查”和“银行业市场乱象”相关检查；中国银行璧山支行全面开展“三违反、三套利、四不当、市场乱象”“两加强、两遏制”回头看、侵害员工权益等多个专项治理检查；农业银行璧山支行加强重点领域案件风险治理；工商银行璧山支行开展“十大重点领域和关键环节”风险治理；建设银行璧山支行将声誉风险、监管风险、信用风险作为贯穿全年的重点工作；交通银行璧山支行相继开展“三违反”“三套利”“四不当”“银行业存在10个方面问题”及信用风险专项排查；农商行璧山支行严堵风险源头，对新增贷款从贷前调查、贷时审查等环节加大力度；邮储银行璧山支行持续加强传统业务检查力度，重点防范网点操作风险和关注新业务检查；三峡银行璧山支行先后进行操作风险、两加强两遏制回头看整改问责、信用风险专项排查、三违反、三套利、四不当、银行业市场乱象、银行业市场乱象回头看、服务收费以及城商行专项安全检查等工作；工银村镇银行通过健全各项管理制度、强化监督检查、严肃执纪问责等方法稳健经营；成都银行璧山支行开展监管部门部署的各项自查活动、明确案防安保目标责任、接受监管部门、区公安局、消防支队的检查等。

2017年重庆市璧山区银行基本情况一览表

表8-17　　单位：人、万元

单位	地址	法人代表	期末职工人数	期末存款余额	期末贷款余额	备注
农发行璧山支行	璧山区双星大道36号	杨作华	27	163079	214645	
中国银行璧山支行	重庆市璧山区璧城街道沿河西路北段77号	杨建华	75	289081	259446	
农业银行璧山支行	重庆璧山璧泉街道文风路140号	曾庆平	210	762552	603233	
工商银行璧山支行	璧山区璧城街道璧渝路2号	徐　浩	65	247555	262711	
建设银行璧山支行	璧山区璧城街道向阳街45号	向　军	90	402345	337030	
交通银行璧山支行	重庆市璧山区璧泉街道仙山路8号1幢号	赖　新	14	45061	31981	
农商行璧山支行	重庆市璧山区璧城街道办事处璧铜路4号	鲁　明	358	1307744	615477	
重庆银行璧山支行	璧山区金剑路205号附3-5号	何知明	47	260780	485129	
邮储银行璧山支行	重庆市璧山区璧泉街道文风路15号	罗　彬	71	692174.33	121600.17	
三峡银行璧山支行	重庆市璧山区金剑路266号点金苑大厦1楼附1号	谢宝勇	18	85728	64806.25	
重庆璧山工银村镇银行	璧山区奥康大道1号	郭保华	26	46094	73005	
汉口银行璧山支行	璧山区璧城双星大道32号	曾　慧	15	35934	86579	
招商银行璧山支行	重庆市璧山区璧城街道金剑路219号1幢2、3、4号和2-4号	张义雪	16	41291	42073	
成都银行璧山支行	璧山区金剑路566号利安.财富中心	王才均	15	10551	35850.66	
华夏银行璧山支行	重庆市璧山区璧泉街道泉山路26号	江　勇	12	110860.50	8205	
浦发银行璧山支行	璧山区璧泉街道仙山路7号附8号	胡　森	3	640	247	
民生银行璧山支行	重庆市璧山区璧城街道文星路228号附7号	李　亮	4	2913	0	

（区财政局）

保 险

【概况】 2017 年，全区有保险类金融机构 19 家。其中，财产保险公司 8 家，分别是人保财险璧山支公司、太保财险璧山支公司、平安财险璧山支公司、永安财险璧山支公司、安诚财险璧山支公司、阳光财险璧山支公司、中华联合财险璧山支公司、人寿财险璧山支公司。人寿保险公司 11 家，分别是中国人寿璧山支公司、阳光人寿璧山支公司、人保寿险璧山支公司、泰康人寿璧山支公司、平安人寿璧山支公司、生命人寿璧山支公司、幸福人寿璧山支公司、太平人寿璧山支公司、太保人寿璧山支公司、新华人寿璧山营销部、恒大人寿璧山营销部。

2017 年，全区财产保险收入为 35313.8 万元，同比增长 12.4%。理赔支出 16521 万元，增长 8.3%。人寿保险收入为 48608.7 万元，增资 22.8%，理赔及给付支出 21200 万元，下降 14.5%。其中，中国人民财产保险股份有限公司璧山支公司保费收入超 1.5 亿元。

2017 年重庆市璧山区保险基本情况一览表

表 8–18　　单位：万元

单位	地址	法人代表	业务范围	保费收入	参保赔付	备注
中国人民财产保险股份有限公司璧山支公司	重庆市璧山区璧城街道向阳街 208 号	周永红	非寿险	16516	9021	
中国太平洋财产保险股份有限公司璧山支公司	重庆市璧山区璧泉街道奥康大道一号	段 毅	财产损失保险、责任保险、法定责任保险、信用保险，农业保险等	6746	3225	
中国平安财产保险股份有限公司璧山支公司	璧山区璧城街道仙山路 7 号附 7 号 3–2	何俊锐	企业财产损失保险、家庭财产损失保险、短期健康保险、意外伤害保险、建筑工程保险、安装工程保险、货物运输保险、机动车辆保险、船舶保险、能源保险、法定责任保险、一般责任保险、保证保险、信用保险、种植保险、养殖保险、代理国内外保险检验、理赔、追偿及其委托的其他有关事宜	8202	3424	
永安财产保险股份有限公司璧山支公司	重庆市璧山区北二环 119 号 4 楼	何忠伟	机动车保险、企业财产保险、责任保险、家庭财产保险、工程保险、人身意外险等	425	335	
安诚财产保险股份有限公司重庆分公司璧山支公司	重庆市璧山区璧城街道办事处文风路 6 号 1 层	胡大刚	财产损失保险、责任保险、信用保险和保证保险、短期健康保险和意外伤害险，上述业务的再保险业务，经中国保监会批准的其他业务	655	389	
阳光财产保险股份有限公司重庆市璧山支公司	重庆市璧山区璧城街道奥康大道 1 号奥康大厦 7 楼	赵海廷	财产保险	906	485	

续表

单位	地址	法人代表	业务范围	保费收入	参保赔付	备注
中华联合财产保险股份有限公司重庆分公司璧山支公司	璧山区璧泉街道璧青北路792号2幢1-2/1-3	唐俊伦（负责人）	财产损失险，责任险，农险，保证险，意健险等	609	362	
中国人寿财险璧山区支公司	重庆市璧山区璧泉街道东山路4号附41号2-1	邹顺政	财产损失保险、责任保险、信用保险和保证保险、短期健康保险和意外伤害保险	1252	260	
中国人寿保险股份有限公司重庆市璧山区支公司	重庆市璧山区璧城街道向阳街200号	马培培	人寿保险、健康保险、意外伤害保险等各类人身保险业务；人身保险的再保险业务；国家法律法规允许的或国务院批准德资金运用业务；各类人身保险服务、咨询和代理业务；经中国保险监督管理委员会批准的其他业务（在“中华人民共和国经营保险业务许可证”核定德有效期内从事经营）。	39460	20365	
中国人民人寿保险股份有限公司重庆市璧山区分公司	重庆市璧山区奥康大道1号奥康大厦2楼人保寿险	陈灿舫	人寿保险、健康保险和意外伤害保险等保险业务	1308	55	
中国平安人寿保险股份有限公司重庆市璧山支公司	重庆市璧山区璧城街道金剑路223号附7号	罗国庆	人寿保险、健康保险、健康保险等，经中国保监会批准的其他业务	2025	无法提到数据	
泰康人寿保险股份有限公司重庆市璧山支公司	重庆市璧山区璧城街道东林大道璧秀苑栋第二层	刘　波	个人意外伤害保险、个人定期死亡保险、个人两全寿险、个人终身寿险、个人年金寿险、个人短期健康保险、个人长期健康保险、团体意外伤害保险、团体定期寿险、团体终身保险、团体年金保险、团体短期健康保险、团体长期健康保险以及经中国保险监督管理委员会批准的其他人身保险业务	946		
太平洋寿险璧山支公司	璧山区璧城街道沿河西路32号	余　江	人寿保险	3368	398	
幸福人寿保险股份有限公司璧山支公司	璧山区璧城街道安居小区24号地1幢1-202号	刘明书	人寿保险	119		
富德生命人寿保险股份有限公司重庆市璧山支公司	重庆市璧山区璧泉街道金剑路209号（大圆祥双星阳光）附17号4-2	荣　睿	意外伤害保险，健康保险，人寿保险，年金保险已经经中国保险监督管理委员会批准的其他人身保险业务。	1312	265	

续表

单位	地址	法人代表	业务范围	保费收入	参保赔付	备注
太平人寿璧山支公司	璧山区红宇大道19号	罗四维	个人意外伤害保险、个人定期死亡保险、个人两全寿险、个人终身寿险、个人年金保险、个人短、长期健康保险、团体意外、定期、终身、年金、短长期健康保险	863	126	
阳光人寿璧山支公司	重庆市璧山区璧城街道奥康大道1号7层	李红星	人寿保险、健康保险、意外伤害保险等各类人寿保险业务；经中国保监会批准的其他业务	1308	55	
新华人寿璧山营销部	璧山区璧城街道沿河西路北段32号第4层	陈善国	人寿保险，意外险，分红险，理财险，疾病险，医疗险养老险，保全，理赔，新契约，续期等服务	暂无	暂无	
恒大人寿璧山营销部	重庆市璧山区璧青北路481号	陈　洋	暂无	暂无	暂无	

证　券

【概况】 2017年，全区证券公司有爱建证券重庆分公司、爱建证券璧山营业部、西南证券股份有限公司重庆璧山名豪街证券营业部、西南证券股份有限公司重庆第一分公司。其中爱建证券重庆分公司于7月21日成立。

【挂牌上市公司】 全区有上市企业2家，新三板挂牌企业5家，重庆市拟上市企业储备库企业37家，重庆市拟上市重点培育企业5家。

2017年重庆市璧山区证券基本情况一览表

表8-19　　单位：万元

单位	地址	法人代表	业务范围	主要业务指标	备注
爱建证券重庆分公司（营业部）	重庆市璧山区璧城街道金剑路139号附1号、139号附1号第二层	陆　涛	证券经纪；证券投资咨询；证券投资基金代销；融资融券；证券资产管理（仅限项目承揽）；证券承销与保荐（仅限项目承揽）；代销金融产品业务；与证券交易、证券投资活动有关的财务顾问。（须经审批的经营项目，取得审批后方可从事经营）	营业收入：1026.66 纳税总额：23.64 净利润：254.56	
西南证券股份有限公司重庆璧山名豪街证券营业部	重庆市璧山区璧城街道名豪街107号	赵　亮	证券经纪；证券投资咨询；证券投资基金代销；融资融券；与证券交易、证券投资活动有关的财务顾问；代销金融产品；为期货公司提供中间介绍业务。（按相关许可证核定事项和期限从事经营）	总资产：9501.47 净利润：384.43 实现税收：10.51	2017末，总开户数2552户客户

续表

单位	地址	法人代表	业务范围	主要业务指标	备注
西南证券重庆第一分公司	重庆市璧山区璧城街道名豪街107号	陈　鹏	证券经纪，证券投资咨询，与证券交易、证券投资活动有关的财务顾问，证券承销与保荐（仅限项目承揽、项目信息传递与推荐、客户关系维护等辅助工作），证券资产管理（仅限项目承揽、项目信息传递与推荐、客户关系维护等辅助工作），融资融券；证券投资基金代销；代销金融产品；为期货公司提供中间介绍业务。（按许可证核定期限从事经营）	总收入：1300 利润：500	

2017年重庆市璧山区上市公司一览表

表8-20　　单位：万元

公司（企业）	地址	法人代表	业务范围	主要业务指标	备注
重庆蓝黛动力传动机械股份有限公司	璧山区璧泉街道剑山路100号	朱堂福	生产销售汽车齿轮、轴、变速器总成、摩托车齿轮、轴、汽车用精密铸件	主营业务收入：121509.12 营业利润：114426.44 利润总额14769.06	
中国嘉陵工业股份有限公司（集团）	重庆市璧山区璧泉街道永嘉大道111号	李华光	制造摩托车，销售摩托车，制造、销售摩托车零部件、工业钢球、轴承、非公路用全地形车、非公路用雪地行走专用车、通用机械设备、农用机械设备、建筑机械设备、汽车零部件；经营本企业及其成员企业自产产品的出口业务（国家组织统一联合经营的出口商品除外），经营本企业和成员企业生产所需的机械设备、零配件、原辅材料的进口业务（国家实行核定公司经营的进口商品除外），加工贸易和补偿贸易业务，销售家用电器、百货、五金，自行车、摩托车维修，助力车生产、销售，自有房屋租赁、机械设备租赁；研发、制造、销售电动车用增程器。（依法须经批准的项目，经相关部门批准后方可开展经营活动）	主营业务收入57181.32 利润总额30616.65 净利润：30296.98	

续表

公司（企业）	地址	法人代表	业务范围	主要业务指标	备注
重庆瑞普电气实业股份有限公司	重庆市璧山区工业园区塘坊西四路	王 云	生产、销售：电线电缆、漆包线、电磁线，货物进出口	主营业务收入：30773.12 利润总额：996.9 上缴税金：754.81	
重庆兴渝涂料股份有限公司	重庆市璧山区青杠清明工业园区	谢方奎	生产、销售：水性涂料（不含化学危险品）、胶水（不含化学危险品）。	主营业务收入：4874.7 利润总额：84.78 净利润：48.64	
重庆梦赛力士光电股份有限公司	重庆市璧山区来凤街道花园街	谢文以	生产销售;望远镜，光学，机械，电子产品及零部件，从事货物及技术的进出口业务	主营业收入：5017.6 营业利润：766.93 利润总额：896.56	
重庆世开物流股份有限公司	重庆市璧山区璧泉街道福顺大道22号	何 钢	普通货运、货物专用运输（集装箱），大型物件运输（一），货物专用运输(冷藏保鲜)（以上经营范围按许可证核定范围和期限从事经营活动）。货运代理服务、国际货物运输代理;仓储(不含危险化学品)，搬运、装卸服务；销售：化工原料、建材、机电产品、食品、日用品、农副产品;零售：卷烟、雪茄烟	主营业务收入：3932.91 利润总额：174.59 净利润：–137.36	
重庆瑞通精工科技有限公司	重庆市璧山区青杠街道龙青路60号A幢	李树强	生产销售：汽车零部件；包装物；仓储服务（不含危险化学物品）；商贸；销售：机电产品。	主营业务收入：35923 利润总额：2618.5 净利润：2144.6	

（区财政局）

基　　金

【概况】　2017年，全区有基金5支，分别是重庆两山火炬股权投资基金、重庆两山西证股权投资基金、重庆市璧山区创业种子投资基金、重庆中新绿岛股权投资基金和中科创投股权投资管理（重庆）有限公司。　（区财政局）

担　　保

【概况】　2017年，全区有担保公司2家，分别为重庆两山融资担保有限公司和重庆融和信用担保有限公司。其中重庆两山融资担保有限公司由原重庆市璧山县中小企业信用担保有限责任公司（2005年11月4日注册成立）于5月更名产生，注册资本增至1亿元；该公司在区内各商业银行择优筛选重庆农村商业银行、璧山工银村镇银行、重庆银行、三峡银行、华夏银行、中国银行、建设银行对接合作，与璧山工银村镇银行签订风险共担合作协议。

【担保公司运行】 重庆两山融资担保有限公司和重庆融和信用担保有限公司实收资本合计为2亿元。重庆两山融资担保有限公司为区属国有独资公司，信用风险水平良好，担保客户为璧山区本地中小企业，集中在工业制造领域，公司反担保多为房产抵押和设备抵押。公司于2017年5月完成工商变更后重新开始运营，该担保公司融资性担保余额为1790万元。重庆融和信用担保有限公司的担保业务比较分散，涉及皮鞋业、农业、机械加工业等行业。

【信用环境建设】 全区各部门贯彻落实《重庆市人民政府办公厅关于做好国家企业信用信息公示系统先行建设工作的通知》精神，协调统一，做好企业信用信息的整合归集，并将逐步完善，集中公示。

小额信贷

【概况】 2017年，全区有6家小贷公司，分别是重庆市璧山区金谷小额贷款有限责任公司，注册资本5000万元；重庆市璧山区祥汇小额贷款有限责任公司，注册资本2亿元；重庆市璧山区联丰小额贷款股份有限公司，注册资本2亿元；重庆市璧山区隆胜小额贷款股份有限公司，注册资本2亿元；重庆市璧山区锦春小额贷款有限责任公司，注册资本2亿元；重庆市璧山区盈鑫小额贷款有限责任公司，注册资本2亿元。区内6家小贷公司实收资本10.5亿元，发放贷款较上年有所降低。贷款投向主要为“三农”、工业和其他行业，小贷公司的贷款对象主要为个体工商户及其他。

2017年重庆市璧山区担保公司基本情况一览表

表8-21

公司名称	地址	法人代表	业务范围	备注
重庆两山融资担保有限公司	重庆市璧山区璧泉街道双星大道8号	曾维波	贷款担保、票据承兑担保、贸易融资担保、项目融资担保、信用证担保等融资性担保业务；兼营诉讼保全担保业务，履约担保业务，与担保业务有关的融资咨询、财务顾问等中介服务，以自有资金进行投资，监管部门规定的其他业务（按融资性担保机构经营许可证核定事项从事经营活动）	
重庆融和信用担保有限公司璧山分公司	重庆市璧山区金剑路566号附23号、附24号	熊开友	从事融资性担保及法律、法规没有限制的其他担保业务（在重庆市金融工作办公室批复事项内从事经营）	

（区财政局）

2017 年重庆市璧山区小贷公司基本情况一览表

表 8–22

公司名称	地址	法人代表（负责人）	业务范围	备注
重庆市璧山区金谷小额贷款有限责任公司	重庆市璧山区璧城街道璧青北路 661 号	仲维瑶	办理各项贷款、票据贴现和资产转让	
重庆市璧山区祥汇小额贷款有限责任公司	重庆市璧山区璧泉街道永嘉大道 106 号 9 栋 1 单元 2–1	陈永寿	办理各项贷款、票据贴现和资产转让	
重庆市璧山区联丰小额贷款股份有限公司	重庆市璧山区璧泉街道金剑路 566 号 1 号楼 2 层 3 号	江朝义	办理各项贷款、票据贴现和资产转让	
重庆市璧山区隆胜小额贷款股份有限公司	重庆市璧山区璧泉街道金剑路 520 号	杨文书	办理各项贷款、票据贴现和资产转让	
重庆市璧山区锦春小额贷款有限责任公司	重庆市璧山区璧泉街道仙山路 8 号	陈寿明	办理各项贷款、票据贴现和资产转让	
重庆市璧山区盈鑫小额贷款有限责任公司	重庆市璧山区璧泉街道双星大道 32 号 3 幢 2–3	程汝友	办理各项贷款、票据贴现和资产转让	

（区财政局）

延伸阅读 ▶▶

2017·大事盘点

2017 年 8 月 7 日，市委书记陈敏尔到璧山区调研工作。调研中陈敏尔强调，要深入贯彻习近平总书记视察重庆重要讲话精神，坚持生态优先、绿色发展，坚定走生产发展、生活富裕、生态良好的文明发展道路，做到既要绿水青山也要金山银山，努力实现百姓富、生态美有机统一。

陈敏尔到璧山秀湖生态区，详细了解规划建设情况，对该生态区建设发展的理念和举措予以肯定，希望进一步总结和探索好的经验做法。重庆众泰新能源汽车生产基地拥有现代化的新能源汽车生产线，正在加快建设整车制造全产业链。陈敏尔走进生产车间，与企业负责人和技术人员交流，询问企业生产经营情况，鼓励企业进一步完善产品结构，提升核心竞争力，并叮嘱有关部门为企业发展做好服务工作。在璧城街道城中社区便民服务中心，陈敏尔听取社区党建工作情况介绍，与社区工作人员和前来办事的社区居民交谈，希望不断提升社区服务效率和水平，让群众办事更加方便快捷。

调研后陈敏尔主持召开会议，听取璧山区工作情况汇报，对璧山区的工作思路、发展势头、城乡面貌和干部群众精神状态给予肯定，对全区广大干部群众特别是高温下在户外工作的建设者、劳动者致以亲切问候。

财政 税务

财　　政

【概况】　2017年，是璧山经济社会发展“稳中有进、结构优化、质量提升”的一年。全面推进财税体制改革、严格收支预算管理、完善财政监督机制，财政工作稳步推进。辖区内财政收入累计完成140.8亿元，为年初预算的100.7%，同比下降5.8%，其中，国税部门完成29.9亿元（含出口退税），为年度预算的102.0%，增长12.1%；地税部门23.2亿元，为年度预算的102.4%，增长4.2%；财政部门96.9亿元，完成年度预算的101.1%，下降7.5%。

【财政收入】　全区地方财政收入完成124.9亿元，为年度预算的100.7%，下降4.4%。按收入性质划分，一般公共预算收入完成55.9亿元，为年度预算的100.1%，增长1.1%。其中，税收收入完成29亿元，为年度预算的99.2%，增长4.4%；非税收入完成27.9亿元，为年度预算的100.9%，下降2.0%；政府性基金收入完成69.0亿元，为年度预算的100.2%，下降8.4%，其中城市公用事业附加收入完成0.18亿元，为年度预算的132.9%，下降43.1%。

【财政支出】　全年璧山地方财政支出累计完成153.8亿元，为年度预算的96.8%，下降2.8%。其中，一般公共预算支出完成77.8亿元，为年度预算的96.2%，下降1.2%；政府性基金预算支出完成76.1亿元，为年度预算的97.4%，下降4.4%。一般公共预算支出占地方财政支出的50.6%。其中，一般公共服务支出4.87亿元，增长7.62%；公共安全支出2.59亿元，下降12.63%；教育支出10.33亿元，增长14.74%；科学技术支出6298万元，增长7.51百分点；文化体育与传媒支出8106万元，增长37.32%；社会保障和就业支出7.64亿元，增长20.99%；医疗卫生支出8.25亿元，增长下降2.01%；节能环保支出4.48亿元，增长0.08%；城乡社区支出22.64亿元，下降21.18个百

图表35　图为财务决算会议现场

（区财政局　供图）

分点；农林水支出6.33亿元，下降7.97%；交通运输支出2.86亿元，增长87.88%；住房保障支出完成1.97亿元，下降7.20%。

【国库收付】 完成271个行政事业单位的集中支付11.8万笔145.64亿元。其中，直接支付11.46万笔145.34亿元，同期增加支付2.39万笔,增长26%，支付额增加1.82亿元；授权支付0.34万笔0.3亿元，减少支付3.8万笔,减少92%,支付额减少4.42亿元,减少94%。全年转入银行存款119.15亿元，日均转入4565万元，全年转出银行存款116.97亿元，日均转出4482万元，全年转账8.41万笔，日均转账322笔。完成34个集中核算单位的68套账的账务处理,实现资金管理、账务处理零差错。

【政府采购】 加强政府采购及国有资产管理。严格执行政府采购预算和政府采购信息网上公示制度，稳步推进政府购买服务改革，继续配合区国资中心加强和规范行政事业单位国有资产公开处置、公开招租工作，推进行政事业单位国有资产处置网上审批。年初采购预算5.19亿元，下达采购计划4.81亿元，实际采购合同金额4.47亿元，节约资金0.34亿元，节约率为7.09%。

【税源培植】 助推“三区一美”行动计划，夯实财政收入基础。一是全力支持璧山高新区、绿岛新区、农业科技园区基础设施建设，为全区骨干产业发展奠定基础。二是围绕“三区一美”行动计划，全力支持重点骨干产业培育。三是坚持“创新+资本=新动力”经济逻辑，注重金融创新，支持企业技术创新，支持股权与产业融合，帮助重点企业进入资本市场，协调企业银行贷款。

【政府债务管理】 完善债务管控机制，有效控制全区债务。一是严格按照国务院、市政府关于地方政府举债的规定，加强国有公司融资管理，全区融入资金69亿元，其中市财政转贷置换债券和专项债券54.47亿元。二是建立预警指标体系，落实管控目标，努力防范债务风险，切实将区政府性债务控制在“绿色警戒线”以内。三是推进国有公司实体化建设，将政府融资平台公司按照“投、融、建、管”专业化、“借、用、还”一体化的经营模式切实做大做强。

【财政助力民生实事】 立足各项民生政策，切实保障改善民生。精准推进整村脱贫和建卡贫困户脱贫帮扶，注重贫困村基础设施建设和产业发展。全区民生支出101.38亿元，占地方财政支出65.9%，落实各项民生财政政策。其中，安排就业支出0.17亿元，促进新增城镇就业2.5万人；安排2.35亿元，将城乡居民医疗保险财政补助标准由每人420元提高到450元；安排0.36亿元，将基本公共卫生服务财政补助标准由每人45元提高到50元。安排1.87亿元和0.41亿元分别将城乡低保保障标准分别提高到每月500元和350元；安排0.43亿元，将特困人员救助对象供养标准提高到每月650元；投入0.17亿元，继续实施敬老院达标升级改造工程；安排0.17亿元，加大残疾人事业发展投入。加大城乡医疗救助、生活困难救助等社会救助力度，保障生活困难人群基本生活。落实财政教育投入政策，提高全区教育生均公用经费保障水平。完善困难学生财政资助政策。兑现乡村教师岗位生活补助。支持璧山中学与重庆一中联盟办学、实验小学与巴蜀小学合作办学。全力支持中小学校新、改、扩和信息化建设。安排36亿元支持高新区、绿岛新区、农业科技园区征地拆迁、基础设施和经济适用房建设，以及完善农村基础设施建设和农村环境综合整治。

【财税改革】 全面推进财政改革，强化收支预算执行。一是贯彻执行新《中华人民共和国预算法》，规范财政预算编制和审批程序，严格公共财政预算和政府性基金预算编制，统一预算编制口径，指导各部门单位编制3年滚动平衡预算，注重预算编制的真实性和可操作性。进一步规范预算管理，强化预算约束，抓好资金的管理和统筹调度，推进国库集中支付系统平稳运行，盘活存量资金。二是切实加强全区资金使用监督检查，力求专款专用，同时，开展财政专项资金绩效评价工作，不断提高财政资金使用效益。三是会同区党政信息中心，建立预决算信息公开统一平台，推进政府预决算信息公开，指导全区预算单位2017年部门预决算及“三公”经费信息公开。帮助企业转型升级，促进企业稳步发展。一是全面贯彻落实“三去一降一补”重大政策，完成钢铁行业化解过剩产能工作。二是贯彻落实民营经济中小微企业扶持政策，做到“三个严格”：严格执行资金直拨；严格限时办理；严格专款专用，滚动安排。三是注重政策扶持，解决企业资金难题。安排0.3亿元资金用于扶持中小微企业，建立0.1亿元中小微企业“转贷应急周转金”，帮助企业渡过贷款借旧还新的难关，持续建立0.06亿元“助保贷”和“银政通”帮助企业解决贷款难问题。四是围绕区委、区政府确定的工作重点及民生实事要求，用好用活工业强区资金和商旅发展资金。

【财政监督】 强化财政监督职责，促进财政资金规范使用。加大政府性投资评审力度。加强对受托中介机构管理，提高评审质量。完成投资评审项目432个，送审金额15.46亿元，审减1.43亿元，审减率9.2%。

【会计事务管理】 加强会计行业监督，积极推进财政资金绩效评价。一是加强会计行业监督。按照《中华人民共和国会计法》规定，开展企事业单位会计信息质量检查。加强对会计代理记账机构的审批、管理和指导，开展全区代理记账行业监督检查。二是积极推进财政资金预算绩效目标管理。优化确定评价财政资金项目，细化绩效评价指标体系，严格绩效评价操作程序，强化财政专项资金项目绩效评价工作，积极探索建立预算绩效目标与项目绩效挂钩机制。三是监督检查8个行政事业单位开展《中华人民共和国会计法》执行情况，专项资金检查部门财政项目资金69个，重点绩效评价12个部门的13个项目。

（肖　蕾）

国家税务

【概况】 2017年，全区秉承“为国聚财、为民收税”的使命，紧扣“抓基层、打基础、提质效”工作主线，抓早组织收入、抓牢改革机遇、抓细权力规范、抓紧队伍建设、抓严责任落实，不断深化税收综合改革，全力深化“放管服”改革，积极推广各项“互联网+服务”项目，主动承接“一表集成”申报软件试点工作，严管厚爱带队伍，绩效管理持续优化、纳税服务质效不断提升。

【税收收入】 全年组织收入293364万元，增收80021万元，增长37.51%。在渝西13个区中税收规模列第5位，税收增量列第4位，税收增幅列第8位。完成区政府下达目标任务29.3亿元的100.12%，完成市局下达目标28.5亿元的102.93%。其中，增值税入库229667万元，同口径相比增收39965万元，增长15.58%；消费税入库8720万元，增收810万元，增长10.24%；企业所得税入库43146万元，增收4344万元，增长11.20%；车购税入库11831万元，增收444万元，增长3.90%。实现中央级收入161584万元，增收28480万元，增长21.33%。实现地方级收入131780万元，同口径增收8156万元，增长6.60%。

【税收征管】 全力开展税收综合改革工作，创新税源管理模式，深化分类分级专业化管理。按照分类管事、分级负责、分工协作、监督制约、依法征管、科学效能的原则，统一实施“专业化+属地”的税源综合管理模式。完善税收风险管理运行机制，成立风险管理领导小组以及专门的风险应对部门，负责承接上级推送的风险管理任务，统筹管理全局风险应对事项；完善数据采集机制，积极推动三方数据采集力度，建立稳定的采集机制，提高数据有效性、持续性。

【税务稽查】 全年处理涉税纳税人129户，立案查处60户，查补税款、滞纳金及罚款2091万元，移送公安机关13件，刑事逮捕5人。严格按照《税务稽查工作规程》的规定，建立案源信息档案，对案源信息实行分类管理，案源台账准确清晰。采取措施，建立内外联动的工作机制，深入打击发票违法犯罪行为。落实“黑名单”联合惩戒措施，对符合公布标准的重大税收违法案件5户企业录入重大税收违法案件信息系统，并将信息及时传递相关部门联合惩戒。

【纳税服务】 全面推行电子税务局，引导纳税人主动适应“互联网+”形势。新办纳税人、升级版纳税人电子税务局绑定率达到100%，网上申报、新办登记、变更登记、发票代开、发票领购、跨区域涉税事项等日常业务逐渐由大厅窗口办理转移到电子税务局端办理，网上涉税业务范围不断扩大，有效降低征纳成本，缩短办税时间。7月1日正式推行实名办税，增配身份证阅读器10台，实现发票窗口实名认证全覆盖。开展“一票清税”工作，主动与区地税局深化合作，确保纳税人在代开发票时实现“一个窗口全办、一张税票征收、一个环节缴税”的“三个一”目标。全面提升纳税人满意度，通过办税服务厅前台、12366纳税服务热线及电话回访等多种形式广泛征集纳税人需求，全市国税系统纳税人满意度调查中璧山局排位全市第7名。

【绩效管理】 全力推进绩效管理5.0版，持续优

2017年重庆市璧山区国家税务局组织收入情况表

表8-23 单位：万元、%

序号	项目	实收	上年	增减额	增减比
1	税收收入合计	293,364	256,800	36,564	14.24
2	分级次：中央级	161,584	133,176	28,408	21.33
	地方级	131,780	123,624	8,156	6.60
	其中：区级	91,588	91,956	–368	–0.40
3	分税种：1.增值税	229,667	198,702	30,965	15.58
	其中：原税源	164,597	128,743	35,854	27.85
	新营改增	65,070	69,959	–4,889	–6.99
	2.建安	17,270	24,364	–7,094	–29.12
	3.房地产	33,920	28,940	4,980	17.21
	4.金融	8,521	9,740	–1,219	–12.52
	5.生活及其他服务业	5,359	6,915	–1,556	–22.50
	其中：（1）免抵调库	45,598	8,464	37134	438.73
	（2）国内消费税	8,720	7,909	811	10.25
	（3）企业所得税	43,146	38,802	4344	11.20
	（4）车辆购置税	11,831	11,387	444	3.90

（区国税局）

化改进绩效指标，全年制定绩效指标185项，其中考评机关共性指标25项，个性指标116项，制定考评基层指标44项。以指标为导向抓好全局各项工作，2017年组织绩效在全市国税系统取得第4名。（区国税局）

地方税务

【概况】 2017年，全区以深化“三基一化”建设为抓手，以组织收入为中心，深化征管改革，推进依法治税，全面履行地方税收职能，连续4年获评全市地税系统“绩效管理优胜单位”。

税收特点。税收结构有所优化，全年常态税收合计入库144715万元，同比增长25.4%，拉动税收增长13.8个百分点，常态税收占比创近年来新高，达到64.3%。

税收分析。第三产业成为税收主要组成部分和增长点。制造业增长4.4%，增加税收1702万元，其中企业所得税同比增长25.8%，增加税收1253万元，是制造业最主要的增长点。居民服务业增长950.1%，增加税收8293万元。

【税费收入】 全年组织税费收入40.72亿元，增长16.82%。其中，税收收入22.5亿元，剔除营业税后增长5.64%，增收1.2亿元；非税收入18.22亿元，增长38%，其中社保费征收16.86亿元，综合征缴率达到99.62%。

【税收法治】 依托“税收宣传月”“法治宣传月”活动，多形式多渠道开展税法宣传。试行税收行政执法重大事项集体审议。成立公职律师事务中心，发挥法律专业人才作用。开展税收交叉执法大督察2次，主动排查风险，规范税收执法。配合审计工作，审计决定、审计建议中的问题均整改到位。

【税种管理】 加大临时占用耕地清理力度，耕地占用税征管质效提高。加强股权转让、股权激励等个税征管，开展行政事业单位个税清理，个税明细申报率、申报准确率均达到100%。全面完成企业营业税清结。建立健全土地增值税清算四级审核制度，完成土地增值税清算项目7个，查补税款入库。

【税收征管】 开展基础征管“百日行动”，完成国地税个体户数据归集、国地税管户对照关系清理、税务登记基础数据质量等5类26000条信息数据的动态调整。加强“合作管税”“信息管税”，推动落实《重庆市税收征管保障办法》，全年获取行政主管部门、单位涉税信息18000条。建立耕地占用税数据交换制度和采用“先税后证”税收管控措施，建立股权转让和非货币性投资台账建立、传递制度，“征信互认 银税互动”活动进一步推广。

【税务稽查】 加大稽查打击力度，大力实施税务稽查，提高稽查执法震慑力，持续整顿和规范市场秩序。科学选案，推进“精准稽查”，立案检查，稽查纳税人63户，立案检查28户。狠抓大案要案查处，稽查查补收入100万元以上的大要案6件。

【纳税服务】 推进“放管服”改革，贯彻落实各项税收优惠政策，着力为企业减税降负。全年减免税金4亿元，增长53%。充分运用纳税人学堂、“璧山税务”微信公众号、税企QQ群等平台，开展多元化宣传、辅导。在办税服务厅导税台增设“资料预审岗”，节约办税时间。成立璧山12366分中心，提升纳税人办事效率和满意度。

【规模企业税收服务与管理】 扩大重点税源监控范围，改进监控方式，纳入监控重点企业101户，监控的重点税源企业税收占税收总收入比重为72%，收入预测准确率逐渐提高。对企业所得税纳税前100名企业进行上门辅导，企业所得税汇算

图表 36 图为区地税局工作人员讲解纳税体系评价标准

清缴申报率 100%。

【电子税务管理】 自主开发土地增值税清算软件得到市地税局肯定，在全市地税系统推广应用。积极探索自然人税收信用评价体系建设，推进自然人税收管理，得到市地税局、国家税务总局领导肯定性批示。纳入税收信用评价管理自然人 2800 名，向政府主管部门、银行等单位推送企业税收信息 6000 条次。积极推进存量房交易办税制度改革，存量房交易业务网上申报率显著提高，存量房交易涉税事项在办税服务厅窗口 5 分钟可办结，提速 70%。

【征管体制改革】 机构改革落地，调整科室 7 个、直属单位 2 个，税务所 3 个。改革后，全局 70%以上的干部从事一线征管工作。其中，纳税服务岗、风险管理岗、基础征管岗人员占比约为 4:4:2，实现人力资源向基层一线、纳税服务倾斜，业务骨干向风险防控、重点税源管理倾斜。制定出台《纳服中心工作职责及岗位设置规定》《税务所岗位职责规定》《税收风险管理规定》，将 276 项工作职责分别明确到纳税服务中心、管理税务所和风控部门；梳理细分出前后台业务 595 项，将其中 192 项依申请事项和催报提醒、股权转让管理事项全部移交纳服中心，即办事项达到 98%。 （区地税局）

2017 年璧山区地方税务局收入完成情况表

表 8-24 单位：万元

项目名称	本年收入累计
一、总收入	407,243
二、税收收入	224,980
其中：中央级	31,243
地方级	193,737
重庆市级	5,756
区县级	187,981
01. 营业税	2,326
其中：重庆市级	407
02. 企业所得税	17,699
其中：重庆市级	
03. 个人所得税	29,762

续表

项目名称	本年收入累计
其中：重庆市级	4,762
04. 资源税	1,307
05. 城镇土地使用税	70,993
06. 城市维护建设税	15,399
其中：重庆市级	
07. 印花税	4,135
08. 土地增值税	12,999
09. 房产税	13,529
其中：重庆市级	
10. 车船税	25
12. 耕地占用税	18,519
11. 烟叶税	
13. 契税	35,080
14. 增值税	3,208
其中：重庆市级	561
15. 环保税	
三、非税收入	182,263
01. 教育费附加	6,503
其中：重庆市级	1,301
02.文化事业建设费收入	-
03. 其他罚没收入	7
04. 社会保险费收入	168,642
养老保险	119,286
失业保险	1,891
医疗保险	36,762
工伤保险	3,015
生育保险	894
其他保险费	6,793
05. 地方教育附加	4,336
06. 其他代征收入	2,775
其中：残疾人保障金	2,030
工会经费	745
散装水泥基金	
水库库区基金	
煤炭价格调节基金	
垃圾处置费	
矿区使用费	

固定资产投资与管理

【概况】 2017年，做好固定资产投资重点项目调度，累计召开项目调度会10次、项目协调会35次，协调解决重点项目推进中存在的问题。抓好三年滚动投资计划编报和国家重大项目库入库工作。入本级库项目201个，总投资402亿元；纳入市级库项目112个，总投资341亿元。继续贯彻实施区级领导联系重点项目制度，区级领导联系98个重点项目完成年度投资116.9亿元。抓好中央预算内投资项目和国家专项建设基金项目推进实施，2016—2017年承接中央预算内投资项目25个，23个项目开工建设，开工率为92%；国家专项建设基金项目总体推进顺利，全部开工建设，支付基金16.62亿元，支付率达到57.61%，经多次审检。出台《"双随机一公开"项目稽查工作方案》，项目联系领导不定期协调督办项目，采取定期收集、现场稽查、会议督办等方式稽查督办重点项目3批次，稽查项目72个次，推动区级重点项目快速推进。牵头修订《招标文件》范本和合同的修改，出台《重庆市璧山区国有工程建设项目招标投标实施细则（试行）》，使招投标监管体系更加完善。完成国有工程建设项目招标132个，成交金额17.91亿元，节约资金约8996.39万元；完成比选项目招标234个，成交金额1.3197亿元，节约资金约1200万元。加强项目审批工作，办理审批、备案、核准项目324个项目（含限额以下政府投资项目），总投资213.25亿元。

【市级重点项目】 有黛山大道南延线项目，智能化新能源充电桩设备及智能化电子束辐照交联生产研发中心项目，连接器研发与产业基地建设项目，先进汽车变速器总成及汽车零部件产业化项目，生产汽车转向器及配套服务项目，汽车变速箱换挡总成及汽车精冲件项目，红宇工业园B区项目，璧山巴渝文化旅游风景区项目，璧山中铁任之养老项目，璧山御湖国际生态旅游度假区项目，璧山河边生态旅游特色镇项目，重庆山水文旅小镇，重庆大路现代物流园项目，璧山区国家农业科技园区，璧西十万亩果木基地建设项目。

【区级重点项目】 有重庆山水文旅小镇，璧山区水生态文明城市建设试点项目，众泰新能源汽车项目，轨道交通尖顶坡至璧山段，轨道交通换乘枢纽及连接线项目，天安.绿岛城市综合体，大学城至璧山调水工程，璧山区城镇污水处理设施配套管网建设工程，重庆市璧山区河系防洪护岸综合治理工程（一期），中铁任之健康城，重庆大路现代物流园，文化艺术中心建设工程，成渝扩能九龙坡至永川高速公路（璧山段），璧山区公共租赁住房建设工程一期项目，重庆金冠汽车制造股份有限公司个性化定制房车协同制造项目，红宇工业园，丁家生态农业和乡村旅游示范区建设项目，重庆凯成科技有限公司功能性膜及薄膜太阳能电池材料产业化项目，璧山国家高新区科教创新基地（一期），璧山高新区科技创新示范基地，璧山区城区供水工程改造项目，重庆水天池养老中心，璧山区精神卫生中心建设，新能源汽车车载充电器及电池包和电控控制系统产业化和连接器研发与产业基地建设项目，太阳堡公租房配套基础设施项目，彩色印务生产项目，光电元器件项目，方根小镇，璧山区国家综合档案馆，长江引水璧山连通工程，新型环保材料生产项目，璧山职业教育中心改扩建工程，绿城建设工程，御湖新区建设，秀湖公园停车场建设项目，重庆万泰电力科技有限公司光电传感系统与智能电力设备项目，璧山来凤“五彩万木源”（暂定名）乡村旅游项目建设，来凤城区拓展20公顷征地拆迁（工业用地），璧山区来龙小学校御湖校区建设工程，区中医院迁建，区中医院业务用房改造及妇幼保健院业务用房改造项目，仪器仪表产业园项目，璧山红星美凯龙家居广场，健康小镇，缙林园项目（八塘前江乡村旅游项目），璧山区璧城派出所、璧泉派出所、七塘派出所、广普派出所建设，汽车中型注塑件生产项目，金科·中央公园城，汽摩配件生产项目，璧山城市新区供水管网工程，仓储物流项目，黛山大道南延线工程，合璧津高速璧山段，轨道交通换乘枢纽定向经济适用房，生态村、生态镇建设和农村环境连片整治，地派温泉度假酒店，凤凰小学建设项目，璧山区千秋堰–盐井河–同心水库连通工程，区人民医院迁建，璧山区城市新区水厂工程，变速箱换挡机构总成及汽车精冲件项目，充电桩设备、电子束辐照交联生产研发中心建设和特种电缆生产项目，璧山区市政基地建设工程，“千年重庆”巴渝文化旅游风景区，璧山区河边生态旅游特色镇建设项目，机械手臂及周边自动化设备项目，鸥鹏·御府及凤凰城，重庆市星极齿轮有限责任公司新能源汽车双离合自动变速器齿轮齿轴生产项目，区图书馆（新馆）室内装饰工程，汽车仪表板、门板大中型注塑件生产项目，打印机配套材料生产项目，汽车冲压件生产项目，西部玫瑰花都（八塘玫瑰园项目），渝西跨境商品直购体验城，璧山区福禄镇福禄水城生态休闲旅游特色镇建设项目，重庆市璧山区公安局合成作战中心平台建设及应指工程，公安业务技术用房建设，璧山公安局看守所改扩建项目，重庆璧山国家农业科技园区农村产业融合发展项目（一期）工程，重庆西郊福寿园人文纪念公园，大兴镇农村产业融合发展试点示范工程，重庆璧山都市果业研发中心建设，茅秀、田秀西110kv线路下地，璧山区电动汽车充电基础设施建设项目，俊豪·中央大街项目和俊豪城项目，璧山区三合镇生态观光万亩无公害茶叶基地示范项目，特色电商小镇，璧甸山乡（休闲养生观光）农业，两山秀苑二期定向经济适用房，定向经济适用房B区一期，起重机项目，原木家具生产项目，先进变速器总成及零部件产业化项目，两山丽苑定向经济适用房，龙润汽车电动助力转向系统及电动转向控制系统项目，秀湖月泉湾（秀湖鹭岛），汽车顶棚、地毯、EPP发泡生产项目，汽车配件生产项目。

【完工重点项目】 有众泰新能源汽车项目，成渝扩能九龙坡至永川高速公路（璧山段），璧山区精神卫生中心建设，太阳堡公租房配套基础设施项目，秀湖公园停车场建设项目，璧山区来龙小学校御湖校区建设工程，区中医院业务用房改造及妇幼保健院业务用房改造项目，两山丽苑定向经济适用房，两山秀苑二期定向经济适用房，璧山区电动汽车充电基础设施建设项目，茅秀、田秀西110千伏线路下地，重庆西郊福寿园人文纪念公园，璧山公安局看守所改扩建项目，公安业务技术用房建设，重庆市璧山区公安局合成作战中心平台建设及应指工程，渝西跨境商品直购体验城，区人民医院迁建，凤凰小学建设项目。

【新开工重点项目】 有重庆山水文旅小镇，轨道交通换乘枢纽及连接线项目，重庆市璧山区河系防洪护岸综合治理工程（一期），红宇工业园，丁家生态农业和乡村旅游示范区建设项目，御湖新区建设，璧山区璧城派出所、璧泉派出所、七塘派出所、广普派出所建设，璧山区河系防洪护岸综合治理工程，智能化新能源充电桩设备及智能化电子束辐照交联生产研发中心项目，红宇工业园B区项目，璧山御湖国际生态旅游度假区项目。

（区发展改革委）

延伸阅读▶▶

2017·大事盘点

陈敏尔说，习近平总书记在重庆视察时明确提出，要走生态优先、绿色发展之路，要求重庆建设长江上游重要生态屏障，推动城乡自然资本加快增值，使重庆成为山清水秀美丽之地。坚持生态优先、绿色发展，体现既要绿水青山又要金山银山、绿水青山就是金山银山的理念，体现了生产发展、生活富裕、生态良好和谐统一的路径，体现正确处理生态环境保护和发展关系的要求。绿水青山和金山银山绝不是对立的，关键在人，关键在思路。要深刻认识生态优先、绿色发展的丰富内涵，像保护眼睛一样保护生态环境，像对待生命一样对待生态环境，绝不走先污染后治理的老路、守着绿水青山苦熬的穷路、以牺牲环境为代价换取一时一地经济增长的歪路，让良好生态环境成为人民生活的增长点、成为经济社会持续健康发展的支撑点、成为展现重庆良好形象的发力点。

陈敏尔指出，重庆地处长江上游，要在生态优先、绿色发展的工作实践中力争上游。要在构筑绿色屏障上下功夫，坚持开发与保护并重，抓好生态建设和修复，加大环境污染治理力度，大力推进生态文明体制改革，加快建设长江上游重要生态屏障。要在发展绿色产业上下功夫，推进生态产业化、产业生态化，因地制宜发展技术含量高、就业容量大、环境质量高的绿色产业，推动形成绿色发展方式和生活方式。要在打造绿色家园上下功夫，坚持以人为本、道法自然，多给自然“种绿”、多给生态“留白”，增强城市自然底色，增加城市人文底蕴，让自然与人文各美其美、美美与共。要在促进绿色惠民上下功夫，做好普惠性、基础性、兜底性民生建设，提供更多绿色公共产品和服务，抓好生态脱贫，让绿色为群众创造更多红利，努力实现百姓富、生态美有机统一。

陈敏尔强调，做好各方面工作，必须有一个良好政治生态。自然生态要山清水秀，政治生态也要山清水秀。要坚定不移推进全面从严治党，严肃党内政治生活，涵养党内政治文化，持续巩固团结和谐的政治局面，不断营造风清气正的政治生态。要充分发挥基层党组织的战斗堡垒作用，引导基层党组织更好地推动发展、服务群众、凝聚人心。要坚持正确用人导向，把好干部选出来、用出来、管出来、带出来，让党中央放心，让老百姓满意。张国清强调，要深入贯彻习近平总书记视察重庆重要讲话精神，认真践行五大新发展理念，做到一体坚持、一体贯彻，不能顾此失彼，也不能相互替代，努力提高统筹贯彻新发展理念的能力和水平。要进一步提高政治站位，以积极态度扎实抓好中央环保督察、中办回访调研、国务院扶贫开发领导小组脱贫攻坚督查、国务院安委会安全生产巡查等反馈问题和意见的整改落实，由点及面、举一反三，不断提高工作质量和水平。

经济监督管理

国有资产经营与管理

【概况】 2017年，加强全区国有资产管理，理顺国资管理部门对国有企业国有资产管理的内部工作程序，建立内部控制机制，加强科室协调配合，提高工作效率，更好的服务国有企业。

【资产配置审批】 一是规定国有企业公务用车、业务用车配置操作流程。国有企业公务用车、业务用车配置申请报送国有资产管理中心，由相关业务科室提出审核意见报区政府批示后，下发批复文件。二是规定国有企业购买大型设备、专用设备、房屋构建筑物及其他资产的申报流程。由各国有企业提出资产购置申请经主管部门审批同意后报送国有资产管理中心，由相关业务科室会同财政局相关业务科室审核企业资产购置申请，报经区政府审批同意，由国有资产管理中心下达批复文件，按照政府采购办法采购。三是国有企业之间能通过调剂解决的，向国有资产管理中心提出调剂意见，会同财政局审定后报区政府批准实施。

【资产处置审批】 国有企业的国有资产处置行为包括出售、转让、置换、对外捐赠、报废、报损以及货币性资产损失核销等产权转让或注销产权的行为。操作流程分别为各国有企业提出资产处置申请经主管部门审核同意后，报送国有资产管理中心；各国有企业所申请的资产使用行为按国家国有资产评估管理的有关规定需要评估的，由专业评估机构评估，并将评估报告送国有资产管理中心核准；国有资产管理中心根据单位提供的申请及相关材料审核后报送区政府审批。

【国企采购管理】 为规范区属国有企业采购管理，根据《重庆市璧山区财政局关于印发〈重庆市璧山区2017年政府集中采购目录及限额标准〉的通知》精神，结合政府采购法及其实施条例，国有资产管理中心下发《关于贯彻执行<重庆市璧山区2017年政府集中采购目录及限额标准>有关事项的通知》，规范和明确各区属国有企业有关采购事宜。各区属国有企业采购货物、服务和工程类项目，由国有资产管理中心负责监督管理。规定纳入政府集中采购目录的采购方式和政府集中采购目录以外的采购方式以及政府采购公开招标数额标准。

【闲置国有资产处置】 清理全区闲置国有资产，按照规定程序报批后进入重庆联合产权交易所挂牌公开处置。完成国有产权交易56宗，成交金额3769.54万元，增值400.23万元。完成国有租赁交易53宗，成交总租金1532.68万元，增值516.45万元。完成涉讼项目交易1409.73万元，增值68.9万元，规范率100%。

【国企改革】 将全区26家区属国有企业按照

"统一管理、政企分开"的原则整合成4大国有公司，明确4大国有公司的职能定位和发展目标。确定重庆两山高新建设有限公司、重庆市璧山区绿岛建设有限公司为公益性项目建设单位。关闭注销重庆市迅达路桥工程有限公司。城投公司整体划入绿岛公司。研究出台区属国有企业重组实施意见、实体化运行有关问题的处理意见以及国企监督管理暂行办法、领导人员管理暂行办法、经营业绩考核与薪酬管理暂行办法等相关规范性文件。明确4大国有公司的组织架构和董事会、监事会、经理层在国有企业经营决策、监督、管理中的权责关系。加强国有企业党组织的政治核心作用，全面推进国企党建工作，将党建工作专项纳入国企考核评价体系。制定璧山区区属国有企业负责人考核办法、重庆市璧山区区属国有企业人员管理办法，修改完善并出台区国有企业负责人薪酬制度改革实施意见。按照规范化流程，公开选拔区属国有企业正职负责人3名、副职负责人4名，公开招聘国有企业员工31名。清理全区"僵尸""空壳"企业。彻底摸清全区10户"僵尸""空壳"国有企业情况，出台区"僵尸""空壳"国有企业清理处置方案。5月27日至7月10日，区审计局对10户"僵尸""空壳"国有企业开展审计，形成审计报告初稿，审计建议为关闭注销企业3家，关闭注销或司法破产企业5家，集中管理企业1家，加强管理继续经营或转让退出企业1家。建设集团更名为重庆市璧山区绿岛建设有限公司，其下属璧山县建设集团商贸有限公司、璧山县建设集团物管有限公司、璧山县建设集团咨询有限公司3家公司工商已办理注销。区政府第13次常务会议研究决定，璧泉街道办事处、青杠街道办事处成立城市市政管理服务公司，按照"只出不进"的原则安置重庆璧东温泉综合开发有限公司、重庆市璧山区双茂开发建设有限公司、重庆市璧山区助民经济开发公司、重庆市璧山区青杠经济开发公司（含来凤经济开发公司）等5家关闭注销企业的职工。城投公司集中管理重庆市合川区长松房屋销售有限公司，抓紧处理遗留产权办理问题。长松公司剩余房屋34套。其中，经办理完毕并过户给还房户的产权证17个，正在办理过户手续的产权证5个，无法办理过户的产权证10个（因为还房户无法提供过户的相关资料）；公司剩余2个。允许重庆市璧山丁家辣椒市场继续经营。经区政府审批同意，鉴于重庆市璧山丁家辣椒市场确为利用实有资产，从事辣椒的加工交易，具有从事生产经营的条件，且能够通过市场经营维持运转，故对重庆市璧山丁家辣椒市场改制，实行政企分离、人员专岗、独立运营、以收定支，完善制度、加强监管的方式继续经营。（区国资中心）

【公共资源交易】 一是制定全区国有工程建设项目入场交易流程。二是按行政监督管理部门要求，上网公示代理机构信息、代理机构行为。三是启动电子交易平台建设。四是在区公共资源交易网上发布限额以下政府投资工程建设项目竞争性比选公告306个，比选结果比限额节约资金2493.72万元，节约率12.66%，交易项目零投诉。国有工程建设项目交易"零"投诉，政府集中采购投诉6个，经处理回复未改变评标结果。入场交易项目公开交易率100%。入场交易的房屋市政类国有工程建设项目100%使用区《房屋建筑和市政工程标准施工招标文件》（试行范本）编制招标文件，100%使用评标干扰系数和诚信评价得分评标。凡是被行政监督部门处罚列入"黑名单"的企业，在限制参加区招投标活动的处罚期内，100%未参与璧山交易项目的投标。全年完成各类交易项目515个，比上年增长12%，成交金额63.75亿元，增长10%，增收节支3.82亿元。其中，招标国有工程建设项目153个，成交金额19.6亿元，节约资金1.14亿元；成交政府采购项目262个，成交金额2.47亿元，节约资金0.24亿元；出让国有建设用地47宗213.47公顷，总价41.53亿元，溢价2.39亿元；国有产权交易项目53个，金额0.15亿

元，溢价516.45万元。（蔡廷江）

【两山公司】 2017年，深入推进实体化改革，法人治理结构进一步完善。公司总资产达202.19亿元，主体信用评级AA级，实现主营业务收入13.29亿元，建立健全现代企业管理制度，实现“政企”分开。10月13日，成功发行总额19.7亿元的企业债券，实现向资本市场直接融资。优化国有资产管理，有土地资产391.33公顷，房屋资产84.7万平方米。其中，厂房34.8万平方米、公租房48.7万平方米、商业楼宇1.2万平方米。全年实现国有资产租赁收入2700万元。新组建两山高新、两山物业两个子公司，专项负责开发建设、物业管理，提质增效。加快金融创新，参与发起设立5支私募股权投资基金，总规模29.68亿元，首期出资规模10.18亿元，拟投蓝黛传动、金冠汽车、宇海精密制造等在璧山上市公司或拟上市优质企业，助力璧山区企业对接各层次资本市场。其中，两山阿尔威基金对金冠汽车投资到位，总规模3760万元，两山产业公司出资1500万元，撬动社会资本出资2260万元，助推其启动IPO。

（曾　茜）

【绿岛公司】 2017年，公司注册资本13.82亿元，资产总额200.31亿元，资产负债率为22.58%，全年实现经营收入2.58亿元。主要从事区政府授权的绿岛新区范围内国有土地出让、开发和经营、国有资产经营管理、基础设施建设和投融资等业务。内设综合部、财务部、资产运营部、项目运营部等4个部门，企业员工14人。党的建设。设立公司党支部，由董事长任党支部书记，党支部班子与公司领导班子成员交叉任职，修订公司《章程》，明确党组织在公司治理结构中的法定地位，发挥党组织在国有企业的政治核心和领导核心作用，强化党对国有企业的领导。设立公司工会、团支部、妇委会等群团组织。经营业务。出资1亿元，设立重庆绿发城市建设有限公司，对商业房产、停车场、政府特许资源进行经营管理，资产规模达到4.4亿元，投资建设凉水土石方消纳场，销售收入100万元。东岳体育公园、绿岛新区定向经济适用房B区等项目建成投用。六旗乐园项目实施征地拆迁433.73公顷、出让土地19.87公顷、体验中心完成工程量50%；秀湖汽车露营公园完成工程量80%。融资业务。组建基金总规模30亿元的重庆中新绿岛股权投资基金，一期募集资金10亿元；璧山区双龙、新堰、马家桥及三角片区棚户区改造项目经农发行审批获21.1亿元授信额度，并放款1亿元。债务管控。坚持债务管控“三道防线”，严格控制债务总量、成本、期限，预防债务风险，新增融资年综合成本均控制在6.5%以内，期限5年以上。全年偿还债务本息12.48亿元，未发生债务风险。

（区绿岛公司）

【国隆公司】 重庆国隆农业科技发展有限公司（以下简称国隆公司）成立于2015年7月，是区属国有独资企业，主要从事重庆璧山国家农业科技示范园区的国有出让土地开发和经营、国有资产经营管理、基础设施建设、农业休闲旅游开发、所属范围内主要交通枢纽的道口经济开发和经营、投融资等业务。内设综合部、财务部、产业运营部、工程部4个部门。截至2017年12月31日，公司总资产为227877.21万元，其中流动资产30770.29万元。负债31816.87万元，其中流动负债1816.87万元。资产负债率为13.96%。全年实现利润568.64万元。全年完成大路道口片区一、二标段市政道路工程建设，开工建设三担西路、万达路的附属设施项目，完成大路道口2个开闭所开工前的准备工作，完成G244道路改扩建工程方案和初设审批，完成红坪路的技术性审查等工作。完成公司参股的福寿园人文纪念园主体工程及附属配套设施建设（一期）。完成大路现代物流园项目场地土石方平整工程，建筑设计方案通过规划、消防审批，工程建设有序推进。（国隆公司）

国土资源管理

图表 37　图为施工后的农村生产便道

（区国土房管局　供图）

【概况】　区国土房管局是区政府和市国土房管局双重管理的政府工作部门，内设科室 9 个，国土资源管理所（派出机构）5 个，事业单位 7 个（其中，正处级事业单位 1 个，副处级事业单位 1 个，正科级事业单位 5 个），2017 年年末系统在职职工 221 人。

2017 年，全区加强耕地保护，调整土地利用规划，实施生态移民搬迁，落实拆迁安置经费，继续开展土地整治，加强土地供应与监管，继续开展矿产资源"打非治违"行动，整治各项违法用地行动，推动全区国土资源管理规范化发展。

【耕地保护】　市政府下达璧山区耕地保有量 34340 公顷，实际完成耕地保有量 41802.24 公顷，完成计划的 122%；下达永久基本农田保护面积 29787 公顷，实际划定永久基本农田面积 29789.29 公顷，划定后的永久基本农田国家级等别为 9.0 等，与上一轮规划基本农田相比提升 0.3 等，完成计划 100%。

图表 38　图为施工前农村生产便道

（区国土房管局　供图）

【土地规划和计划管理】　调整完善璧山区及璧城街道等 15 个镇街土地利用总体规划（2006—2020 年），经《重庆市人民政府关于调整璧山区及 13 个镇街土地利用总体规划（2006—2020 年）的批复》（渝府地〔2017〕1942 号）批准实施。规划调整后，全区耕地规划目标调整为 34340 公顷，基本农田规划目标调整为 29787 公顷，建设用地规划目标调整为 15287 公顷，城乡建设用地规划目标调整为 12851 公顷，城镇工矿用地规划目标调整为 5985 公顷，交通水利及其他建设用地规划目标调整为 2436 公顷。取得新增建设用地计划指标 12 宗，面积 172.32 公顷。

获市2017“人地挂钩”空间指标10公顷。

【土地征收】 取得市政府农用地转用征收批复19宗，面积527.23公顷，新增建设用地总面积487.6公顷。实施征地拆迁项目12个，面积554.53公顷，拆迁房屋1872户，拆房面积311500平方米，人员安置5791人，住房安置5433人，发放各项安置补偿金5.2亿元。

【整治复垦】 实施土地整治项目10个，规模2754.2公顷，预算总投资3538.79万元。其中，5个通过市局验收获新增耕地311.53公顷；5个完工并通过区级验收。“十三五”土地整治规划通过市局评审并获区政府批复。配合有关街镇将入库备案的4个高山生态扶贫搬迁复垦项目和1个精准扶贫复垦项目纳入2018年实施，备案规模11.6公顷。

【储备融资】 累计储备土地432.46公顷，存量储备地140.08公顷，向市场供应储备土地62.2公顷，满足高新区、绿岛新区、农业园区的建设用地需求。利用储备土地筹措储备整治资金37亿元，到位资金36.83亿元。还款10.13亿元，其中债券置换6.82亿元，实现土地储备资金总量平衡。

【土地供应与监管】 全力保障六旗山水乐园、九永高速（璧山段）工程等重点项目用地需求。供应土地63宗，面积359.21公顷。其中，划拨土地15宗，面积168.05公顷；出让土地48宗，面积191.16公顷；入库土地价款70.02亿元（含历年歉收）。加大土地供后监管力度，全年开展巡查260次，未发生新增闲置土地。新建土地市场信用信息系统，录入主体信息345条，认定不诚信主体8条。加大欠缴出让金追缴力度，将逾期未缴纳土地价款的单位纳入土地市场不诚信名单，限制其参加新的土地交易活动的资格，并暂停其不动产登记审批。

【矿产资源管理】 加强矿山开采活动监管、矿山储量动态核查，严格执行日常巡查、实地核查、交叉检查制度，规范矿山界桩、标志牌设立和日常开采活动。继续开展矿产资源“打非治违”行动，加强矿山巡查力度巩固砂石采石场整顿成果，全年未发生无证、越界等违法采矿行为。继续推进《矿产资源总体规划编制》，完成市级初审。大力推进绿色矿山建设，推动冀东水泥、旭展建材等矿山企业4家开展绿色矿山建设。

【高山生态扶贫】 市政府批准大兴镇、青杠街道、来凤街道6个高山生态扶贫搬迁集中安置点基础设施和公益事业用地，批准用地面积1.32公顷。

【执法监察】 实现辖区动态巡查全覆盖。开展2017年度划片执法检查、生态创建整治违法用地84家、大排查大整治等工作。全年立案查处违法用地行为85宗（其中矿产资源违法案件1宗），占地面积18.52公顷，其中耕地面积4.95公顷。

（江红英）

审　　计

【概况】 璧山区审计局人员编制35人，实有33人。设有办公室（电子数据审计科）、法规审理科、整改督查与内审管理科、财政审计科（重大政策跟踪审计科）、企事业审计科、投资审计科、经济责任审计科（经济责任审计工作联席会议办公室）；下设审计中心（参公事业单位）。

2017年，完成审计单位140个，审计项目119个。查出主要问题金额860209万元。其中，违规金额29822万元、损失浪费金额3457万元、管理不规范金额826929万元；审计发现非金额计量问题132个；出具审计报告119篇，被批示、采用40篇。审计处理处罚金额240340万元。其中，应上缴财政12353万元、应减少财政拨款或补贴 103 万元、应归还原渠道资金 12031 万元、应调账处理金额 215851 万元；移送司法机关、纪检监察机关和有关部门处理事项 34 件，移送处理人员 27 人，移送处理金额 5052 万元。审计促进整改落实有关问题金额 76293 万元，拨付资金到位 4878 万元。审计后挽回（避免）损失 37983 万元，核减投资额 8083 万元，移送处理落实事项 31 件，提出建议 180 条，被采纳 175 条；推动被审计单位制定整改措施 166 项，促进被审计单位制定、完善规章制度 24 项。内部审计项目 239 个，促进增收节支 3887 万元。提交审计信息 189 篇,被批示、采用 103 篇。其中，批示审计要请 22 篇、专报 18 篇、请示 4 篇、报告 5 篇，被审计署采用 5 篇、中国审计报 4 篇、中国审计专栏 1 篇、重庆市审计局 44 篇。

中央和地方重大政策落实情况跟踪审计、合川区发改委重点项目建设管理暨 2015 年度财政财务收支审计、璧山区 2014—2015 年度卫生计生重点专项资金审计等 3 个项目获重庆市审计局行业优秀审计项目表彰。璧山区 22 个部门（单位）2016 年度预算执行和其他财政财务收支审计获重庆市审计局优良审计项目表彰。编报数字化审计案例入选审计署素材库，获审计署数字化审计案例三等奖。

【政策措施贯彻落实跟踪审计】 重点审计区公安局、环保局、水务局等 21 部门贯彻落实国家和地方重大政策措施情况，促进中央和地方有关重大政策措施的落实和整改。

【财政预算执行审计】 依法开展 2016 年度区本级财政预算执行和编制决算（草案）情况、2016 年地方税收收入暨非税收入征管情况及区公安、水务、城市管理局等 22 个部门（单位）2016 年度预算执行和其他财政财务收支情况审计，查出主要问题金额 840210 万元。

【经济责任审计】 组织开展 12 个单位 15 名党政领导干部任期经济责任审计，查出主要问题金额 271613 万元，促进增收节支 6288 万元。

【政府投资项目审计】 完成政府投资审计项目 81 个，送审金额 160348 万元，审计核减投资金额 8083 万元，综合审减率 5.04%。

【专项资金审计】 开展民生专项资金审计 2 个，查出主要问题金额 2248.01 万元，上缴财政 480.21 万元，应减少财政拨款或补贴 79.80 万元，应归还原渠道资金 0.29 万元。

【企业审计】 完成企业审计 9 个，查出主要问题金额 19999 万元。其中，财务收支核算不实 276 万元、账外资产 125 万元、损失浪费（管理不善）3457 万元、其他 16139 万元。

【审计信息化建设】 印发计算机审计数据安全、备份、网络、软件管理和责任追究等 4 项制度，为大数据审计工作提供制度保障。全面实现 AO（现场审计实施系统）与 OA（审计管理系统）的交互，积极推进正版软件使用。 （何泽兴）

统 计

【概况】 2017 年，全区多数经济指标进入全市“第一梯队”，全区地区生产总值（GDP）完成 480.1 亿元，同比增长 10.1%。其中，第一产业增长 3.7%；第二产业增长 11.1%；第三产业增长 8.2%。固定资产投资完成 702 亿元，增长 11.0%。社会消费品零售总额完成 137.9 亿元，增长 12.7%。城乡居民人均可支配收入 27102 元，增长 12.1%。城镇化率提高 2 个百分点，达到 56.26%。

【统计监测评价】 以核心指标预警监测指标体系为抓手，全力做好预警预测预判分析，将市委考核指标、区政府工作报告任务目标等30项经济指标在一张表里反映，让各部门目标清晰、各司其职，及时掌握每个指标的动态，并随时提出预警，保证区委、区政府科学决策，全面反映“三区一美”建设成果。

【数据质量管理】　贯彻落实中央《关于深化统计管理体制改革提高统计数据真实性的意见》、市委《关于深化统计管理体制改革提高统计数据真实性的实施意见》精神，着力提高统计数据真实性、准确性。修订完善统计工作考核办法和数据质量控制办法，积极推进严重统计失信企业公示和联合惩戒制度，全面加强数据质量防控体系建设。建立“四上”企业入库审批“零报告”制度、新入库企业数据质量承诺制度、统计从业人员信用管理制度等。狠抓“四上”企业审核入库工作，建立“四上”企业入库筛查机制，明确专人对“四上”企业入库条件进行实地核查，确保达标企业能够及时“入库”，新增一套表调查单位79家，总量达到687家。

【统计制度改革】　围绕国家、市局统计方法制度改革要求，扎实做好国民经济核算制度改革、固定资产投资方法制度改革、“三新”统计调查制度的无缝对接。着力改革传统数据采集、审核、汇总、评估等方式，深入推进行业统计一套表改革，通过市局行业统计一套表各阶段性工作督查。以“五证合一、一照一码”登记制度改革为契机，与工商、民政、编制、税务等部门共同合作，建立部门行政资料共享的长效机制，切实提高名录库日常维护管理水平。加大对部门统计的管理、协调和指导，完善部门统计工作规范和数据质量管理办法，实现数据统一、信息共享，形成全区统计工作合力。

【统计优质服务】　坚持创新统计服务宗旨，准确把握全区经济发展特点，科学监测，精准分析，全年各类统计分析、信息被区内主要媒体采用80篇次，多篇统计分析被市局、调查总队评为优秀统计分析。在按时发布《统计月报》《统计公报》《统计年鉴》等传统产品的同时，创新开发“数据璧山”统计信息客户端，满足社会各界对统计数据的需求，提升统计部门的服务形象。

【统计法治建设】　统筹推进全区统计管理体制改革各项工作任务，建立健全责任体系，明确主体责任、监督责任和相关责任。抓好各级领导干部、政府统计人员和统计调查对象的统计普法宣传，围绕“统计新动能、服务新常态”主题组织开展“第八届统计开放日”系列宣传活动，积极推动将统计法纳入党校、行政学院领导干部教育培训必修课。加强统计执法人才库建设，4名职工取得新一轮全国统计执法证。严格统计执法，查处统计违法案件1件。全面开展统计督导，通过教育、预防、服务、管理、惩处和整改等各种手段，切实加强对统计工作全过程的监督与管理。

【第三次全国农业普查】　第三次全国农业普查现场登记阶段为1月至3月，全区各级普查机构严格按照《中华人民共和国统计法》《全国农业普查条例》的规定，切实加强农普现场登记，1800名普查“两员”在清查摸底的基础上全面开展入户登记，做到100%，区农普办先后组织4个督查组到基层一线开展现场业务指导。3月下旬，对1039个普查小区开展事后质量抽查。3月28日起，组织各镇街业务骨干50人集中审核验收，核实修改差错约14万条。全区登记普通农户138727户、规模农业经营户1540户、农业经营单位3405家，4月，普登记工作代表重庆市通过国家农普办的事后质量抽查。（区统计局）

工商行政管理

【概况】　2017年，立足工商职能职责，持续助力

“三区一美”行动计划，市场准入更加便捷，竞争秩序更加规范，消费环境更加放心。工商工作得到市工商局和区委、区政府充分肯定，市局和区领导调研指导19人次，区四大家领导肯定性批示13次。

创新建立“六个三”工作机制，开展“两个专项整治”。加强干部队伍建设，组织培训24期736人次，1名同志被评为全国打击侵权假冒工作先进个人，1名同志被命名为第三批重庆市岗位学雷锋标兵，2名同志所撰论文分别获评全市工商系统优秀论文和主题征文“一等奖”。

【市场主体注册登记】 坚持“营商环境就是生产力”的核心理念，围绕提高准入效率，全面推行“先照后证”“多证合一”改革，推进企业登记全程电子化，实行外资企业登记备案制，试行住所（经营场所）登记申报承诺制，探索“一址多照、集群注册”，试点“证照分离”改革，逐步放开企业名称数据库，全面推行未开业企业和无债权债务企业简易注销，进一步畅通市场准入与退出渠道，促进各类市场主体共同发展。全年全区新增市场主体8790户，总量首次突破5万大关，达到50696户，注册资本（金）达到1377亿元。其中，内资企业12681户，外资企业69户，个体工商37377户，农民专业合作社569户。

【市场主体监督管理】 把握“先照后证”改革后加强事中事后监管的新要求，坚持依法、简约、审慎、综合、智慧、协同和“亲清”监管，推动市场主体监管改革创新，做到“该管的管住”。有序推进年报公示工作，全面实施“双随机、一公开”监管，抽查市场主体1336户。加强经营异常名录管理，列入经营异常名录企业706户，个体14399户，农民专业合作社179户，外资1户，移出1463户。收集供气、供电、旅游合同69份，格式合同备案11件，提出修改建议122条。办理动产抵押登记128件，助企融资18.19亿元。拍卖备案18件，委托金额3986万元。检查各类市场主体2300户次，查办无照经营行为案件16件，责令限期办理营业执照283户，依法吊销关停企业营业执照1户。

【反垄断与反不正当竞争执法】 依托监督巡查、群众举报、网络监测等多种方式，全面提升情报信息发现搜集和研判能力，集中精力拓宽领域查办案件。全年查处各类违法案件61件，涉案金额182.14万元，罚没金额176.48万元，入库金额159.48万元。加强与公安、综治、金融办、农委等部门协作，开展联合宣传30次，联合打击涉嫌传销和非法金融10起，移送公安机关案件1件，移交农委案件1件，接收食药监局移交案件1件。开展“双打促双创”专项行动，深挖案源情报线索40条，查处侵权假冒案件32件，案值61.51万元，没收涉案物品7000件，罚没金额130.2万元。

【消费者权益保护】 开展“网络诚信、消费无忧”消费维权年主题宣传，印制各类宣传展板42块，发放宣传资料35500份。开展“2017年红盾质量维权行动”，抽检成品油64组，其他商品86组，查处销售未达标准成品油案3件。设立“12315”投诉举报指导站7个，“12315”消费维权服务站31个。深入开展商品和服务社会监督，确定区级“消费维权诚信单位”54家，聘请消费维权义务监督员10名。全年分流、处理消费者投诉举报705件，及时办结率100%，争议金额241万元，为消费者挽回经济损失178.43万元。

【信用体系建设】 贯彻落实中央、全市信用建设要求，提请区政府出台《关于做好国家企业信用信息公示系统先行建设工作的通知》，为全区开展企业诚信建设提供制度保障。对照市公共信用信息目录，按照“应归尽归”原则，归集43个区属部门10大类2000项11000条涉企信息。设立企业信用信息查询服务窗口，出具信用报告300份，用户查询超过1200户次。继续在“守合同重信用”企业公示，人大、政协及党代表资格审查和政府采购等工作和领域，推广企业信用信息查询报告的使用，5家企业因失信失去评优和招投标机会。

【法治建设】 落实“七五普法”规划，扎实推进法治工商建设。组织开展执法资格、执法知识更新和法治理论知识考试，参考人员均达标通过。严格案件核审，核审61件，核审率100%。落实应诉要求，行政负责人积极出庭应讼。改进行政复议案件审理方式，受理行政调解25件，调解成功率100%。按照“谁执法谁普法”要求，开展新修订的《中华人民共和国反不正当竞争法》《无证无照经营查处办法》等法律法规知识宣传。8月16日，在《璧山报》“谁执法、谁普法进行时”栏目刊登“推进法治工商建设、护航市场经济发展”专题报道，社会效应良好。 （区工商局）

价格管理

【概况】 2017年，物价监管认证取得新进展。牵头开展涉企收费专项检查，全面清理行政审批前置中介服务事项，编制公布行政事业性收费、涉企经营服务性收费“两个目录清单”。清理各镇街和部门收取各类保证金有关情况，并提出相应的处置建议。积极做好公立医院综合改革价格监管工作，对特殊病房床位费进行专项审查。重新确定区内部分二级以下汽车客运站收费等级、9条城乡公交线路正式客运票价，贯彻执行非居民用天然气基准门站价格。加强市场价格监管，开展药品采购“两票制”联合巡查、房地产开发销售中介行为检查、粮食安全隐患大检查、医保协议服务机构专项检查等检查活动。做好价格投诉举报处理工作，全年受理价格投诉举报60件，其中政策咨询10件，价格投诉50件，办结率100%。

（区发展改革委）

就业管理

【概况】 2017年，全区实现城镇新增就业25038人，完成目标任务18000人的139.1%。城镇登记失业人员就业5700人，完成目标任务3900人的146.15%。就业困难人员就业1647人，完成全区目标任务1300人的126.69%。期末结存登记失业人员2868人，城镇登记失业率2.6%，控制在目标任务3.5%以内。回引市外农民工返乡就业创业2334人，完成目标任务2000人的116.7%。就业技能培训3924人，完成目标任务3500人的112.1%。创业担保贷款5597.8万元，完成目标任务5000万元的115.96%。征收失业保险金1881.18万元，完成目标任务1800万元的104.5%。为区内信息产业配套企业组织输送一线操作员工3.84万人次，其中为市级重点配套企业送工3万人次，审核发放招聘补贴414.7万元。

【就业】 一是夯实基础数据。在社保数据和就业信息实现共享后，城镇新就业的指标数据来源更为真实准确。每月从系统中提取当月新参保人员数据分发到各街镇后录入就业信息系统中，实现“应录尽录”。同时采取系统提取数据与报表数据进行对比的方式，对就业数据进行核查，确保系统数据与报表数据一致，实现零差异率。二是落实就业专项资金。与工商局数据以及金保二期工程数据比对之后，实现自谋职业的个体工商户和在单位参保实现单位就业的不属于政策享受范围的就业困难人员剔除，确保就业专项资金的安全使用。1467人享受灵活就业社保补贴资金6941872.26元，182人享受单位社保补贴及岗位补贴，发放补贴907384.19元。期末结存享受低保就业补贴77人，全年累计发放低保就业补贴339688.2元。三是推动公益性岗位开发管理。与区财政局、区城管局、区公安局等单位专题研究，出台《璧山区公益性岗位管理办法》，并与新的临聘人员管理办法相衔接，及时指导各街镇及各部门做好公益性岗位开发工作。区残联、区卫计委、区疾控中心等7家单位申报公益性岗位52个，安置14名就业困难人员就业。四是做好化解产能过剩企业职工安置中的就业服务工作。开展化解过剩产能专场招聘会1次、日常招聘会80次，发放宣传资料1080份，组织49家企业提供岗位1498个，达成意向人数600人。

【失业保险扩面征缴】　全区全年参保职工87737人，占重庆市下达全区失业保险参保人数85000人的103.22%。新扩面12257人，参保净增3667人。征收失业保险金1881.18万元，完成征收计划1800万元的104.5%。失业保险基金支出3330.25万元，其中失业保险金976.66万元，稳定岗位补贴267户支出635.74万元，上交上级845.72万元，农民工一次性生活补助费发放441.02万元，一次性就业创业补贴发放67.45万元。

【创业担保贷款】　全年发放创业担保贷款487户5797.8万元，带动吸纳1220人就业。提高贷款额度，将个人创业担保贷款额度由原来的最高10万元调整至15万元。简化贷款程序，减少区财政审核把关的操作流程，要求承贷银行不得设置其他商业贷款的附加条件。参加重庆市首届“渝创渝新”创业创新大赛，2个项目进入复赛。开展泛海扬帆资助项目并拨付资金4万元，推进重庆市机电职业学院、重庆云城两山公司创建市级创业孵化基地工作。

【招用工平台服务】　举办春风行动、民营企业招聘周等各类公共就业服务活动95场次，吸引进场招聘的企业329家，提供岗位20829个，提供职业指导8741人次，网上发布用工信息3120条，介绍成功4503人。

【就业援助】　按照市局统一安排，1月中旬至2月下旬，会同区残联组织开展以“就业帮扶、真情相助”为主题的就业援助月活动。通过做实宣传动员、登记认定、全面普查和岗位储备四项基础工作，实施岗位援助、服务援助和政策援助，切实帮助就业困难人员实现更高质量就业。活动印发政策宣传品5000张，走访就业困难人员家庭201户，登记认定的未就业困难人员68人，组织专场招聘会9次，提供就业服务1096人次，达成就业意向320人，其中62名就业困难人员实现就业。

【高校毕业生就业】　市局下发实名制登记的2017年离校未就业高校毕业生为231人，与各镇街基层公共服务机构通过电话联系、走访、社区摸排等方式，完善全区离校未就业高校毕业生的各类信息。除出国、参军、升学等情况的60人以外，采取组织高校毕业生专场招聘会、职介推荐、岗位信息推送等措施，帮助163名离校未就业高校毕业生实现就业。其中，3名困难学生的就业率为100%，全区就业率达到95.32%，定制服务率达到100%。

图表39　2017年璧山“春风行动”招聘会现场

（璧山报社　供图）

【农村劳务开发】 全区开展市级家庭服务从业人员专项培训15期599人，拨付培训补贴资金580140元，完成目标任务。开展全国部分行政村农村劳动力转移就业监测及全市“千户监测”调查工作，组织培育农村劳务经纪人300人，回引市外农民工返乡就业创业2334人，璧山区被评为国家级返乡创业试点区县。

【技能培训】 全年完成就业技能培训3924人，完成目标任务3500人的112.1%。发放培训补贴226.5万元和技能鉴定补贴38.32万元。邀请区财政局、区审计局、区人社局组成考核评议工作组，组织实施培训项目的机构认定。制定下发《璧山区职业培训管理工作流程》，培训对象审查严格，培训流程管理规范。通过开展订单式组织、菜单式教学、定向式就业，采取送教入村社、送教入企、送教进校等方式，培训需求针对性更强。

劳动管理

【概况】 2017年，全区立足“保民生、保稳定”的要求，切实改进工作作风，确立劳动关系向和谐推进，劳动监察向预防延伸，劳动维权向人性化迈进，劳动执法向规范化运作的工作思路，积极发挥职能部门作用，维护全区经济社会和谐稳定。

【收入分配调查】 深化企业工资收入分配调控。完成全区54户企业的薪酬制度调查工作和15户企业的成本调查工作。进一步提升工资集体协商能力和成效，扩大工资集体合同覆盖面。区集体劳动合同执行企业423户，涉及职工28463人，区域性行业性集体劳动合同217家，涉及企业职工5531人。稳妥推进机关事业工作人员工资收入分配制度改革工作。按全市统一部署，完成公务员平时考核奖励调标工作，7月底兑现。进一步推进全区事业单位实施绩效工资工作，完善分配激励约束机制，对实施绩效工资的事业单位，设立绩效工资外“高出部分”。完成网络公司身份转换人员由社保发放退休费和在职人员纳入养老保险缴费范围工作，涉及在职人员116人，退休人员30人。

【和谐劳动关系创建】 贯彻和宣传《中华人民共和国劳动合同法》《中华人民共和国劳动合同法实施条例》《重庆市劳动保障监察条例》和《重庆市劳动保障监察条例实施细则》，根据《重庆市集体合同条例》，在全区非公企业开展工资集体协商工作，从源头上维护职工合法权益。全区规模以上企业劳动合同签订率达到100%，中小微型企业劳动合同签订率达97%以上。全区86%组建工会企业和国有及国有控股企业均参与创建“和谐劳动关系企业”。区申报榄菊公司和渝山水资源有限公司为“AAA”级和谐劳动关系企业，全区创建和谐劳动关系企业“AA”级达到54户，“A”级达到102户。

【工伤评定】 严格按照《工伤保险条例》《重庆市工伤保险实施办法》等政策规定，做好工伤认定工作。受理工伤认定案件1268件，受理后驳回20件，作出认定（视同）工伤决定1231件，作出不予认定工伤决定17件。贯彻执行工伤保险政策及法律法规，加强《工伤保险条例》等政策法规宣传，发放宣传材料17000份，接受咨询1152人次，2017年参与27人次职工伤亡重大事故现场处理和集访处理。

【劳动保障监察】 主动监察用人单位242户，受理投诉举报案件190件，立案162件，办结156件，结案率96%，涉及劳动者3123人次，涉及金额5020.56万元。收到举报信函及信访件79件，办结79件，结案率100%。下达限期整改指令书67份，下达处罚决定书15份，下达处理决定书6份，对9户用人单位进行处罚，执行罚金4万元。

加强与公安局、检察院和法院的沟通协调，全年处置突发事件37件，未发生群体性上访和重大恶性社会影响行为。开展劳动保障监察“两网化”建设和劳动保障执法示范区创建工作，全区所有镇街网管中心的网格、人员、职责、制度、场地等均落实，组织劳动保障专职监察员、劳动保障兼职监察员参加“两网化”管理信息系统培训，对投诉举报案件全部实行网上办案和市内联动办案。落实依法行政工作要求，进一步规范执法文书、案卷书写和劳动保障监察执法行为，切实做到程序合法、量法适当。大力整治建筑领域农民工工资拖欠行为，督促建设单位和施工总承包单位严格落实“两金三制”制度，确保建筑领域农民工工资基本无拖欠。（区人力社保局）

质量技术监督管理

【概况】 2017年，全区围绕“创新提质增效”为主题，按照重庆质监“四化”建设和璧山区委、区政府“三区一美”行动计划，不断提升科学管理水平，增强服务发展能力。全年创建重庆名牌产品5个。

【质量监督管理】 争取区政府出台《贯彻落实质量发展纲要实施方案》《质量品牌提升实施意见》。主动与璧山高新区管委会签订《关于开展质量强区、促进经济发展合作备忘录》,共同为企业开展质量提升工程、推进技术标准战略、提升计量水平、严格安全监管、优化发展环境等6个方面的服务工作。申报QC小组8个，其中1个QC小组获优秀奖，1个班组获三等奖、2个班组获优秀奖。开展质量管理专题培训生产企业67家，开展《质量成本分析与控制》培训重点工业企业负责人52名。在顾地、嘉陵、宗申3家企业推行“质量成本控制”和“供应链管理”试点帮助企业节约成本500万元。完成2017年“双随机一公开”产品摇号抽查，摇号抽查6个类别12个批次产品，经检验均合格。监督抽查食品相关产品30批次，合格27批次。参与烧结砖瓦企业环境污染治理工作，督促9家烧结砖瓦企业的不合格产品整改合格。组织召开食品相关产品、电线电缆企业产品质量预警会4次，督促企业持续保持获证条件。组织质量约谈8次。办理质量不合格后处理案件73件。辖区内未发生区域性产品质量安全问题。

【计量工作】 对辖区的9家集贸市场、4家超市794台（件）在用计量器具和34家加油（气）站进行计量监督检查，未发现计量违法违规行为。对辖区15家定量包装生产企业的39批次定量包装商品抽样检验，督促5家企业的9批次定量包装不合格完成整改。按时高质量完成《深化笔电行业计量“供给侧改革”》课题报告，为企业降本增效提供重要参考。联合相关部门免费检定全区15个街镇卫生院、11个社区服务站、304个村卫生室的1122台（件）在用医用计量器具。

【标准化管理】 将行政许可标准化与创建国家级社会管理和公共服务综合标准化示范区工作相结合，保障两项工作高质量、按进度有序推进。企业自我声明公开产品标准272个，邀请专家审查14类23个产品标准，宣贯强制性国家标准20个。

【认证认可工作】 深入推进认证“双提升”活动，专题研究部署推进认证“双提升”工作4次。召开检验检测机构、强制性产品认证企业认证“双提升”工作宣传推进会3次。在检验检测机构、强制性产品认证、自愿性认证等树立标杆单位6个，组织全区10家检验检测机构、53家企业到标杆单位参观学习2次。对5家强制性产品认证企业“现场挑刺”，指出企业在质量管理和认证落实上存在的问题。4家检验检测机构全部通过市局能力验证考核。

【特种设备安全监察】 与57家重点特种设备生产、使用单位签订《特种设备安全目标责任书》。开展淘汰燃煤锅炉、实施节能环保改造，淘汰落后锅炉8台，落实安全节能标准化管理达标示范锅炉1台。出动执法人员600人次，开展大型游乐设施、电梯、场（厂）内专用机动车辆、压力管道、“土锅炉”等9项专项执法行动，排查特种设备使用单位212家，发现安全隐患296条，下达指令书85份，整改隐患296条。特种设备作业人员持证上岗率达到100%。连续16年无特种设备安全事故。

【执法能力建设】 突出对学生用品、建材产品等重点产品、特种设备生产使用的监管和重点工程、重点项目建材质量把关。全年立案查处84件，移送公安机关3件，查获伪劣产品货值170万元，为消费者挽回经济损失600万元。无制止、纠正、撤销以及行政复议、诉讼案件。

【质监改革】 推进“放管服”，进一步规范、简化行政审批工作流程，建立限时办结制、责任追究制等行政审批制度11项，办理特种设备使用登记1256台（件），食品相关产品生产许可13件，气瓶充装许可2件。市局下放（委托）局办理的行政许可项目全部纳入市网审平台运行，办理时限在法定时限上缩短50%以上，办事效率不断提高。

【知名品牌】 5个产品被评为重庆市名牌产品。

2017年璧山区获评重庆市名牌产品统计表

表8-25 单位：万元

名称（商标）	主要产地	批准时间（年月日）	授予（批准）单位	建成规模（数量）	备注
汽车用鼓（盘）式制动器衬片2类（川字）	重庆璧山	2017年12月25日	重庆市名牌产品协会	15000	重庆红宇摩擦制品有限公司
汽车用鼓（盘）式制动器衬片4类（川字）	重庆璧山	2017年12月25日	重庆市名牌产品协会	15000	重庆红宇摩擦制品有限公司
防弹头盔FDK-GD系列（盾之王）	重庆璧山	2017年12月25日	重庆市名牌产品协会	17000	重庆盾之王实业有限公司
微型耕耘机GM（嘉木）	重庆璧山	2017年12月25日	重庆市名牌产品协会	35000	重庆嘉木机械有限公司
微型耕耘机1WG（嘉木）	重庆璧山	2017年12月25日	重庆市名牌产品协会	35000	重庆嘉木机械有限公司

（区质监局）

食品药品监督管理

【概况】 2017年，区食安办组织召开相关部门联席会议16次，印发《重庆市璧山区食品药品安全“十三五”规划》，修订《重庆市璧山区食品安全突发事件应急预案》，组织迎接区人大常委会对创建国家食品安全示范城市的视察。牵头组织创建工作推进会、培训会及协调会、食品保健食品欺诈和虚假宣传整治工作会等。安排部署元旦、春节、"五一"、中秋、国庆和中共十九大召开、全国两会等重大传统节假日、重要时期和重大活动期间食品药品安全监管工作，牵头组织相关部门开展联合执法行动。组织开展学校及校园周边食品安全、地沟油、火锅类食品等专项整治活动。修订区食品安全突发事件应急预案，制定食品安全突发事件应急演练方案，协调区领导安排时间完成演练工作任务，提升全区食品安全应急管理处置能力。通过"12331"举报投诉热线、阳光璧山网上服务平台、分局举报投诉专线"41554321"等渠道，受理举报投诉122起，举报投诉满意率达100%。

【国家食品安全示范城市创建】 根据重庆市政府统一安排，全域创建国家食品安全示范城市。一是成立组织，加强领导。成立由区委副书记、区长章勇武任组长，区人大、区政府、区政协相关领导任副组长，15个镇街和27个相关部门为成员的重庆市创建国家食品安全示范城市璧山区创建工作领导小组，下设办公室（简称创建办）在区食药监局。各镇街及相关部门成立相应的创建工作机构，建立区领导联系镇街和主要部门创建工作制度，6名区领导负责联系包干，跟踪督导创建工作。二是细化方案，明确标准。研究制定《重庆市创建国家食品安全示范城市璧山区实施方案》《重庆市创建国家食品安全城市璧山区示范企业（生产加工）评价细则》等20个工作方案和评价细则，明晰各镇街、相关职能部门和食品生产经营主体在创建工作中的职责和任务。三是全面发动，立体部署。自2016年11月全区创建工作启动以来，《政府工作报告》专门对"创建重庆市食品安全示范区"做出部署安排，区政府第5次常务会议专题研究，区创建工作领导小组先后7次召开创建工作推进会、培训会和汇报会。四是与创国卫工作融合。把创建国家卫生城市与创建国家食品安全示范城市有机结合，把创卫涉及的食品安全相关指标与创建国家食品安全示范城市的评价细则结合起来开展，规范整治和提档升级农贸市场41个，改造建设标准化农贸市场10个，整治规范"四小"3160家次。五是与创建农产品质量安全示范区县的融合。会同区农委，将创建国家农产品质量安全示范区县与创建国家食品安全示范城市有机结合，把农产品质量安全作为食品安全源头的重要组成部分开展创建工作，把住全区食品安全的源头关。六是与基层食品药品监管机构规范化建设的融合。将基层食品药品监管机构规范化建设与创建国家食品安全示范城市两项工作同研究、同部署、同开展，进一步完善区、镇街、村（社区）三级食品药品网格化监管考评机制。七是与校园食品安全管理的融合。将创建工作和加强校园食品安全管理融为一体，会同区教委先后3次集中组织辖区学校召开学校食堂及周边食品安全监管暨示范学校食堂创建工作推进会。全区中小学校食堂"明厨亮灶"实施率100%，幼儿园食堂"明厨亮灶"实施率达70%。八是与深化农村食品安全治理的融合。结合5月1日施行《重庆市食品生产加工小作坊和食品摊贩管理条例》的契机，将深化农村食品安全治理与创建工作有机结合，宣传培训和全面清理排查整治小作坊和食品摊贩，建立监管台账，制定巡查计划和抽样计划，对食品生产加工小作坊和食品摊贩进行全覆盖抽样检查，对符合《条例》的实施备案许可和登记管理，对达不到要求的责令整改，消除违法生产经营，打击违法行为。九是与食品药品安全风险隐患"四大专项行动"的融合。将创建工作与全市统一开展的食品药品安全风险隐患大排查大整治大执法大督查专项行动（简称"四大专项行动"）充分结合，将创建标准要求融入到"四大专项行动"中，建立工作台账，集中开展整治，逐一对标销号。十是会同区农委、区教委和各镇街培育示范村（社区）、示范食用农产品种植（养殖）单位、示范商圈、示范食品生产企业、示范农贸市场、示范食品销售店、示范餐饮店、示范学校食堂、示范机关企事业单位食堂等示范点位1000个。十一是开展“放心肉菜示范超市”创建工作。及时启动全区放心肉菜示范超市创建活动，辖区内符合创建基本条件的重百、永辉、新世纪等超市的5家门店均全部申报参加创建。十二是围绕群众对创建工作知晓率要达到90%、食品安全满意度要达到70%以上这一否决项指标的宣传，组织协调相关部门和各镇街充分利用各种载体，开展宣传活动。

【基层食品药品监管机构规范化建设】　一是将基层监管机构规范化建设纳入区“十三五”规划，区政府与各镇街签订食品药品安全工作责任书，提高对镇街食品药品安全年度目标考核分值。二是制定下发《基层食品药品监管机构规范化建设验收标准》和评价验收评分标准，各镇街以“四有两责”要求为标准，充实调整食品药品监管岗位人员和办公业务用房，15个基层食品药品监管机构实现独立办公，监管机构的外观形象、专用执法装备等均统一按照有关要求得到落实。三是15个镇街食药监所分别建立食品快速检测室，通过加强对食品快检人员的法培训，均能开展对蔬菜、水果、肉类、卤制品等进行农残、兽残、水分、亚硝酸盐等40项指标快速检测筛查工作。完善食品药品安全网格化监管和基层协管员队伍等监管体制，明确食品药品安全的日常巡查责任。

【“四大专项行动”】　“四大专项行动”是市食药监局为进一步加强食品药品安全监管工作，有效防范和坚决遏制较大及以上食品药品安全事故发生，助推创建国家食品安全示范城市向前发展的重要举措。对此，区食药监局高度重视，成立“四大专项行动”工作领导小组和工作督查组，先后2次组织全区各镇街食品药品监管所负责人和区食药监局全体干部职工召开专题部署会，及时制定印发《重庆市璧山区食品药品安全风险隐患大排查大整治大执法大督查专项行动方案》，分“动员部署、全面排查、集中整治、总结提高”4个阶段，于8月4日开始筹备，至12月31日结束。重点对全区食品药品、医疗器械、化妆品等各环节各业态全面开展拉网式风险隐患排查，建立风险清单，制定整改措施，开展集中整治并逐一销号。专项行动期间，各镇街及局机关各监管科室每周上报工作进展情况。截至11月中旬，出动执法人员4676人次，检查食品药品生产经营使用单位6898家，排查并消除风险隐患627条（其中，食品类547条，药品类54条，医疗器械类16条，化妆品类10条）。

【行政许可】　按照区政府公布的2016年区级行政审批事项目录清理行政许可事项，区食药监局承办的行政许可和非行政许可事项有7项，按期按标准编制各类行政许可的服务指南和流程图。全年受理审核各类行政许可事项3441件。其中，食品经营许可3307件；“药品经营许可证”零售新办34件，变更64件；三类医疗器械经营许可新办、换证5件；二类医疗器械备案新办27件，变更4件，全部在法定期限完成，实现行政许可零投诉、零复议、零信访。

【食品药品安全教育】　全年先后组织安排590人次参加国家局和市局组织的食品、药品、医疗器械、保健食品和化妆品相关法律法规和业务知识培训。集中组织辖区100名食品药品执法人员开展《重庆市食品生产加工小作坊和食品摊贩管理条例》的实施培训和新入职执法人员的行政执法资格培训，重点加强法律法规、执法办案、抽检监测、应急处置等技能培训。集中组织相关食品生产经营单位食品安全管理人员培训9期，参培人员2385人，制作发放餐饮食品安全管理人员温馨提示单2385份。全区15个镇街结合创建工作，分业态分批次组织辖区内食品销售者、餐饮服务者、食品生产加工小作坊、食品摊贩、农村家宴“一条龙”等进行食品安全示范创建培训及创建示范店现场学习观摩等活动，参培人员8500人次。

图表 40　图为“3·15”食品药品专项执法检查现场

（张承刚　摄）

【食品生产环节监管】　按照产品的固有风险，结合上年度对企业的监督检查、监督抽检、案件查处等情况，对全区 83 家获证食品生产企业和 57 家小作坊进行风险等级评定，严格开展日常监督检查，下达《责令整改通知书》16 份，提出整改意见 80 条。同时，针对重点产品、高风险产品和节令食品开展专项整治，先后开展调味面制品、白酒、虚假标志、肉制品、食用油等专项整治，完成食品生产监督抽检 358 批次，完成率 100%，合格 352 批次，不合格 6 批次，合格率 98%。对抽检不合格的产品严格按照《后处理工作规范》要求，责令企业召回不合格产品，对问题产品进行处理，帮助企业分析查找原因并督促进行整改，对抽检不合格的企业均依法实施行政处罚。

【食品销售环节监管】　始终保持食品安全监管高压态势，加强对乳制品特别是婴幼儿配方乳制品、跨境电商经营进口食品等重点食品的监督管理。完成食品销售环节国抽 29 个批次、市抽 271 个批次、市局专项食用农产品（柔性）抽检 113 批次、分局定向抽检 52 批次、区食药监局与区人民检察院联合抽检 6 批次，检测出不合格食品 25 批次，完成快速检测 1257 批次，对抽样检验发现销售不合格的食品，全部依法立案查处。开展农贸市场专项整治，重点督促市场开办者及经营者落实食品安全制度，明确食品安全管理主体责任，开展重大传统节日食品安全整治、酒类专项整治、畜禽肉销售市场专项整治、野生蘑菇市场专项整治以及打击食品及保健食品欺诈和虚假宣传专项行动，规范市场秩序。

【餐饮食品环节监管】　开展无证经营整治行动，加大巡查力度，及时发现无证经营行为和规范整治，提高持证率，全区餐饮食品经营持证率达 98%以上，学校和幼儿园食堂持证率达到 100%。加强社会监督，在就餐场所醒目位置公示食品经营许可证、量化分级等级评定等信息，信息公示全覆盖，量化分级评定公示达到 98%。加强重大活动和重要场所食品安全监督，2017 年保障高考、中考及重要领导和重要团队到璧山视察、调研、参观、培训、会议等重要活动食品安全保障 23 场次，安全保障 9303 人次就餐，开展系列校园及周边食品安全专项整治行动。实施餐饮业食品质量安全提升工程，深入推进“明厨亮灶”和餐饮示范店（单位）建设，全区中小学校食堂“明厨亮灶”覆盖率达到 100%，幼儿园食堂“明厨亮灶”覆盖率达到 70%，大型以上餐馆“明厨亮灶”覆盖率达到 60%。

【药品医疗器械安全监管】　按照 GSP 要求，对 15 家新开办药品零售企业进行 GSP 认证，7 家药品零售企业 120 日内全面认证，对 45 家药品零售企业进行 GSP 认证跟踪检查。全年完成 111 批次药品、14 批医疗器械、67 批次化妆品、30 批次保健食品的抽检工作，收到不合格报告 5 批次，全部依法处理完毕。利用药品专项资金抽样 85 批、医疗器械30批，强化药械安全监管。开展药械不良反应和药物滥用三项监测，指定专人负责ADR和MDR的任务分解、宣传、上报、催报等工作，全年上报药品不良反应415例（其中新的严重的药品不良反应193例，占46.5%），医疗器械不良事件216例，药物滥用监测130例,全部超额完成市局下达的目标任务。对25家特殊药品经营使用单位检查32家次，约谈药品批发企业负责人、质量负责人32人次。开展“药店诊所药品质量安全集中整治活动”“国产非特殊用途化妆品备案专项整治行动”“食品保健食品欺诈和虚假宣传整治行动”等专项整治行动，下达责令整改通知书29份。

【法治监督】 以加强行政执法监督、强化执法案件办理和突出法制宣传为着力点，促进执法能力提升。邀请市局法规处领导开展《重庆市食品生产加工小作坊和食品摊贩管理条例》讲解培训，邀请区法院民事庭专家为执法人员讲解《民法总则》。严格执行《裁量基准》，进一步规范行政处罚裁量权，落实食品药品安全监管“四个最严”要求，实现监督执法全覆盖，全年出动执法人员11500人次，检查食品药品生产经营使用单位13600家次，立案查处食品药品违法案件217件。对涉嫌违法犯罪的依法移送公安和检察机关6件，对涉嫌商标侵权和虚假宣传的移送工商行政管理部门2件，公开行政处罚案件信息6期，均做到依法、及时、按程序移送和公开，全年未发生行政复议和行政诉讼案件。（区食品药品监督局）

烟草专卖管理

【概况】 璧山区烟草专卖局、重庆市烟草公司璧山分公司[以下简称“璧山区局（分公司)”]成立于1984年1月，实行“两块牌子、一套班子”的经营管理模式，现下设办公室、政工科、财务审计科、专卖监督管理科、综合科、专卖内管与法制监督科、客户服务部、稽查大队1个和稽查中队3个，承担全区2887户卷烟零售客户的营销服务和专卖管理职能。截至2017年12月，有从业人员77人，其中大专以上学历72人，占比93.5%；中级以上职业技能资格证书57人，占比74%；中级以上专业技术职称6人，占比7.8%。

2017年，卷烟销售总量26623箱，含税销售收入7.88亿元，实现税利12573.76万元。获2017年度区县局（分公司）税利增长特别奖，营销先进单位。

【市场监管】 全年查处各类涉烟违法案件197件，案值83.55万元。查获违法卷烟3079.7条。有效客户2787户，年度新增办理418起、不予许可15起、暂停13起、歇业269起、补办17起。全年无一例涉烟行政复议或行政诉讼。

【烟草打假】 一是市场监管。持续推进日常监管，通过日常检查、举报投诉、错时监管、交叉检查等多形式全方位、不间断地对辖区市场进行高精度监管，切实落实“天天管、管天天”。5月至9月，现场查获违法卷烟402条，案值15万元。拟定大户专项行动方案，持续开展专项行动，加大对涉烟大户、名烟名酒店、大型商超、高消费场所的明察暗访。4月开展餐饮业突击联合执法，5月市场检查网吧100家，9月部署娱乐与休闲中心专项夜查，专项行动涉及案件24起，案值6.3万元。二是后台管理。做好信息沟通，加强许可证后续监管，加强与客服、内管信息沟通，严密监控并逐一走访核查异常情况，依法依规清理闲置许可证，加强后续监管。全面摸底违法违规大户，清查违法违规大户及“二次批发、左右价格、扰乱市场”问题，摸排重点监管客户30户，签订《卷烟零售户规范经营承诺书》119份。组织开展真烟信息系统培训。三是基层建设。开展情景模拟和文书制作综合技能竞赛，进一步规范专卖执法行为，提高案卷制作水平。不定期开展紧急集合演练，提高预演水平和实操战斗力。加大宣传力度，积极参加区公安举办的“5·15打击和防范经济犯罪宣传日”活动和“12·4”法治宣传日活动，发放1000份宣传资料，提醒引导消费者自觉抵制买假买私，提升识假防骗能力。

【许可证改革】 在行政审批方面，继续执行2015年6月1日开始的烟草专卖零售许可的相关政策。即放宽办证条件（在办理新办和延续事项时，取消要求申请人提供银行存款证明的规定；在办理延续事项时，零售许可证持证人为经营场所产权人的，不再要求其提供经营场所产权证明；在办理延续、变更事项时，取消要求申请人提供工商营业执照的规定；放宽经营场所认定条件等）、简化审批流程（新办零售许可证实地核查中，取消要求最近零售户签字和绘制现场勘察示意图的规定；新办申请审核审批中，取消法制监督部门合法性审查环节；在办理延续、变更申请和补办、停业、恢复营业、歇业等管理类事项时，受理、审查、决定、送达等环节合并为审办环节等）、缩短办理时限（新办申请应当在15个工作日内作出许可决定,不得延长；准予延续和办理变更、管理类事项应当当场即时办结；因市政规划等政府行为，零售许可变更需求较大的，可采取集中受理、上门服务的方式办理；推进专卖信息化建设，建设网上政务大厅，实现申请材料网上提交、审批进度随时可查）等举措，进一步提高审批效率和服务水平，方便群众服务群众。事前公示办证条件，事后公开办证结果，实行“阳光审批”，营造公平竞争市场环境。

【品牌培育】 一是优化工作机制，强化客户基础服务。在五天均衡拜访机制上推行“每天有销售、上午走市场、下午跟订单、晚上补遗漏”模式，将天天抓落实到工作步骤上。二是细化责任分解。将调度任务测算细分到周到天到线路到人头，使目标重心前移，每天下午4点前公布当天销售动态和“四率”情况，将抓天天落实到任务跟进上。三是提升货源投放精准度。找准地产烟、细支烟、盈利烟的销售“提量点”，不断提升城网市场结构、转型农网市场消费，满足辖区市场需求。四是推进“五个一”营销策略。运用品牌宣传策略，通过工商联动、璧山网红旅游城市美食节和婚庆、买赠、景区促销等方式提升渝产品牌的市场销量。五是关注客户利益诉求。通过实地拜访，处理投诉咨询缓和与客户的矛盾，坚持货源阳光分配提升中小客户信任度，利用40场客户培训会、表彰会等形式加强客户帮扶和经营指导，完善与客户之间良好关系。全年累计卷烟销售26623箱，同比增加4.1%；实现销售收入含税7.88亿元，同比增加9.3%；实现单箱销售收入含税2.96万元，同比增长5%。其中销量、销售收入增幅均排名全市第三。

（王　婷）

安全生产监督管理

【概况】 2017年，全区安监工作以贯彻《中共中央国务院关于推进安全生产领域改革发展的意见》为契机，加强基层工作、基础工作、基本素质，进一步夯实安全生产“三基”，不断优化安全生产基本面，完成市政府下达的各项重点任务。

区安监局增设巡查办，区安监执法支队增设考务科、增加参公编制2名，全部镇街单设安监办，并按不低于5人至7人配置专职人员。完成安监局整体搬迁和达标建设。

全区发生各类生产安全事故17起、死亡19人，同比减少3起、1人，分别下降15%和5%，其中发生较大事故1起，死亡3人。

【安全责任体系建设】 落实“党政同责、一岗双责”安全生产责任制。区委书记吴道藩带队检查和召开会议研究安全生产工作10次，区长、区安委会主任章勇武带队检查调研安全生产工作8次，组织召开会议研究部署安全生产工作15次，委托分管安全生产的区领导主持召开安全生产季度工作会等专题会议7次。区委、区政府主要领导在全区经济运行分析会等全区大会上专门对安全生产工作进行强调和部署。区政府根据各单位安全生产实际情况分别和15个街镇、3个管委会、19个安全生产一类考核单位、16个安全生产二类考核单位签订《2017年安全生产工作目标责任书》。

【安全生产标准化建设】 继续深入开展安全标准化建设，促进企业提升企业安全水平，督促企业落实安全生产主体责任。全区新报建的建筑施工项目66个全部纳入标准化考评范围,建筑施工企业安全生产许可证延期前100%开展企业标准化考评。工贸企业标准化通过验收企业64家,全区累计通过安全生产标准化验收达到285家（二级42家、三级243家）；20家危化从业单位全部通过标准化复评验收工作。46家拥有20台及以上电梯的使用单位全部通过特种设备安全标准化管理验收(其中，A级20家，B级26家)，达标率100%。

【安全监管（执法）】 开展大排查大整治大执法工作。摸排全区建设工程、矿山、危化、工商贸、消防重点单位等企业2307家，开展风险研判，建立安全生产基础信息库，编制全区安全生产基础手册，逐一明确安全生产监管部门和责任人员。强化安全监管执法。计划执法检查企业302家，实际检查324家，下达现场记录324份，下达责令整改指令书323份，现场处理措施书3份，立案查处24家，收取罚款261.15万元。在“打非治违”工作中，查处各类非法案件7起，收缴非法经营储存危险化学品26.36吨，没收非法烟花爆竹134件零25板48圆，罚款12.36万元。

【安全文化素质建设】 开展“安全生产月”“11·2道路交通安全”、职业卫生宣传周、“11·9消防安全”等宣传活动和安全知识“十进活动”、安全生产知识竞赛、“安全在我心中”书法美术比赛等安全生产宣传工作。“6·16”安全生产宣传咨询日活动，现场布置宣传展板160幅，发放宣传资料2万份；安全生产“十进”活动，制作各类宣传标语80幅，安全展板130板，印发宣传资料6万份，印制《市民安全手册》1万本发放到居民手中；“安全在我心中”美术书法大赛，全区各部门、学校、企业报送作品1700件，向市活动小组推荐优秀作品60件，1件美术作品获一等奖、1件书法作品获三等奖。开展以增强安监队伍素质为目的的安监办及职业卫生专管人员培训、安全生产法和重庆市安全生产条例专题培训、安监执法持证培训，培训安全生产监管人员296人次，开展以提升企业安全管理能力目的的危化品主要负责人和安全管理人员安全培训、非煤矿山主要负责人和安全管理人员安全培训、工贸企业主要负责人和安全管理人员安全职业卫生培训，培训各类企业管理人员723人。组织特种作业人员考试12期，200人参加并通过特种作业人员考试。

【重点行业专项整治】 开展城郊接合部专项整治，综合运用安全、环保、能耗、质量和产业政策等标准打击、治理“三高”（高风险、高污染、高能耗）企业，关停整治“三高”企业407家，其中关停企业120家。受到市书面通报表扬，并在工作会上进行推广。深化农村道路交通安全“三化六体系”建设，对桥梁、隧道、乡村道路与国省道交叉口、汛期和冬季等季节性、客车和校车通行线路、交通事故多发点等存在隐患的路段开展全面排查，排查出隐患18处、事故多发路段2处，均在指定时间内完成隐患治理，区财政专项资金解决全区158个农村道路交通劝导队（站）规范化建设和运行费用，补齐接长农村道路交通安全的短板。开展变型拖拉机专项整治工作，建立农机警务室实现农机与公安部门信息通报与共享制度，清理统计区内变型拖拉机736台，全部建立安全隐患台账并巡查，巡查率达到保有量的

100%。推动用人单位职业病危害因素检测，为职业卫生管理和监管提供科学依据。全年全区纳入最新调查摸底统计的用人单位319家，其中163家开展职业病危害因素检测，检测率达51%。实行旅行社责任保险，全区的两家旅行社均购买价值200万元的旅行社责任险，投保率100%。

【安全生产应急管理】 继续完善全区应急管理“三支队伍”建设，通过劳务输入新聘请2名专职指挥人员，与大兴镇人民政府协调依托其专职消防队建立战斗队伍。同时强化高危行业的应急预案的备案，提升企业应急能力，新备案24家，指导参与直管高危行业的应急演练12家次。8月23日，由璧山区政府和铁发渝遂公司主办，区政府应急办、区安监局承办，开展“2017年渝遂高速璧山段（大路服务区）危险化学品泄漏事故应急演练”，并将演练全程在全市安监系统中现场视频直播。

【供给侧结构改革】 继续深入推进供给侧结构改革，提升企业本质安全。关闭非煤矿山13座（对重庆信荣石膏建材有限责任公司——丁家沟矿井、重庆市璧山区同济建材有限公司、重庆红墙里建材有限公司、璧山区顶峰砖厂、璧山区华兴建材有限公司、璧山区健龙庆云建材厂、璧山区兴顺页岩砖厂、璧山区秀美建材有限公司、璧山区普兴建材厂、璧山区万泉建材有限公司、璧山区马家桥矸砖厂、重庆市璧山区久合建材有限公司、重庆市璧山区洪家沟矸砖厂）的非煤矿山安全生产许可证进行注销。区经信委牵头组织关闭落后产能砖厂6个（重庆市璧山区丁家太平机砖厂、重庆市璧山区同心建材有限公司、重庆市璧山区双柏建材厂、重庆市崇旭建材有限公司、重庆市璧山区永红页岩砖厂、重庆市璧山区沙坡砖厂）。

【安全诚信体系建设】 参照交警12分扣分制度，强化以制约关键人员为核心、适合区县级政府操作的安全生产诚信体系建设，纳入试点企业127家，对99人扣分并限制从业1人。 （区安监局）

延伸阅读▶▶

2017·大事盘点

2017年8月8日，轨道交通1号线尖顶坡至璧山段控制性工程缙云山隧道贯通，璧山“多点融入”主城的态势正逐步形成，将促进璧山与主城加快融合发展，通过交通一体化来促进人、物、资金的加速流转，从而带动经济发展驶上一条快速发展的轨道。

此段轨道交通1号线尖璧段项目总投资25.87亿元，起于地铁1号线尖顶坡站，穿越缙云山，终点至璧山站，线路全长5.6千米，其中隧道3.7千米，设车站1座、维修厂1座，与地铁1号线贯通运营，将璧山与主城核心解放碑一线直连。通车后，璧山与主城的“时空距离”将进一步拉近。

作为本项目的控制性工程，缙云山隧道工程是尖璧段最为重要的一个环节。同时，该隧道也是璧山区融入重庆主城区的第6个连接通道，距离璧山区8个通道连接主城的目标又迈出坚实的一步。

非公有制经济

综　　述

【概况】　2017 年，全区非公经济增加值达 362.9 亿元，占全区经济总量的 75.6%。非公有制经济实现税收 20.8 亿元，占全区税收收入的 74.4%。全区非公经济达到 49264 户。其中，私营企业 11816 户、外资企业 68 户、个体工商户 37715 户。

民营企业

【概况】　2017 年，新设立登记私营企业 1881 户，注册资本（出资金额）957652 万元，带动就业 23289 人。全区私营企业 11816 户，注册资本（出资金额）4135280 万元，带动就业 148491 人。（详见附件 1）

个体工商户

【概况】　推动个体工商户“两证整合”改革，实行分层分类登记管理，对占道经营、流动经营的小商小贩，以及农民在集贸市场或政府指定的区域内销售自产农副产品的，免予工商登记。全面推进个体工商户简易注销改革，推行个体工商户强制注销制度，进一步畅通退出渠道。2017 年，新设立登记个体工商户 6920 户，资金数额 37734 万元，从业人员 13247 人。注销登记 4590 户，其中城镇 4363 户。全区个体工商户总量 37715 户，资金数额 163872 万元，从业人员 64607 人，其中城镇 33713 户，资金数额 143971 万元，从业人员 56984 人（详见附件 2）。

微型企业

【概况】　坚持发展与监管并重，落实“提质、扩量、增效”要求，进一步促进大众创业、万众创新。全年新发展微型企业 1360 家，带动就业 5400 人。

【服务机制建立】　利用“3·15”“4·26”和春节返乡等时段，广泛开展微企扶持政策宣传，充分发挥微企孵化园、微企村、众创空间等平台优势，不断提升“大众创业、万众创新”热情。组织开展提质培训，安排微企培训专项资金 2 万元，分 2 期免费培训微企负责人 150 名。

【财税金融帮扶】　联合区财政局、区经信委出台《璧山区成长型微型企业提质发展奖励办法（试行）》，引导和带动全区微型企业持续、健康发展。开展微企创业补助和后续扶持资金申报审核，给予 14 户创业补助 34.87 万元，604 户次后续扶持 21.27 万元。开展微企提质发展奖励申报工作，给予 8 户企业 52 万元奖励补助。

【微型企业监管】　开展微企发展工作突出问题整治“回头看”专项检查，将审计中发现问题的 9

家微企移交公安，2户已退回创业补助资金6万元。对9家代账服务机构进行全面检查，核查享受代账补助微企338家，核减3家通过评审的代账机构代账补助142户28.1万元。收回6户申请注销营业执照但不符合退出要求的微企创业补助资金18.05万元。

（区工商局）

延伸阅读 ▶▶

2017·大事盘点

2017年9月1日，御湖小学和凤凰小学正式投入使用，迎来首批新生。

御湖小学：打造学养空间，创建现代书院。这里的建筑均采用民国巴渝特色的装修风格，充满着浓厚的文化气息。

御湖小学占地3.33公顷，建筑面积4万多平方米，拥有75间标准教室，30间特色功能室，能够容纳2 160名学生。9月，该校首次开设1、2、3年级，计10个班，招生约500人。

“御湖小学以‘现代书院’为办学愿景，旨在打造一所现代书院文化典范学校，彰显书院文化与现代学校相融合的办学特色，培养会学习、懂生活、能担当的中华美少年。”御湖小学负责人向记者介绍，为此，该校利用暑假对全校29名老师开展“文化之旅”专题培训。

御湖小学的标准教室不同于其他学校，空间大出一半。该校每一间教室占地约160平方米，分为教学区与活动区2个部分，在课桌后方给学生留出一些课余空间，用以阅读、体验和玩耍。

据介绍，御湖小学注重孩子的身心“空间”，将廊道建宽，使学生不用下楼就能进行户外活动；一楼不设教室，留出大量空间用以主题展示和体验教学。“每一个空间，我们都会摆放合适的书籍，让学生随时随地品味书香，增长知识。”

校园主体在4月份已建成，有专业的除甲醛公司对校园进行全方位清理，经过环保部门检验合格。有102、112、111和106共4路公交车途经学校门口，交通便利。

凤凰小学是一所创新型现代化小学，学校以科技为特色。该校占地面积3.33公顷，9月首次开设1—6年级，18个教学班，招生约1000人。据介绍，凤凰小学目前共有教师52名，其中23名为璧山骨干级教师，29名教师来自全国公招。

学校设施设备先进。投资150万元建成300平方米的创客空间，涵盖创客教室、汽车文化走廊等。学校拥有集藏书、借阅、信息化一体的现代化图书馆，可藏书3万册，拥有种植园、乐器室、学术报告厅等27间功能室。同时开设创客机器人，汽车体验，3D打印等特色课程，让孩子在体验中感知，在创造中提升。

该校专门建设有3层楼的食堂，可容纳2400人同时就餐。食堂拥有独立的食材库、操作区、蔬菜加工区、肉类加工区，并按照标准统一采购食材，保证学生饮食丰富和卫生。

在交通方面，有4路公交车途径或抵达凤凰小学，分别是103、107、108和203路。而在卫生方面，学校在开学前进行2次清除甲醛工作。

学校设有消防安全五方联动体系，专业的心理咨询中心、汇集全校信息的云端储存室、教室影像常态化录播系统等。

2017年璧山区私营企业登记管理情况统计表

表8-26

行业代码	行业分类	机器编号	期末实有								
			合计					其中:城镇			
			户数（户）	其中:分支机构（个）	投资者人数（人）	雇工人数（人）	注册资本（出资金额）（万元）	户数（户）	投资者人数（人）	雇工人数（人）	注册资本（出资金额）（万元）
甲	乙	丙	1	2	3	4	5	6	7	8	9
	合计	1	11816	549	19933	128558	4135280	8987	15437	97779	3703914
A	农、林、牧、渔业	2	2257	26	3366	24556	244622	548	999	5962	134988
05	农、林、牧、渔服务业	3	85	6	133	925	28104	47	70	511	17253
B	采矿业	4	25	5	49	272	4032	5	15	54	1638
11	开采辅助活动	5	1	0	4	11	3	0	0	0	0
C	制造业	6	3100	63	6036	33728	1064530	2410	4635	26221	879769
43	金属制品、机械和设备修理业	7	15	2	23	163	6060	13	21	141	6040
D	电力、热力、燃气及水生产和供应业	8	10	1	22	109	4583	4	6	44	2010
E	建筑业	9	442	30	770	4809	425722	416	737	4526	408331
F	批发和零售业	10	2886	160	4583	31400	562476	2682	4241	29180	544195
G	交通运输、仓储和邮政业	11	266	31	464	2894	96729	246	438	2676	69785
H	住宿和餐饮业	12	356	19	543	3873	28254	329	505	3580	24797.8
I	信息传输、软件和信息技术服务业	13	388	20	601	4221	80089	373	579	4058	77496
J	金融业	14	33	10	100	359	433328	30	92	326	422028
K	房地产业	15	330	65	495	3590	260925	325	487	3536	237725
L	租赁和商务服务业	16	735	65	1272	7997	626537	699	1204	7605	622807
M	科学研究和技术服务业	17	133	11	291	1447	97699	123	265	1338	94639
N	水利、环境和公共设施管理业	18	86	5	167	936	52504	68	127	740	34047
O	居民服务、修理和其他服务业	19	474	33	717	5157	46419	445	669	4842	44336
P	教育	20	67	2	91	729	2292	66	90	718	2282
Q	卫生和社会工作	21	30	1	64	326	24385	28	59	305	23225
R	文化、体育和娱乐业	22	198	2	302	2154	80149	190	289	2067	79812
	其他	23	0	0	0	0		0	0	0	
补充资料:		24	1. 本期吊销231户,其中城镇200户。吊销后本期注销8户，其中城镇6户。								
		25	2. 期末实有私营企业集团3户。								
		26	3. 期末实有注册资本100万元－500万元2307户,500万元－1000万元664户,1000万元－1亿元641户,亿元以上66户。4. 期末实有注册资本100－500万元								

续表

行业代码	行业分类	机器编号	其中:本期登记				独资企业				
			户数（户）	投资者人数（人）	雇工人数（人）	注册资本（出资金额）（万元）	户数（户）	其中：分支机构（个）	投资者人数（人）	雇工人数（人）	注册资本（出资金额）（万元）
甲	乙	丙	10	11	12	13	14	15	16	17	18
	合计	1	1881	2824	20465	957652	2397	11	2386	26079	36160
A	农、林、牧、渔业	2	169	233	1839	34129	1077	0	1077	11718	14829
05	农、林、牧、渔服务业	3	32	43	348	7018	7	0	7	76	430
B	采矿业	4	0	0	0	0	0	0	0	0	0
11	开采辅助活动	5	0	0	0	0	0	0	0	0	0
C	制造业	6	336	547	3656	78126	359	6	353	3906	6986
43	金属制品、机械和设备修理业	7	5	6	54	700	0	0	0	0	0
D	电力、热力、燃气及水生产和供应业	8	1	5	11	2000	1	0	1	11	30
E	建筑业	9	118	190	1284	164875	3	0	3	33	25
F	批发和零售业	10	582	829	6332	200360	511	4	507	5560	4900
G	交通运输、仓储和邮政业	11	75	148	816	11742	7	0	7	76	114
H	住宿和餐饮业	12	26	43	283	4692	111	0	111	1208	1047
I	信息传输、软件和信息技术服务业	13	96	159	1044	20859	98	0	98	1066	2122
J	金融业	14	4	6	44	301000	0	0	0	0	0
K	房地产业	15	87	84	947	33091	3	0	3	33	23
L	租赁和商务服务业	16	152	193	1654	25401	39	0	39	424	739
M	科学研究和技术服务业	17	53	121	577	58533	3	1	2	33	55
N	水利、环境和公共设施管理业	18	17	26	185	3870	0	0	0	0	0
O	居民服务、修理和其他服务业	19	67	96	729	3533	101	0	101	1099	1176
P	教育	20	39	50	424	1174	12	0	12	131	104
Q	卫生和社会工作	21	8	14	87	5575	12	0	12	131	2015
R	文化、体育和娱乐业	22	51	80	555	8689	60	0	60	653	1992
	其他	23	0	0	0	0	0	0	0	0	0

续表

行业代码	行业分类	机器编号	合伙企业										
			小计						普通合伙企业				
			户数（户）	其中：分支机构（个）	合伙人数（人）	雇工人数（人）	认缴出资金额（万元）	实缴出资金额（万元）	户数（户）	合伙人数（人）	雇工人数（人）	认缴出资金额（万元）	实缴出资金额（万元）
甲	乙	丙	19	20	21	22	23	24	25	26	27	28	29
	合　计	1	729	1	1561	7932	718141	718141	719	1468	7823	13824	13824
A	农、林、牧、渔业	2	157	0	316	1708	2105	2105	157	316	1708	2105	2105
05	农、林、牧、渔服务业	3	1	0	2	11	10	10	1	2	11	10	10
B	采矿业	4	2	0	5	22	13	13	2	5	22	13	13
11	开采辅助活动	5	0	0	0	0	0	0	0	0	0	0	0
C	制造业	6	181	0	369	1969	2390	2390	181	369	1969	2390	2390
43	金属制品、机械和设备修理业	7	0	0	0	0	0	0	0	0	0	0	0
D	电力、热力、燃气及水生产和供应业	8	1	0	2	11	250	250	1	2	11	250	250
E	建筑业	9	8	0	16	87	80	80	8	16	87	80	80
F	批发和零售业	10	221	0	455	2404	3001	3001	220	441	2394	2256	2256
G	交通运输、仓储和邮政业	11	6	0	61	65	912	912	5	11	54	453	453
H	住宿和餐饮业	12	56	0	112	609	549	549	56	112	609	549	549
I	信息传输、软件和信息技术服务业	13	5	0	10	54	45	45	5	10	54	45	45
J	金融业	14	1	0	3	11	300000	300000	0	0	0	0	0
K	房地产业	15	0	0	0	0	0	0	0	0	0	0	0
L	租赁和商务服务业	16	26	1	62	283	398547	398547	20	41	218	434	434
M	科学研究和技术服务业	17	3	0	8	33	30	30	3	8	33	30	30
N	水利、环境和公共设施管理业	18	1	0	2	11	300	300	1	2	11	300	300
O	居民服务、修理和其他服务业	19	49	0	107	533	483	483	49	107	533	483	483
P	教育	20	1	0	2	11	10	10	1	2	11	10	10
Q	卫生和社会工作	21	7	0	20	76	9330	9330	6	15	65	4330	4330
R	文化、体育和娱乐业	22	4	0	11	44	95	95	4	11	44	95	95
	其他	23	0	0	0	0	0	0	0	0	0	0	0

续表

行业代码	行业分类	机器编号	合伙企业										
			特殊的普通合伙企业					有限合伙企业					
			户数（户）	合伙人数（人）	雇工人数（人）	认缴出资金额（万元）	实缴出资金额（万元）	户数（户）	有限合伙人（个）	普通合伙人数（人）	雇工人数（人）	认缴出资金额（万元）	实缴出资金额（万元）
甲	乙	丙	30	31	32	33	34	35	36	37	38	39	40
	合　计	1	0	0	0	0	0	10	68	25	109	704316	704316
A	农、林、牧、渔业	2	0	0	0	0	0	0	0	0	0	0	0
05	农、林、牧、渔服务业	3	0	0	0	0	0	0	0	0	0	0	0
B	采矿业	4	0	0	0	0	0	0	0	0	0	0	0
11	开采辅助活动	5	0	0	0	0	0	0	0	0	0	0	0
C	制造业	6	0	0	0	0	0	0	0	0	0	0	0
43	金属制品、机械和设备修理业	7	0	0	0	0	0	0	0	0	0	0	0
D	电力、热力、燃气及水生产和供应业	8	0	0	0	0	0	0	0	0	0	0	0
E	建筑业	9	0	0	0	0	0	0	0	0	0	0	0
F	批发和零售业	10	0	0	0	0	0	1	0	14	11	745	745
G	交通运输、仓储和邮政业	11	0	0	0	0	0	1	49	1	11	459	459
H	住宿和餐饮业	12	0	0	0	0	0	0	0	0	0	0	0
I	信息传输、软件和信息技术服务业	13	0	0	0	0	0	0	0	0	0	0	0
J	金融业	14	0	0	0	0	0	1	2	1	11	300000	300000
K	房地产业	15	0	0	0	0	0	0	0	0	0	0	0
L	租赁和商务服务业	16	0	0	0	0	0	6	15	6	65	398112	398112
M	科学研究和技术服务业	17	0	0	0	0	0	0	0	0	0	0	0
N	水利、环境和公共设施管理业	18	0	0	0	0	0	0	0	0	0	0	0
O	居民服务、修理和其他服务业	19	0	0	0	0	0	0	0	0	0	0	0
P	教育	20	0	0	0	0	0	0	0	0	0	0	0
Q	卫生和社会工作	21	0	0	0	0	0	1	2	3	11	5000	5000
R	文化、体育和娱乐业	22	0	0	0	0	0	0	0	0	0	0	0
	其他	23	0	0	0	0	0	0	0	0	0	0	0

续表

行业代码	行业分类	机器编号	有限责任公司													
			小计						其中:自然人独资				其中:法人独资			
			户数（户）	其中:分公司（家）	投资者人数（人）	雇工人数（人）	注册资本（万元）	实收资本（万元）	户数（户）	投资者人数（人）	雇工人数（人）	注册资本（万元）	户数（户）	投资者人数（人）	雇工人数（人）	注册资本（万元）
甲	乙	丙	41	42	43	44	45	46	47	48	49	50	51	52	53	54
	合计	1	8656	523	15792	94177	3231024	788356	2361	2326	25688	401764	166	120	1806	403731
A	农、林、牧、渔业	2	1021	26	1956	11108	220688	46543	252	252	2742	48988	8	8	87	26120
05	农、林、牧、渔服务业	3	77	6	124	838	27664	1700	31	31	337	8173	0	0	0	0
B	采矿业	4	23	5	44	250	4019	1927	0	0	0	0	2	2	22	1536
11	开采辅助活动	5	1	0	4	11	3	3	0	0	0	0	0	0	0	0
C	制造业	6	2549	56	5181	27733	963808	255811	472	470	5135	93879	34	30	370	53718
43	金属制品、机械和设备修理业	7	15	2	23	163	6060	0	5	5	54	290	0	0	0	0
D	电力、热力、燃气及水生产和供应业	8	8	1	19	87	4303	1243	0	0	0	0	0	0	0	0
E	建筑业	9	429	28	751	4668	425617	74257	144	144	1567	54307	10	7	109	76600
F	批发和零售业	10	2153	155	3621	23425	554574	67375	731	718	7953	102925	35	24	381	108446
G	交通运输、仓储和邮政业	11	252	31	386	2742	91703	6006	88	88	957	14542	11	3	120	130
H	住宿和餐饮业	12	189	19	320	2056	26658	12827	48	48	522	4060	3	1	33	260
I	信息传输、软件和信息技术服务业	13	284	20	491	3090	77421	5062	95	92	1034	12171	8	6	87	22000
J	金融业	14	27	7	77	294	93328	70318	1	1	11	10	2	0	22	0
K	房地产业	15	327	65	492	3558	260902	188740	82	75	892	23125	21	17	228	73900
L	租赁和商务服务业	16	663	59	1166	7213	225640	18188	180	176	1958	15744	9	7	98	6831
M	科学研究和技术服务业	17	125	10	274	1360	92114	3689	28	28	305	8580	3	3	33	13300
N	水利、环境和公共设施管理业	18	83	3	165	903	52204	29129	16	16	174	7518	3	3	33	450
O	居民服务、修理和其他服务业	19	324	33	509	3525	44760	6429	130	126	1414	7917	12	5	131	5800
P	教育	20	54	2	77	588	2178	0	35	33	381	646	1	1	11	10
Q	卫生和社会工作	21	11	1	32	120	13040	0	2	2	22	3680	0	0	0	0
R	文化、体育和娱乐业	22	134	2	231	1458	78062	810	57	57	620	3669	4	3	44	14630
	其他	23	0	0	0	0	0	0	0	0	0	0	0	0	0	0

续表

行业代码	行业分类	机器编号	股份有限公司						本期注销		
			户数（户）	其中：分支机构（个）	投资者人数（人）	雇工人数（人）	注册资本（万元）	实收资本（万元）	户数（户）	其中：城镇	注册资本（出资金额）（万元）
甲	乙	丙	55	56	57	58	59	60	61	62	63
	合　计	1	34	14	194	370	149953.6	86927	938	705	108803
A	农、林、牧、渔业	2	2	0	17	22	7000	0	193	31	6258
05	农、林、牧、渔服务业	3	0	0	0	0	0	0	2	2	1060
B	采矿业	4	0	0	0	0	0	0	1	0	0
11	开采辅助活动	5	0	0	0	0	0	0	0	0	0
C	制造业	6	11	1	133	120	91343	43317	200	166	41367
43	金属制品、机械和设备修理业	7	0	0	0	0	0	0	1	1	15
D	电力、热力、燃气及水生产和供应业	8	0	0	0	0	0	0	0	0	0
E	建筑业	9	2	2	0	22	0	0	19	19	2215
F	批发和零售业	10	1	1	0	11	0	0	310	291	24700
G	交通运输、仓储和邮政业	11	1	0	10	11	4000	3000	11	11	10823
H	住宿和餐饮业	12	0	0	0	0	0	0	26	26	509
I	信息传输、软件和信息技术服务业	13	1	0	2	11	500	0	34	30	2366
J	金融业	14	5	3	20	54	40000	40000	3	3	2057
K	房地产业	15	0	0	0	0	0	0	18	18	1259
L	租赁和商务服务业	16	7	5	5	76	1610	610	64	59	6645
M	科学研究和技术服务业	17	2	0	7	22	5500	0	9	7	6460
N	水利、环境和公共设施管理业	18	2	2	0	22	0	0	6	4	1110
O	居民服务、修理和其他服务业	19	0	0	0	0	0	0	32	29	1886
P	教育	20	0	0	0	0	0	0	2	2	15
Q	卫生和社会工作	21	0	0	0	0	0	0	0	0	0
R	文化、体育和娱乐业	22	0	0	0	0	0	0	10	9	1131
	其他	23	0	0	0	0	0	0	0	0	0

2017 年壁山区个体工商户情况统计表

表 8–27

行业代码	行业分类	机器编号	期末实有						其中：本期登记			本期注销（户）	
			合计			其中：城镇							
			户数（户）	从业人员（人）	资金数额（万元）	户数（户）	从业人员（人）	资金数额（万元）	户数（户）	从业人员（人）	资金数额（万元）	合计	其中：城镇
甲	乙	丙	1	2	3	4	5	6	7	8	9	10	11
合计		1	37715	64607	163872	33713	56984	143971	6920	13247	37734	4590	4363
A	农、林、牧、渔业	2	589	1471	10818	200	404	2962	79	271	1820	42	14
05	农、林、牧、渔服务业	3	23	25	54	19	21	46	0	0	0	1	1
B	采矿业	4	10	30	24	5	10	15	0	0	0	3	1
11	开采辅助活动	5	6	11	12	4	8	11	0	0	0	1	0
C	制造业	6	3754	12116	18034	3089	9713	14696	522	1558	3468	350	313
43	金属制品、机械和设备修理业	7	9	24	43	6	15	36	2	2	6	1	1
D	电力、热力、燃气及水生产和供应业	8	3	4	161.5	1	2	100	0	0	0	0	0
E	建筑业	9	37	91	294	30	77	253	18	42	106	0	0
F	批发和零售业	10	23187	31640	88427	21137	29012	83394	3479	5683	16835	2563	2457
G	交通运输、仓储和邮政业	11	751	1048	3431	473	699	2435	441	594	2329	39	23
H	住宿和餐饮业	12	4504	9783	21495	4264	9230	20236	1503	3400	8365	1091	1067
I	信息传输、软件和信息技术服务业	13	168	220	467	145	192	440	54	73	195	16	15
J	金融业	14	3	6	25	3	6	25	2	3	15	0	0
K	房地产业	15	5	11	11	5	11	11	0	0	0	1	1
L	租赁和商务服务业	16	933	1546	7637	856	1403	6853	90	180	1009	77	75
M	科学研究和技术服务业	17	48	75	108	47	74	108	2	4	9	7	7
N	水利、环境和公共设施管理业	18	0	0	0	0	0	0	0	0	0	0	0
O	居民服务、修理和其他服务业	19	3399	5606	11080.81	3151	5258	10664	684	1318	3240	362	351
P	教育	20	6	23	20	6	23	20	0	0	0	1	1
Q	卫生和社会工作	21	161	361	912	152	348	854	11	28	102	6	6
R	文化、体育和娱乐业	22	157	576	920	149	522	900	35	93	238	32	32
	其他	23	0	0		0	0	0	0	0	0	0	0

补充资料：	序号	内容
补充资料：	24	1.本期吊销 0 户， 其中城镇 0 户。
	25	2.吊销后本期注销 13 户，其中城镇 12 户。
	26	3.本期安置下岗失业人员 23 人， 其中持“就业失业登记证”申办个体工商户 23 人，享受地方再就业优惠政策 0 人。
	27	落实国家和地方再就业优惠政策免收工商管理行政性收费 0.0529 万元，其中落实国家再就业优惠政策免收 0.0529 万元。
	28	4.本期高校毕业生从事个体经济 6 人，其中申办个体工商户 6 人；免收工商管理行政性收费 0.0138 万元。

文 化

综 述

【概况】 区文化委员会是主管全区文化（文物）、体育、广播电影电视、新闻出版工作的行政部门，机关行政编制 13 名。其中,主任 1 名，副主任 3 名。内设机构负责人职数 5 名（正职）；机关后勤服务人员事业编制 1 名。直属单位 5 个，即执法支队、文化馆、体育中心、文管所、图书馆。区文化委机关现有工作人员 19 名（其中借调 2 人、临聘人员 3 人、西部志愿者 1 人）。

2017 年，发挥文化引领作用，开展中共十九大精神进基层巡演、“好戏月月演”等文化活动，把党的方针政策落实到创作、演出、研究、传播等各个环节。深度挖掘本土特色文化，推动文化创作。加强农家书屋管理，定期考核。按 2017 年年终按考核等次，拨付全区 142 个书屋管理资金 395400 元。全年为 142 个农家书屋配送图书、刊物、音像制品 9656 册（套），价值约 265412.2 元。

加大文化体育设施建设力度。全面启动基层综合性文化服务中心建设，制定《重庆市璧山区推进综合性文化服务中心建设实施方案》，计划分三年建成 15 个镇街、187 个村（社区）综合文化服务中心。公共数字文化建设基本完成，文化物联网对街镇覆盖率达到 100%，数字图书馆平台更加完善。开通图书馆微信微博公众平台。参与并完成东岳体育公园体育设施建设，实施体育馆运动实木地板更新、体育中心跑道喷面维修等工程，进一步改善公共体育场馆设施条件。维修健身路径 10 条、社区健身点 3 个，建设体育健身广场 1 个。

图表 1　图为文化进万家活动现场

（区文化委　供图）

【印刷出版监管】 有印刷出版物印刷企业 151 家。其中，从事包装装潢的有 103 家，从事其他印刷品的 33 家，内部资料出版企业 2 家，注册资本上千万的印刷包装出版企业 13 家。图书零售 41 家。印刷出版业资产总值达到 63648 万元，总产值达到 83837 万元，利润总额 4929 万元，税收总额 4703 万元,从业人员 2673 人。与印刷企业签订《安全责任书》，坚持重大节假日开展安全大检查。建立完善举报、公告等制度，每月会同行政执法大队检查印刷出版物市场，在“3·15”“4·26”“12·4”等时间节点，开展法治宣传、打击侵权盗版及非法出版物集中展示宣传活动及“绿书签”进校园等活动。以开展“扫黄打非”五大专项行动和重点整治为主抓手，积极营造良好社会文化环境，维护意识形态安全。开展出版物专项整治，对出版物市场进行反复清扫，对非法出版物予以全面清缴，查处收缴非法出版物1198件。利用年度核验工作会，对印刷出版企业从业人员进行法律法规培训。（区文化委）

重要公共文化设施

【概况】 2017年，全区重要公共文化设施有璧山区图书馆（新、旧馆）、璧山区文化馆和公共文化艺术中心。全年各文化设施利用各自优势，在加强自身建设的同时，努力为群众提供更加优质、丰富多彩的文化活动。

璧山区图书馆（老馆）为区县三级图书馆，修建于1989年，建筑面积1706平方米，位于璧山区璧城新生街56号。全年开展形式多样的读者服务工作和组织读者活动，开展基层图书馆（室）、基层服务点、农家书屋业务培训与辅导，并加强服务网络、数字文化工程建设与管理。有藏书25万册，年购书经费50万元。设有办公室、图书借阅室（少儿借阅室）、报刊借阅室、电子阅览室（多媒体借阅室）、采编室、地方文献室、工具书室、多功能厅、视障阅览室、书库等，有成人阅览坐席220座，少儿阅览坐席60座。

璧山区图书馆新馆坐落于璧泉街道双星大道，建筑面积25100平方米，主要设有期刊阅览室、老年阅览室、视障阅览室、亲子活动室、少儿阅览室、图书借阅室、特藏书库、会议室和多功能厅等15个功能室，并于2013年被文化部评为国家（县级）一级图书馆。为保障新馆建成后的服务功能合理，针对区域划分和装修效果，2017年，完成新图书馆、室内装修工程监理招投标、室内装修工程招投标、室内装修工程新增电容量申请等相关工作。二次招投标财政审核（预决算）和制定标书正在进行中，负一层新增电容量也正在由璧山电力公司制定方案和估算所需经费。

璧山区文化馆的前身为璧山县民众教育馆，1950年3月更名为璧山县文化馆，2014年11月撤县设区后更名为重庆市璧山区文化馆。2016年9月，璧山区文化馆正式迁入新馆，新馆坐落在璧山区双星大道璧山区文化艺术中心A区，新馆面积7800平方米，内设有演出厅、排练厅、数字体验厅、美术书法培训室、展览厅等，全部面对公众免费开放。老馆位于璧山区璧城街道解放路31号，改造后作为老城区分馆对外开放。全馆现有编制14人；在岗12人。其中，副高级职称1人、中级职称3人、初级职称7人；行政管理人员1人。馆下设办公室、活动部、辅导培训创作室、非遗办公室等。馆内常设数字文化网上展示、数字文化线下体验、青少年舞蹈培训、坝坝舞培训、青年合唱团、老年合唱团、青年管乐团、鼓乐团、老年民乐团、少儿娱乐学习、非遗陈列、艺术展览、老年曲艺培训、少儿美术培训、成人摄影培训等服务项目15个。

璧山文化艺术中心是重庆市继重庆大剧院之后建成的第二座特大型剧院，也是璧山区迄今为止规模最大、功能最全的文化基础设施。艺术中心于2016年5月底建成投用。艺术中心占地2.4公顷，建筑面积约4万平方米，内设特大型剧院1座，2个360°全景式演播厅，1个标准化文化馆和1个会议中心。剧院座位总数为1722座。其中，池座925座，乐池90座，一层楼座401座，二层楼座306座。2016年投用后，先后承接全区“六一”文艺会演和重庆市第三届原创歌曲、文化部群星大奖赛巡回赛、春节联欢晚会等数十场大型演艺活动。

【图书馆】 开展形式多样的读者服务和组织读者

活动，基层图书馆（室）、基层服务点、农家书屋业务培训与辅导，加强服务网络、数字文化工程建设与管理。实现门户网站、共享工程平台、图书集成管理系统的整合，馆藏数字资源总量近14.58TB。其中，基层图书馆数字资源提升活动数据库4T，万方中小学视频库5T，共享工程资源服务宝1T，共享工程文化网络电视1T，璧山区图书馆地方特色数据库0.08T，璧山县数字图书馆1.5T，县级数字图书馆推广计划资源1T，电子借阅机1T等，馆藏书目数字化15万条，数字化率达75%以上，其中地方文献数字化书目2102条。围绕“建设书香璧山·共享书香生活”的主题，以“传播知识，引领阅读”为宗旨，深入推进全民阅读，开展形式创新，内容丰富的读书活动。承办和主办全区域范围的主题活动2次（“4·23”世界读书日和精彩暑假·特色少儿活动），举办涵盖读书沙龙、亲子阅读、绘本表演、征文比赛和少儿作文书画等内容的讲座72次，展览39场，全民阅读推广活动28次，完成4期《港澳台报刊文摘》编辑工作。开设新书推荐专栏，馆内馆外、线上线下推荐宣传新书好书。传递爱心图书，向偏远学校赠书，利用节假日对农民工朋友、福利院老人送书慰问。在新华书店举办“您选书，我买单”读者选书活动2次。配合“文化三下乡”“梦想驿站”等惠民活动的实施，开展流动送书、宣传展览等服务。助捐镇、街道农家大院学习室书籍和视听光盘。创新总分馆制建设工作方式。4月7日，在区图书馆多功能厅举行璧山区图书馆总分馆成立仪式，区图书馆分馆将享受总馆同样的文献资源、阅读资源和数字资源。对新增加的社会分馆［如砂之船（璧山）奥特莱斯、沙仑玫瑰咖啡厅、璧山区消防支队、璧山区人社局、璧山区老体协等］直接按照阅读需要直配图书。全年10个分馆开展22场展览、15场讲座和8场阅读推广活动。参与市图书馆举办数字文化集中培训10人次，组织图书馆干部、镇街文化干部参加数字文化培训学习10场130人次。相继开通微信公众号、微博、网站、APP服务。微信公众号关注量554个，微博关注量40529个，网站总浏览量1276570人次。丰富公共文化服务内容，全面实行服务免费开放（全周共开放60小时，周一至周五中午实行错时开放和夜间延时开放，周六、周日等法定节假日不闭馆），服务读者、市民39万人次，借阅图书期刊32万册次。拓展服务范围，开展送书活动26次，为外借点更换、赠送9541册图书。开展“全国第六次公共图书馆评估定级”参评工作。

【文化馆】 建立基层文化活动基地8个，示范点7个，总计15个。其中，农村和社区各1个，未成年人3个，外来务工人员1个，长年开展辅导培训活动。建有文化馆网站，具备信息发布、艺术欣赏（含视频点播）、网上培训、活动开展、咨询指导等5项功能，原创信息更新量15条/月，宽带接入80兆，全馆提供无线WIFI。建有数字化文化馆，包括线上文化馆和线下体验馆，全方位展示全区文化和文化馆工作。建有文化物联网，对街镇覆盖率达到100%，开展配送活动达240次。建立璧山区文化馆总分馆制，派遣各街镇文化馆分馆副馆长，明确责任任务，进一步带动街镇文化工作。组织大型展览5次，“和美璧山”优秀美术书法摄影作品展、“墨香邻里”璧山沙坪坝书法联展、“外师自然”邓建强水墨山水写生作品展、重庆市璧山区“喜迎十九大共圆中国梦”美术书法摄影联展、三合小学生剪纸作品展；组织舞蹈、音乐、文学、曲艺、美术、书法讲座11次。参与政府采购送文艺下基层演出45场。成立渝西文化馆联盟，并组织参加渝西片区文化馆联盟全民艺术普及巡回演出10场（戏剧曲艺专场），参加交流研讨会6次。

文化市场

【概况】 2017年，全区有文化企业467家。其中，网吧115家，歌舞娱乐场所49家，电子游戏42家，图书经营62家，包装装潢123家，其他印刷40家，制版13家，内部资料印刷2家，演艺团体17家，电影院4家。

开展行政权力清理工作，简化行政审批制度改革。办理审批72家。其中，网吧5家，娱乐经营许可证4件，出版物经营许可证9件，印刷许可证11件，内部资料准印许可证39件，营业性演出许可证1件，高危险性体育经营许可3件。变更11件。其中，网吧2件，娱乐5件，出版物许可1件，印刷2件，注销登记3件，遗失补办3件。

【文化市场管理】 全方位做好文化市场日常监管工作。一是加大日常执法监管力度，将日常监管、错时巡查和专项行动、重点整治有机结合，从严查处各种违法违规经营行为。二是开展联合执法，提高市场监管效率和水平。三是加大对新兴领域执法监管工作，如网络文化、网络视听节目、互联网侵权行为、手机新闻客户端（APP）、卫星电视的违规收视等的监管力度。四是以打击政治性非法出版物为首要任务，以互联网为主战场，以开展“扫黄打非”五大专项行动和重点整治为主，协调相关成员单位开展以突出查堵反制政治性非法出版物和意识形态领域为重点的安全检查，兼顾校园周边文化环境整治、各文化行业集中整治等工作重点。加强与广电、文物保护部门的工作衔接。配合区文化委召开文化场所安全工作会，签订安全责任书，加大各文化经营场所安全隐患的排查力度，全年全区文化市场未发生安全责任事故。

【文化执法】 按照文化市场管理和“扫黄打非”工作部署，结合全区实际制定执法监管工作方案。全年出动执法人员3619人次，检查文化经营单位1228家次，检查校园周边场所211家次，取缔无证经营黑网吧3家；查处收缴非法出版物1198件，巡查网站227家次；移送工商取缔黑网吧2家。全年无一例行政复议和行政诉讼案件。推进“扫黄打非”进基层工作。按照中央和市、区的统一部署要求，在全市区县中率先制定出台璧山区“扫黄打非”进基层工作指南，为全区15个街镇，187个村（居）统一制作“工作站”、“工作点”挂牌和相关职责、工作制度等，实现“扫黄打非”进基层全覆盖。8月，璧山区福禄镇斑竹村经过初选、复查被确定为重庆市“扫黄打非”第一批16个基层单位示范点之一。

【文化培训】 举办培训班114期，培训人数达3866人次。其中面向全区文化站（室）业务人员5期，学校未成年人10期，企业及未来务工人员6期，老年培训30期，下基层辅导培训34期。

【新华书店】 2017年，配合区委宣传部和文化委，开展大量社会公益活动。参加璧山区“粽香送亲情书香伴成长”关爱困境儿童，向区内困境儿童捐赠图书等志愿服务活动。累计向璧山区困境儿童、乡村学校、教育部门等捐赠图书和扶贫资金近20万元。多次组织开展“助推全民阅读，建设书香校园”“书香新华志愿服务队”进校园流动售书活动。邀请著名儿童文学作家王一梅到璧山区实验小学和文风小学开展“吟唱美丽童心—写作的三大法宝”阅读与写作讲座等文化公益活动。与图书馆共同承办璧山区“4·23世界读书日”的系列活动，坚持每年与图书馆在书店卖场共同举办“你选书、我买单”活动，提前与图书馆签订2018年12万元的购书合同。发行十九大文件55137册，计35.28万元。

【电影院】 2017年，组织放映《六年六天》《战狼2》《芳华》等爱国教育影片，全年放映电影2600场，观众3万人次。电影收入达到80万元。影院在街镇设立13个放映队，财政拨款30万元负责全区农村惠民电影放映及中小学爱国主义教育片的放映工作。全年农村惠民电影放映1658场，社区放映236场，广场电影放映52场，学生爱国主义教育片放映1608场。璧山摩登时代横店影城全年放映场数13573场，观影人数约20万人次平，票房收入495.3万元。璧山中影星美VIP影城全年放映1.7万场，观影人次16.5万，票房收入477.5万。保利万和国际影城璧山南门店放映15100场，观影人数286900人次，票房收入800万元。

文化事业

文学　艺术

【概况】　2017年，抓三个结合，让文艺更好地服务于人民。一是文艺活动与传统节庆结合。参与春节系列文艺展演、庆祝“三八”国际妇女节文艺演出、“五一”节慰问演出、庆“六一”儿童节文艺会演、喜迎中秋文艺演出等与传统节庆相结合的文化活动20余场，演出歌舞、器乐、戏剧、曲艺、小品、杂技、魔术等节目50个，演员人数200人，演出时长累计1700分钟，累计观看人数15000人。

二是文艺活动与服务基层结合。参与戏曲进校园活动，在各中小学开展10场戏曲进校园活动。开展“我的中国梦、摄影进万家”活动，为26户移民拍摄全家福，并制作镜框及照片免费赠送。开展为部队送文艺活动4场，喜迎中共十九大“深入生活、扎根人民”2017年流动文化进基层交流演出活动15场，宣传贯彻中共十九大精神“奉献人民·放歌巴渝”重庆市璧山区2017年流动文化进基层演出活动15场，“中国梦·巴渝风”重庆市璧山区2017年流动文化进基层演出活动15场。

三是文艺活动与文化交流相结合。鼓励各文艺家协会开展市内外文艺交流，促进协会工作的开展。成功举办中国文联、中国音协“2017年中国文联文艺培训志愿服务项目——重庆音乐培训班”活动，来自全市各区县、文艺院团、学院学员160名参加为期5天的培训。完成“重庆市级文艺家协会会员专题研讨班”（璧山班）的培训工作，参加培训会员100名。全年开展市内文艺交流活动12场次。区书法家协会组织的“璧山历代碑刻拓片”工程获评重庆市文联系统十大创新工作。自2016年下半年以来，区书法家协会胡正好受聘担任四川美术学院特聘教授，负责该校国画系书法专业本科专业课程草书教学；入选国家艺术基金培养项目“西部书法艺术人才培训班”一年制培养。

【文艺活动】　开展“中国梦·巴渝风”2017年“庆元旦”暨重庆市璧山区第三届青少年艺术之星评选活动、2017年春节联欢晚会、2017年各界人士迎春茶话会文艺演出、“中国梦·巴渝风”2017年迎春书画展、“中国梦·巴渝风”2017年春节系文艺展演、“中国梦·巴渝风”2017年元宵文艺晚会、庆“五四”青年节话剧《幸存者》专场演出。其他文化活动。开展群星奖获奖作品全国巡演重庆璧山站活动、“渝州大舞台·好戏月月演”舞剧《杜甫》演出2场、“渝州大舞台·好戏月月演”芭蕾舞剧《死水微澜》演出。打造“音乐与城市推广”项目。创作歌曲《一生之城》《这样的我》等歌曲，并摄制为MV在璧山电视台、主流网络媒体播出，宣传璧山、营销璧山。参加重庆市第七届乡村文艺会演、重庆市第五届戏剧曲艺大赛等活动。

【文艺展览】　璧山、沙坪坝书协举办的两区书法联展，在璧山区文化馆举行，展出作品60件，璧山区有20位会员的书法作品参加展览，有100人参加开幕式。6月，区摄影家协会成功举办“璧山区首届摄影艺术展”，该展评出等级奖和入选作品80幅，7月下旬作品在南门唐城广场展出3天，上万人观看展览。

【文艺创作成果】　着眼高起点、高水准、面向全区，推出一批思想性、艺术性、观赏性俱佳的精品力作。区音乐家协会牵头创作《一生之城》《这样的我》等歌曲8首。区作协张鉴诗集《慈悲若云》获重庆市文艺创作项目资助。区书法家协会胡正好作品入展中国书法家协会主办的《全国第四届草书作品展》，受邀参加由中国书法家协会主办的《中国精神·中国梦——社会主义核心价值观书法作品主题创作暨全国基层巡展》。

【文艺作品获奖】 书法家协会胡正好的作品《梅影堂书宣和书谱册》获重庆市第十四届精神文明建设“五个一工程奖”，实现重庆市设立该奖项28年来区文艺作品获奖零的突破；书法长卷《飞云岩》获多彩贵州大型书画全国“双百”创作工程十万元大奖。作家协会秦建的科幻小说《癌变蟠桃》获第八届全球华语科幻星云奖最佳中篇小说银奖。文艺家协会在第二届重庆市民间文化艺术之星决赛中获组织工作奖和3个优秀奖。楹联协会刘大川的作品在重庆市楹联学会“弘扬社会主义核心价值观·喜庆祥和过大年”楹联征集活动中获二等奖。美术家协会吴杰的中国画作品《塬上新貌》入选第六届重庆市美术作品展。由舞协编创的《高粱秆节节甜》参加第三届全国老年运动会健身球操舞比赛，分别获演出金奖和编导奖。摄影家协会会员作品《放飞春天》《璧山大剧院》在重庆市第十八届美术书法摄影展中获摄影类二等奖和三等奖。书法家协会胡正好在“重庆市首届大字书法展”中获奖，邹红梅在“重庆市首届青年书法展”中获奖。

区委宣传部（区文联）

文　物

【概况】 2017年，全区境内共登记造册不可移动文物936处（含古遗址、古墓葬、古建筑、石窟寺及石刻、近现代重要史迹及代表性建筑）。其中，重庆市级文物保护单位5处，区级文物保护单位89处。文管所馆藏文物800件套（含东汉画像石棺、铜器、瓷器、陶器、古钱币、木器、动植物化石等），其中国家二级文物13件，国家三级文物49件。

【文物保护】 为贯彻落实重庆市人民政府《关于进一步加强文物工作的实施意见》，3月召集区公安、消防、区文化执法大队、区文物管理所和各镇街分管领导人、文化服务中心负责人，召开全区文物工作会。传达学习全市文物工作会精神，安排部署2017年和今后一个时期的文物工作目标任务，全面签订文物工作安全责任书，全区94处市、区级文物保护单位责任书签订率100%。全市开展文物安全巡查督察120次。协助重庆市文化遗产研究院，完成璧山“六旗乐园工程”境内的文物调查、清理、保护，清理宋墓群2处，出土文物100件。配合绿岛新区管委会，落实位于“六旗乐园工程”境内区级文保单位“补天桥”异地搬迁前保护工作。完成位于三合镇高山村的区级文保单位“大佛寺碑刻”的复原保护。基本完成位于丁家街道杨寺村一社市级文保单位“林家祠堂”的全面修缮工作。开展市级文保单位“文庙大成殿”规制复原和“朝元寺牌坊”抢险加固方案设

图表2　非遗颁奖现场

（区文化委　供图）

计。完成璧城、璧泉地区传统文化遗址、革命遗址和“9·13”空难遗址的调查和资料采集工作。开展第八届璧山区文化遗产宣传月系列活动。

【非物质文化遗产保护】 收集非遗项目10项，即《璧山罗板鸭秘制工艺》《打铁匠工艺》《丹凤老白干酿制工艺》《荷叶》《金钱板》《评书》《杂酒酿制工艺》《璧玉翠芽传统制作工艺》《罗门拳术》《嗨子劲气功》获区政府批准。

（区文化委）

档 案

【概况】 2017年，全区围绕《关于加强和改进新形势下档案工作的实施意见》《重庆市档案局、重庆市扶贫开发办公室关于印发〈重庆市精准扶贫档案工作检查标准〉的通知》精神及年度档案工作目标考核任务，依法开展档案工作。

推进档案治理能力建设。指导辖区市属国有企业退休人员档案的收集、整理、数字化和移交工作。按照“双随机一公开”制度，开展档案行政执法检查22家。组织开展“国际档案日”宣传及“档案——我们共同的记忆”主题征文活动。组织参加全区“12·4”宪法宣传日暨法制宣传日活动，发放档案法律法规知识宣传单1200份。编印《档案管理工作手册》1000册，赠送到区机关、企事业单位、村（社区）。4月与区财政局联合召开全区档案业务知识培训会，220人参训。

加强档案服务利用。全年档案查询12086人次（含各分布式查阅网点），利用12774件，全年零投诉。分别在中国农业大学、北京航空航天大学、北京师范大学、西南大学举办举办《晏阳初乡村建设的重庆乐章——中华平民教育促进会华西实验区历史档案展》巡展活动。

【精准扶贫档案】 与区农委联合转发《重庆市档案局、重庆市扶贫开发办公室关于印发〈重庆市精准扶贫档案工作检查标准〉的通知》，使全区精准扶贫档案工作做到“四有”（即有目标、有计划、有标准、有措施）。6月，联合区农委在大兴镇召开全区精准扶贫档案工作现场会。10—11月，对全区15个镇街的精准扶贫档案工作进行督查。12月接受市级扶贫工作验收。

【档案资源建设】 全年征集史料有璧山八塘人高孟先的个人档案、晏阳初平民教育与华西实验区档案4000页、晏阳初平民教育资料10册、照片10张、《华西实验区一幼稚园》照片6张，高氏家谱、熊氏通谱、孙氏重修族谱计6本。接收区委办公室、区政府办公室、区环保局等30个立档单位的档案，计2524卷、88947件。

图表3　图为青海省档案局副局长孟玉林（左二）一行到璧山调研档案工作　　（张承刚　摄）

【档案信息化建设】 召开全区档案数字化工作推进会。完成“异地查档，跨馆服务”（主城九区及江津、长寿、璧山查询网络互联）试点工作，实现跨馆查阅利用。新增来凤街道办事处档案分布式查询系统，全区累计档案分布式查阅服务网点25个。

接收数字化档案录入111545条，扫描471720页。

【档案开放鉴定】 全年对馆藏156个全宗累计103691件档案通读初选、甄别分类，对这批涉及中共璧山县委、璧山县革命委员会清档办公室等108个全宗34514件档案划控，形成延期开放条目。对民国时期重点档案—华西实验区档案中185条作延期开放处理。

【档案安全保护】 印发《关于加强汛期档案安全工作的意见》《关于加强档案数字化安全保密监管的通知》，9月14日，重庆市档案局对璧山开展档案安全专项检查，并下达《档案安全专项检查整改意见书》。

【档案编研】 与西南大学中国乡村建设学院合作完成《华西实验区——农地减租档案史料汇编》1册，52万字。与四川大学合作完成《民国乡村建设华西实验区档案文件级著录》29630条。与国家图书馆出版社合作出版《中华平民教育促进会华西实验区档案史料选录》系列丛书，30万字。编纂出版《中华平民教育促进会华西实验区区本部档案史料分类选录》，27万字。

【拍摄微电影《晏阳初与华西实验区档案故事》】 查阅70年前形成的原始档案资料，走访当年参与华西实验区工作人员以及研究晏阳初的学者及教授。到北碚博物馆、四川巴中晏阳初纪念馆实地了解情况。历时5个月，完成微电影《晏阳初与华西实验区档案故事》。 （区档案局）

地方志

【概况】 2017年，全区深入实施国务院《地方志工作条例》，落实国务院办公厅《关于印发全国地方志事业发展规划纲要（2015—2020年）的通知》精神，按照“资政、存史、育人”功能，依法开展志鉴编纂、理论研究、信息化建设、旧志整理及开发利用等各项工作。向市地志办报送古籍资料电子版17部，1.5G，参与评审《重庆市北碚区志》送审稿第9—14篇，将《璧山通史》《丁家街道志》《坪中村志》《茅莱村志》《八塘镇志》《七塘镇志》等，纳入《璧山区推进中华优秀传统文化传承发展工程的实施方案》。

地方志开发利用。利用历代古志和《璧山县志》记载内容，服务城区道路、桥梁、公园、文化石命名，在城市建设中融入历史故事，提供各种史料300余件。

地情网建设。改版原“璧山档案方志网”，网址更换为“www.bsqdaj.gov.cn”，在“方志年鉴”栏目下设置璧山地情、志鉴动态、编纂成果、志鉴规范、古籍资料5个子目，新上传条目83个，1.76G。

科研与培训。3月24—30日，组织人员自费到海口参加地方志业务培训；5月25—26日，组织人员参加在重庆举行的第七届中国地方志学术年会。撰写并发表地方文史研究文章3篇。

人才引进。新招录计算机专业硕士1名，负责方志网站和方志数字化工作。

历史文献资料收集。收集《重庆古旧地图研究》《峥嵘岁月（国立社会教育学院回忆录1—4辑）》《九江同文中学校志》《图书馆学报（创刊号）》《抗战画刊》《LOOK（1944年5月2日刊）》《重庆通史》《烽火弦歌——交大唐平两院三系校友诗文集》《国立社会教育学院校友录》《刘雪庵作品选》《郁雷》等历史文献资料。

【全市“两全目标”攻坚业务第三期培训会】 9月20日至22日，重庆市地方志系统“两全目标”攻坚业务第三期培训会在璧山区召开。市志办主任姚红、副主任夏小平、璧山区副区长敖斌出席会议。万州区、黔江区、涪陵区等25个区、县（含市教委）160人参加会议。该次会议上，璧山区以《璧山年鉴（2016年卷）》获国家级县区地方综合年鉴类特等奖为例介绍璧山年鉴编纂的经验和做法。

【《璧山县志（2006—2014）》编纂】 该志编纂结稿于8月（启动于2014年10月），形成初稿210万字。11月底完成封面设计、前置图片板块设计等，并形成送审稿30篇，200万字，交市、区专家、学者分篇审读。12月21—22日，该志稿初审会在璧山召开，会上收到审读修改意见200余条，现进入复审阶段。

【部门志编纂】 组织有修志工作经验的人员，按照分类指导，重点突破的工作思路，先后指导完成《璧山县法院志》《璧山县人民医院志》《璧山县工会志》《璧山县国土房管志》《璧山县统计志》纲目及《璧山县交通志》《福禄镇志》《璧山县政协志》定稿审查验收。其中《璧山县交通志》《福禄镇志》付梓出版。

【名镇志编纂】 中国名镇志——《来凤街道志》于1月邀请市志办专家和区内专家参与纲目研讨，后将志书纲目报中国地方志指导小组审核通过。6月完成送审稿，计30万字。7月12日，召开评审会，会上市地志办专家提出修改意见10大项。经修改完善志稿进入送审阶段。该志通过古籍文献、档案馆藏资料、网上图书馆等途径，新收录大量与来凤驿有关的回忆录、日记、照片、文学作品、人物、书画作品等文献资料，力求志稿更具存史性和可读性。

图表4 图为7月12日市级专家评审《来凤镇志》现场

（张承刚 摄）

【《璧山年鉴（2017年卷）编纂】 编纂工作于2月启动，6月完成初稿，7月完成定稿，9月完成“三审”，12月完成出版印刷。该书设栏目14个，分目66个，子分目160个，条目1065个，全书全彩79.3万字。于12月底由方志出版社出版。

【特色志编纂】 11月启动《璧山区非物质文化遗产志》编纂工作，12月完成该志纲目设计。收集完成辖区市级非遗项目7项，区级45项，图片45张，传承人31个。

【旧志点校】 完成《璧山县志—清代乾隆、嘉庆、同治点校本》，计81万字，于3月由九州出版社出版发行。全书采用故宫珍本丛刊第216册乾隆《璧山县志》（刻本影印件，海南出版社2006年1月第1版）、石家庄图书馆藏清嘉庆十七年《璧山县志》（手写本）、明伦堂藏清同治《璧山县志》（刻本）为底本。采用繁体竖排形式排版印刷，尽可能保留古志信息。完成《璧山续修县志—民国点校本》初稿，计30万字。包括礼俗、序例、人物、职官、财赋、保卫、列女共7部，主要进行文字辨识、繁简转换、提要、考录、辑佚、断句、注释、翻译及志稿整理等，进入补遗校对阶段。（区地方志办公室）

【《璧山年鉴（2016年卷）》获国家级特等奖】 8月5日，《璧山年鉴

(2016年卷)》被中国地方志指导小组评为国家级年鉴类(县区级)最高奖——特等奖。8月14日,重庆市人民政府办公厅《昨日简况》(第154期)刊载“《璧山年鉴(2016年卷)》获县级政府综合年鉴最高奖,这是全市各级各类年鉴首次获官方权威评选全国最高奖”。

广播电视

【概况】 2017年,璧山人民广播电台利用覆盖全区农村的优势,开设《璧山新闻》《三农直通车》《大喇叭气象》《养生大讲堂》《大家说法》《爱家小贴士》《音乐双双飞》等多个栏目,创办环保、安全、敬老等广播宣传片。全年,在重庆《新闻联播》上稿近200条,在全市各区县上稿排名前15名。累计在中央电视台《新闻联播》《第一时间》《朝闻天下》《真诚沟通》等栏目上稿30条。10月5日,中央电视台新闻频道“喜迎十九大”系列报道《还看今朝·重庆篇》,首次直播璧山长达5分钟,展现璧山发展绿色经济,建设生态宜居城市取得的成果。

【新闻宣传】 策划《两会系列报道》《重点工程》等多个重大主题、创国卫等5个专项工作以及重大节日的宣传报道,重点报道促进就业、扶贫解困、教育助学、社会保障、医疗卫生、百姓安居、生态环境等民生工程的举措、经验和工作成效。全年编播《璧山新闻》200期,播出新闻稿件2500件。深入基层,讲好璧山“小城故事”。

【专题栏目】 打造《家有宝贝》《诗意璧山》《金色田野》《绿岛家园》《新闻周刊》等多个专题栏目。其中,《家有宝贝》栏目以农村为主线,以农事为主题,为孩子们精心策划的农家体验节目——《我们都是小能手》获重庆市广播电视优秀作品电视少儿节目一等奖;《诗意璧山》栏目之《秀湖公园的秀》获得重庆市广播电视优秀作品电视文学三等奖。

【精品栏目】 打造《音乐之声》品牌栏目,成为全市广电栏目中的精品,吸引云贵川及市内多家电视台到璧山交流学习。制作长城集团、宝马集团高层赴璧考察的专题MV,2部MV作为礼物赠送嘉宾。6月拍摄MV《宝贝别哭》在璧山手机台宣传后,搜狐、优酷、腾讯等大型网络媒体集体转发推广,并登陆中国教育电视台和央视新媒体“1号线上”。MV《难得想起他》获2017首届“音为重庆”原创音乐作品大赛歌曲优秀奖、重庆市广播电视优秀作品原创歌曲一等奖。

【手机台建设】 开辟出璧山手机台、璧山广播电视台微信公众号两大新媒体平台。集视频、图文、直播等传播途径于一体的璧山手机台,以最快速度将报道全区的重大事件,传统媒体的新闻、专题等栏目也能上传至手机台,观众能“随点随看”。通过“小屏”和“大屏”互动传播,将传统媒体流失的观众又引至新媒体平台。手机台上线半年时间,浏览点击量上升至40万次。为推介璧山文化旅游,新媒体平台持续推出文旅融合系列微视频《音乐与城市》《诗意璧山》《小城故事》等。

【标准化建设】 完成标准设备采购公开招标工作,全台标准化设备资金1814万元,严格按照设计要求,制作招标文件,招标控制在1650万元以内,办公楼装修于12月18日正式启动。

(区广播电视台)

广电网络

【概况】 2017年,秉持“永争一流,永不服输,永远服务”的企业精神,把握发展机遇,备战三网融合,创新转型发展,全年经营业绩持续增长,营业收入比2016年增长4.25%。

【基础设施建设】 建成完善有线广播电视信息传输服务体系和无线广播电视信息发射系统、上联市网总前端最大400G带宽的DWDM密集波分骨干网、MSTP城域网以及县域PTN环网和覆盖全区所有街道、乡镇的HFC有线电视接入网，形成“有线为主、无线为辅、卫星补点”的网络覆盖格局，综合覆盖率达到100%。

【有线电视节目】 建成标清数字电视138套、高清数字电视48套、数字音频广播11套等基本服务，全频道电视节目时移回看，海量、高清、3D、4K互动视频点播服务和互联网宽带接入服务，以及教育、财经、娱乐、报纸、音乐、支付、商城、游戏、彩票等综合信息服务，让传统的“看电视”转变为“用电视”，提升百姓信息化生活的品质，丰富其精神文化生活。

【数字电视转换】 采用城区扫楼促销、场镇赶集促销、农村院坝促销等多种营销推广形式，部署智能新终端和推进农村光纤到户技术改造项目，推进数字电视转换工作。全年新增部署数字电视终端约1万户。

【营销渠道】 完成农村光纤到户技术改造及部署发展，重点关注城镇新终端发放占比和宽带推广占比，开展家电整合营销活动。以“发展融合宽带”和“转换智能终端”为销售目标，采取网格精益运营的管理模式，集中网格团队力量，优化实体营业和社区经理团队，建设社区店铺。匹配集客建维技术团队，组织开展“琅琊榜”全员营销活动、集团客户“温情回馈”活动，促成集客党员远教业务落地。参与集成专线业务市场领域实现项目建设验收。发动社区经理参加市公司组织的“有线好师傅”活动，开展“金牌好师傅”活动。

【技改项目】 完成CMTS和IPQAM等数通设备的调试扩容，完成机房FTTH设备的安装调试，排查噪声光站1000个、回传通道300个，实地勘查迁改及抢修线路300次，整治排查集线器100次，建立网络安全隐患等级管理台账。

【公共文化服务建设项目】 主动参与公共文化服务，完成“全域重庆·清新璧山”项目和“直播卫星户户通”安装项目。引入“全域发布，全域接收”的电视服务模式，完成“全域重庆·清新璧山”视窗的建设运营，完成“全域重庆·清新璧山”手机移动端的运行上线，设置政务信息、美丽璧山、一生之城、玩转璧山、部门街镇等栏目5个，实现璧山视讯信息跨域传播，成为璧山区对内对外宣传的新视窗。主动承接直播卫星“户户通”安装项目，安装直播卫星电视地面设施6800套，解决近2万农村群众观看电视节目问题。

（广电信息网络公司璧山分公司）

文化产业

【概况】 2017年，贯彻国务院、重庆市行政审批改革制度，落实国发〔2014〕10号文件精神，推动文化创意和设计服务与相关产业快速融合，做好文化企业审批和年审换证服务工作，促进文化产业全面发展。新增文化经营单位34家（其中，网吧7家，歌舞娱乐场所2家、电子游戏游艺室2家、艺术表演团体2家、出版物10家、印刷企业11家），注销文化经营单位5家。文化产业产值达到24.5亿元，占GDP5.1%。定期组织检查，加强文化市场执法与管理。全面推进政府机关软件正版化工作，提高版权保护意识。 （区文化委）

文化活动

【概况】 2017年，以“中国梦·巴渝风”为主题，开展政府购买公共文化服务工作，推进民生实事惠民工程，完成流动文化进基层演出600场，投入资金148.6万元，组织文艺团队26支，演出节目320个，观众达到45万人次。

开展宣传贯彻市五届党代会精神“深入生活、扎根人民”到街镇巡回演出15场、璧山区第六届运动会开幕式文体表演、宣传贯彻中共十九大精神“奉献人民·放歌巴渝”璧山区2017年流动文化进基层演出活动、宣传贯彻中共十九大精神“戏曲进校园”演出活动10场以及“百姓文化舞台”周周演30场。（区文化委）

延伸阅读 ▶▶

“高质量发展” 建设重庆的“新型工业化示范区”

新能源汽车成为产业发展的新引擎

我国经济已由高速增长阶段转向高质量发展阶段，正处在转变发展方式、优化经济结构、转换增长动力的攻关期，建设现代化经济体系是跨越关口的迫切要求和我国发展的战略目标。

璧山将在建设重庆的“新型工业化示范区”上实现新作为。依靠创新打造发展“新引擎”，落实市委“创新驱动发展战略行动计划”“军民融合发展战略行动计划”“科教兴市和人才强市战略行动计划”“内陆开放高地建设战略行动计划”，营造创新“生态圈”，推动经济发展实现“精准升级”“精美增长”，成为重庆转型升级的创新引领区。

创新发展 推动产业内涵提升

中共十九大提出，以供给侧结构性改革为主线，推动经济发展质量变革、效率变革、动力变革，提高全要素生产率。

璧山区注重产业发展内涵，推动主导产业集聚升级，打造工业经济“升级版”。坚持新发展理念，以供给侧结构性改革为主线，以提高供给体系质量为主攻方向，显著增强经济质量优势。

数字经济深度发展：加快发展数字经济，提升互联网、大数据、人工智能同实体经济深度融合，推动人工智能深度发展。

三大产业脱胎换骨：围绕做强供给侧，推进“智能装备、信息技术、生命健康”三大主导产业“脱胎换骨”、聚集发展，重点引进新能源汽车、网联汽车、机器人，物联网、云计算、集成电路、新型显示、可穿戴设备、智能终端，生物医药、医疗器械、健康食品等项目。

生产“制造”转向“智造”：克服重“制造”、轻“智造”的认识误区，围绕数据分析、软件外包、消费服务、资产管理、共享经济，布局发展新型互联网服务业。

创新招商聚集产业：创新产业集聚模式，引进高层次市场主体，突出“专业招商”“敲门招商”“口碑招商”，以“品牌聚集”和“链条补缺”促进产业聚集，开展“招商功勋”评选，扩大社会招商队伍。

社会事业

教　育

综　述

【概况】　2017年，全区“以最好的教育给孩子最好的未来”的办学目标，坚持“提高质量，促进公平”的办学思路，落实立德树人根本任务，纵深推进教育领域综合改革，人生精准服务链条更加完善，“一生之城”建设持续推进。

全区有各级各类学校201所，比上年减少2所，减少0.98%。在校学生89428人，比上年增加933人，增长1.05%。有教职工6328人，比上年增加290人，增长4.8%。全区学校占地192.41万平方米，比上年增加7.2万平方米，增长3.9%；校舍建筑面积106.8万平方米，比上年增加7.9万平方米，增长8%。全年教育经费总收入136598万元，比上年增加13785万元，增长11.2%；总支出133331万元，比上年增加9092万元，增长7.3%。

合作办学。璧山中学高考成绩再度刷新，一本上线735人，较2014年增长88.5%。璧中与重庆一中二次签署合作协议，开启联盟办学“升级版”。实验小学学生评价成果在全区推广，“青雅论坛”向全市展示。

课程改革。义务教育阶段学校课改实现全覆盖，全市小学“卓越课堂”现场会在璧山召开，课改做法和经验受全市乃至全国关注，教师获全国、全市教育教学技能大赛一等奖22个。

基础建设。御湖小学和凤凰小学竣工投用，提供学位4320个；职教中心改扩建工程2000万欧元德促贷款获国家发改委正式批复；高质量完成“全面改薄”目标任务，中小学办学条件持续改善。

信息化建设。高标准建成4个“智慧校园”和6个创客空间，学生动手实践和创新能力得到长足发展。“智慧校园”建设为全市提供建设“范本”。

师德师风建设。制发《璧山区教育委员会2017年党风廉政建设和反腐败工作分工包项责任制》《璧山区教育系统党风廉政建设责任清单》《璧山区教育系统“两个责任”配套制度》《璧山区教育系统违反党风廉政建设有关规定的组织处理意见》《治理教育领域不正之风工作方案》、《教育系统内部审计制度》《关于加强基建维修项目廉政风险防控办法》等文件。印制《璧山区教育系统典型案例汇编》700本，发放到系统内各单位，4659名教职员工警示学习。组织“学习贯彻十九大精神进校园”宣讲活动，宣讲场次90场次，受众人员37000人。

科技教育。参加第28届重庆市青少年科技模型大赛，获一等奖3个、二等奖17个，三等奖17

图表 1　图为学生营养餐现场

（区教委　供图）

个，优秀指导教师奖 3 人（青杠实验小学曾诚秀、黄红、张泽霞），优秀裁判员 1 人（城北小学黄兴胜）。举办 2017 年璧山区青少年科技模型比赛（下半年），全区 27 所学校 217 名选手参加四驱车模型、航空模型、航海模型 3 个项目的比赛。组织部分师生参加在大成广场举行的“全国科普日宣传教育活动”，到璧山中学参加中国工程院吴伟仁院士航天科学专题报告会。组织学生参加“人工智能改变世界”重庆市第八届青少年科普征文大赛。在全国中小学 2016 年至 2017 年度一师一优课活动中，评为部级优课 31 节，评为市级优课 125 节。

教育资助。资助困难学生 29642 人次，资金总额 1809.87 万元。其中，学前教育资助困难幼儿 1084 人次，金额 117.07 万元；义教享受“爱心午餐”学生人数 3837 人次，金额 241.73 万元；寄宿制生活费补助 5676 人次，金额 355.97 万元；中职学生免学费 9640 人次，金额 401.14 万元；中职学生免住宿费 798 人次，金额 16.93 万元，国家助学金资助 2479 人次，金额 125.96 万元；免费教科书 38 人，金额 7600 元；高中困难学生 5518 人次享受国家助学金，金额 508 万元；减免学费 505 人次，金额 40.43 万元；减免教科书 67 人，金额 1.34 万元。49 名家庭经济困难大学本科新生享受“泛海助学行动”资助金 24.5 万元；63 名家庭经济困难大学生享受“你上学　我送行”路费资助 4 万元；大学生生源地信用助学贷款人数 1390 人，贷款金额 1061.76 万元。

安稳工作。区筹资 20 万元，为学校增添防刺服、防刺手套、钢叉、甩棍、辣椒水等安防器材；所有校车 GPS 监控系统升级为 4G 车载 GPS 监控系统；璧山中学新校区存在的消防问题全面整改到位，取得消防合格报告；逐步完善风险管理体系，审核通过校园踩踏、罢课等突发事件风险 147 条，全部上报备案，全年排查整治学校各类安全隐患 48 起，整治率 100%。开展“地震逃生应急疏散演练及科普周宣传活动”“校车安全运行及事故应急处置演练活动”和火灾、暴恐、食物中毒、公共卫生、校车安全运行及事故等突发事件应急处置演练活动 300 场次。办理信访件 136 件。其中，重庆市信访信息系统办理 19 件，公开信箱收到 76 件，接待群众来电来访 41 人次，信访件办结率为 100%，按期办结率达 100%，优质办结率达 95% 以上。区教委 2017 年度安全生产工作被区政府安委会考评为先进单位。

卫生保健。1 月和 9 月评选出 25 所区级卫生示范学校；11 月，璧山中学等 3 所学校成功创建市级卫生示范学校。8 月，来凤中学等 3 所学校完成卫生厕所改造；大兴小学等 20 所学校完成教室灯光改造。5 月至 12 月举办璧山区第五届学校卫生论文暨中小学健康课评选活动，并组织参加重庆市第九届学校卫生论文和健康教育课评选，获市一等奖 3 人次及优秀组织奖。11 月，承办重庆市中小学卫生骨干人员培训、教育部–联合国儿童基金会“学校全方位环境改善项目”经验交流会和重庆市中小学健康学校/卫生示范校创建工作推进会。

农民工子女入学。凡在璧山区域内务工的流动人口随迁子女，凭家长的务工经商证明、居住证明、户籍信息等可在璧山区义务教育阶段学校申请入学或转学（须提供学籍信息）。区教委或片区教育管理中心根据务工子女实际居住地、交通便利等情况，统筹安排到指定学校就读。璧山区城区指定学校包括大鹏小学、狮子小学、蒲元小学、河边小学、来龙小学、正则中学C区、蒲元初中、河边初中5所小学和3所初中学校。其他街镇的中小学根据实际情况接收务工随迁子女和返乡农民工子女入学。解决进城务工人员随迁子女入学6732人，其中学前教育2848人、小学3194人、初中690人。

留守儿童。全区中小学有留守儿童1346人。其中，小学862人，中学484人，区教委通过“三携手”活动，切实加强对农村留守儿童的关爱工作。一是校校携手，一所城镇学校牵手一所农村学校，城镇学校选派最优秀的教师到农村学校交流任教。二是家校携手，各学校成立家长学校。三是多方携手，区教委联合区妇联、团区委、区民政局、区工商联合会、璧山区教育基金会等单位，共同开展“情暖中秋·爱在校园”“冬日暖阳·温暖你我”等留守儿童关爱活动，并面向全社会招募志愿者，给予留守儿童经济、心理、学习、生活等全方位的关爱和帮助，形成关爱合力。

2017年璧山区教育事业情况表

表10-1　　单位：所、人

	学校数	毕业生数	招生数	在校生数	教职工数	
					计	其中专任教师
总计	201	23685	23455	89428	6328	5390
中等职业教育	2	765	987	2413	148	127
普通高中	3	3528	3374	10832	809	741
普通初中	14	5526	5491	16550	1257	1217
普通小学	38	5658	6575	40700	2291	2253
特殊教育	1	20	21	117	28	27
学前教育	143	8188	7007	18816	1795	1025

说明：此表数据包含民办教育，数据来源于《2017—2018年学年初璧山区（县）教育事业统计综合报表》

2017年璧山区办学条件情况表

表10-2

	占地面积	校舍面积（万平方米）		运动场地面积（万平方米）	固定资产值（万元）		图书（万册）		教学用计算机（台）
		计	其中教学行政用房		计	其中教学仪器设备值	计	其中电子图书	
总计	192.41	106.8	58.14	55.3	103658	12065	171.84	29.86	8663
中职教育	11.67	7.24	4.91	3.23	2756	1244	7.8	1.2	801
普通高中	47.29	33.37	13.38	11.78	18304	2312	47.01	7.3	2002
普通初中	27.35	12.77	7.2	9.64	29638	1970	30.5	7.3	1213
普通小学	84.76	37.84	20.65	22.98	49355	5602	68.21	7.3	4288

续表

	占地面积	校舍面积（万平方米）		运动场地面积（万平方米）	固定资产值（万元）		图书（万册）		教学用计算机（台）
		计	其中教学行政用房		计	其中教学仪器设备值	计	其中电子图书	
特殊教育	0.84	0.86	0.18	0.17	220	39	0.05	0.01	35
学前教育	20.5	14.7	11.82	7.5	3385	898	18.27	6.75	324

说明：此表数据包含民办教育，数据来源于《2017—2018 年学年初璧山区（县）教育事业统计综合报表》

2017 年璧山区教育经费与办学水平情况表

表 10-3　　单位：万元、人

类别	数量	类别	数量
教育经费总收入	136598	每万人口在园幼儿数	293
其中：国家财政性教育经费	123034	每万人口在校小学生数	632
社会捐、集资办学经费		每万人口在校初中生数	258
事业收入	13197	每万人口在校高中阶段学生数	205
教育经费总支出	133331	学前三年毛入园率	88.6%
其中：事业性经费支出	129347	小学适龄人口入学率	100%
基本建设投资项目支出	3984	初中适龄人口入学率	100%
财政预算内教育经费支出占财政支出的比例	12.24%	高中阶段教育入学率	97.1%
政府教育财政拨款的增长与财政经常性收入的增长比例	2.94%	小学毕业生升入初中比例	100%
小学生均预算内教育事业费	9393	初中毕业生升入高中阶段教育比例	97.1%
初中生均预算内教育事业费	14007	教育人口占总人口的比例	15.6%
普通高中生均预算内教育事业费	14169	人均受教育年限	11.8 年
中等职业学校生均预算内教育事业费	8516		
小学生均预算内公用经费	2855		
初中生均预算内公用经费	3875		
普通高中生均预算内公用经费	5040		
中等职业学校生均预算内公用经费	3193		

说明：此表数据包含民办教育，数据来源于《2017 年全国教育经费统计报表》

【组织机构】　中共重庆市璧山区委教育工作委员会和重庆市璧山区教育委员会设内设机构 8 个。办公室、组织人事科、教育科、财务科、计划基建科、督导科（挂重庆市璧山区人民政府教育督导室牌子）、安全稳定办公室、大中专招生科（挂重庆市璧山区大学中专招生委员会办公室、重庆市璧山区高等教育自学工作考试委员会办公室牌子），内设机构为正科级。中共重庆市璧山区委教育工作委员会和重庆市璧山区教育委员会下属事业单位 3 个：重庆市璧山区教育科学研究所、重庆市璧山区教育信息技术与装备中心、重庆市璧山区教育服务与资助中心。

【学校基础设施】　全区学校占地总面积 192.41 万平方米，生均占地面积 21.51 平方米，校舍建筑总面积 106.8 万平方米，生均校舍面积 11.94 平方

图表2　图为新建的御湖小学教师周转房

（区教委　供图）

米。全区学校修缮总面积60000平方米，投入资金1750万元。全区新建农村教师周转房面积2107平方米，投入资金403万元。新建璧山区凤凰小学21585平方米，投入资金7553万元。新建璧山实验小学A区食堂1280平方米，投入资金196万元。新建璧山区职教中心实训楼18646平方米，投入资金3900万元。新扩建总面积41511平方米，投入资金13802万元。

【教师队伍】　招聘新教师146名，交流教师360人。其中因涉及学校布局结构调整分流教师203名。中小学领导干部48名、216名中小学骨干教师赴北京、上海、南京等名校跟岗学习。与重庆师范大学、重庆文理学院签订《实践教学战略合作协议》，区内中小学校正式成为师范类大学生实习基地。评为重庆市劳动模范1人，评为“璧山英才”2人。被评为正高级教师4人，被评为高级教师59人，被评为一级教师49人；被评为重庆市学科名师2人，被评为重庆市骨干教师19人，认定区级骨干教师367人，评为璧山区学科带头人14人。新提拔任用正校级领导干部1人，副校级领导干部10人，璧山中学、大路中学中层干部13人。交流校级领导干部23人。1篇教师培训案例被教育部遴选为特设岗位计划实施工作优秀案例，组织人事科被市教委评为人事人才工作先进集体。

2017年璧山区教育事业校舍情况表

表10–4

年度	学校占地总面积（平方米）	生均占地面积（平方米）	校舍总面积（平方米）	生均校舍面积（平方米）	修缮总面积（平方米）	新建扩建总面积（平方米）	农村教师周转房建设总面积（平方米）	总投资（万元）
2017	1924173	21.51	1068100	11.94	60000	41511	2107	13802

2017年璧山区中小学教职工人数统计表

表10–5　单位：人

年份	总数			小学			普通中学			职业中学		
	合计	公办	民办	小计	公办	民办	小计	公办	民办	小计	公办	民办
2016	4505	4465	40	2291	2291		2066	2026	40	148	148	

2017年璧山区各类学校专任教师学历情况表

表10-6

类别	合计（人）	本科及以上（人）	专科（人）	中专（人）	高中（人）	达标率（%）	备注
小学	2253	1065	1147	41		100	
普通中学	1958	1873	85			100	
职业中学	127	126	1			100	

2017年璧山区中小学教师职称评定情况表

表10-7 单位：人

年份	中小学				
	正高级	高级	一级	二级	三级
2017	4	51	49	1	0

【教育督导评估】 4月，成立重庆市璧山区人民政府教育督导委员会，12个相关区级部门为成员单位。教育督导委在区政府领导下独立行使职能。区政府教育督导室为督导委的办事机构，具体承担督导委日常工作。2个专项督导组8位同志车行里程超过1.5万公里，深入学校650次，发出问题整改通知书400份，累计向教委主要负责人汇报工作10次以上。区政府教育督导室随机抽取部分学校针对体育工作、减负提质、课程改革、幼儿园办园行为等教育热点、难点和重点工作开展专项督导。29位责任区督学每月坚持深入责任区学校2次以上。片区教育督导办每月组织督学工作例会。编发《督学工作简报》8期，并呈送区委、区政府分管领导和教委领导。

【均衡教育】 1月，璧山创建全国义务教育发展基本均衡区授牌。义务教育投入资金88152万元。其中，区级69654万元。改扩建学校8所，新增学位500人，新增校舍面积17854平方米，新增实验室、功能室77间，新增教学仪器设备5727万元，新增图书104038册，新增计算机1052台。新补充教师146人，其中音体美科学信息教教师54人；交流教师校长366人，其中音体美科学信息教师76人。区域义务教育学校校际均衡差异系数，小学0.2881，中学0.2493。

【法治教育】 开展青少年法治教育征文活动。开展“珍爱生命健康无毒”征文、演讲、主题班会等系列宣传活动。开展“法律伴我成长”征文、赛课比赛活动。开展法治副校长到学校作“民法总则在身边”的法制讲座活动。参加重庆市璧山区第三届“关爱明天、普法先行”系列教育活动中，青少年法律知识竞赛，获一等奖30名，优秀奖325名；青少年普法教育个人获奖“优秀辅导员”36人，先进个人17名。在第三届全国“关爱明天、普法先行”活动中，重庆市璧山来凤中学校等6所学校获国家级“零犯罪学校”称号，殷爱琳等30名同学获国家级“优秀学生”称号。龙梅等12名教师获国家级“优秀辅导员”，徐达海等6名教师获国家级“先进个人”称号。参加重庆市第二届宪法演讲决赛，曹钰获二等奖，卢映含获三等奖，晏雪皓获优秀奖。重庆市璧山区大兴小学校、重庆市璧山区青杠实验小学校、重庆市璧山中学校、重庆市璧山区教育委员会获青少年普法教育“先进单位”；重庆市璧山来凤中学校等20所学校创建为“零犯罪学校”。璧山区城关幼儿园被评为第六批重庆市依法治校示范校。

【德育教育】 开展“弘扬雷锋精神，绿色志愿行动”主题志愿服务活动，全区评选表彰优秀学生志愿者15人、优秀教师志愿者15人、雷锋式班级15个、学雷锋先进集体10个。4月，组织万名师生到烈士陵园参加清明节扫墓活动，近3万名师生登录中国文明网参加网上祭英烈活动。5月，开展“为爱起航·陪伴成长”璧山区首个家庭教育日宣传服务活动，成立璧山区家庭教育讲师团，为10名优秀讲师颁发聘书。在“中华魂（辉煌与梦想）”主题教育读书活动中，征文获市一等奖3人、二等奖18人，演讲获市一等奖2人、二等奖5人。在全国青少年“五好小公民”（阳光校园我们是好伙伴）主题教育读书征文和演讲比赛中，征文获国家级特等奖4人、一等奖24人、二等奖39人；演讲和朗诵获市级一等奖2人、二等奖3人，获国家级一1人、二等奖1人；区教委获主题教育“先进集体”奖。开展“寻找最美读书娃”和“寻找最美书香教师”主题读书活动，全区评选表彰“最美读书娃”30名、“最美书香教师”10名。11月，开展璧山区2017年中小学班主任基本功竞赛；璧山区教委德育案例——《习礼养人和美璧山》被评为全国中小学德育工作优秀案例。

【体育艺术教育】 组织区级中小学生田径、篮球、足球、乒乓球、羽毛球、跳绳、举重等赛事活动。参加市级比赛。参加重庆市中学生田径比赛获初中组团体总分第三名、高中组团体总分第四名；参加重庆市中小学生跳绳比赛获团体第六名；参加重庆市渝西片区校园足球联赛获小学女子组第二名，小学男子组第二名，初中女子组第三名，高中女子组第三名，初中男子组第五名；参加重庆市中学生篮球比赛获初中女子第四名、高中女子第五名、初中男子第八名；参加重庆市校园足球总决赛获小学女子组第八名。制发《璧山区教育系统2017年校园艺术节实施方案》，开展主题为“缤纷校园·乘梦飞翔”的中小学校园艺术节。5月，璧山区学生艺术实践工作坊首次亮相。6月，创建为重庆市学校美育改革和发展实验区。参加市教委组织的2017年中小学学生艺术活动月系列视频评选，获校园集体舞展演一等奖2个，艺术实践坊展示一等奖1个，获合唱展演二等奖5个。

【教育装备与信息化建设】 投入440.38万元，完成璧山区教育城域网与重庆市教育宽带网5G连接。投入700万元升级改造“班班通”设备。投入6000万元建成璧山中学、御湖小学、凤凰小学、实验小学智慧校园。投入930万元建成璧山中学、实验小学、御湖小学、凤凰小学创客教育空间。投入市级“改薄”资金670万元，区级按政策配套经费，完成鹿鸣小学（来凤校区）功能室等“改薄工程”建设。

【语言文字】 制定《关于开展璧山区语言文字达标学校建设工作的方案》，拓展深化重点领域语言文字工作。依托学校教育平台，以各学科教学为主阵地，发挥教师的引领作用，规范学校用语用字。开展“寻找璧山老城区方言发音人”活动，开展“第二十届推普周”相关活动，开展“璧山区域普通话水平调查”工作，组织参加重庆市“第五届经典诵读节目选拔活动”。

【心理健康教育】 3月，出台《璧山区中小学心理健康教育工作实施方案》。4月，成立璧山区中小学心理健康教育工作室。在区教委信息网上开设心理健康教育工作室专栏。5月，在全区各中小学校开展心理健康教育宣传活动。8月，工作室2名成员为全区教职工作心理压力疏导专题讲座。12月，投入42万元，建成璧山中学（初中部）、实验小学、金剑小学、大兴初中、正兴初中、八塘初中等6所学校标准化心理咨询室。

【联盟合作办学】 璧山中学与上海方略集团、重庆一中，璧山实验小学与重庆巴蜀小学联盟合作办学，深入推进学校课程改革项目发展，深化教育改革实践、实现学校内涵发展。在联盟合作办学中，一是明确指导目标。明确以学校课堂教学改革与学业水平提升，学校课程体系建设及特色课程开发，学校德育系统规划及发展，教师专业化水平提升为目标。二是优化管理队伍，上下联动，分工明确、责任到人、落实到地。三是优化课改路径。顶层设计学校课程体系，理论实践反复论证；对璧山中学“535和谐课堂”、璧山实验小学“134范式课堂”建设、“小学生综合评价的校本化实践研究”等重点项目上下联动、校内外智慧集结形成项目操作细则；从管理团队到教师分批外出跟岗学习。四是优化激励机制。内化先进的管理理念，具体抓中干、抓骨干、抓年轻人，抓团队；制定合理的评价和绩效考核，形成团队互助合力。

基础教育

【学前教育】 2017年，新审批民办园5所。全区有幼儿园145所（其中，东关小学幼儿园于7月注销办园，机电学院附属幼儿园于11月设立）。按办园性质分，公办园2所，学校附设幼儿园40所，民办园103所。按办园等级分，市一级园11所，二级园59所，三级园67所，未定级园8所。春季在园幼儿21275人。其中，公办园6531人，民办园14744人。秋季在园幼儿18734人。其中，公办园5148人，民办园13586人。学前一年毛入园率99.2%，学前三年毛入园率88.2%。普惠性园80所，占比率55.94%，区域覆盖率100%，发放公用补助经费784.62万元。享受学前资助幼儿1084人次，发放资助经费117.07万元。启动《重庆市璧山区第三期学前教育行动计划》实施工作。学前中心教研组片区开展教研活动20次。市级课题研究2项，区级课题4项。4月，开展全区幼儿园早操培训。11月至12月，开展规范幼儿园办园行为督导评估工作。12月，启动开展普惠性幼儿园教师学科培训，开展公办幼儿园建设情况调研。

【义务教育】 2017年，义务教育阶段学校实行布局结构调整。撤销金宝小学、定林小学、鹿鸣小学、龙江小学、梅江小学、同心小学、福禄初中等7所学校建制设置教学点。撤销三合初中和健龙初中，整体并入丁家初中。撤销依凤九年制学校初中部，单设依凤小学，原初中部学生分流至七塘初中、八塘初中和大路初中。金剑小学与大鹏小学、北街小学与来龙小学、大路小学与逸夫小学、保家小学与六塘小学、大路中学与保家初中、璧泉初中与蒲元初中、丁家初中与马坊初中联盟办学。学新生入学实行划片招生，适龄儿童根据户籍、实际固定居住地等情况对口入学或统筹安排入学。学生入学后2周内注册新生学籍，纳入全国中小学生学籍信息管理系统统一管理。小学毕业生对口升入初中学校，初一新生学籍按小学毕业学籍接续升入初中阶段。一年级新生入学后实行“零起点”教学，寄宿制学校保证一年

图表3　图为智慧课堂公开课现场

（璧山报社　供图）

级至六年级学生每天睡眠时间不少于10小时，七年级至九年级学生每天睡眠时间不少于9小时。学生课外作业量，一年级至二年级原则上不留书面家庭作业，三年级至六年级控制在1小时以内，七年级至九年级控制在1.5小时以内。布置适合学生特点的探究式、体验式作业。寄宿制初中每天晚自习时间不超过2课时。减负提质纳入学校绩效考核。学校按照国家课程计划开齐、开足课程，一年级至二年级不使用教辅资料，三年级至六年级提倡不使用教辅材料，七年级至九年级执行“一教一辅”和家长自愿订购原则，主要教辅材料由政府免费提供。安全、法治、心理健康教育课纳入学校和班级的课程设置，确保每周至少0.5课时。

【高中教育】 2017年，全区3所普通高中（完全中学）在校生10817人。毕业生3816人，招收新生3351人。全区高中发展促进计划持续深入推进，通过学校申报、区教委推荐、市教委专家组织答辩、评审、公示等程序，全区6个普通高中教育教学改革研究课题获立项。其中，重点课题2个，一般课题4个。全区高考报名3613人。其中，文科1505人，理科1890人，高职对口218人，各类高校上线3508人，高考上线率97.1%。其中，北清港录取7人，10所名校录取39人，重点本科上线795人，较上年增加73人，普通本科上线1221人，较上年增加10人。

【特殊教育】 2017年，全区统计在册的残疾少年儿童310名，普通中小学校随班就读的三残学生130名，分布在21所学校，适龄儿童少年入学率由原来的81%提高到88%。对无法到校接受教育的重度残疾儿童，均建有档案，纳入送教上门和送生康复服务对象。投入经费300万元在特殊教育学校设置璧山区特殊教育资源中心，添置各种功能室的设备和康复器材。落实贫困寄宿生资助政策。其中，小学生每期每人500元、初中625元，营养餐每人每餐3元（财政负责），幼儿园保教费和伙食点心费每期1080元。残联对特殊教育学校学生每年每生生活补助1000元。每年争取资金对20名学龄前孩子予以3000元的爱心资助。深入开展由孙瑞老师负责的市级课题《自闭症儿童语言康复训练之个案研究》和由唐国愉老师负责的区级课题《绘本教育促进智障儿童语言发展的行动研究》研究。特殊教育学校获全国残疾人汇演一等奖，重庆市“巾帼文明岗”和重庆市“五好”基层关工委称号，区级年度信息工作先进单位和工会建家建设工作竞赛二等奖。

【教育科研】 率先推行课程改革项目制管理。获“重庆市第三批深化教育领域综合改革试点项目”立项项目3个。市教育科学规划立项2个，其中有经费重点1个。市普通高中教育教学改革研究课题立项6个，其中重点2个。中国教育学会子课题立项15个。区规划课题立项5个。市级课题结题6个，区级课题结题4个。

【课程改革】 坚持“课程、课堂、评价”三大抓手深化课程改革。2017年承办市级教研活动10次。创新开展区级教研活动。其中，常规教研活动100次；构建教育共同体，召开项目推进会12次；召开“生长课堂”现场会20次，参会教师2500人次。推进学生综合素质评价“1+9”实践引领。开展区域项目评价，对首批“课堂基地、宜生德育项目、学校特色项目”等三类项目实施第三方评价。创新课改督导评价模式。全区市级优质课竞赛获奖21人次，多名教师全市示范并交流经验，出版选修教材《文言文阶梯式精读》等。

【重庆市璧山中学】 学校硬件设施提档升级，推进互联网+，打造智慧校园，加强智慧课堂运用。优化德育课程体系，建立“正心”课程体系，并在非毕业年级创新地探索性地开设适应年级特征的拓展课程逾100门。创新教学模式，推行建立在合作学习理念下的“535和谐教学模式”，继续深化课堂改革，完成高质量成体系公共课程资源库。与浙大附中、上海建平中学、上海进才实验学校、上海曹杨二中、上海格致中学建立跟岗研修基地。坚持“请进来走出去”，开展定制式学科课改培训130次，形成学科专家16名，德育专家3名。学校以学科基地建设、精品选修课程开发、课题研究为抓手的新课程改革稳步推进，有重庆市立项的改革项目15个，璧山区立项项目7个。教师获各级各类奖项200人次，其中一师一优课获重庆市一等奖29人次，其中13人次成为部级优课获教育部表彰，获重庆市基础教育改革论文一等奖15人次，区级教育论文评比一等奖11人次。学生157人次在各级各类文体比赛中获奖。其中，获全国奥赛数学二等奖的7人次，三等奖14人次；物理奥赛二等奖6人次，三等奖16人次。2017年，学校高考重点本科上线735人（含体、艺、飞），比2014年增长88.5%，绝对高分600分以上81人，考上清北港类国际一流名校7人、国内前10所名校39人；中考15人上700分，考上一、三、八中线的学生124人（以前大约50人）。

【重庆市璧山来凤中学】 2017年，拓展教学创新，实施“青蓝工程”“先锋工程”，优化师资力量。抓“生长课堂”建设，推行“学教练”教学模式，参与“1+7”教研活动，主动适应璧山教育课改新常态。坚守活动育德，创设至善德育。课程、文化、实践、管理四线德育齐头并进。在“中华魂”“五好小公民”读书活动中，获演讲、征文比赛市级一等奖7人次，二、三等奖24人次。重本上线142人，本科上线584人，比2016年增长17.2%，高考上线率99%。

图表4 图为来凤中学校园足球比赛现场

（璧山报社 供图）

【重庆市璧山大路中学】 2017年，学校继续深化课程改革，行政进课堂成常态。有序开展初中校本选修课。推进高中选课走班教学工作。高一年级参加体艺选课走班人数达500人以上，占全年级人数的92%。参加英语分层走班的2个班级及格人数和平均分都比参照班级有明显的提升。开展国家课题子课题1个、区级课题和项目3个研究。高考重点本科批次，100%完成教委下达任务；一般本科批，达到教委下达目标的167%；全校专科以上上线551人，升学率95%；高2017级学生毕业率99.1%。

职业教育

【概况】 2017年，全区有三所中等职业学校，其中有招生资质的中等职业技术学校2所，即重庆璧山职业教育中心、重庆市青山技工学校。教职工155人。其中，市级骨干教师10名、区级骨干教师8名、区名师2名、专任教师113人、双师型教师54人。中职学校开设有数控应用技术、电子应用技术、旅游服务与管理等11个专业。区内中职学校实行春秋两季招生，全年招收全日制中职学生1178人，中职在校生2938人。

【基础能力建设】 投入3100万元，完成璧山职业教育中心电子实训楼主体工程，实训区二期工程进入审图、预算阶段，校门主体修建、校园运动区平整、学生超市至教学综合大楼道路施工和教学综合大楼、群英楼、学生公寓立面改造。开挖建委至教学综合大楼电力廊道，新增2台630千伏安变压器，改造完成教学综合大楼、群英楼、旧教师宿舍输电线路入地和路灯升级。璧山职业教育中心成功申报第三批外国政府贷款项目（中职德促贷款2000万欧元），该项目通过国家发改委、财政部审批和德方专家评审。

【服务经济发展】 围绕璧山智能装备、信息技术、生命健康三大主导产业，优化调整专业，打造建设旅游服务与管理、数控技术应用2个重点专业，新增数控、计算机、会计等3个“三二分段制”大专班。学校积极探索“园校互动、产教融合”办学模式，校企双方共建共享实作场地，采取“订单培养”“工学交替”等校企合作模式，打造校企合作平台。与璧山区域内企业开展工学交替的生产性实训。中职毕业生915人。其中，901人就业，就业率为98.5%，对口就业率约为74.5%，重庆地区就业率为73.6%。用人单位对学校毕业生的满意度达95%以上。

【重庆市璧山职业教育中心】 全年毕业生765人，就业率98%，专业对口就业率超过69%。43名中职学生升学。其中，40人升入高职院校、3人升入本科院校。选拔推荐26名学生、3名教师参加重庆市中职技能大赛，涉及四大类11个专业项目,获二等奖1个、三等奖15个。选送155件学生作品参加全国“文明风采”大赛，获国家级二等奖3个和市级一等奖6个、二等奖25个、三等奖14个，学校获文明风采大赛国家级优秀组织奖。孙祖胜老师指导的2015级高考班林锐同学作品《EXCEL文件合并器》获全国第十八届全国中小学电脑制作三等奖。

【重庆市青山工业技工学校】 全年有教职工45人，在校生519人。开设机械制造技术应用、数控技术应用2个专业。学校有实习工厂16150平方米，学校设备达162台，设备资产近3500万元。璧山区政府批准校办工厂速腾机械制造有限公司为区级技术开发中心，加强新产品的试制和开发，通过ISO/16949-2000质量体系的复查认证，实现销售收入7200万元，利润360万元，上缴国家税金444万元。毕业生分别到重庆青山工业有限公司、重庆瑞通实业有限公司、重庆三青机械制造有限公司、重庆速腾机械制造有限公司等近20个合作企业就业，就业率98%，稳定率95%，专业对口率98%。有2名学生直接升入重庆市永川工业技师学院学习。

【重庆市交通职业技术学校】 该校虽然有中等职业学校的办学资格，但从未开展中等职业学历教育工作，一直以来均开展重庆市交委内部职工的基本技能和专业技能继续教育培训。

高等教育

【概况】 2017年，全区有招生资质的高等职业院校2所，即市属重庆机电职业技术学院和重庆护理职业学院。

2所高职院校有教职工699人，高级教师212人，专任教师544人，双师型教师312人。开设有机械设计与制造、模具设计与制造、汽车制造与装配技术、汽车检测与维修技术、机电一体化技术、电气自动化技术、建筑工程技术、建筑工程管理、会计与审计、物流管理、护理、助产和康复治疗技术等专业40个，其中市级骨干高职院校重点建设专业4个，在籍学生1027人。

【重庆市机电职业技术学院】 学院改善社会服务新模式。一是坚持校企合作、产学结合。学校坚持走“校企合作、产学研一体化”发展之路，在校内建立多个机电类专业实训基地，与校内工厂(重庆宇海科技有限公司)共建的产学研基地成为市级示范基地，在双桥区建成学院产学研一体化示范基地及机器人培训学院，形成一批融专业教学、生产实训、技能鉴定和技术服务功能于一体的校内外实习实训基地。二是对外举办培训。全年举办各类培训24期，培训人数1000人，收入689800元。三是开展职业技能鉴定。先后对数控车工、汽车装调工、维修电工等7个工种进行9次鉴定，鉴定人数为1700人，取证人数1200人。四是国际合作交流活动。开展17次国际合作交流办学活动，聘请10名国外高水平专家为学校“特聘教授”，引进20名具有海内外高校、科研机构的学习与工作经历的人才到校任教。五是推进军民融合。学院获邀成为“中国军事文化研究会常务理事单位”和“川渝兵工学会会员单位”。选送30名优秀学员，历时52天赴河南、内蒙古两地参加由中央电视台拍摄的大型国防、教育节目《英雄儿女向前向前!》，受到主办方高度肯定。学院录取新生3001人，计划完成率80.5%；报到新生2531人，报到率84.3%，同口径比去年增长2.3%。毕业生2526人，为毕业生提供6000个就业岗位，岗位供需比达3:1，就业率98.18%。用人单位对学校毕业生的综合满意度为98.01%，毕业生的就业现状满意度达到95.25%。通过重庆市升本规划和重庆市骨干高职院校验收，获“中国十大办学特色学院”。首次获重庆市教学成果奖，首次成功申报重庆市教学改革重大课题，获评“中国职业教育就业百强”单位，首次获重庆市科技进步一等奖。参加教育部、人社局、市教委主办各类竞赛，获奖项60个。其中一类赛特等奖1个、一等奖3个；二类赛一等奖3个、二等奖5个、三等奖3个。获市教委主办的“合泰杯”技能竞赛优秀组织奖。

【重庆护理职业学院】 2016年3月经重庆市人民政府批准设立，由重庆医科大学附属第一医院全额出资举办，实施全日制专科高等学历教育的民办非营利高等职业院校，是全市首所面向西部以培养养老服务和健康服务人才为主的高职院校。2017年，学院新征地11.33公顷，完成土地规划调整工作；校舍建筑面积55723平方米。综合楼开工建设。新增图书5.2万册，新增教学设施设备202万元。学院开设护理、助产、康复治疗技术和老年及社区等专科专业4个，在校学生1988人，新生报到率90.73%。专任教师93人，高级教师22人，聘用兼职教师140名。学院获批重庆市教委改革试点项目——创新“四维五模块”实践教学模式，构建“医教一体”的卫生服务人才培养机制。成功申报市级课题4项。教师任柳获重庆市第三届“高教社”杯高校微课教学比赛二等奖，罗金、程鹏和赵丹丹分别获重庆市第七届高校青年体育教师基本功大赛男子个人专项一等奖、三等奖和女子个人专项三等奖，何罗兰获第八届“外教社杯”全国高校外语教学大赛决赛(职业院校组)一等奖。

【自学考试】 璧山区高等教育自学考试分本科、专科专业。4月报考人数653人，1626科次，毕业本科15人，专科3人。10月报考人数783人，1955科次，毕业本科10人，专科2人。6月，040125义务教育专业(独立本科段)停考。璧山区招办被重庆市教育考试院评为招考系统目标考核二等奖，并获“特别贡献奖”。

2017年录入重点大学学生名单

表 10-8

姓名	录取学校	录取专业
钟明悦	四川大学	中国语言文学类
朱朝睿	东华大学	服装与服饰设计
王凯利	江南大学	舞蹈编导
叶露	景德镇陶瓷大学	视觉传达设计
沈凌霜	南京艺术学院	艺术史论
朱青青	清华大学	设计学类
伍蝶	四川美术学院	摄影
蒋欣君	四川美术学院	中国画
胡希	四川美术学院	艺术与科技
龙春希	四川美术学院	环境设计
李晋秋	四川美术学院	中国画
黄美齐	四川美术学院	雕塑
黄宇	四川美术学院	艺术与科技
吴嘉莉	四川美术学院	工艺美术
白霜霜	四川美术学院	工艺美术
陈平	四川美术学院	数字媒体艺术
何昕	四川美术学院	工艺美术
任尚浩	四川美术学院	工艺美术
王丹	四川美术学院	绘画
宋蔚	四川美术学院	艺术与科技
蓝春鸽	四川美术学院	绘画
张晗晗	四川美术学院	绘画
皮夏青	四川美术学院	绘画
张山庆	四川美术学院	公共艺术
罗中辰	四川美术学院	影视摄影与制作
程锡林	四川美术学院	艺术与科技
肖扬	四川美术学院	公共艺术
张惟璐	四川音乐学院	音乐表演 [民乐（笙）]
肖莎莎	四川音乐学院	艺术史论
谭艾玲	四川音乐学院	公共艺术
黄芮	四川音乐学院	环境设计
吴佳逸	四川音乐学院	环境设计
冷柏静	四川音乐学院	艺术史论
何立志	四川音乐学院	录音艺术
贾怀东	中国传媒大学	动画
邓宇豪	中国美术学院	设计学类（上海设计学院所有专业）

续表

姓名	录取学校	录取专业
胡天顺	中国戏曲学院	戏剧影视美术设计（化装造型设计）
张祖山	成都体育学院	运动训练
刘豪	成都体育学院	运动训练
卿雨林	成都体育学院	运动训练
白亮	贵州师范大学	运动训练
张远林	贵州师范大学	运动训练
左欢	贵州师范大学	运动训练
潘军键	青海师范大学	运动训练
叶晓雪	西安体育学院	运动训练
邓智航	西安体育学院	运动训练
刘璐	成都体育学院	体育教育
周明洁	四川农业大学	社会体育指导与管理
张元龄	西南政法大学	法学
刘渝	重庆医科大学	预防医学
赵栋耀	重庆邮电大学	计算机类（计算机与智能科学类）
徐成兰	重庆邮电大学	机械类（先进制造类）
朱智勇	重庆邮电大学	电子信息类（集成电路工程类）
饶在胜	安徽财经大学	经济学类
刘思伽	北京体育大学	体育经济与管理
王财丽	成都信息工程大学	电子信息工程
杨璠	成都中医药大学	中医学
徐荣英	大连海事大学	电子信息科学与技术
赵尚达	大连理工大学	化学工程与工艺（含国际班）
叶青钞	大连医科大学	临床药学
钟榭轩	电子科技大学	电子信息科学与技术
杨阳欢	电子科技大学（沙河校区）	临床医学
陈志祥	东北大学	工科试验班
黄慈文	东北大学	工科试验班
黎芷余	东北大学	电子信息类
孙霞	东北大学秦皇岛分校	外国语言文学类
李钟浪	东北石油大学	应用化学
汪蔡曾	东北石油大学	地质学
董顺翔	东华理工大学	测绘类
王妍霖	福建师范大学	汉语国际教育
祝欢欢	广东海洋大学	海洋技术
朱云碧	广州大学	国际经济与贸易
傅荣烘	贵州大学	能源动力类

续表

姓名	录取学校	录取专业
张雪松	哈尔滨工程大学	自动化类
雷春生	哈尔滨医科大学	预防医学
徐本伟	哈尔滨医科大学	儿科学
李富睿	海南大学	风景园林
黄绍柒	海南大学	材料类
杨正豪	海南大学	工商管理类
魏嘉新	杭州电子科技大学	电气类
彭镶	杭州师范大学	生物技术
袁梦佳	河北工业大学	机械设计制造及其自动化
吴青芸	河北工业大学	智能科学与技术
李永键	河海大学	港口航道与海岸工程
李小龙	河海大学	通信工程
梁钒	河海大学	劳动与社会保障
彭彤	河南大学	中国语言文学类
曾怡秋	黑龙江大学	社会学
谢雨燕	黑龙江中医药大学	中西医临床医学
邹亚	湖北大学	旅游管理
董涵	湖北工业大学	食品科学与工程类
陈博蓝天	湖南大学	电子科学与技术
何勤天	湖南科技大学	工程力学
陈可寒	湖南科技大学	城乡规划
张小小	湖南科技大学	汉语言文学
杨陈成	湖南师范大学	通信工程
陈果	湖南师范大学	旅游管理
李兴悦	湖南中医药大学	临床医学
罗晓静	华北水利水电大学	地质工程
吴志恒	华东交通大学	自动化
张琬倩	华南农业大学	动物科学
吴茂林	华南农业大学	食品科学与工程
鲍柏仲	华中科技大学	机械类
唐誉	吉林大学	生物医学工程（五年，药学院）
贺卫东	吉林大学	土木工程
雷瑶	吉林大学	药学
陈宇	吉林大学	交通运输
何汶潞	吉林大学	临床医学
刘正鑫	吉林大学	能源与动力工程
王松	吉林大学	通信工程

续表

姓名	录取学校	录取专业
岳廷磊	吉林大学	测控技术与仪器（通信学院）
郭峻铭	吉林大学	人力资源管理（商学院）
张敏	济南大学	材料类
袁士淇	济南大学	电气类
唐浩瀚	江南大学	纺织工程
王琳	江苏大学	复合材料与工程
胡志成	兰州大学	应用物理学［核科学与技术基地班（原子核方向）］
吴丹	辽宁大学	会计学
邓亮	辽宁工程技术大学	道路桥梁与渡河工程
陈玉婷	辽宁工程技术大学	行政管理
汪嘉嘉	南昌大学	旅游管理
罗欢	南华大学	电子信息类
汪登鑫	南华大学	电子信息类
杨政兴	南京航空航天大学	电气工程及其自动化
徐嘉森	南京理工大学	计算机类
黄佳瑜	南京农业大学	工商管理类
尹巧玲	内蒙古大学	旅游管理
张晓函	宁波大学	法学类（法政类）
苟杨	青岛大学	临床医学
易贺林	青岛科技大学	高分子材料与工程（说明：橡胶工程方向，可参加卓越计划选拔）
何金鑫	厦门大学	工商管理类
朱雨佳	山东大学	电子信息类
黄欣林	山东大学	新闻传播学类
杨桃	陕西科技大学	计算机类
张定一	陕西科技大学	能源动力类
徐婷	上海财经大学	经济学类
杨雨昕	上海大学	电子科学与技术(代表理学工学类)
何昕	上海海事大学	电气类（中外合作办学）
陈健	上海理工大学	机械类
徐楸玥	上海政法学院	新闻学(卓越新闻传播人才培养试点班)
尹俊力	沈阳药科大学	中药制药
张军	石河子大学	口腔医学
龚泓西	石河子大学	财务管理
王浩男	石河子大学	机械设计制造及其自动化
田亮	石河子大学	医学影像学
王富山	石河子大学	工商管理
张晨	石家庄铁道大学	土木工程

续表

姓名	录取学校	录取专业
柯昕玥	四川大学	工商管理类
张森林	四川大学	化学类（含基地班）
廖小航	四川大学	高分子材料与工程
姜春	四川大学	机械设计制造及其自动化
王沿胜	四川大学	电气工程及其自动化
罗雨	四川大学	电气工程及其自动化
杨恋怡	四川大学	药学
蒋林霖	四川大学	能源与动力工程
彭园果	四川大学	物理学类（含基地班）
何梦楠	四川大学	公共管理类
夏云峰	四川大学	核工程与核技术
陈应	四川大学	金融学类
程伟	四川大学	核工程与核技术
谢爱玲	四川大学	法学
左嘉伟	四川大学	机械设计制造及其自动化
刘杰	四川大学	机械设计制造及其自动化
晏晓瑜	四川大学	计算机类
杨骥	四川大学	高分子材料与工程
邓思宇	四川大学	计算机类
杨玉莲	四川大学	预防医学
张彭俊	四川大学	计算机类
冯原	四川大学	生物科学类（含基地班）
曾湖强	四川大学	软件工程
张瑜	四川大学	新闻传播学类
卢文龙	四川农业大学	财务管理
罗郭旺	四川农业大学	生物技术
周桔	四川农业大学	环境工程
邹昌成	四川农业大学	水利水电工程
伍洲	四川农业大学	文化产业管理
彭秀洪	四川农业大学	农林经济管理
周鑫	四川农业大学	动物医学
罗杰	四川农业大学	药物制剂
李艳	四川农业大学	广告学
吴倩	四川农业大学	政治学与行政学
段喜萍	四川农业大学	社会工作
杜鑫	四川农业大学	信息管理与信息系统
王浩	四川师范大学	软件工程

续表

姓名	录取学校	录取专业
肖玲玲	四川师范大学	经济学
王秋悦	四川师范大学	网络与新媒体
胡鑫	四川外国语大学	翻译
徐林	四川外国语大学	英语
李依霖	四川外国语大学	英语
钱琳	四川外国语大学	翻译
徐开月	四川外国语大学	翻译
熊浴宏	四川外国语大学	翻译
汪信历	四川外国语大学	外国语言文学类（中外合作办学）
刘惠敏	四川外国语大学	商务英语
林浩源	四川外国语大学	商务英语
吴雨荅	四川外国语大学	外国语言文学类（中外合作办学）
程灵	四川外国语大学	翻译
雷涵	四川外国语大学	英语
罗歆蕾	四川外国语大学	商务英语
张彤	四川外国语大学	英语
何晓倩	四川外国语大学	英语
陈炜桐	四川外国语大学	英语
毛明亮	四川外国语大学	商务英语
熊敏茹	四川外国语大学	英语
肖蓝林	四川外国语大学	英语
肖莹	四川外国语大学	翻译
肖榆	苏州大学	材料类
龙运	太原理工大学	机械电子工程
杨思帆	太原理工大学	纺织工程
封鑫宇	天津中医药大学	中医学
彭健倚	同济大学	车辆工程
邓崇阳	武汉科技大学	临床医学
王家鑫	武汉理工大学	电子信息类（理学）
刘晋廷	西安电子科技大学	电子科学与技术
胡正根	西安工业大学	光电信息科学与工程
江鑫	西安交通大学	工科试验班（工科与管理贯通）
徐蜀昊	西安交通大学	电气类
彭燕	西安理工大学	工商管理
王崧淯	西北农林科技大学	水土保持与荒漠化防治
邓嘉懿	西北农林科技大学	能源与动力工程
程文龙	西北政法大学	市场营销

续表

姓名	录取学校	录取专业
吴静	西北政法大学	法学（行政法）
林涛	西华大学	计算机科学与技术
王润	西华大学	财务管理
尹立	西南财经大学	金融工程
徐添亿	西南财经大学	工商管理类（中外合作办学）
文俪霖	西南财经大学	国际商务（双语实验班）
张思宇	西南大学	药学
王静	西南大学	制药工程
石佳	西南大学	蚕学
李昔茂	西南大学	化学类
欧阳加瑞	西南大学	农业经济管理类
曾锐	西南大学	材料类
徐开星	西南大学	俄语
邓佳兴	西南大学	数学类
刘霖	西南大学	物理学
龙之源	西南大学	电气工程及其自动化
赵静	西南大学	管理科学与工程类
蔡云玲	西南大学	自然保护与环境生态类
颜丹	西南大学	工商管理类
汪榆航	西南大学	网络工程
陈菲	西南大学	公共管理类
王义鑫	西南大学	纺织类
李明玥	西南大学	植物生产类
万珊珊	西南大学	中国语言文学类
万欣	西南大学	俄语
雷冬	西南大学	经济学类
王婧涵	西南大学	公共管理类
王露	西南大学（荣昌校区）	动物药学
胡浩麟	西南交通大学	电子信息类（茅以升学院）
李俊杰	西南交通大学	经济与贸易类
仇健华	西南交通大学	土木工程
郑华润	西南科技大学	计算机科学与技术
汪佳红	西南科技大学	核化工与核燃料工程
刘太鹏	西南石油大学	城市地下空间工程
蒋佳利	西南石油大学	地质学
殷正敏	西南医科大学	临床医学
徐璐	西南医科大学	麻醉学

续表

姓名	录取学校	录取专业
张涵越	西南医科大学	临床医学
吉洪阅	西南医科大学	中医学
温岚兰	西南政法大学	工商管理类
吴明欣	西南政法大学	工商管理类
冷淇	西南政法大学	法学
陈富康	西南政法大学	国际经济与贸易
万小红	西南政法大学	思想政治教育
田浪川	西南政法大学	思想政治教育
罗欢	西南政法大学	工商管理类
孙颖	西南政法大学	法学
廖源林	西南政法大学	法学
杨晓羽	西南政法大学	新闻传播学类
徐洁	西南政法大学	法学
涂儒成	西南政法大学	英语
印文欢	西南政法大学	刑事科学技术
胡耀月	西南政法大学	工商管理类
匡婧	西南政法大学	新闻传播学类
陈劲竹	西南政法大学	法学
张皓	西南政法大学	法学类（中外合作办学)
杨洁	西南政法大学	公共事业管理
邓露	西南政法大学	金融学
柯晨鑫	西南政法大学	工商管理类
谢方宇	西南政法大学	英语
王燕	湘潭大学	高分子材料与工程
钱美岑	延边大学	临床医学
谷玉婷	扬州大学	外国语言文学类
潘祈旭	长春理工大学	自动化
宋雪	长沙理工大学	交通运输类
邱文伶	浙江理工大学	电子商务类
曾新	郑州大学	应用心理学
王圆舞	郑州大学	给排水科学与工程
陈谭雪	郑州大学	电子商务
谢世洪	郑州大学	金融数学
薛鑫	郑州大学	土木类
苏波	中北大学	汽车服务工程
邹成隆	中北大学	化学工程与工艺
况丹妮	中北大学	生物工程

续表

姓名	录取学校	录取专业
张孝毅	中北大学	武器系统与工程
曾维鹏	中国海洋大学	市场营销
李佳蔓	中国计量大学	公共管理类
冯宇恒	中国科学技术大学	物理学类
陈杰	中国矿业大学	机械工程
雷乘风	中国矿业大学（北京）	地质类
王童	中国民航大学	计算机科学与技术
范凯丰	中国民用航空飞行学院	飞行器适航技术
罗忠浩	中国石油大学（北京）	海洋油气工程
朱虹多	中国石油大学（北京）	测控技术与仪器
刘琰	中国石油大学（华东）	安全工程
陈纪源	中国医科大学	口腔医学
周丰羽	中南财经政法大学	英语
冉浩然	中山大学	微电子科学与工程
曾心	中山大学	护理学
汪颖	中山大学	微电子科学与工程
余文琪	重庆大学	生物医学工程
伍崯槟	重庆大学	机械电子工程
刘心怡	重庆大学	电气工程及其自动化
张莹	重庆大学	经济学类
代世运	重庆大学	测控技术与仪器
沈园媛	重庆大学	材料化学
熊生昆	重庆大学	物理学类
余柱阳	重庆大学	信息安全
江畅	重庆大学	城乡规划
袁家英	重庆大学	数学类
张显燃	重庆大学	能源动力类
赵鑫杰	重庆大学	冶金工程
熊雪梅	重庆大学	工商管理
黄镇东	重庆大学	车辆工程
牟建桥	重庆大学	冶金工程
陈定航	重庆大学	车辆工程
李周潞	重庆大学	经济学类
袁贵满	重庆大学	车辆工程
陈盛玮	重庆大学	计算机科学与技术
罗家洋	重庆大学	测控技术与仪器
龙虹先	重庆大学	药学

续表

姓名	录取学校	录取专业
程麒	重庆大学	自动化
周璐	重庆大学	材料科学与工程
杜明瀚	重庆大学	物理学类
陈凤	重庆大学	航空航天类
杨焱森	重庆大学	建筑环境与能源应用工程
彭小芹	重庆大学	英语
刘利	重庆大学	公共管理类
王沂	重庆工商大学	投资学
曹尹炘	重庆工商大学	资产评估
贺丹力	重庆工商大学	国际经济与贸易
雷敦科	重庆工商大学	电子商务
邬丹	重庆工商大学	审计学
罗鹏靖	重庆工商大学	金融工程
张译尹	重庆工商大学	物流管理
张屹林	重庆工商大学	贸易经济
龙琳	重庆工商大学	审计学
张棚	重庆工商大学	工程管理
张倩	重庆工商大学	贸易经济
龙银银	重庆工商大学	工商管理类（中外合作办学）
蒋璐阳	重庆工商大学	贸易经济
夏宇涵	重庆工商大学	环境工程
黄露	重庆工商大学	经济学
柯增燕	重庆工商大学	物联网工程
秦源	重庆工商大学	计算机科学与技术
张昆	重庆工商大学	国际经济与贸易
毛潆悦	重庆工商大学	新闻学
董义	重庆工商大学	金融学
张鑫	重庆工商大学	机械设计制造及其自动化
沈春莲	重庆工商大学	应用统计学
何朝锐	重庆工商大学	金融学
郑鑫	重庆工商大学	市场营销
李秋睿	重庆工商大学	市场营销
周兰	重庆工商大学	税收学
石小玉	重庆工商大学	物流管理
刘奉杰	重庆工商大学	投资学
陈果	重庆工商大学	国际经济与贸易
赵薇	重庆工商大学	新闻学

续表

姓名	录取学校	录取专业
李思涵	重庆工商大学	会计学
王灡	重庆工商大学	人力资源管理
雷娜	重庆工商大学	金融学
张小凤	重庆工商大学	贸易经济
杨永凤	重庆工商大学	国际经济与贸易
陶莹莹	重庆工商大学	国际商务
杨明钰	重庆工商大学	金融学
凌佳月	重庆工商大学	会计学
何炼	重庆工商大学	国际经济与贸易
罗好男	重庆工商大学	贸易经济
徐雅灵	重庆工商大学	资产评估
徐金淮	重庆工商大学	贸易经济
何英玲	重庆工商大学	人力资源管理
符伟	重庆工商大学	会计学
朱琳	重庆工商大学	财政学
周善鹏	重庆工商大学	金融学
肖冰	重庆工商大学	工商管理类（中外合作办学）
刘鑫	重庆交通大学	机械类
刘国幸	重庆交通大学	土木类
汪小楠	重庆交通大学	管理科学与工程类
孙登钰	重庆交通大学	测绘工程
谷昀	重庆交通大学	管理科学与工程类
刘显鑫	重庆交通大学	水利类
郝桐	重庆交通大学	管理科学与工程类
胡颖	重庆交通大学	水利类
周晶晶	重庆交通大学	交通运输类
尹恒	重庆交通大学	土木类
张方	重庆交通大学	工商管理类
蒋兴悦	重庆交通大学	交通运输类
毛钰淞	重庆交通大学	能源与动力工程
刘杨	重庆交通大学	工商管理类
王露	重庆交通大学	管理科学与工程类
张祯寅	重庆交通大学	船舶与海洋工程
王旭	重庆交通大学	应用化学
喻云杰	重庆交通大学	土木类
荣凤仪	重庆交通大学	水利类
蔡鹏	重庆交通大学	电子信息类

续表

姓名	录取学校	录取专业
李佩霞	重庆交通大学	地质工程
赵永红	重庆交通大学	新闻传播学类
陈云结	重庆交通大学	交通管理
陈俊龙	重庆交通大学	管理科学与工程类
胡光灿	重庆交通大学	安全工程
陈艾贞	重庆交通大学	交通管理
朱恩锐	重庆交通大学	国际经济与贸易
吴佩莲	重庆交通大学	管理科学与工程类
陈中山	重庆交通大学	计算机类
魏李宝	重庆交通大学	测绘工程
成琦	重庆交通大学	应用统计学
曾攀	重庆交通大学	汽车服务工程
朱金海	重庆交通大学	船舶与海洋工程
尹明进	重庆交通大学	建筑类
徐延程	重庆交通大学	船舶与海洋工程
徐文语	重庆交通大学	土木类
万川银	重庆交通大学	土木类
赵秋霞	重庆交通大学	管理科学与工程类
朱鑫森	重庆交通大学	测绘工程
刘锐	重庆交通大学	交通运输类
温洪顺	重庆交通大学	交通运输类
郭采颜	重庆交通大学	物流管理
徐小丹	重庆交通大学	工商管理类
钱杨	重庆交通大学	建筑类
万长青	重庆交通大学	工程力学
张梦怡	重庆交通大学	水利类
黄明珠	重庆交通大学	新闻传播学类
廖瑜	重庆交通大学	旅游管理
巫美蓉	重庆交通大学	工商管理类
张思渝	重庆交通大学	国际经济与贸易
李正虹	重庆交通大学	旅游管理
陈栋悦	重庆交通大学	旅游管理
祁欢	重庆理工大学	公共管理类
吴雨桐	重庆理工大学	经济学类
冯传奇	重庆理工大学	材料类
邬琳	重庆理工大学	汽车服务工程
张静	重庆理工大学	会计学

续表

姓名	录取学校	录取专业
唐志豪	重庆理工大学	能源与动力工程
张雯	重庆理工大学	知识产权
毛世强	重庆理工大学	电气类
巫峻译	重庆理工大学	电子信息类
程珍莹	重庆理工大学	财务管理
廖如意	重庆理工大学	材料类
张书豪	重庆理工大学	机械类
廖佳添	重庆理工大学	机械类
刘浩	重庆理工大学	电子信息类
罗瑶	重庆理工大学	化工与制药类
杨柳	重庆理工大学	工业工程
龚秋豪	重庆理工大学	材料类
杨朝政	重庆理工大学	会计学
刘春濂	重庆理工大学	知识产权
王金昕	重庆理工大学	机械类
叶芯岑	重庆理工大学	知识产权
陈锐	重庆理工大学	金融工程
李映雪	重庆理工大学	车辆工程
卢玲	重庆理工大学	材料类
李幸蓉	重庆理工大学	金融工程
蒋松屹	重庆理工大学	计算机类
曾易	重庆理工大学	药学类
张渝	重庆理工大学	工商管理类
谭铭铭	重庆理工大学	材料类
陈艺	重庆理工大学	财务管理
欧洪淋	重庆理工大学	金融工程
田雨凡	重庆理工大学	化工与制药类
黄进	重庆理工大学	机械类
何雲琳	重庆理工大学	电子商务及法律
李沄霞	重庆理工大学	经济学类
邓川	重庆理工大学	机械类
林倩	重庆理工大学	金融数学
李佳玲	重庆理工大学	会计学
罗辰	重庆理工大学	药学类
刘玲玲	重庆理工大学	化工与制药类
陈霜霜	重庆理工大学	知识产权
雷旭	重庆理工大学	测控技术与仪器

续表

姓名	录取学校	录取专业
杨涛	重庆理工大学	车辆工程
张秀峰	重庆理工大学	金融数学
张桦焰	重庆理工大学	工业工程
周明霞	重庆理工大学	电子商务及法律
王栎	重庆理工大学	药学类
谭澄	重庆理工大学	电气类
张正林	重庆理工大学	机械类
欧智鑫	重庆理工大学	能源与动力工程
李杰	重庆理工大学	材料类
李秋月	重庆理工大学	药学类
孙辉东	重庆理工大学	电子信息类
郑雨	重庆理工大学	新能源科学与工程
陶旭秋	重庆理工大学	工商管理类
万杰	重庆理工大学	药学类
田永露	重庆理工大学	工商管理类
黄杰	重庆理工大学	电气类
何代鑫	重庆理工大学	药学类
潘红利	重庆理工大学	金融数学
胡星宇	重庆理工大学	经济学类
王丽萍	重庆理工大学	工商管理类
赵心雨	重庆理工大学	经济学类
曾冬琴	重庆理工大学	公共管理类
钱宗艺	重庆理工大学	金融工程
曾程	重庆理工大学	公共管理类
郭春梅	重庆理工大学	工商管理类
胡静	重庆理工大学	工商管理类
余泓健	重庆理工大学	会计学
刘颖	重庆理工大学	公共管理类
陈香	重庆理工大学	公共管理类
杨柳	重庆师范大学	英语
罗芮	重庆师范大学	生物科学
伍成琳	重庆师范大学	食品质量与安全
钟皎月	重庆师范大学	化学
朱三亿	重庆师范大学	数学与应用数学
刘霜	重庆师范大学	生物科学
祝莹	重庆师范大学	生物科学
张人文	重庆师范大学	化学

续表

姓名	录取学校	录取专业
雷平	重庆师范大学	工商管理类
张倩	重庆师范大学	电子信息科学与技术
邓雪莲	重庆师范大学	英语
罗欢	重庆师范大学	物理学
程代宇	重庆师范大学	教育学
龙益丹	重庆师范大学	物理学
许红丽	重庆师范大学	光电信息科学与工程
彭利	重庆师范大学	历史学
彭睿思	重庆师范大学	学前教育
潘睿迪	重庆师范大学	工商管理类
李仪	重庆师范大学	汉语言文学
旷鑫	重庆师范大学	思想政治教育
徐镜宇	重庆师范大学	汉语言文学
范琪琪	重庆师范大学	思想政治教育
何敏	重庆师范大学	汉语言文学
段钰婕	重庆师范大学	思想政治教育
钟鑫	重庆医科大学	临床医学
彭林	重庆医科大学	临床医学
雷林	重庆医科大学	临床医学
陈廷巧	重庆医科大学	临床医学（5+3 一体化）
王钟玲	重庆医科大学	临床医学（5+3 一体化）
卢秋易	重庆医科大学	临床医学（5+3 一体化）
胡洋铭	重庆医科大学	临床医学
钱鸿森	重庆医科大学	临床医学
邓柯	重庆医科大学	临床医学
万川雪	重庆医科大学	临床医学
何朝欣	重庆医科大学	临床医学
向美霖	重庆医科大学	临床医学
杨莲洁	重庆医科大学	儿科学
毛杨	重庆医科大学	临床医学
刘陈鹏	重庆邮电大学	电子信息类（通信信息类）
杨家乐	重庆邮电大学	电子信息类（电子工程类）
杨爽	重庆邮电大学	电子信息类（通信信息类）
刘春栾	重庆邮电大学	自动化
罗杰议	重庆邮电大学	计算机类（计算机与智能科学类）
陈哲	重庆邮电大学	电子信息类（电子工程类）
周述杰	重庆邮电大学	工商管理类

续表

姓名	录取学校	录取专业
胡茂川	重庆邮电大学	电子信息类（集成电路工程类）
鲁鹏飞	重庆邮电大学	工商管理类
余波	重庆邮电大学	工程管理
雷婷	重庆邮电大学	物流管理
黄飞	重庆邮电大学	计算机类（计算机与智能科学类）
杨邵杰	重庆邮电大学	机械类（先进制造类）
郑川	重庆邮电大学	自动化
王瑜	重庆邮电大学	数字媒体技术
朱斓瑛	重庆邮电大学	广播电视工程
向俊	重庆邮电大学	数学类（数理科学与信息技术类）
罗乾豪	重庆邮电大学	计算机类（计算机与智能科学类）
赵启轩	重庆邮电大学	计算机类（计算机与智能科学类）
张佳敏	重庆邮电大学	信息安全
李星宇	重庆邮电大学	电子信息类（电子工程类）
杨波	重庆邮电大学	电子信息类（电子工程类）
陈思彤	重庆邮电大学	信息管理与信息系统
林鑫	重庆邮电大学	电子商务
吴志帆	重庆邮电大学	电子信息类（电子工程类）
秦晓燕	重庆邮电大学	信息管理与信息系统
江奇	重庆邮电大学	信息管理与信息系统
伍松	重庆邮电大学	计算机类（计算机与智能科学类）
付勰	重庆邮电大学	数学类（数理科学与信息技术类）
李亚星	重庆邮电大学	信息管理与信息系统
钱鹏	重庆邮电大学	电子信息类（电子工程类）
朱庆	重庆邮电大学	电子信息类（通信信息类）
王浩宇	重庆邮电大学	电气工程及其自动化
易远洋	重庆邮电大学	电子信息类（通信信息类）
杨成川	重庆邮电大学	数学类（数理科学与信息技术类）
陈洋洋	重庆邮电大学	外国语言文学类（英语类）
彭小玲	重庆邮电大学	外国语言文学类（英语类）
蔡秋月	遵义医学院	口腔医学
罗海月	兰州大学	设计学类
张源	西南大学	视觉传达设计
叶馨	西南民族大学	雕塑
张越	重庆工商大学	动画
彭玉婵	重庆工商大学	设计学类（中外合作办学）
王薇	重庆工商大学	服装与服饰设计

续表

姓名	录取学校	录取专业
李雨桐	重庆工商大学	服装与服饰设计
李胜男	重庆工商大学	动画
黄滟	重庆工商大学	设计学类 (中外合作办学)
蒲玉	重庆工商大学	设计学类 (中外合作办学)
陈琦楠	重庆工商大学	动画
肖裕零	重庆交通大学	设计学类
李新宇	重庆交通大学	设计学类
牟祖锌	重庆交通大学	设计学类
张丁月	重庆师范大学	设计学类
严玉冰	重庆师范大学	设计学类
李彦宏	重庆师范大学	绘画
何科亮	重庆师范大学	绘画
谢世杰	重庆师范大学	设计学类
曾静	重庆邮电大学	数字媒体艺术
邓凯元	重庆邮电大学	设计学类 (艺术设计类)
高腾	重庆邮电大学	设计学类 (艺术设计类)
龙俊豪	重庆邮电大学	设计学类 (艺术设计类)
钟青秀	华侨大学	音乐学 (师范类)
张瑞	三峡大学	音乐学
李秀聪	同济大学	音乐表演 (声乐)
陈艺佳	西南大学	音乐表演 (钢琴方向)
舒莎	重庆师范大学	广播电视编导
邹婕	重庆师范大学	音乐表演 (钢琴方向)
张继果	重庆师范大学	戏剧影视文学
董茂青	重庆师范大学	音乐学
唐平	重庆师范大学	音乐学 (小学教师)
袁琬然	重庆邮电大学	广播电视编导
王禹涵	北京电子科技学院	信息管理与信息系统
龙怡健	大连海事大学	轮机工程 (海上专业)
冯一	复旦大学	理科试验班
刘浏	复旦大学	理科试验班
杨俊超	海军大连舰艇学院	电子信息工程 (舰艇情电指挥) (男)
巫佳桐	华东师范大学	物理学
穆国瑶	华东师范大学	数学与应用数学
邹汶龙	华侨大学	应用化学 (拔尖人才试点班)
胡琦琪	华侨大学	物流管理
刘昌鑫	华侨大学	国际经济与贸易

续表

姓名	录取学校	录取专业
吴岫洪	华中师范大学	英语
闫显申	空军航空大学	飞行技术（航空飞行与指挥）
付润钦	空军航空大学	飞行技术（航空飞行与指挥）
陈伟	陆军勤务学院	特种能源工程与技术（油料勤务分队指挥）（男）
余贵强	陆军勤务学院	化学（油料勤务分队指挥）（男）
尹森	陆军装甲兵学院	装甲车辆工程（坦克兵分队指挥）（男）
罗艺	陕西师范大学	化学
刘雨恋	陕西师范大学	计算机科学与技术
马成玲	陕西师范大学	英语
王楠	四川外国语大学	德语
刘顺利	四川外国语大学	朝鲜语
叶梦缘	四川外国语大学	德语
黄英	四川外国语大学	阿拉伯语
夏蕴秋	四川外国语大学	法语
刘贞言	四川外国语大学	朝鲜语
冉建	四川外国语大学	俄语
杜小雨	西南大学	化学
朱兴	西南大学	物理学
王小红	西南大学	数学与应用数学
韩佳伶	西南大学	思想政治教育
胡佳伶	西南大学	学前教育
吴震	西南政法大学	侦查学
胡清淞	西南政法大学	侦查学
唐玥	香港中文大学（深圳）	工科试验班
刘浩翔	香港中文大学（深圳）	工科试验班
陈康旎	香港中文大学（深圳）	人文科学试验班
张正益	香港中文大学（深圳）	经济管理试验班
兰雨桐	香港中文大学（深圳）	经济管理试验班
刘家序	中国民航大学	飞行技术
刘智豪	中国民用航空飞行学院	飞行技术（运输机驾驶、通用机驾驶）
赵浩为	中国民用航空飞行学院	飞行技术（运输机驾驶、通用机驾驶）
王云成	中国民用航空飞行学院	飞行技术（运输机驾驶、通用机驾驶）
胡瀚聪	中国民用航空飞行学院	飞行技术（运输机驾驶、通用机驾驶）

（区教委）

成人教育

2017年，市教委划拨社区经费10万元，用于社区教育、农村种养殖技能培训等工作。先后在大路七塘片区开展蔬菜种养殖，大兴丹凤片区开展柚子栽培技术，丁家青杠来凤片区开展花圃苗木栽培、云坪脐橙种植，到职教中心、正则中学、冀东水泥厂和璧城璧泉街道的社区开展应急救护培训等学习讲座80场次，参加培训4000人次。

组织全区社区教育相关人员参加重庆市2017年全民终身学习开幕式活动，推动全区社教育工作的开展。9月至11月，以“推动全民终身学习，加快学习型社会建设”为主题，开展璧山区社区教育活动。11月，在职教中心举行璧山区2017年全民终身学习活动周开幕式。

开展社区教育系列评选活动。选送丁家片区学习之星张洪、璧泉片区终身学习活动品牌“周六营”、区体协社区教育文艺成果《向阳花》和9件社区教育微课参加市级评选。区体协自编健身球操《向阳花》获全国社区教育文艺成果展演优秀作品奖，张洪和“周六营”分别被评为重庆市社区教育学习之星、终身学习活动品牌，青杠片区选送微课《智填九宫格》、璧泉街道社区学校选送微课《二十四点益智游戏》分别获市级二等奖、三等奖。璧山区获2017年全国全民终身学习活动周成功组织奖。

（区教委）

民办教育

2017年，全区培训机构和公司42家。其中，非营利义务教育阶段学历教育的学校1家，即璧山区阳光外语学校；非营利教育培训机构16家，营利性教育培训公司25家。分别分布在丁家街道、青杠街道、璧城街道和璧泉街道。建立璧山区民办非学历教育培训监管工作联席会议制度，以《重庆市璧山区人民政府关于成立民办非学历教育培训监管工作联席会议制度的通知》文件予以发布。

（区教委）

科学技术

综　述

【概况】　2017年，加快实施创新驱动发展战略，深化科技改革，扩大开放创新，加大研发投入，改进科技金融服务，科技型企业不断增加，创新服务体系不断完善，知识产权工作不断加强，“双创”活力不断增强。全社会R&D经费投入增幅保持在20%以上，高新技术产品数增加35.2%，高新技术企业数增加33.8%，新认定市级高新技术产品169件，完成科技成果登记260件。科技成果登记数量全市第一、增长16.6%，万人发明专利拥有量居全市前列，高新技术产业产值占规模工业产值的比重达45%，科技进步贡献率达到55.4%。加强防震减灾能力建设，组织开展防震减灾宣传活动。创建市级防震减灾示范学校1家，区级5家。

【科技投入】　全区R&D经费投入15.2亿元，占GDP比重超过2.8%。兑现区级科技创新奖励629.6万元，帮助企业享受国家和市税收优惠、减免、项目补助资金等4000万元，支持企业加大研发投入，企业R&D经费投入达14.9亿元。

【创新主体】　新培育科技型企业103家，累计达到204家。新培育高新技术企业27家，累计达到95家。新认定“牛羚企业”7家、“瞪羚企业”5家。

【科技普及】　精心组织开展科技活动周、知识产权宣传周等活动，广泛宣传普及科学知识，弘扬科学精神，传播科学思想，倡导科学方法，提升公民科学素质。新建区级科普基地3家，累计达到6家。

【科技人才】　落实科技人才队伍建设相关任务，指导企事业单位培育重庆市创新创业人才团队、科技领军人才，区“企业创新型人才”“璧山英才”。加强科技特派员队伍建设，23名科技特派员与28家企事业单位、家庭农场签订科技服务协议书，开展农业实用技术培训，加强新技术新品种引进推广。

（区科委）

科技平台建设

【概况】　2017年，推进“1+10”研究院建设，指导得润电子、众泰汽车等企业成立专业研究院，众泰汽车等3家研究院被认定为市级新型研发机构。筹建“科技型中小企业研发共享服务中心”，获市科委支持资金1000万元。指导规上企业建立研发机构，新培育认定区级工程技术研究中心10家。建成“璧山科技服务平台”并上线运行，举办平台上线及科技成果供需对接会，发布科技成果200项。

【“双创”活动】　加快璧山CBD双创基地建设，加强对创业大厦“创智工场”众创空间的管理和绩效考核，引进和孵化企业、团队50家，引进科技服务机构2家。新培育3000平方米的“闪电工场”众创空间，入驻企业20家。做好市级众创空间、孵化器的申报工作。举办“创新发展、赢战璧山”的璧山区第二届创新创业大赛，参赛企业团队99个。组织开展双创活动周系列活动。一是引进“阿里巴巴内外贸平台”进驻创业大道，并注册成立重庆小金牛网络技术有限公司。二是完成璧山·创智工场2期建设。三是指导机电职业技术学院艾立特众创公社申报国家级众创空间，被市科委纳入2017年度国家备案众创空间推荐名单。四是拟定以高新区牛角湾老蓝黛标准厂房（占地面积约7公顷，标准厂房10栋，建筑面积约45000平方米）打造集众创空间、创客学院等为一体的“中国智汇创客公园”。

图表5　图为重庆军民融合协同创新平台在璧山签约现场

（连宏宇　摄）

【重庆军民融和协同创新研究院建设】　重庆军民融合协同创新研究院总院完成组织机构搭建，组建重庆得润汽车电子、重庆众泰新能源汽车技术、重庆黄桷树智能传感器、中意创新产业研究院4个专业研究院。设立吴伟仁（中国探月工程总设计师、中国工程院院士）院士工作站、智能传感器产业技术创新联盟和国防科工局经济技术发展中心西南工作部，红宇精工军民融合协同创新平台对外开放，成立中小企业研发共享服务平台，7月举办第二届重庆军民深度融合产业发展交流会，吸引10位院士、100位专家参会交流。

【台商工业园】　2012年5月30日，经重庆市人民政府批准设立的重庆台商工业园在璧山揭牌运行。位于璧山区观音塘湿地公园旁，是促进渝台经贸交流的重要平台，与紧邻的西永微电园一起形成中国西部的台资密集区。该工业园位于璧山高新区内，规划面积2平方公里。2017年，该园有全球食品领军企业台湾统一食品、全球最大电脑键盘鼠标生产商精元电脑在内的80家台资企业，总投资129亿元。

【中意创新产业园】　4月，编制完成《中意创新产业园规划纲要》，7月完成《中意创新产业园实施方案(修订稿)》，规划10平方公里建设“中意创新产业园”，首期启动3平方公里建设；意大利马西莫教授与重庆大学达成合作意向，拟在璧山建设VR/AR虚拟现实实验室，该实验室处于装修设计阶段。

【中新合作智慧城市项目试点区】　2016年11月，璧山区被重庆市经济信息委和重庆市中新项目管理局确定为中新合作智慧城市项目试点区，规划建设“中新产业园”，规划面积约5平方公里，首期启动1平方公里，承接中新合作项目落户。2017年，4家新加坡企业落户璧山高新区中新合作智慧区，分别是世界500强企业普洛斯公司投资8亿元，用地18.7公顷，建设现代化大型仓储物流基地项目；世界500强新加坡淡马锡全资子公司——上海丰树管理有限公司丰数公司投资6亿元，用地10公顷，建设现代智慧物流基地项目以及新加坡大道工业集团子公司——上海大道包装隔热材料有限公司和法科达拉（新加坡）子公司成都法科达拉包装有限公司在璧建设环保包装材料生产项目。

【科技融资】 2016年7月，成立璧山区创业种子基金，基金规模3000万元，2017年12月首期出资1000万元到位。维富金属、西瓜互联网科技等4家企业获170万元的3年免息信用贷款支持。2016年11月，璧山高新区联合重庆市科委，共同发起成立规模1亿元的“科技型企业信用担保基金”，对科技型小微企业在不提供担保物的前提下，给予40万元至300万元不等的基准利率担保贷款，解决小微企业资金紧张问题。该基金放贷5000万元，受益企业34家。

高新技术推广应用

【概况】 2017年，全区继续把创新摆在发展全局的核心位置，塑造更多依靠创新驱动、更多发挥先发优势的引领型发展。建设科技创新示范基地，打造“大众创新、万众创业”综合生态环境。联合8所高校与40家企业建立大学生实训基地，畅通人才培育渠道；打造“1+10”创新研究院体系，成立军民融合协同创新研究院，积极建设其他专业研究院。出台扶持政策，促进40%以上的规上企业建立研发中心，推动企业成为研发主体。

【高新区科技创新示范基地】 科技创新示范基地位于璧山CBD金融街，建设内容主要包括3个方面，即创业大厦、创业大道、产业创新升级体验中心。签约入驻企业100家。

【新能源汽车】 为促进新能源产业发展，研究国家政策，精心策划包装项目，积极向上对接争取资金，为众泰汽车、得润电子等新能源汽车项目分别争取专项建设基金1亿元、3.9亿元。众泰汽车新能源生产基地建设基本完工，四大生产工艺（总装，涂装，焊装，冲压）设备安装调式完成，整车进入试生产阶段。启动众泰配套园建设。启动建设重庆得润汽车电子、重庆众泰新能源汽车技术研究院。

【大学生实训基地】 成立重庆大学来华留学生创新实习基地，有100人次的留学生到大江动力、瑞润电子、蓝黛传动等企业实习。新增众泰汽车、三友公司、山青机械等大学生实训基地11个。全年有6000人次大学生参与实训。

【试点示范授牌】 先后获“国家新型工业化示范基地”“国家低碳工业园区（试点）”“‘互联网+’协同制造示范区”“创新型产业集群（试点）”等国字号名片，纳入重庆国家自主创新示范区核心建设区范围，成为全国第一批智能化工业园区之一（第一批有2个），纳入科技部科技服务业区域试点单位。

【股权投资】 大力实施股权投资，新成立5支产业和股权投资基金，规模达到29.7亿元，首期出资规模10.2亿元，拟投项目包括蓝黛传动、金冠

图表6 图为大学生实习现场

（陈富春 摄）

汽车、宇海精密制造等在璧上市公司及拟上市优质企业。

【璧山高新区创业大街】 联合重庆机电职业技术学院，建设璧山高新区创新创业大街，项目总建设改造面积16000平方米，打造集众创空间孵化器综合科技服务为一体的创新创业大街。

（高新区管委会）

气象事业

【概况】 璧山地处中亚热带湿润季风气候区。区域东、西是低山区，两山间为丘陵谷地，对夏季来自海洋潮湿的气流扰动辐射作用。因此，具有春早、夏热、秋迟、冬暖、霜雪少、无霜期长、雨量充沛、风速小、湿度大、云雾多、日照少、绵雨多、多雷电等特点。同时，受东南季风、西南季风和北方冷空气的影响，以及它们与西风带和副热带高压的不同季节配合，进退各持续时间的长短，形成区域冬半年、夏半年的另一个特征。

历年平均气温18.0℃，极端最高气温42.2℃，极端最低气温-3.0℃；历年平均降雨量1064.7mm；历年平均日照时数1051.0小时；历年平均风速1.7米/秒；历年平均相对湿度81%；历年平均无霜期364天。

2017年，全区利用突发事件预警信息发布平台、村级气象服务站、手机信息、电视、显示屏、专题材料等方式服务。全年发布手机短信、电子显示屏、农村大喇叭、电视、报纸、《每日气象要讯》365期。《一周天气预报》52期。《重要天气预警信息》32条。人降作业信息34条。农业气象月报12期、旬报36期。农事活动关键期服务信息36条。雷电黄色预警信息22条。大雾橙色预警信息6条。雨情通报42期。

【气象灾害防御联运机制和防御体系建设】 深化防灾减灾救灾体系能力建设，全面建成部门（区）—街镇—村居“三级”气象灾害防御体系，气象工作督察机制形成常态化，区委、区政府联合定期督查15个街镇。各街镇负责对所辖村居进行日常检查。全面落实工作责任，与6个涉农部门签订联动协议，与15个街镇、187个村（社区）逐级签订工作责任书，汛前培训15个镇街、187个村居近200人气象工作人员。

【气象灾害预警信息平台建设】 突发事件预警信息发布平台延伸至区委政法委、区政府应急办、区教委、区安监局、区交委、区卫生计生委、区信访办、区民政局、区公安局、区农委、区林业局、区水务局、区国土房管局、武警区中队等部门14个，进入平台的用户数13.7万人，平台基础数据涵盖防汛、地质灾害、农业、林业多个行业，视频会商系统实现15个镇街、20个应急委成员单位的互联互通，预警信息处置责任人476人承担全区上下各级的预警信息传播责任，覆盖全区29个部门、15个镇街、187个村居，2121名用户注册进入璧山预警信息企业微信平台。

【气象防灾减灾科普宣传】 多举措开展气象防灾减灾科普宣传，充分利用气象日、防灾减灾日、科技周、安全生产日等节点，深入组织开展一系列科普宣传活动。与15个镇街及部门联合开展科普宣传20次，接受现场咨询300人次，发放《气象灾害防御手册》《气象历书》、防雷宣传单等各类气象科普宣传资料5万册，面向社会开放气象科普场地，接待中小学学生300人次，开展科普知识讲座3场，受众600人次，到15个镇街开展直通式农气掌上通培训。

【人工影响天气】 全年人影工作的主要任务是防雹、增雨、抗旱、消雨、森林防火和“蓝天行动”等任务。全年作业34次，发射火箭弹69枚，增水量8759935立方米，增雨直接经济效益2628万元。

（区气象局）

体　育

竞技体育

【概况】　2017年，坚持突出重点、科学布局，在全区12所中小学及体校训练点明确重点训练项目9个，针对性地加强包括田径、篮球、摔跤、跆拳道、举重、体育舞蹈、武术套路、拳击（散打）、游泳等重点项目训练。全年，在市级以上比赛中荣获金牌21枚，银牌15枚，铜牌19枚。

【出席市级（及以上）赛事】　全年出席全国第28届中老年篮球赛、重庆市青少年田径锦标赛、摔跤锦标赛、跆拳道锦标赛等市级以上赛事活动30次。5月18日至23日，在湖南娄底举行的全国第28届中老年篮球赛中获第一名，并在11月中国沈酒杯川渝两地比赛中获团体第三名。

图表7　图为璧山区首届行业足球联赛决赛现场

（张承刚　摄）

【区六运会】　区第六届运动会于11月3日在区体育中心开幕。开幕式上，举行《活力之城》《山水之城》《青春之城》《一生之城》4个篇章的主题文艺表演，1200名运动员进行广播体操展示、青少年健身操及才艺展示，近20000人现场观看开幕式演出。本次运动会有部门、街镇、行业的30个代表团参赛，设置游泳、骑跑两项、田径、乒乓球、网球等比赛项目12个。运动会于11月7日闭幕，街镇组团体总分前三名分别由璧城、璧泉、青杠代表团获得，行业系统组团体总分前三名分别由教育、政法、卫计代表团获得。

【体育人才培养】　为提高竞技水平，选拔储备2020年市六运会运动员，区体校依托分布在有关中小学的重点项目训练点，分别在寒假、暑假期间，开展田径、篮球、足球、摔跤等项目夏令营和冬令营训练活动。四季度召开社会体育指导员培训会，新培训二级、三级社会体育指导员300名。继续开展运动员建卡注册工作，新增注册建卡运动员80名。全年举办足球、田径、篮球、游泳教练员培训等4期。

【区青少年体育学校】 重庆市璧山区青少年体育学校（以下简称区体校），是隶属于重庆市璧山区文化委员会的正科级事业单位，与重庆市璧山区体育场（馆）管理中心一套班子，两块牌子。区体校在职在编11人，聘请教练员21人从事具体训练工作。区体校设田径、篮球、摔跤、举重、跆拳道、足球等6个重点训练项目，设乒乓球、羽毛球、武术、跳绳等4个推广项目。全年，区体校全年组织承办青少年体育赛事活动6次，带队出席市级以上体育赛事活动40次。

2017年璧山区体育训练项目布局表

表10–9

序号	项目 学校	田径	摔跤	跆拳道	举重	篮球	游泳	武术	体育舞蹈	足球	教练员	备注
1	璧山中学	√				√					杨守兵　娄勇	
2	来凤中学	√	√							√	邹盛波　唐利 张中文	
3	大路中学			√	√						荣华　荣志胜	
4	正则中学	√				√					唐勇　周承健	
5	璧泉初中							√			陈渝　高江涛	
6	蒲元初中				√						张金万	
7	八塘初中				√						韩小江	
8	金剑小学	√								√	陶春　刘平	
9	实验小学						√				王健	
10	北街小学	√									李顺贵	
11	青杠实验小学	√									王勇	
12	城北小学	√								√	张勇　周昕	
13	游泳协会						√				张诚	
14	跆飞道馆			√							田基良	
15	舞蹈学校								√		杨刚	

2017年璧山区体育教练员统计表

表10–10

序号	姓名	所在单位	出生年月	执教年限	训练/指导项目
1	陈奇	璧山中学	1987–1–3	4	篮球
2	娄勇	璧山中学	1967–7–11	26	篮球
3	龙德君	璧山中学	1987–5–6	4	田径
4	杨守兵	璧山中学	1975–2–22	18	田径
5	刘义国	来凤中学	1972–1–20	19	田径
6	邹盛波	来凤中学	1977–1–18	14	田径
7	张中文	来凤中学	1976–3–1	19	国际式摔跤

续表

序号	姓名	所在单位	出生年月	执教年限	训练／指导项目
8	张诚	重庆科技学院	1981-12-27	10	游泳
9	荣华	大路中学	1973-9-27	17	跆拳道
10	荣志胜	大路中学	1981-5-25	12	举重
11	韩江	八塘初中	1979-5-17	12	举重
12	张金万	蒲元初中	1965-5-21	18	举重
13	李顺贵	北街小学	1973-10-28	21	田径
14	周承建	正则中学	1966-1-1	28	田径
15	张勇	城北小学	1978-2-26	17	田径
16	周昕	城北小学	1979-5-16	17	足球
17	王勇	青杠实小	1974-9-13	14	田径、篮球
18	唐勇	正则中学	1973-8-1	21	篮球
19	王健	实验小学	1979-1-1	16	篮球
20	唐兰	体育中心	1977-5-16	14	举重
21	罗泽丹	体育中心	1985-3-1	6	田径
22	田基良	跆飞道馆	1985-1-12	10	跆拳道
23	杨刚	舞蹈学校	1973-2-3	10	体育舞蹈
24	陈渝	璧泉初中	1971-9-9	23	游泳
25	唐利	来凤中学			足球
26	刘平	金剑小学			田径
27	陶春	金剑小学	1988-12-26	3	足球

群众体育

【概况】 2017年，全区坚持贯彻落实全民健身国家战略，加快群众身边的体育设施建设，精心组织各类丰富多彩的全民健身活动，对群众体育健身活动进行积极引导和有效指导。常年参加体育锻炼人口比例达45.5%。

【体育设施建设】 全年完成10条健身路径的维修、3个社区健身点、1个体育健身广场建设。新建东岳体育公园于9月28日按时开园，内设11个运动区共有篮球场4块、足球场2块、网球场2块、排场1块、气排球场1块、乒

图表8 图为全民体育锻炼现场

（区文化委 供图）

乒球台24块、羽毛球场7块、健身器材300件。实施体育馆运动实木地板更新、体育中心跑道喷面维修等工程，不断改善公共体育场馆设施条件。全区人均体育场地面积达到1.54平方米。

【全民健身服务体系建设】 按照社团管理的相关要求，对各体育协会、俱乐部开展财务检查，加强指导，使体育社团工作更趋规范，全民健身服务体系建设进一步加强。形成以政府牵头，体育、教委、财政、工会、团委、妇联等为成员的全民健身服务体系。全区有体育总会1个、单项体育协会14个、群体性体育协会2个（老年体协、农民体协）和国家级体育俱乐部5个、市级体育俱乐部1个、街镇文化服务中心15个。

【全民健身赛事活动】 全年以“争做群众身边的好体育人”为民惠民行动为载体，组建“好体育人”志愿服务队20支，设立活动指导站点32个。区体育局举办璧山区第五届机关职工篮球比赛、第五届机关职工乒乓球比赛，联合区教委举办中小学生篮球、乒乓球比赛。区老体协举行中老年健身球操展示交流活动。区教委、区体育局联合举办中小学生田径、跳踢、足球比赛。8月，开展“全民健身月”活动，进行全民健身暨志愿服务集中展示。12月，区文化委举办第二届重庆文化惠民消费季暨第一届璧山邮政舞林争“坝”大赛，对全区广场坝坝舞成果进行展示。全年针对老年人、妇女儿童、农民工、残疾人等不同群体，举办篮球、羽毛球、乒乓球、田径等多样赛事50场次，常年参加体育锻炼人口比例达到45.5%。8月获国家体育总局“群众体育先进单位”。

【参加市级以上全民健身运动】 5月至10月，出席重庆市第六届全民健身运动会，参加足球、乒乓球、跳绳、自行车、象棋、羽毛球、钓鱼等7个项目比赛。8月8日，出席重庆市全民健身日公开水域比赛。7月,璧山区男子健身球队参加在湖南娄底举行的全国“健身球之乡”交流比赛获规定套路和自选套路优胜奖，同时获体育道德风尚奖和最佳编排奖。经市老体协指派，璧山区女子健身球队代表重庆市参加8月13日至18日在新疆伊犁哈萨克自治州奎屯市举办的第三届全国老年人体育健身大会健身球操交流活动，获规定套路金奖第一名、自编套路金奖第三名、混双金奖第四名，个人、双人分别获优秀奖、最佳编排奖、体育道德风尚奖，7块奖牌。参加11月1日至3日在江津举办的《重庆市老年人健身球操比赛》分别取得女子自编、规定套路第1名的和男子获规定套路第1名，编套路第2名。

【体育惠民行动】 开展体育场馆免费低收费开放和“争做群众身边的好体育人”为民惠民行动。区体育中心、体育馆每周开放90小时以上，全年开放331天，接待群众健身达30万人次，举办公益体育赛事活动20次，举办体育讲座、展览5次，开展体育健身技能等培训5000人次，开展国民体质监测服务5000人，并经常在场馆内外开展篮球、乒乓球、羽毛球等健身锻炼指导等工作。

体育产业

体育产业健康发展。全年新办高危险性体育经营许可3件。引进体彩大户，全年体彩销量突破1亿元。初步建立起以体育彩票、健身休闲、竞赛表演、场馆服务等体育服务业为主体，体育制造业（运动器材、服装生产）和体育服务业（体育用品销售、中介培训）协同发展的体育产业体系。

（区体育局）

知识产权

商标监督管理

【概况】 2017年，落实“强化知识产权创造、保护、运用”相关要求，深入实施商标战略，大力推动“品牌璧山”建设，商标培育能力与监管水平稳步提升。

【商标培育】 开展商标法律法规、培育扶持政策和保护运用知识宣传，全面展示商标品牌建设成果情况，引导辖区企业开展商标注册。发挥政策对商标发展的引导和激励作用，激发企业创建品牌意识，全年兑现2014年至2015年995户商标奖励228.9万元。新增注册商标889件，累计5554件。

【商标监管】 以辖区驰名商标、著名商标、知名商标、地理标志商标为重点，强化商标专用权保护力度。向群众展示维权典型案例，详细讲解识假辨假打假的相关知识。全年查处各类商标违法案件15件，案值57.28万元，罚没金额105.6万元，其中查获某农药生产企业销售侵犯注册商标专用权的典型案件罚没金额50万元。

【商标运用】 调研40家商标注册企业、使用和管理情况，指导企业规范使用商标。开展“商标富农”行动，发挥“璧山葡萄”“大路黄花”“璧山儿菜”等地理标志助农增收作用，助推脱贫攻坚。

（冯　磊）

专利管理

【概况】 2017年，全区申请专利1716件，授权发明专利122件，有效发明专利420件，万人发明专利拥有量5.68件。2家企业获专利质押融资1250万元，19家科技型企业获知识价值信用担保贷款2760万元。重庆市盾之王实业有限公司成为璧山区首家国家级知识产权优势企业，新增2家市级知识产权优势企业，累计达到8家。开展贯彻《企业知识产权管理规范》国家标准试点企业3家、开展专利导航企业4家。（区科委）

版权管理

【概况】 2017年，全区以法治宣传教育推进市场管理为重点，在“3·15”“4·26”“12·4”等时间节点，开展法治宣传、打击侵权盗版及非法出版物集中展示宣传活动及“绿书签”进校园等活动。全年接受群众咨询100人次，发放宣传资料600份。

（区文化委）

卫生计生

综　　述

【概况】　2017年，璧山区医改取得阶段性成果，分级诊疗成效明显。人民医院搬入新院、三甲创建通过初评，创建为国家卫生区、妇幼健康优质服务示范区，公共卫生、计划生育等民生实事扎实推进，各项工作如期完成。

全区有各级各类医疗卫生计生机构523个。其中，公办医疗卫生计生单位21个，村卫生室311个，社区卫生服务站14个，民营医院17个，个体诊所145个，医务室10个，民营门诊部5个。医疗机构业务用房43.49万平方米，编制床位3915张，医师1848人，护士2160人。床护比1.81、医护比0.86，每千人拥有床位数、医师数及护士数分别为5.27张、2.46人和2.67人，达到全市平均水平。有博士21人、硕士172人，其中1名博士成为全市26名中青年高端后备人才之一。累计建成国家级特色专科1个、市级重点专科2个、市级特色专科4个；公立医疗机构正式编制1784个，实有1620人；临聘编制1979个，实际临聘1346人。全区医疗卫生机构总诊疗人次3004296、同比增加8.1%。其中，公立医疗卫生机构总诊疗2254401人次、减少0.8%，民营医疗卫生机构总诊疗749895人次、增加47.7%。全区医疗卫生机构出院148688人次、增长16%。其中，公立医疗卫生机构出院99525人次、增长0.4%。民营医疗卫生机构出院49163人次、增长68.7%。全年人均期望寿命79.01岁，孕产妇死亡率14.53/10万，婴儿死亡率5.52‰，新生儿死亡率4.21‰，3岁以下儿童系统管理90.24%。

获国家卫生区、国家级妇幼健康优质服务示范区和省级慢性病综合防控示范区国、省字号名片3张。区人民医院通过三甲初评，区妇幼保健院被纳入全市首批7个三级妇幼保健院创建单位。

【医疗卫生体制改革】　全区深化医疗卫生体制改革，4家公立医院按照“两取消一调整六配套”[“两取消”即公立医疗全部取消药品加成（中药饮片除外），按照实际进价销售药品；全面取消公立医院药事服务费。“一调整”即调整部分医疗服务项目价格。“六配套”即完善医保报销、财政补助、药品供应保障、医院监管、便民惠民、分级诊疗等配套政策] 要求，调整医疗服务价格项目439项，医疗控费指标均保持在市里下达的范围内。公立医疗机构全面实施药品采购“两票制”。两项改革分别取得“四升四降三满意”（“四升”即医院服务量、医疗收入、服务性收入占比、医保报销比例上升，“四降”即次均医疗费用、药占比、大型设备检查费用、患者个人自付比例下降，“三满意”即患者满意、医务人员满意、医院满意）和“双下降”（即全区公立医疗机构药品采购金额和药占比分别下降5.62%、3.6%）的效果。区人民医院深化重医一院合作办医，开展新技术30余项。3家区级医院与8家镇街卫生院组建区内联合体，推行基层首诊病种50个，引导区级医院向下转诊诊断明确、病情稳定的慢性病患者，推动优质医疗资源下沉，分级诊疗模式现雏形。

【卫生应急】 组织参加应急演练14次，全市卫生应急技能比赛获团体三等奖，无较大及以上突发公共卫生事件发生。

【爱国卫生】 全区召开各级各类创卫工作会议87次，投入创卫经费5000万元，12月通过国家爱卫办专家组综合评审并进行公示。开展市级卫生镇创建复审，市爱卫办7月命名七塘镇、河边镇、八塘镇为重庆市卫生镇，11月重新确认青杠街道、丁家街道、大路街道、正兴镇、大兴镇、广普镇、健龙镇为市级卫生镇。深入开展饮用水卫生监测工作，按照国家《生活饮用水卫生标准》(GB5749-2006)，对全区15个镇街自来水厂及农村集中式供水等进行采样监测，全年采集水样140个，水质卫生合格率87.5%，监测覆盖率92%，受益人口65万人。采取区、镇（街）、农户共筹资金的办法，完成2017年重庆市爱卫办下达璧山区的农村改厕任务3500户。开展春秋两季灭鼠及城区公共外环境PCO专业公司服务，落实公共外环境除四害经费30万元，春秋季灭鼠经费13万元。据监测统计，灭鼠前平均鼠密度为6.8%，灭鼠后密度为1.46%。

图表9 图为区创国卫工作接受市级评估现场

（谢捷 摄）

【公立医疗卫生计生机构】 全区所辖公立医疗卫生计生机构包括重庆市璧山区人民医院（挂重庆医科大学附属第一医院璧山医院的牌子）、重庆市璧山区中医院、重庆市璧山区妇幼保健院（挂重庆市璧山区妇幼保健计划生育服务中心牌子）、重庆市璧山区疾病预防控制中心、重庆市璧山区卫生计生监督执法局，重庆市璧山区丁家医院，璧城街道卫生院、璧泉街道卫生院、青杠街道卫生院、来凤街道中心卫生院、丁家街道卫生院、大路街道中心卫生院、大兴镇中心卫生院、正兴镇中心卫生院、八塘镇中心卫生院、七塘镇卫生院、河边镇卫生院、福禄镇卫生院、广普镇卫生院、三合镇卫生院、健龙镇卫生院。

【民营医院】 全区有民营医院17家，即重庆璧山永和中医院、璧山渝进恩康医院、璧山仁康医院、重庆璧山博爱医院、璧山同济医院、璧山协和医院、璧山璧青肛肠医院、璧山众爱医院、璧山西城医院、璧山青山医院、璧山老城医院、璧山心宁医院、璧山聚沣医院、璧山璧南医院、璧山渝人中医院、璧山民安医院、璧山佳康中医院。

【供血用血管理】 制发《关于认真做好2017年公民无偿献血工作的通知》。3月接受市卫生计生委组织专家对区中心血库换证检查评审，对检查评审中发现的10条问题逐一整改落实。中心血库添置和更新设备5台件。全年全区无偿献血3766人，献血量1232800毫升。

（区卫生计生委、区爱卫办）

医疗基础设施建设

区人民医院迁建工程。2017年8月10日，新院区全面投入使用。该工程占地面积10公顷、建筑面积18.6万平方米、总投资9.8亿元人民币。新院区按照国家“三级甲等”医院标准建设，由门诊楼、住院楼、行政楼、医技楼等构成。

区中医院迁建项目及改建。迁建工程选址御湖国际生态旅游度假区内，确定用地面积8.17公顷，完成迁建工程“任务书”。区中医院改造工程项目总投资3750万元。其中，中央补助资金2000万元，地方财政配套1750万元。改造电力增容、医用电梯、环境、中医儿科、病理科、臭氧治疗中、消防、针灸理疗科1200平方米等。

区妇幼保健院业务用房改造。2017年1月18日开工建设。项目总投资900万元，资金来源为中央补助资金720万元，地方配套资金180万元。改造医疗业务用房7000平方米。项目完工进入审计阶段。

区精神卫生中心建设。项目总投资3500万元，占地1.81公顷，总建筑面积8147.18平方米，设置床位110张。2016年6月12日，开工建设，2017年主体工程完工。

大路街道中心卫生院业务用房改造。项目总投资160万元，中央补助资金130万元，地方配套资金30万元，改造业务用房3503平方米。该项目竣工并通过审计，业务用房投入使用。

丁家街道卫生院辅助设施改造。项目总投资180万元，资金来源为中央补助资金142万元，地方配套资金38万元，改造业务用房4800平方米。该项目正办理竣工验收手续。

医政管理

【概况】 2017年，医政管理工作按照市卫生计生委医政医管工作要点和全市医改工作重点要求，以坚持医疗质量管理为核心，持续提高医疗服务能力，加强医疗机构全行业监管，强化医疗安全管理，规范医疗纠纷及投诉调解处置，开展平安医院创建，加强医疗废物及排污管理。

【医院管理】 一是严格人员电子处方权准入管理。镇街卫生院的医师、护士根据执业资格和职称严格执行电子处方准入，区级医院（含丁家医院）按照规定执行电子账户及处方权限准入，各民营医院基本实现医疗服务信息平台管理。二是强化医疗服务信息平台医疗质量监督。通过全区卫生信息平台，每月抽检50%镇街卫生院，评价医嘱、处方、病历，记录存在严重用药不合理行为医师并约谈、通报批评或暂停电子处方权等。

【医疗市场整顿】 加强医疗市场监管力度，完善举报查处、日常监督、专项整治、案件查办等工作机制，规范医疗执业行为。严厉打击各种非法行医、非法鉴定胎儿性别和选择性别的终止妊娠手术的行为。以规范医疗广告发布，落实传染病防治措施及疫情上报制度，规范医疗废物处理管理等6大内容为监管重点。全区受理各类医疗投诉25起，办理医疗类案件60宗，罚款金额33万元，没收非法所得1.17万元。

【医院财务管理】 加强医疗卫生单位财务管理和会计集中核算工作，调整和完善基层医疗单位会计集中核算中心的工作流程，推进实施设定岗位、流水式核算流程，健全审核、核算和监督各个环节，简化被核算单位办事流程，强化卫生计生系统审计工作。

【医疗质量安全管理】 会同食药监、社保等9部门开展医用耗材专项整治，专项检查药品器械流通企业3家、医院6家。抽取2家区级医院、1家民营医院及1家镇卫生院门急诊处方240份、病历80份并邀请区外专家点评处方和评价病历。制定《璧山区非公医疗机构评价考核检查标准（试行）》。开展医疗质量巡查、医疗质量提升工程、改善医疗服务行动计划等活动，在诊疗环节落实18项医疗核心制度。开展抗菌药物分级管理和辅助性药物管理。推进平安医院建设，4家公立医院、17家民营医院、15个镇街卫生院及225个村卫生室全部购买医疗责任保险，140个诊所中约70%购买医疗责任保险。发生的医疗纠纷，凡医患双方均有调解意愿的全部引入医调会参与调解，调解17例医疗纠纷。（区卫生计生委）

疾病预防与控制

【概况】 2017年，坚持“预防为主，防治结合”卫生工作方针，全面落实各项综合防控措施。全年传染病疫情形势平稳，无甲类传染病和重大传染病疫情发生，乙类传染病报告发病12种1648例。传染病年报告发病率234.58/10万，粗死亡率750.86/10万。扎实推进免疫规划工作，“八苗”（卡介苗、乙肝疫苗、脊髓灰质炎疫苗、百白破疫苗、麻疹类疫苗、流脑疫苗、乙脑疫苗、甲肝疫苗）全程接种率99.9%。全面推进慢病防控工作，成为省级慢病综合防控示范区。

图表10 图为4月1日，区慢性病综合防控示范区接受市级验收会现场 （张曦 摄）

【免疫工作】 全面实行儿童预防接种个案信息化管理，开展儿童入学入托查验预防接种证工作，入学入托查验接种证补种完成率100%，儿童建证、建卡率均为100%，“八苗”（卡介苗、乙肝疫苗、脊髓灰质炎疫苗、百白破疫苗、麻疹类疫苗、流脑疫苗、乙脑疫苗、甲肝疫苗）全程接种率为99.9%。集中开展辖区8月龄至4岁儿童“麻风疫苗查漏补种”，补种率96.2%。加强传染病监测和AEFI监测，确诊麻疹2例，无流脑、乙脑确诊病例，报告AEFI病例105例，无严重AEFI病例发生。加强疫苗管理及冷链运转管理，处理效价指标不合格的百白破疫苗。

【艾滋病防治】 推进全国第三轮艾滋病综合防治示范区工作，定期开展自愿咨询与检测，累计自愿咨询1747人次，人群检测率为15.57%。每月1次对区内的暗娼、男男及吸毒等高危人群行为干预，咨询与检测羁押监管人员HIV525人。实施艾滋病抗病毒治疗“一站式服务”，配偶或固定性伴HIV抗体检测率100%，安全套使用率达到100%，配偶之间无新感染发生。

【结核病防治】 加强结核病防治工作，发现并免费治疗活动性肺结核患者307例。规范治疗新发肺结核患者，治疗率100%。成功治愈2016年发现的肺结核病例287例，治愈率94.72%。及时处置肺结核病例聚集性疫情1起，未引起疫情的扩散蔓延。

【疫情工作】 处置暴发疫情10起和聚集性病例疫情3起，无重症及死亡病例，未引起疫情扩散蔓延，报告及时率100%，规范处置率100%。

【慢病管理】 创建为省级慢病防控综合示范区，粗死亡率为719.94/10

万。加强慢性病人建档管理，高血压病人管理人数为42815人，规范管理26108人，规范管理率为60.98%，血压控制率为51.90%；糖尿病人管理人数为13715人，规范管理8660人，规范管理率为63.14%，血糖控制率为50.94%。

【职业卫生】 开展职业病防治指导与作业场所监测，免费职业健康体检29441人次，发现职业禁忌4322人，疑似职业病115人；完成各项监测检验任务，水质检测样品304件，公共场所监测样品1107件，食品安全风险检测样品87件，预防性健康检查16969人。 （区疾控中心）

农村（社区）卫生

【概况】 2017年，全区有村卫生室311个，社区卫生服务站14个。履行承担、参与或协助开展基本公共卫生服务和重大公共卫生服务，利用适宜技术开展常见病、多发病的一般诊治，提供与其功能相适应的中医药服务，按规定实施国家基本药物制度，宣传政策、统计上报有关信息的职能。

进一步加强农村卫生服务体系建设，强化对农村卫生人员的培训，按照区级医疗单位、镇街卫生院和村卫生室三个层次，分专业组织实施培训1000人次。继续实施区级医院对口支援农村工作，安排晋升中级以上职称专技人员70人开展为期3~6个月的支医工作。

中医药事业

【概况】 2017年，制定《璧山区中医药事业“十三五”发展规划》，联合区人社局、食药监局制定《璧山区基层中医药服务能力提升工程“十三五”行动计划实施方案》。加强三级服务体系建设。完成区中医院改造工程项目，启动整体迁建工程。15个街镇卫生院均建成中医药综合服务区。乡村医生运用中药饮片或中医非药物疗法，开展常见病多发病中医基本医疗和预防保健服务。推进中医医联体建设。区中医院与八塘镇中心卫生院、璧泉街道卫生院签订医联体合作协议。区中医院深入推进法人治理工作，5月24日成立璧山区中医院理事会。全区组建有中医人员参与的家庭医生签约服务团队69个，为辖区老年人和3岁以下儿童提供中医药健康管理服务，管理率达40%以上。深入开展医疗安全风险专项整顿活动，专项医疗安全风险整顿督查中医医院4家。深入开展中医文化宣传教育。开展以“依法发展中医服务大众健康”为主题《中华人民共和国中医药法》宣传月活动，全区累计开展文艺会演2次、学习讨论6次、中医药健康讲座15次、中医专家义诊10次、发放各种中药宣传资料18000份、媒体宣传报道3次、中医药健康服务体验9次，走进学校和养老机构各1次。

妇幼保健

【概况】 2017年，开展妇幼健康服务优质服务示范区创建，实现育龄妇女全生命周期健康管理。组织实施好两癌筛查等民生实事4项，落实免费产前检查等惠民政策5项，开展计生技术服务和咨询随访，实现妇女儿童重大疾病防控关口前移。免费孕前优生健康检查2627人，费唐氏综合征筛查3925人，超声检查5019人，及时干预筛查发现的高风险病例146名。免费开展艾梅乙母婴阻断筛查7323人次，完成农村适龄妇女宫颈癌筛查13040人，乳腺癌筛查8029人，超额完成上级下达的任务。全区孕产妇死亡率控制在14.53/10万，婴儿死亡率控制至5.52‰，孕产妇系统管理率提高至92.15%，3岁以下儿童系统管理率提高至91.24%，5岁以下儿童贫血患病率控制在4.45%，新生儿遗传性疾病筛查率、新生儿听力筛查率分别达到98.1%、94.13%，提前达到2020年两纲两规指标要求。

卫生法治与监督

【概况】 2017年，全区有卫生监督服务对象2035家，监督覆盖率99.71%，开展监督检查2678户次。办结卫生行政处罚案件136件，罚款39.7万元。在区报刊、电视台正面报道6次，开展法制宣传活动4次。开展卫生监督协管员培训3次，组织各协管站开展宣传10次。健全镇街卫生计生监督执法体系，开展卫生监督执法人员培训，培训人员88人次，签订监督执法委托书15份。

（区卫生计生监督执法局）

区级医疗卫生机构

【区人民医院】 2017年，璧山区人民医院新院区建筑面积18.3万平方米，开放床位1013张。全院在岗职工1291人。其中，卫生专业技术人员1143人，有正高级34人、副高级98人、中级273人；博士研究生19人（含在读6人）、硕士研究生139人（含在读4人）；重庆医科大学兼职硕士生导师5人；国家级医学专委会委员2人；新引进博士3人、硕士35人；新晋正高9人、副高3人；入选“璧山英才”1人。设置临床科室35个、医技科室10个。年门诊总量663184人次，较上年增长11.36%（其中门急诊620437人次，增长11.60%）；出院36735人次，下降2.77%；手术13958台次，较上年增长5.98%。成功开展颅内动脉瘤夹闭手术、颈动脉内膜剥脱术等新技术新项目43项。

3月，顺利通过“三甲”初评。8月，完成新院整体搬迁，新院区增设病区9个。开展DSA介入术。9月，顺利实施全市公立医院改革，调整医疗服务价格439项，取消药品加成全年让利于民2345.7万元，年药占比29.27%。9月，顺利通过重庆医科大学非直管附属医院评审，10月挂牌“重庆医科大学附属璧山医院”。11月4–5日承办“2017年中国整合医学教育论坛”。12月，老年病科在老院区开诊。完成类乌齐县援藏任务，3人前往云阳完成对口支医工作，向6个医联体单位派出挂职副院长2名、挂职科主任（副主任）9名，开展技术指导、管理帮扶等700人次，动员社会捐资开展贫困医疗救助2024人次，金额170.29万元。

院呼吸内科、骨科通过市级临床重点专科验收。神经内科获“重庆市临床重点专科”建设项目，肿瘤科获“重庆市区域医学重点学科”建设项目，心血管内科成为“中国胸痛中心”建设单位。检验科连续5年获“重庆市临床检验室间质量评价十佳单位”，医学检验质量控制中心获“重庆市优秀区县检验质控中心”。3月被国家中医药管理局授予“全国综合医院中医药工作示范单位”。全年获市、区级科研立项32项，首次获市卫生计生委重点项目1项，完成科研结题32项，科技成果登记42项，发表科研论文93篇，其中SCI10篇。获“重庆市医院协会2017年医院管理先进会员单位”、集体荣誉7项，职工个人获“第十五届全国职工职业

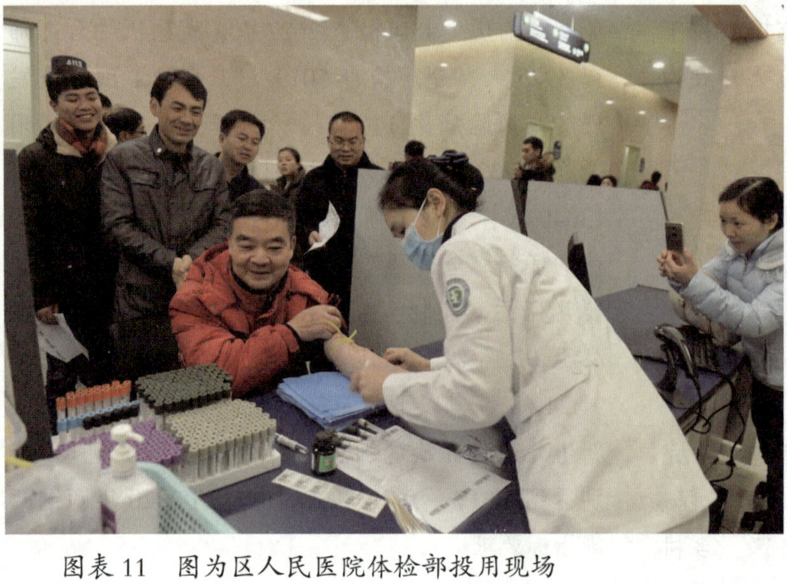

图表11 图为区人民医院体检部投用现场

（连宏宇 摄）

道德建设先进个人”“重庆市先进工作者”等荣誉46项。被区级以上主流媒体正面宣传报道184次。其中，国家级13次，市级81次。第三方调查，患者对医院综合满意度达到95.16%。

【区中医院】 2017年，全院在职职工407人，卫技人员368人，具有高中级职称87人（其中，高级职称24人，中级职称63人），硕士研究生19人。设9个病区，开放床位503张。全年总收入1.6亿元，门急诊24.31万人次，出院1.55万人次，药占比下降至35.29%，门诊均次费用下降至216.88元，住院均次费用6838.97元。

5月深入推进法人治理结构建设试点工作，成立区中医院理事会。9月顺利实施全市公立医院改革，调整医疗服务价格439项。10月医院消防系统改造全部完成并通过区消防支队验收。12月医院住院部装修改造工程基本完成。新院建设稳步推进，完成任务书制作，进入概念设计阶段。

全年新引进研究生4名、本科生22名（包括2名规培生）、大专生30名。选派业务骨干15名到全国知名医院专科进修深造，选派1名中医护理骨干参加国家中医药管理局组织的中医项目培训，54名骨干参加市内外短期学术培训。院内开展中医适宜技术视频网络培训40次，集中规范化培训中医药健康管理服务和中医药适宜技术4次，开展中医药义诊、普及中医文化知识19场，中医文艺表演2次，全院新开展中医适宜技术92项、中医护理技术20项。成功申报市级科研立项1项、区级科研立项8项。与市中医院肿瘤科、针灸科、脑病科、风湿病科和重庆医科大学附属第一医院的皮肤科建立合作共建关系。与八塘镇中心卫生院、璧泉街道卫生院签订医联体合作协议，选派业务科室业务骨干24人次，到医联体医院业务指导。

获重庆市卫生应急技能竞赛“成人基础生命支持操作、多发创伤处置和群体伤检伤分类”“团体第三名”、个人“三等奖”，区级“优秀医务工作者”“全区卫生应急技能标兵”（突发事件紧急医学救援项目一等奖）等荣誉19人次。

【区妇幼保健院】 2017年，医院占地2.25公顷，建筑面积3.8万平方米，业务用房面积2.8万平方米。编制床位96张，开放床位150张。人员编制135人，年末职工255人，其中卫生专业技术人员216人（正高3人、副高17人、中级46人，初级150人），占全院的84.7%。硕士15人、本科80人。拥有重庆市医学会等市级学术团体委员8人。医院围绕妇女儿童着力打造孕产保健、儿童保健、妇女保健和计生服务“四大业务部”，设置办公室、医务（医保）科、护理部、保健部、财务科、总务（设备）科、计划生育服务科等职能科室7个，妇科、产科、儿科、新生儿科、中医科、妇保科、儿保科、麻醉科等临床科室以及药剂、检验、影像、病理等辅助科室。全年总收入达到9037万元，同比增长17%；药占比20%，降低5%；门诊量19.52万人次，增长8%；住院9916人次，增长14%；住院床日51106，增长13%。首批成为“重庆市妇幼保健院系统重点专科”创建申报合格单位，获“重庆市妇幼保健计生系统临床检验室间质量评价优秀单位”（全市仅6家）。

（区卫生计生委）

璧山区红十字会

【概况】 2017年，是区红十字会志愿者队伍建立的第二年，弘扬“人道、博爱、奉献”的红十字精神，履行红十字工作职责,募捐工作获市红会特等奖。募捐资金1453万元，用于璧山区人民医院的建设。接受遗体器官捐献登记5例。

【红十字宣传】 为基层红十字会分别订购《中国红十字报》和《博爱》月刊50份。到街镇摆放宣传展板5次，宣传白血病和先天性心脏病、疾病应急救助相关政策，发放《中华人民共和国红十字会法》《遗体器官捐献条例》《应急救护知识手册》等书籍3000份。

【公民无偿献血和造血干细胞采集】 落实《中华人民共和国献血法》《重庆市献血条例》。与区献血办密切配合，每周二派专人参与献血工作，并现场动员献血者捐献造血干细胞。到机电职业学院和护理职业学院开展宣传和采集血样，全年采集造血干细胞血样229份。

【应急救护“五进”工作】 为全面普及应急救护知识，提高群众的防灾避险和自救互救的能力，根据重庆市红十字会的统一部署，组织开展应急救护培训“五进”工作。培训学生2152人（其中，璧山区职教中心培训1416人，正则初级中学培训691人）。“进农村”10个村，培训人数680人；“进社区”8个，培训人数560人；“进企业”7个，培训人数500人；“进机关”12个，培训人数248人。应急救护培训“五进”工作获二等奖。

【救助工作】 一是救助儿童先天性心脏病、儿童白血病患者6人次，发放救助金9万元。其中，白血病患儿1名，救助金额3万元；先天性心脏病患儿2人，救助金额4.5万元；救助血友病患儿3人，救助金额1.5万元。二是救助符合疾病应急救助的贫困户患者326名，救助金额390198元。三是救助贫困中学生20名，救助金额1万元。四是推动市红基会资助的“爱心助困光明行”公益活动。免费为老人实施眼病筛查110次，筛查3375人，免费为白内障老人手术156例。

【红十字会志愿服务队工作】 新吸收志愿者6人，组织志愿者重阳节到敬老院参加敬老爱老活动，参加创卫工作和送衣物、送书下乡活动、扶贫等工作，志愿者队伍建设规范有序。

【“博爱送万家”活动】 接收上级红十字会“温暖包”160个，价值5.3万元，全部发放到困难群众手中。其中，健龙镇50箱、广普镇50箱、正兴镇30箱、三合镇石龙桥村20箱，计生协会10箱。每箱均装有大米、棉衣、棉被、毛毯、糖果等。（区红十字会）

人口和计划生育

【概况】 2017年，全区围绕“实施全面两孩政策、改革完善计划生育服务管理”这一重大战略决策部署，以“增进家庭和谐幸福、促进人口长期均衡发展”为主线，统筹推进计划生育各项工作，形成党委政府主导、部门合力助推、服务保障落实、优生优育安全的工作新格局。在全市卫生计生工作会上作计划生育工作交流发言。

【人口出生和死亡】 全面二孩政策实施后，生育

图表12 图为区创建国家卫生区接受全国爱卫办技术评估现场

（区卫计委 供图）

水平有所提高，人口自然增长率保持平稳增长态势，二孩率呈逐年上升态势。常住出生人口6454人，同比减少317人，下降4.7个百分点。二孩率48.5%，上升2.4个百分点。死亡4603人，减少399人。人口自然增长率3.04‰，下降1.66个千分点。

【人口计生公共决策统筹机制】 区成立以区长为组长，“四大班子”分管联系领导为副组长，27个部门负责人为成员的计生工作领导小组，明确每年召开领导小组会议1–2次，出台《重庆市璧山区计划生育工作领导小组及成员单位职责的通知》《重庆市璧山区计划生育目标管理责任制实施方案的通知》等相关文件。区政府与镇政府、街道办事处签订《重庆市璧山区2017年度计划生育目标管理责任书》。

【计生奖扶政策】 全区严格兑现奖扶特扶政策，审批确认符合国家奖扶对象19558人，其中2017年新增3062人，累计发放扶助金1.39亿元、惠及20870人，奖扶及时率达到93.79%，连续三年保持在90%以上。全面建立计生特殊家庭联系人制度，开展失独家庭“六个一”关怀和结对帮扶，发放就医连心卡，并在公立医疗机构开设就医“绿色通道”，为所有失独家庭购买意外保险和住院护理保险，家庭医生签约服务覆盖率100%。无计生特殊家庭上访事件发生。继续开展“关爱女孩行动”，申报农村独生女中考加分126人，对28户农村独生女户按每户多批30平方米的标准，多批宅基地840平方米。

【计生信息化建设与应用】 加强数据比对，按照相关规范，健全档案管理、保密、例会、培训、质量抽查等制度，每季度开展出生、死亡、婚姻状况核实比对。加强消重补漏，开展完善FIS人口和家庭信息专项工作，建立以公安户号为统一标准的户籍家庭信息，做到消重补漏，提高数据质量。加强信息应用，开展全面两孩政策实施效果评估和人口形势监测分析，为相关部门制定政策提供人口数据支撑。全区户籍人口政策符合率为99.1%，提高0.5个百分点。出生人口信息准确率达90%以上，全员人口信息准确率、覆盖率均达99%以上。

【“两非”管理】 建立健全打击“两非”长效机制。区委督查室、卫生计生委、公安局、工商局、食药品监督局等部门开展2次联合执法检查，重点检查医疗计生单位“两非”禁止标志张贴、B超管理制度、终止妊娠药品管理制度、B超室双人检查制度执行情况和药房相关药品管理情况。未发现违法违规行为。

【流动人口服务管理】 以坚持“一盘棋”工作机制为重点，加强流动人口服务管理。加强“两实”信息比对，提高流入人口信息采集率，简化流动人口办事、办证程序，畅通服务和诉求渠道。全区流出人口74746人，流入人口134479人。流动人口重点服务对象婚育信息查验率和个案信息提交率均达到90%、协查反馈率和反馈及时率均达99%以上。全面落实流动人口12类免费基本公共卫生服务，流动人口健康档案建档率达到65.5%，加强政策宣传、技术服务、药具发放、奖励优待等工作。借助报纸、电视等传统媒体和微信、手机等新媒体，全方位、多视角开展健康知识宣传。在企业、建筑工地等流动人口较多的地方，组织开展健康讲座，倡导积极向上的健康生活方式。完成全国流动人口动态监测调查任务，数据质量获得全市第三名。

【人口计生数据及态势分析】 全区户籍人口出生总量比上年同期减少269人，下降4.3个百分点。主要原因是一孩人数减少378，二孩增加54人，二孩率达到51.6%，提高3.1个百分点。户籍2017年出生5948人，比2015年全面二孩政策实施前增加326人，其中二孩出生3071人，比2015年增加712人，增加30.2%。二孩及以上出生所占比例比2013年上升21.1个百分点，比2015年增加9.6%，比上年同比上升4.2个百分点，二孩率呈逐年上升态势。但二孩生育人数低于预期，未出现扎堆生育的情况。出生性别比更趋正常，政策生育率大幅提高。随着全面两孩政策实施，出生人数和生育水平有所上升、家庭生育意愿逐步增强，性别偏好逐步弱化，出生人口性别比2016年105.5、2017年104.8，趋于合理指标（103-107）。

2013—2017年璧山区户籍当年出生人口情况统计表

表10-11　　单位：万人、%

项　目		2017年	2016年	2015年	2014年	2013年
出生总数		5948	6217	5622	4544	4362
一孩	出生人数	2559	2937	3112	2735	2797
	比　重	43.1	47.3	55.3	60.2	64.2
二孩	出生人数	3071	3017	2359	1675	1446
	比　重	51.6	48.5	42.0	36.9	33.1
多孩	出生人数	318	263	151	134	119
	比　重	5.3	4.2	2.7	2.9	2.7

2013—2017年璧山区常住人口出生人口情况统计表

表10-12　　单位：万人、%

项　目		2017年	2016年	2015年	2014年	2013年
出生总数		6454	6771	5952	4491	4425
一孩	出生人数	2991	3383	3495	2811	3019
	比　重	46.3	50.0	58.7	62.6	68.3
二孩	出生人数	3130	3120	2314	1574	1294
	比　重	48.5	46.1	38.9	35	29.2
多孩	出生人数	333	268	143	106	112
	比　重	5.2	3.9	2.4	2.4	2.5

说明：数据来源于市人口家庭信息系统监测数据。

2013—2017年璧山区出生人口性别比情况统计表

表10-13　　单位：女=100

年度	常住人口		户籍人口	
	当年	含补报往年	当年	含补报往年
2013年	102.9	103.6	105.6	105.3
2014年	101.4	101.8	101.9	102.5
2015年	100.8	101.3	103.9	103.2
2016年	106.3	107.3	105.5	105.9
2017年	101.9	101.2	104.8	103.8

2013—2017 年璧山区出生人口符合政策生育率情况统计表

表 10-14　　　　单位：%

年度	常住人口		户籍人口	
	当年	含补报往年	当年	含补报往年
2013 年	82.7	80.6	78.6	76.7
2014 年	84.4	82.1	79.6	81.7
2015 年	90.8	88.0	89.9	86.4
2016 年	98.9	97.1	98.9	96.4
2017 年	99.1	98.9	99.2	99.0

说明：数据来源于市人口家庭信息系统监测数据。

2013—2015 年璧山区人口自然增长率情况统计表

表 10-15　　　　单位：‰

年度	常住人口			户籍人口		
	出生率	死亡率	人口自增率	出生率	死亡率	人口自增率
2013 年	8.22	6.64	1.58	8.0	6.74	1.26
2014 年	7.71	6.71	1.0	8.59	7.33	1.28
2015 年	9.56	6.34	3.22	10.08	7.43	2.65
2016 年	11.69	6.99	4.70	11.69	7.85	3.84
2017 年	9.58	6.54	3.04	10.08	7.50	2.58

说明：数据来源于市人口家庭信息系统监测数据。

（区卫生计生委）

人民生活

城镇居民收入与消费

【概况】 2017年，城镇常住居民人均可支配收入35436元，同比增长9.0%。在城镇常住居民人均可支配收入中，人均工资性收入22730元，人均经营性收入4108元，人均财产性收入3520元，人均转移性收入5078元。城镇常住居民人均生活消费支出20664元，增长5.9%。城镇居民恩格尔系数为0.36。

农村居民收入与消费

【概况】 2017年，全区农村常住居民人均可支配收入17217元，同比增长9.8%，绝对值在全市排位中居第7位。

【农村居民收入】 全区农村常住居民人均可支配收入17217元，增长9.8%，绝对值居全市第7位。其中，农民人均工资性收入9469元、人均家庭经营收入4833元、转移性收入2200元、财产性收入715元，分别增长10.7%、7%、11.5%、13.3%。

【农村常住居民生活消费支出】 全区农村常住居民人均生活消费总支出12191元，增长6.1%。农村居民消费结构中，食品4412元、衣着726元、居住2108元、生活用品及服务1141元、医疗保健1119元、交通通信1552元、文化教育娱乐854元、其他279元，分别较上年增长4.7%、10.4%、9.4%、3.2%、4.3%、3.3%、8%、27.6%。

（区统计局）

职工工资

【概况】 2017年，全区城镇非私营单位（不包括私营，个体）在岗职工年平均工资67868元，同比增长6.4%。

按企业、事业、机关分，企业在岗职工年平均工资61989元，增长2.5%；事业单位在岗职工年平均工资95061元，增长17.6%；机关单位在岗职工年平均工资90811元，增长19.3%。

按经济类型分，国有经济单位在岗职工年平均工资93140元，增长15.9%；集体经济单位在岗职工年平均工资68588元，增长21.3%；其他经济单位在岗职工年平均工资60442元，增长2.3%。

按行业分，13个行业在岗职工年平均工资增长，其中增长较快行业有租赁和商务服务业在岗职工年平均工资43388元，增长38.1%；采矿业在岗职工年平均工资49523元，增长28.3%；公共管理、社会保障和社会组织在岗职工年平均工资91391元，增长21.2%；建筑业在岗职工年平均工资61341元，增长18.0%；房地产业在岗职工年平均工资69588元，增长17.7%；水利、环境和公共设施管理业在岗职工年平均工资79383元，增长16.5%；文化、体育和娱乐业在岗职工年平均工资68516元，增长15.5%；教育在岗职工年平均工资

87104元，增长14.2%；农林牧渔业在岗职工年平均工资34717元，增长13.9%；卫生和社会工作在岗职工年平均工资99110元，增长11.9%。6个行业在岗职工年平均工资下降，其中下降较快的行业有居民服务业在岗职工年平均工资35787元，下降8.1%；住宿和餐饮业在岗职工年平均工资36126元，下降6.2%；金融业在岗职工年平均工资131249元，下降3.2%。（区统计局）

延伸阅读 ▶▶

“高质量发展” 建设重庆的“新型工业化示范区”

创新运营　建设璧山国家高新区

坚定实施科教兴国战略、人才强国战略、创新驱动发展战略、区域协调发展战略、可持续发展战略、军民融合发展战略，突出抓重点、补短板、强弱项。

璧山区将璧山国家高新区作为落实各项战略的重要载体，通过倾力建设璧山国家高新区，将“璧山制造”升级为“璧山智造”，提升运营管理服务能力。

物理空间形成未来雏形：不断拓展高新区物理空间，按照“绿色、环保、低碳”标准，加强自然、能源、原料、物流、水流、信息和建筑设计，形成未来50平方公里高新区雏形。

开放平台落地重大项目：用好“中意创新产业园”“中新合作智慧区”“军民融合产业示范区”“国家智能化示范园区”等开放平台，落地一批重大产业项目。

创新能力实现“三化”改造：支持企业通过海外并购、技术“嫁接”、人才引进等方式提升创新能力，实现高端化、低碳化、智能化改造。

创新逻辑提升金融比重：坚持“创新+资本=新动力”经济逻辑，围绕壮大实体经济，培育、引进一批企业改制挂牌上市，做大产业和股权投资基金规模，加快“金融街”投用进程，不断提升金融业增加值占GDP比重。

创新融资压缩隐形债务：坚持“三道防线”控制负债，加大国家专项建设基金争取和使用力度，持续推动“政府投资瘦身，社会投资扩容”，压缩隐形债务。

创新布局深化产城融合：注重高新区城市形态整体打造，既追求高水平的可视环境，又注重深层次的文化特质，坚持“高调的园林、低调的建筑”，按照“20分钟步行半径”布局生活服务设施，奏响产城融合“交响乐”。

创新机制提升服务功能：进一步完善高新区运行机制，全区各级各部门要树立为高新区和企业主动服务意识，构建“亲、清”新型政商关系，“亲”要守底线，“清”而不疏远，培育更好营商土壤。

社会保障

社会保险

【概况】 2017年，全区紧扣全年目标任务，抓扩面强征缴，完成目标任务。全区养老、医疗、生育、工伤参保人数为121.83万人次，基金征收13.79亿元，完成市下达扩面、征收任务的104.06%、117.61%。城乡养老、医疗保险参保率分别为96.6%、96.8%。

【五险统征】 继续完善“五险统征”工作机制，扩大社会保险覆盖面，全区参加养老、医疗、失业、工伤保险缴费户数分别为1702户、2090户、1898户、2023户，比上年底分别新增158户、191户、156户、-103户，缴费人数分别达6.25万人、7.66万人、6.87万人、8.07万人。完成生育保险和医疗保险参保征缴合并实施工作，简化用人单位参保手续。推进网上业务经办工作，全年受理210户参保单位申报，开通170户网上业务经办平台功能。将全区2922家用人单位（含638家暂停缴费单位）工伤行业分类从三大类调整为新的八大类，缴费费率由0.5%~4.5%调整为0.3%~2.2%，并从2017年1月1日起执行。

【城镇企业职工基本养老保险】 全区城镇企业养老保险参保人数14.59万人。其中，企业参保人员11.34万人，个人参保为员3.26万人。征收养老保险费8.26亿元，完成市级下达目标任务126.72%。继续抓好个体工商户、雇工、灵活就业人员参保续保工作，重点开展九永高速等重点大型项目征地农转非人员参加养老保险，办理新征地农转非养老保险4116人，征收养老保险费12966万元。超龄退役军人、襄渝民工工龄认定进入常态化管理。配合区征地拆迁办专项整治养老保险集体土地征收补偿领域突出问题，核查2013年1月至2017年3月期间根据土地行政主管部门审核的11564名征地农转非人员，无违规办理参保的问题。

【城乡居民基本养老保险】 进一步加大城乡居民养老保险扩面征缴力度，实行镇街目标责任制，以目标导向促扩面征收，全年城乡居保参保人数达27.47万人，征收养老保险费3387.32万元，完成市级下达征收任务的100.9%。

【机关事业单位养老保险】 全区征收机关事业单位养老保险费1.83亿元，征收职业年金0.91亿元，支付养老金2.57亿元。3月起，全区参保单位343个（含市管委托管理）单位职工全部纳入机关事业单位养老保险，退休人员开始在基金中领取养老待遇。8月，首次调整全区机关事业单位退休人员6056人社保基金待遇。2014年10月至2017年12月，养老保险、职业年金基金清算工作稳步推进，全区实现机关事业单位养老保险实收实支。

【城乡居民合作医疗保险】 居民医保一档、二档个人参保缴费标准分别为140元、350元，各级财政补助为450元/人。全年参保人数52.21万人，基金收入32933.82万元（其中，医保缴费7795.36万元，财政补助25098万元，利息收入40.46万元）。参保居民全年就医33.02万人次。其中，特病门诊21.16万人次，住院11.86万人次，统筹基金支出31227万元，二级及以下定点医院政策范围内报销比例75%。

【市级统筹】 年末累计发卡65.79万张，基本实现参保职工和参保居民应发卡人数的全覆盖。

【医保报销政策】 全区居民医保普通家庭门诊定额标准按80元/人·年包干使用。参保居民在一、二、三级医院住院报销起付线分别为100元、300元、800元，政策范围内医疗费用报销比例分别为80%、60%、40%（二档增加5%，未成年人在成年人基础上再提高5%）。住院报销年封顶线一、二档分别为8万元、12万元。纳入居民医保报销范围的特殊疾病26种。其中，重大疾病12种，慢性病14种。参保人员与定点基层医疗机构签约，门诊统筹基金报销限额为100元/人，未与定点基层医疗机构签约，门诊统筹基金报销限额为60元/人。

【定点医疗机构管理】 新增定点诊所和药店46个、工伤定点医院1个、村卫生室2个。全年查处定点医药机构28家，扣减违规费用19.7万元，协议处罚57.4万元。开展全区民营医院、重点公立医院重点约谈124家。将“骗取套取医保基金”“门诊特病”“违反物价收费”“大额医疗费用”等作为专题检查重点内容，纳入专项检查范围定点医院21家，处罚违规违约金56.8万元。日常检查处理违规的医疗机构14家，扣除违规金额5.86万元，处罚违约金19.3万元。加大医保基金网上审核力度，1月至12月网上审核扣款为204.63万元。开展医保医师信息采集工作，录入医保医师系统的医疗科室423个，采集医保医师信息1497位。

【大病保险】 城乡居民大病保险制度起付标准调整为14188元，符合享受城乡居民大病补偿人数2223人，实际补偿5.17万人次、补偿金额为1580.51万元。

【单病种结算】 单病种由原50个增加到100个，将新增的50个单病种分别纳入参改公立医院及二级医院实行单病种结算。

【跨省异地联网】 居民医保实现全国跨省联网异地就医人员住院费用直接结算。区人民医院纳入全国异地结算联网医院范围，居民医保市外异地联网人员到区人民医院实时结算4人次。区参保居民到广东、江西、四川等异地联网就医36人次，发生医疗费用70.53万元，统筹报销21.58万元，大病报销6.29万元。

【养老金调整及发放】 9月底，实现全区城镇企业职工退休人员基本养老金13连调，首次同步调整机关事业单位退休人员养老金。惠及企业领保人员5.54万，机关事业退休人员6056人，人均月养老金增长5.5%。为全区企业退休人员5.72万（含“两类人员”）、城乡居民领保人员8.84万和机关事业单位退休人员6149名，发放养老金21.76亿元。

【基金监管】 受理举报投诉200人次，涉及企业60家，稽核人数1.29万人，稽核发现违规企业10家计13人次。稽核出参保企业少报基数174.89万元，少缴社保费50.35万元，全部追回。继续做好指纹和人脸数据采集，采集指纹信息13.88万人，采集率93.26%。养老待遇资格认证10.45万人（含居保），认证率70.18%。

【社保降费】 积极实行阶段性企业降费政策，截至年底，累计全区企业降费1.25亿元（2017年降费6605万元）。继续执行重点笔电企业、困难企业和小微企业社保降费政策，享受社会保险降费政策的企业分别达到18户、547户、279户。2015年实施降费政策以来，为全区小微困难企业实际减负5.91亿元（其中2017年为企业减负2.65亿元）。

（区社会保险局）

社会福利

【概况】 2017年，全区养老服务事业发展稳步推进，养老服务体系初步建立。全区60周岁以上老年人148271人，占总人口23%。

【社会福利】 全区高龄老人699人（其中，集中居住138人，分散居住561人），失能230人，合计929人。高龄为特困和城乡低保人员，失能为低保对象，发放标准为每人每月200元，全年累计发放金额166.92万元。享受贫困残疾人生活补贴2945人，发放130.895万元。享受重度残疾人护理补贴5970人，发放282.58万元。两项“补贴”发放413.47万元。

【社会养老】 社会力量兴办养老机构6所，达到医养模式的2所，总床位1118张。受理社会办养老机构1所，累计受理社会办养老机构9所。全区社会办养老机构入住老年人729人。有序推进“中铁任之健康城”建设项目。

【特困人员供养】 全区纳入特困供养人员5539人，发放特困供养人员基本生活费4164万元，其中调标补发162万元。符合照料护理补贴条件特困人员574人，发放照料护理补贴167万元。其中照料护理补贴调标补发383人50.4万元。

【福彩和慈善】 有福彩投注站71个（自助店3个，快开店39个，传统店28个，民心亭1个，中福在线销售厅1个，中石油合作单位建站1个）。电脑票销售9077.32万元，刮刮乐销售729.31万元，中福在线销售1263.44万元。电脑票增幅31.16%，刮刮乐降幅28.58%，中福在线增幅4.65%。全区福利彩票销售11070.07万元，总销量增幅21%，为璧山福彩公益事业争取资金800万元。全年实际接受爱心募捐物资价值11万，分别为城北食品厂衣服5万元和永辉超市购物卡6万元。团区委组织重庆杰杰熊流行舞蹈培训学校关爱困境儿童慈善晚会募捐1.8万元。

社会救助

【概况】 2017年，社会救助坚持“兜底线、织密网、建机制”原则，进一步落实最低生活保障、特困供养、医疗救助、临时救助、支出型贫困家庭救助、农村低保与扶贫开发政策有效衔接等社会救助政策，统筹推进城乡社会救助体系建设。

图表13 图为市民在社区养老服务站活动

（张承刚 摄）

【城乡低保】 全区纳入城乡低保 74951 户次 121339 人次，发放城乡低保金 4120 万元，占总人口（63.8 万）比例为 1.6%，同比上升 0.06%。纳入农村低保 7193 人次，发放低保金 182 万元。

【医疗救助】 重大疾病医疗救助继续采取“病种”和“费用”结合方式。救助城乡困难群众 17.53 万人次，支出医疗救助金 3001.84 万元（其中集中资助参保 31061 人次，400.5 万元），年平均救助水平 70%以上（一、二级医疗机构重点医疗救助对象住院救助水平为 80%）。农村建档立卡贫困户中因病致贫家庭重病患者纳入医疗救助对象范围 890 人，建卡贫困户纳入重特大疾病医疗救助范围 4879 名。

【临时救助】 全面使用市临时救助信息管理系统，救助困难群众 1365 人，支出临时救助金 532 万元，次均救助 3900 元。临时救助人次、次均救助资金超过本区域上年度平均水平。

【社会救助机制】 4 月 17 日，建立璧山区困难群众基本生活保障工作联席会议制度。一是解决救助家庭经济状况核查部门配合问题，实现财政供养人员、卫计委死亡人口、国土住房、税务纳税、社会保障信息相互核查比对。全年核查比对 4760 户 7642 人，查出疑点数据 398 户 782 人。二是成立“璧山区扶贫济困医疗基金”，分档、分段救助困难群众医保目录外费用。全年救助 1086 人次，支出救助金 183 万元。

社会抚恤

【概况】 2017 年，全区有在乡老复员军人 369 人，带病回乡退伍军人 1422 人，参战退役人员 1051 人，参试退役人员 374 人，三属（含老年烈士子女）150 人，残疾军人 496 人，60 岁以上退役士兵生活补助 784 人。

【优抚工伤】 为优抚对象 4646 名发放优抚金 4815 万元，襄渝民兵民工和精简老职工 355 人发放资金 287 万元。发放慰问金近 187 万元。全区 556 户（含 25 户 1 级–4 级残疾军人）发放城乡义务兵家庭优待金 445 万元，医疗救助各级优抚对象 47 万元。改造优抚对象危房 6 户，发放补助金 15.7 万元。给予获各级表彰奖励的驻璧部队和入伍前璧山户籍现役军人一次性奖励，计 14.72 万元。办理评（调）残 13 人。其中，1 级—4 级 6 人，5 级—10 级 5 人，部队转移抚恤关系 2 人。

【双拥共建】 多次召开议军会议、联席会议，专题研究驻璧部队在建制调整中实际困难，投入 38 万元。采取地方车辆帮助完成武器装备、重装输送等换装任务。为驻地部队购置净水设备一套 19.8 万元。解决驻璧部队子女入学入托 11 名，家属落户安置就业 4 名。建成专职管理生态垃圾转运站，扩容部队变压器，改造供电线路、自来水管网等。“八一节”期间，走访慰问驻璧部队单位 8 个（含预备役、军休中心），慰问经费 21 万元。

社会事务

基层政权

2017年，深化农村社区建设试点，实施农村社区公路硬化项目14个，计39.2公里。成立农村社区合作经济组织19个，建设农资超市6个，每个村均设立电子商务平台。实施城乡社区平安工程，全区设置警务室39个覆盖187个村（社区），安装摄像头3022个，视频监控网络建设不断推进，各村（社区）均建有巡逻防控队伍和网格管理员。

社区建设

2017年，继续推进村（社区）工作事项准入制度和村（社区）办理群众涉证事项清理，修订完善《璧山区建设单位无偿提供社区办公服务设施和居民公益性服务设施实施办法》，新增达标社区2个，全区社区达标率89%。补选、另行选举因辞职、贿选等原因造成村委会成员不足3人的村（社区）3个，完成第十届村（居）委换届选举后续工作。新一届村居委员会修订完善村规民约，重大决策议事制度，协商制度等建章立制工作。举办璧山区村（居）书记主任业务培训班1周，参加全覆盖培训会村书记主任374名。印制政策、低保、财务、救灾救济等信息公示表入户上门公示，面对面接受群众询问，全区印制公示表20万张。率先完成基层群众性自治组织特别法人统一社会信用代码赋码。

民政事务管理

【婚姻收养登记管理】 全面实行在线网络登记，全年办理结婚登记5795对，离婚登记3505对，补领婚姻证2761件，办理收养登记10件，解除收养登记1件。合格率、合法率均达到100%，无有效投诉和媒体曝光。

【区划地名】 强化行政区域界线管理，完成沙—璧线、铜—璧线边界联合检查工作。第二次全国地名普查工作稳妥推进，全区收录地名1.2万条，上报国务院普查办验收。按照中华人民共和国标准地名词典采词要求，完成璧山区词目采集、编写，通过市编写组验收。做好地名命名及地名标志的设置，命名街路2条，设置和维修地名标志32处。

【社会组织管理】 全年新登记社会组织9个，登记合格率100%。行业协会商会脱钩50家。出台《重庆市璧山区民政局关于加强社会组织登记前置审查有关问题的通知》，协调相关部门前置审核新登记社会组织人员。加大社会组织监督检查，年检率达85%以上，注销名存实亡社会组织3家。

【社工人才培养】 2017年上半年社会工作者职业水平考试参加127人，举办考前公益综合培训班6

天，参训100人，获社会工作者职业资格证书28人（其中，社会工作师24人，助理社会工作师4人）。发放奖励资助金8.21万元。培育社工机构3个，引进专职社会工作人才10人。

【流浪乞讨人员管理】 全年接待和劝导救助人员550人次，救助符合条件的450人次，救助率100%。完善流浪精神病人站外医疗托养管理工作手续流程，采集滞留人员DNA67名，护送返乡流浪人员60名，实现街面基本无流浪未成年人，无因冻、热、饿、病等原因导致流浪乞讨人员死亡事故发生。

【养老服务】 全年免费办理60周岁以上老年人优待证7542个。发放80岁以上高龄老人营养补贴1340万元，月均受益人数达到1.9万人。90周岁以上老年人及所有原“农村五保、城市三无”人员纳入老年人意外伤害保险统保范围，投保近8000人，保费达到27万元。

【公墓建设】 推进殡仪馆搬迁和公墓新建项目。12月，重庆西郊人文纪念公园经营性公墓建设项目通过市民政局现场验收，位于河边的区新殡仪馆内火化炉购入GB13801-2015标准配备2台，12月底火化开始运行。

【殡葬管理】 全年死亡4210人，火化遗体1325具，火化率31.5%，火化率较上年略有提高。全年免除各类困难群众基本丧葬服务费118人15.36万元。

（区民政局）

残疾人

【概况】 2017年，根据第二次全国残疾人抽样调查结果显示，区现有残疾人36905名，占全区总人口的6.05%。其中，视力残疾6362人，占17.24%；听力残疾6709人，占18.18%；言语残疾720人，占1.95%；肢体残疾12548人，占34%；智力残疾2964人，占8.03%；精神残疾3572人，占9.68%；多重残疾4030人，占10.9%。截至12月31日，累计办理残疾人证16807个，办证率45.5%。其中，2017年办理1695人，注销442人。

【残疾人康复】 创建全国残疾预防综合试验区，产前筛查诊断孕产妇354名，残疾筛查诊断0岁至6岁儿童28名，残疾评定500名。青杠街道、正兴镇开展残疾报告制度试点。实施0岁至6岁智力、脑瘫和孤独症残疾人儿童免费康复政策，全年免费训练残疾儿童95名。继续做好贫困精神障碍患者免费服药、住院救助工作，免费服药补助精神障碍患者2381人次和免费住院救助贫困精神障碍患者480名。为持证残疾人捐赠轮椅300辆，拐杖100支，盲人听书机30台，盲人手机20部，其他辅助器具300件。

【残疾人就业】 开展残疾人专场招聘会1场，免费提供专门服务23人次，扶持个体从业7户，微型企业3户，新增城乡残疾人就业100人。免费开展残疾人职业技术技能培训、实用技术培训，参与人数分别为176名、239名。征收残保金2029万元，超额完成全年征收任务。

【残疾人扶贫】 制定出台《璧山区关于加快推进残疾人小康进程的实施意见》和《重庆市璧山区“十三五”加快残疾人小康进程规划》。精准识别残疾人贫困户并建档立卡。以建档立卡贫困残疾人为重点推动分类施策、精准帮扶，组织实施贫困残疾人精准脱贫专项行动。重点扶持残疾人种养殖大户14户。检查验收残疾人危房改造84户。

【残疾人社会保障】 落实残疾人低保待遇2929名，参加城乡基本医疗合作保险和残疾人意外伤害保险残疾人16711名，实现持证残疾人基本医疗保险和意外伤害保险全覆盖。参加城乡基本养老保险残疾人10229名，享受养老保险补贴重度残疾人2618名，享受阳光家园托养服务残疾人509名。继续实施贫困残疾人生活补贴和重度残疾人护理补贴。前三季度，生活补贴贫困残疾人8666人次，护理补贴重度残疾人17985人次。

【残疾人教育】 对农村残疾青少年30名开展文盲扫盲行动。一次性入学救助残疾人大学生7名、残疾人家庭子女大学生57名，生活救助残疾人大学生11名。资助学前教育残疾儿童34名。

【残疾人文化活动】 组织残疾人游览公园120人次，观看电影98人次，健身趣味运动500人次，知识讲座350人次。创建残疾人文化体育示范社区8个。组织残疾人5名参加市残疾人乒乓球锦标赛，取得总分18名。组织排练打击乐《巴风渝韵》，代表重庆市参加第九届全国残疾人艺术汇演，获西部片区一等奖。

【残疾人权益保护】 继续开展“法在身边，助残有方”残疾人法制宣传主题活动，来凤街道安乐村邀请法律专家以案说法、现场咨询等，为残疾人普及法律知识。12月3日前后，各街镇举办残疾人法制宣传活动15场。为残疾人机动轮椅车车主76名发放燃油补贴1.98万元。为残疾人11名发放C5驾照补贴1.1万元。改造无障碍残疾人家庭142户。

【残疾人基础建设】 全区调查队员和质量监测员298名完成持证残疾人16446名基本服务状况和需求信息数据进行动态更新。完成区、镇街残联换届，选举产生新一届各级残联领导班子，推举产生新一届各残疾人专门协会。开展残联系统业务培训，培训残疾人工作者85名。根据《璧山区公益岗位开发和管理办法》，面向社会公开、公平、公正招聘3名公益岗位人员。

【志愿者助残工作】 成立璧山区阳光助残志愿服务队，招募助残志愿者280名，登记注册161名。全年开展“小城大爱、有你有我”“残疾人文化进家庭”、带领重度残疾人游览公园、看电影等志愿助残活动6场。

（区残联）

复退军人

【复退军人安置】 2017年接收退役士兵274人，符合安置条件92人。其中，90人均选择自主择业，选择安排工作2人。凡选择安排工作均实施安置到国有企业，保障其第1次就业。安置到红宇公司1人，安置到江津中央粮食储备库1人。

【退役士兵自主就业】 发放退役士兵一次性自主就业补助金，发放2016年退役义务兵和选择自主就业士官一次性生活补助金1057万元，接收安置率达到100%。

【退役士兵职业教育和技能培训】 根据《重庆市退役士兵职业教育和技能培训工作暂行办法》，通过翔搏职业培训学校对2016年退役士兵实施技能培训，培训196人，培训内容为《车工工艺》《机械识图》《量具与公差》《金属材料与热处理》等。全部获职业资格证书，就业率100%。

【退役人员创办微型企业】 相关职能部门配合下，3名退役士兵创办微型企业，享受国家相关优惠政策。

老 年 人

【概况】 2017年，全区60周岁以上老年人148271人，占总人口23%；65岁以上老年人口101677人，占总人口15.8%；70岁以上老年人口64585人，占总人口10%；80岁以上高龄老人19432人，占总人口3%。高龄老年人占老年人口比率不断增加，人口超老龄化趋势越来越明显。

【敬老基础设施建设】 基本完成达标改造敬老院15个。新建和改造房屋建筑面积34508平方米，增加床位119张，改造达标床位1777张。

【敬老月活动】 10月17日，区总工会、区人大机关、区委党校等相关部门组织志愿者到璧泉街道大旺社区开展“我们的节日—重阳”进社区志愿服务活动，为社区留守老人、困难老人送去棉被、牛奶、水果等慰问品，上门为老人免费理发。10月24日，区长章勇武等一行到福禄镇走访慰问贫困老人吴国忠和张荣兴等。10月27日，区文明办、广普镇等单位组织志愿者，到广普敬老院举行“我们的节日·重阳”文艺演出、义务理发、打扫卫生等活动。10月28日在区文庙广场组织开展“重阳节庆祝大会”，活动现场向老年群众赠送《中华人民共和国老年人权益保障法》宣传手册200本，宣传资料800份。

【百岁老人名录】 截至年底，健在的百岁老人52人。名单如下：

1.罗朝贵，女，103岁，璧山区八塘镇五龙村6组；

2.伍登碧，女，105岁，璧山区八塘镇敢英村6组；

3.叶轩，男，100岁，璧山区璧城街道中山北路52号2单元7–2；

4.杨万芳，女，102岁，璧山区璧城街道大塘村4社；

5.陈素德，女，100岁，璧山区璧城街道马家桥村4组；

6.杨春发，女，100岁，璧山区璧城街道四面山村4组；

7.马世芬，女，101岁，璧山区璧城街道芋荷村4组；

8.张术华，女，111岁，璧山区璧泉街道牛角湾社区2组；

9.赵锡云，男，103岁，璧山区璧泉街道观音村5组；

10.石王贞，女，100岁，璧山区璧泉街道团堡村5社；

11.雷树清，女，100岁，璧山区璧泉街道团堡村11社；

12.连雅容，女，108岁，璧山区璧泉街道团堡村6组；

13.张淑辉，女，100岁，璧山区璧泉街道福兴二街3号5单2–1；

14.叶祖文，女，100岁，璧山区璧泉街道仙山路7号3栋6–6；

15.封大清，男，102岁，璧山区璧泉街道养鱼村6组；

16.张廷华，女，101岁，璧山区璧泉街道大岚6组；

17.黎隆碧，女，100岁，璧山区大路街道大竹村5组；

18.刘素芳，女，103岁，璧山区大路街道福里村2组；

19.王锡珍，女，104岁，璧山区大路街道高拱村5组；

20.鲁国义，男，102岁，璧山区大路街道北街500号附101号；

21.马仕华，女，100岁，璧山区大路街道三台村2组；

22.曾昌碧，女，102岁，璧山区大兴镇朝元村1组；

23.黄廷海，男，101岁，璧山区大兴镇船形村1组；

24.叶祖秀，女，103岁，璧山区丁家街道三五村3组；

25.祝树芳，女，102岁，璧山区丁家街道长五村4组；

26.罗忠碧，女，101岁，璧山区丁家街道大岚坳村2组；

27.刘光玉，女，101岁，璧山区丁家街道天灯村1组；

28.卢祖明，女，100岁，璧山区丁家街道石垭村2组；

29.肖孙平，女，100岁，璧山区丁家街道杨寺村6组；

30.徐大发，女，100岁，璧山区丁家街道凉风村2组；

31.陈东碧，女，101岁，璧山区广普镇金龙村8组；

32.何世荣，女，102岁，璧山区广普镇坪中村6组；

33.叶海清，男，100岁，璧山区来凤街道魁塘村2组；

34.孙代书，女，102岁，璧山区来凤街道普新村7组；

35.孙义清，女，100岁，璧山区来凤街道安乐村5组；

36.张晓康，男，100岁，璧山区来凤街道登凤村14组；

37.邹开清，女，101岁，璧山区来凤街道登凤村6组；

38.刘荣成，女，103岁，璧山区来凤街道安乐村4组；

39.况必辉，女，100岁，璧山区七塘镇四合村4组；

40.谢惠芳，女，101岁，璧山区七塘镇跃进村5组；

41.邱玉清，女，103岁，璧山区青杠街道缙云一街1号4单元3–1；

42.陈文玉，女，103岁，璧山区青杠街道棕树村2组；

43.柯全洲，男，101岁，璧山区青杠街道塘坊居17组；

44.吴昌国，女，101岁，璧山区青杠街道莲花村2组；

45.徐朝明，女，100岁，璧山区青杠街道棕树村1组；

46.朱勤淑，女，100岁，璧山区青杠街道中兴村8组；

47.余大明，女，102岁，璧山区三合镇二郎村2组；

48.徐显福，女，101岁，璧山区三合镇新场村3组；

49.潘光明，女，102岁，璧山区正兴镇正兴镇河堰村5组；

50.曹登云，女，102岁，璧山区正兴镇正兴镇金堂3组；

51.汪孝芳，女，100岁，璧山区正兴镇正兴镇石龙村2组；

52.任正吉，女，100岁，璧山区正兴镇正兴镇曙光村8组。

（区民政局）

灾害事故

【气象灾害】 2017年，境内气象灾害有干旱、洪涝、寒潮、低温、阴雨、大风、冰雹和雾。其中，危害最大的是干旱和洪涝，其次是寒潮、低温、阴雨、大风、冰雹和雾。主要灾害是暴雨、强降温、干旱、连阴雨，其中暴雨较为突出。年内平均温度18.6℃，极端最高气温40.9℃，极端最低气温2.1℃，年降水量1496.6毫米。雨日156天，大于50.0毫米雨日数5天，一日最大降水量142.9毫米。年日照时数946.8小时，距平百分率–20%。全年气象站出现特强降温天气1次、强降温天气1次、暴雨天气4次、连阴雨天气1次。雨量偏多，温度略偏高，日照正常。年内出现强降温、暴雨、连阴雨等天气给全区工农业生产和人民生活带来一定影响。

【地质灾害】 健全群测群防员、片区负责人、驻守地质队员、地矿监测站，组成“四重网格化”地质灾害防治监测预警体系，对辖区地质灾害隐患实施监测预警。正确使用群测群防手机APP报送信息，信息报送率达到99.98%。组织开展全区“四重网格”人员开展地质灾害防治知识培训1次，处置突发地质灾害事件10起，出具应急调查报告8个。修改完善75个地质灾害隐患点应急抢险单点预案。开展地质灾害综合演练、简易演练58次。治理璧城街道向阳街259号附1号危岩等地质灾害隐患点实施工程13个，投入资金160万元。对大路街道长土坪滑坡等地质灾害隐患点3个实施搬迁避让，投入资金30万元。

【火灾】 一是聚焦风险防控。加强社会消防防控体系建设，推进冬春、夏秋消防检查，重点开展皮革小区“三合一”区域性火灾隐患整治。提请区政府投入110万元改造40栋老旧建筑消防设施。新建市政消火栓400个。完成大兴、福禄2个市级中心镇消防专项规划。纳入独立式感烟探测器950个、简易喷淋5套、火灾惠民保险、电器检测等为政府购买公共服务内容。全年，区消防支队检查单位5471家，发现及整改隐患24717处，“三停”59家，查封92家，各项数据同比增加66.95%、126.78%、391.67%和162.86%。二是加强实战能力。与区政府应急办、区公安局建立音视频双向通信，接入公安社会道路监控图像资源，配合区政府举行防汛抗洪抢险应急救援等实战拉动演练。统一调度微型消防站238个、政府专职消防队6支，组织微型消防站1400名队员集中业务培训2次，施授安全知识、联合演练、实战训练等课程300堂，消防“扁平化”统一指挥体系初步建成。区消防支队接警出动569次。其中，火灾32起，抢险救援201起。各项数据较上年下降7%、上升3%和下降7%，未发生较大以上和群死群伤火灾事故，作战官兵保持零伤亡。

（杨书浩）

【道路交通事故】 区公安局受理道路交通事故3449起。其中，一般程序道路交通事故228起，简易程序道路交通事故3221起。死亡48人、受伤246人，直接经济损失101.9万元。交通事故四项指数（一般程序）呈四降趋势。事故起数下降20%，死亡人数下降15.79%，受伤人数下降26.79%，直接经济损失下降23.61%。全区农村道路交通事故四项指数同比前三年平均数呈三降一升趋势。事故起数下降19.81%，死亡人数下降47.81%，受伤人数下降11.61%，直接经济损失上升17.28%。

（赖克南）

延伸阅读 ▶▶

2017·大事盘点

2017年8月16日，区人民医院心内科主任、博士于长青带领医疗团队为4名患者进行心脏冠脉造影术，并为其中2名有治疗指征的患者成功植入冠脉支架。这是璧山区首次运用DSA造影机介入治疗。

该DSA介入手术是目前国际、国内心脏病较为先进的诊治方法，手术创伤小，病人痛苦少，术后恢复时间短，短时间即可出院。

长期以来，DSA介入手术仅在大型教学三甲医院开展。璧山区人民医院引入DSA造影机，填补璧山区冠状动脉造影、动脉支架术等技术空白。运用DSA，医生可完成心脑血管、全身主要动脉、腹部脏器等造影成像，同时为肿瘤性疾病以及出血性、缺血性疾病的诊治带来优势，将满足全区所有介入手术的使用要求。

DSA投用于介入手术之后，璧山区市民在家门口即可获这项高端医疗服务。

公用事业

自来水生产

【概况】 2017年，全区建成规模以上城市及镇级水厂15个，日综合生产能力为14.31万立方米。全年供水总量3242.68万立方米。其中，重庆市渝山水资源开发有限公司是由璧山区政府和重庆市水利投资（集团）公司共同出资组建的国有企业，重庆兴源供水技术有限公司丁家自来水厂属于重庆市水利水电发展总公司国有企业，其他镇、街道水厂均属于区政府管辖。

【重点工程建设】 渝山水资源有限公司全年完成投资9130万元，基本完成工程形象进度和投资任务。其中，千秋堰—盐井河—同心水库连通工程，完成投资1175万元；城市新区水厂工程，完成投资4250万元；城市新区供水管网工程，完成投资1200万元；长江引水璧山连通工程，完成投资1025万元；大学城至璧山调水工程，完成投资1498万元。

【渝山水资源开发有限公司】 公司现有自来水厂2座，日供水能力8万立方米，加上大学城应急供水工程日供水能力3万立方米，日供水能力达11万立方米。供水范围主要包括璧城街道、璧泉街道，拥有市政主管道688公里，自来水用户14万户，服务人口30万人。自来水供水量2291万吨，实现产值14507万元。供水有效率87.34%，水质合格率100%。公司继续保持和创建“重庆市精神文明单位”“重庆市城镇供水管理先进单位”“消费者得过单位”“重庆市企业劳动保障守法诚信示范企业”“重庆市厂务公开先进单位”“重庆市劳动关系‘AAA’级和谐企业”称号。提前实施大学城泵站、向阳水厂提能改造，提高供水能力0.9万立方米/日，协助区水务局强力推进中水回用工程，减少市政用自来水1.1万立方米/日。全年维修各类爆管、管道漏损1300处。完成城区“一户一表”改造目标任务，完成改造2700户，累计3.1万户。补建市政消火栓近700个。继续推行“一站式”服务，先后开通银行水费代扣代缴业务，支付宝、微信缴费渠道，在部分社区服务中心设置缴费服务点、在区行政服务中心设立建设领域并联审批服务窗口。 （李　红）

电力供应

【概况】 2017年，全区用电量22.53亿千瓦时，同比下降3.43%。电网最高负荷51.30万千瓦，降低0.93%。供电可靠率城镇99.92%，农村99.732%。综合电压合格率城网99.99%，农网99.45%。完成固定资产投资16583.85万元。

【电网建设】 参与六旗集团等重点地块总体规划编制，配合制定新能源汽车、工业园区、电力廊道规划等专项规划。110千伏蒲温线、茅莱110千伏送出工程分别较计划提前45天、153天竣工。争取建设资金9500万元。升级改造老旧变电站，重庆市范围内率先开展地区接入网II网搭建，10千伏秀中I、II回2个度夏工程按期投运，核心区域供电保障能力和智能化管控水平持续提升。稳步推进“小康电”示范区建设，提前完成农网改造“两年攻坚战”任务，改造中心村重点项目19个，新增配变容量22315千伏安，新建（改造）10千伏及以下线路65.36公里，直接惠及居民9.35万户。

【服务重点工程建设】 持续深化重点工程“代理业主”管理模式，按期迁改110千伏田秀西、茅秀东西及35千伏璧红等重点线路，轨道站前及六旗片区线路迁改工程进入施工阶段。落实充电基础设施建设合作协议，建成交流充电桩48个，投运文化艺术中心等渝西片区首批充电示范站5座。加强六旗集团用电规划及施工用电保障，完成嘉陵紧急增容等重点项目11个，按期投运凤凰小学、御湖小学等紧急项目。特事特办军民联建紧急任务，31672部队增容项目较原计划提前25天投运。建立民生项目用电协调督办机制。

【居民用电提升工程】 组织开展“促行风 访客户”专项活动，公司领导班子主动带队上门收集客户意见和建议，公司优质服务评价指数达到99.57%。推广“互联网+”业扩服务，拓展业务网上办理渠道，同质化管控线上办理，高、低压业扩线上办电率分别达到98.77%、90.24%。落实电力改革措施，推进辖区客户上网直接交易，直购电客户达到77个。落实“一停多用”工作要求，实施“零点检修”等，开展不停电作业338次，减少停电时户数8798个。建立故障抢修营配调联动机制，完成“两会”、高考、十九大等37个重要活动及重要节假日保电工作。改善电网末端电压，发现并处理重过载配变95台，提前治理潜在低电压台区25个，保持低电压属实投诉和低电压台区存量“双零”。

（徐　波）

（国网重庆璧山供电公司）

图表14　2017年4月12日，35千伏嘉陵变电站扩容投用

（张承刚　摄）

天然气供应

【概况】 2017年，全区有1000立方米储配站1座、无人站2座、管理燃气调压箱3041台、调压柜131台、阀井242座，中压管网总长573公里。成立璧城管理站和新区管理站。完成管网巡检系统基础工作，抢险调度中心开始运转。供气总量9300万立方米，同比上年增长27.8%，高于集团公司6个百分点，高于全市21个百分点。完成非居民价格调整联动机制。执行冬季“压非保民”应急预案，召集工业用气客户协商，安排停气时间，建立停气登记表。未发生群体事件。

【生产经营】 全年购气总量9300万立方米，供气量8768万立方米，增加27.8%，其中工业用气3586万立方米。公司服务客户数突破17万户，人均管理户数1197户。新建续建工程4个，主要项目为七塘至依凤管线改造、王家沟配气站改造、六

图为供气公司工作人员体检设备现场

（曾清龙　摄）

旗大道管线项目、瑞普电缆至渝瓷厂管线项目。户内表改造完成1266户，埋地管网更换5303米，更换双路调压箱184台，阴极桩电位检测47根，完成管线测量376公里，使用技措安措资金456万元。

【安全管理】　落实“日、周、月”隐患排查，累计排查隐患159项，整改159项，接受上级单位检查4次，发现隐患80次。开展“安全隐患排查专项”活动，每月至少排查1个镇（街道）安全隐患和安全用气宣传。每月1次公司安全检查、重大活动、节假日前检查和总经理月度安全检查，发现隐患328项，整改318项。完成华龙配气站球罐开检工作。利用“3·15”“6·16”宣传日、“安全宣传下乡”（发放宣传手册10000份）“报纸媒介宣传”“客户通气宣传”“小区电梯轿厢宣传”（投放电梯230台，覆盖城区70%以上的小区）等传统宣传手段，结合“燃气安全宣传视频”“微信安全宣传平台”（发放停气通告、安全用气温馨提示110次）等新媒体宣传平台，扩大宣传覆盖面。将公司公众号与集团公众号缴费功能相链接，畅通用户网上缴费渠道。对申请安装天然气流程、耗材费用、通气步骤以及居民阶梯气价执行方案、用气安全须知等信息在大厅、公众号等平台及时更新和公示。全年生产安全责任事故为零。

（壁山天然气公司）

延伸阅读 ►►

2017·大事盘点

2017年9月21日，环保部公布首批国家生态文明建设示范市区县名单。壁山区作为重庆市唯一上榜区县，获“国家生态文明建设示范区”称号。

为贯彻落实党中央、国务院关于加快推进生态文明建设的决策部署，环保部大力推进生态文明示范建设，全国各地积极创建国家生态文明建设示范市区县。经审核，重庆市壁山区等46个市区县达到考核要求，被授予第一批国家生态文明建设示范区称号。

近年来，壁山区委、区政府坚持“环境就是资源，环境就是资本，环境就是生产力”的理念，大力推进生态文明建设，以高度的生态自觉，逐步走出一条“生态优先、绿色发展”之路。壁山区以“铁腕治污、还河于民”为突破口，从深度治理壁南河开始，拉开转型发展的序幕；举全区之力开展生态创建工作，围绕完善生态制度、保护生态环境、优化生态空间、发展生态经济、践行生态生活、弘扬生态文化6大领域，先后投入10亿元实施150余项重点工程，2016年成为全市首批市级生态文明建设示范区。目前，壁山区37项创建指标已经达到创建要求，获国家生态文明建设示范区称号。

镇（街道）

璧城街道

【概况】　璧城街道地理位置为北纬29°34′56″~29°40′45″，东经106°10′25″~106°16′19″，是全区政治、文化、商贸中心。东与沙坪坝区接壤，南接璧泉街道，西连福禄镇和大兴镇，北通大路街道和河边镇。辖区面积7378公顷，土地3501.62公顷，其中耕地1326公顷。城镇规划区1600公顷，建成区1502公顷。辖社区居委会10个，行政村6个。年末户籍人口90107人（其中非农业人口82483人），场镇人口59489人，常住人口16.3万人。基层党组织98个，党员3060名。

交通区位优越，319国道、渝蓉高速、黛山大道穿境而过。璧南河由北向南纵贯全境。基础设施齐全。有电影院1个，公园1个，图书馆、文化站2个，敬老院1个，集贸市场5个，金融机构21个。

2017年，实现规模工业总产值12.6亿元，同比增长18%，工业增加值13.7亿元，利润总额3亿元，工业固定资产投资60050万元，辖区内非公有制企业256个，从业人员8612人，总产值49.1亿元。财政收入7.13亿元，增长12.9%，其中，地方财政收入1.02亿元，工商税收6.30亿元，一般预算收入0.99亿元。农民人均纯收入18741元，增长9.4%。

医院、卫生院6个；中小学校11所（中学4所、小学7所），在校学生17820人（中学生7642人、小学生10178人），在职教师961人（中学教师451人、小学教师510人）。出生人口1156人，符合政策生育率99.27%。

【经济建设】　粮食种植面积1330公顷，粮食产量7310吨。土地流转总面积983公顷，规模经营总面积850公顷。果树种植472.6公顷，产量5031吨。蔬菜种植700公顷，产量24057吨。家禽出栏310万只，肉兔出栏20.08万只。农民合作社37个；新增2个区级农业龙头企业，专业合作社2个，家庭农场2个。兑付农业支持保护补贴7793户1053.33公顷147万元（其中中央补贴4.04万元），推广农业机具65台。巩固和发展工业规模企业20家，完成工业规模企业总产值12.6亿元。企业申请发明专利14件，辖区中小企业540个（其中私营个体342个）。完成全社会固定资产投资18.88亿元。限额以上单位56个，完成销售额36.29亿元，限上住餐营业收入3.01亿元。新增商贸限额以上单位5个。

【街村建设】　完成晶荷花园定向经济适用房交房、办证，完善物业管理；完成3个公厕垃圾台建设工程，移交区城市管理局投入使用；启动蒲元场镇公厕、垃圾台和小广场建设工程；完成凉水路4.07公里路面硬化工程；完成凉肖路0.79公里和黄石路1.47公里路面硬化工程；完成福马路2.93公里路基改造工程；建成原县水泥厂至天池肖家湾森林防火通道4.9公里；塘湾社区红土地生态停车场健身场所建成投用；整治山坪塘5口，整治病险水库哑巴大塘1口；投资220万元，完成四面山村和大塘村人饮工程，受益4200人；完成409户城市“一户一表”；完成2个社区400户二次供水改造。

【民生建设】 新增城镇就业人员5800人，指导帮助城镇登记失业人员就业1302人，帮助城镇就业困难人员实现再就业514人，组织失业人员参加“就业适应性培训”150人，结存公益性岗位200个；组织农民工就业转移培训300人，新增转移农村劳动力130人，市外农民工返乡创业就业总人数205人；办理“4050”灵活就业人员社保补贴514人次255.02万元，申报创业担保贷款88户1040万元，发放贷款66户895万元；办理新登记城镇登记失业人员1356人，失业率低于3%；免费为702人介绍职业。组织专场招聘会4次，为各类企业招聘求职人员400人；离校未就业高校毕业生服务率100%，就业率超过90%。发放农村低保金、优抚优待金、特困人员生活费、临时救助金等民生资金1200万元，其中：农村低保金125.6万元/340人次，特困人员（三无人员和五保户）生活费216.1万元/277人次，孤儿生活补助8.4万元/7人次，困境儿童生活补助16.4万元/21人次，优抚对象及60岁以上农村籍退役士兵优待金558万元/517人次，80岁以上高龄老人营养补贴156.5万元/2183人次，经济困难高龄失能老年人养老服务补贴14.7万元/61人次。常态化监管危险化学品、烟花爆竹、非煤矿山等高危行业和工贸企业、道路交通、建筑施工等人员密集场所，排查安全隐患759条，整改752处，整改率99.1%。开展安全生产“大排查大整治”、危险化学品烟花爆竹“打非治违”“今冬明春”火灾防控、“三合一”“九小场所”消防安全专项整治等专项行动。组织协调皮革小区消防安全隐患整治，通过逐户排查、执法检查、督查整改等方式，“三合一”场所搬迁和关停252家，达到市级区域性火灾隐患整治要求。争创“国家食品安全示范城市”，开展餐饮油水污染源整治。增设祭祀台3个，森防检查站3个，新建森防消防水池1座，新增护林员14人，清除森防隔离带12公里，完善公墓检查站停车场，购置消防物资5万元。构建立体式治安防控体系，有网格员126名，通过保安公司聘请巡逻队员110名。加强以公安民警、专职巡逻队为主，辖区村社干部、综治网格员、治安志愿者和广大人民群众为辅的联防体系建设，全天轮班巡逻。刑案发案率下降42.9%。抓好“2+N”联调机制建设。在辖区内农村主要路口、宗教场所、治安复杂地段新安装高清视频监控177个，与公安局“应指工程”互补，实现城区视频监控全覆盖。办理群众来信来访，从源头上控制信访增量，排查出重点案件47件、重点人员73名，逐一建立档案，落实“五位一体”稳控措施。每周二“群众工作日”，受理群众来信来访389件525人次，按时办结率100%。强化领导包案制，街道

图表1　图为“春风”送暖活动现场

（程朝斌　摄）

党政领导干部走访155人次，解决群众各类问题150件。村（社区）每月定期开展一次村（居）民开放日活动，矛盾纠纷化解率超过98%。

落实计划生育各项奖励政策，奖扶对象1253人，兑现金额1542840元；开展大型广场文艺节目演出；“奉献人民·放歌巴渝”流动文化进基层演出活动24场；文艺节目《青春舞曲》《变脸鼓舞》参加重庆市第五届社区文化艺术节，获三等奖。配合创建国家卫生区，坚持共建共享，通过国家创卫专家组技术评估。投入200万元对向阳农贸市场、北街农贸市场、阳光农贸市场进行卫生改造。

【环境建设】 创建国家生态文明建设示范区，抓好辖区生态创建。污染源关停整治：关停工业企业24家，整治挥发性有机物企业7家，整治排污口工业企业10家，关停整治“三高企业”9家，关停养猪场7家，整治养猪场4家，整治养鸡场2家；与11个村居签订秸秆焚烧责任书，发放秸秆禁烧倡议书2万份，制作宣传横幅110幅，宣传牌100块，每天开展不定时巡查2次，发现并制止野外用火138处；完成区环保局下达的餐饮油烟、油水巡查工作任务74家次，整治油水分离设施餐饮单位711家，整治油烟分离器餐饮单位363家。生态创建监管：对辖区璧南河及其支流河道，每月清漂河道2次以上；对辖区水库塘堰，每月巡查2次以上，确保无饲料投放和畜禽粪便投放，实现局地水质好转；建立各类污染源“一河一档”。生态绿化：完成璧铜路、璧永路、沿河东路北段（小东门桥至大旺桥）两侧三条立体绿化示范街区建设，涉及60栋楼房；投入6.5万元修建砖体围墙，遮挡建筑垃圾；做好各村居公路绿化行道树管护，植树5万株，森林抚育100公顷。城乡环境整治：对城丁路、国道319双龙社区路段和三角滩桥路段城乡结合部的老旧房屋实施风貌改造；清运城乡接合部和背街小巷大件垃圾、建筑垃圾、存量垃圾0.2万吨；投入100万元，开展农村生活垃圾专项治理；完善农村垃圾清运长效机制，农村垃圾定点清运率100%；封闭垃圾通道140个；改造旱厕89处；改造污水管网应急抢险工程40处；疏通下水道、化粪池等60处；投入100万元改造污水井盖、水篼子、零星混凝土和草油路面。市政管理：设片区组长6人，聘请环卫工人183名；投入2辆压缩式垃圾车、3辆垃圾收集车、2辆高压冲洗车和3辆路面养护车，安装车辆GPS定位系统和油量监控系统，配备驾驶员14人、辅助工22人。违法建筑整治：建立长效巡查制度，落实网格化巡查管理制度；整治存量违法建筑91处，面积36413.79平方米；发现新增违法建筑28处，制止并拆除12处，上报区规划局处理16处。

图表2 图为玉泉湖（三角滩水库）开工建设现场

（连宏宇 摄）

【基层党建和精神文明建设】 落实全面从严治党责任。严守党的政治纪律和政治规矩，严肃党内政治生活，严格执行《关于新形势下党内政治生活的若干准则》《中国共产党党内监督条例》，牢固树立“四个意识”，坚定“四个自信”。加强党风廉政建设。

细化“两个责任”清单，落实季度派账报账制度，加强履责情况留痕管理，改进考核办法，逐级签订责任书，纵深推进党风廉政建设。运用监督执纪“四种形态”。开展中共十九大精神宣讲活动，通过中心组学习、榜样面对面、梦想课堂、理论名嘴宣讲、六进文艺演出、公益广告发布等形式开展各类学习宣讲活动100场，受众人数1.2万人。通过基层党建引领社会治理创新。重点推进机关党组织优化设置、村居专职干部补充选聘、非公党建指导员调配、社区大党委试点、“订单式”“下沉式”服务工作方法；规范运行群工系统；加强党员教育管理，深化“两学一做”常态化制度化，通过“小城故事会”“主题党日”“三个一”等方式加强党员教育；非公党建人财物保障机制初步建立。强化理论武装和舆论引导。完善中心组学习制度，开展中心组理论集中学习8次，开展基层党组织书记全覆盖培训129人次，轮训村（社区）专职干部155人次。修改完善学习、会议、值班、接待等管理制度。（彭　轶）

璧泉街道

【概况】 璧泉街道地理位置为北纬29°58′50″，东经106°23′25″。紧邻重庆主城西部，地处璧山城区中心位置，东接重庆大学城，西连大兴镇，南毗青杠街道，北临璧城街道。经璧山隧道连接主城。距离重庆大学城5分钟车程。绿岛新区核心区、璧山高新技术产业开发区、金剑山休闲旅游区核心区和中央商务区都坐落在街道内。辖区环境深绿，有秀湖公园、汽车露营公园、观音塘湿地公园、璧南河公园、电视塔公园、蜀望公园、南关公园等27个生态公园，有南门唐城、天赐华汤温泉、人民广场、文体广场、体育中心等一大批休闲旅游场所。

街道辖区面积43平方公里。辖13个社区居委会，127个居民小组。年末户籍人口7.38万人（其中非农业人口4817人），场镇人口7.27万人，常住人口18.1万人。有机关干部职工105人，社区干部117人。有基层党组织78个，党员总数1939人。出生人口830人，符合政策生育率99.3%。

2017年，完成规模以上工业产值496亿元，同比增长14%；固定资产投资20.1亿元，增长33.1%；限上批发零售销售额93.5亿元，增长13.1%；限上住宿餐饮1.97亿元，增长16.2%；农民人均纯收入18705元，增长9.2%；城镇居民人均可支配收入38648元，增长9.4%。财政总收入18.83亿元，增长32%，其中:工商税收16.89亿元。地方财政收入1.91亿元,增长35%。农业总产值5388万元，粮食总产量2509万元，蔬菜产量9852吨，果类产量2403吨，禽类产量394吨。

图表3　图为改造后投用的观音塘观水桥

（周海瑞　摄）

医疗卫生机构9个。中小学9所（7所小学、2所中学），在校学生22596人，在职教师1395人。

【经济建设】 配合做好奥特莱斯二期、千年重庆巴渝文化旅游风景区、俊豪购物街、地派温泉、天赐温泉二期等重点商贸旅游项目协调服务。帮助6家工业企业、2家商贸企业申报小微企业和其他资金补助。开展企业走访服务，帮助企业解决资金、土地、用工等问题，提高水、油、电、气保障水平。协同区总工会，落实律师进10家企业，举行法律讲座，提供法律咨询。建立企业交流平台，以开展座谈会、现场参观和参加商贸洽谈会等形式，加强企业之间交流。落实国家、市、区相关政策法规，帮助企业申报各类资金。发放农业支持保护补贴1928户，补贴面积2018.39公顷，补贴金额304660.08元。退耕还林直补157户，面积105.42公顷，金额19.77万元。

【街村建设】 完成温泉酒店周边、璧玉雅苑、养鱼二社还建房、金科等部分楼栋立体绿化示范街区建设，栽种植物2500株，绿化覆盖面积1000平方米。落实城中村改造工作，升级改造还建房小区绿化面积7500平方米，完成1座星级公厕和两山秀苑生态停车场建设，仁和路修建市民休闲健身小广场。投入维修整治资金120万元，疏通维修管道73处、整治排污箱涵9处、修复井盖217处、修复水篦子223处、维修人行道板35处、维修道路路面32处、整治排水42处、改造污水管网52处。整治存量违法建筑235起13546平方米，巡查新增违法建筑53处3798平方米。

【环境建设】 助推国家生态文明建设示范区创建成功。河长制全面运行，落实18名专兼职巡河员的巡查队伍，开展一河一档底数清理；推动83口山坪塘32个养鱼池水质达标治理，山坪塘停止渔业养殖；完成放水清塘10口；清除11口山坪塘枯死水草1.6万平方米；完成污染严重的颜家堰塘底清淤；20口山坪塘采取绑扎三角框种植浮生植物，3口栽植挺水植物。修缮各类污水管网破损、渗漏60处。巡查建筑工地扬尘500次。开展禁烧宣传12920人次，发现并制止230起焚烧秸秆、杂物及垃圾行为。验收餐饮环评569家，完成1171家餐饮油水集中整治，红宇大道、南门唐城、石堡街等餐饮集中区域安装视频监控45个。不定期抽检辖区2个农药店和2个鱼药店售药情况，督促9户蔬菜种植大户和13户果树种植大户对施肥、施药情况做好生产记录。整治重点地区夏季臭氧污染源26家，规范化整治农贸市场7家，打造标准化农贸市场5家。处理环保投诉132件次，群众满意率96%。完成工业巡查113次，54家企业建立“一企一册”档案，规范整治工业排污企业5家；关停“三高”企业8家，整治14家。加强农村集体土地监管，制止违法用地5起，拆除违法建筑2起。

【民生建设】 推进国家食品安全示范城市创建工作，开展食品药品巡查整治2240人次，发现和消除安全隐患340家次，处置举报投诉62件，立案查处违法行为44起，罚没26万元。落实建卡贫困户11户29人帮扶措施，精准扶持稳定脱贫。兑现、发放、办理各类扶助资金、补贴812余万元。

图表4 图为生态巡查现场

（连宏宇 摄）

办理小额贷款131户1333.8万元，放贷126户1188.8万元，带动就业286人。建立“零就业家庭”消除工作长效机制，实现充分就业社区全覆盖，城镇登记失业率控制低于3%。农转非养老保险参保率100%；城乡居民养老保险参保率高于95%，城乡居民医疗参保54089人。新增健身路径2条2350米。辖区13200名群众电话号码录入气象信息通信库，实现重大气象预警信息全覆盖。完成“一户一表”改造400户，实施怡和景苑等4幢高层400户居民的“二次供水工程”。拆迁房屋2万余平方米，发放拆迁补偿资金5081万元、过渡费7880.6万元，办理还建房产权证5万平方米。办理生育服务证、再生育服务证1000份。安全工作：排查各类矛盾纠纷174件，化解166件，化解率95%；化解信访积案3件，完成网上代理信访77件，未发生到市进京非正常个访和集访。完善“543”社会治安防控体系。20名队员组成应急处突队，配合派出所民警处理噪音扰民318起，执行勤务285起，帮助老人、小孩、受伤群众解决困难等44次，抓获各类违法犯罪嫌疑人113人，追回被盗摩托车20辆、手机15部，协助民警破获刑事案件171件。强化社会面视频监控建设，新增社会面视频监控摄像头152个。刑事发案总量709件，下降11.48%；侵财类案件下降13.44%；可防型案件下降11.32%。制订公共突发事件应急救援总体预案和27个子预案，成立街道应急救援指挥部和13支社区应急救援志愿者队伍，储备价值超100万元的应急物资和装备，通过“市级应急示范创建回头看”验收。检查生产经营单位、场所1520家次，完成隐患整改168起，整改率99%。开展危险化学品和烟花爆竹打非治违，组织集中执法行动7次，出动执法人员60人次，检查生产经营单位57家，发现隐患53处，整改隐患53处。筑牢消防安全屏障：投入资金200万元，增设125个室外市政消火栓；改造辖区消防设施老旧建筑10栋。审批农房28户，排查农村危旧房97户，送达危房通知书57户，为8家农村贫困户进行租房过渡。与辖区内50家企业签订安全生产和环境保护目标责任书。开展乡村道路安全隐患排查整治，排查288次，发现并处理隐患10个；整治强行报废黄标车43辆；开展道路交通安全联合执法36次，查处交通安全违法行为796件。检查辖区营业游泳池7家，发现问题并关停2家。完成农产品监测任务312个。投入30万元，整治地质灾害3处。

开展“市第五次党代会”文艺宣传演出活动2场、中共十九大“六进”文艺宣传演出活动2场、“深入生活、扎根人民”服务基层活动3场、“中国梦·巴渝风”系列群众文化活动3场、“奉献人民·放歌巴渝”主题实践活动3场、禁毒文艺演出活动12场。计生民生政策：兑现各类计生惠民资金103万元，结对帮扶计生特殊家庭89户132人；辖区医疗卫生机构9个，开展家庭医生签约服务57301人，覆盖率32%，建卡贫困户与计划生育特殊家庭均实现签约全覆盖；农村妇女“两癌”筛查完成目标；与所有肇事肇祸严重精神障碍患者建立“一对一联合服务管理小组”，在库精神障碍患者100%参加精神评估；第三方调查公共卫生服务群众知晓率78%。

【基层党建和精神文明建设】 强化政治功能。深入学习贯彻中共十九大精神：搭建“四学、三进、两赛”立体学习平台，配以户外宣传、活动宣传、主题宣传等三大宣传形式，打好“组合拳”；机关干部统一学习3次，中心组学习6次，社区党员干部学习24次，开展进小区、进院坝、进企业宣传活动22场次，开展知识竞赛1次。落实“两学一做”学、做、改：整改街道党政领导班子集体问题7条、个人问题38条；整改社区班子集体问题78条、个人问题234条。创新服务功能：探索推进城市基层党建，实现城市基层党建网格、社会治理网格、安全生产网格、意识形态网格、卫生计生网格等“多网融合”；划分56个网格，配备56名网格长，236名网格员，统筹抓好辖区内城市基层党建和社会治理。按照“家门口、指尖上、一体化”服务体系要求，启动建设“互联网+党建+社会治理”信息平台，运用大数据中心分析研判社会治理。探索建立三级联席会议制度：单位党组织、非公党组织、社会组织共驻共建，实现一体化资源共享机制，共商共议社区管理。开展群工系统“线上”和“线下”“订单式”服务，帮助群众1080人次，解决事项1544件（“线上”帮助410人次，解决事项562件；“线下”帮助670人次，解决事项982件）。党建重点工作：机关支部由11个整合为6个，定期开展“三会一课”“支部主题党日”活动；抓非公企业和社会组织“两个覆盖”，集中排查4次，新增党员137名，非公企业党组织覆盖率90.07%；整顿鹰嘴后进基层党组织，下派第一书记，解决突出问题4个；发展党员13个，收缴党费9万元。（周钦焱）

青杠街道

【概况】 青杠街道地理位置为北纬29°28′18″，东经106°13′52″。位于重庆市以西、璧山区南部，东邻九龙坡区、江津区，南接来凤街道，西界大兴镇、正兴镇，北连璧泉街道；距重庆主城区23公里，距璧山城区13公里。辖区面积46.45平方公里，其中耕地面积853.6公顷。场镇规划面积9.5平方公里，建成区面积约7平方公里。辖6个村7个社区，121个村（居）民小组。年末户籍人口41607人，其中非农业人口30196人；辖区常住人口约7万人。

成渝高速公路、国道319线、黛山大道等多条高等级公路穿境而过，成渝高铁璧山站设立在青杠。基础设施完备。有110千伏变电站2座和220千伏变电站1座，有日供气8万立方米天然气站1座，日供水2万吨水厂1座。

规上工业96家，总产值352.15亿元，同比增长16%。营业收入346.73亿元，利润总额24.7亿元。全社会固定资产投资（不含高新区部分、不含跨区域投资、不含部门直统数据）27.9亿元。非公有制企业1492个，从业人员65605人。粮食总产量4731吨，蔬菜产量9629吨，水果7020吨，水产1388吨。农业总产值5537万元，增长15.02%；农村常住居民人均可支配收入18031元，增长10.5%。

财政总收入7.05亿元，增长17.02%；税收收入7.02亿元，增长17.01%；地方财政收入0.8亿元，增长7.2%。

中小学校4所。其中，青杠初中在校学生1308人，在职教师116人；青杠实验小学在校学生2601人，在职教师124人；中兴小学在校学生780人，在职教师38人；青山小学在校学生628人，在职教师25人。

医疗机构4所。其中，青杠街道公共卫生服务中心床位30张，专业医护人员45人；青山医院床位50张，专业医护人员45人；重医大附一院青杠老年护养中心床位522张，专业医护人员45人，护理员94人。

常住含漏统人口出生率12.87‰，同比下降1.76‰，其中，符合政策生育870人，政策内生育率99.09%，上升1.71%。死亡320人，死亡率4.69‰。人口自然增长率8.18‰。

中国银行、中国农业银行、中国工商银行、中国建设银行、重庆农村商业银行、重庆银行、邮政储蓄银行等7家银行在青杠设分支机构，各项存款余额25.87亿元，增加13.68%；居民储蓄存款余额23.41亿元，增长11.27%；贷款余额7.8亿元，减少5.24%。

【经济建设】 （不含高新区）工业企业总数239家，从业人员3424人；亿元级产值工业企业61家。限额以上批发零售业8家，销售额4.41亿元，下降7.1%；限额以上住宿餐饮业10家，营业额2.59亿元，增长22.3%。走访企业460家次，收集建议和意见43条，帮助32家企业解决37个实际问题和困难。组织262家次企业参加各类政策和管理知识培训。组织80家企业参加国家、市、区级资金申报工作；恒贤、仕佳、瑞通等15家企业获重庆市2017年民营经济发展资金；顾地、瑞普、神舟等11家企业获重庆市2017年工业振兴专项资金。指导兴富吉、青竹、福顺等39家企业申报璧山区2016年小型企业发展扶持资金；指导豪能兴富、利川、顺淮等6家企业申报璧山区2017年民营经济发展资金。

【街村建设】 完成6条9.9公里农村公路路面改造工程；投入46万元，完成青老路安保工程；投入30万元，完成11条硬化公路（26公里）美化工程，栽植美人蕉9.5万株；投入19万元，完成莲花村上八斗和石河莲家沟山坪塘整治工程；完成沙坡村、梁山村大灌区3.4公里渠道建设；投入22.34万元，完成大森农村人饮工程管道改造工程；投入3万元，改造提灌站3处；筹资75万元，新建人行便道2.3公里、生产便道3.2公里；投入190万元，完成中心敬老院达标改造工程；配合高新区完成缙云路升级改造工程和滨河西路人行道升级改造工程；投入86.28万元，完成城区路面维修工程；筹资190万元，购置高压洒水车、扫地车3辆；新购市政维护三轮车1辆、环卫督查电瓶车4辆、河道清漂船2艘；投入180万元，扩建并投用市政环卫基地2座；新建生态停车场5个，新增停车位657个；建成投用星级公厕2个；投入300万元，建成占地10万平方米的生态公园1个，建成2200米河西休闲绿化长廊、1800平方米滨河小公园，实施2200平方米高速路下道口、1000平方米滨湖路绿化建设，新增城区绿地约20万平方米，新增居民楼院立体绿化850盆，城市建成绿化覆盖面积35%。

配合高新区启动棕树水库大坝2万平方米土地租用；完成铜罐驿长江提水联通工程青杠段8万平方米土地租用的丈量、构附着物清理、补偿发放；配合区交委、区建委分别启动黛山大道南延段和金凤隧道西延段土地征收；实施高新区在原棕树村4、7组和原新裕4组59.6万平方米土地征收；启动莲花村5、6、7、9组53.8万平方米征地拆迁；完成中兴安置区一期、杨柳安置区自建房260户分证办理和中兴安置区二期自建房房屋总证办理；完成5万平方米的塘坊经济适用房建设和销售，安置征地拆迁群众1415人；完成清明经济适用房附属工程建设及房屋销售准备，计划安置征地拆迁群众1164人。

【环境建设】 深入开展农村生活垃圾治理，新建阳光堆肥房1座、农村垃圾台106个，新建院落收集点87个，新增院落垃圾桶255个；聘请农村专职保洁员16名，全天候负责农村环境卫生；莲花村农村生活垃圾分类治理工作成为全区示范点。从污染源上持续加强管控，对已关停的养殖场开展长效监管，巩固辖区14户养猪场和中兴屠宰场整治成效，关闭和达标整治"三高两违"企业18家，对已关停的违法用地企业5家安装视频监控实行实时监管。综合整治农（集）贸市场3个，综合治理挥发性有机物企业24家，39家废水排放企业规范化建设排污口。审批新改建餐饮单位100家，整治达标餐饮单位398家。建立违法建设长

图表5　图为新建的璧南最大生态公园

（曾清龙　摄）

效巡查机制，开展野外焚烧巡查。编制辖区108口山坪塘、64口养鱼池、2座水库水质达标整治方案，签订59户鱼池水质达标（关停）协议，协议解除山坪塘养鱼协议39口，完成蛋鸡场达标整治1家。全面推进河长制，完善街道、村（社区）两级河长体系，建立健全推行河长制各项工作制度，聘请5名专职河道管理员和4名兼职雨污管网巡查员，负责河道和雨污管网巡查。

【民生建设】 社会救助工作：发放3766人城乡低保金141.2万元；发放180人特困人员补助136.43万元；发放1238人80岁以上高龄老人营养补贴85.8万元；发放61人失能老人、孤儿、困境儿童补助补贴18万元；发放274人民政优抚对象补助282万元；发放75人困难群众、民政对象临时救助金34万元；发放4户贫困残疾人危房改造补助6万元；发放20人阳光家园居家托养补助2.4万元；发放460人贫困残疾人生活补贴7.2万元；发放1221人护理补贴19.42万元；向各类计生奖扶对象870人发放奖励扶助金103万元；向特别扶助对象73人发放扶助金41.94万元；向中年丧子户36人发放救助金25.92万元；向区扶助对象58人发放生活金12.36万元。

举办2017年春季企业用工现场招聘会，帮助辖区企业招聘员工386人；30556人参加城乡合作医疗保险，筹资金额434万元，参合率96%；发放小额贷款36笔375万元；为188名“4050”人员申报办理社会保险补贴82万元；解决京蔚机械、星极齿轮、塘坊经适房等15起复杂劳资案件，为农民工追回拖欠工资约500万元。

扶贫帮扶：更新完善辖区106户农村建卡贫困户帮扶责任人，落实年度内对贫困户4次走访制度；统筹区级产业扶持资金，对2017年新增的14户贫困户发放生产物资，为贫困户提供爱心公益岗位6个，发放生产扶持资金3万元。

安全生产：落实安全生产“一岗双责”责任制，建立健全安全监管隐患排查台账，实现安全隐患排查和整治动态化、常态化管理。检查单位3795家（次），排查隐患2055处，其中立即整改1637处，限时整改418处，下达整改指令书12份。强化企业安全环保管理与监督，检查企业521家，发现安全隐患723处，整治隐患698处，关闭违法生产企业23家；开展环保巡查1300次，处理环保投诉5件，完成39家工业企业的排污口验收，将小微企业纳入日常监管。开展“打非治违”专项整治、成品油综合治理专项整治、“渝安2号”专项行动和“三高两违”专项整治等，整改消防安全隐患48处，没收烟花爆竹3箱29件，作出停电处理企业7家，整治“三高两违”企业9家。

民主法治：完善治安防控体系，各村（社区）主要路口安装摄像头39个；以购买服务的形式聘用专职巡逻队员35名，组建兼职巡逻队伍13支，开展巡逻1480次。开通使用综治E通，建设网格化服务管理信息系统，完成辖区“两实”信息采集，发放综治E通客户终端43个。网格化服务管理系统导入户籍人口60973人，流动人口22040人，房屋信息28978套。区级（B）类挂牌地区—大兴社区摘牌，发案率下降36.06%。完成十九大期间信访稳定任务，未发生进京到市非访。完成区信访信息系统件115件，化解市、区交办积案4件。

组织开展以“我们的中国梦·文化进万家”为主题的迎春文化活动5场，文化服务进基层文艺演出12场，放映电影12场，展览6场；建成石河、塘坊、棕树综合文化服务中心；组队参加区第一届运动会，获团体第四名、镇街第三名。开展家庭医生签约服务23008人，覆盖率40.5%；孕前优生健康检查278人；农村妇女“两癌”筛查完成2243人；第三方机构评估调查基本公共卫生服务群众知晓率90%，居全区第一。

【基层党建和精神文明建设】 “两学一做”学习教育常态化和制度化，基层党组织全面开展支部

"主题党日"活动，建立村（社区）党建工作月度推进会和非公企业党建工作季度推进会机制，改进村（社区）党建和非公企业党建工作考核办法。按时足额下拨党组织活动经费和村（社区）办公经费；"主题党日"安排活动经费13万元，完善村（社区）便民服务中心功能及周边环境打造。推行"订单式"和"下沉式"服务工作法，为317户特殊困难家庭提供长期固定服务。两次公开选拔14名优秀本土人才到村（社区）挂职。发展预备党员15人，转正党员14人。配合区委组织部拍摄录制先进基层干部事迹电教片《我的沙坡村·我们的杨书记》。受理群工系统反映事项644件，办结率100%，满意度99.7%。报送党建网络宣传文章218篇。其中，在共产党员网等市级以上平台刊载159篇，多篇评为市级以上优秀等次。报送工作信息150条、舆情信息270条，各媒体网站上稿158篇条，《重庆日报》、重庆新闻联播等市级媒体上稿14篇，宣传文化动态采用率为全区第一，党委信息采用率为全区第三。提升非公党建网站建设水平，发布信息480条，区级网站采用信息40条，4个非公党建网站评为区级优秀网站。开展梦想课堂36堂，梦想沙龙1场，志愿服务活动130场，志愿者实名注册人数5329人，建立村居志愿者服务工作站12个。制定党风廉政建设"两个责任"清单，签订《党风廉洁承诺书》8份，约谈党政领导、二级机构负责人、一般干部、村社区干部及村居民小组长299人次，实现约谈全覆盖。采取讲解职务犯罪典型案例等形式，警示教育村社区干部和村居民小组长201人；明确村社区纪检委员及职责，制定《青杠街道村级财务实用手册》。紧盯重要节点，交叉检查督查，对辖区内酒店、茶楼、农家乐等明察5次、暗访8次，检查公务用车5次。（周绍全）

来凤街道

【概况】 来凤街道位于北纬29°27′60″，东经106°14′12″。地处璧山区中南部，东临江津区，南接丁家街道、健龙镇，西界正兴镇、大兴镇，北连青杠街道。境内有九永高速公路、成渝高速公路、国道108线3条交通大动脉。九永高速公路来凤下道口位于来凤街道四平村，距来凤场镇2.2公里。黛山大道南延段来凤辖区7公里，一期工程建成1.4公里。黛山大道南延段规划建成通车后，与成渝城际铁路以及轻轨1号线璧山延伸段（建设中）和渝遂高速互通。形成高速公路、城际铁路、轨道交通立体交通网络。

辖区面积44.48平方公里，场镇建成区面积约2平方公里，其中耕地面积1365.07公顷，森林面积833.33公顷。城镇规划区总用地面积90.17公顷，其中规划城市建设用地面积84.37公顷，规划居住人口1.17万人。辖3个社区，10个行政村，116个村（居）民小组。有党组织33个，党员1378人。户籍人口36033人。其中，农业人口13691人，非农业人口15148人。常住人口31710人，符合政策生育208人，符合政策生育率达99.5%。

有市（区）级文物保护景点4处，旅游从业人数占本地就业总数30%；大型酒店餐馆10家，宾馆等休闲场所6家；结合乡村旅游发展的休闲农业企业35家，占地666.67公顷。

中学1所，小学1所，高等职业学院1所，卫生院1所。来凤中学占地面积97983平方米，校舍面积60948平方米，教学班98个，学生5500人，教职工403人，专任教师390人。来凤小学有教职工75人，学生1236人，其中鹿鸣片区教职工24人，学生310人。重医护理职业学院占地20公顷，设护理、助产、康复治疗技术、老年保健与管理、社区康复5个专业；有专任教师93人，其中具有高级职称教师26人，研究生学历教师36人；在校生近2000人。来凤中心卫生院占地面积0.8公顷，业务用房7934平方米；在职职工75人，离退休职工52人。

金融机构3个，即农业银行来凤分理处、农

村商业银行来凤分理处、邮政储蓄来凤营业所。

【经济建设】 加强一、二、三产业融合发展，为3家农业企业融资170万元；新增土地流转13.33公顷，引进各类农业企业2家。完成工业总产值10.2亿元，规模工业总产值8.7亿元，全社会固定资产投资13.5亿元。内资投资额2283万元，进出口额2087.5万元。财政收入6367万元，完成年度目标任务118.3%。工商税收5535.9万元，完成年度目标任务118.1%。街道企业410家，从业人员4722人，总产值15.8亿元。微型企业105家；规上工业11家；限上商贸企业7家，企业产值19076万元。

农村居民可支配收入17297元，增长9%；城镇居民可支配收入35978元，增长9%。农业总产值26618万元。粮食总产量10139吨；水果面积578.4公顷，产量7339吨；蔬菜面积1130.6公顷，产量38042吨。

【街村建设】 启动九永高速连接道沿途绿化和风貌改造工程，实施丝厂片区和小桥街片区危旧房改造。完成璧南河河堤翻修整治。实施翰林公园、滨河公园2个生态公园建设；完成生态停车场道路硬化改造，建成人行便道22公里，补植行道树2300株，安装太阳能路灯45盏。新增天然气用户250户，实施3个村农村人饮管网改造，整治山坪塘15口。完成泥结石路3.6公里。完成璧南河孙河段河堤翻修整治、来凤小学排水涵疏通。改造新七村、普新村、鹿河村农村人饮管网，整治山坪塘15口。完成璧南河段安乐段整治土地清理、河堤混凝土浇筑。森林“三防”工作：统一修建焚烧池6处；发放森林防火宣传单1500份；清理坟场、农家乐、庙宇等重点部位隔离带面积近1万平方米。

【环境建设】 “三高两违”整治：关停搬迁29家违法占地企业；实施场镇违法建筑整治拆除3.5万平方米。水系监管整治形成机制。全面推行河长制，推动水系污染治理常态化；摸清辖区全部水库、山坪塘、养鱼池基本情况。鹿鸣垃圾中转站主体完工。建成农村生活垃圾收集点400个。3座公厕达到三类建筑标准。改造居民楼垃圾通道200处。取缔非法户外广告150处。

【民生建设】 完成璧山区特困人员第六养护中心改建，建成东街社区养老服务中心。完成重医护理学院安置房主体工程，清明安置区分房到户，发放各类拆迁安置费6700万元。城镇新增就业1618人，受理就业再就业小额贷款17笔315万元。新增居保人员132名，城乡居民养老保险参保人数16630人。保障农民工权利，帮助追回拖欠工资10万元。为城乡低保4300户次7100人次发放低保金106万元，为各类民政、优抚对象发放补助490万元。新增计生奖扶人员223例，育龄妇女孕前优生检查94人。实施农村残疾人危房改造2户、无障碍改造8户。推进脱贫攻坚，14户39

图表6 图为四平村村民在大棚种植现场劳作

（周海瑞 摄）

名困难群众脱贫；1个区级基础设施相对薄弱村农业水利基础工程、人饮提升工程进入设计阶段。

开展“流动文化服务进村”文艺演出20场，开展“送电影下乡”活动，播放爱国主义题材电影和喜剧电影100部。依托“来凤乡村音乐舞台”，组织举办春节文艺晚会、庆“三八节”文艺演出、庆六一少儿歌舞文艺会演等多次文艺活动。完成辖区内4000志愿者录入，组织开展学雷锋等志愿服务活动100次。

【基层党建和精神文明建设】 新发展党员7名。开展中共十九大精神集中学习5次，开展专题宣讲16场次，召开群众宣讲“院坝会”50余次，专题宣传文艺演出2场，“来凤驿家人”微信公众号定期推送学习内容50余条。开展讲党课205次，2名党组织书记在全区讲党课比赛中分获一等奖、三等奖。加强基层党组织建设，整顿转化四平村党支部、花园社区党委2个区级后进党组织，群众满意率分别提升到94%、100%。完成非公党建“两个覆盖”任务要求，非公企业党组织覆盖率86.79%。建成区级“双强双带”示范党组织1个。群工系统全受理群众反映事项607件，办结602件，办结率99.1%，满意率100%。组建13支驻村（社区）工作队，开展“订单式”“下沉式”服务，走访入户0.3万次，发放联系服务卡1.6万张，解决群众问题762件。开展重点工作专项督查和重要节点专项督查36批次。廉政约谈和提醒约谈各类党员干部共383人次；通报批评7人次和3个单位；利用干部大会开展批评教育25人次。

（胡忠明）

丁家街道

【概况】 丁家街道地理位置为北纬29°24′27″，东经106°08′43″。地处璧山区南部，东连来凤街道、健龙镇；南接广普镇、三合镇；西界永川区大安街道；北邻正兴镇。距璧山城区26公里，重庆市区32公里。辖区面积8533公顷，其中耕地5218公顷。城区规划550公顷，建成区380公顷。辖16个行政村，3个社区，142个村（居）民小组。年末户籍总人口66279人，常住人口75689人，其中外来人口10857人。

街道交通区位优势明显，成渝高速公路、九永高速公路、渝隆路、丁广路、丁正路、丁健路在此交汇。

2017年，工业总产值32.15亿元，工业固定资产投资17.235亿元。非公有制企业1092个，从业人员33862人，总产值47亿元。财政收入9849万元，同比增长10%。其中地方财政收入1985万元，增长9.5%；工商税收9438万元，增长10.3%。有金融机构4家，营业网点9个，各项存款余额18亿元，增长3.7%；贷款余额6.51亿元，增长11.7%；居民储蓄存款余额16.96亿元，增长6.7%。农业总产值57332.74万元，增长2.3%。农村常住居民人均可支配收入17948元，增长10.4%。城镇常住居民人均可支配收入36953元。

医疗机构2所，正式职工188人，临聘职工171人，实际开放床位763张。中学2所、小学3所，在校学生5248人（初中1436人），在岗在编教师356人（初中130人）。幼儿园11所，幼儿教职工166人，在校幼儿2122人。

全年出生人口713人，死亡552人，人口出生率10.7‰，死亡率8.3‰，自然增长率2.4‰，符合政策性出生693人，符合政策性生育率97.19%。

【经济建设】 实现一般公共预算收入9849万元，增长10%。固定资产投资17.24亿元。工业经济发展：规上工业企业20家，工业企业总产值28.8亿元，列全区第3位。关停2家高能耗企业（镕佳钢铁厂、江卿机械）；协助鹏程、洪肯等工业企业升规。农业农村：花卉苗木种植面积1667公顷，规模化种植1000公顷，品种400个；有苗木、园林单位280家（其中国家一级园林企业2家、二级企业3家、三级企业4家）；有龙头企业10家（国家级1家、市级1家、区级8家）；种植儿菜1533公顷，种植中药材13公顷，大棚规模种植蔬菜67公顷，种植葡萄100公顷；新建生态畜牧养殖业项目4个、特色效益项目2个（生姜、花椒调味品）；依托花卉苗木基地和历史文化底蕴，打造“立山寺—莲花坝”乡村旅游核心区建设。完成立山古寺恢复重建，打造岩崖石刻、风情游乐园。

图表7　图为石垭村花卉苗木

（丁家街道　供图）

【街村建设】　完成沙堆民生片区控制性详细规划编制工作和辖区16个村居的现状分析和规划指引；投入300万元完成三级污水管网改造；投入60万元完成迎宾大道白改黑；投入40万元完成丁健路破损修复、苗木连接大道断头路硬化、定林污水管网破损抢修等市政基础设施建设；改造和拆除违法建筑1.68万平方米；完成九永高速丁家段征地拆迁，房屋拆迁152户，人员参保1060人；开展“创国卫”，改善场镇秩序和市容市貌；打造璧南商业第一街，15万平方米的璧南商业中心成形；建设居家养老公寓1个，乡村特色农家乐5个，垂钓生态鱼塘16个，安装太阳能路灯103盏，修建泥结石路4公里、人行便道26公里。

【环境建设】　生态创建：完成公路、水系绿化，新增绿化面积13公顷；完成25家工业企业污水排放口规范化整治；13家养殖场的整治；完成7个市级生态文明村（石垭村、黉学村、龙安村、天灯村、三五村、高古村、竹林湾村）创建。环境综合整治：完成标准化四车位和二车位各1座垃圾收集站建设；投入500万元新增环卫车3辆；新建农村垃圾收集点200处，增设垃圾桶600个，配备三轮垃圾收集车18辆；出动执法人员4000人次，整治骑门摊、游摊等违章占道行为800处，拆除违规店招店牌60块，纠正车辆乱停乱放2500次，清除牛皮癣小广告8000张；完成建成区生活垃圾6000吨、农村存量垃圾4000吨无害化处理，处理率100%；清理背街小巷陈年垃圾200吨，清掏整治公共区域化粪池50个。

【民生建设】　完成新民村、竹林湾村农村饮水安全工程建设。完成2016年C、D级危房改造工程的验收和审计。完成山坪塘整治24口，新建人行便道5.5公里、生产便道16.86公里、机耕路整治1.72公里，安装太阳能路灯123盏。完成改厕545户，正在改建55户。总投资600万元的黉双公路、肖佛公路路面工程的二次招投标工程开工。社会事业：发放城镇、农村低保3521931元；发放特困人员、孤儿等救助金4908600元；发放各类生活补助557627元；发放80岁以上老人营养补贴1239450元；贫困残疾人危房改造26户，补助39万元；家庭医生签约14227户39604人；筛查“宫颈癌”1100人、“乳腺癌”625人；申报生育关怀基金4户，领取105000元；发放低保就业等各类补贴51684元；申请再就业小额贷款44人次473万元；指导帮助登记失业人员338人再就业；为66户104人次申请廉租住房补贴；完成城乡居民医疗保险55981人、养老保险34190人参保；指纹认证8327人次，为149名行动不便的退休人员上门资格核查；处理劳资纠纷6宗，涉及工人52人，追回拖欠工资10万元。社会治安综合治理：投入100万元建立群防群治的“四级巡逻网”和视频监控网；破获各类刑事案件118起，其中重大案件12起，一般刑事案件106起，抓获各类犯罪嫌疑人35名，抓获网上逃犯3名；受理矛盾纠纷85件，调处成功85件；化解市级积案1件，区级积案2件；调解纠纷178件，调解成功率超过98%；排查邪教“法轮功”“全能神”“门徒会”“中功”人员56名，全部落实巩固帮教措施；接收刑释解教人员42人，康复帮助41人（吸毒康复人员21人、社区帮教人员20人）。安全生产监督管理：实现全年零死亡目标，规上企业安全生产工作通过国家抽验、“回头看”验收，完成14家企业职业卫生复检；全年检查企业149家次，发现隐患57条，已整治52条，整改率91.2%；开展“农村道路交通安全”专项整治，排查并整治隐患13处；查处违反交通法规行为380起，三轮车违法行为200件；对辖区5个地质灾害点制定警示牌、避险明白卡并组织地灾应急演练；整治赵家湾滑坡点；专职消防队出警200次，其中救援、取马蜂窝146次，火警58次。

开展到基层演出活动41场次，放映电影110场。完成19个村（社区）农家书屋的配送和农村文化信息资源共享工程基层服务点建设。在丁家立山寺成立大傩舞传统技艺传习所，完成《非遗中国·重庆瑰宝》璧山大傩舞电视纪录片及有关活动的拍摄工作。完成市级文物保护点“林家祠堂”修缮。组队参加区第六届运动会，获金牌4枚、银牌2枚、铜牌3枚，团体总分列区街镇组第五名。以“创卫”和“创建国家食品安全示范城市”促进街道食药事业健康发展：对重点区域检查1568家次，处理来电信函投诉5宗，发出责令整改56份；立案并结案4宗，罚款110900元；完成快速检测131批次，不合格件数14件，下达执法意见书14份；受理各类审批事项418件，均按时办结。

【基层党建和精神文明建设】 突出基层党组织政治功能：利用党员远程教育、“12371”党建信息平台、党员QQ群、微信群等载体，满足党员多样化学习需求；依托主题党日活动，规范组织生活；开展讲党课集中观摩评选活动2次；对市级贫困村三五村和后进党支部高古村，选派街道领导担任第一书记，成立工作领导小组，派出驻村工作队；发展党员13名，培养入党积极分子16名。落实党风廉政建设，转变工作作风：廉政约谈班子成员9名、村支两委成员155名、科室负责人17名以及新任纪工委委员、外出培训学习人员；组织村社干部245人到重庆市九龙监狱，接受廉政警示教育；点名批评干部4人，书面检讨4人，谈话提醒7人，通报批评2人，党纪处理2人。发挥基层党组织服务功能，零距离服务群众：规范街道两级服务中心建设，落实首问责任制；群工系统办理事项839件，办结834件，办结率99.4%，满意822件，满意率98.6%，完成民事代办55件。完成各项宣传任务，市级媒体上稿7篇，《工作通报》《璧山报》《宣传文化动态》《璧山公众信息网》等介质采用100篇。开展“梦想课堂”活动25场，志愿者服务43项。

（丁家街道）

大路街道

【概况】 大路街道地理位置为北纬29°43′36.62″，东经106°13′12.41″。地处缙云山和云雾山之间，东邻沙坪坝，西接铜梁，南界河边、璧城，北连七塘。距璧山城区19公里，重庆主城区26公里，重庆大学城15公里，北碚区20公里，铜梁城区15公里。是璧山北部中心城镇，辖14个村、3个社区，辖区面积116.22平方公里，其中，耕地29平方公里，林地47.5平方公里。城市规划区7.9平方公里，建成区3.56平方公里。

2017年，财政总收入11461万元。其中，工商税10629万元，本级财政收入2047万元。工业总产值132414万元。规模工业总产值132414万元。固定资产投资179270万元，同比增长29.6%。限上法人批零销售额44129万元，增长10.1%；限上法人住餐营业收入8639万元，增长16.7%。辖区民营企业200家，规上工业企业16家，从业人员7000人。农业总产值23974万元，增长0.05%；粮食总产量21457吨，增长0.31%。农村常住居民人均可支配收入17275元，增长10.4%；城镇居民人均可支配收入36464元，增长8.9%。

金融机构3家，网点7个。敬老院4所。医院1所，执业医师16人，助理医师10人，护士11人（其中临聘3人），药剂人员4人，医技人员8人，公共卫生人员9人，后勤管理人员8人。学校6所（中学2所、小学4所），在职教师369人，幼儿园8个。户籍人口62376人，常住人口50784人，其中非农业人口1.83万人。全年出生人口493人，符合政策生育率99.2%。

【经济建设】 与璧山同心易田电商有限公司合作，建成大路街道电商服务中心。全年入库成为科技型企业14家，14家企业申请发明专利18件、实用新型专利35件。引导特奇机电、富易达科技等13家企业技扩改；引导4个规模工业升规、2个批零企业升限。指导协助天福、源丰2个企业获民营专项补助资金约30万元。新增蔬菜种植面积2000公顷。其中，七蕊黄花种植基地166.67公顷，大五星枇杷基地66.67公顷，渔业基地200公顷。获“三品”认证种植面积2270.4公顷，其中，无公害农产品种植面积1854.53公顷，绿色农产品种植面积200公顷，有机农产品种植面积7.93公顷，“三品”认证率为66.81%。乡村休闲旅游和青龙湖景区接待游客80万人次，旅游收入2500万元。

【街村建设】 投入200万元改造六合社区人行道2000平方米、场镇公厕3个，维修破损路面2200平方米、污水管网400米。投入100万元，实施大塘路、左家坎垃圾场环境整治，新增绿化面积3000平方米。加强市政建设维护，更换水篦子72个，井盖20处，新建消防栓14个。完成接龙二车位垃圾收集站污水管安装。完成23口山坪塘建设。完成120户农村卫生厕所建设。投入290万元完成团坝敬老院达标改造。建成占地300平方米的生态停车场。新建农村公路12.2公里。

【环境建设】 创建市级生态文明建设示范街道，福里村等13个村（社区）创建为市级生态文明建设示范村（社区），团坝村评为国家级绿色村庄。辖区林木覆盖率69.2%，城镇人均公共绿地面积15.1平方米。成立生态河长办，配备173名保洁员和生态巡查员队伍，建立“三级”生态巡查督查制。完成环保督查项目，新修污水管网2公里，完成红石社区一体化提升泵及接龙社区污水管网改造。关停整治工业企业59家。完成108户

图表8 图为三担湖公园一角

（曾清龙 摄）

15200平方米存量违法建筑的拆违。投入230万元清除城乡存量垃圾3700吨，清理黑恶臭水沟17处，处置暴露建筑垃圾、生活垃圾3200立方米；完成团坝村阳光辅热堆肥房项目建设，农村生活垃圾收集率超过98%。11月，CCTV新闻频道专题报道阳河村人居环境。

【民生建设】 新增特殊对象临时医疗救助89人，发放救助金额约20.4万元；新增城乡特殊困难家庭建档483户，549人；新增医疗救助对象275个，撤销医疗救助对象288个；发放城乡低保对象661户991人397.7万元。上报农村计生奖扶299例，累计1895人；特扶13例，累计111人；奖扶、特扶准确率100%，及时率93.2%。发放独生子女一次性奖励3.48万元，国家特扶资金61.7万元，国家奖扶资金227万元，区级关爱金13.4万元，区级生活扶助金34.9万元。开展就业适应性培训90人次，新增就业人数1175人，失业登记人数231人，失业率低于3%；城乡合作医疗参保人数51399人，参保率94.4%；养老保险参保人数23013人，参保率81.2%。办理上级转办件65件、本级信访案件12件、网上信访代理85次，按时办结率100%。开展反邪教公益电影进村居、校园22场次，反邪教文艺巡演8场次，反邪教知识宣讲24场次，受益群众近万人。规范监控室建设，升级35套高清摄像机，新增摄像头38套。推进政府购买公共服务送基层活动：购买演出28场，开展培训6场，组织全民阅读宣传展览6场。开展食品药品安全行政审批许可，审批办理证件126件次，换证20件次，注销17件，备案23件次，持证率、备案率都超过95%。开展食品药品安全宣传活动8次，接待群众咨询2500人次，发放传单、宣传袋2万份，设立户外宣传专栏20块、宣传横幅30幅、创建知识标牌60块，发送创建宣传短信1500条；立案查处食品药品安全违法案件5起，罚没款4.1万元。健全卫生管理长效机制，家庭医生签约服务30661人，两癌筛查2225人，孕前优生检查115.5对。

【基层党建和精神文明建设】 利用中心组学习、梦想课堂、小城故事会等形式宣讲十九大精神121场次；落实党建“第一责任人”责任，形成基层党支部“主业意识”；通过群工系统、“订单式”服务、“下沉式”服务等渠道收集群众诉求767件，处理767件。履行管党治党责任，约谈党员干部40人次，诫勉3人，党内警告处分1人，通报批评3人；强化民族宗教场所应急管理，与17个村（社区）及3个宗教开放场所签订《民宗工作责任书》；在国家级、市级、区级媒体上刊登正面宣传报道100篇。（大路街道）

正 兴 镇

【概况】 正兴镇地理位置为北纬29°27′26″，东经106°8′9″。位于璧山区西南部，西接永川区金龙镇，南接丁家街道，东接来凤街道，北接大兴镇。距璧山城区23公里，距G85渝昆高速（成渝）丁家出口6公里。成渝城际铁路客运专线穿境而过。

辖区面积75平方公里，耕地面积24.67平方公里；场镇规划面积3平方公里，建成区面积0.91平方公里。辖12个村，84个村民小组；2个社区，5个居民小组。有党组织16个，党员1294人。镇公共服务中心1个，面积300平方米；便民服务中心14个，面积6670平方米。年末户籍人口40667人（乡村人口26634人，城镇人口14033人），常住人口28687人。

有派出所1家，卫生院1家，自来水厂1座，污水处理厂（站）3座，敬老院2个，集贸市场3个，粮站1个，兽医站1个，食品站1个，网络公司1家，电信公司1家，宗教场所（金堂村露德堂、沙塝村华佗寺）2处。有金融机构3家，营业网点5个；各项存款余额6.8亿元，同比减少16.26%；居民储蓄存款余额8.2亿元，增长1.74%；各项贷款余额6888万元，减少11.9%。

有学校3所，幼儿园6所（学校附设幼儿园2所，民办幼儿园4所），其中，初级中学校1所，在职教师44人，在校学生471人；小学2所，在职教师84人，在校学生1273人。全年出生人口329人，死亡403人，人口出生率8.06‰，自然增长率-1.81‰，符合政策性出生323人，符合政策生育率98.18%。

财政收入1568.5万元，完成全年目标任务的119.5%，减少8.41%。其中，非税收入125.5万元，完成全年任务的149.5%，增加161.93%；工商税收1428万元，减少10.6%。

图表9　图为沙塝村“五彩桂花”

（张承刚　摄）

工业总产值4.24亿元，减少29.8%。工业固定资产投资6000万元，减少14.29%。有企业82个，从业人员5582人，其中非公有制企业79个，从业人员5377人。粮食总产量17165吨，农业总产值3.45亿元。城镇居民可支配收入34380元，增长8.4%，农村居民可支配收入16798元，增长8.84%。

【经济建设】　镇内规模以上企业1家，其他工业企业38家，其中28家为实木家具加工企业。注册建材租赁企业300家，纳税420万元。引入和培育重庆润天河生态农业有限公司和花田牧歌2家。开展11个村村域现状规划编制和6个村土地利用规划，生态农业观光园、土特农旅产品物流园、水果种植园等一批未来的旅游项目纳入规划。建设正兴水生植物园和乡村体育公园。润天河、花田牧歌等一批乡村旅游项目初显雏形。投入390万元推进石院400公顷高标准粮油基地项目，其中核心区16公顷。新发展蔬菜基地100公顷，累计300公顷。蜜柚种植面积700公顷。新发展草皮66.67公顷，累计500公顷。

【镇村建设】　投入136万元，完成一期污水主管网2.1公里；投入368万完成二期工程。硬化城杨路0.6公里。完成13.9公里道路升级改造、场镇至露德堂1.1公里道路路面油化与3600平方米人行道板铺装。薛金路黄金桥工程进入验收阶段。安装场镇至露德堂路灯26盏，场镇摄像头32个。清理违规建筑15起，纠正违章乱停车辆380次，清除乱张贴“牛皮癣”500处。新修人行便道和生产便道24.7公里。新修和改扩建泥结石路17.88公里。大中型水库移民工程新修硬化村社公路4公里。整治山坪塘58口，新建山坪塘4口；整治电力提灌站2处；修建森林防火通道3.4公里；完成团结村、沙塝村、农村人饮提升改造工程。

【环境建设】　生态整治：设立生态河长工作专门机构，制定规范性文件7个，考核占全镇工作比率17%；集中督查4次，分行业领域督查72次，通报批评14个责任单位和2名责任人；规范整治企业22家，关停企业1家，注销企业1家，停产停业3家，搬迁1家；完成2家工业企业排污口专项整治；整治养殖场5家，关停不符合排污要求的洗车场3家；整治餐饮单位45家。投入资金520万元对正兴综合市场、祥和农贸市场、会兴农贸市场实施综合达标整治。投入120万元，为每个行政村聘请3名至5名保洁清扫人员（共43名）。新购垃圾转运车1台、农村垃圾转运三轮12辆；新设立垃圾集中收运点360个，新增垃圾桶1359个。开展“一河一档”调查摸底，整治精养鱼池69口、山坪塘202口。投入近20万元清漂梅江河河道18.3公里，砍伐两岸36.6公里倒伏竹木；投入2000人次，清理打捞漂浮物和沿河两岸垃圾1500吨。2017年，正兴镇通过国家级生态文明示范区考核验收，创建成市级生态文明建设示范乡镇；大面坡村、朝阳村、团结村创建为市级生态文明村；曙光村志愿服务队清理垃圾模式成为全区亮点；金堂村获住房和城乡建设部授予的全国首批“绿色村庄”。

【民生建设】 发放484户849人城乡低保金331万元。完善376名各类在册优抚人员基础台账，发放各类抚恤金、优待金389万元。为老龄、特困人员、残疾人、孤儿等民政对象发放各类补助452万元。城乡居民养老保险参保率99%，发放再就业小额担保贷款240万元。城镇新增就业人员680人，城镇登记失业人员就业144人，城镇就业困难人员就业36人，城镇登记失业率低于3%。农民工返乡创业就业143人，新增创业人数19人。落实扶贫资金300万元，实现稳定脱贫13户，精准识别23户，完成全镇建档立卡贫困家庭信息采集248户。完成改厕510个。免费孕前优生健康检查104人、“两癌”筛查1000人。开展企业、交通、食药等各类安全执法检查485次，行政处罚396件，封闭整治煤厂洞口2起，整改各类安全隐患324条。发放2016年危房改造补助260万元，摸底农村危房311户，申报D级危房76户。辖区刑事案件发案31件，下降32.6%；破案54件，提高5.6%；打击13人，提高15.4%。查处治安行政案件138件；调解社会矛盾纠纷233件，调解成功率99%；办结群众来信来访案件88件；重点疑难信访积案2件。化解积淀多年的生活垃圾填埋场安置、高铁经适房分房等民生重点领域信访突出问题。安装视频监控点位88个，完成企业内部防控网建设1个。采集人口信息36621人，住房信息12836户，新增突发事件预警信息发布平台用户19592人，发布政法综治平安建设信息42次。

开展十九大精神文艺进村演出活动4场、理论宣讲50场。结合精准扶贫、生态文明建设等主题开展各类文化惠民活动316场。完成5个村（社区）综合文化服务中心建设和14个村(社区)健身点建设。成功申报非遗纸扎工艺。收集整理区级文物保护单位卫寺镇遗址历史资料。计生政策、法律法规和健康优生优育知晓率85%，流动人口健康档案建档率77.92%。城镇人口家庭医生签约覆盖率超过30%，农村人口家庭医生签约覆盖率超过50%，重点人群家庭医生签约覆盖率超过60%，建卡贫困户和计划生育特殊困难家庭医生签约覆盖率均为100%。

【基层党建和精神文明建设】 把“学懂弄通做实十九大精神作为首要任务，查找、整改落实基层党建问题30个。开展“我与党旗合个影”“主题党日”“践行人生价值观”“党员冬训”等活动。推进“订单式”“下沉式”服务，全年受理群众反映事项712件，办结710件，办结满意率99%。开展后进党组织整治与建设，完成16个党组织和1294名党员基本信息采集。发展新党员6名。投入80万元打造4个示范党建阵地，推行党建工作“互联网+信息化”管理。培训党员干部70人次。建立健全《2017年正兴镇落实全面从严治党主体责任清单》。全年落实全面从严治党主体责任专题学习13次。党委班子成员及各村（社区）党支部书记带头讲廉政党课，带头廉政承诺。落实“一案双查”，接待群众来信来访8件，办结8件，集体约谈118人次，通报批评5人。（杨露萍）

大 兴 镇

【概况】 大兴镇地理位置为北纬29°29′1″~29°35′13″，东经106°06′10″~106°11′37″。位于璧山区西南部，东接璧城街道、璧泉街道、青杠街道，南靠正兴镇，西界铜梁区华兴镇、永川区金龙镇，北邻福禄镇。距璧山城区6公里。

辖区面积100.14平方公里，辖社区2个，行政村17个。全镇总人口57533人。其中，非农业人9912人，常住人口41210人。耕地面积4892公顷，场镇规划面积2.36平方公里。

2017年，规模以上工业企业总产值完成2.37亿元，农业总产值完成4.7亿元，全社会固投完成11.8亿元，社会消费品零售总额超过8500万元，农村居民人均可支配收入达到17400元。

中小学4所，在校学生人数2089人，在职教师186人。民营企业54家，从业人员3272人。

【经济建设】 全镇辖区内财政收入完成2721万元，完成计划的115.78%，同比增长23.01%，其中：工商税收完成2519万元，完成计划的116.29%，同比增长22.76%，非税收入完成154万元，完成计划的110%，同比增长28.33%。土地流转面积达60公顷，比上年增加13.33公顷；引进专业大户4家，申报区级龙头企业1家，新建葡萄钢架大棚和水肥灌溉设施各14公顷，配合和加强葡萄种植企业修建设施用房的土地调规66.67公顷；梅江—同心片区持续发展晚熟柑橘超过466.67公顷，引进晚熟柑橘种植大户12个。培育农业产业化区级龙头企业5家，成功创建市级名牌农产品2个、认证绿色食品标志5个。新增工业企业8家，新注册企业29家，个体户143家。成功创建市级“乡镇商贸综合服务中心”。大兴、丹凤、梅江等三个场镇新建粮油应急点3个。农产品网上销售额突破2000万元。

【镇村建设】 新建垃圾收集点902个，投放垃圾桶1300个；投入资金117万元完成辖区17个村、共99个小组农村生活垃圾治理工作，农村生活垃圾治理和收运覆盖率100%；清运垃圾4236吨；投入9万元完成硬化公路边沟及杂草清理、美人蕉修剪；投入55万元新建梅江垃圾中转站和公厕1座，投入19万元新建莲生村垃圾阳光房和公厕1座；投入15万元对大兴、丹凤和梅江三个农贸市场的公厕升级改造。完成独耳等5个村建设规划和山王等8个村土地利用规划编制；投入近20万元完成8.28公里公路绿化，栽植行道树1995棵；整治山坪塘59口，其中5万立方米以上山坪塘9口；改造莲生村农村饮水工程；整治病险水库2座；新修龙飞村、山王村提灌站2座，改造符家村提灌站1座；新修平安村、均田村断头公路1.24公里；新修山王村泥结石公路1.5公里。

【环境建设】 环境执法：开展再生利用行业清理、烧结砖瓦企业关停等不同类别专项执法6项；对14家“三高企业”进行集中分类整治，关停6

图表10 图为大兴葡萄基地

（孙茜 摄）

家，整治达标8家；完成恒望等三家企业污水排放口的规范化整治。推行生态河长制：建立生态文明建设和全面推行河长制长效管理机制，采集“一河一档”基础数据，制定“一河一库一塘一策”整治方案；排查整治的山坪塘941口、养鱼池322口、水库15座；水库、山坪塘全部解除承包合同，100口养鱼池签订水质达标协议，222口签订关停、转产协议；投入22万元为涉及清漂任务村配置皮划艇，完成58公里河道巡查和清漂，清理河道漂浮物510吨；租用新能源汽车2辆，落实5名专职人员进行秸秆焚烧巡查、污水管网巡查。生态创建：创建为重庆市生态文明建设示范镇；石鼻村、高桥村、万民村、龙飞村、朝元村等5个村创建为重庆市生态文明建设示范村。投入358万元完成大兴、丹凤、大鹏三个场镇2.05公里雨污主管网建设。森林资源保护：争取24万元新建森林防火通道4.8公里，完成66.67公顷长江防护林工程，新增森林绿化面积53.33公顷，森林覆盖率达56.5%。

【民生建设】 民生实事：完成建新区定向经济适用房附属工程建设并按照区政府要求按期分房；完成狮子村等6个交通劝导站规范化建设；投入资金160万元完成中心敬老院达标改造；投入资金585万元完成59口山坪塘整治；推进大朝路、天观路等农村公路硬化改造；投入资金300万元完成兴隆文化公园建设并投入使用；完成合璧津高速公路征地拆迁前期踏勘；新修平安村等九个村人行便道52.4公里；完成2016年161户C、D级危旧房改造并验收；清理规划建设区违章建筑48388平方米，并对规划区内违法建筑建立一户一档台账；农村改厕300户；完成茅莱变电站110千伏送出工程茅秀线建设工程，符家村、长隆村新增塔基建设9座；投入资金568万元新增变压器16台，改造农村电网93.21公里。扶贫攻坚：2015年78户220人稳定脱贫，2017年26户64人脱贫；发放猪、羊等产业扶贫物资15万元。社会保障：新增就业501人，其中就业困难人员就业43人；发放创业小额贷款400万元，就业适应性培训103人；城乡医保参保48386人，筹资629万元；城乡居民养老保险征收423万元，失业率低于3%；发放545户低保户低保金350万元，发放困难人员救助金26.40万元，发放556名特困人员生活补助金433万元，发放603名重度残疾人两补资金36万元，发放计生特别家庭慰问金5.4万元。平安建设：开展安全生产大排查、大整治、大执法活动，签订目标责任书39份，落实安全隐患整治100处，罚款1.28万元；乡场接访、领导下访接待群众141人次，群众满意率97.8%；可防性刑事案件立案68件，同比下降29.17%；投入资金100万元实施天网工程，投入资金50万元新安装63个高清摄像头；开展网格化管理，采集住房21819户，住户16986户，门面店铺934个，从业人员917人，生产企业24个，学校幼儿园9个，机关企事业单位3个，医院5个。食品药品监管：新办、变更的食品经营许可证130家；注销70家；办理农村家宴服务备案16家；食品生产加工小作坊备案15家；对349家食品药品监管对象实现网格化管理；对5家违法户实施行政执法，并处罚金2万元。调解纠纷422起，成功率98.5%；完成20个应急预案编制；建成船形村“大兴民防疏散基地”。文化体育：打铁、酿酒、金钱板、荷叶成功申报璧山区第三批非物质文化遗产；参加璧山区第六届运动会，获街镇组团体第七名次；购买文化下乡服务34场。农产品质量监管：建立农产品质量安全及追溯体系，完善农产品质量监管制度，109个农业生产大户、18个农资经营门店纳入监管，形成动态管理；检查农资门店60人次、种植大户300余人次，检测各类农产品450例。基本公共卫生服务：24889人签约家庭医生，完成签约服务任务102.4%；3333名辖区内65周岁以上常住老人参与免费体检；24月龄“八苗”接种率95.22%；精神病人建档313人，规范化管理307人，重症精神病规范化管理率100%；农村妇女“两癌”筛查工作完成目标。

【基层党建和精神文明建设】 落实镇、村两级党建主体责任，处置问题线索6起，党纪立案审查4件，给予党纪处分6人，实施诫勉3人，通报批评4人。改造便民服务中心1个，打造党建示范点1个。群工系统受理群众事项924件，办结率99.8%，满意率100%。收集并办结群众意见、求助及咨询976条。发展党员9名，吸纳入党积极分子22名。 （大兴镇）

七塘镇

【概况】 七塘镇地理位置为北纬29°46′51.10″，东经106°16′55.14″。地处璧山区北部缙云山、云雾山腹地，东接缙云山,毗邻北碚区歇马镇，西连云雾山，毗邻铜梁区蒲吕镇，南与大路街道接壤，北与八塘镇相连。

距璧山城区28公里，距“渝遂高速”大路下道口6公里。辖区内有出境公路2条，有农村公路168公里、硬化道路112公里、油化道路28.5公里。村村通公路覆盖率100%，社社通公路覆盖率85%。

辖区面积57.48平方公里，辖8个村71个村民小组和2个社区9个居民小组。总人口33121人，其中非农业人口5151人，场镇人口0.49万人，场镇常住人口3415人。有少数民族18个。耕地2803.07公顷，人均耕地0.1公顷。城镇规划区3平方公里，城镇建成区0.414平方公里。全年出生人口数256人，符合政策生育率98.43%。

全镇规模以上企业3家，工业总产值48639.3万元，比上年增长5.59%。社会固定资产投资86945万元，增长12.3%。财政总收入1417万元，其中，本级财政收入339万元，增长10.09%。税收收入1346万元，非税收入71万元。农业总产值25137万元，增长24.29%。农村居民人均可支配收入16660元，增长11.2%。有农村商业银行、邮政储蓄银行等金融机构4家，各项存款余额41323万元，居民存款余额15286万元，分别增长10.25%和9.83%。

中心卫生院1所，占地0.55公顷，建筑面积1704.5平方米。中小学学校3所，民办幼儿园3所，教师94名，学生1250人。

休闲健身广场6个。以镇文化服务中心为主体的阅览室、科教室和网吧免费对外开放，可同时容纳150人集中学习。

【经济建设】 “璧北十万亩蔬菜基地核心区”建设基本形成规模。实施中央现代农业示范工程等项目，新建水泥路、生产便道15.5公里、排水沟带路3.5公里，观光采摘便道25.7公里，旅游停车场1000平方米。将军村完成53.3公顷土地承包经营权股份化改革，购置水稻保险173.3公顷，组织蔬菜、柑橘种植、畜禽养殖等技术培训3批次、450人次。开展农产品生产环节检测503例、流通环节检测102例，合格率99.2%。认证绿色农产品产地2个、绿色农产品11个。“渝璧·玉”“伽罗·玉”血橙获重庆晚熟柑橘“三峡杯评优大赛”金奖。蔬菜播种面积2866.6公顷，产量12万吨、产值近1.3亿元。血橙、葡萄、火龙果等特色水果种植面积近466.6公顷，产值近亿元。西南首个昆虫主题乐园“喜观昆虫王国”、热带水果基地、农耕文化园、生态采摘园等农旅融合项目相继开园。蓝莓种植基地、孔雀养殖基地建设初具雏形。

【镇村建设】 完成“S107”道路七依路段升级改造；完成大歪路、天小路、盐店1社公路3条5.15公里村级道路硬化改造；红七路、鱼智路、跃王路、胡黄路、盐店顺山公路5条9.69公里农村公路硬化项目有序推进。新增场镇停车位206个；安装休闲步道路灯76盏；整治场镇老街600平方米；升级改造农贸市场3个、改造公厕1所；增设果皮箱30个。新增城镇绿化面积8500平方米、道路绿化7.9公里。实施金色郊园人居环境市

图表 11　图为七塘血橙基地一角

（连宏宇　摄）

级示范片整治项目，涉及 3 个村 2441 户。实施美丽宜居村庄建设，改造农村卫生厕所 100 户；新增高压冲洗车 1 台、垃圾压缩车 2 台、农村垃圾收运车辆 8 台；新增垃圾收集点 251 个、垃圾桶 768 个；整治垃圾池 105 个；配备专职保洁员 46 名；制作农村生活垃圾治理宣传牌 130 块、宣传栏 8 块；评比表彰整洁示范户 258 户；整治存量生活垃圾 245 处，清运垃圾 3000 吨。

【环境建设】　整治皮鞋厂、建筑工地、餐饮行业等污染源 104 家。完成中阔公司排污口整治、聚益公司废气排放监测口整改。整治养殖场 3 家，关停采石场 1 家。新建依凤场镇一级污水管网，改建七塘场镇二三级污水管网。全面启动河长制，完成辖区内 18 条河流河道清理，落实镇、村、社三级责任体系；辖区内 2 个水库、137 口山坪塘终止养鱼（管护）协议；61 户养鱼池业主签订水质达标整治和关停协议。

【民生建设】　推进 69 户建卡贫困户和 11 户动态调整建卡贫困户"一户一策"精准帮扶，实施 C、D 级危房改造 3 户、产业扶持 11 户，落实低保兜底 9 户。新识别扶贫户 3 户 7 人，32 户 82 人稳定脱贫。完成盐店、四合农村供水管网改造。发放农村低保金 147.88 万元、城镇低保金 55.62 万元，发放特困人员生活补助 324.72 万元，发放失能人员照料护理补贴 7.68 万元，发放优抚金 393.6 万元。新增计生奖励扶助 97 人；享受计生特别扶助 33 人、独生子女四级以上残疾扶助 14 人、独生子女死亡特殊家庭生活扶助 34 人、独生子女四级以上残疾特别关爱金 14 人；增发独生子女父母养老金 362 人；兑现独生子女父母一次性奖励 25500 元；计生特殊家庭关怀关爱活动发放慰问品、慰问金 28100 元。辖区敏感区域新安装视频摄像头 53 个，安装警示标志 18 块、多面镜 7 个、护栏 880 米、减速带 27 米，整治各类安全隐患 124 处。村（社区）、学校开展主题法制、校园安全、反恐等专题宣传活动 15 次，向群众发放防邪、防电信诈骗、禁毒、反恐等法律宣传资料 1 万份。加强"突发事件预警信息发布平台"建设，更换村（社区）公开栏 24 块，设置 LED 屏 6 块。建立覆盖 11300 人预警短信平台，利用网格信息采集资料新增预警信息 30 万条次。出动执法车辆20 次，执法人员 290 人次加强安全监管和执法。实行职业健康分类分级监管，完成 5 家企业职业健康分类分级评定，3 家工贸企业完成安全生产标准化复评。审批食品经营许可证 86 件，立案处理违法案子 4 件。其中，药品 3 件，食品 1 件，完成快检工作 156 件。提升"2+N"联调机制，调处各类社会矛盾纠纷 839 件，处理信访问题 67 件、网上信访 44 件，化解疑难信访案件 4 件，实施法律援助 3 件。开展治安巡逻 4792 人次，实施监管和帮教重点人员 63 名。查处治安案件 61 件，破获刑事案件 32 件。

开展送文艺下乡活动 16 场，举办"农家书屋管理员""群众文艺""社会体育指导员"等培训 6 批次，组织"送图书进村社"活动 10 次。举办春节大型文艺演出、璧北片区“广场舞”比赛等活动63场次。义务教育阶段学生入学率、巩固率、毕业率均为100%。投入2.7万元，奖励学习成绩优异的54名高、初中生。合医参保人数32771人，参保率98.6%。农村妇女“两癌”筛查完成乳腺癌检查364人、宫颈癌检查510人，免费孕前优生健康检查夫妇58对，“家庭医生签约服务”签约11895人，“常住居民健康管理建档”20230人，建档率95.82%。

【基层党建和精神文明建设】 完善中心组学习制度，建立AB角工作机制。选拔任用领导干部6名。62名机关干部驻村包组，与10个村（社区）对接。阳岫村后进党组织摘帽销号。启动阳岫村办公室新建工程，修缮村级便民服务中心6个，落实服务群众专项工作经费49.6万元，新发展党员5名。发放补助40年以上党龄的老党员297名48万元，慰问困难党员68名。实施“1126”工程，推进网格信息员制度和党员干部走访制度，镇党委主持召开征求意见座谈会4次、院坝会71次、走访群众3200人次、接访1400人次。受理群众反映事项180件，办结率100%。制定《2017年党风廉政建设“两个责任”清单》《七塘镇2017年党风廉政建设和反腐败工作要点》。通报履行主体责任不力单位2起，查处土地租金不及时入账问题1起，处分党员1人。对有签字审核、审批权的镇、村、组干部签字签名笔迹实行印鉴管理。建立村组干部“亲属信息库”。警示提醒约谈申办婚丧事宜4人次、操办“升学宴”“谢师宴”4人次、任前廉政谈话4人次。政府项目建设管理人员纳入重点管控廉政风险点，单独警示约谈10人次。完成区纪委交办信访件2件；立案审查2件，党内警告处分2人。（冯　胜）

八塘镇

【概况】 八塘镇地理位置为北纬29°46′24″~29°53′16″，东经106°15′16″~106°22′49″。地处璧山区最北端，东、北连北碚区，南依七塘镇，西邻铜梁区、合川区，境内福八、接八、澄八公路与外界相通。辖区面积65.26平方公里，耕地面积2354公顷，场镇规划面积3.02平方公里。辖10个村、1个社区，有62个村（居）民小组。年末总人口3.15万人，其中，非农人口8388人，场镇常住人口3355人。基层党组织18个，党员1012人。

2017年财政收入780.8万元，同比增长78.3%。其中，工商税收750万元。金融机构5个，各项存贷款余额58653万元，居民储蓄存款余额67176万元，分别增长4.16%、9.74%。农业总产值3.08亿元，增长56.25%；粮食总产量10423吨，增长-5.26%；农民人均纯收入16394元，增长9.49%。中小学学校3所（八塘小学、五龙小学、八塘中学），在校学生1735人，在职教师122人。卫生院1所，在职职工52人。企业72个，从业人员2018人；个体数443个，从业人员905人。户籍人口出生252人、人口死亡302人，人口出生率7.99‰、死亡率9.58‰，自然增长率为-1.59‰。

【经济建设】 全镇蔬菜复种面积2667公顷，建成标准化连栋大棚5000平方米、沟带路3.8公里、生产便道7.1公里、机耕道2.3公里。新修整治水库、山坪塘、大型蓄水池、提灌设施，节水灌溉覆盖面积866.67公顷。引进“资金有实力、技术有能力”和“资本股权化，管理企业化”的规模种植业主，培育新型农业经营主体。土地流转面积1600公顷，流转率67.4%，其中3.33公顷以上规模蔬菜种植业主34户。发展蔬菜营销公司3家，培育农业龙头企业5个，专业合作社31个，建成冷链物流库3座。农业三品认证申报15家、21个品种，绿色及无公害种植果蔬面积近800公顷。举办第三届云雾山樱桃采摘节、东风风光杯汽车摩托车场地越野锦标赛。推进缙林踏水小镇、西部玫瑰花都、中国·秦巴仙印国际赛车场项目。启动五喜路、四八路、青黄路等旅游公路建设。完成樱桃谷公厕、登山步道、车行道等基础设施建设。

【镇村建设】 完成前进、江兴、敢英、三元等村第三个年度生产便道、旅游步道等500万元现代农业示范项目建设。完成青云村200万元农业综合开发项目建设。完成凉水片区云雾山樱桃谷基础设施项目建设。完成18口山坪塘整治任务。完成敢英、石庙美丽乡村和“一事一议”项目建设。完成廖家桥连接线、青黄路、八角池缙云后山道路、蛮双路、曹三路硬化油化改造等近20公里公路建设。完成五喜路扩宽油化、敢英片区蔬菜基地路网工程路基改造工程。完成柏崇路改造工程招标工作。完成农村千户家庭天然气安装工程。完成五龙场镇自来水管网改造工程，1200户受益。完成阳龙村农村饮水安全巩固提升工程，1259人受益。建成建筑垃圾消纳场，新建“二车位”垃圾收集站1座，新建农村垃圾收集点50个，新增压缩式垃圾车2辆、果皮箱20个，垃圾桶750个。完成封山育林33.33公顷，实施天保工程森林资源管护任务2844公顷，完成森林防火通道维修养护20公里。实施场镇绿化补植补造，人均公共绿地面积15.26平方米；绿化农村公路6公里，绿化补植国省县道16公里，主要道路绿化覆盖率96.35%。

【环境建设】 完成生态保护红线划定，9个村为市级生态文明建设示范村，1个村为区级生态村。建成重庆市生态文明建设示范镇。完成邮政支局片区污水管网改造，城镇范围实现污水管网全覆盖。启动水库、山坪塘、养鱼池水质达标整治或关停整治工作。璧北河保持常态化清漂，河水水质稳定保持在四类以上，集中式饮用水水源地水质达标率100%。

【民生建设】 落实各类民政优抚、救济救助，发放各类救助金338.6万元，1687人受益。投入近300万元，完成中心敬老院达标改造建设任务；完成3个“五保家园”电气火灾隐患整治。城乡居民养老保险参保近1.7万人，城乡居民医疗保险参保2.7万人。发放创业担保贷款280万元，城镇登记失业率控制低于3%。实现农村贫困地区义务教育学生营养餐全覆盖。新识别建卡贫困户8户，182户建卡贫困实现稳定脱贫75户，50户区级相对贫困户全部摘帽。启动建卡贫困户C、D级危房改造22户，完成残疾人危房改造2户、残疾人家庭无障碍改造7户。完成阳龙村、江兴村的村主任另行选举和补选。化解信访存量，信访举报下降60%。深化“2+N”矛盾纠纷联调机制，调解各类纠纷158件。推进“天网地网工程”，增设和改造高清监控摄像头38个。组建应急救援队伍14支，各村居均建成应急物资储备库。

体育健身广场、社区健身点、健身路径、健身工程遍布全镇，10个村建成农家书屋。举行文艺演出20场，农村惠民电影100场。组织参加璧北片区“坝坝舞”联谊赛、残疾人体育运动会、区第六届运动会。设置家风家训墙，组织开展“小城故事”演讲比赛、“乡贤”评比、“最美孝顺媳妇”评比、“志愿服务赶场天”等活动。安全检查和定期维护文物场所23处。对50对夫妇提供孕前优生健康检查，对1200名农村妇女提供“两癌”免费筛查。计生特殊家庭、建卡贫困户家庭医生签约覆盖率100%。农村卫生厕所改造近600口。

【基层党建和精神文明建设】 开展“三个一”活动（拍摄一张党员全家福、讲述一个我的入党故事、过一次集体政治生日）。在党组织范围内开展督查4次。印发《关于聘用村（社区）专职干部的指导意见》，补充本土人才5名。指导各村（社区）培养后备干部65名，发展预备党员7名，转正8名。通过远程教育平台、“12371”党员管理平台、实地走访等培训和管理全镇干部。1000名党员档案清理编号，建立管理台账。开展支部书记和党务工作者专题培训，组织各村（社区）干部到璧泉南关社区和正兴镇河堰村参观学习。对"村霸""蝇贪"和侵害群众利益的问题排查2次，发现换届选举贿选1起，代领群众补贴且不将其发放到群众手中情况2起，利用职务便利伪造项目骗取国家补助情况4起，侵占集体财务挪作私用情况1起，均给予相应处罚。7名业务部门的骨干人员组成便民工作队，开展"下沉式"服务24次。群工系统受理事件496项，办结494项，满意率100%。办理27名农村老党员40年党龄补贴，办理离任村（社区）干部手续14个；利用春节、"七一"、中共十九大等重要时间点慰问困难党员132人次。对三元村后进支部制定整改方案。打造敢英村为党建示范点。

【第三届云雾山樱桃采摘节】　"相约璧山·樱为有你"璧山区第三届云雾山樱桃采摘节开幕式于4月18日上午在八塘镇凉水村樱花广场举行，主办单位为璧山区凉水樱桃种植专业合作社、璧山区梨檬樱桃种植股份合作社，区人大常委会副主任杨红军、副区长敖斌、区政协副主席刘正忠，以及各区级有关部门、主办单位、协办单位、支持单位的代表，八塘镇、七塘镇的党政领导、村（社区）干部出席开幕式活动，2000名群众参加。该节持续时间为4月18日至5月1日。节前，镇政府制定《第三届"云雾山樱桃采摘节"工作方案》；组建综合协调、文秘宣传、交通维稳、环境整治、后勤保障、市场秩序维护等6个工作组，负责采摘区环境卫生、旅游安全和食品安全等保障工作；新建停车场1个，面积2200平方米；新增指引系统154个；整治采摘区道路15公里。

（八塘镇）

图表12　图为樱桃节开幕式现场

（周海瑞　摄）

河　边　镇

【概况】　河边镇地理位置为北纬29°39′19.58″,东经106°11′43.06″。位于璧山城区西北部，东接璧城街道，南连璧城街道、福禄镇，西邻居铜梁区虎峰镇，北界大路街道。距璧山城区8公里。319国道、黛山大道、渝蓉高速穿境而过。辖6个村1个社区。辖区面积2000公顷，其中耕地面积1200公顷，场镇规划6.39公顷。年末人口2.53万人，其中非农业人口0.53万人，常住人口1.06万人。户籍人口出生240人，符合政策生育率98.8%。基督教临时活动点3处，信教群众300人。

全镇工农业总产值11.98亿元。其中，工业总产值9.08亿元，同比增长14.5%。非公有制企业40个，从业人员760人，总产值3.49亿元。全社会固定资产投资10.16亿元。其中，工业固定资产投资3.84亿元，下降52.5%，社会消费品零售总额13.32亿元。财政总收入5305万元，增长43.8%。工商税收4899万元（本级1018万元），增长40.1%。金融和非金融机构2个，居民储蓄存款余额7.9亿元。农业总产值2.9亿元，增长11%；农民人均纯收入17167元，增长10.1%；粮食总产量8806吨，增长0.5%。

河边初中在校学生389人，教学班9个。教职工53人。其中，中学高级教师12人，中学一级教师28人。河边小学有教学班20个，在校学生948人；在职教职工56人。

河边镇卫生院是新型农村合作医疗保险的定点医院，有职工29人，设有内科、外科、儿科、妇产科等科室，床位10张。村卫生室11个，乡村医生21人。

【经济建设】 重庆百星科技有限公司申报专利12项，丰蕙达锻造有限公司申报为高新技术企业，重庆仲鹏建材有限公司申报为限上商贸企业。引进粮油储备项目和重庆市利达气体有限公司。完成小企业扶持资金申报，申报贷款和设备采购补贴39.5万元。发展家庭农场1家，成立专业合作社2家，土地流转66.67公顷。浸口果木基地、新四果木基地完成土地流转并启动建设；同心村六加一公司完成大棚建设；桷树农业发展公司逐渐成形。拓展特色商贸业，实现线下线上联动，发展镇级服务中心1个、展示店11个，建成村居服务中心7个，发展创客50名，全年线上线下交易额891万元。

【镇村建设】 新增天然气用气管道12公里，改造场镇污水管网1.1千米，绿化场镇道口6000平方米，安装路灯14盏，新建垃圾中转站1座，发放垃圾桶300个，维修和改造公厕6座。更换雨污和弱电井盖10个，维修人行道1000平方米、换植行道树300棵，改造行道树树圈120个，建立城乡垃圾清运体系。改造危桥2座，新建和改造农村道路4.2公里，完成大石路建设，建成农村人行便道10公里、蓄水池6个。完成河道景观治理土地流转；完成浸口村美丽乡村项目建设；成功申报并建设复兴村美丽宜居乡村项目；投入141万元，实施盐井河村供水管网升级改造工程。织密“地网”，组建专职巡逻队1个和义务巡逻队7个。完成征地拆迁安置房1.8万平方米建设项目，安置群众196户514人。农村改厕完成310户。

【环境建设】 创建为市级卫生镇、市级气象标准示范镇。铁石村、浸口村、复兴村申报为市级生态文明建设示范村。推行“河长制”，制定《河边镇全面推行河长制专项整治方案》，建立镇统筹协调、各办站所（中心）具体实施、村（社区）积极配合的整治工作体系。开展“大气污染”专项整治，整治“三高”企业5家，关停养猪场2家，强拆违法搭建1家。绿化场镇道口0.6万平方米，改造场镇污水管网1100米。完成浸口村美丽乡村项目建设，申报并建设复兴村美丽宜居乡村项目。

【民生建设】 整改综合文化站并免费向公众放。建成视频监控中心，安装高清摄像头56个。农村改厕310户。发放城乡低保对象278户430人低保金148.58万元。临时救济294人次。发放春荒、冬令及灾民倒房重建救济款10.69万元。发放特困人员248名供养经费134.28万元。办理新纳入的

图表13 图为西郊福寿园一期工程建设一角

（谢捷 摄）

医疗救助对象94名补助资金10680元。发放重点优抚对象213个优抚金217.75万元。申报农村残疾人危房改造1户，发放残疾人两项补贴18.53万元。为建卡贫困户购买精准扶贫保险并发放产业扶持资金。开展基本公共卫生服务，签约家庭医生服务9681人；两癌筛查326人、孕优检查42对；新增奖扶182人，增发养老金188人；兑现独生子女父母一次性奖励73人2.19万元。农村养老参保12855人，农村合作医疗参保人数21491人，登记失业率2.3%。

开展迎春文艺演出活动、鲜花换纸钱祭祀文化活动、盘点端午传说暨包粽子活动、创建食品卫生示范区文艺演出活动、小城大爱·大手牵小手活动、宣传十九大精神增强文化自信家风文化进社区活动。推进政府购买公共服务送基层活动，购买演出12场；组织展览6场；开展培训6场，培训人员600人次。鼓励学生参与书法精品创作，吸引社会各界到河边小学参观书法研究成果。与各村、单位签订食品药品安全工作目标责任书，配备村（社区）安全协管员7名。开展校园食品卫生安全专项检查32家次。新办证餐饮12家、食堂3家、食品销售31家、食品摊贩1家，“一条龙”酒席服务备案10家。

【基层党建和精神文明建设】 推行“订单式”“下沉式”服务工作法，加强群工系统使用和管理。推进盐井河村基层党建示范点建设有成效。发展新党员5名，培养入党积极分子7名。选拔正科级干部2名，副科级干部3名，2名副科级干部主持二级机构工作。1名正科级干部被提拔为副处级干部。落实党委班子集体责任、党委书记和班子成员主体责任、纪委监督责任，党委书记约谈32人次，班子其他成员约谈289人次。利用中心组学习、梦想课堂、报告会、支部主题党日、小城故事会等宣讲新时代中国特色社会主义思想。在国家级、市级、区级媒体或载体上发表各类宣传报道100篇。

（河边镇）

福禄镇

【概况】 福禄镇地理位置为北纬29°21′59″~29°31′01″，东经106°06′17″~106°11′02″。是璧山西部的门户。东临璧城街道，南连大兴镇，西与铜梁区华兴镇接壤，北接璧山区的河边镇和铜梁区西泉镇。场镇距渝蓉高速福禄下道口4.1公里，距黛山大道10公里，距重庆绕城高速16.1公里。面积40.6平方公里，最高海拔638米，梅江河贯穿全境。辖村民委员会6个，社区居委会1个，村民小组38个，居民小组2个。土地面积4046公顷，其中耕地面积1195.2公顷，场镇规划面积3平方公里。年末人口22619人，其中非农业人口1195人，常住人口14524人。全年出生人口176人，符合政策生育率100%。

财政总收入2975万元，同比增长56.1%；一般公共预算收入863万元，增长69.2%；农业总产值2.27亿元，增长8.59%；粮食总产量9417吨，增长0.2%；农村居民人均可支配收入16256元，增长9.6%。有金融机构2家，邮政储蓄银行和农村商业银行，城乡居民储蓄存款2.949亿元，增长0.2%。

镇卫生院1个，职工23人；村级卫生室14个，个体诊所2个，连锁药房3个。辖区有大兴初级中学福禄校区、福禄小学（含福禄幼儿园）以及民办幼儿园等学校，其中大兴初级中学福禄校区教学班3个，教师20人，学生126人；福禄小学教学班11个，教师32人，学生355人。

【经济建设】 发挥福果、嘉之树、达立奇三家农业企业带动作用，深化“政府+企业+农户”合作模式，相继引进春见、金豆、无核沃柑、卡拉公主等21种晚熟柑橘新品种，对新发展的200公顷柑橘基地集中统一管护，万亩优质晚熟柑橘基地初具规模。新增农业龙头企业1家、涉农企业3家，培育专业合作社3个、家庭农场3个、新型职业农民100人，新型农业经营主体加速壮大。推进“三品一标”认证，新增无公害农产品、绿色食品各1个，注册商标（福禄镇、福橘等）5类15个。开展高毒高残留农药禁止销售工作。镇农产品质量安全监管站创建为区级示范站。新增果树种植面积约20公顷，水果总面积956公顷，产量1.18万吨；蔬菜种植面积1109公顷，产量3.81万吨。有企业12个，其中规模企业2个（即重庆旭展建材有限公司、重庆市璧山区峰智混凝土有限公司），个体工商户330个，从业人员3015人。实现工业总产值10.13亿元，比上年增长15%。其中规上工业企业总产值2.07亿元，增长18.8%；全社会固定资产投入6.96亿元，增长30%。

【镇村建设】 推行场镇立体绿化，投放绿植2800盆，新增场镇公共绿地面积1600平方米；完成8公里乡村公路、竹林沟水库绿化；改造场镇污水管网160米，场镇基本实现雨污分流。定期对场镇路灯维修更换，路灯安装外延至场镇周边。规范农房审批程序，审批农房35户。开展违章建筑清理，建立“一户一档”整治台账。投入1200万元，完成三双路、河福路龙宝段路面改造，完成麻赵路、高银路、杨四路、红周路及裸心公路路基建设。投入120万元，整治山坪塘10口；投入318万元，基本完成斑竹村、胜利村人饮工程改造。完成斑竹、胜利、龙宝、红山等4个村的土地利用规划以及和平、龙宝、浸河3个村村级规划。

【环境建设】 建立生态文明建设和全面推行河长制长效管理机制，落实三级“清单式”管理责任，常态化开展生态巡查，完成新一轮土规修编、生态红线划定。开展农村生活垃圾治理，投入70万元，新建阳光辅热堆肥房1座、垃圾台35个，投放垃圾桶1300个，每村配备1台垃圾收集车、组建专职保洁队伍，清理存量垃圾2000吨。开展“美丽院落”“清洁之星”季度评选活动。农贸市场完成达标整治。开展“三高”企业整治，关停污染企业2家；分类确定水库、山坪塘、养鱼池水质达标整治对象，完成3个塘（库）饮用水水源地水环境质量达标工程；加大野外禁止焚烧秸秆巡查力度。建设斑竹“福文化”、龙宝“禄文化”美丽乡村示范点。镇创建市级生态文明示范镇，红山村、胜利村成功创建市级生态文明示范村。

【民生建设】 完成3户残疾人危房改造，启动12户建卡贫困户D级危房改造。敬老院原址新建基本完工。开展流动文化服务进村社24场，“电影下乡”72场。重新识别建卡贫困户9户17人，精准实施“菜单式”脱贫工作。启动和平村基础设施薄弱村提升工程。发放低保、特困人员、高龄人员、优抚等特殊群体补助1757万元；实施医疗救助、临时救助4560人次，发放救助金102万元；办理计生（困难）家庭、残疾人意外险879份及计生特殊家庭住院护理险82份，超额完成小额人身意外伤害险任务；城乡医保、养老保险参

图表14　图为美丽乡村龙宝村

（罗君　摄）

保率分别达到96%、85%。发放再就业创业担保贷款200万元。严格执行“两金三制”，全镇无拖欠农民工工资情况。

新增计生奖扶特扶对象162人，兑现1056人扶助金210万元。建立规范居民电子健康档案1.83万份，基本公共卫生服务群众受益实现全覆盖。启动实施全国计生基层群众自治示范区项目创建工作。开展“舞动乡村·情满福禄”文化进万家第二届广场舞比赛，福禄“杂酒酿制”工艺纳入璧山区非物质文化遗产代表性项目。璧山电视台拍摄MV《爱是现在》，农村取景部分在福禄完成。福中社区、和平村建成村级综合文化服务中心。编纂出版《福禄镇志（1930–2014）》。实施义务教育阶段学校课程改革，福禄小学“学校全方位环境改善”项目得到联合国儿童基金会高度评价。改造农村卫生厕所100个。落实白内障免费手术13例。完成常住人口家庭医生签约服务7580人。

【基层党建和精神文明建设】 贯彻学习中共十九大精神，组建镇村两级宣讲队14个，开展宣讲30场次；开展中共十九大知识问答、测试3次；采用线上线下“两结合”方式，推进“两学一做”学习教育常态化制度化，利用远程教育、手机APP、微信公众号等新媒体开展线上学习。举办“干部讲堂”6期，开展村（社区）干部全覆盖培训，实施“职业橘农培育工程”。选拔科级（非）领导干部3名、交流1名，晋升科级非领导职务1名，晋升副处级职级1名、纪委委员1名，因工作调动、身体健康等原因免去2名正科级领导。事业单位岗位竞聘干部4名。完成妇联、残联、工会换届工作。整顿转化后进党组织2个，群众测评满意率均超过98%；完成后进非公联合党支部换届。构建以党委为统揽的服务群众网格体系，将服务末端从村社一级延伸到院落、农户。“订单式”“下沉式”服务收集民情订单98件，办结率100%；群工系统办结率、满意率均超过98%。培育打造斑竹村党建示范点。每季度细化“两个责任”清单，明确班子及成员13类60项主体责任；建立“半月谈”“分级约谈”制度，开展个别、集体、分级约谈700人次；完成“走读式”谈话室建设；创办《福禄镇廉政文化摘编》，组织机关、村社党员干部接受廉政教育，举办家属助廉讲座；制定完善管理制度5个；开展“1+3”专项整治行动和扶贫领域专项督查，上报问题线索1条，2个问题通报批评。开展“我们的节日”主题文化活动。春节、清明、中秋等传统节日，组织开展群众性文化活动25场次；中秋开展晒家训、议家风活动。开展送温暖献爱心、敬老助残、扶贫帮困、保护环境、“学雷锋”志愿服务等道德实践活动149场次。

【划船湾宣传文化阵地】 投资60万元在斑竹划船湾打造基层宣传思想创新示范点。此示范点将“福文化”作为传播社会主义核心价值观的重要载体，以“美丽乡村·福满家园”为主题，将“福文化”贯穿于当地社会生活方方面面，旨在帮助群众树立“和谐是福”“创业是福”“助人是福”“健康是福”“孝敬是福”的“五福”理念，积极倡导和培育社会文明新风尚。

【特色小镇】 紧扣“百年福禄橘香、怡心文创小镇”主题，全力打造市级特色服务型小镇。完成《2017—2020年特色小镇建设规划》及《2018年特色小镇橘园街街区环境综合整治项目》编制；投入1000万元，实施2017年特色小镇文丰街滨河路风貌整治项目，建成1700平方米生态停车场1座，推进160米沿河休闲生态步道建设及3600平方米临河建筑外立面风貌改造。（徐庆瑜）

广 普 镇

【概况】 广普镇地理位置为北纬29°20′1″，东经106°8′43″。地处璧山区最南端，东邻健龙镇，南与江津区接壤，西界三合镇，北连丁家街道。镇政府驻普兴社区普兴街14号，距璧山城区40公里。辖村民委员会8个，社区1个，村民小组45个，居民小组4个。年末总人口25192人，常住人口25183人。

财政收入1049万元，完成年度目标任务120%。其中，工商税收1022万元。工业总产值4.5亿元；规模以上工业总产值4亿元，同比增长3.4%；社会固定资产投资7.02亿元，其中工业固定资产投资1.27亿元；农村常住居民人均可支配收入15851元，增长10.3%；城镇常住居民人均可支配收入34262元，增长9.7%。有中小学3所（广普中学、广普小学、云平小学），班级27个，在校学生1143人，在职教师79人。

【经济建设】 土地流转面积1200公顷，苗木种植面积1066.67公顷，脐橙、花椒种植面积666.67公顷。改良优质脐橙、花椒100公顷，推广水果套袋种植技术，探索发展有机农业、绿色农业、订单农业，树立品牌，登云坪脐橙被中国绿色食品发展中心认证为绿色食品。新发展家庭农场9个，农民专业合作社1个，万旭园林、普发农业双双“晋级”区级龙头企业。成功申报谢唯进故居为市级文物保护单位。投入资金200万元，完成“凉伞云遮”主题公园建设；引进“山泉水寨”“紫溪谷地”2个休闲旅游项目；大石塔村创建为重庆市第一批历史文化名村；年旅游人数突破10万人。

【镇村建设】 完成城镇规划修编、土地利用总体规划、8个村建设规划编制、7个村规划指引编制和4个村土地利用规划编制。完成农村存量危房排查统计，改造农房127户，1.8万平方米。创建为国家标准化气象防御乡镇。启动“合璧津”高速公路、“444”省道、“渝昆”高铁征地拆迁的前期准备工作。争取上级“一事一议”“美丽乡村”等项目资金，修建人行便道24公里，护普、金龙、柏杨、大石塔等村整治泥结石公路5.6公里（护普2公里、金龙2公里、柏杨0.6公里、大石塔1公里）；实施坪中村美丽乡村项目，新安装太阳能路灯30盏。坪中村获评全国首批绿色村庄。

【环境建设】 治污工作：关停养殖场1家、工业企业1家；整治工业企业10家、养殖场11家；对关停企业、养殖场开展常态化巡查；聘请专人巡护污水管网，维修破损管道20处；开展餐饮油水整治专项行动，43家餐馆全覆盖安装油水分离装备；加大露天焚烧秸秆巡查力度；报废黄标车5辆。净河护林：制定广普镇生态河长制工作方案；璧南河、梅江河生态涵养，开展河道清漂8次；与江津区德感街道协商处理璧南河网箱养鱼问题；重点检查璧南河沿岸工业企业、养鱼池有无偷排情况；境内两河出境水质稳定保持在Ⅲ类以上；新栽行道树500株；完成546.67公顷天然林管护目标。

【民生建设】 基础设施：完成场镇“白改黑”工程，3个村农村电网改造；新建消防栓15个；完成普兴综合集贸市场改造；董家苑片区人行道和

图表15 图为广普脐橙基地

（曾清龙 摄）

路灯建设工程完成设计预算；云平场镇标准化公厕完成主体工程建设；广普镇敬老院新建工程建成投用；完成水太路水稳层施工，仁沙路、碑塔路和沙老路硬化改造，完成塔冉路、大观路、尹尖路、张东路5.59公里公路设计评审工作；新建凉伞云遮生态停车场；雷公凼水库除险加固整治工程完成后坝坡及溢洪道建设；督促施工单位完成2015年和2016年大灌区扫尾工程。社保体系：办理城乡低保159户、287人；发放410名特困人员生活费200万元；发放80岁以上的老人高龄营养补助59万元；实施大病救助、临时救助16人次，救助资金8.5万元；发放残疾关爱金和“两项”补贴53万元；完成残疾人危房改造12户；城乡居民养老保险参保16337人，缴费108.2万元，完成率99.65%；城乡医疗保险参保21768人，完成率97%；指纹认证4507人，新、补办社保卡834张，办理特病106人；新增城镇就业人员402人，就业适应性培训69人；新增创业人员95人，发放创业担保贷款235万元；发布招聘信息33条，城镇登记失业率低于3%；完成129户建卡贫困户的精准帮扶。安全防控统筹：全镇划分为49个网格板块；完成基础信息采集8200户，24000人，收集电话号码8000个，住房信息9300套，店铺270个，从业人员400人；安装高清监控44个。宣传教育：开展各类街面宣传20次，面向全镇村居民发放平安综治宣传短信15万条，开展反邪教演出10场，反邪教电影播放52场，发放反邪教承诺卡和小册子8000份。安全保障：开展安全生产大排查、大整治、大执法和9个安全生产专项行动；开展国家食品安全示范区创建；立案查处6件食品药品违法行为；完成全国“两会”和“十九大”安保工作。

公共文化服务网络全覆盖。划拨专项工作经费10万元，用于综合文化站运转。农家书屋9个，藏书13178册，音像制品2610张，桌椅58套，书柜36个，灭火器12个，五簿一册齐全，实现社区书籍外借点全覆盖，每周免费开放时间超过52小时。电子阅览室学习、上网人数约1100人次，书籍借阅约3050人次。广播电视村村通工程、农村电影放映惠民工程、农家书屋工程、农体工程等自发开展文艺活动。建立辖区严重精神障碍患者管理花名册，成立“一对一联合服务管理小组”。完成乳腺癌筛查413例、宫劲癌筛查503例、孕优检查80人次；完成农村妇女“两癌”筛查工作。家庭医生签约人数9048人，其中，城镇725人，签约率39%；农村8323人，签约率55%；重点人群签约4531人,签约率90%；建卡贫困户和计生特殊家庭签约率100%。发放计生奖扶金和特别扶助金230万元。生育关怀金5万元，独生子女父母死亡抚慰金2000元，独生子女父母24300元。手术并发症补助4800元。春节慰问计生特殊家庭3.43万元，慰问率100%。完成农村卫生厕所改造220户。

【基层党建和精神文明建设】 整顿后进基层党组织1个；分3批（次）培训村（社区）“五职”干部、大学生村官、本土人才；新发展党员5名。社区开展“订单式”服务，各村开展“下沉式”服务，累计走访群众1850人次，解决问题144个。流动便民服务队，深入农户家中，为群众采摘花椒，办理低保、社保和指纹打卡。涉及群众的40项惠民政策的申报对象、办理流程、办理部门、联系电话等编印成小读本，免费向群众发送。群工系统办结率100%，满意率超过99%。党委专题研究布置党风廉政建设工作10次，单独听取镇纪委工作汇报4次、班子成员党风廉政建设专题汇报2次，开展约谈145人次，点名通报批评4件次，处理违纪党员1名。开展廉政建设大家谈活动，签订党风廉政建设个人承诺书，建立个人廉政档案。

（刘芙玲）

三 合 镇

【概况】 三合镇位于北纬29°32′49″~29°36′83″,

东经 106°04′23″~106°11′30″。地处璧山区南端，东邻广普镇，南接江津区，西连永川区，北依丁家街道。距璧山城区 38 公里。梅江河横贯全镇,流长13 公里。辖区面积 35.98 平方公里，土地面积2101 公顷，其中，耕地面积 954 公顷，林地 1147公顷，场镇规划面积 0.7 平方公里。辖行政村 7个,社区 1 个,村（居）民小组 34 个。年末总人口16413 人，其中，非农业人口 2938 人,场镇常住人口 1756 人。

工业总产值 2917 万元，同比增长 1.5%；营业收入 2834 万元，增加 1018 万元，增长 24.3%，利润 799 万元。工业固定资产投资 1450 万元。财政收入 227.7 万元，增长 33.9%，其中，税收收入208 万元，非税收入 19.7 万元。农业总产值 15400万元，增长 12%；农村居民人均纯收入 17044 元，增长 15.4%。居民存款余额 1.92 亿元，贷款余额2200 万元。粮食总产量 7618.5 吨。

金融机构 2 个。小学 2 所（中心小学、二郎村小)，在校学生 415 人，在职教师 37 人。镇卫生院 1 所，在职职工 21 人，床位 25 张；村卫生室 6 个；药店 5 个。有线电视管理站 1 个，闭路电视用户 2500 户，新安装卫星电视 110 户。农村广播 31 组，覆盖率 100%。小型水电站 2 座，年发电 130 万千瓦时。

【经济建设】 新种植“黄金叶”茶、安吉白茶的等 106.67 公顷，“大雅”“爱媛”柑橘 200 公顷，花椒 46.67 公顷，苗木 33.33 公顷，玫瑰 33.33 公顷。引进农业企业 7 家，新增家庭农场 3 家，专业合作社 2 家。流转土地总规模 1038.8 公顷，流转率 57%。注册农产品商标 4 件，重庆市著名商标 1 件。新认证无公害农产品 1 个，绿色食品 1个，新增市级名牌农产品 1 个。引进砂之船奥特莱斯集团、重庆南月湾生态农业有限公司，打造生态茶园和玫瑰园，建设生态、休闲、观光、体验、健身为一体的乡村旅游基地，增加集体收入16 万元。二郎村被评为市级全域旅游示范村创建单位。建设农村公路 2 条，其中，粮邓路 2.8 公里，沙整路 1.4 公里；完成农村公路规划设计 3 条(西学路、天土路、叶牛路)；新建泥结石公路 3条 5.3 公里。修建农村便道 26.5 公里，整治机耕路 12 公里，开挖疏浚渠道8 公里，衬砌渠道及沟带路 4 公里，修建渠系建筑物 6 座，新建和整治山坪塘 14 口（其中，蓄水量在 10000 立方米以上的大型山坪塘 4 口)、蓄水池7 口、便民池 10 口。天星、双河、二郎 3 个村现浇电灌站渠道 3 公里，灌溉管道 700 米。批发零售、住宿餐饮等个体商贸经营户 211 家，社会消费品零售总额 0.8 亿元。

【镇村建设】 场镇功能设施：安装“生态三合”“平安广场”等文化石 4 座；规范化建设综合农贸市场；建成平安广场，占地面积 3000 平方米；启动平安公园建设项目，规划占地 2.67 公顷，完成用地协调及公园设计；改建饭店 1 个，建筑面积1400 平方米；完成程家苑Ⅰ期建设，新建农村住房 9500 平方米。场镇市政设施：新（改）建污水管道 700 米、雨水管道 500 米、污水检查井57 个、雨水检查井 35 个，新安装和更换水篦子62 块，新安砌青石路沿 260 米，铺设人行道青石地砖 550平方米，街面“白改黑”1000 平方米，维修场镇路灯 20 盏。“美丽乡村”建设：完善二郎场镇功能设施，新安装雨水管道 500 米，铺设人行道1500 平方米、路沿 300 米、人行便道 4.5 公里，安装太阳能路灯 50 盏，新设置交通标志标牌 93块，新增凸面镜 2 个，新安装道路交通防撞护栏30 米。开展企业安全执法检查 80 次，发现并整治隐患 200 条。解决劳资、三合煤厂等遗留问题。整治新场村 2 处地质灾害滑坡隐患点。排除各类道路隐患近 110 次，整改隐患 14 处，查处交通违法723 件次。茶山登山步道和生态停车场建成投用。其中，茶山新建登山步道 1.8 公里，新建休闲观光亭 3 个；生态停车场 1 个，建设面积约 3000平方米。

图表16　图为万亩生态茶园

（曾清龙　摄）

【民生建设】　精准识别扶贫对象，落实“两不愁、三保障”系列措施。落实贫困学生助学全覆盖，适龄儿童入学率100%。146户391个困难群众购买精准脱贫保险、大病补充医疗保险等商业保险。提供爱心扶贫公益岗位17个。2000万元市级国土整治扶贫项目，专项用于市级贫困村基础设施建设和产业发展。43户建卡贫困户实现稳定脱贫。发放民政社保资金1036万元，其中，城市低保金29万元，农村低保金125万元，优抚金163万元，特困老人（含农村五保及城市“三无”）生活补贴534万元。发放再就业小额贷款140万元，医疗救助金5.2万元，80岁以上老年人高龄营养补贴39.8万元。兑现计生奖扶资金133.81万元，农机购置补贴5460元，农业支持保护补贴114万元，退耕还林和森林生态效益补偿金81万元。转移农村富余劳动力90人，新增就业210人。城乡居民养老保险参保11015人，缴费率95%。干部下（接）访139人次，解决群众问题139件，化解率100%。调解各类纠纷188件次，调解成功率99%。新建视频监控9个，改造升级视频监控21个，配备111名网格员。组建专职巡逻，开展巡逻192次。治安案件34件，同比减少4件，下降10.5%；刑事案件29件，同比减少8件，下降21.6%。

三合小学成功申报璧山区文化委剪纸艺术创作基地和区教委剪纸特色项目；三合中学教师获“全国书香之家”称号；三合中学于9月合并至丁家初级中学。利用“梦想课堂”“文化大院”等载体，开展“星级文明户”评选、学雷锋志愿服务等活动。新建村农民体育健身工程1个，农体工程实现全覆盖。送文化下乡播放电影96场，文艺演出14场。8个农家书屋全天免费开放。完成基层食品药品监管所规范化建设。创建国家食品安全示范城市。立案查处食品药品安全违法案件3

【环境建设】　整治达标养殖场5家，关停场镇规划区范围内全部污染企业。三定路、三马路、大石路等沿线道路两旁新种植美人蕉、三角梅2万株，新栽植行道树2200株。择选垃圾清运公司，清理全镇公路边沟6次；场镇、主要交通干道、农村公路全天候清扫保洁。开展农村生活垃圾“百日清扫”行动。清理农村陈年垃圾1000处；清理小广告、幕布广告、横幅等300张。推进农村生活垃圾治理，发放宣传资料3万份，安装宣传牌200张、宣传栏8个，签订责任书6000份。修建垃圾收运设施，新建垃圾收集台（桶位）238个，摆放垃圾桶451个，配备专业的垃圾收运三轮车8个。实施农村环境连片整治。新建二郎污水处理站。成立生态河长制办公室，建立“河长制”体系，形成“一河一档”台账。明确场镇专兼职污水管网巡查员3名，6个村巡河员各1名。推进梅江河三合段及辖区水库、山坪塘、精养鱼池污染治理。160口山坪塘全部解除承包合同，155口精养鱼池签订水质达标或关停协议，签订率99%。种植亲水植物1.3万平方米。评选“整洁庭院”240户。石龙桥、天星、双河3个村创建为“市级生态文明建设示范村”；二郎村创建为“国家级绿色村庄”；三合镇创建为“市级生态文明建设示范镇”。

起。

【基层党建和精神文明建设】 新发展党员4名，查处党员2名。回引9名本土人才到村任职。围绕“党建是法宝、党员是先锋、支部是堡垒”工作思路，推进“服务型”党组织建设。投入经费300万元，升级改造便民服务中心5个，新建高山村便民服务中心。推行“订单式”和“下沉式”服务工作法，组织干部党员165人，落实“五个一”具体措施，帮扶群众5047户，解决矛盾纠纷550起。受理群众反映事项370件，办结率和满意率均为100%。下派第一书记到市级贫困村二郎村，组建驻村工作队，走访群众160人次。151户建卡贫困户“一对一”结对帮扶全覆盖。

（三合镇）

健龙镇

【概况】 健龙镇位于北纬29°47′~29°53′，东经106°18′~106°21′。地处璧山区东南部，东临江津区，南接广普镇，西连丁家街道，北倚来凤街道。东西宽2.5公里，南北长20公里，辖区面积50.6平方公里，场镇规划面积1.26平方公里。辖行政村9个，社区2个，村民小组55个。总人口2.75万人，常住人口1.76万人，其中非农业人口0.35万人。全年出生人口284人，符合政策生育率98.94%。

农业总产值2.6亿元，比上年增加0.2亿元，增长8.3%。规模以上工业产值41584.7万元，比上年增加5333.6万元，增长14.7%。限上法人住餐营业收入912.5万元，增长11.8%。社会固定资产投资6.7亿元。财政收入1005.16万元，其中工商税收完成966万元。

有卫生院1所；敬老院1所；学校2所，在职教师48人，在校学生586人。

【经济建设】 工业企业45个，个体工商户284个。非公有制经济从业人员4804人，其中私营个体3336人；非公有制经济产值108653万元，其中私营个体67873万元。规上工业企业4家、规上商贸企业1家。向上级争取补助资金12.42万元，支持企业贷款贴息补助、水电费补助。定期检查烟花爆竹经营场所24家和非煤矿山企业2家，纳入重点消防管理对象17家，涉及家具厂、纺织厂、木材加工厂等，开展企业职业卫生和安全教育培训。投入水保资金85万元，栽植优质水果沃柑、晚熟8号血橙、青脆李等特色经济果苗84728株，绿化造林100公顷。启动长江防护林3期工程经果林项目，以玉林村、白果村为中心辐射全镇9个村，种植经果林200公顷，落实果苗采购资金150万元。

【镇村建设】 沿河观景长廊绿化2公里，公路绿化56公里，2公顷“双龙公园”投入使用，生态敬老院达标改造工程完成。申请上级资金补助217.2万元，完成21.5公里人行便道建设。投入资金101万元整治胖子湾、和平等山坪塘7口。投入资金200万元完成睦佳、鱼洞、寨子三个村提灌站渠道建设，改造整治渠道2.7公里。完成寨子村650万农业综合开发建设项目，开展弥勒村、小河村农业项目前期勘察设计和申报。成功创建“国家标准化气象为农服务镇”。完成第二批宅基地面积15.47公顷复垦，编制9个村村级规划指引，完成全镇违章建筑清理，制定白果、新石、睦佳、鱼洞4个村2016-2020年土地规划。

【环境建设】 确定9条一级支流、2条二级支流的主体责任；划定河长公示牌4处；完成10条河流的专项调查摸底。出台巡河办法，建立“一河一档”台账，明确辖区内河流的河长和河段长，落实璧南河健龙段专职巡河人员1名和专职污水管网巡查人员3名，每个村明确1名巡河员。制定183口山坪塘、250个养鱼池整治方案。疏通污水管网960米。关闭关停企业5家，养殖场1家。

规范集贸市场管理，整治集贸市场2个；实施三洞桥支流水环境治理，开展为期45天的河道清淤工作，尝试栽种水生植物。长1.2公里的沿河路基本成型。完成场镇道路“白改黑”1万平方米，公路绿化56公里。建成龙江场镇垃圾收集站。全镇新建垃圾收集点359个、新投放垃圾桶1200个、新增保洁人员11名，清理存量生活垃圾900吨。完成6.3公里公路水稳层铺设、5公里公路整修、2.6公里农村公路改建工程招标，3.55公里杨胡路公路改造工程进场施工。新安装指路牌等各类标志标牌54块。安装天然气等清洁能源1155户。复垦宅基地15.47公顷。搬迁地灾点农户2户（共8人）。成功创建“市级生态文明建设示范镇”。睦佳村、寨子村、小河村、新石村、弥勒村创建为“市级生态文明建设示范村”。

【民生建设】 精准扶贫：完善248户建卡贫困户档案资料，实施2017年度建卡贫困户到户产业扶持项目，落实9个帮扶单位、131位帮扶责任人。发放扶贫专项资金22.11万元，帮助贫困户256户650人。开展扶贫领域不正之风和腐败问题专项整治。落实城乡低保、医疗救助、特困人员供养、优抚对象抚恤金、义务兵优待金等资金精准发放，发放721.27万元，受益人数1000人次。完成农村贫困残疾人危房改造13户，对重度残疾人发放护理补贴及生活补贴28万元。开展残疾人实用技术培训及职业技能培训，鼓励残疾人参与社会体育活动，鱼洞村一名残疾人参加市残联乒乓球锦标赛，获第六名。加大对精神病人住院救助及阳光家园托养服务，按需发放各类辅助器具。为恶性肿瘤、高血压、糖尿病等特殊疾病群众办理特殊疾病卡84张。绿化面积3000平方米的“生态敬老院”投入使用。全年新增城镇就业人数303人，其中登记失业人员就业135人，城镇就业困难人员就业30人，就业适应性培训56人。新增城乡居民养老保险参保人员182人，322名60岁以上人员办理享受养老待遇手续，5059人办理养老保险资格认证手续。城乡居民医疗保险人数22759人，新办补办社会保障卡5019张。

围绕全国科普日主题“创新驱动发展，科学破除愚昧”开展科技进校园、科技赶场、科技进乡村活动。发放3家企业重庆民营经济发展专项资金补贴12.42万元。举办文艺演出活动18场，组织志愿者服务活动24次，举办讲座和培训4次，发放宣传资料1.2万份。组织代表参加全区第六届运动会、“寻找最美朗读者”、老体协庆国庆重阳健身球操交流活动。农村电影惠民放映122场。完成第二批户户通安装工作335户。推行“计生民生”工程，投入资金235万元。完成800农村适龄妇女“两癌”筛查，家庭医生签约群众18320名。落实计划生育奖励扶助、特别扶助政策，准确率、兑现率均为100%。计划生育奖励扶助1172人，发放资金142.55万元。特别扶助72人，发放资金39.12万元。四级残13人，发放资金6.24万元。区级特殊家庭生活扶助金40人，发放资金19万元。区级特别关爱金66人，发放资金11.95万元。一次性奖励96人，发放资金2.9万元。独生子女父母养老保险增发759人，发放资金9.1万元。

【基层党建和精神文明建设】 跟进学习宣传习近平新时代中国特色社会主义思想和党的路线方针

图表17　图为健龙镇新建投用的双龙公园

（曾世雷　摄）

政策。结合“两学一做”学习教育推广“主题党日”，落实“三会一课”“订单式”“下沉式”服务、灯盏工程、党员发展、党代表述职、远程教育。利用各党组织党员QQ群、微信群、手机短信及创建的“健龙党建”公众号等载体，推动学习宣传。组织开展党委书记带头讲党课、全体党员重温入党誓词、党组织集中学习十九大精神等专题教育活动。重新修订村（社区）干部绩效考核办法；本土人才中择优选拔进入镇机关顶岗锻炼；发展入党积极分子10名，新吸收中共预备党员9名，中共预备党员转为正式党员8名。对后进村党组织利用公开栏和群工系统加强村务财务公开。投入20万元建设村会议室。整顿转化测评满意度98%。群工系统收集群众反映事项573条，办结571条，办结事项满意率100%。（唐　姣）

延伸阅读 ▶▶

2017·大事盘点

9月28日，东岳体育公园建成开放。自2010年壁山隧道通车以来，这是区委、区政府第8次在每年的“9·28”为壁山人民呈现民生作品。东岳体育公园位于绿岛新区核心区，东临黛山大道，西临雪山路，南临永嘉大道，北临文化艺术中心，以群众体育为根，旨在让体育绿起来、公园动起来、城市活起来。公园总占地面积约23.33公顷，其中水体面积约8公顷。公园内栽植垂丝海棠、桂花、红梅、罗汉松、墨西哥落羽杉、香樟等50余种乔木6000余株，栽植贴梗海棠、春鹃、洒金珊瑚、佛顶珠桂花等20余种花灌木约350万株，绿地率达到70%；建设环湖路2.4公里，人行便道、登山步道1.2公里；布局有阳光草坪、景观瀑布、人造假山、动物小品等；设置标准化公厕2个、生态停车场2座、景观草亭3个、五人制足球场2块、网球场2块、篮球场4块、排球场1块、羽毛球场7块、门球场2块、运动器材场地7块、乒乓球台24张。

10月16日，重庆军民融合协同创新研究院“牵手”中国探月工程总设计师吴伟仁，在壁山国家高新区打造的首个院士工作站揭牌。

该院士工作站主要开展航天探测、深空测控等领域的研究和技术开发，与企业联合承担国家重大技术创新项目，将对壁山工业产业创新发展、军民融合领域发展等起到极大推动作用。

中国工程院院士吴伟仁、区委书记吴道藩、区长章勇武出席签约揭牌仪式。区委常委、重庆军民融合协同创新研究院院长黄文杰与吴伟仁签约。

吴伟仁院士是航天测控通信与航天系统总体设计专家、中国探月工程总设计师、中国工程院院士、国际宇航科学院院士，曾获国家科技进步特等奖2项、国家科技进步一、二、三等奖各1项。自嫦娥二号任务开始，吴伟仁院士任探月工程总设计师，负责总体技术方案制定，组织关键技术攻关和地面大型实验验证等。本次在壁设立的吴伟仁院士工作站主要是为重庆军民融合协同创新研究院的发展战略、发展规划、重大问题等提供决策咨询，并为各专业研究院提供技术指导；重点指导制定航天科学与技术领域发展规划，协助开展航天探测、深空测控等领域的研究和技术开发，为太空科创城的建设提供技术指导；为壁山建立创新型人才培训基地，协助企业引进、聚集、培养高素质的创新技术人才和管理人才等。

人物 光荣榜

先进集体

一、全国奖

表 12-1

获奖单位	授奖单位	获奖名称	授奖时间
区水务局	水利部	全国水利安全知识网络竞赛奖	2017 年 11 月
区地税局	中央精神文明建设领导小组办公室	全国文明单位	2017 年
区地税局办税服务厅	中华全国妇女联合会	全国巾帼文明岗	2017 年
区卫生计生监督执法局	国家卫生计生委卫生和计划生育监督中心	全国 2017 年度卫生计生执法监督优秀微课作品一等奖及微课优秀作品卓越团队奖	2017 年 12 月
农工党璧山区支部	农工党中央	“参政议政先进基层组织”	2017 年
璧山区北街幼儿园保教处	中华全国妇女联合会	全国巾帼文明岗	2017 年 4 月
国网重庆璧山供电公司	中央精神文明建设指导委员会	全国文明单位	2017 年 11 月
国网重庆璧山供电公司变电检修 QC 小组	中国质量协会、中华全国总工会、中华全国妇女联合会、中国科学技术协会	2017 年全国优秀质量管理小组	2017 年 11 月
国网重庆璧山供电公司璧城营业班	中央企业团工委	2015—2016 年度中央企业青年文明号	2017 年 7 月
温泉 110kV 变电站工程	国家电网公司	2017 年度第一批输变电优质工程	2017 年 7 月
《10kV 移开式真空断路器检修平台的研制》	国家电网公司	2017 年质量管理（QC）小组成果三等奖	2017 年 7 月
区工商联	全国工商联	“‘五好’县级工商联”	2017 年 12 月
区蔬菜协会	中国科协、财政部	基层科普行动计划项目先进集体	2017 年 6 月
重庆金冠汽车制造股份有限公司房车车间	中华全国总工会	全国工人先锋号	2017 年 4 月
重庆顾地塑胶电器有限公司	全国厂务公开协调小组	全国厂务公开民主管理工作先进单位	2017 年 8 月
区检察院控申科	高检院	全国检察机关“文明接待室”	2017 年
璧山区地方税局办税服务厅	中华全国妇女联合会	全国巾帼文明岗	2017 年 4 月

续表

获奖单位	授奖单位	获奖名称	授奖时间
共青团重庆市璧山区委	团中央	全团“青年之声”建设工作典型通报表扬	2017年4月
区养殖业技术服务中心	全国畜牧总站、中国农业出版社	2017年“最美养殖书屋”	2017年12月
区养殖业技术服务中心	农业部	全国农业农村信息化示范基地（政务应用型）	2017年11月
区体育局	国家体育总局	全民健身先进单位	2017年8月
璧山高新区管委会	国家发改委	“智能化工业园区示范区”	2017年8月
璧山高新区管委会	科技部	火炬统计工作被国家科技部表扬通报	2017年11月
璧山高新区管委会	科技部	“创业型产业集群试点”	2017年12月
区教委	教育部关工委	第二十届全国青少年五好小公民“阳光校园 我们是好伙伴”主题教育“先进集体”奖	2017年
区教委	教育部关工委	全国青少年“五好小公民”主题教育活动21周年“先进集体”	2017年7月
重庆璧南河	水利部水情教育中心	首届全国10条“最美家乡河”	2017年12月
璧山区	国家发改委	国家级返乡创业试点区县	2017年
重庆市金冠汽车制造股份有限公司工会	中华全国总工会	职工书屋	2017年9月
璧山区	中国气象局	第四批“标准化现代农业气象服务区（县）”	2017年1月
璧山区	国务院	全国促进工业稳增长和转型升级成效明显区	2017年5月
三合镇二郎村	住房城乡建设部	第一批绿色村庄	2017年5月
三合镇	中国气象局	第五批国家级标准化气象灾害防御乡（镇）	2017年12月
广普镇	中国气象局	标准化气象灾害防御镇	2017年12月
广普镇坪中村	住房城乡建设部	绿色村庄	2017年6月
健龙镇	中国气象局	国家级标准化气象为农服务镇	2017年12月
正兴镇金堂村	住房和城乡建设部	全国首批“绿色村庄”称号	2017年6月2日
青杠街道梁山村	中央精神文明建设指导委员会	全国文明村镇	2017年11月
青杠街道梁山村	国务院防范和处理邪教问题办公室	2015“百县千乡万村无邪教创建示范工程”活动创建无邪教示范村（社区）	2017年3月
璧泉街道	国务院防范和处理邪教问题办公室	国家级无邪教示范街道	2017年3月
璧泉街道观音社区	国务院防范和处理邪教问题办公室	国家级无邪教示范社区	2017年3月
璧泉街道新胜社区	国务院防范和处理邪教问题办公室	国家级无邪教示范社区	2017年3月
大兴镇兴隆社区	国务院防范和处理邪教问题办公室	创建无邪教示范村（社区）	2017年
大兴镇长隆村	国务院防范和处理邪教问题办公室	创建无邪教示范村（社区）	2017年

二、市委、市政府表彰

表

获奖单位	授奖单位	获奖名称	授奖时间
区园林绿化管理所	市政府	重庆市2012–2016年度生态文明建设先进集体	2017年12月
区信访办	市委、市政府	全市信访工作先进集体	2017年5月

三、市级部门表彰

表12–2

获奖单位	授奖单位	获奖名称	授奖时间
区司法局	市司法局	全市区县司法局综合目标考核良好等次	2017年
区司法局	市司法局	“2017年度司法为民优秀单位”	2017年
河边司法所	市司法局	“2011–2015年重庆市法律援助先进集体	2017年
丁家法律服务所	市司法局	全市“十佳基层法律服务所”	2017年
区公证处	市公证处	全市优秀公证处	2017年
区财政局	市财政局	2017年基层财政综合知识竞赛“优秀组织奖”	2017年12月
璧山区医院项目	市规划局	2017年度区县城公共设施规划实施类一等奖。	2017年12月
璧山区凤凰城、璧山区茅莱山居项目	市规划局	2017年度区县城住宅小区规划实施类二等奖。	2017年12月
三合镇	市环保局	重庆市生态文明建设示范乡镇（街道）	2017年1月
三合镇双河村、天星村、石龙桥村	市环保局	重庆市生态文明建设示范村（社区）	2017年1月
福禄镇	市人社局、安监局	安全生产先进集体	2017年9月
福禄镇斑竹村	市“扫黄打非”工作领导小组办公室	重庆市“扫黄打非”先进基层示范点	2017年11月
区水务局关工委	重庆市关工委	重庆市“五好”关工委	2017年2月
区经侦支队	重庆市公安局经侦总队	2015—2016年度优秀技战法	2017年7月
区璧城派出所	市维稳办	全市维稳工作先进单位	2017年12月
区治安管理支队	市总工会	重庆市工人先锋号	2017年12月
区公安局	市公安局、共青团市委	优秀组织奖	2017年5月
区劳动人事争议仲裁院	市人社局	重庆市劳动人事争议仲裁辩论赛第三名	2017年
区国税局办税服务厅	市国税局	全市国税系统“营改增”试点集体三等功	2017年
区卫生计生监督执法局	市卫生和计划生育委员会	重庆市2016年度卫生计生监督执法优秀案列、全国卫生计生监督执法优秀典型案例	2017年9月
璧城街道办事处统计管理办公室	人力资源和社会保障局、市统计局、国家统计局重庆调查总队	“重庆市统计系统先进集体”	2017年5月

续表

获奖单位	授奖单位	获奖名称	授奖时间
广普镇大石塔村	重庆市规划局	重庆市历史文化名村	2017 年 11 月
区环保局	市环保局	2016 年环境执法大练兵活动先进集体	2017 年 3 月
区环保局	市环保局	2016 年度全市环保系统政务信息工作先进集体	2017 年 4 月
区环保局	市环保局	2016 年度全市环保系统宣传教育工作先进集体	2017 年 7 月
区环保局	市环保局	2016 年度全市环保系统宣传教育工作先进集体	2017 年 7 月
区环保局	市环保局	全市环保系统环保宣传活动优秀组织单位	2017 年 7 月
区环境行政执法支队	市人社局	重庆市环保系统先进集体	2017 年 11 月
区环保局	市环保局	2017 年环境执法大练兵活动先进集体	2017 年 12 月
区环保局	市环保局	2016 年重庆市第三届“环保公众开放周”活动优秀组织单位	2017 年 12 月
区环保局	市环保局	重庆市第四届生态文明知识竞赛活动优秀组织单位	2017 年 12 月
璧山区“爱心妈妈”志愿服务队	市委宣传部、市精神文明建设委员会办公室、市民政局、市环保局、市文化委、市国有资产监督管理委员会、市总工会、共青团重庆市委员会、市妇联、市文学艺术界联合会、市残联	重庆市学雷锋最佳志愿服务组织	2017 年 12 月
璧山区璧城街道城中社区	市委宣传部、市精神文明建设委员会办公室、市民政局、市环保局、市文化委、市国有资产监督管理委员会、市总工会、共青团重庆市委员会、市妇联、市文学艺术界联合会、市残联	重庆市学雷锋最美志愿服务社区	2017 年 12 月
璧山区大路街道团坝村妇女之家	市妇联	重庆市十佳妇女之家	2017 年 5 月
璧山区青杠街道梁山村妇女之家	市妇联	重庆市优秀妇女之家	2017 年 5 月
璧山区璧城街道城中社区妇女之家	市妇联	重庆市优秀妇女之家	2017 年 5 月
璧山区璧泉街道鹰嘴社区妇女之家	市妇联	重庆市优秀妇女之家	2017 年 5 月
璧山区丁家街道铜锣社区妇女之家	市妇联	重庆市优秀妇女之家	2017 年 5 月
璧山区人民医院妇女之家	市妇联	重庆市优秀妇女之家	2017 年 5 月
璧山区大路街道“团坝姐妹”互助组	市妇联	重庆市农村留守妇女“十佳”互助品牌	2017 年 2 月

续表

获奖单位	授奖单位	获奖名称	授奖时间
璧山区青杠街道梁山村葡萄种植互助组	市妇联	重庆市农村留守妇女“百优”互助组	2017 年 2 月
璧山区大兴镇长隆村文化生活互助组	市妇联	重庆市农村留守妇女“百优”互助组	2017 年 2 月
璧山区七塘镇喜观村手牵手互助组	市妇联	重庆市农村留守妇女“百优”互助组	2017 年 2 月
市政协委员璧山组	市政协	先进委员地区组	2017 年 1 月
市政协委员璧山组	市政协	优秀提案	2017 年 1 月
八塘镇	市爱委会	重庆市卫生乡镇	2017 年 7 月
国网重庆璧山供电公司	国网重庆市电力公司	区域供电公司组配电电缆专业技能竞赛团体三等奖	2017 年 12 月
国网重庆璧山供电公司	国网重庆市电力公司	“配电电缆专业技能竞赛”第三名、团体三等奖	2017 年 11 月
国网重庆璧山供电公司	国网重庆市电力公司	变电专业“五通”第二次调考第一名	2017 年 11 月
国网重庆璧山供电公司	国网重庆市电力公司	“安康杯”安全知识竞赛团体三等奖	2017 年 6 月
国网重庆璧山供电公司	市总工会、共青团重庆市委员会	重庆市首届供电服务之星劳动竞赛团体第七名	2017 年 5 月
城北供电所、八塘供电所	国网重庆市电力公司	2017 年度四星级乡镇供电所	2017 年 12 月
国网重庆璧山供电公司机关党支部、运维检修第一党支部、营销第一党支部	国网重庆市电力公司	电网先锋党支部	2017 年 6 月
国网重庆璧山供电公司配电运维班	市总工会、共青团重庆市委员会	重庆市工人先锋号	2017 年 5 月
国网重庆璧山供电公司电气试验班	国网重庆市电力公司	质量信得过班组	2017 年 3 月
茅莱 110 千伏送出线路工程、蒲元变至温泉变 110 千伏输电线路工程、龙兴 110 千伏变电站工程、西郭变至安居电厂线路 π 接入龙兴变 110 千伏输电线路工程	国网重庆市电力公司	2017 年度输变电优质工程	2017 年 11 月
《以“六抓两共”促进配电网安全管理提升》《业财融合体系下的财务集约化建设》	国网重庆市电力公司	2017 年对标典型经验成果	2017 年 12 月

续表

获奖单位	授奖单位	获奖名称	授奖时间
《基于“三专业、两结合”的配网运行风险管控》	国网重庆市电力公司	2017年对标典型经验成果	2017年12月
《以提升台账基础数据管理为抓手，深化电能质量在线监测系统应用》	国网重庆市电力公司	2017年对标典型经验成果	2017年12月
《基于“五统一”原则的公务用车内控体系建设》	国网重庆市电力公司	2017年对标典型经验成果	2017年12月
《电力拉线制作辅助工具研制》	国网重庆市电力公司	2017年运检业务职工创新实践活动输电类三等奖	2017年12月
《防止防尘帽遗落的尾纤盒》等11个项目	国网重庆市电力公司	授权专利奖	2017年12月
《隔离开关触指压力检测装置研制》	国网重庆市电力公司	科技进步奖三等奖	2017年12月
《一种电流互感器快速油样采集器》	国网重庆市电力公司	专利三等奖	2017年12月
《10kV移开式真空断路器检修平台的研制》	国网重庆市电力公司	优秀群众性创新成果二等奖	2017年12月
《供电企业以“关口前移”为导向的工程风险管理》	国网重庆市电力公司	管理创新成果二等奖	2017年11月
《以“协同共管合作共建”为核心的农村用电安全管理实践》	国网重庆市电力公司	2017年管理创新推广成果二等奖	2017年11月
《供电企业基于全口径信息反馈的作业现场安全监督管控》	国网重庆市电力公司	2017年管理创新成果三等奖	2017年11月
《智能机器人增强机房运维安全性能》	国网重庆市电力公司	第三届青年创新创意大赛优秀奖	2017年11月
《优化国网企信平台与专业系统互联功能，提升信息传递效率》	国网重庆市电力公司	2017年度国网重庆市电力公司优秀合理化建议	2017年9月
《健全信息安全反违章常态管控机制，完善“大安全”同质化体系》			2017年9月
《电力拉线制作辅助工具》	国网重庆市电力公司	运检业务创新活动输电类第5名	2017年8月

续表

获奖单位	授奖单位	获奖名称	授奖时间
《10kV 移开式真空断路器检修平台的研制》	市质量协会、市总工会、市妇联、市科协	重庆市质量管理小组活动一等奖	2017 年 7 月
《提升电流互感器油样采集效率》	市质量协会、市总工会、市妇联、市科协	重庆市质量管理小组活动二等奖	2017 年 7 月
《不忘入党初心，做合格党员》	国网重庆市电力公司	课题研究优秀成果三等奖	2017 年 3 月
《10kV 移开式真空断路器检修平台的研制》	国网重庆市电力公司	QC 小组活动优秀成果一等奖	2017 年 3 月
《提升电流互感器油样采集效率》	国网重庆市电力公司	QC 小组活动优秀成果三等奖	2017 年 3 月
区人大常委会	市人民代表大会常务委员会	市四届人大代表工作先进单位	2017 年 9 月
区纪委信访室	市纪委监察局	先进工作单位	2017 年
区总工会	市总工会	2017 年度区域性劳动竞赛优秀组织单位	2017 年 12 月
区总工会	市总工会市安全生产监督管理局	2016 年度“安康杯”竞赛优秀组织单位	2017 年 10 月
重庆凯成科技有限公司	市总工会	重庆五一劳动奖状	2017 年 12 月
重庆永达精密机械有限公司磨齿班	市总工会	重庆市工人先锋号	2017 年 12 月
重庆市诚润机械有限公司现场质检班组	市总工会市安全生产监督管理局	2016 年度“安康杯”竞赛优胜班组	2017 年 10 月
重庆盾之王实业实业有限公司	市总工会	职工书屋	2017 年 10 月
奥特莱斯（砂之船）重庆商业有限公司	市总工会	职工书屋	2017 年 10 月
冀东水泥璧山有限责任公司	市总工会	职工书屋	2017 年 10 月
重庆市璧山区钛钢机械厂	市总工会	职工书屋	2017 年 10 月
台商工业园	市总工会	职工书屋	2017 年 10 月
重庆统一企业有限公司工会	市总工会	重庆市模范职工之家	2017 年 12 月
达能（重庆）食品饮料有限公司吹瓶团队工会小组	市总工会	重庆市模范职工小家	2017 年 12 月
重庆市璧山中学“让羽毛球飞”工会小组	市总工会	重庆市模范职工小家	2017 年 12 月
区检察院	市检察院	全市检察信息工作先进集体	2017 年
区质监局质量科	市质监局	党员先锋示范岗	2017 年 6 月
区质监局	市质监局	学习宣传贯彻十九大精神网络知识竞赛组织奖	2017 年 12 月

续表

获奖单位	授奖单位	获奖名称	授奖时间
共青团重庆市璧山区委	团市委	2016年度重庆市共青团工作进步奖	2017年2月
民进璧山支部	《民主》	发行优秀集体奖	2017年
区人民法院	市高级人民法院	财务统计工作先进法院	2017年
区人民法院司法警察大队	市高级人民法院	司法警察工作先进集体	2017年
区人民法院	市高级人民法院	队伍建设先进法院	2017年
区人民法院	市高级人民法院	刑事审判工作先进法院	2017年
区人民法院	市财政局	2017年财务管理工作二等奖	2017年
区公安局情报支队	市公安局	优秀技战法	2017年4月
致公党支部	公市委	“参政议政先进集体”和“社会服务集体”	2017年12月
致公党支部	公市委	2017年度组织发展先进集体和参政议政先进集体	2017年
大兴镇莲生村	市委宣传部	重庆市乡村文明旅游示范村	2017年
大兴镇龙飞村	市农委	“平安农机”示范村	2017年
区广播电视台	市广播电视台	“电视节目交流先进集体二等奖”“知识产权保护先进集体二等奖”	2017年12月
区信访办	市人力社保局	2017年维稳安保工作突出，记集体二等功	2017年12月
区气象局	市气象局	第五届重庆市气象行业天气预报技能竞赛团体奖三等奖	2017年10月
区经济信息委	市节能减排工作领导小组	全市“十二五”期间节能工作成绩突出集体	2017年3月
区教委	教育部基础教育司	璧山区德育案例——《习礼养人 和美璧山》被评为全国中小学德育工作优秀案例	2017年12月
璧山区	全民终身学习活动周工作小组、中国成人教育协会	2017年全国全民终身学习活动周成功组织奖	2017年12月
璧泉片区教管中心	市教委	“周六营”获得终身学习活动品牌	2017年11月
丁家片区教管中心	市教委	张洪获得“百姓学习之星”称号	2017年11月
青杠片区教管中心	市教委	社区微课《智填九宫格》获二等奖	2017年12月
璧泉片区教管中心	市教委	社区微课《二十四点益智游戏》荣获三等奖	2017年12月
区教委	中国成人教育协会	《向阳花》获全国社区教育文艺成果展演优秀作品奖	2017年11月
区教委	市教委	重庆市2016—2018年度“一师一优课、一课一名师”活动优秀组织工作奖	2017年11月
区教育信息技术与装备中心	市教委	第十八届全国中小学电脑制作活动、第十五届全国中小学信息技术创新与实践活动重庆赛区组织工作先进单位	2017年9月
区教委	市教委、中共重庆市委网络安全和信息化领导小组办公室	重庆市教育系统2017年网络安全宣传周活动优秀组织奖	2017年9月
区教育信息技术与装备中心	市教育信息技术与装备中心	重庆市第十一届中小学校园电视节目评选活动优秀组织奖	2017年6月

四、区委、区政府表彰

表 12-3

获奖单位	授奖单位	获奖名称	授奖时间
区人社局	区政府	集体三等功	2017 年
区人社局	区政府	安全生产一等奖	2017 年
国网重庆璧山供电公司	区政府	璧山区第五届“体彩杯”职工乒乓球比赛道德风尚奖及女子团体第四名	2017 年 6 月
国网重庆璧山供电公司	区政府	璧山区第五届“体彩杯”职工篮球赛第二名	2017 年 5 月
国网重庆璧山供电公司	区政府	体育道德风尚奖	2017 年 5 月
大兴镇符家村	区政府	美丽乡村	2017 年
大兴镇莲生村	区政府	美丽乡村	2017 年
区经济信息委	区政府	“迎接十九大·忠诚保平安”安全生产工作先进集体	2017 年 12 月

先进个人

一、全国奖

表 12-4

获奖单位	授奖单位	获奖名称	授奖时间
区工商联尹红	全国工商联	“辉煌历程，砥砺前行”征文二等奖	2017 年 12 月
区人民医院曹廷容	中华全国总工会、中共中央宣传部、中央文明办、工业和信息化部等六部委	全国职工职业道德建设先进个人	2017 年 12 月
区工商局唐兴勇	全国打击侵犯知识产权和制售假冒伪劣商品工作领导小组办公室	全国打击侵权假冒工作先进个人	2017 年 12 月
区公安局冯浩	公安部	全国优秀人民警察	2017 年 5 月
区水务局胡怡轩（胡小玲）	水利部	全国水利安全知识网络竞赛鼓励奖	2017 年 11 月
青杠司法所所长吴晓	司法部	全国“模范人民调解员”	2017 年
打击乐《巴风渝韵》	第九届全国残疾人艺术汇演西部片区	器乐类一等奖	2017 年
璧城街道大旺社区楚贵雲	中国妇女联合会	“全国巾帼建功标兵荣誉称号”	2017 年 4 月
区侨联刘华	中国致公党中央委员会	中国致公党社会服务工作先进个人	2017 年 9 月
区农委邱海军	市人力资源和社会保障局市农委	先进个人	2017 年 2 月
区农委巫廷建	农业部	全国农业先进个人	2017 年 1 月
区农委袁钢	农业部畜牧业司	（畜牧业统计监测工作）（表扬信）	2017 年 12 月
区农委严奉成	农业部	全国农业先进个人	2017 年 1 月
致公党支部刘华	公党中央	社会服务工作先进个人	2017 年 9 月
致公党支部刘华	公党中央	坚持和发展中国特色社会主义学习实践活动先进个人	2017 年 12 月
区体育局王彬	国家体育总局	全民健身先进个人	2017 年 8 月

续表

获奖个人	授奖单位	获奖名称	授奖时间
区教委张　忠	中国关工委、教育部关工委	全国“中华魂”（遵纪守法 从我做起）主题教育活动先进个人	2017年7月
李常玉	教育部关工委	全国青少年“五好小公民”主题教育活动21周年“先进个人”	2017年7月
璧城街道楚贵雲	全国巾帼建功标兵	中华全国妇女联合会	2017年4月

二、市委、市政府表彰

表12-5

获奖单位	授奖单位	获奖名称	授奖时间
区人民医院曹廷容	市委、市政府	重庆市先进工作者	2017年
璧城街道宋国琴	市政府	“重庆市生态文明先进个人”	2017年12月
重庆渝西园林集团有限公司韩德文	市政府	重庆市劳动模范	2017年5月
健龙镇白果村6组刘辅波	市政府	重庆市劳动模范	2017年5月
重庆永达精密机械有限公司段含辉	市政府	重庆市劳动模范	2017年5月
重庆瑞通实业有限公司程彬	市政府	重庆市劳动模范	2017年5月
区人民医院曹廷容	市政府	重庆市先进工作者	2017年5月
璧山中学校陈永明	市政府	重庆市先进工作者	2017年5月
青杠街道刘满江	市政府	重庆市生态文明建设先进个人	2017年12月
区信访办龙小晶	市委、市政府	全市信访工作先进个人	2017年5月
区环保局罗俊	市政府	重庆市2012–2016年度生态文明建设先进个人	2017年12月

三、市级部门表彰

表12-6

获奖单位	授奖单位	获奖名称	授奖时间
区公安局廖礼波	市公安局团委	2017春运交通安保工作“青年突击手”	2017年3月
区公安局石雪颖	市公安局团委	2017春运交通安保工作“青年突击手”	2017年3月
区公安局凤建	市公安局	全国公安数据分析比武竞赛成绩突出	2017年4月
区公安局钟睿	市公安局	户口登记管理清理整顿工作成绩突出个人	2017年4月
区公安局周梦	市“三电”办	2016年度“三电”工作成绩突出个人	2017年5月
区公安局吴艳平	市公安局、共青团市委	2016年度全市公安机关警务指挥实战技能比武个人二等奖	2017年5月
区公安局万子龙	市公安局	交巡警公巡工作成绩突出个人	2017年6月
区公安局徐文	市公安局	交巡警公巡工作成绩突出个人	2017年6月
区公安局陈敬波	市公安局	乡镇派出所公巡工作成绩突出个人	2017年6月
区公安局陈晓波	市公安局	乡镇派出所公巡工作成绩突出个人	2017年6月
区公安局张祖源	市公安局	乡镇派出所公巡工作成绩突出个人	2017年6月
区公安局刘圣友	市公安局	乡镇派出所公巡工作成绩突出个人	2017年6月
区公安局甘鑫	重庆市公安局经侦总队	2015–2016年度情报导侦能手	2017年7月

续表

获奖单位	授奖单位	获奖名称	授奖时间
区公安局王宗伦	重庆市公安局政治部	市党代会等系类安保维稳工作成绩突出个人	2017年9月
区公安局吴洪春	重庆市公安局政治部	市党代会等系类安保维稳工作成绩突出个人	2017年9月
区公安局安亮	重庆市公安局政治部	市党代会等系类安保维稳工作成绩突出个人	2017年9月
区公安局廖飞	重庆市公安局政治部	市党代会等系类安保维稳工作成绩突出个人	2017年9月
区公安局谢远智	重庆市公安局政治部	市党代会等系类安保维稳工作成绩突出个人	2017年9月
区公安局张安红	重庆市公安局政治部	市党代会等系类安保维稳工作成绩突出个人	2017年9月
区公安局陈禹汀	重庆市公安局政治部	2016年度网络舆情导控成绩突出个人	2017年10月
区公安局何力	重庆市公安局	十九大安保维稳工作先进个人	2017年12月
区公安局彭朝忠	重庆市公安局	十九大安保维稳工作先进个人	2017年12月
区公安局雷勇	重庆市公安局	十九大安保维稳工作先进个人	2017年12月
区公安局宋晓玲	重庆市公安局、共青团市委	重庆重庆市公安局青年岗位能手	2017年12月
区工商局杨霞	中共重庆市委宣传部	第三批重庆市岗位学雷锋标兵	2017年3月
农业园区管委会何平	重庆市农业技术推广总站	2017年重庆市“农技推广系统优秀个人”	2017年
区安监局巫大均	市人力资源和社会保障局和重庆市安全生产监督管理局	2012年—2016年全市安全生产先进个人	2017年11月
区安监局曹春	市安全生产监督管理局	2016年度工贸行业安全生产先进个人	2017年3月
区安监局曹春	市人民政府安全生产委员会办公室	2016年度全市安全生产统计工作先进个人	2017年3月
河边司法所雷庶	市司法局	2011—2015年重庆市法律援助先进个人	2017年
璧城法律服务所方全丽	市司法局	全市“十佳法律服务工作者”	2017年
区财政局叶和伟	市财政局	2017年基层财政综合知识竞赛“先进个人”	2017年12月
区财政局周文华	市财政局	2017年基层财政综合知识竞赛“先进个人”	2017年12月
区财政局周静	市财政局	2017年基层财政综合知识竞赛“先进个人”	2017年12月
区财政局周小力	市财政局	2017年基层财政综合知识竞赛“先进个人”	2017年12月
区财政局熊远强	市财政局	2017年基层财政综合知识竞赛“先进个人”	2017年12月
区财政局皮俊芬	市财政局	2017年基层财政综合知识竞赛“先进个人”	2017年12月
区地税局李志强、凌世全	市人社局、市地税局	全市地税系统先进个人	2017年
区人民医院李建华	农工党重庆市委	2017年度优秀党务工作者	2017年
区法院赵红敏	农工党重庆市委	“坚持和发展中国特色社会主义学习实践活动”先进个人	2017年
区行政服务中心张伟	农工党重庆市委	“坚持和发展中国特色社会主义学习实践活动”先进个人	2017年
璧城街道宋国琴	市人社局、市环保局	“重庆市环境保护先进个人”	2017年12月
璧城街道大旺社区陈万宇	市信访办	“优秀网上信访代理员”	2017年1月
区环保局黄文品	市环保局	2016年环境执法大练兵活动先进个人	2017年3月
区环保局欧亚玲	市人社局、环保局	重庆市环保系统先进个人	2017年12月
区环保局余有国	市环保局	2017年环境执法大练兵活动先进个人	2017年12月

续表

获奖单位	授奖单位	获奖名称	授奖时间
区委何平	重庆市妇女联合会	重庆市第七届“妇女之友”	2017年3月
区政府张献强	重庆市妇女联合会	重庆市第七届“妇女之友”	2017年3月
健龙镇综合服务专干傅菊娘家庭	中共重庆市委宣传部、重庆市精神文明建设委员会办公室、重庆市妇女联合会	重庆最美家庭	2017年9月
三合镇卫生院何厚元家庭	中共重庆市委宣传部、重庆市精神文明建设委员会办公室、重庆市妇女联合会	重庆最美家庭	2017年9月
大路中学欧洪彬家庭	中共重庆市委宣传部、重庆市精神文明建设委员会办公室、重庆市妇女联合会	重庆最美家庭	2017年9月
青杠街道居民韦多华家庭	中共重庆市委宣传部、重庆市精神文明建设委员会办公室、重庆市妇女联合会	重庆最美家庭	2017年9月
璧城街道居民黎明玉	重庆市妇女联合会	重庆市优秀巾帼志愿者	2017年2月
大路街道村民曾祥淑	重庆市妇女联合会	重庆市优秀巾帼志愿者	2017年2月
区人民医院徐樱月	重庆市妇女联合会	重庆市优秀巾帼志愿者	2017年2月
区政协向邦俊	市政协办公厅	政协理论研究优秀论文一等奖	2017年11月
区政协张兴亮	市政协办公厅	政协理论研究优秀论文三等奖	2017年11月
区政协张兴亮	市政协办公厅	政协新闻宣传工作优秀通讯员	2017年11月
区政协石怀伟	市政协办公厅	政协新闻宣传工作先进工作者	2017年11月
八塘镇董治洪	市委组织部、市人社局、市公务员局	重庆市人民好公仆	2017年3月
国网重庆璧山供电公司洪涛	国网重庆市电力公司	QC小组活动卓越领导者	2017年3月
国网重庆璧山供电公司伍毅	市总工会、共青团重庆市委员会	“2017年度重庆市电力服务青年职业标兵”和“重庆市供电十佳服务之星”	2017年5月
国网重庆璧山供电公司徐腾飞、吴昊、王清龙	国网重庆市电力公司	“安康杯”安全知识竞赛个人三等奖	2017年6月
国网重庆璧山供电公司杨友利、李群、龚航	国网重庆市电力公司	2015—2016年度优秀党务工作者	2017年6月
国网重庆璧山供电公司伍毅、杨琳、徐波、吴军、赵强、张元洪、刘家禹	国网重庆市电力公司	2015—2016年度优秀共产党	2017年6月
区纪委万阳	中纪委监察部	嘉奖	2017年
区纪委陈洪涛	市纪委监察局	先进工作者	2017年
区纪委刘智	市纪委监察局	先进工作者	2017年
广普镇万红	市纪委监察局	嘉奖	2017年

续表

获奖单位	授奖单位	获奖名称	授奖时间
区纪委叶兰	市纪委监察局	嘉奖	2017年
区纪委朱霞	市纪委监察局	嘉奖	2017年
重庆大江龙餐饮文化有限公司刘容	市总工会	重庆五一劳动奖章	2017年12月
重庆山青机械有限公司杨荣华	市总工会	重庆五一劳动奖章	2017年12月
重庆市璧山区总工会服务发展部朱龙友	市总工会市安全生产监督管理局	2016年度重庆市“安康杯”竞赛先进个人	2017年10月
重庆市璧山区总工会服务发展部朱龙友	市总工会	2017年度区域性劳动竞赛先进个人	2017年12月
区卫生计生委员会陈冬梅	市总工会	2017年度区域性劳动竞赛先进个人	2017年12月
区检察院黄丽	市检察院	全市检察信息工作先进个人	2017年
区质监局潘先进、代修来、唐君瑶	市质监局	优秀共产党员	2017年6月
区质监局闵长明	市质监局	学习宣传贯彻十九大精神网络知识竞赛优秀奖	2017年12月
璧山团区委李佳敏	共青团重庆市委员会	2016度重庆市优秀团委书记	2017年2月
公安局情报信息支队何 力、邹 盛	市委组织部、市人力资源和社会保障局、共青团重庆市委员会	第五届青年职业技能大赛三等奖、“2016年度重庆市青年职业标兵”	2017年3月
周弋皓、代婧瑶	共青团重庆市委员会、市教委、市少先队工作委员会	“重庆市优秀少先队员”	2017年6月
魏 英、谢 露	共青团重庆市委员会、市教委、市少先队工作委员会	第九届“重庆市优秀少先队辅导员”	2017年6月
璧山中学校张旭	共青团重庆市委员会、市社局	2016年度“重庆市优秀共青团干部”	2017年5月
民进璧山支部晏昌飞	《民进》	发行优秀个人奖	2017年
民进璧山支部朱华凯	市关工委	先进个人	2017年
论文《琢璞成玉，贵在精实——基于南京培训的学校新课程改革实施思考》	市教育科学研究院	第十三届全市基础教育课程改革征文大赛一等奖	2017年4月
论文《学生的问题至上——对问题导向型阅读课堂的再思考》	市教育学会	重庆市第二届中小学教师优秀教育教学论文评选二等奖	2017年5月
熊玉竹论文《智慧教育一互联网+时代的教育变革》	重庆市2017年度教育技术征文活动	一等奖	2017年
区农委冯世德	民盟重庆市委员会	优秀新盟员	2017年12月
青杠街道黄莉	市防范和处理邪教问题领导小组办公室、市人社局	重庆市防范处理邪教工作先进个人	2017年12月
区法院许倩	市高级人民法院	财务统计工作先进个人	2017年
区委党校彭登革	渝西片区党校协作组	“我与党校二十年”主题演讲比赛第五片区二等奖	2017年5月

续表

获奖单位	授奖单位	获奖名称	授奖时间
区委党校李春勤	渝西片区党校协作组	2017年第五片区理论研讨会一等奖	2017年4月
区委党校李春勤	市委党校	全市党校行政院校系统第五届教学比赛一等奖	2017年11月
区委党校向红	市人力资源开发培训中心	“双基”公务员示范培训班评为优秀学员	2017年9月
鹰嘴社区专职干部吴冬梅	重庆市公安局交通管理局	优秀交通志愿者	2017年12月
林勇华、杨夏、郑惟文、周筱熹	市文化委	《难得想起他》获2015—2016年度“重庆市广播电视优秀作品”原创歌曲一等奖	2017年6月
彭丽莉、毛文韬、陈政、吴余焱	市文化委	《我们都是小能手（春游）》获2015—2016年度“重庆市广播电视优秀作品”（文艺类）电视少儿节目一等奖	2017年6月
陈政、张保鹏、彭丽莉、丁雪、陈万臻、杨洋	市文化委	《秀湖公园的秀》获2015—2016年度“重庆市广播电视优秀作品”（文艺类）电视文学三等奖	2017年6月
区气象局蔡国强	市气象局	第五届重庆市气象行业天气预报技能竞赛现场问答三等奖	2017年10月
区教委朱华凯	市教委关工委	重庆市教育系统关工委先进个人	2017年11月
区教科所黄显松	市教委	重庆市优秀班主任	2017年9月
金剑小学苟元平	市教委	重庆市优秀班主任	2017年9月
区技装中心徐朝龙	市教委	重庆市2016-2017年度“一师一优课、一课一名师”活动工作先进个人	2017年12月
区教育信息技术与装备中心 吴杨	市教委	第十八届全国中小学电脑制作活动第十五届全国中小学信息技术创新与实践活动重庆赛区组织工作先进个人	2017年9月
区技装中心王均	市教育信息技术与装备中心	重庆市第十一届中小学校园电视节目评选活动先进工作者	2017年6月

四、区委、区政府表彰

表12-7

获奖单位	授奖单位	获奖名称	授奖时间
区水务局刘铁	区政府	“迎接十九大.忠诚报”安全生产先进个人	2017年12月
农业园区管委会牟春	区政府	“迎接十九大·忠诚保平安”安全生产工作先进个人	2017年
区编办魏晓凤	区委	2016年度考核等次优秀	2017年9月
丁家街道吴佩操	区政府	迎接十九大 忠诚保平安安全生产先进个人	2017年12月
正兴镇叶琴	区政府	“迎接十九大 忠诚保平安”安全生产工作先进个人	2017年12月
大兴镇陈晓平	区政府	十九大维稳安保工作中表现突出个人嘉奖	2017年12月
大兴镇陈晓平	区政府	“迎接十九大 忠诚保平安”安全生产工作先进个人	2017年12月
大兴镇江涛	区政府	“迎接十九大 忠诚保平安”安全生产工作先进个人	2017年12月
区经济信息委黄家韬	区政府	“迎接十九大·忠诚保平安”安全生产工作先进个人	2017年12月

文 献

政府工作报告

——2018年1月19日在重庆市璧山区第十七届人民代表大会第二次会议上

重庆市璧山区人民政府代理区长 秦文敏

各位代表：

现在，我代表璧山区人民政府向大会作工作报告，请予审议，并请各位政协委员提出意见。

一、2017年工作回顾

2017年，是璧山经济社会发展“稳中有进、结构优化、质量提升”的一年。我们全面贯彻党的十九大精神，以习近平新时代中国特色社会主义思想为指导，在市委、市政府和区委的坚强领导下，团结依靠全区人民，以“三区一美”行动计划为重要抓手，倾力建设重庆的“生态宜居区、新型工业化示范区、乡村振兴先行区”，打造“和美璧山”，较好地完成了区十七届人大一次会议确定的主要目标任务。

预计地区生产总值达到480亿元，增长10.1%，人均GDP首次突破10000美元；一般公共预算收入实现55.9亿元，税收收入占比超过50%；全社会固定资产投资完成702亿元，增长11%；社会消费品零售总额实现137.9亿元，增长12.7%；城乡居民人均可支配收入达到27102元，增长12.1%；城镇化率提高2个百分点，达到56.26%。在市委考核的主要经济指标中，有8项位居全市前列、4项位居全市第一。

过去一年，绿色生态深植人心，城市承载力、吸引力、感召力不断提升

城市空间不断拓展。完成城市总规局部修改，实现城乡规划全覆盖。完成土规修改，增加城市发展用地空间8.5平方公里。城镇建成区拓展到48平方公里，实施征地拆迁8318亩，出让土地4557亩。城市形象展露新姿。“国家卫生区”创建进入公示阶段。新增5个城市公园，东岳体育公园跨界呈现。建成区公共绿地面积超过1900万平方米，人均公园绿地面积达到29平方米，城市植物品种超过2800种，立体绿化达到25万平方米。河湖水系连通工程有序推进，玉泉湖水库完成主体工程，3处湿地开工建设，“一河六湖十八湿地”构架逐渐成形。城区水面比例提高到10.6%，人均水面面积达到10.2平方米，溪道密度超过每平方公里3.3公里。挖掘梳理千年璧山历史文脉，数百景观名石点缀城市，石头上的“小城故事”透着诗情画意。城市功能项目快速推进。九永高速建成通车，合璧津高速具备开工条件。轨道一号线缙云山隧道全线贯通，高架建设完成过半工程量，换乘枢纽及站前广场开工建设。六旗大道、黛山大道南延线一期完成主体工程。升级改造国省道路47公里，新建和硬化农村公路113公里。海绵城市试点全面铺开，47个项目有序推进。铜罐驿长江提水璧山供区工程启动管网安装，城市新区水厂开工建设，中水回用二期工程建成投用。110千伏茅秀双回、田秀西线迁改入地，温泉输变电工程全面完工。建成公共充电站5座、充电桩269个。王家沟配气站改造工程建成投用。新增标准化公厕5座、垃圾收集站4座。新建17个生态停车场，新增3469个公共停车位。“智慧城管”覆盖24.4平方公里。现代服务业加快发展。六旗乐园展示体验区主体工程封顶，登云路民国街完成建筑设计，茅莱山“北纬29°”植物园完成概念规划，御湖国际旅游度假区招商工作稳步推进，璧山成为市级全域旅游示范区创建单位。引进砂之船奥莱商业管理总部公司，秀水湾、俊豪中央大街、红星美凯龙等商业综合体即将开业。建成电商公共服务中心，10家电商企业签约入驻。电商物流公共配送中心、普洛斯物流园投入运营。新引进爱建证券、中天国富证券、华夏银行、重庆银行互联网金融结算中心，金融机构增加到60家，存贷款余额766亿元，金融业增加值占GDP比重达到2.8%。服务业增加值达到111亿元，增长8.2%。“一生之城”内涵更加丰富。人民医院新院投入运营，三甲创建通过初评，与重医一院合作办医纵深推进。璧山中学与重庆一中联盟办学、实验小学与巴蜀小学合作办学成效明显，御湖小学、凤凰小学开学招生，职教中心电子实训楼工程主体完工。重庆西郊福寿园人文纪念公园建成开园，“人生链条”不断延展。

过去一年，新型工业活力迸发，创新驱动性、支撑性、引领性日益凸显

工业经济量质齐升。工业增加值实现300.8亿元，增长11%，拉动GDP增长7.1个百分点。规上工业企业达到316家。实际利用内资201亿元、外资1.5亿美元，进出口总额达到18.5亿元。“智能装备、信息技术、生命健康”三大主导产业占比达到85%。获批西部地区唯一一个全国促进工业稳增长和转型升级成效明显区。高新区引擎作用更加强劲。重新划定高新区周边基本农田，拓展20平方公里发展空间。建成道路10公里，建成区拓展到18平方公里，入驻企业1056家。得润电子、红宇工业园B区等22个项目开工建设，蓝黛三期等21个项目建成投产。获评“国家智能化工业示范园区”。创新型经济快速发展。引进晶华光学、云狐时代、德尔森等战略性新兴产业项目34个。新增科技型企业101家、高新技术企业26家，新认定“牛羚企业”7家、“瞪羚企业”5家，高新技术产业产值占比达到45%。新授权发明专利115件，万人有效发明专利拥有量6.6件。新培育国家级众创空间1个。新增18家规上工业企业建立研发机构，全区R&D支出占GDP比重达到2.8%，研发经费投入强度居全市前列。资本运营服务体系日臻完善。新设立5支产业和股权投资基金，规模达到29.7亿元。3家企业挂牌新三板，37家企业进入全市拟上市企业储备库。建立科技型企业知识价值信用贷款风险补偿基金，首期规模1000万元。军民融合发展成效明显。组建重庆军民融合协同创新研究院，启动4个专业研究院建设，“1+10”产业研究院体系建设初见成效。成立国防科工局经济技术发展中心西南工作部，设立中国探月工程总设计师吴伟仁院士工作站，创建智能传感器产业技术创新联盟。聚才引智卓有成效。接续实施“千人引才计划”，出台企业创新型人才和璧山英才选拔资助办法，建立博士后科研工作站5个，新引进高层次人才298名。

过去一年，乡村振兴开篇起步，城乡关联度、协调度、融合度持续增强

特色效益农业不断发展。农林牧渔业总产值达到41.9亿元，增长3.8%。璧北蔬菜、璧南苗木、璧西水果“三大基地”提质增效，实现产值12亿元。大力培育新型经营主体，新增家庭农场26家、农民合作社29家，流转土地总规模31万亩，流转率54%。在全市率先开展高毒高残留农药禁止销售试点，新认证无公害农产品11个、绿色食品9个。推出璧山农产品公共品牌，新增市

级名牌农产品7个。镇街农村电商服务中心全覆盖，建成村级电商服务站137个，农产品网上销售额超过1亿元，成功创建“全国农业农村信息化示范基地”。农村集体资产量化确权改革试点村实现首次分红。道口经济稳步推进。国家农业科技园区通过科技部复查验收，成功创建“国家出口食品农产品（蔬菜）质量安全示范区”。中铁任之健康城建成一期工程，农产品物流园建设顺利推进，以物流配送、养生养老等产业为主的道口经济体系初具雏形。精准脱贫力度不减。精准识别扶贫对象，落实“两不愁、三保障”系列措施。完成贫困户危旧房摸排工作，落实贫困学生助学全覆盖。设立300万元扶贫济困医疗基金，为贫困户购买商业医疗保险。落实区级领导联系制度，启动15个基础设施薄弱村提升工程。城乡环境质量持续改善。完成生态保护红线划定，中央环保督察反馈问题得到有效整改。深入实施大气污染防治攻坚行动，编制璧南河流域、集中式饮用水源地水环境质量限期达标规划。关停各类污染源84个，农村生活垃圾治理通过市级验收。全面落实河长制，建立三级河长体系，纵深推进河流、水库、山坪塘、精养鱼池污染治理，“三河”水质稳定保持在Ⅳ类以上。成功创建5个国家级绿色村庄、4个市级美丽宜居村庄、4个市级美丽乡村。

过去一年，和美璧山续写新篇，人民获得感、幸福感、安全感更加充实

重点民生实事全面落实。投入10.2亿元，动态实施重点民生实事。建成定向经济适用房39万平方米、安置9237人，完成40栋老旧居住建筑消防设施改造和1.1万平方米棚户区改造安置房建设。安装111.9公里农村公路危险路段安全保障设施，完成158.6公里村社便道建设，新建3座镇街污水处理厂（站），升级改造514公里农村电网。整治山坪塘280口，完成农村改厕3500户。实施225个残疾人（家庭）帮扶计划，实现农村贫困地区义务教育学生营养餐全覆盖。建成3个社区健身点，开展流动文化服务进村616场。基本建成璧山心理康复中心，实施11个镇街敬老院达标建设。完成32.5万常住人口家庭医生签约服务，为1891户贫困户和446个困难家庭提供医保救助，为6419名孕妇提供产前出生缺陷筛查和2.1万名农村妇女“两癌”免费检查，对330家基层卫生机构医用计量设备实施免费检定。社会事业多线并进。改善65所义务教育学校基本办学条件，璧山中学等4所学校建成“智慧校园”。义务教育课程改革全覆盖，全市课改现场会在璧山召开。推开公立医院综合改革，取消药事服务费，实行药品采购“两票制”。投入981万元，更新一批镇街卫生院医疗设施设备。兑现计生奖扶特扶政策，新增扶助对象3255人。搭建百姓文化舞台，免费推出“渝州大舞台·好戏月月演”惠民演出6场。《璧山年鉴（2016卷）》获国家级特等奖。成功举办第六届区运会，圆满承办中国汽车场地越野锦标赛总决赛，获评全国“群众体育先进单位”。就业和社会保障更加有力。新发展微型企业1360家，完成就业技能培训3924人，发放创业担保贷款5567.8万元。城镇新增就业2.5万人，城镇登记失业率2.6%。社会保险不断扩面，实施机关事业单位养老保险改革，完成生育保险和职工医保合并。严格执行“两金三制”，拖欠农民工工资案件、金额和人数均下降60%以上。发放城乡低保金4120万元、特困人员生活补助金4331万元，1.6万人从中受益。实施医疗救助、临时救助10.8万人次，发放救助金3675万元。重点领域和关键环节改革取得突破。着力推进供给侧结构性改革，清理处置“僵尸”“空壳”企业10家，关停整治“三高”企业407家，查处违法用地81宗，整治城区违法建筑13.1万平方米。化解商品房库存87万平方米，去化周期降至6个月。持续推进国有企业实体化，国有资产规模达到650亿元，负债率下降到20%。深化“放管服”改革，推进行政许可标准化建设，调整取消行政审批事项74项，不再保留非行政许可类别，审批时限压缩一半以

上。推行建设领域并联审批改革，审批时限由330个工作日努力压减至50个工作日。深化商事制度改革，全面推行“先照后证”“多证合一”，办理营业执照由20个工作日压减至5个工作日。城市管理执法体制改革有序推进。落实企业减税降费政策，取消停征涉企收费41项，清理调整各类保证金31项，为企业减负12.5亿元。全年新增市场主体7262户，总量突破5万户。平安建设深入推进。深化“2+N”矛盾纠纷联调机制，调解各类纠纷10986件。开发公安情报合成作战中心，加快社会安全事件应急联动指挥系统工程建设，增设和改造高清监控摄像头1160个，社会治安防控体系进一步健全。圆满完成党的十九大安保维稳工作。璧山应急APP上线运行，完善应急响应体系。开展“国家食品安全示范城市”创建，深化食品安全专项整治。继续推行安全生产诚信体系建设试点，深入开展打非治违，全年未发生重特大安全生产事故。法治政府建设稳步向前。制定法治政府建设实施方案，健全行政机关负责人出庭应诉机制。保持预防和惩治腐败高压态势，立案查处66件，政纪处分25人。主动接受人大法律监督、工作监督和政协民主监督，办结人大代表建议和政协委员提案460件，办复率和满意率均达100%。扎实开展网络舆情和网络留言办理，办复率达到100%。

随着经济社会发展，双拥共建、妇女儿童、关心下一代、老干部、残疾人、老龄、民族宗教、外事、侨务、对台工作取得新进展，审计、统计、编制、物价、武装、供销、民防、气象、地震、科普、档案、修志工作取得新进步。

刚刚过去的2017年，我们在经济社会发展上取得了累累硕果，发展中的璧山让老百姓自豪、投资者称赞、外地人向往。这一年，在习近平主席和意大利总统共同见证下，“中意创新产业园”落户璧山，国家高新区不断更新边界；这一年，璧山作为重庆唯一区县，获得全国首批“国家生态文明建设示范区”命名，成为璧山最鲜明的标志；这一年，我们大力弘扬社会主义核心价值观，“音乐与城市”“来了就是璧山人”“情暖璧山人”，传递人性温暖、城市性格和家乡情怀；这一年，璧山经验20次登陆央视，27次通过国家主流媒体亮相全国舞台。璧山已汇聚起蓬勃活力，散发出更大魅力！

各位代表！时间是最伟大的书写者，总会忠实地记录下奋斗者的足迹。一年来，在党中央、国务院顶层设计和市委、市政府坚强领导下，在区委路径指引和人大、政协鼎力支持下，历届老领导、老同志深耕厚植，73万璧山人民风雨同行，让我们迎接挑战怀着莫大的勇气，投身发展拥有不竭的动力。在此，我代表区人民政府，向全区人民，向人大代表、政协委员，向各民主党派、工商联、人民团体，向驻璧部队、武警官兵、公安民警，向关心、支持、参与璧山发展建设的社会各界人士，致以崇高的敬意和衷心的感谢！

人生天地间，长路有险夷。在这个承前启后、继往开来的新时代背景下，我们必须更加清晰、更加理性地认识改革发展中存在的困难和问题。经济总量不大、结构不优，发展新动力不强，稳增长任务重；创新能力不足，新增长点不多，防范风险压力大；实体经济回报率降低，融资难问题依然突出；土地、环境、资金等要素约束趋紧；公共服务水平低，社会事业滞后，城乡发展不平衡，农村基础设施不健全；部分公职人员服务发展意识不强、手艺不精，不想为、不敢为、不能为的现象仍然存在。问题是时代的声音。我们要把发展作为解决一切问题的“总钥匙”，把群众的获得感作为工作的“试金石”，拿出超越的信心和拼争的激情，理直气壮赢取下一场胜利。

二、新时代，新思想，新征程

我们这一代人，继承了前人的事业，进行着今天的奋斗，更要开辟明天的道路。党的十九大以思想力量领航，开辟了中国特色社会主义“新时代”。我们和我们脚下的这块土地，所经历与所收获的，都将汇成“中国道路”最不同寻常的跨越。

肯取势者可为人先，能谋事者必有所成。党的十九大标定历史方位，全面规划部署了到本世纪中叶建成富强民主文明和谐美丽的社会主义现代化强国的时间表和路线图，为未来发展指明了前进方向。党的十九大关于“强化举措推进西部大开发”“以共抓大保护、不搞大开发为导向推动长江经济带发展”“加大西部开放力度”“赋予自由贸易试验区更大改革自主权”的定向施策，都为重庆提供了难得机遇。处在西部大开发重要战略支点、“一带一路”和长江经济带连接点上的重庆，经济增长势头持续向好，质量效益持续提升，动力活力持续增强。站在新时代的起点，璧山正处在一个大有可为的发展“窗口期”。

按照区委十四届二次、三次全会的总体部署，2018年政府工作的基本思路和主要任务是：高举中国特色社会主义伟大旗帜，全面贯彻党的十九大精神，以马克思列宁主义、毛泽东思想、邓小平理论、“三个代表”重要思想、科学发展观、习近平新时代中国特色社会主义思想为指导，紧扣社会主要矛盾变化，按照高质量发展要求，统筹推进“五位一体”总体布局，协调推进“四个全面”战略布局，切实落实习近平总书记视察重庆和在推动长江经济带发展座谈会上重要讲话精神，全面落实中央经济工作会议、市委五届三次全会和全市各项工作部署，坚持稳中求进工作总基调，落实“稳增长、促改革、调结构、惠民生、防风险”各项措施，以“三区一美”行动计划为重要抓手，努力成为全市落实新发展理念的示范区先行区，为全面建成小康社会奋力冲刺。

综合考虑各方面因素，2018年全区经济社会发展主要预期目标是：地区生产总值增长10%左右，一般公共预算收入增长5%，固定资产投资增长10%左右，工业增加值增长10.5%，社会消费品零售总额增长12%左右，实际利用内外资均增长10%，进出口总额增长12%，城乡居民人均可支配收入增长11%左右，城镇登记失业率控制在3.5%以内，单位GDP能耗、主要污染物总量减排等约束性指标完成市里下达目标任务。

三、2018年工作安排

2018年是贯彻党的十九大精神开局之年，是改革开放40周年，也是决胜全面建成小康社会、实施“十三五”规划承上启下的关键之年。我们要落实全市“三大攻坚战”和“八项行动计划”，坚持“三区一美”一张蓝图干到底，对标对表、挂图施工，具体做好以下七个方面工作。

（一）围绕“核心要素”，提升经济发展保障能力和水平

全力稳增长，必须强化要素保障。要对接落实“基础设施建设提升行动计划”，增强资金、项目集聚能力，加强土地、能源供给保障，打好发展提前量，赢得发展新优势。

抓住全市交通建设“三年会战”契机，构建“内畅外联”交通格局。积极推进渝昆高铁、成渝中线高铁、兰渝高铁、渝遂高速支线前期工作，开工建设合璧津高速并完成20%工程量，继续做好渝蓉高速内环连接线协调争取工作。基本完成轨道一号线璧山段土建工程和站前广场建设，六旗大道建成通车，换乘枢纽完成60%工程量。建成黛山大道南延线一期、完成二期主体工程。开工建设虎峰隧道，推进六旗大道西延至福禄、虎峰大道西延至正兴、广普至双福连接线前期工作。升级改造57公里国省道。

狠抓健康的投资，保持项目投资拉力。持续推动“政府投资瘦身，社会投资扩容”，不断优化投资结构。强化形势研判和政策跟踪，做好项目储备，争取更多项目纳入国家、市级“大盘子”，力争获得20亿元以上资金支持。创新投融资模式，多渠道筹集项目资金，加大国家专项建设基金争取和使用力度，争取更多成本低、期限长的开发性和政策性金融资本、金融租赁、国外贷款、产业基金进入主导产业。继续实施区领导联系重点项目制度，健全项目协办督办机制。

补齐要素供给短板，提高资源配置效率。推

进“多规合一”，实施城规修编，力争将城市规划建设用地扩展到75—100平方公里。积极争取纳入国土资源部县级土地利用总体规划编制试点区县，保障发展空间需求。启动1个市级、4个区级土地整治项目，建成高标准基本农田1.5万亩，新增耕地1300亩。完成铜罐驿长江提水璧山供区管网工程，启动城市新区水厂30万吨供水规模扩能改造，升级改造大路自来水厂。加快“十三五”规划变电站建设前期工作，实施轨道站前片区及六旗乐园区域输电线路迁改入地，推进110千伏秀璧东、西线迁改工程，启动110千伏七安站建设，完成110千伏青杠站、璧山站改造。提高燃气保障能力，启动八塘至大路燃气管线和20万立方米LNG储配站建设。

（二）围绕“绿色发展”，精心调适发展与生态的关系

良好的生态环境是最公平的公共产品，是最普惠的民生福祉。要对接落实“生态优先绿色发展行动计划”，以“低碳、便利、宜居、舒适”为城市建设价值取向，建设重庆“最佳人居环境城市”，打造主城人群“蛙跳”出城首选地。

持续推进绿城、水城、古城建设，提升宜居品质。完成御湖新区控规修编及南部片区修详规编制，推动南部片区整体开发。建成汽车露营公园、儿童公园、双凤公园，打造更具识别度的“公园之城”。保护好“山水林田湖草”，打造沿道路、河流、高压线的生态廊道，在更大范围内构筑起“绿色屏障”。打造立体绿化示范街区5条，实施居民楼院立体绿化1500户以上，新增城市公共绿地100万平方米，人均公园绿地面积提高到30平方米，城市植物品种增加到3000种。按照“一河六湖十八湿地”构架，实施河湖水系连通工程，提升城区水面占比和水网密度，推进水生态文明城市建设。实施行政中心片区及周边道路海绵城市功能改造，全面完成海绵城市试点工作。细致刻画历史文脉，整理再现“璧山故事”，留住逝去的“乡愁”。打造10条文化“主题街区”，开建“千年重庆”古建筑博物馆群、御湖古建筑特色酒店，营造既有古城效果，又充满活力的城市。

突出精细化智能化，提高城市管理质量。科学设定城市边界和管控开发强度，坚持老城“留白、减压”，增加城市“透气性”。保持“两违”整治高压态势，查处违法用地行为全覆盖，整治违法建筑15万平方米，其中拆除5万平方米，坚决遏制新增。开工建设市政基地，升级“智慧城管”系统，抓好机关事业单位垃圾分类试点。强化道路运输安全监管，加大交通秩序整治力度，加强重要时段、主要堵点的现场疏导，提升交通管理设施智能化水平。

加快布局“一生之城”重点项目，完善“人生链条”服务体系。深入实施实验小学与巴蜀小学、凤凰小学与树人小学合作办学，继续推动璧山中学与重庆一中联盟办学，加快推进职教中心续建工程。人民医院完成三甲创建，加快推进中医院新院建设，推动妇幼保健院与重庆儿童医院合作办医。

坚决打好“污染防治攻坚战”，建设绿色家园。实施新一轮“五大环保行动”，开展第二次全国污染源普查，对接落实全市环保集中督察工作要求，巩固“国家生态文明建设示范区”创建成果。深化“智慧环保”建设，构建空气质量网格化监测预警系统。加大中水回用力度，启动高新区污水处理厂建设。深入落实河长制，严格执行“一河一策”“一库一策”管理制度，持续推进“三河”流域综合治理。坚持污染“零容忍”，严格环保准入门槛，持续整治“三高”企业。推进环境污染第三方治理，开展重点企业落实环保主体责任标准化建设。

（三）围绕“动力转换”，打造创新驱动发展“新引擎”

抓创新就是抓发展，谋创新就是谋未来。要对接落实“创新驱动发展战略行动计划”“军民融合发展战略行动计划”“科教兴市和人才强市行动计划”“内陆开放高地建设行动计划”，争创

“中国制造2025”试点示范城市，以“产业引领+基金操盘+运营服务”，强力推进高新区建设，推动经济发展实现“精准升级”“精美增长”。

推动主导产业“脱胎换骨”，打造工业经济“升级版”。响应国家大数据战略，推动互联网、大数据、人工智能与实体经济深度融合，发展数字经济和新型互联网服务业。深化“3+3+N”招商模式，突出“专业招商”“敲门招商”“口碑招商”，加强专业招商力量，扩大社会招商队伍，开展“招商功勋”评选。重点瞄准新能源汽车、网联汽车、机器人，物联网、云计算、集成电路、新型显示、可穿戴设备、智能终端，生物医药、医疗器械、健康食品等领域，全面打响招商“攻坚战”。启动20平方公里人工智能产业园规划编制，建设智能网联汽车研发测试基地和大数据中心，引进智能化产业项目50个以上。众泰汽车配套产业园基本建成、汽车推广中心投用，引进新能源汽车产业项目10个以上，打造新能源汽车生产基地。加速形成挂牌上市企业集聚区，力争引进总部和研发中心迁入璧山的拟挂牌上市企业10家以上。实施“产业智能化”工程，引导扶持100家以上企业开展智能化改造。扩大对外开放，引导更多企业参加“广交会”“渝洽会”等国际性展会，拓展“璧山造”国际市场空间，培育进出口超千万美元企业5家，新增进出口企业5家。提速“中意创新产业园”“中新合作智慧区”“军民融合产业示范区”“国家智能化工业示范园区”等开放平台建设，新开工项目30个，20个项目建成投产。

增强创新引领能力，推动产业质态提升。完善“1+10”产业研究院体系，力争“中国工程科技军民融合发展战略研究院”挂牌，设立军民融合产业发展基金，组建航天产业研究院等3个专业研究院，落地一批重大军民融合产业化项目。新增科技型企业100家、高新技术企业30家，实现35%的规上工业企业建立研发机构，R&D支出占GDP比重提高到2.9%以上，高新技术产业产值占比提高到50%。与中国科技开发院等机构合作，培育一批国家级孵化器和加速器，基本建成中国智汇创客公园，引进培育众创空间2个、创新服务机构5家。继续加大高端人才吸引力度，深入实施“鸿雁计划”“璧山英才计划”“产业人才集聚计划”和“高层次人才素质提升计划”，引进培养高层次人才300人以上，培训企业高管100名以上。

倾力建设国家高新区，提升运营管理服务能力。开展高新区50平方公里城规研究，积极推动20平方公里拓展区城规、土规修改完善，启动“智慧高新区”建设。创新建设模式，引导鼓励社会资本投入基础设施建设。实施征地拆迁5000亩，新建道路20公里，绿化40万平方米，建成区拓展到20平方公里。推进产城融合，按照“20分钟步行半径”布局生活服务设施，力争完成两山丽苑定向经济适用房主体工程建设。坚持“创新+资本=新动力”经济逻辑，壮大两山公司资产规模，力争主体信用评级达到AA+，组建孵化器运营管理平台并启动上市前期工作。做大产业和股权投资基金规模，加快推动企业挂牌上市，新进入拟上市储备库企业10家，进入资本市场企业累计达到13家以上。

（四）围绕“全域旅游”，大力培育现代服务业“增长极”

推动“文体商旅”跨界融合，构建全方位、深层次、多元化发展格局。要运用互联网、人工智能等先进技术，升级改造传统服务业，积极培育新兴服务业，全面提升现代服务业发展水平。

大力发展“旅游+”产业体系，构建全域旅游新格局。策划推出50个旅游重点项目，创建国家全域旅游示范区。六旗乐园展示体验区开门迎客，开工建设乐园一期项目。加快御湖国际旅游度假区、茅莱山“北纬29°”植物园、千年重庆、登云路民国街等重点项目建设。完善“全域景区”旅游配套设施，强化旅游与文化、商贸、交通、市政等信息系统的互联互通，满足市民“吃住行游购娱”多方面综合需求。创新“文旅融合”新模式，传承历史特色文化，打造“小城故事”品牌。建设璧山智慧旅游展示体验中心，依托“一网双微”新媒体平台，完善智慧体验功能，打造智慧旅游城市。创新旅游宣传营销，激活旅游市场，加大旅游要素企业招商引资力度，发展体验式康养、休闲、度假项目，让人“坐下来、静下来、住下来”。

做优做强商圈载体，推动电商平台建设。秀水湾、俊豪中央大街、红星美凯龙投入运营，完善奥特莱斯、南门唐城、渝西跨境商品直购体验城服务功能，培育发展新消费业态，提升环秀湖商圈消费集聚水平。以电商公共服务中心为平台，引进培育一批电商龙头企业，打造璧山特色电商产业园。大力发展跨境电商、旅游电商、农村电商，依托阿里巴巴1688、易田等电商平台，积极推动传统商贸企业向“互联网+”转型。做大电商物流公共配送中心规模，完善镇街配送站、末端公共配送网点，打通农村物流配送“最后一公里”。

发展现代金融，引导房地产市场平稳健康发展。继续抓好金融机构引进和入驻金融街工作，打造具有集聚效应的金融小镇，力争金融业增加值占GDP比重提高到3%。落实宏观调控政策，把握房地产项目供地节奏。加快建立多主体供应、多渠道保障、租购并举的住房制度，完善房地产市场平稳健康发展长效机制。

（五）围绕“乡村振兴”，着力推进城乡融合发展

重农固本，是安民之基。要对接落实“乡村振兴战略行动计划”，按照“产业兴旺、生态宜居、乡风文明、治理有效、生活富裕”的总要求，全面激发农村活力，成为全市城乡融合发展的“前锋”。

建设美丽乡村，打造重庆的“金色郊区”。有效治理农村面源污染，推动农村改水改厕、垃圾收运体系、污水处理设施等建设。实施村庄环境巩固提升工程，大力推行农村庭院绿化，塑造山青树绿、整洁有序的乡容村貌。实施九永高速沿线农房风貌改造，创建3个市级美丽宜居村庄。突出“农旅融合”，探索新型乡村旅游发展机制，推动以观光、休闲、体验为主的“周末经济”，打造“民俗文化”旅游休闲区。坚持和完善村民自治制度，树立乡贤典型，大力提倡移风易俗，营造文明淳朴乡风。

深化农业供给侧结构性改革，加快推进农业农村现代化。推动农业科技创新，深化“院（校）—基地”合作，建设一批博士农场、开心农场，增加绿色高端农产品供给。依托农业园区科创中心、渝西蔬菜研发中心、重庆都市果业研发中心等平台，试验推广新品种90个、新技术12项。实施宜机化地块整治1000亩，农业机械化率提高到49.5%。璧北10万亩蔬菜基地推进国家大宗蔬菜试验站示范区建设，璧南10万亩苗木基地探索打造休闲观光农业，璧西10万亩水果基地新增良种水果面积2000亩。建立绿色农业标准体系，建设生态循环农业示范区1个，新增一批无公害认证农产品和绿色农产品。推进“国家食品安全示范城市”“国家农产品质量安全示范区”创建工作，守护“舌尖上的安全”。推动更多“璧山产”上线销售，农产品网上销售额实现翻番。在鼓励“农转城”的同时，引导农民工返乡、大学生回乡、创业者下乡，缓解农村人口和农业劳动力老龄化问题。整合“政府、银行、担保公司”三方优势，发展农村普惠金融。

激发道口经济活力，促进区域联动发展。坚持“科学规划、合理布局，成熟一个开发一个”原则，优化整合资源，集聚发展要素，精准策划一批道口经济项目落地。渝蓉道口片区依托六旗乐园项目，加快现代服务业发展，带动城市向北拓展。加快大路道口片区征地拆迁，实施渝遂高速大路下道口拓宽改造。引导镇街走符合自身特色的发展道路，建设一批特色小镇。完善差异化考核评价体系，落实2000万元镇街最低财力保

障，提升镇街自身“造血”功能。

坚决打好“精准脱贫攻坚战”，决胜全面小康。动态开展扶贫对象精准识别，全面落实各项精准脱贫政策，加大对因病因残致贫、贫困老人、贫困儿童等的帮扶力度。用好新农合、商业保险、机构养老等措施，为贫困群众提供更有力、更充分、更全面的保障。突出抓重点、补短板、强弱项，加快推进15个基础设施薄弱村提升工程，实施道路、水利等一批基础设施项目建设。

（六）围绕“需求导向”，不断提高保障和改善民生水平

民之所望，施政所向。要对接落实“保障和改善民生行动计划”，继续坚持60%以上财政收入用于民生，抓好重点民生实事，推动社会事业全面进步，做到“经济发展不欠社会协调发展的账”。

扎实办好民生实事，让人民群众得到更多实惠。计划投入10亿元，着重办好一批重点民生实事。建设农村小康路300公里；实施农村饮水安全巩固提升工程；升级改造农村电网200公里；完成400户贫困户危旧房改造；实施建卡贫困家庭大学生资助；建设一批城市“微客厅”；新建5个生态停车场，新增1000个公共停车位；新建改造城区、景区公厕12座，开放社会公厕194座，新建改造农村卫生厕所3500户；新建改建标准化垃圾收集站6座；增设公共直饮水点20个；设置公共WiFi接入点110个；建设保障性住房40万平方米，公租房分配率达到85%以上；改造城区老旧燃气管道；城区新增6所公办幼儿园，普惠率达到78%，公办幼儿园占比达到46%；新建1所城区初中；继续实施义务教育阶段学生营养餐全覆盖；建成社区养老服务站（中心）4个；实施预约服务、自助服务、检查检验结果互认、家庭医生签约等12项医改便民措施。

切实做好就业和社保工作，着力完善社会保障体系。积极帮扶就业困难群体就业创业，城镇新增就业1.8万人，完成就业技能培训3000人，发放创业担保贷款4000万元。不断健全“五险统征”工作机制，城乡养老和医疗保险参保率稳定在95%以上。积极构建和谐劳动关系，建立健全治理拖欠农民工工资长效机制，全面实施“两金三制”，劳动保障案件结案率超过95%，劳动人事争议仲裁案件结案率超过90%。

深入推进教育、卫生计生、文化体育事业发展，满足群众多元化需求。继续坚持教育投入超过一般公共预算支出的1/5。深入推进教育领域综合改革，全力打造璧山教育品牌。推进义务教育优质均衡发展，高水平普及高中阶段教育。深化公立医院综合改革，提升基层卫生院服务能力，逐步缓解“看病难、看病贵”问题，群众就医满意率超过85%。深化卫生计生信息化建设，落实计生民生工程。完成广播电视台标准化建设，启动新图书馆装修，设立一批名家工作室。开展“全民读书月”活动，每月常态推出1场免费精品文艺剧目。新建一批全民健身设施，办好第一届全民健身运动会、马拉松邀请赛等赛事活动。积极培育社会主义核心价值观，创建国家文明城区。

坚决打好“防范化解重大风险攻坚战”，构建共建共治共享的社会治理格局。继续坚持“三道防线”控制负债，压缩隐性债务，确保政府性债务控制在“绿色警戒线”内。强化新型金融机构监管，严厉打击新型互联网金融犯罪，确保不发生区域性系统性金融风险。依法打击和惩治黄赌毒黑拐骗等违法犯罪，有效管控网上虚假信息、倒卖公民个人信息等问题。加强社会治安防控体系建设，提高大数据、人工智能等科技手段在社会治理方面的应用能力和水平。加大视频监控整合力度，实施“雪亮工程”建设。推进城市智能交通平台、机动车管理中心、消防指挥中心综合消防站建设，实施璧城、璧泉、七塘、广普派出所改扩建，启动大路消防站建设，探索建立公安指挥中心与社会单位信息共享新机制。推进社会信用体系建设，开展企业环境信用评价，建成区级信用信息公共平台“信用璧山”，强化信用服务

市场培育。落实信访工作责任制，加大社会稳定风险防控力度。深化安全生产诚信体系建设，坚决杜绝重特大安全事故发生。

（七）围绕“忠诚担当”，全面增强政治素质和执政本领

观操守在利害时，见忠诚于担当处。要拿出忠诚与担当，在法治型、创新型、服务型和廉洁型政府建设上下功夫，不断加强自身建设，全面提升执政本领，为发展提供强大动力和坚强保障。

坚持依法行政，提升法治型政府建设水平。深入推进法治政府建设，严格依法行政，规范公正文明执法。健全“谁执法，谁普法”责任制，加大全民普法力度。完善法律援助和司法救助制度，加快构建覆盖城乡的公共法律服务体系。健全依法决策机制，提高公共政策制定的公众参与度，通过听证、信件、网络等方式，积极开辟和拓宽公众参与渠道。各级行政机关负责人出庭应诉行政诉讼案件比例提高到40%。认真办理人大代表建议和政协委员提案，依法接受人大法律监督、工作监督，自觉接受政协民主监督，认真听取民主党派、工商联、无党派人士和各人民团体的意见。

坚持深化改革，提升创新型政府建设水平。深化“放管服”改革，全面推进建设领域并联审批改革，逐步向全领域推开。加快“智慧城市”建设，建成政务信息资源共享交换平台，实现与市级平台互联互通。推进“互联网+政务服务”，打造一体化政务服务平台，企业审批事项全程网上办理比例达到全市领先水平。高标准建成太阳堡行政服务中心，综合窗口进驻比例超过95%，加快构建三级政务服务体系。搭建线上线下新型政商平台，建立“政银企社”对接机制。深化商事制度改革，试点推行“证照分离”。大力开展“减证便民”，清理取消34项基层证明。探索“资源变资产、资金变股金、农民变股东”有效路径，有序推进“三权分置”，多种方式盘活农村宅基地、经营性和公益性集体建设用地，创新农村房屋建设和乡村旅游用地模式。推进养老体制机制创新，探索公办民营、民办公助等新路径，导入政府购买服务，提升“老有所养”公共服务水平。

坚持勤政为民，提升服务型政府建设水平。时刻牢记以人民为中心，始终保持忘我的工作激情，以抓落实的“快”来保证发展速度的“快”，以抓落实的“好”来保证发展质量的“好”。从推动执行入手，严肃问责有令不行、有禁不止，或选择性执行、象征性落实的行为；从服务发展入手，严厉查处不作为、慢作为、乱作为的行为，牢固树立为市场主体主动服务意识，构建“亲、清”政商关系；从政务服务入手，逐一解决“群众不满意”事项，增强透明度，提升公信力，推动政务服务提速、提质、提效。

坚持底线思维，提升廉洁型政府建设水平。深入推进“两学一做”学习教育常态化制度化，扎实开展“不忘初心，牢记使命”主题教育。深入落实中央八项规定精神，持续整治“四风”。健全惩治和预防腐败体系，始终保持反腐败高压态势。强化行政监察，完善防控廉政风险、防止利益输送等相关制度。进一步明晰职责、完善制度、强化稽查，严格公共资源交易管理，加强重点领域、重大项目、重大资金的审计监督，强化审计结果运用。做好群众来信来访、网络留言办理和阳光政务工作，畅通民意诉求渠道。

各位代表！我们深知，全区人民对璧山发展充满期待，对美好明天有更多向往；我们坚信，千里之远积跬步可至，发展大业在日积月累。建设“三区一美”的新璧山，要从改革发展的一点一滴做起，从群众期盼的一情一事做起，从我们每个人的一言一行做起。让我们紧密团结在以习近平同志为核心的党中央周围，把党的十九大精神扎根于璧山，在市委、市政府和区委的坚强领导下，不忘初心、牢记使命，攻坚克难、砥砺前行，奋力书写璧山发展更加美好的新篇章！

中共重庆市璧山区委关于把党的十九大精神扎根于璧山的决定

（2017年11月27日）

党的十九大是在全面建成小康社会决胜阶段、中国特色社会主义进入新时代的关键时期召开的一次十分重要的会议。11月13日至14日，中共重庆市委五届三次全会召开，审议通过《中共重庆市委关于把党的十九大精神全面落实在重庆大地上的决定》。

为深入学习贯彻党的十九大精神，全面落实市委五届三次全会决定，组织动员全区广大党员干部群众更加紧密团结在以习近平同志为核心的党中央周围，高举中国特色社会主义伟大旗帜，以习近平新时代中国特色社会主义思想为指导，不忘初心、牢记使命，决胜全面建成小康社会、开启社会主义现代化建设新征程，把党的十九大精神扎根于璧山，作出如下决定。

一、把十九大精神扎根于璧山，必须从政治上抓落实

党的十九大突出强调，政治建设的首要任务是保证全党服从中央，坚持党中央权威和集中统一领导。市委五届三次全会要求，广大党员干部要切实把“四个意识”落实在岗位上、落实在行动中，自觉在以习近平同志为核心的党中央集中统一领导下履行职责、开展工作。

（一）坚决维护习近平同志作为党中央的核心、全党的核心的地位。习近平总书记核心地位的确立是实践的选择、历史的选择，是全党的选择、人民的选择。习近平总书记作为党中央的核心、全党的核心，给我们以信仰的力量、真理的力量、人格的力量，是全党拥护、人民爱戴、当之无愧的党的领袖。全区各级党组织和广大党员干部必须时时处处事事维护以习近平同志为核心的党中央权威和集中统一领导，在思想上政治上行动上同以习近平同志为核心的党中央保持高度一致，做到思想上充分信赖、政治上坚决维护、组织上自觉服从、感情上深刻认同、行动上始终跟随。

（二）坚决维护党中央集中统一领导。全区各级党组织和广大党员干部要始终坚持以党的旗帜为旗帜，以党的方向为方向，以党的意志为意志，坚定不移向党中央看齐，向党的理论和路线方针政策看齐，向党中央决策部署看齐，做到党中央提倡的坚决响应、党中央决定的坚决执行、党中央禁止的坚决不做。坚决做到“四个服从”，坚决防止和反对个人主义、分散主义、自由主义、本位主义、好人主义，决不允许自行其是、各自为政，决不允许有令不行、有禁不止，决不允许搞上有政策、下有对策。

（三）不折不扣落实中央决策部署和市委各项要求。全区各级各部门要牢固树立“一盘棋”思想，自觉把本部门、本单位工作放到全国、全市大局中去思考、谋划和推动，不打任何折扣，不要任何小聪明，不搞任何小动作。作出任何决策都要在“五位一体”总体布局和“四个全面”战略布局中找方位、找定位，推进任何工作都要在习近平新时代中国特色社会主义思想中找思路、找方法。要以坚决贯彻党中央决策部署和市委具体行动要求为前提，结合实际创造性地开展工作，确保政令畅通，确保党始终总揽全局、协调各方。

二、把十九大精神扎根于璧山，必须从思想上抓落实

党的十九大把习近平新时代中国特色社会主义思想确立为党必须长期坚持的指导思想，实现了党的指导思想的又一次与时俱进。市委五届三次全会要求，各级党组织和广大党员干部必须深刻理解把握习近平新时代中国特色社会主义思想的时代背景、科学体系、精神实质、实践要求，坚定自觉地用党的创新理论武装头脑、统一思想、指导实践、推动工作。

（一）深刻领会把握习近平新时代中国特色社会主义思想精神实质和丰富内涵。习近平新时代中国特色社会主义思想，从理论和实践结合上深刻回答了新时代坚持和发展中国特色社会主义的总目标、总任务、总体布局、战略布局和发展方向、发展方式、发展动力、战略步骤、外部条件、政治保证等一系列基本问题。必须深刻领会习近平新时代中国特色社会主义思想的重大政治意义、理论意义和实践意义，深刻领会习近平新时代中国特色社会主义思想“八个明确”的丰富内涵，深刻领会新时代坚持和发展中国特色社会主义“十四个坚持”的基本方略，切实增强对习近平新时代中国特色社会主义思想的政治认同、思想认同、理论认同，切实增强坚持以习近平新时代中国特色社会主义思想为行动指南的自觉性和坚定性。

（二）坚持以习近平新时代中国特色社会主义思想武装头脑、统一思想。全区各级党组织和广大党员干部必须带着信仰、带着使命、带着责任，读原著、学原文、悟原理，把学习习近平新时代中国特色社会主义思想同学习马克思列宁主义、毛泽东思想、邓小平理论、“三个代表”重要思想、科学发展观结合起来，全面准确把握核心要义和思想精髓。弘扬理论联系实际的学风，强化问题意识、树立问题导向，自觉运用习近平新时代中国特色社会主义思想研究解决全区经济社会发展中的重大问题。发挥领导干部“关键少数”作用，做到学在深处、谋在新处、干在实处。

（三）坚持以习近平新时代中国特色社会主义思想指导实践、推动工作。全区各级党组织和广大党员干部必须立足思想实际、工作实际和岗位实际，坚持知行合一、学做结合，不断增强改造主观世界和客观世界的能力。切实把学习成果体现在筑牢思想根基上，增强“四个意识”、坚定“四个自信”，提高政治觉悟和政治站位。切实把学习成果体现在提升能力素质上，不断增强工作的科学性、预见性、主动性和创造性。切实把学习成果体现到促进作风转变上，做到以实干兴区、以实绩惠民。切实把学习成果体现到推动事业发展上，真正把学习成效转化为推动全区改革发展的强大动力。

三、把十九大精神扎根于璧山，必须从战略部署上抓落实

党的十九大作出中国特色社会主义进入了新时代、社会主要矛盾已经转化为人民日益增长的美好生活需要和不平衡不充分的发展之间的矛盾的重大政治判断，作出从全面建成小康社会到基本实现现代化、再到全面建成社会主义现代化强国的战略安排，对统筹推进“五位一体”总体布局和协调推进“四个全面”战略布局作出全面部署。市委五届三次全会要求，必须坚定不移贯彻党的十九大作出的重大战略部署，坚定不移落实新发展理念，坚定不移抓好“四个扎实”，努力实现更高质量、更有效率、更加公平、更可持续的发展。

（一）着力建设现代化经济体系，加快提升经济发展质量和效益。坚持把发展作为第一要务，深入推进供给侧结构性改革，把发展经济的着力点放在实体经济上，着力提高供给体系质量。着力推动互联网、大数据、人工智能和实体经济深度融合，在创新引领、绿色低碳等领域培育新增长点和形成新动能。坚持把创新作为引领发展的第一动力，推动以科技创新为核心的全面创新，建立以企业为主体、市场为导向、产学研深度融合的创新体系，支持中小企业创新，促进科技成果转化，营造良好创新生态，激发和保护企业家精神，弘扬劳模精神和工匠精神，塑造更多依靠创新驱动、更多发挥先发优势的引领型发展。加大城乡融合和区域协调发展力度，深化统筹城乡综合配套改革，着力构建新型工农城乡关系。深化国有企业改革，支持民营经济加快发展。

（二）着力发展社会主义民主政治，健全人民当家做主制度体系。坚持和完善人民代表大会制度，支持和保证人大依法行使监督权、决定权、任免权，完善人大代表联系群众制度，加强基层人大工作，充分发挥地方国家权力机关的作用。统筹推进政党协商、人大协商、政府协商、政协协商、人民团体协商、基层协商以及社会组织协商，推动协商民主广泛、多层、制度化发展。充分发挥人民政协作为协商民主重要渠道作用，履行好政治协商、民主监督和参政议政职能。完善基层民主制度，实现政府管理和基层自治良性互动。巩固和发展最广泛的爱国统一战线，最大限度为璧山发展凝聚各阶层各方面的智慧和力量。

（三）着力推动社会主义文化繁荣兴盛，加快推进文化强区建设。坚持中国特色社会主义文化发展道路，坚定文化自信，激发文化创新创造活力，培育和践行社会主义核心价值观。牢牢掌握意识形态工作领导权，严格落实意识形态工作责任制。坚持正确舆论导向，加强传播手段建设和创新，加强互联网内容建设和网络综合治理，提高舆论传播力、引导力、影响力、公信力。加强思想道德建设，广泛开展理想信念教育，深入实施公民道德建设工程，推动习近平新时代中国特色社会主义思想深入人心。推动文化事业和文化产业发展，提高文化软实力和竞争力。

（四）着力打造共建共治共享的社会治理格局，加强和创新社会治理。坚持把增进民生福祉作为发展的根本目的，加强以民生保障为重点的社会建设。完善党委领导、政府负责、社会协同、公众参与、法治保障的社会治理体制，确保社会大局稳定、人民安居乐业、社会安定有序。加强预防和化解社会矛盾机制建设，健全利益表达、利益协调和利益保护机制，维护群众合法权益。加强社会心理服务体系建设，培育自尊自信、理性平和、积极向上的社会心态。推进社会治理领域信息共建共享共用。加强社区治理体系建设，实现政府治理和社会调节、居民自治良性互动。

（五）着力促进人与自然和谐共生，建设亲山亲水美丽之地。牢固树立生态文明观，坚持走生态优先、绿色发展新路，按照“共抓大保护，不搞大开发”要求，推动形成节约资源和保护环境的空间格局、产业结构、生产方式、生活方式。合理优化生态空间布局，严守“三条控制线”，建立健全统一衔接、分级管控的空间规划体系和开发保护制度。强化生态保护制度约束，建立多元化生态补偿机制。推动产业发展绿色转型，推动资源能源利用方式转变，推动城乡居民生活方式绿色化。

（六）着力破除制约发展的体制机制障碍，扎实推进全面深化改革。紧密结合我区实际，创造性落实好党中央和市委部署的改革任务。强化战略导向、问题导向、民生导向，以经济体制改革为重点，统筹推进政治、社会、文化和生态文明领域各项改革，提高改革精准度，扩大改革受益面。促进各级领导干部对标对表、亲力亲为、敢作敢为、善作善成抓改革，确保改革真正落地见效。尊重群众首创精神，总结推广基层改革经验，培育更多改革典型。

（七）着力维护社会公平正义，深入推进全面依法治区。调整充实区委全面依法治区领导小组，加强对全区法治建设工作的统一领导。建设法治政府，推进依法行政，严格规范公正文明执法。深化司法体制综合配套改革，确保法院、检察院依法独立公正行使审判权、检察权。完善法律援助和司法救助制度，加快构建覆盖城乡的公共法律服务体系。加大全民普法力度，建设社会主义法治文化。各级党组织和全体党员要带头尊法学法守法用法，任何组织和个人都不得有超越宪法法律的特权，绝不允许以言代法、以权压法、逐利违法、徇私枉法。

四、把十九大精神扎根于璧山，必须从具体行动上抓落实

从现在到2020年，是全面建成小康社会决胜期。党的十九大作出坚定实施“七大战略”、坚决打好“三大攻坚战”的战略部署。市委对标对表，提出大力实施“八项战略行动计划”、打好“三项攻坚战”的工作要求。中央有顶层设计，市委有行动计划，璧山要有具体行动。我们要深入贯彻党的十九大作出的战略部署，结合实际全面抓好市委各项行动计划的落实，大力实施“三区一美”战略行动，确保如期全面建成小康社会，推动各项工作得到人民认可、经得起历史检验。

（一）加快建设重庆的生态宜居区。落实市委“生态优先绿色发展战略行动计划”，遵循“美丽中国”顶层设计，以“低碳、便利、宜居、舒适”为城市建设价值取向，建成重庆“最佳人居环境城市”，打造主城人群“蛙跳”出城的首选地。精心调适发展与生态的关系，坚决打好污染防治攻坚战，构筑起“山、水、绿、城、人”和谐共处的“绿色谱系”，持续提升城市绿化水平，增加城市透气性，建成“秀美绿城”。加强水系空间塑造，实施河湖水系连通工程，持续提升城区水网密度，不断改善水环境质量，增强城市防洪减灾能力，建成“活力水城”。细致刻画历史文脉，合理布局古建筑空间，切实保护好历史文化资源，建成“文化古城”。落实市委“基础设施提升战略行动计划”，完善“孩子出生、幼儿园、小学、中学、职教、就业、居住、看病、购物、娱乐、健身、养老、殡葬”等重要节点高标准服务体系，打造“一生之城”。注重“文旅融合”，加快重大旅游项目建设力度，完善旅游配套设施，推进全域景区建设，培育文化旅游“增长极”。

（二）加快建设重庆的新型工业化示范区。落实市委“创新驱动发展战略行动计划”，促进“做大经济规模、产业转型升级、创新驱动发展”三者完美融合，成为重庆转型发展的创新引领区。落实市委“军民融合发展战略行动计划”，推进“1+10”产业研究院体系建设，不断提高R&D占比。加大择商引资力度，重点推进“智能装备、信息技术、生命健康”三大主导产业聚集发展，加快以智能化改造传统制造业、提升现代服务业，推进智能化技术应用。坚持“创新+资本=新动力”经济逻辑，培育、引进一批企业改制挂牌上市，不断提升金融业增加值占GDP比重。坚持“三道防线”控制负债，持续推动“政府投资瘦身，社会投资扩容”。落实市委“科教兴市和人才强市战略行动计划”，制定实施更加精准实惠有效的人才政策，为璧山发展汇聚方方面面人才。落实市委“内陆开放高地建设战略行动计划”，建好璧山国家高新区，用好“中意创新产业园”平台，进一步完善运行机制，切实提高项目承载能力。

（三）加快建设重庆的统筹城乡先行区。落实市委“乡村振兴战略行动计划”，着力推进城乡融合发展。按照产业兴旺、生态宜居、乡风文明、治理有效、生活富裕的总要求，加快推进农业农村现代化。深化农业供给侧结构性改革，推进农村集体产权制度改革，促进一产业与二、三产业融合，全力激发农村活力，成为全市统筹城乡的“前锋”。引导镇街走符合自身特色的发展道路，进一步优化资源配置，大力发展“道口经济”，促进区域协调发展。针对小康社会指标体系所涉及的经济发展、民主法制、文化建设、人民生活、资源环境等五大类20多个指标，以只争朝夕精神修补“短板”，坚决打好精准脱贫攻坚战，决胜全面小康。

（四）深度打造和美璧山。坚持把人民对美好生活的向往作为奋斗目标，落实市委“保障和改善民生战略行动计划”，使人民群众获得感、幸福感、安全感更加充实、更有保障、更可持续。坚持60%以上财政收入用于保障和改善民生，做到

"经济发展不欠社会协调发展的账"。全面对接全市重点改革任务，以供给侧改革为主线，推动经济金融、教科文卫、"放管服"等重要领域和关键环节改革取得突破。统筹推进依法治区，寻求改革与法治的最佳结合，突出公正司法、严格执法、全民守法，把经济社会发展工作纳入法治化轨道。坚持系统治理、综合治理、依法治理、源头治理，推动突出问题整治和社会治理创新，坚决打好防范化解重大风险攻坚战，努力实现社会善治和良性运行。积极培育社会主义核心价值观，加强意识形态工作，精心办好"音乐与城市推广"，塑造"来了就是璧山人"的城市性格，不断提升城市形象口碑。

五、把十九大精神扎根于璧山，必须从组织保障上抓落实

党的十九大提出，党要团结带领人民进行伟大斗争、推进伟大事业、实现伟大梦想，必须毫不动摇坚持和完善党的领导，毫不动摇把党建设得更加坚强有力。市委五届三次全会强调，各级党组织要牢牢把握新时代党的建设总体要求，切实担负起全面从严治党主体责任，全面推进党的政治建设、思想建设、组织建设、作风建设、纪律建设，把制度建设贯穿其中，深入推进反腐败斗争，坚决清除孙政才恶劣影响和"薄、王"思想遗毒，把坚定不移全面从严治党见诸实效。

（一）坚持把党的政治建设摆在首位。坚定执行党的政治路线，严格遵守政治纪律和政治规矩，在政治立场、政治方向、政治原则、政治道路上同以习近平同志为核心的党中央保持高度一致。尊崇党章，严格执行新形势下党内政治生活若干准则，完善和落实民主集中制的各项制度，涵养党内政治文化，不断提高各级领导干部政治觉悟和政治能力。突出问题导向，坚持破立并举，全面彻底干净清除孙政才恶劣影响和"薄、王"思想遗毒，营造风清气正的良好政治生态。

（二）着力锻造"政治过硬、本领高强"的干部队伍。要切实加强对党员干部的思想理论教育，把坚定理想信念作为党的思想建设的首要任务，始终坚持用习近平新时代中国特色社会主义思想武装头脑，解决好世界观、人生观、价值观这个"总开关"问题。要严格落实党内学习制度，完善党委（党工委、党组）理论学习中心组学习制度、领导干部讲党课制度等，推进"两学一做"学习教育常态化制度化，认真开展"不忘初心、牢记使命"主题教育，着眼新时代新实践新要求，全面提升党员干部学习本领、政治领导本领、改革创新本领、科学发展本领、依法执政本领、群众工作本领、狠抓落实本领、驾驭风险本领，促进全区广大党员干部更好担负起历史使命。坚持正确选人用人导向，突出政治标准，加强各级领导班子建设，不断优化干部队伍结构，切实把好干部选出来、用出来、管出来、带出来。坚持严管和厚爱结合、激励和约束并重，建立健全干部正向激励、容错纠错、能上能下机制，旗帜鲜明为那些敢于担当、踏实做事、不谋私利的干部撑腰鼓劲。认真做好离退休干部工作。

（三）不断增强基层党组织的生机活力。以提升组织力为重点，突出政治功能，统筹推进基层党组织建设。坚持"三会一课"制度，常态化开展软弱涣散基层党组织整顿，着力解决一些基层党组织弱化、虚化、边缘化问题。着力扩大党组织和党的工作覆盖面。扎实做好党员发展、教育、管理和服务等基础性工作。扩大党内基层民主，推进党务公开，畅通党员参与党内事务、监督党的组织和干部、向上级党组织提出意见和建议的渠道。深入推进抓党建促脱贫攻坚，把基层党组织建设成带领群众脱贫致富的坚强堡垒。更加关心和重视基层，加强基层政权和服务能力建设，健全基层工作经费、干部待遇增长机制，巩固和夯实党的执政基础。

（四）坚持不懈推进正风肃纪和反腐败斗争。巩固拓展落实中央八项规定精神成果，持续整治"四风"突出问题。运用监督执纪"四种形态"，赋予有干部管理权限的党组相应纪律处分权限，

强化监督执纪问责。加强纪律教育，重点强化政治纪律和组织纪律，加强廉洁文化建设，营造崇廉拒腐社会氛围。按照中央和市委统一部署推进国家监察体制改革，组建区监察委员会，同党的纪律检察机关合署办公，实现对所有行使公权力的公职人员监察全覆盖。党员干部要主动接受监督，习惯在受监督和约束的环境中工作生活，扎实践行“三严三实”，坚决反对特权思想和特权现象，加强家庭、家教、家风建设。深化标本兼治，坚持无禁区、全覆盖、零容忍，坚持受贿行贿一起查，严肃查办发生在重点领域、关键环节和群众身边的腐败案件。加强对权力运行的制约和监督，进一步完善巡察制度，实现巡察全链接、监督无死角。推进审计管理体制改革，完善统计体制。持续深入筑牢拒腐防变的思想防线和制度防线，夺取反腐败斗争压倒性胜利。

学习贯彻党的十九大精神，是一项首要政治任务和长期战略任务。全区上下要坚决维护以习近平同志为核心的党中央权威和集中统一领导，深学笃用习近平新时代中国特色社会主义思想，在市委坚强领导下，把党的十九大精神扎根于璧山，为决胜全面建成小康社会、夺取新时代中国特色社会主义伟大胜利、实现中华民族伟大复兴的中国梦、实现人民对美好生活的向往继续奋斗！

（区委办公室）

延伸阅读 ▶▶

2017·大事盘点

10月26日，区委召开常委（扩大）会议，传达学习党的十九大精神和全市干部大会精神，全区上下迅速掀起学习宣传贯彻党的十九大精神热潮。

中国共产党重庆市璧山区第十四届委员会第二次全体会议于2017年11月27日召开。区委常委会主持会议。全会深入学习领会党的十九大精神，全面落实市委五届三次全会各项部署，听取讨论吴道藩代表区委常委会所作的报告，审议通过《中共重庆市璧山区委关于把党的十九大精神扎根于璧山的决定》。

全会指出，学习宣传贯彻党的十九大精神，是当前和今后一个时期的首要政治任务和长期战略任务。全会强调：要把党的十九大精神扎根于璧山，必须从政治上抓落实。必须从思想上抓落实。必须从战略部署上抓落实。必须从具体行动上抓落实。必须从组织保障上抓落实。

全会号召，要更加紧密地团结在以习近平同志为核心的党中央周围，坚决维护以习近平同志为核心的党中央权威和集中统一领导，深学笃用习近平新时代中国特色社会主义思想，在市委坚强领导下，把党的十九大精神扎根于璧山，为决胜全面建成小康社会、夺取新时代中国特色社会主义伟大胜利、实现中华民族伟大复兴的中国梦、实现人民对美好生活的向往继续奋斗！

统计资料

2017 年璧山区国民经济和社会发展统计公报

重庆市璧山区统计局

2018 年 3 月

2017 年，是璧山经济社会发展“稳中有进、结构优化、质量提升”的一年。璧山区在区委、区政府的坚强领导下，以“三区一美”行动计划为重要抓手，倾力建设重庆的“生态宜居区、新型工业化示范区、乡村振兴先行区”，打造“和美璧山”，全年经济总体实现稳定增长，居民生活水平稳步提高，社会事业稳步发展。

一、综合

全年完成地区生产总值 480.1 亿元，同比增长 10.1%。按三次产业分，第一产业同比增长 3.7%，第二产业同比增长 11.1%，第三产业同比增长 8.2%。

图 1　2006–2017 年 GDP 总量及其增长速度

全年居民消费价格总水平同比上涨 1.2%，其中食品烟酒类价格同比下降 1.7%。在食品烟酒价格中粮食价格同比上涨 3.4%、鲜菜价格同比下降 6.8%、畜肉价格同比下降 9.1%、水产品价格同比上涨 2.9%、蛋价格同比下降 4.5%、鲜果价格同比上涨 0.1%。

2017 年居民消费价格表

表 1

指　　标	比上年±%
居民消费价格总指数	1.2
食品烟酒	–1.7
衣着	6.0
居住	3.1
生活用品及服务	0.1
交通和通信	1.4
教育文化和娱乐	2.5
医疗保健	3.6
其他用品和服务	–0.5

二、农业

全年完成农林牧渔业总产值 41.9 亿元，按可比价计算，同比增长 3.6%。其中农业产值 23.7 亿元，同比增长 3.3%；林业产值 0.6 亿元，同比增长 20.0%；牧业产值 14.0 亿元，同比下降 0.7%；渔业产值 3.2 亿元，同比增长 27.6%；农林牧渔业服务业产值 0.4 亿元，同比增长 8.3%。

全年粮食产量 17.4 万吨，同比减少 0.5%；水果产量 16.3 万吨，同比增长 7.7%；蔬菜产量 78.0

万吨，同比增长 3.2%；全年出栏生猪 27.5 万头，同比下降 1.3%；出栏家禽 3270 万只，同比下降 0.7%。

璧北蔬菜基地 3.8 万亩，播种面积达到 12.0 万亩，蔬菜产量达到 27.7 万吨。璧南苗木基地 8.0 万亩，本年新增苗木面积 0.1 万亩。全年粮食作物播种面积 28351 公顷，同比下降 0.9%。油料种植面积 2898 公顷，同比增长 1.2%。蔬菜种植面积 22626 公顷，同比增长 2.6%。

2017 年主要农产品产量表

表 2

指标名称	单位	产量	比上年±%
粮食	万吨	17.4	–0.5
蔬菜	万吨	78.0	3.2
水果	万吨	16.3	7.7
生猪出栏数	万头	27.5	–1.3
家禽出栏数	万只	3270	–0.7

三、工业和建筑业

全年完成工业增加值 300.8 亿元，同比增长 11.0%。工业对全区经济增长的贡献率达 70.5%，拉动经济增长 7.1 个百分点。

图 2 2006 –2017 年工业增加值及增长速度

全年完成在地建筑业产值 232.3 亿元，同比增长 23.5%。完成建筑业增加值 40.8 亿元，同比增长 11.7%，对经济增长的贡献率为 9.5%，拉动经济增长 1.0 个百分点。我区注册的资质建筑企业有 37 个，其中三级以上施工总承包建筑企业 27 家，三级以上专业承包建筑企业 10 家。全区注册地建筑企业完成建筑业产值 119.3 亿元，同比增长 24.9%；房屋建筑施工面积 571 万平方米，同比下降 7.8%，其中本年新开工面积 362 万平方米，同比下降 20.6%；房屋建筑竣工面积 304 万平方米，同比下降 16.5%。

四、固定资产投资

全年完成固定资产投资 702.0 亿元，同比增长 11.0%。分经济类型看，国有经济投资 132.4 亿元，同比增长 3.9%；集体经济投资 3.4 亿元，同比增长 690.2%；私营个体经济投资 429.1 亿元，同比增长 9.5%；港澳台及外商投资 12.4 亿元，同比下降 48.4%；其他经济投资 124.7 亿元，同比增长 41.0%。分产业看，第一产业投资 13.4 亿元，同比下降 16.7%；第二产业投资 379.0 亿元，同比增长 14.6%，其中工业投资 379.0 亿元，同比增长 14.6%；第三产业投资 309.6 亿元，同比增长 8.5%。高新区完成投资 337.8 亿元，同比增长 14.2%；绿岛新区完成投资 20.2 亿元，同比增长 62.1%。

图 3 2006—2017 年固定资产投资总量及其增长速度

注：2017 年固定资产投资数据发布口径调整，不包含跨区投资和农户投资。

房地产开发投资 81.1 亿元，同比增长 1.3%。全年房屋施工面积 610.3 万平方米，同比下降 3.5%，其中新开工面积 104.4 万平方米，同比增长 10.7%。住宅施工面积 442.0 万平方米，同比下降

3.9%；住宅新开工面积81.8万平方米，同比下降1.4%。全年房屋竣工面积147.0万平方米，同比增长61.4%，其中住宅竣工面积96.6万平方米，同比增长36.1%。全年商品房销售面积211.1万平方米，同比增长6.0%，其中住宅销售面积190.9万平方米，同比增长13.1%。

五、国内贸易

全年完成社会消费品零售总额137.9亿元，同比增长12.7%。其中限额以上法人企业完成社会消费品零售额63.7亿元，同比增长17.8%。

图4　2006—2017年社会消费品零售总额总量及其增长速度

六、交通、邮电

年末全区公路里程2354公里，其中等级公路1195公里。全区汽车拥有量82301辆,同比增长10.4%。全社会公路客运量2638万人，旅客周转量131484万人公里；公路货运量2444万吨，货运周转量257891万吨公里。铁路旅客发送量24.6万人，铁路旅客到达量23.3万人。

全年完成邮电业务收入4.8亿元，同比增长12.1%。其中邮政业务收入1.2亿元，同比增长34.3%；电信业务收入3.6亿元，同比增长6.3%。年末固定电话用户9.4万户，比年初增长0.4%；移动电话用户62.1万户，比年初增长12.7%；互联网用户17.6万户，比年初增长31.0%。

七、对外经济、招商引资

全年实际利用内资200.6亿元，同比下降32.4%。实际利用外资15125万美元,同比增长17.8%。

全年完成进出口总额18.5亿元，同比增长36.4%，其中进口额4.2亿元，同比增长22.5%；出口额14.3亿元，同比增长41.2%。

八、财政、金融、保险

全年辖区内财政收入140.8亿元，同比下降5.8%。地方财政收入124.9亿元，同比下降4.4%。一般公共预算收入55.9亿元，同比增长1.1%，一般公共预算收入中，税收收入完成28.0亿元，同比增长4.4%；非税收入27.9亿元，同比下降2.0%。地方财政支出153.8亿元，同比下降2.8%，其中一般公共预算支出77.8亿元，同比下降1.2%。在一般公共预算支出中,教育支出10.3亿元，同比增长14.7%；社会保障和就业支出7.6亿元，同比增长21.0%；医疗卫生与计划生育支出8.2亿元，同比下降2.0%；节能环保支出4.5亿元，同比增长0.1%；城乡社区支出22.6亿元，同比下降21.2%；农林水支出6.3亿元，同比下降8.0%。

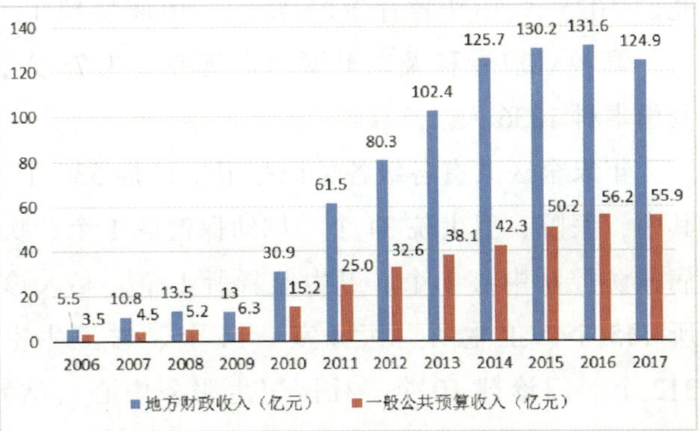

图5　2006—2017年地方财政收入、一般公共预算收入总量

年末，全区金融机构本外币存款余额451.5亿元，比年初增长5.8%，其中人民币存款余额445.6亿，比年初增长6.5%。人民币住户储蓄存款余额304.7亿元，比年初增长10.1%。全区金融机构本外币贷款余额314.1亿元，比年初增长9.5%。

全年保费收入7.1亿元，同比增长13.6%；赔付支出3.6亿元，同比下降5.2%。

九、科技、文化、教育、卫生

全区市级以上技术中心40个，高新技术企业95家，高新技术产品169个。全年全区有效发明专利拥有量420件。

年末全区拥有文化馆1个，公共图书馆1个，档案馆2个，镇街文化服务中心15个，电影发行公司4个，歌舞娱乐场所49家，综合性体育中心1个，体育馆1个，承办各类比赛60场次。

年末全区拥有各类学校201所，其中普通中学17所、小学38所、幼儿园143所、中职2所、特殊教育学校1所。全区各类学校在校学生89428人，其中普通中学在校学生27382人，小学在校生40700人，幼儿园在校生18816人,特殊教育学生117人，中职生2413人。全区各类学校招生人数23455人，其中普通中学招生8865人，小学招生6575人，幼儿园招生7007人,特殊教育学校招生21人，中职学校招生987人。全区各类学校教职工人数6328人，其中专任教师5390人。在专任教师中，普通中学1958人，小学2253人，幼儿园1025人,特殊教育学校27人，中职学校127人。高校录取专科及以上璧山户籍考生3275人，其中本科1836人。

年末全区共有各级各类医疗卫生机构530个。其中，医院、卫生院34个、妇幼保健院1个、疾病预防控制中心1个、卫生监督所1个、私人诊所145个、卫生所（医务室）14个、村卫生室312个、门诊部10个、社区卫生服务中心（站）12个。全区共有医院、卫生院床位4716张。卫生技术人员4064人。全区执业医师和执业助理医师1632人，注册护士1829人。

2017年卡介苗、糖丸、白三联、麻苗接种率分别达100.00%、100.00%、100.00%、100.00%，流脑、乙脑接种率分别达99.47%、99.92%，乙肝合格接种率、乙肝首针及时率分别达99.21%、98.15%，产妇住院分娩率99.99%，5岁以下儿童死亡率7.12‰，婴儿死亡率5.52‰。

十、人口、人民生活、社会保障

年末全区总户数25.43万户，总人口（户籍人口）64.50万人，其中城镇人口33.73万人，乡村人口30.77万人。在总人口中,男性32.67万人，女性31.83万人。全年出生人口7014人，死亡人口4791人，人口自然增长率为3.03‰。出生人口性别比为102.5（出生人口、死亡人口含漏统数据）。2017年，全区常住人口74.00万人，其中城镇常住人口41.63万人，农村常住人口32.37万人，城镇化率为56.26%，比上年提高2个百分点。

全体居民人均可支配收入27102元，同比增长12.1%。按常住地分，城镇常住居民人均可支配收入35436元，同比增长9.0%。在城镇常住居民人均可支配收入中，人均工资性收入22730元，人均经营性收入4108元，人均财产性收入3520元，人均转移性收入5078元。城镇常住居民人均生活消费支出20664元，同比增长5.9%。城镇居民恩格尔系数为0.357。农村常住居民人均可支配收入17217元，同比增长9.8%。在农村常住居民人均可支配收入中，人均工资性收入9469元，家庭经营性收入4833元，人均财产性收入715元，人均转移性收入2200元。农村常住居民人均生活消费支出12191元，同比增长6.1%。农村居民恩格尔系数为0.362。

年末城镇职工基本养老保险参保人数203117人，同比增长9.9%；城乡居民社会养老保险参保人数274713人，同比下降0.9%；城镇职工基本医疗保险参保人数101072人，同比增长12.2%；城乡合作医疗参保人数522138人，同比下降9.1%；失业保险参保人数87737人，同比增长5.5%；工伤保险参保人数95890人，同比增长18.5%；生育保险参保人数76623人，同比增长15.0%。城镇失业人员登记数2868人，同比增长6.6%；城镇登记失业率2.60%，比去年同期上涨0.19个百分点。

十一、资源、环境、安全生产

全年水资源总量58445万立方米。全年降水量1497毫米。年平均气温18.6℃。年末水库蓄水总量7978万立方米。全区总用水量12184万立方米，其中农业用水4298万立方米，工业用水3245万立方米，生活用水2590万立方米，其他用水2051万立方米。全区总用电量22.1亿千瓦时，其中工业用电量14.1亿千瓦时。全区天然气用气量10822万立方米，其中工业用气4583万立方米。

全区林木面积69.3万亩，林木覆盖率50.5%。全年新增城市绿地74公顷，城市绿地面积达到1649公顷，其中本年新增公园城市绿地27公顷，公园城市绿地面积达到665公顷。人均公园绿地面积23.8平方米，生活垃圾无害化处理100.0%。

城区空气质量优良天数达到242天。地表水质达标率100.0%，区域环境噪声和交通干线噪声平均值控制在54.5分贝和66.3分贝。医疗废物、危险废物集中处理率100.0%。

全年各类事故死亡14人，同比下降12.5%。其中交通事故死亡14人，同比增长40.0%。

注：①本公报为初步统计数据，最终数据以《璧山统计年鉴2017》为准。

②第16页城区空气质量优良天数统计方法发生变化，即原用API空气污染指数确定，现用AQI空气污染指数确定。

延伸阅读 ▶▶

2017·大事盘点

12月2日，中央电视台新闻频道（CCTV-13）《新闻直播间》栏目报道璧山“厕所革命”的成功实践，璧山“厕所革命”引燃全国关注。报道从璧山区标准化公厕建设、以商养厕、厕所管理维护等方面入手，以近10分钟的时间深度报道璧山区通过实施“厕所革命”以小厕纸培养提升市民文明素质、公厕小标志激发企业公益心、小宿舍破解厕所养护难题等方面的成功实践。报道中提到：“重庆璧山区在厕所革命中有自己的探索，从2011年第一座标准化厕所运行到现在，璧山区内38个标准化厕所，几乎都能够实现无异味、有温水、24小时开放，蹲位都长期免费提供厕纸。免费厕纸给当地居民提供便利，还培养了市民的文明素质。”

党的十八大以来，习近平总书记多次就“厕所革命”作出重要指示，要求在城市、景区、乡村来一场“厕所革命”。遵循总书记重要指示，近年来，璧山大力建设标准化公厕、实施卫生厕所改造。短短几年时间，城市、景区建起数十座干净卫生、空气清新、造型美观、人性化设计的标准化公厕，一大批卫生状况不佳、设施不全的公厕得到改造。“厕所革命”不仅提升百姓如厕感受、缓解群众如厕难题，良好的公厕形象还成为旅游业发展、招商引资的一大竞争力，几年前南河公园的一间公厕便给璧山带来5000万美元的投资，相继引来80多家台资企业。

镇街主要经济指标排序（1）

表3

单位名称	规模工业总产值（万元）		增速（%）	
	绝对额	位次	±%	位次
璧城街道	126241	5	18.0	1
璧泉街道	4960596	1	14.0	4
青杠街道	3521539	2	16.0	2
来凤街道	86969	6	13.2	5
丁家街道	288079	3	−8.2	9
大路街道	132414	4	−30.3	12
河边镇	75697	7	−8.7	10
大兴镇	23421	11	−46.8	13
正兴镇	16383	13	7.4	7
广普镇	40207	10	−14.2	11
七塘镇	48639	8	5.6	8
八塘镇	3121	14	14.0	4
福禄镇	20655	12	8.7	6
三合镇	–	–	–	–
健龙镇	41585	9	15.3	3

注：1.划横线格表示无数据；本表规模工业总产值不含电力数据

2.高新区璧泉片完成规模工业产值494.5亿元，高新区青杠片完成规模工业产值343.0亿元

3.规模工业产值降幅较大的几个街镇主要是由于一部分企业搬迁至高新区，一部分企业经营不善停产，加之街镇无相应土地指标进行工业企业招商，造成无新增企业补充，故累计同比增速有所下降

镇街主要经济指标排序（2）

表4

单位名称	固定资产投资（万元）		增速（%）	
	绝对额	位次	±%	位次
璧城街道	188800	3	−40.2	15
璧泉街道	201078	2	33.1	4
青杠街道	279100	1	−21.0	14
来凤街道	138370	6	4.8	9
丁家街道	172350	5	−7.9	13
大路街道	179270	4	29.6	5
河边镇	101578	8	4.5	10

单位名称	固定资产投资（万元）		增速（%）	
	绝对额	位次	±%	位次
大兴镇	114485	7	11.8	8
正兴镇	69980	12	55.2	3
广普镇	70210	11	2.5	11
七塘镇	86938	9	2.0	12
八塘镇	76154	10	24.9	6
福禄镇	69243	13	264.4	1
三合镇	58352	15	20.2	7
健龙镇	67032	14	105.0	2

镇街主要经济指标排序（3）

表 5

单位名称	限上法人批零销售额（万元）		增速（%）	
	绝对额	位次	±%	位次
璧城街道	362928	2	14.6	5
璧泉街道	934970	1	13.1	6
青杠街道	44078	5	-7.1	8
来凤街道	14380	6	-16.5	9
丁家街道	6217	8	16.2	4
大路街道	44129	4	10.1	7
河边镇	133162	3	26.4	1
大兴镇	6668	7	21.5	2
正兴镇	5039	9	17.7	3
广普镇	-	-	-	-
七塘镇	-	-	-	-
八塘镇	-	-	-	-
福禄镇	-	-	-	-
三合镇	-	-	-	-
健龙镇	-	-	-	-

注：划横线格表示无数据

镇街主要经济指标排序（4）

表 6

单位名称	限上法人住餐营业收入（万元）		增速（%）	
	绝对额	位次	± %	位次
璧城街道	30127	1	18.7	8
璧泉街道	19705	3	16.2	10
青杠街道	25868	2	22.3	4
来凤街道	4690	5	24.9	2
丁家街道	2854	7	9.4	12
大路街道	8639	4	16.7	9
河边镇	815	10	22.3	3
大兴镇	2413	8	19.1	7
正兴镇	4371	6	19.4	6
广普镇	743	11	42.7	1
七塘镇	–	–	–	–
八塘镇	406	12	21.0	5
福禄镇	–	–	–	–
三合镇	–	–	–	–
健龙镇	913	9	11.8	11

注：划横线格表示无数据

镇街主要经济指标排序（5）

表 7

单位名称	五千万元以上内资（万元）			
	新增合同资金	位次	本年到位资金	位次
璧城街道	–	–	6432	6
璧泉街道	48175	2	36267	3
青杠街道	–	–	2207	8
来凤街道	–	–	2283	7
丁家街道	8000	3	85834	1
大路街道	63610	1	45395	2
河边镇	–	–	–	–
大兴镇	–	–	–	–
正兴镇	–	–	–	–

单位名称	五千万元以上内资（万元）			
	新增合同资金	位次	本年到位资金	位次
广普镇	–	–	26772	4
七塘镇	–	–	–	–
八塘镇	–	–	18429	5
福禄镇	–	–	–	–
三合镇	–	–	–	–
健龙镇	–	–	–	–

注：划横线格表示无数据

镇街主要经济指标排序（6）

表 8

单位名称	农村常住居民人均可支配收入（元）		增速（%）	
	绝对额	位次	± %	位次
璧城街道	18741	1	9.4	12
璧泉街道	18705	2	9.2	14
青杠街道	18031	3	10.5	1
来凤街道	17297	6	9.3	13
丁家街道	17948	4	9.1	15
大路街道	17275	7	10.4	2
河边镇	17167	8	10.1	5
大兴镇	17384	5	9.9	7
正兴镇	16798	9	9.7	9
广普镇	15851	14	10.3	3
七塘镇	16630	10	9.8	8
八塘镇	16394	12	9.5	11
福禄镇	16256	13	9.6	10
三合镇	15820	15	10.0	6
健龙镇	16578	11	10.2	4

镇街主要经济指标排序（7）

表 9

单位名称	城镇常住居民人均可支配收入（元）		增速（%）	
	绝对额	位次	± %	位次
璧城街道	38287	2	9.5	3
璧泉街道	38648	1	9.4	4
青杠街道	37582	3	9.3	5
来凤街道	35978	6	8.8	10
丁家街道	36953	4	9.0	8
大路街道	36464	5	8.9	9
河边镇	35759	7	9.1	7
大兴镇	35398	8	8.6	12
正兴镇	34380	11	8.4	14
广普镇	34262	12	9.7	1
七塘镇	34190	13	8.7	11
八塘镇	33902	14	8.3	15
福禄镇	34423	10	9.2	6
三合镇	32624	15	8.5	13
健龙镇	34864	9	9.6	2

镇街主要经济指标排序（8）

表 10

单位名称	辖区内一般公共预算收入（万元）		增速（%）	
	绝对额	位次	± %	位次
璧城街道	71496	2	12.9	8
璧泉街道	188320	1	31.9	4
青杠街道	70489	3	16.7	7
来凤街道	6367	6	12.4	9
丁家街道	9849	5	10.0	10
大路街道	11461	4	-1.7	12
河边镇	5305	7	44.7	3
大兴镇	2721	9	22.7	6
正兴镇	1569	10	-7.9	14

单位名称	辖区内一般公共预算收入（万元）		增速（%）	
	绝对额	位次	±%	位次
广普镇	1049	12	–37.6	15
七塘镇	1418	11	10.0	10
八塘镇	781	14	78.3	1
福禄镇	2975	8	53.7	2
三合镇	228	15	28.8	5
健龙镇	1005	13	–7.0	13

镇街主要经济指标排序（9）

表 11

单位名称	辖区内工商税收（万元）		增速（%）	
	绝对额	位次	±%	位次
璧城街道	63047	3	7.8	11
璧泉街道	168888	1	32.4	5
青杠街道	69243	2	17.2	7
来凤街道	6130	6	12.9	8
丁家街道	9438	5	10.3	9
大路街道	10629	4	–2.7	12
河边镇	4899	7	41.1	3
大兴镇	2519	9	22.1	6
正兴镇	1428	10	–10.8	14
广普镇	1021	12	–37.8	15
七塘镇	1344	11	9.5	10
八塘镇	750	14	83.8	1
福禄镇	2725	8	43.5	2
三合镇	211	15	33.5	4
健龙镇	966	13	–8.2	13

附 录

2017年重庆市璧山区行政区划一览

镇（街道）	村、居、社区名称
璧城街道	10个社区：城中社区、东关社区、塘湾社区、大旺社区、北门社区、芋荷社区、黄葛社区、双龙社区、三角社区、马家桥社区 6个村：新堰村、来龙村、龙井湾村、四面山村、大塘村、天池村
璧泉街道	13个社区：文风社区、南关社区、牛角湾社区、华龙社区、双狮社区、天门社区、新胜社区、虎峰社区、观音社区、团堡社区、养鱼社区、鹰嘴社区、大岚社区
青杠街道	7个社区：大兴社区、大字社区、双路社区、青山社区、清明社区、石河社区、塘坊社区 6个村：中兴村、大森村、梁山村、沙坡村、棕树村、莲花村
来凤街道	3个社区：东街社区、西街社区、花园社区 10个村：来凤村、登凤村、安乐村、孙河村、四平村、魁塘村、鹿河村、三星村、普新村、新七村
丁家街道	3个社区：铜锣社区、沙堆社区、合中社区 16个村：石垭村、天灯村、黉学村、凉风村、莲花坝村、走马村、龙安村、铜瓦村、三五村、杨寺村、大岚坳村、长五村、八寿村、高古村、新民村、竹林湾村
大路街道	3个社区：红石社区、接龙社区、六合社区 14个村：三担村、团坝村、阳河村、高拱村、三江村、新房村、郭家村、大竹村、大沟村、四维村、福里村、龙泉村、三台村、大堂村
正兴镇	2个社区：文华社区、太和社区 12个村：沙塝村、河堰村、金堂村、大面坡村、朝阳村、石院村、尖山子村、湾塘村、团结村、石龙村、卫寺村、曙光村
大兴镇	2个社区：兴隆社区、油田社区 17个村：长隆村、狮子村、龙飞村、万民村、高桥村、朝元村、船形村、石鼻村、平安村、茅莱村、均田村、符家村、双柏村、独耳村、山王村、联盟村、莲生村
七塘镇	2个社区：七兴社区、金凤社区 8个村：建设村、将军村、喜观村、阳岫村、盐店村、四合村、三步梯村、跃进村
八塘镇	1个社区：一品社区 10个村：江兴村、智灯村、青云村、石庙村、五龙村、凉水村、敢英村、三元村、阳龙村、前进村

镇（街道）	村、居、社区名称
河边镇	1个社区：文昌社区 6个村：同心村、铁石村、盐井河村、新四村、浸口村、复兴村
福禄镇	1个社区：福中社区 6个村：斑竹村 龙宝村 胜利村 红山村 和平村 浸河村
广普镇	1个社区：普兴社区 8个村：护普村、马鞍村、白鹤村、金龙村、大石塔村、周家村、柏杨村、坪中村
三合镇	1个社区：平安社区 7个村：新场村、龙凤村、高山村、石龙桥村、二郎村、天星村、双河村
健龙镇	2个社区：肖家嘴社区、龙江社区 9个村：白果村、寨子村、玉林村、画眉村、小河村、弥勒村、鱼洞村、新石村、睦佳村

璧山区组织机构及其负责人

区级党政机关

中共璧山区委

书　记：吴道藩
副书记：章勇武　何　平
常　委：李金泉　张献强　朱朝阳　刘　晋
　　万　容（女）　李　丹（女）

璧山区人大常委会

主　任：薛方梅（女，1月离任）
　　陈　强（1月任职）
副主任：杨红军　彭达宪
　　张远明（1月离任）
　　程　明（1月离任）
　　刘启海（1月任职）
　　罗恩德（1月任职）
　　吴建卿（女，1月任职）

璧山区人民政府

区　长：章勇武
副区长：何　平（1月离任）
　　张献强（1月任职常务）
　　敖　斌（1月任职）
　　李　丹（女，1月离任）
　　张树金　程　虎（1月任职）
　　陈荣彬（1月任职）
　　万永生（1月任职）
　　王复莲（女，1月任职）

政协璧山区委员会

主　席：向邦俊
副主席：张正刚　刘正忠
　　罗恩德（1月离任）
　　周英碧（女）　杨　靖
　　钟昌国（1月任职）
　　雍　湘（女，1月任职）
秘书长：周厚强

区委机构

纪委

书　记：李金泉
副书记：刘廷忠　陈洪涛　陈　文
常　委：祝晓琴（女）
　　蒋学远（12月离任）　殷朝阳
　　李焰梅（女）　车　昕

纪委工作部门

办公室主任：李华东

组织部部长：祝晓琴（女）

党风政风监督室主任：张　莉（女）

信访室主任：殷朝阳

案件监督管理室主任：蒋学远（12月离任）

宣传部部长：赵　东

第一纪检监察室主任：李焰梅（女）

第三纪检监察室主任：李宗洪

案件审理室主任：车　昕

巡察室主任：余　波

纪委派驻部门纪检组组长

驻区委办公室纪检组组长：王新宇

驻区人大机关纪检组组长：

孙仁尺（5月离任）

王　丁（女，12月任职）

驻区政府办公室纪检组组长：邓昌谷

驻区政协机关纪检组组长：

张荣华（12月离任）

徐骞锴（12月任职）

驻区委组织部纪检组组长：王　春

驻区委宣传部纪检组组长：胡世礼

驻区委统战部纪检组组长：王万全

驻区委政法委纪检组组长：汪永燚

驻区国土房管局纪检组组长：甘华学

驻区财政局纪检组组长：叶　兰（女）

驻区教委纪检组组长：邱　仟（8月离任）

驻区城乡建委纪检组组长：叶龙娟（女）

驻区农委纪检组组长：周家勤（女）

驻区公安局纪检组组长：王复健

驻区人力社保局纪检组组长：李贵春

驻区卫生计生委纪检组组长：李　好（女）

驻璧山高新区管委会纪检组组长：王登益

驻区环保局纪检组组长：孙登洪

区委工作部门

区委办公室（机要局、保密办/国家保密局、密码管理局）

主　任：陈荣彬（兼机要局、保密办/国家保密局、密码管理局，1月离任）、余祖明（兼机要局、保密办/国家保密局、密码管理局，1月任职）

副主任：莫　珣　肖伦友

纪委派驻纪检组组长：王新宇

专职密码督查员：甘小樯（1月病故）

江　波（5月任职）

组织部（非公经济和社会组织工委）

部　　长：万　容（女，兼任区委非公工委书记）

常务副部长：余祖明（1月离任）

田　中（6月任职）

副　部　长：余有全（兼，2月任职）

余利华（12月离任）

何　琪（12月任职）

区委非公工委专职副书记：钟华琴（女）

宣传部

部　　长：李　丹（女）

常务副部长：胡正好

副　部　长：李　航　詹　勇

纪委派驻纪检组组长：胡世礼

统战部（台办、民宗侨办）

部　　长：刘　晋

常务副部长：彭朝英（女，兼任台办、民宗办主任）

副　部　长：肖绍国、王兴伟（9月离任）

区纪委派驻纪检组组长：王万全

政法委（综治办、防邪办）

书　　记：朱朝阳

副　书　记：张树金

常务副书记、综治办主任：张中华

副书记、防邪办主任：周　伟

副书记、国安办主任：钟　新（挂职）

政治处主任：陈贵宗

综治办副主任：郭大荣（12月离任）

姜　虹(女，12月任职)

纪委派驻纪检组组长：汪永燚

编办（事业单位登记局）

主　任：魏晓凤（女，兼事业单位登记局局长）

副主任：王才福

区直机关工委

书　记：王复梅（女）

副书记：万　华

区委部门管理机构

督查室

主　任：王忠宇

副主任：肖鸿霞（女）

老干局

局　长：余有全

副局长：孙　萍（女）

区委直属事业单位

党校（行政学校、社会主义学院）

党校校长：何　平（兼）

行政学校校长：何　平（兼，1月离任）

张献强（1月兼任）

社会主义学院院长：刘　晋（兼）

党校常务副校长（行政学校副校长、社会主义学院副院长）：舒　俊

党校副校长（社会主义学院副院长）：蓝　建

党校副校长（行政学校副校长）：张长林

专职校务委员：万　红（女，12月任职）

壁山报社

党组书记、社长、总编：张　伟

党组成员、副社长、副总编：刘家宏

李春鸣　陈云刚

党史研究室

主　任：黄文斌

副主任：刘顺英（女）

区人大常委会工作机构

人大办公室

主　任：吴建卿（女，1月离任）

王大全（1月任职）

副主任：黄　强　张开强（12月离任）

人大常委会人事代表工作委员会

主　任：王万书（12月离任）

王亚东（女，12月任职）

副主任：黄　宏

人大法制委员会（2017年1月新设）

主任委员：廖福容（女，1月任职）

副主任委员：彭定伦（1月任职）

李佳敏（12月兼任）

陈　文（1月兼任，12月离任）

人大法制委员会办公室（2017年1月新设）

主　任：廖福容（女，1月兼任）

副主任：彭定伦（1月兼任）

人大财政经济委员会（2017年1月新设，挂区人大常委会预算工作委员会牌子）

主任委员：徐安绪（1月任职）

副主任委员：伍仁斌（1月任职）

张敬晔（1月兼任）

人大财政经济委员会办公室（2017年1月新设）

主　任：徐安绪（1月兼任）

副主任：伍仁斌（1月兼任）

人大教育科学文化卫生委员会（2017年1月新设）

主任委员：王禧华（1月任职）

副主任委员：沈　亮（女，1月任职）

刘　华（女，1月兼任）

人大教育科学文化卫生委员会办公室（2017年1月新设）

主　任：王禧华（1月兼任）

副主任：沈　亮（女，1月兼任）

人大常委会农业工作委员会

主　任：韩维萍（女）

副主任：李世强（12月离任）

袁道国（12月任职）

人大常委会城乡建设环境保护工作委员会

主　任：王大全（1月离任）

王万书（12月任职）

副主任：徐远达（10月离任）

区人大常委会信访办公室

主　任：吴建卿（女，1月离任）

王大全（1月兼任）

副主任：张巧玲（女）

区政府机构

区政府工作部门

区政府办公室（政府法制办、民防办、政府应急办）

党组书记、主任：董奕锋（兼民防办主任、法制办主任）

副主任：郭清荣（9月离任）
邓沛伟（5月任职）　饶　静（女）
聂源极

纪委派驻纪检组组长：邓昌谷（10月任职）

法制办

主　任：董奕锋

副主任：郭清荣（9月离任）

民防办

主任：董奕锋

应急办

主　任：郭清荣（9月任职）

副主任：邬晓林（女，12月任职）

发改委

党组书记、主任：刘兆奎

副主任：蒋永福（12月离任）
刘　平（女）　杨　俊（12月离任）
任仲泉（12月任职）

财政局

党组书记、局长（兼金融办主任）：彭禄友

党组成员、副局长：董其鑫　张显鸿
戴雪平（女，12月离任）
刘　诚（12月任职）

党组成员、纪委派驻区财政局纪检组长：
叶　兰（女）

经信委

党委书记、主任：杨　勇

党委副书记：刘居明（12月离任）
蒋学远（12月任职）

副主任：张箴华（6月离任）　曾佑勇
林　箭（5月任职）
高　进（11月任职）

教委

党工委书记：朱朝阳（兼）

党工委委员、主任：张　忠

党工委副书记：张继仁

党工委委员、副主任：徐安茂　吴明平
彭　鹏

党工委委员、纪委派驻纪检组组长：邱　仟（9月离任）

党工委委员、教育督导室副主任：唐　刚

科委

党组书记、主任：周　梁

副主任：孙　华　李泽元

城乡建委

党委书记、主任：张玉平（12月离任）
刘全模（12月任职）

党委副书记：刘　勇（6月离任）
陈维焕（11月任职）

党委委员、副主任：陈维焕（11月离任）
邱　仟（9月任职）
葛　勇（1月离任）
邓绍红

党委委员：叶龙娟（女）

副主任：胡　洲（11月任职）

交委

党委书记、主任：钱蜀光

党委副书记：陈荣明

副主任：谢永胜　邹　勇　赖晓明

农委（区农综办）

农工委书记：敖　斌（兼，1月离任）
欧文礼（1月任职）

主 任：欧文礼

农工委副书记：陈　宇

副主任：刘家洪　罗亨伦（女）　李　刚

纪委派驻纪检组组长：周家勤（女）

商务局（旅游局）

党委书记、局长：侯玉梅（女）

党委副书记：洪　彬

副局长：邓沛伟（5月离任）

黎　端（5月任职）

王姝尹（11月任职）　汪　建

胡　洲（11月离任）

公安局

党委书记、局长：张树金

党委副书记、副局长：秦俊才

党委委员、纪委派驻纪检组组长：王复健

党委委员、副局长：姚文华

党委委员、政治处主任：张　静（女）

党委成员、副局长：雷　勇

党委委员、交巡警支队支队长：邹　宇

党委委员、治安管理支队支队长：杨帮强

党委委员、刑事侦查支队政委：胡廷东

警务处主任：严永红

警务保障处主任：谢恩义

刑侦支队支队长：赵　荣

治安管理支队政委：胡勤勇

交巡警支队政委：廖　伟

监察局

局　长：刘廷忠

副局长：祝晓琴（女）　蒋学远

常爱书（1月任职）

民政局（区老龄办）

党组书记、局长：叶太中

党组成员、副局长：雷　荣

党组成员、副局长：雷贵建

党组成员、老龄办主任：向义华

副局长：常爱书（女，1月离任）　谷山岗

司法局

党组书记、局长：谢玉红

党组成员、副局长：谭　信　郑富华

副局长：周成伟

人力社保局

党委书记、局长：李定明（女）

党委副书记：刘敀发

党委成员、副局长：程锡萍（女）　周厚建

邱长江

党委成员、纪委派驻纪检组组长：李贵春

国土房管局

党委书记、局长：朱家庆（5月离任）

郭逢义（5月任职）

党委成员、副局长：周善平　万　华

梁安华

党委成员、纪委派驻纪检组组长：甘华学

区土地整治储备中心

主　任：郭逢义（9月离任）

张　东（9月任职）

副主任：孙　伟　曹　伟

区征地拆迁办

主　任：刘　洪

环保局

党组书记、局长：张　川（1月离任）

杨中亮（3月任职）

党组成员、副局长：毛发蓉（女）　罗　俊

党组成员、纪委派驻纪检组组长：孙登洪

纪委派驻纪检组副组长：张天翔

党组成员、区环境行政执法支队支队长：

赵选亮

规划局

党组书记、局长：蒋杭航（女）

副局长：张　兴　左　斌

杨春华（女，12月离任）

杨　雪（女，12月任职）

城市管理局（市政园林局10月更名）

党委书记、局长：谭良宽

党委成员、副局长：梁德平　李剑锋　王　宇

水务局

党委书记、局长：王继超（12月离任）

唐应容（女，12月任职）

党委副书记：杨　毅（女）

副局长：周成炬（12月离任） 傅福明
刘 铁 冯大俊（12月任职）
党委委员、区水利水库管理中心主任：岳文杰

文化委（区体育局）

主 任：王复莲（女，1月离任）
黄 林（1月任职）
党组书记：黄 林
党组成员、副主任：洪 军 何中政
李高超(女，6月任职)

卫生计生委（区爱卫办）

党委书记、主任：柯真碧（女）
党委委员、副主任：唐怀彬 李正洪
黄 杰（11月任职）
党委副书记：伍小琴（女）
党委委员、纪委派驻纪检组组长：李 好（女）
纪委派驻纪检组副组长：徐晓渝
党委委员、卫生计生执法监督局局长：刘隆平
党委委员、爱卫办主任：赵治中

审计局

党组书记、局长：舒朝勇
副局长：杨用明 龚建烈（女）
戴雪平（女 12月任职）
纪检组组长：周 波（女，5月任职）
经济责任审计联席会议办公室主任：
刘 诚（12月离任）

安监局

党组书记：谢传武
局 长：谢传武（12月离任）
杨 俊（12月任职）
党组成员、副局长：张世帝
夏庆龙（12月离任）
刘玉强（5月任职）
党组成员、安监执法支队支队长：
刘玉强（5月离任）
李江涛（5月任职）

统计局

党组书记、局长：郑发利
党组成员、副局长：王洪波 黄 伟
副局长：杨 玲（女）

林业局

党组书记、局长：彭开华（12月离任）
陈根然（12月任职）
党组成员、副局长：曾 率 任志成
副局长：冯大俊（12月离任）
李 勇（12月任职）

机关事务局

党组书记、局长：丁翠碧（女）
党组成员、副局长：杨后平
姜 虹（女，12月离任）

信访办

党组书记、主任 ：刘子立
党组成员、副主任：赵德奎（11月离任）
肖其建 朋晓波
杨成文（11月任职）
党组成员、信访督查专员：
万东洪（女，11月离任）
杨成文（11月离任）
苟映平（11月任职）
信访督查专员：杨 梅（女，12月任职）

区政府派出机构

绿岛新区管委会

党工委书记：李文勇（2月离任）
万 容（女，2月任职）
党工委副书记、管委会主任：
万永生（1月离任）
张 川（1月任职）
党工委副书记、管委会副主任：
戈 刚（8月离任）
党工委委员、管委会副主任：尚晓波
胡正国 周国福（6月任职）

璧山高新区管委会

党工委书记、管委会主任：罗志军
党工委委员、管委会常务副主任：
田 中（6月离任） 戈 刚（9月任职）

党工委委员、管委会副主任：

韩 霄（9月离任） 陈 志（9月离任）

刘志鸣（12月任职）

党工委委员、纪委派驻纪检组组长：王登益

纪委派驻纪检组副组长：曹 立

管委会建管局局长：刘志鸣（11月离任）

管委会办公室主任：陶小瑜（12月任职）

管委会投资促进局局长：任仲泉（12月任职）

管委会经济发展局局长：唐 刚

管委会财务局局长：刘隆英（女）

管委会创新服务中心主任：龚 茜

管委会投资促进局副局长：郑远康（11月离任）

两山公司

董事长、总经理：曾维波

副总经理：傅 鑫 代修智

邓光强（12月任职）

国家农业科技园区管委会

党工委书记：敖 斌（兼1月离任）

程 虎（兼，1月任职）

管委会主任：程 虎（兼）

党工委副书记、管委会常务副主任：

刘 刚（6月离任） 曹 彬（6月任职）

党工委专职副书记、管委会副主任：

李元荣（12月离任） 董其鑫（12月任职）

党工委委员、管委会副主任：周基伟

梁 勇（12月任职） 关文强（挂职1月至11月）

局馆合一机构

档案局（档案馆、地志办）

党组书记、局（馆）长：陈启江（兼地志办主任）

党组成员、副局（馆）长：曾 健

刘 静（女） 苟映平（11月离任）

赵德奎（11月任职）

其他机构

供销社

党委书记、主任：甘昌福

党委副书记：张 宁

副主任：王洪乾（12月离任） 吴光学

徐孝辉（12月任职）

区政协工作机构

区政协办公室

主 任：周厚强

副主任：柯昌蜀（女） 舒 畅（7月任职）

提案社法办公室

主 任：张兴亮

副主任：岳万勇 钟晓涛

社事学习文史办公室

主 任：瞿显贵

副主任：袁平安

经济人环建设办公室

主 任：李元荣（12月任职）

副主任：廖 涛 何孔其

委员联络办公室

主 任：罗庆利

副主任：刘智国

区纪委派驻纪检组

组长：张荣华（12月离任）

徐骞锴（12月任职）

社情民意信息中心

主 任：石怀伟

专门委员会（驻会领导职务）

提案委员会

主 任：张兴亮

副主任：岳万勇 饶 静（女，3月兼职）

张 伟（3月兼职）

刘 勇（3月兼职）

学习及文史委员会

主 任：傅应明

副主任：彭雪松（3月兼职）

柯昌蜀（女，3月兼职）

周厚勇（3月兼职）

经济委员会

主　任：李元荣（12月任职）

副主任：廖　涛　杨　俊（3月兼职）

杨　玲(女，3月兼职)、

刘居明（3月兼职）

农业委员会

主　任：郭清洪

副主任：李元荣（3月兼职）

刘家洪（3月兼职）

傅福明（3月兼职）

人口资源环境建设委员会

主　任：何大树

副主任：何孔其　石怀伟（3月兼职）

艾　科（3月兼职）

梁德平（3月兼职）

科教文卫体委员会

主　任：瞿显贵

副主任：袁平安　张继仁（3月兼职）

刘　鸿（女，3月兼职）

黄　林（3月兼职）

社会和法制委员会

主　任：刘宗彬

副主任：钟晓涛　雷贵建（3月兼职）

汪国琴（女，3月兼职）、

赵红敏（女，3月兼职）

审判机关

法院

党组书记、院长：陈宏宇

党组副书记、副院长：伍顶军

党组成员、副院长：吴宏斌

党组成员、审判委员会专职委员：王雪松

张元海

副院长：赵红敏（女）

党组成员、政治处主任：王昌遂

党组成员、执行局局长：曾星灿

办公室主任：蔡　文

民事审判第一庭庭长：任玉海

检察机关

检察院

党组书记、检察长：孟卫红（女）

党组副书记、副检察长：唐　洪

党组成员、副检察长：刘海东

副检察长：赖　华

党组成员、纪检组组长：石孝忠

党组成员、政治处主任：张海军

党组成员、职侦局局长：肖金菊（女）

检委会专职委员：王云蜀　肖忠荣

区级部门管理事业单位

研究室

主　任：莫　珣

副主任：陈兴谊

行政服务中心管理办

党组书记：龙泽会（女）

主　　任：张　伟

党组成员、副主任：徐骞锴（12月离任）

李　川

公共资源交易中心

党组书记、主任：刘友忠

党组成员、副主任：伍琼琦（女）　周开绪

严国锋（7月任职）

广播电视台

党组书记、台长：胡玉华（女）

副台长：罗时全　林勇华（12月离任）

左三刚　李春鸣（12月任职）

国资中心（重庆联交所璧山支所）

党组书记、主任：黄　建

副主任：黎洪友（12月离任）

彭定勇（6月任职）

刘文模（6月任职）

党政信息中心

主　任：黄义臣（12月任职）
副主任：黄义臣（12月离任）　徐　刚
马孝荣

绿岛公司

董事长、总经理：陈国庆
副总经理：刘　锋

远教中心

主　任：何　琪（女，12月离任）

社保局

局长、人力社保局党委委员：何中毅
副局长：何　平　钱大学　张　黎

就业局（区农村劳务开发办）

党支部书记、局长：郑　勇

疾控中心（区健康教育所、区卫生进修校）

主任：王　旭（兼区卫生进修学校校长，区健康教育所所长）

文化执法支队

支队长：周显勇

工商联、民主党派、关心下一代工作委员会

工商联（总商会）

主席（会长）：雍　湘（女，6月离任）
杨　靖（6月任职）
党组书记、副主席（副会长）：刘光中
党组成员、副主席（副会长）：白　均
党组成员、秘书长：罗荣亮

关工委

主任：万　容（女）
名誉主任：胡朝木
执行主任：罗中华
副主任：朱俊堂　王正洪　张宗伦　彭时万
雷飞武　周世平

群众团体机构

总工会

主席：钟昌国（2月离任）
刘启海（2月兼任）
党组书记、副主席：徐继东
副主席：曾　红（女）
挂职副主席：白　涛
兼职副主席：陈　楠　饶　强
陈小红（9月离任）
吕　丹（9月任职）

团区委

书　记：李佳敏
副书记：戴虎宏
挂职副书记：陈杰华（女）
兼职副书记：徐安茂　陈　敏　刘小倩（女）

妇联

主　席：钟昌群（女）
副主席：汪国琴（女）
挂职副主席：王定凤（女）
兼职副主席：董　阳（女）　张　蓉（女）
龚小琴（女）

科协

党组书记、主席：龙泽源（9月离任）
徐远达（9月任职）
党组成员、副主席：冯大春
兼职副主席：吴明平
龚　茜（女，11月任职）
挂职副主席：陈　君（女，11月任职）

社科联

主　席：陈　亮（7月离任）
副主席：尹　宏

侨联

主　席：刘　华（女）
副主席：彭雪松
兼职副主席：刘泽伟（7月任职）
张育峰（7月任职）
艾　科（7月任职）

残联

党组书记、理事长：周明进（6月离任）
刘　勇（7月任职）

党组成员、副理事长：徐孝辉（12月离任）

张开强（12月任职）

挂职副理事长：陈　渝（女，12月任职）

兼职副理事长：龙吉敏

红十字会

常务副会长：肖世忠

副会长：杨　玲（女，12月离任）

计生协会

常务副会长：罗庆华

副会长：雷凤平（12月任职）

市级以上直属工作部门

国税局

党组书记、局长：胡　睿（12月离任）

宋晋湘（12月任职）

党组成员、副局长：刘　涛（女，4月离任）

苟　伟（5月任职）

党组成员、纪检组组长：杨　艺

党组成员、总经济师：胡朝伟（8月任职）

党组成员、总会计师：李　彬（女，8月任职）

总经济师：苟　伟（5月离任）

地税局

党组书记、局长：刘　萍（女）

党组成员、副局长：张孝鸿　崔　宁　谭　兴

党组成员、纪检组组长：陈小敬

工商局

党组书记、局长：黄　超

党组成员、副局长：王曙光（4月任职）

陶世明　钟世永

张礼强（4月任职）

党组成员、纪检组长：刘　江

质监局

党组书记、局长：王　敏

党组成员、副局长、纪检组组长：汪　中

党组成员、副局长：曾中胜

食品药品监督局

党组书记、局长：王安礼

党组成员、副局长：黎　伟　荣腾举

党组成员、纪检组组长：许　霖

烟草专卖局（重庆市烟草公司璧山分公司）

书记、局长、经理：罗晓庆

副书记、副局长：刘　建（女）

副经理：谢秀丽（女）

气象局

局　长：徐之华

副局长：徐　燕（女）　付　跃（9月任职）

中国邮政集团公司重庆市璧山区分公司

党总支书记、总经理：朱　洪

党总支副书记、副总经理、纪检委员：宾友华

镇街机构

璧城街道

党工委书记：李长征

办事处主任：孙　东

党工委副书记：孙　东（12月离任）

邓胜超（7月离任）

牟祖伟（12月任职）

党工委委员、人大工委主任：肖绍波

人大工委副主任：邓胜超（7月离任）

牟祖伟（12月任职）

党工委委员、纪工委书记：邓　敏（女）

党工委委员、政法书记：林　箭（5月离任）

汪德全（9月任职）

党工委委员、办事处副主任：向　华（女）

谭其一　刘光华

办事处副主任：蔡大丰

党工委委员、人武部长：刘光华

党工委组织委员：罗长洪

党工委宣传、统战委员：邹德平（女）

璧泉街道

党工委书记：刘全模（12月离任）

万小力（12月任职）

党工委副书记：万小力（12月离任）

办事处主任：万小力（12月离任）

党工委副书记：张华荣

党工委委员、人大工委主任：骆成勇

人大工委副主任：张华荣

党工委委员、办事处副主任：沈 洪
朱奕桦（女）

党工委委员、纪工委书记：张华勇

党工委委员、政法书记：胡 勇

党工委委员、人武部长、办事处副主任：
薛方勇

党工委组织委员：李小琴（女）

党工委宣传、统战委员：王姝尹（女，11月离任） 万东洪（女，11月任职）

青杠街道

党工委书记：张 余

党工委副书记、办事处主任：王 涛

党工委副书记：李 德

人大工委主任：曾永德

党工委委员、人大工委副主任：李 德（5月任职）

党工委委员：曾永德 欧文龙 张 健

党工委委员、办事处副主任、人武部长：
牟祖伟（12月离任）

办事处副主任：欧文龙 张 健 张 礼

党工委委员、纪工委书记：田 强

党工委委员、政法书记：周华林

党工委组织委员：张元毅

党工委宣传、统战委员：刘明利（女）

来凤街道

党工委书记：陈根然（12月离任）
石德军（12月任职）

党工委副书记、办事处主任：张 东（9月离任） 石德军（9月任职，12月离任） 夏庆龙（12月任职）

党工委委员、人大工委主任：蒋道军

党工委副书记、人大工委副主任（兼）：罗秀君

党工委委员、纪工委书记：唐云财

党工委委员、办事处副主任：张福友
薛祖泉 余永波

办事处副主任：陈 勇

党工委委员、政法书记：刘 华

人武部长：余永波

党工委组织委员：王贵书（女，5月离任）
杨 瑜（女，12月任职）

党工委宣传、统战委员：方平萍（女）

丁家街道

党工委书记：柯 斌（6月离任）
张光汉（6月任职）

党工委副书记、办事处主任：张光汉（6月离任） 刘 刚（6月任职）

党工委委员、人大工委主任：王亚东（女，12月离任）

党工委副书记：罗 东

人大工委副主任：罗 东（5月任职）

党工委委员、副主任：周志刚 陈兵 曾利维

党工委委员、纪工委书记：刘开金

党工委委员、政法书记：吴佩操

党工委委员、人武部部长：周志刚

党工委副主任：唐光军

党工委组织委员：王洪英（女，5月离任）
徐世超（12月任职）

党工委宣传、统战委员：高道素（女）

大路街道

党工委书记：代兴义

党工委副书记、办事处主任：魏 虹（女）

党工委委员、人大工委主任：严灿丰

党工委副书记、人大工委副主任（兼）：彭 昱

党工委委员、纪工委书记：邓义忠

党工委委员、政法书记：万 洪

党工委委员、人武部长：郭义斌

党工委委员、办事处副主任：郭义斌
邓勇刚 韩 艳（女）

办事处副主任：胡珊戎（女）

党工委宣传、统战委员：凯祥孟（7月任职）

党工委组织委员：江宗志（5月任职）

正兴镇

党委书记：黄佑强

党委副书记、镇长：肖祖海

党委委员、人大主席：熊　文

党委副书记、人大副主席（兼）：马安利（7月任人大副主席）

党委委员、副镇长、人武部长：梁　勇（12月离任）

党委委员、政法书记：李正伦

党委委员、纪委书记：赵学玲（女）

党委委员、副镇长：李祖兵　叶宝利
程　健(5月离任)

副镇长：王长征（6月任职）

党委组织委员：朱　静（女）

党委宣传委员、统战委员：郑　兵

大兴镇

党委书记：袁道国（12月离任）
向　勇（12月任职）

党委副书记、镇长：向　勇（12月离任）
李剑锋（12月任职）

党委委员、人大主席：李荣宝

党委副书记：黎　端（女，5月离任）

党委委员、纪委书记：杨万洪

党委委员、政法书记：龙贻坤

党委委员、副镇长、人武部长：易　军

党委委员、副镇长：姚　敏（女）　张　钢

副镇长：万亚东

党委组织委员、人大副主席（兼）：陶亚兰（女）

党委宣传、统战委员：雷　华

八塘镇

党委书记：陈力胜

党委副书记、镇长：钟　攀

党委委员、人大主席：沈　林

党委副书记、人大副主席（兼）：叶和定

党委委员、纪委书记：熊　燕（女）

党委委员、政法书记、副镇长：艾　强

党委委员、副镇长、人武部长：张　诚

副镇长：胡　光（12月离任）
刘小东（12月任职）

组织委员：雷凤平（女，12月离任）
兰　萍（12月任职）

党委宣传、统战委员：彭定余

七塘镇

党委书记：石德军（9月离任）
范祥波（9月任职）

党委副书记、镇长：林华伟

党委委员、人大主席：叶合全

党委副书记、人大副主席（兼）：袁　遥

党委委员、纪委书记：胡天伦

党委委员、政法书记：毕贵礼（7月离任）
李勋富（7月任职）

党委委员、人武部长：汪德全（8月离任）

副镇长：毕贵礼（7月离任）
汪德全（8月离任）
杨　梅（女，12月离任）、
李勋富（7月任职）

党委组织委员：范永宏

党委宣传、统战委员：彭朝富

河边镇

党委书记：唐应容（女，12月离任）
曹登桥(12月任职)

党委副书记、镇长：曹登桥（12月离任）
余利华（12月任职）

党委委员、人大主席：张敬晔

党委副书记：李小红（女）

人大副主席：李小红（女，7月任职）

党委委员、政法委书记：牟　标

党委委员、人武部长：李江涛（5月离任）
毕贵礼（7月任职）

副镇长：李江涛（5月离任）　牟　标
周华鹏　毕贵礼（7月任职）

党委委员、纪委书记：向怀宇（女）

党委组织委员：曾沫然

党委宣传、统战委员：陈立国

福禄镇

党委书记：彭长春

党委副书记、镇长：张咏梅（女）

党委副书记、人大副主席（兼）：张 琴（女）

党委副书记、人大主席：张世帝（9月离任）

党委委员、人大主席：王济民（党委委员5月离任、人大主席6月离任） 邓胜超（党委委员6月任职、人大主席8月任职）

党委委员、政法书记：胡金国（5月离任）
程 健（5月任职）

党委委员、纪委书记：陶小瑜（12月离任）
陈昌洪（12月任职）

党委委员、武装部长：周厚和

副镇长：胡金国（5月离任） 周厚和
周基贵 程 健（7月任职）

党委组织委员：刘庆荣（女）

党委宣传、统战委员：张 引

广普镇

党委书记：徐开祥

党委副书记：汪 勇 杜俊明

镇 长：汪 勇

党委委员、人大主席：刘 勇（12月离任）

党委委员、纪委书记：万 红（女，12月离任）
代 柯（12月任职）

党委委员、政法书记、副镇长：张 军

党委委员、人武部长、副镇长：黄常见

副镇长：石国永

党委组织委员：沈 攀

党委宣传、统战委员：何祖秋

三合镇

党委书记：陈 健

党委副书记、镇长：范祥波（9月离任）

党委委员、人大主席：王光常

专职人大副主席：何 剑

党委副书记：高 锋

党委委员、纪委书记：王祖全

党委委员、政法书记、副镇长：刘 勇

党委委员、人武部长、副镇长：刘世界

党委组织委员：凌财全

党委宣传、统战委员：张世会（女）

健龙镇

党委书记：徐华福（8月离任）
韩 霄（女，9月任职）

副书记、镇长：曹 彬（6月离任）

副书记：张 杰

党委委员、人大主席：徐 刚

专职人大副主席：程 莉（女）

党委委员、纪委书记：周世俊

党委委员、政法书记：张 正

党委委员、人武部长：向宗孝

副镇长：张 正、向宗孝

党委组织委员：严灿源

党委统战、宣传委员：邓定轩

市级以上部分在璧国有重点企业

国网重庆璧山供电公司

党委副书记、总经理：洪 涛

党委书记、副总经理：陈 宾

党委副书记、纪委书记、工会主席：杨友利

党委委员、副总经理：游文钧
陈特炜（1月至12月西藏挂职）

总工程师：沈红莲（女，3月离任）
周 馨(4月任职)

璧山天然气公司

党委书记、执行董事：胡 浩

党委副书记、总经理：帅兴德

党委副书记、工会主席：易惠勤（女）

安全总监、副总经理、纪委书记：贺志强

副总经理：罗诗斌

渝山水资源公司

党支部书记、董事长、总经理：卢祖华

副总经理：李　军　黄　丽（女）　陈伦生

重庆盐业集团璧山分公司

总经理：张　忠

副总经理：殷义森

重庆广电璧山分公司

总经理：张　健

副总经理：郑开春　杨　磊

延伸阅读 ▶▶

2017·大事盘点

12月15日至18日，2017年中国场地越野锦标赛总决赛在璧开赛，这是璧山首次举办全国性顶级汽车赛事。共有40余支专业赛车队伍和100多辆赛车参赛。

中国汽车场地越野锦标赛是全国唯一自主知识产权汽车赛事之一，至今已举办14届。该比赛集惊险、刺激和挑战于一体，备受广大汽车运动员和爱好者的喜爱和追捧，在全国有着极大的影响力。

璧山越野赛车场是经中国汽车摩托车运动联合会认证的正规赛场。赛道全长2000米，赛道对飞车台、波浪路、炮弹坑、驼峰、霸王圈等极具挑战性的区域进行优化，比赛更惊险刺激，更具观赏性。高难度的赛道对于专业赛车手而言具有强大吸引力，所以，本次比赛吸引众多车队及赛车手报名参赛，其中不乏众泰T600越野车队、吉利刘伶醉车队、京宏昌竣弘健车队、奇瑞瑞虎科马仕轮胎车队等知名车队。

此次锦标赛，璧山组建3支本土赛车队——重庆金菱易虎璧山玫瑰园车队、璧山悦满花乡·文凡车队和璧山撼路者旅游车队，以文凡带队的璧山悦满花乡·文凡车队中，包含拉力赛中最年轻的、多次s1组冠军的本土车手乔怀洪和郑学强，璧山撼路者旅游车队包含2名UTV车手、陕西籍冠军车手韩刚和张峰，而重庆金菱易虎璧山玫瑰园车队则包含2名女性车手王为君和程兰惠。

重庆市璧山区获批全国首批气候适应型城市建设试点

一、总体情况

中共中央、国务院发布《关于加快推进生态文明建设的意见》，指出加快推进生态文明建设是积极应对气候变化、维护全球生态安全的重大举措。提高适应气候变化特别是应对极端天气和气候事件能力，加强监测、预警和预防，提高农业、林业、水资源等重点领域和生态脆弱地区适应气候变化的水平；要扎实推进低碳省区、城市、城镇、产业园区、社区试点。

重庆市人民政府《关于印发重庆市生态文明建设“十三五”规划的通知》，明确要完善应对气候变化支撑体系和能力建设，增强城市基础设施、农业、水资源、人体健康、能源、生态系统、旅游业等适应气候变化能力。中共重庆市璧山区委、重庆市璧山区人民政府《关于加快推进生态文明建设的意见》提出要积极应对极端气候变化，提高森林、湿地和城市基础设施等适应气候变化水平，努力将璧山建成重庆市城市发展新区低碳发展示范区。

璧山区作为“国家水生态文明城市建设”和“国家海绵城市建设”双试点城市，提出建设气候适应型城市，是贯彻“十八大”报告精神提出的大力推进生态文明建设的具体行动，也是璧山区

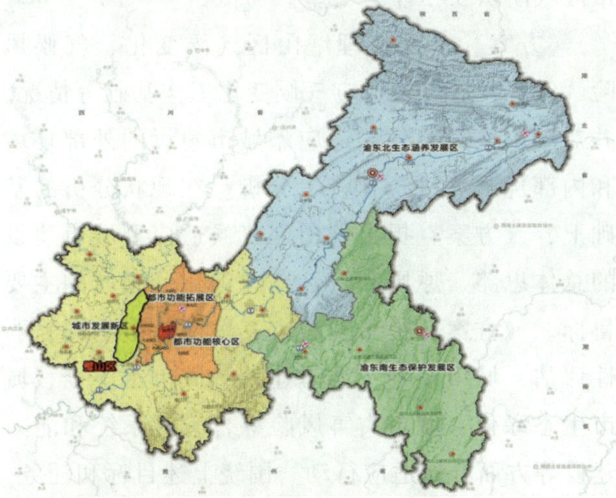

璧山区地理位置示意图

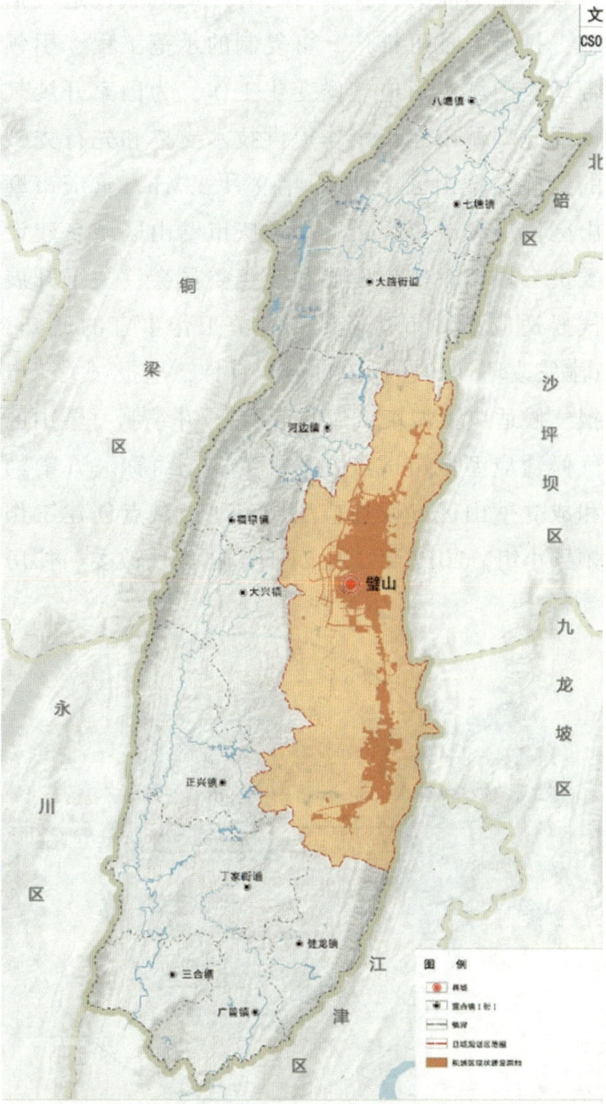

璧山区气候适应型城市试点范围

“创新、协调、绿色、开发、共享”五大发展理念的实践示范。

重庆地处四川盆地东部，璧山区位于重庆主城以西的“渝西—方山丘陵区”，属于典型的丘陵缺水地区，受特殊的地理位置和气候条件的影响，因极端气候事件带来的自然灾害频繁。

根据国家发展改革委、住房城乡建设部《关于印发开展气候适应型城市建设试点工作的通知》（发改气候〔2016〕1687号）文件精神，并结合璧山区的实际，针对璧山区在气候变化条件下突出性、关键性等问题，开展前瞻性和创新性探索，增强璧山区水资源、建筑、城市生态等领域适应气候变化的能力，探索行之有效的区域性适应措施，打造一批可推广、可复制的示范工程，引领带动全国城市适应气候变化工作，为国家开展气候适应型城市建设工作提供技术支撑和先行先试的经验，璧山区于2016年9月27日，重庆市璧山区发展和改革委员会 重庆市璧山区城乡建设委员会根据重庆市发展和改革委员会《关于开展气候适应型城市建设试点有关工作事宜的通知》（渝发改环【2016】1063号）精神，呈报《关于申报气候适应型城市试点的请示》，并编制《璧山区气候适应型城市试点方案》（以下简称《方案》）和成立璧山区气候适应型城市建设试点创建工作领导小组。2017年2月21日，国家发改委 住房城乡建设部《关于印发气候适应型城市建设试点工作的通知》（发改气候〔2017〕343号）明确重庆市璧山区为全国首批气候适应型城市建设试点城区。2017年4月27日，国家发展改革委下发《关于反馈气候适应型城市建设试点方案专家意见的函》，对璧山区《试点工作方案》（申报稿）提出专家审查意见。2017年5月，璧山区《试点工作方案》（申报稿）修改完善，形成《试点工作方案》（送审稿），呈报市发改委。

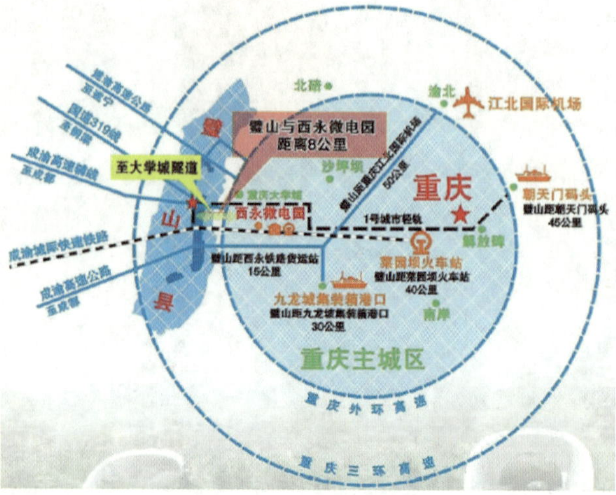

璧山区交通关系示意图

二、《方案》介绍

为落实《国家适应气候变化战略》和《城市适应气候变化行动方案》有关工作部署，国家发展改革委和住房城乡建设部决定开展气候适应型城市建设试点，璧山区开展气候适应型城市试点建设则是推进城市适应气候变化的重要行动，通过开展前瞻性和创新性探索，强化城市气候敏感脆弱领域、区域和人群的适应行动，先行先试，引领带动全国城市适应气候变化工作。璧山区把气候适应型城市建设试点作为实施“三区一美”行动计划、深化“深绿璧山”建设的重要举措，特编制《重庆市璧山区气候适应型城市试点方案》（以下简称《方案》）。《方案》根据国家发展改革委、住房城乡建设部《关于印发开展气候适应型城市建设试点工作的通知》（发改气候〔2016〕1687号）要求，试点范围为璧山区城市区域，城市区域面积53.5平方公里。

《方案》首先梳理璧山区气候变化、气候风险、经济发展以及适应气候变化工作基础等情况，并对璧山区开展气候适应型城市建设的外部环境和内部优劣势进行SWOT分析。在现状分析的基础上，《方案》提出璧山区气候适应型城市建设的总体思路、原则和目标，并细化分领域的主要目标。《方案》提出从城市气候变化影响和脆弱性评估、城市规划、城市建筑、城市水安全、城市生态绿化、城市灾害风险综合管理系统和能力建设等方面开展适应行动。围绕上述目标和任务，《方案》策划3类9项重大工程，30个重点支撑项目，项目总投资373644万元。从组织保障、政策保障、资金保障、机制保障等方面提出推动试点建设的保障措施。最后从宣传普及、教育培训、公众参与三个方面提出持续开展能力建设活动，建立完善的政府、企业、社区、居民等多元主体参与的适应气候变化管理体系。

通过《方案》的实施，到2020年，实现将适应气候变化纳入璧山区经济和社会发展总体规划、城市规划及产业发展相关专项规划、建设标准。新建绿色建筑比例达到50%，完成既有建筑节能改造15万平方米，新增供水量0.92亿立方米，中水回用率达到50%，党政干部参加适应气候变化实施方案相关培训的比例为100%，公众对适应气候变化的知晓度不低于80%。试点项目取得明显的生态效益、社会效益和经济效益，普适性城市适应措施和典型性可复制性项目试点经验总结推广，带动国家其他同类城市的适应气候变化工作。

璧山区气候适应型城市试点指标体系表

表15-3-1

序号	指标	2015年	2020年	指标属性
一、建筑				
1	新建绿色建筑比例（%）	38	50	约束性
2	既有建筑节能改造（万平方米）	–	15	预期性
3	城镇建筑中绿色建筑比例（%）	12	30	预期性
4	装配式建筑比例（%）	11	20	预期性
二、水资源				
5	新增供水量（亿立方米）	–	0.92	约束性
6	城镇供水保证率（%）	90	95	预期性
7	重要江河水功能区水质达标率（%）	63.6	100	预期性
8	城市核心区污水处理率（%）	85	95	预期性
9	中水回用率（%）	49	60	约束性
10	城区管网改造长度（千米）	–	76.86	约束性
11	城市河道整治理长度（千米）	–	18.1	约束性
三、城市生态绿化				
12	城市建成区绿化覆盖率（%）	49	50	预期性
13	城镇人均公共绿地面积（平方米）	27	30	约束性
四、能力建设				
14	党政干部参加培训比例（%）	–	100	预期性
15	公众对适应气候变化知识知晓度（%）	–	80	预期性
16	公众对气候适应型城市建设的满意度（%）	–	80	预期性

2016 年计划实施项目表

表 15–3–2

<table>
<tr><th>项目大项</th><th>数量（个）</th><th>项目子项</th><th>分子项目数量（个）</th><th>项目总投资（万元）</th></tr>
<tr><td>合计</td><td>18</td><td></td><td>129</td><td>308090</td></tr>
<tr><td>公共建筑工程</td><td>1</td><td>公共建筑节能改造项目</td><td>21</td><td>5023</td></tr>
<tr><td>居住建筑工程</td><td>1</td><td>新建住宅节能项目</td><td>16</td><td>55150</td></tr>
<tr><td rowspan="3">海绵城市建设工程</td><td rowspan="3">3</td><td>绿色市政道路改造示范工程</td><td>9</td><td>7874</td></tr>
<tr><td>御湖新区综合管廊工程Ⅰ期环湖路综合管网工程</td><td>1</td><td>200</td></tr>
<tr><td>雨水蓄积工程</td><td>5</td><td>4000</td></tr>
<tr><td rowspan="6">水资源配置及节水工程</td><td rowspan="6">5</td><td>提（调）水工程</td><td>3</td><td>60487</td></tr>
<tr><td>水体连通工程</td><td>2</td><td>26974</td></tr>
<tr><td>城区供水管网工程</td><td>3</td><td>8907</td></tr>
<tr><td>再生水工程</td><td>1</td><td>4120</td></tr>
<tr><td>中水回用工程</td><td>1</td><td>1855</td></tr>
<tr><td>水源工程</td><td>9</td><td>38200</td></tr>
<tr><td rowspan="2">城市防洪排涝体系</td><td rowspan="2">2</td><td>城市河道综合治理工程</td><td>3</td><td>15400</td></tr>
<tr><td>中小河流治理工程</td><td>2</td><td>6200</td></tr>
<tr><td rowspan="3">园林绿化工程</td><td rowspan="3">3</td><td>道路绿化建设项目</td><td>20</td><td>50000</td></tr>
<tr><td>公园建设项目</td><td>3</td><td>16000</td></tr>
<tr><td>湿地建设项目</td><td>10</td><td>7100</td></tr>
<tr><td>气候变化监测、预警、影响评估以及适应机理研究项目</td><td>1</td><td>气候变化监测、预警、影响评估以及适应机理研究项目</td><td>10</td><td>400</td></tr>
<tr><td>城市适应气候变化宣传及公众参与项目</td><td>1</td><td>城市适应气候变化宣传及公众参与项目</td><td>10</td><td>200</td></tr>
</table>

2017 年计划实施项目表

表 15–3–3

项目大项	数量（个）	项目子项	分子项目数量（个）	项目总投资（万元）
合计	5		43	18708
公共建筑工程	1	生态停车场项目	7	1759
居住建筑工程	1	老旧小区综合改造项目	12	15449
立体绿化工程	1	立体绿化项目	15	500
城市适应气候变化标准体系研究项目	1	城市适应气候变化标准体系研究项目	6	200

2018 年—2020 年计划实施项目表

表 15-3-4

项目大项	数量（个）	项目子项	分子项目数量（个）	项目总投资（万元）
合计	7		27	46756
城市防洪排涝体系	2	城镇雨、污水管网建设工程	5	34021
		山洪灾害治理工程	5	10685
气候灾害风险监测和预警体系工程	2	气候变化影响监测及预警防护系统工程	6	800
		城市脆弱人群的社会管理和风险防护工程	3	350
气候灾害风险分担工程	1	气候灾害风险分担工程	1	400
城市适应气候变化培训项目	2	重庆市适应气候变化教育培训示范基地工程	2	300
		适应气候变化教育培训体系建设工程	5	200

璧山区气候适应型城市试点行动任务分工及进度安排表

表 15-3-5

序号	行动任务	责任单位（第一位为牵头单位）	进度安排
1	开展气候变化影响评估及传递机制、城市气候变化脆弱性、适应性标准体系研究	区科委、区发展改革委	2016 年—2020 年
2	制定城市适应性规划	区规划局、区发展改革委、区国土局	2016 年—2020 年
3	出台城市适应气候变化行动方案	区发展改革委、区建委	2016 年—2020 年
4	构建璧山区城市通风廊道	区规划局、区气象局、区国土局、区建委、区环保局	2016 年—2020 年
5	深入实施绿城建设项目	区发展和改革委员会、区建委、区市政局、区林业局、区环保局	2016 年—2020 年
6	开展城区立体绿化建设工程	区市政局、区建委	2016 年—2020 年
7	推进城区海绵城市建设工程	区建委、绿道新区管委会、区市政局、区水务局、区交委、区农委、区林业局	2016 年—2020 年
8	开展节水型城市建设	区水务局、区市政局	2016 年—2020 年
9	推进城市防洪排涝体系建设	区水务局、区市政局	2016 年—2020 年
10	实施公共建筑节能改造和生态停车场建设	区建委、区机关事务局	2016 年—2020 年
11	推进新建居住建筑节能和既有居住建筑节能改造	区建委	2016 年—2020 年
12	提升极端天气预报预测能力	区气象局	2017 年—2020 年
13	构建预警信息综合发布平台	区气象局	2017 年—2020 年
14	建立人体健康预警防护系统	区卫计委	2017 年—2020 年
15	积极排查城市气候风险隐患	区建委、区市政局、各街道	2016 年—2020 年
16	完善气候变化应急救援保障体系	区公安局、区卫计委、区水利局、区气象局、区市政局、区交委、区商委、区环保局、区建委	2017 年—2020 年

续表

序号	行动任务	责任单位（第一位为牵头单位）	进度安排
17	建立极端天气气候事件灾害风险分担转移机制	区财政局、区民政局、区商委、区国税局、区地税局	2018年—2020年
18	建立适应气候变化教育培训活动基地	区发展改革委	2019年—2020年
19	构建适应气候变化教育培训体系	区发展改革委	2018年—2020年
20	加大城市适应气候变化宣传普及力度	区文化委、区发展改革委	2016年—2020年

延伸阅读▶▶

2017·大事盘点

12月26日，九永高速公路通车，璧山又添一条连接主城的快速通道。主城市民驱车从绕城高速沙堡互通上道，到来凤仅需10分钟，来凤至三合只需10分钟，通行费5元。

作为成渝高速公路的扩能项目——九永高速，与成渝高速几乎平行而建，项目总投资53.5亿元，长约49公里。项目由中交第一公路工程局有限公司采用BOT+EPC模式建设，路线起于九龙坡区走马镇，与华岩隧道西延伸段对接，经江津区、璧山区，在永川区大安街道设小坎枢纽互通与成渝高速公路相接，止于卫星湖街道与三环高速公路永川至江津段相连。

其中，起点九龙坡走马镇至观音寺枢纽互通路段约33公里，双向六车道，设计速度100公里/小时，全程仅需16分钟，小轿车单程通行费20元。永川观音寺枢纽互通至卫星湖段约16公里，双向四车道，设计速度80公里/小时。

九永高速全线设服务区1处：健龙服务区设在璧山区丁家街道；设7处收费站，九龙坡区设主线沙堡收费站，江津区设三界收费站，璧山区设来凤、三合2个收费站，永川区设永川东、陈食、莲花3个收费站。而璧山境内全长23公里，有缙云山隧道、云雾山隧道2座隧道，设来凤、三合2个互通下道口及1个服务区（健龙服务区），双向六车道。

九永高速全线开通后，健龙服务区暂未开通。健龙服务区占地160亩，按“五星级”服务区标准建设，公共区域WiFi全覆盖。服务区以美食、休闲为主题，引进麦当劳、来凤鱼、好又来酸辣粉、愚小面等美食。同时有京东便利店、太空舱午睡空间、自助按摩、唱吧等业态。

因目前华岩隧道到九永高速主线收费站，还有约5公里的市政道路尚未建成，九永高速主线站暂不开通，因此通行九永高速，需经沙堡互通转绕城高速进出主城。这意味着仍需经中梁山隧道上九永高速。

璧山区气候适应型城市建设项目表

表 15-3-6

重大工程	项目大项	项目子项	建设周期	项目内容	总投资（万元）
合计		30	373554		
一、城市适应性基础建设工程		21	369904		
1、建筑适应气候变化改造工程	公共建筑工程	公共建筑节能改造项目	2016 年—2020 年	璧山区来龙小学御湖校区、检察院、法院、公安局、技术用房、公共服务中心、文化艺术中心、正则中学、摩登时代广场、妇幼保健院、重庆市璧山区实验小学校 A 区食堂建设工程、凤凰小学、双凤酒店等 21 个公共建筑节能改造，主要包括地块内的下凹式绿地、透水铺装和雨水花园等。	5023
		生态停车场项目	2017 年—2018 年	天安数码城、碧桂园、微电园标准厂房、璧山中学等 7 个生态停车场。	1759
	居住建筑工程	新建住宅节能项目	2016 年—2018 年	御湖生态居住区一、御湖生态居住区二、御湖生态居住区三、双星、居住小区、双凤居住小区、卉森秀湖鹭岛、卉森御湖美林 1 期、卉森御湖美林 2 期、卉森御湖美林 3 期、普罗旺斯地产 1 期等 16 个新建住宅小区。	55150
		老旧小区综合改造项目	2017 年—2018 年	鸥鹏御府一期、金科一期、金科二期、金科三期、金科四期、金科五期等 12 个小区改造工程。	15449
2、城市水安全保障工程	海绵城市建设工程	绿色市政道路改造示范工程	2016 年—2018 年	御湖新区滨水低影响开发道路工程、璧山区御湖新区道路系统工程一期工程、欧鹏御府片区连接道路、仙山路（凝山路—红宇大道）、茅山路改造工程、雪山路改造工程、凝山路改造工程、等 9 个道路改造示范工程，主要措施为生物滞留带和透水铺砖。	7874
		御湖新区综合管廊工程 I 期环湖路综合管网工程	2016 年—2018 年	雨水管网总长度约 4540 米，管径 DN400 - DN1200；污水管网总长度约 4540 米，管 DN400；电缆沟长度 4640 米，规格 1.0 * 1.0 米，电力排管长度约 709 米，规格为 12 孔；通信管网长度 5215 米，规格为 6 - 8 孔蜂窝管；给水燃气管网约 9300 米。	200
		雨水蓄积工程	2016 年—2017 年	嘉陵公园、登云公园和东岳公园、天安小区、碧桂园小区雨水蓄积系统。	4000

续表

重大工程	项目大项	项目子项	建设周期	项目内容	总投资（万元）
2、城市水安全保障工程	水资源配置及节水工程	调(提)水工程	2016年—2020年	1、大学城至璧山调水工程:安装供水管道23.74千米,其中大学城部分:DN900长度3.3千米,DN1000长度1.2千米,DN700长度4.3千米;成渝复线隧道部分:DN400长度5.51千米;璧山部分:DN300长度1.55千米,DN400长度2.65千米,DN700长度5.23千米,建设一座供水量3万立方米/日的加压泵站,工程总投资8070万元。2、铜罐驿长江提水工程璧山供区工程:一期建成后供水能力达26.5万立方米/日,规划二期供水能力达到48万立方米/日。3、长江引水璧山连通工程:连通铜罐驿长江提水工程,新建DN1400原水输水管道总长11514.85米,同时在翻身水库东侧新建5万立方米/日的应急取水泵房一座,应急取水泵房输水管道管径DN700,总长1269.64米。	60487
		水体连通工程	2016年—2019年	1、璧山区千秋堰—盐井河—同心水库连通工程:由千秋堰—盐井河水库连通工程、盐井河水库—同心水库连通工程、同心水库至各景观水库连通工程、雪山水库至观音塘湿地河道疏浚固脚工程、雪山水库下游湿地工程共5部分组成。2、璧山区璧北河—璧南河水系连通工程:在璧北河上新建大河坝翻板闸、新建大河坝至璧南河二级支沟皮家槽沟的连接隧洞、璧南河朱家桥至观音堂段的清淤疏浚、观音堂翻板闸维修、对璧南河朱家桥—大旺桥河段进行景观绿化。	26974
		城区供水管网工程	2016年—2019 再生水工程年	璧山城市新区供水管网工程:建设内容为新建新建璧山区御湖新区给水管网22.645千米、新建1.7万立方米/d加压泵站和0.6万立方米/d加压泵站各一座;新建璧山城市轨道交通枢纽片区给水管网约22.151千米;新建璧山绿岛新区南部片区给水管网20.448千米;新建璧山区成渝城际铁路站前片区给水管网36.023千米。	8907
		再生水工程	2016年	收集城区雨水或废水,在璧城中心区再生水厂1处,以及相关配套管网。	4120
		中水回用工程	2016年—2020年	中心城区中水回用,管网43483米,泵站1座,年供水657万米。	1855
		水源工程	2016年—2018年	新建雪山、双凤、竹林沟、安乐、黛山和土田6座小二型水库,新建三角滩和棕树2座小一型水库,扩建莲花小二型水库,建设工期22个月,总库容约700万立方米。	38200

续表

重大工程	项目大项	项目子项	建设周期	项目内容	总投资（万元）
2、城市水安全保障工程	城市防洪排涝体系	城镇雨、污水管网建设工程	2018年—2020年	完成雨水管网（含排污）改造76.86千米；规划建设城市一、二级管网70千米；城市三级管网150千米；镇级管网60千米。（详细）雨污分流	34021
		城市河道综合治理工程	2016年—2020年	壁南河青杠—来凤河段、壁南河朱家桥至新丝厂河段、壁南河福里树河段，共整治壁南河11.9千米，整治其支流福里树6.2千米，主要工程措施为清淤疏浚，改造阻水建筑、修建堤防护岸等。	15400
		中小河流治理工程	2016年—2020年	分别为璧北河大路街道河道、璧北河大路团坝桥至七塘寿龙桥河段，整治河道长度18.2千米，新建堤防30.5千米，清淤13千米。	6200
		山洪灾害治理工程	2018年—2020年	主要治理城区璧南河主要支沟的防洪问题，共5条山洪沟，分别为两叉河山洪沟、中心河山洪沟、芋荷沟山洪沟、双龙溪山洪沟、棕树河山洪沟，共整治山洪沟长度15.58千米，新建堤防25.9千米，沟道疏浚长17.4千米，排洪渠长3.6千米。以及预警系统、危险区划定、山洪灾害普查。	10685
3、生态绿化工程	园林绿化工程	道路绿化建设项目	2016年—2020年	大力推进城市绿地和城市绿屏建设，新建和改造城区绿化，新建城市道路绿地，每年投入1个亿苗木款	50000
		公园建设项目	2016年—2020年	东岳公园规模214亩、御湖公园建设用地面积700亩城市公园、双凤公园规模130亩、房车露营基地198亩	16000
		湿地建设项目	2016年—2018年	观音塘及相连河道湿地建社，公园200亩水体的水生植物及水下森林建设；秀湖公园及相连河道湿地建设项目，公园200亩水体的水生植物及水下森林建设；新建团堡湿地、竹林水库下游湿地、李家沟山坪塘湿地、翠微湿地、双柏湿地、菜子沟湿地等，建设内容包括河道治理1.4千米，新建砼拦河堰。	7100
	立体绿化工程	立体绿化项目	2017年—2019年	建筑墙面、屋顶、阳台、坡面、立交桥、河道堤岸、门庭、花架、棚架、廊、柱、栅栏、枯树及各种假山与建筑设施上的绿化。	500

续表

重大工程	项目大项	项目子项	建设周期	项目内容	总投资（万元）
二、城市气候灾害风险综合管理工程		6	2950		
1、基础研究	气候变化监测、预警、影响评估以及适应机理研究项目	气候变化监测、预警、影响评估以及适应机理研究项目	2016年—2017年	成立专项小组，根据璧山所属方山丘陵区的特点，研究适应性评估以及适应机理，气候变化对城市的影响，研究监测和预警的原理，制定适合璧山的监测预警方式。	400
	城市适应气候变化标准体系研究项目	城市适应气候变化标准体系研究项目	2017年—2019年	研究修订相关设施标准建议、道路设计中的排水设计标准建议，将极端天气气候事件监测预警纳入到璧山区交通设施规划与建设中，编制城市适应气候变化技术清单和工具手册，制定“璧山区适应气候变化城市建设技术指南”。	200
2、气候灾害风险监测和预警体系工程	气候变化影响监测及预警防护系统工程	气候变化影响监测及预警防护系统工程	2018年—2020年	建立极端天气气候事件与人体健康监测网络、职业健康监测网络、重大疾病传染病综合监测预警体系；对极端天气气候事件对人体健康影响实现全程化管理，加强对高温热浪、干旱、寒潮等天气事件预报；编制监测方案；引入国内外先进的城市气象灾害、大气污染预警模式，续建国家级台站观测自动化，加强区域数值预报、预报预测业务、气象科技支撑及地基垂直探测等方面的能力建设。	800
	城市脆弱人群的社会管理和风险防护工程	城市脆弱人群的社会管理工程	2018年—2020年	普及城市应对极端天气气候事件风险知识，掌握老年人、学生等脆弱人群信息。	350
3、气候变化脆弱性信息共享和应急防护工程	气候变化脆弱性信息共享和应急防护工程	气候变化脆弱性信息共享和应急防护工程	2017年—2020年	通过璧山区气象、卫生、水务、环保、市政、规划、建筑等相关数据共享，建立适应气候变化信息化平台一座，发布洪水、干旱、高温风险地图，加强信息互通与成果互享；建立璧山区适应气候变化应急管理机构，加强应急队伍的能力建设，制定璧山区适应气候变化灾害应急管理方案。	800
4、气候灾害风险分担工程	气候灾害风险分担工程	机制研究	2018年—2020年	确定纳入保险范围和赔付范围、金额，通过各级财政、企业、家庭、个人共同分担的办法，引入保险公司，先行建立区域性、类别性的巨灾保险示范市场。	400

续表

重大工程	项目大项	项目子项	建设周期	项目内容	总投资（万元）
三、城市适应气候变化能力建设工程		3	700		
1、城市适应气候变化培训项目	重庆市适应气候变化教育培训示范基地工程	重庆市适应气候变化教育培训示范基地工程	2019 年—2020 年	建设璧山区适应气候变化教育培训活动基地，建立专家库和工作团队。	300
	适应气候变化教育培训体系建设工程	适应气候变化教育培训体系建设工程	2018 年—2020 年	开展对全区各领域人员适应气候变化的相关培训，面向机关领导干部、社区管理人员等开展培训。	200
2、城市适应气候变化宣传项目	城市适应气候变化宣传及公众参与项目	城市适应气候变化宣传及公众参与项目	2016 年—2020 年	利用璧山主要媒体，以及全区宣传专栏（题），刊（播）公益广告、宣传片，营造气候适应型城市建设良好舆论氛围；积极组织低碳日活动，动员社会各界广泛开展主题宣传和体验活动；建立各类公众参与制度，打造市民适应气候变化论坛等公众参与平台，鼓励市民发表意见和提出建议	200

《璧山年鉴（2016年卷）》获评全国县区级地方综合年鉴特等奖

2017年8月5日，《璧山年鉴（2016年卷）》被中国地方志指导小组评为县区级地方综合年鉴类最高奖——特等奖。2017年8月14日，重庆市人民政府办公厅《昨日简况》（第154期）刊载“《璧山年鉴（2016年卷）》荣获县级政府综合年鉴最高奖，这是全市各级各类年鉴首次荣获官方权威评选全国最高奖”。

本次入选全国地方志优秀成果（年鉴类）的资格是连续2年公开出版。由中国地方志指导小组抽调50余名专家组成专家组，围绕年鉴框架、条目选题、信息资料、特点特色、记、图、表、录等、检索系统、层次标题、使用文体、文字标点等11个大项，数十个小项，按省级综合年鉴、地市级综合年鉴、县区级综合年鉴和专业年鉴分别评审。从3512部各类年鉴中评选出县区级综合年鉴17部，经中指办终审，我区《璧山年鉴（2016卷）》获县区级地方综合年鉴特等奖。

一、发展概况

《璧山年鉴》创刊于1998年，是璧山区地方志办公室（以下简称“璧山区地志办”）负责逐年编纂的地方综合性年鉴。璧山区地志办坚持“服务当代、服务发展、服务社会、服务群众”的编纂理念，恪守“科学、严谨、精品、满意”的质量方针，努力把年鉴打造成地方文化品牌。回顾20年的发展历程，《璧山年鉴》不断开拓创新，砥砺前行，茁壮成长，走出了一条革故鼎新之路，主要表现在：2008年，建立璧山地情网；2010年起，引入专家加“外行”参与编鉴机制；2013年，探索建立完善编纂全过程管理机制，确立“科学设置框架、明确编辑责任、提供编写条目、组织集中培训、上门服务指导、精心组织编辑、全书总纂合成、责任编辑初审、市区专家复审、主编完成终审、报市志办审批、出版社“三审”、制作随书光盘、印刷出版发行等14道流程，构建既分工协作又各负其责的规范化体系，同时建立年鉴工作交流群；2015年起，《璧山年鉴》公开出版发行，开始制作光盘；2016年起，《璧山年鉴》采用全彩印刷，每册配制电子光盘，同时建立微信璧山档案方志工作群，突出“互联网+”理念，积极探索新媒体下地方志事业发展之路。

二、主要内容与特色

《璧山年鉴（2016年卷）》全面记录辖区自然、政治、经济、文化、社会等方面的情况。采用条目为主要记事体，分类编纂，基本结构为类目、分目、子分目、条目四个层次。2015年卷设类目14个，下设分目60个，子分目176个，条目1096个。其中，彩色专版66页125张图片；正文365页，收录黑白图片120张。全书约71万字。2016年卷设类目14个，下设分目66个，子分目160个，条目1066个。其中彩色专版30页56张图片，正文387页，收录彩色图片101张。全书约68.8万字。主要呈现以下亮点：

一是突出记载璧山“智慧破题、绿色发展、高位赶超、全面迈进”的最新成果。特设置专记，放到全书第一类目，专题记述“数说璧山十二五”“璧山国家高新技术产业开发区”“成渝高铁璧山段建设”三个方面。其中，“数说璧山‘十二五’”重点记述2011年至2015年璧山五年发展蝶变；“璧山国家高新技术产业开发区”重点记述璧山高新区升级为国家级高新区；“成渝高铁璧山段建设”记述建设始末。体现璧山区“谋在新处，干在实处”，主动适应经济发展新常态的发展道路。

二是重点记述璧山创新引领、协调发展的地域特质。特设置“‘三区一美’建设概览”类目，下设“重庆的生态宜居区建设”“重庆的新型工业化示范区建设”“重庆的乡村振兴先行区建设”“和美璧山建设”四个分目。其中，“重庆的生态宜居区建设”分目下设“绿城建设”“水城建设”“古城建设”“天安城市综合体建设”“环秀湖商圈建设”“‘人生链条’服务体系建设”等特色条目，体现璧山区绿色、生态、宜居的特质；“重庆的新型工业化示范区建设”分目下设“装备制造”“电子信息”“食品医药”“推动企业改制上市”等特色条目，体现璧山低碳、环保特质；“重庆的乡村振兴先行区建设”下设“精准扶贫脱贫”“道口经济发展”“璧北十万亩蔬菜基地建设”“璧南十万亩苗木基地建设”“璧西五万亩果木基地建设”“生态创建”等特色条目，体现城乡一体化协调发展；“和美璧山建设”分目下设“重点民生实事”特色条目，体现璧山人民安居乐业的良好氛围。

三是注重内容和形式的统一，提升社会美誉度。为进一步增强广大群众对年鉴的喜爱，提升社会影响力和美誉度，2015年，璧山再次对年鉴进行全新改版，力求内容和形式的有机统一。璧山组织区内外专家对编纂质量审读把关，强化对图片的运用，制定图片的分类、选择标准和置放位置以及对留白处采用延伸阅读的方式，将璧山年度内地情资料与年鉴正文有机融合，增强可读性。同时，对年鉴的表现形式作视觉上的创新，主要表现为：一是围绕璧山1258年历史，在年鉴的装帧上下功夫。采用两重封面，即外封和内封。外封上采用璧山老八景之一的茅莱仙景作为底图；对璧山年鉴四个字镀以黑金，并加以凹凸感增加质底；图案和字体以深灰为衬色。外封版面给人以厚重的历史感。内封上以柴灰色为总基调，字体采用镀白金方式，内封不植入图案。装帧封面力求庄重、大方，将璧山千年文化底蕴彰显，形成一张独特的璧山文化名片。二是正文纸张采用颜色淡黄的特种纸，具有柔韧性特点，能吸收部分光线，对读者眼睛具有保护作用，同时这种纸张色泽有一种历史韵味感，照应了史书特性；三是对目录首次采用英文翻译和中文并存模式，为年鉴进入更多、更广阔的空间创造条件。

四是点面融合，图文并茂。以全书前置图片为切入点，以点带面重点反映璧山新面貌和最新成就，“前置图片”分别设置1980年的城市旧貌和2015年的城市建设新貌对比。同时设置“璧山速览”，展示璧山重要经济数据；设置“领导关怀”类，收录图片13张，作为体现111人次省部级领导驻足璧山的缩影；设置“区级主要领导调研”类，记录区委、区政府、区人大常委会、区政协主要领导的为民情怀；设置“交流与合作”类，收录图片15张，体现184批次外地党政考察团到璧山调研的典型代表；设置“重大活动”类，收录图片7张，体现七大方面的重要成果；设置四个专版，分别反映不同部门的业绩和风采；正文插图分别在类目、分目、子分目和条目中紧扣主题，配置图片101张。

三、主要做法和经验

一是调整年鉴目标定位，树立精品年鉴意识，标注文化品牌是关键。二是不断优化年鉴框架是保证。三是充分运用“外行”和专家的智慧是助推器。四是内容和形式的有机统一是重要载体。

索引

一、本索引采用主题分析索引法编制。按主题词首字汉语拼音（同音字按声调）顺序排列，若首字拼音相同则按第二字音序排列，以此类推。索引主题词后的阿拉伯数字表示该主题内容所在页码。

二、“大事记”“统计资料”“文献”“附录”等部目的具体内容和区的“综述”“概况”，镇街的“经济发展”“社会发展”“生态发展”“城镇建设”统一条目以及正文中的图、表、名单未做索引。

三、部目、分目和次分目的索引款目用黑体字排印，其余款目用宋体字排印。

四、索引款目下缩进两格各占一行分别排列的款目为同一主题的“附见”，索引款目后标有2个以上页码的为同一主题的“参见”。为便于读者检索，内容有交叉的款目在索引中重复出现。

五、以引号、书名号等符号开头的索引词与其他索引词混编。

A

B

C

D

E

F

G

H

J

K

L

M

N

P

Q

R

S

X

Y

Z